CW00687726

www.giunti.it

© 2013, 2019 Giunti Editore S.p.A.
Via Bolognese 165 - 50139 Firenze - Italia
Piazza Virgilio 4 - 20123 Milano - Italia
Prima edizione: luglio 2013

Stampato presso Lego S.p.A., stabilimento di Lavis

Dizionario Italiano per stranieri

GIUNTI

ABBREVIAZIONI

a.C.	avanti Cristo
agg.	aggettivo
art.	articolo
avv.	avverbio
card.	cardinale
compar.	comparativo
cond.	condizionale
cong.	congiuntivo
congz.	congiunzione
d.C.	dopo Cristo
determ.	determinativo
dimostr.	dimostrativo
ecc.	eccetera
es.	esempio
escl.	esclamativo
f.	femminile
fut.	futuro
ger.	gerundio
imper.	imperativo
imperf.	imperfetto
impers.	impersonale
ind.	indicativo
indef.	indefinito
indeterm.	indeterminativo
inter.	interiezione
interr.	interrogativo
intr.	intransitivo
invar.	invariabile
locuz.	locuzione
m.	maschile
num.	numerale
ord.	ordinale
partic.	particolare

part. pass.	participio passato
part. pres.	participio presente
pass. rem.	passato remoto
pers.	personale
pl.	plurale
poss.	possessivo
pr.	pronominale
prep.	preposizione
pres.	presente
pron.	pronome
qlco.	qualcosa
qlcu.	qualcuno
recipr.	reciproco
rel.	relativo
sec.	secolo
s.f.	sostantivo femminile
sim.	simili
sing.	singolare
s.m.	sostantivo maschile
s.m.f.	sostantivo maschile e femminile
spec.	specialmente
superl.	superlativo
tr.	transitivo
v.	verbo

SIMBOLI GRAFICI

♦	distingue le diverse categorie grammaticali della parola
◊	introduce sfumature di significato minore
1 2 3	distingue le diverse accezioni della parola
|	introduce le locuzioni e i modi di dire
♣	segnala l'uso figurato
Ⓢ	introduce i sinonimi

A

a¹ *s.f.* o *m.* Prima lettera dell'alfabeto italiano; è una vocale.

a² *prep.* **1** Introduce molti complementi indiretti: di termine; di moto a luogo (anche ✂); di stato in luogo; di tempo; di modo e qualità; di mezzo o strumento; di causa; di paragone; di pena; di limitazione **2** Seguita dal verbo all'infinito introduce varie specie di proposizioni: *ha fatto male a partire*; *vado a vedere.*

abbagliànte *agg.* Che abbaglia | *Fari a.* = negli autoveicoli, quelli che illuminano a lungo raggio la strada.

abbagliàre *v.tr.* **1** Offendere la vista con luce troppo viva **2** ✂ Ingannare, illudere.

abbaiàre *v.intr.* [aus. *avere*] Detto del cane, emettere il caratteristico verso.

abbàino *s.m.* Piccola costruzione sopraelevata su tetti in pendenza e dotata di finestra ◊ Soffitta abitabile.

abbandonàre *v.tr.* **1** Lasciare per sempre o per lungo tempo persone, cose o luoghi ◊ Lasciare senza aiuto **2** Cessare di fare; desistere da qlco.; ritirarsi da un'attività **3** Smettere di tenere ◊ Lasciar cadere, reclinare (una parte del corpo) ♦ **abbandonarsi** *v.pr.* Lasciarsi andare (anche ✂) ◊ Affidarsi interamente ◊ ✂ Cedere.

abbandóno *s.m.* **1** L'atto dell'abbandonare ◊ Rinuncia a proseguire in qlco. **2** Incuria, disordine: *casa in stato di a.*

abbassàre *v.tr.* **1** Mettere, portare più in basso **2** Ridurre l'altezza, l'intensità, il valore di qlco. **3** Chinare ♦ **abbassarsi** *v.pr.* **1** Chinarsi **2** ✂ Umiliarsi, degradarsi **3** Diminuire, scendere, calare.

abbàsso *avv.* **1** Giù, di sotto **2** Grido di riprovazione o di ostilità: *a. il governo!*

abbastànza *avv.* **1** In quantità sufficiente: *hai mangiato a.?* **2** Piuttosto: *sono a. stanco di aspettare.*

abbàttere *v.tr.* **1** Far cadere, buttar giù (anche ✂) **2** Uccidere ♦ **abbattersi** *v.pr.* **1** Cadere, piombare **2** ✂ Perdere la fiducia in se stessi Ⓢ scoraggiarsi.

**abbattimént
o** *s.m.* **1** L'atto di abbattere qlco. **2** ✂ Scoraggiamento, depressione.

abbattùto *agg.* Depresso, avvilito.

abbellìre *v.tr.* Far diventare bello o più bello ◊ Far sembrare più bello.

abbeveràre *v.tr.* Far bere (spec. il bestiame) ♦ **abbeverarsi** *v.pr.* Dissetarsi.

abbigliaménto *s.m.* **1** Modo di vestire ◊ I vestiti e tutto ciò che serve per abbigliarsi (scarpe, guanti, sciarpe ecc.) **2** Il settore artigianale o industriale che produce capi di vestiario.

abbigliàre *v.tr.* e **abbigliarsi** *v.pr.* Vestire e vestirsi con particolare cura.

abboccàre *v.intr.* [aus. *avere*] **1** Agganciarsi con la bocca all'amo (detto di pesci) **2** ✂ Farsi ingannare ingenuamente, cadere in un tranello.

abbonaménto *s.m.* Pagamento anticipato che consente, per un determinato periodo, di usufruire di un servizio, di vedere spettacoli, di ricevere pubblicazioni ecc. ◊ Il documento, la tessera che comprova tale pagamento.

abbonàre *v.tr.* Fare un abbonamento per conto o a favore di un'altra persona ♦ **abbonarsi** *v.pr.* Fare un abbonamento per sé.

abbonàto *agg.* e *s.m.* Che, chi è in possesso di un abbonamento.

abbondànte *agg.* Che è in grande quantità; che è più del normale o del necessario: *un pasto a.*

abbondànza *s.f.* Grande quantità; quantità superiore al bisogno.

abbondàre *v.intr.* [aus. *avere*] Essere abbondante ◊ Avere una grande quantità di qlco.: *a. di mezzi.*

abbottonàre *v.tr.* Congiungere i lembi di un vestito, di una fodera per mezzo di bottoni.

abbòzzo *s.m.* Prima e sommaria forma che si dà a qlco. per tracciarne le linee essenziali: *l'a. di un quadro.*

abbracciàre *v.tr.* **1** Stringere tra le braccia qlcu., per esprimergli affetto o per bloccarlo **2** ♣ Includere, comprendere ♦ **abbracciarsi** *v.pr.* Stringersi reciprocamente tra le braccia.

abbràccio *s.m.* L'atto di abbracciare e di abbracciarsi in segno di affetto.

abbreviàre *v.tr.* Fare diventare più breve Ⓢ accorciare, ridurre.

abbreviazióne *s.f.* Accorciamento, riduzione ◊ Scrittura di una parola in forma ridotta (ad es. *ecc.* per *eccetera*).

abbronzàre *v.tr.* Rendere bruna la pelle ♦ **abbronzarsi** *v.pr.* Diventare scuro di pelle esponendosi al sole.

abbronzatùra *s.f.* L'abbronzarsi; la tinta bruna della pelle esposta ai raggi solari.

abbrustolìre *v.tr.* Seccare o bruciare leggermente un cibo col calore diretto o indiretto del fuoco Ⓢ tostare.

àbile *agg.* **1** Che ha i requisiti, la capacità di fare una determinata cosa Ⓢ idoneo **2** Bravo, capace ◊ Accorto, scaltro **3** Fatto con abilità, con astuzia.

abilità *s.f.* Capacità di far bene qlco. Ⓢ perizia, bravura ◊ Accortezza, scaltrezza, astuzia: *se l'è cavata con a.*

abìsso *s.m.* **1** Immensa profondità Ⓢ baratro, voragine **2** ♣ Differenza enorme.

abitàcolo *s.m.* Lo spazio riservato al pilota e ai passeggeri in un veicolo.

abitànte *s.m.f.* Persona che abita in un luogo: *gli a. di Roma, del Lazio.*

abitàre *v.tr.* e *v.intr.* [aus. *avere*] Avere come dimora abituale; vivere stabilmente in un luogo Ⓢ dimorare, risiedere.

abitàto *agg.* Popolato, occupato da abitanti ♦ *s.m.* Area occupata da case di abitazione: *un a. rurale, urbano.*

abitazióne *s.f.* Edificio o appartamento in cui si abita; più in generale, qualsiasi ambiente costruito o scelto dall'uomo per abitarvi Ⓢ casa, dimora.

àbito *s.m.* Vestito, veste.

abituàle *agg.* **1** Che costituisce un'abitudine ◊ Che costituisce la normale consuetudine Ⓢ consueto, usuale: *qual è la tua occupazione a.?* **2** Che fa qlco. con regolarità: *un nostro cliente a.*

abituàre *v.tr.* Far prendere un'abitudine a qlcu. ♦ **abituarsi** *v.pr.* Prendere un'abitudine ◊ Adattarsi, assuefarsi a qlco. di nuovo.

abitùdine *s.f.* Tendenza ad agire costantemente in un certo modo che si acquisisce per aver ripetuto più volte quell'atto o quel comportamento Ⓢ consuetudine, vizio: *buona, cattiva a.* ◊ Assuefazione a qlco.: *ho a. alla fatica.*

abolìre *v.tr.* Eliminare; abrogare.

abolizióne *s.f.* Annullamento, eliminazione.

abortìre *v.intr.* **1** [aus. *avere*] Interrompere la gravidanza prima che il feto sia in grado di vivere fuori dell'utero materno **2** [aus. *essere*] ♣ Non riuscire Ⓢ fallire.

abòrto *s.m.* Interruzione spontanea o provocata della gravidanza prima che il feto sia in grado di vivere fuori dell'utero materno.
abrogàre *v.tr.* Annullare una legge o un provvedimento.
abusàre *v.intr.* [aus. *avere*] **1** Fare un uso eccessivo, improprio o illecito di qlco. **2** Approfittare in modo colpevole | *A. di una donna* = farle violenza sessuale.
abusìvo *agg.* Che è fatto senza averne il diritto ◊ Che svolge un'attività senza averne l'autorizzazione.
abùso *s.m.* Uso eccessivo, arbitrario o illecito di qlco.: *a. di potere* ◊ Comportamento arbitrario, illecito Ⓢ illegalità.
accadèmia *s.f.* Nome di alcune scuole d'insegnamento superiore.
accadére *v.intr.* [aus. *essere*] Avvenire, succedere, capitare: *accadde un disastro.*
accadùto *s.m.* Fatto successo Ⓢ avvenimento: *mi informò dell'a.*
accalcàrsi *v.pr.* Affollarsi, far ressa.
accaldàrsi *v.pr.* Sudare e diventare rosso in volto per una fatica.
accampaménto *s.m.* Alloggiamento provvisorio all'aperto fatto con tende, baracche e sim.
accampàrsi *v.pr.* Porre l'accampamento: *i soldati si accamparono in riva al fiume.*
accanìrsi *v.pr.* **1** Agire con ferocia, avventarsi con furia rabbiosa ◊ Attaccare, perseguitare qlcu. con rabbiosa ostinazione **2** Persistere con tenacia e ostinazione in qlco.
accanìto *agg.* **1** Furioso, rabbioso **2** Tenace, ostinato: *è un fumatore a.*
accànto *avv.* A fianco, vicino.
accantonàre *v.tr.* **1** Mettere da parte come riserva **2** Sospendere, rinviare: *a. un progetto.*
accaparràre *v.tr.* **1** Assicurarsi, procurarsi **2** Acquistare dei prodotti in gran quantità, per timore che aumentino di prezzo o diventino irreperibili.
accapigliàrsi *v.pr.* Prendersi per i capelli in un litigio Ⓢ azzuffarsi ◊ Litigare.
accappatóio *s.m.* Vestaglia di spugna che si indossa dopo il bagno.
accarezzàre *v.tr.* Fare una carezza, delle carezze ◊ Sfiorare, lambire.
accatastàre *v.tr.* Ammassare facendo una catasta ◊ Ammucchiare disordinatamente: *accatastò i libri sul tavolo.*
accattóne *s.m.* Mendicante (per lo più in senso spregiativo).
accecàre *v.tr.* **1** Rendere cieco ◊ Diminuire la capacità visiva **2** ♣ Privare della ragione: *l'odio lo accecava.*
accèdere *v.intr.* [aus. *essere*] Entrare in un luogo: *oggi non si può a. alla piazza.*
acceleràre *v.tr.* Rendere più rapido, più spedito Ⓢ affrettare ♦ *v.intr.* [aus. *avere*] Aumentare la velocità.
acceleratóre *s.m.* Negli autoveicoli, il pedale che regola l'afflusso di carburante al motore, determinandone le variazioni di velocità.
accelerazióne *s.f.* Aumento di velocità.
accèndere *v.tr.* **1** Provocare o comunicare la fiamma **2** Mettere in funzione un apparecchio o un dispositivo dandogli corrente elettrica ♦ **accendersi** *v.pr.* **1** Prender fuoco **2** Entrare in funzione (detto di un dispositivo elettrico) **3** Illuminarsi, brillare (anche ♣) **4** ♣ Infiammarsi di un sentimento improvviso ◊ Iniziare, nascere all'improvviso.
accendìno *s.m.* Macchinetta per accendere sigari e sigarette.
accennàre *v.tr.* e *v.intr.* [aus. *avere*] **1** Far capire con un cenno, con dei cenni

del capo, degli occhi, delle mani Ⓢ indicare ◊ Esprimere con un gesto l'intenzione di fare qlco. **2** Parlare di qlco. brevemente, di sfuggita.

accènto *s.m.* **1** Maggiore intensità di voce con cui, in una parola, si pronuncia una sillaba rispetto alle altre ◊ Il segno grafico che si usa per indicare la vocale su cui cade l'a. (*a.grafico*); si distingue in *a. grave* (`), che si segna su *e* e *o* aperte e su *a, i, u,* e in *a. acuto* (´), che si segna su *e* e *o* chiuse **2** Modo di pronunciare le parole tipico di una lingua o di un dialetto: *a. francese*; *a. napoletano.*

accentràre *v.tr.* **1** Riunire in un solo luogo o sotto una sola autorità Ⓢ concentrare **2** ♧ Attirare su di sé: *a. l'attenzione.*

accerchiàre *v.tr.* Circondare completamente: *a. le forze nemiche.*

accertaménto *s.m.* Verifica, controllo.

accertàre *v.tr.* Stabilire con certezza Ⓢ verificare, controllare ♦ **accertarsi** *v.pr.* Acquistare la certezza di qlco. Ⓢ assicurarsi: *a. che sia tutto in ordine.*

accéso *agg.* **1** Che brucia **2** Che è in funzione: *la radio è a.* **3** ♧ Animato, appassionato: *un'a. discussione* **4** Vivo, intenso (detto di colore): *un rosso a.*

accèsso *s.m.* Ingresso, entrata; possibilità di entrare, di giungere in un luogo: *la scala d'a. ai piani superiori*; *è vietato l'a. agli estranei.*

accessòrio *s.m.* Oggetto che serve a completare qlco., pur non essendone un elemento essenziale (ad es., nell'abbigliamento, le scarpe, il cappello, i guanti, la cravatta ecc.).

accétta *s.f.* Piccola scure per spaccare e tagliare il legname.

accettàre *v.tr.* **1** Acconsentire a ricevere o a fare qlco.; non rifiutare: *a. un dono*; *accettò di collaborare* ◊ Accogliere, ammettere qlcu. **2** Far proprio Ⓢ accogliere, approvare: *a. una proposta* **3** Sopportare di buon grado: *a. la propria sorte.*

accezióne *s.f.* Ognuno dei significati di un vocabolo.

acchiappàre *v.tr.* Afferrare con sveltezza qlcu. o qlco. che sta sfuggendo.

acciàcco *s.m.* Disturbo fisico non grave ma fastidioso, per lo più dovuto alla vecchiaia: *è pieno d'acciacchi.*

acciaierìa *s.f.* Stabilimento industriale dove si produce e lavora l'acciaio.

acciàio *s.m.* Lega di ferro particolarmente dura, resistente ed elastica.

accidentàle *agg.* Che avviene per caso Ⓢ casuale, fortuito: *un fatto a.*

accidènte *s.m.* Caso imprevisto, avvenimento fortuito, per lo più spiacevole e doloroso.

acciuffàre *v.tr.* Afferrare qlcu. che cerca di fuggire Ⓢ agguantare ◊ Arrestare: *la polizia ha acciuffato i ladri.*

acciùga *s.f.* Piccolo pesce di mare.

acclamàre *v.tr.* Approvare con grida di entusiasmo e applausi.

accogliènte *agg.* Ospitale: *una famiglia a.* ◊ Piacevole, comodo, in cui ci si sente a proprio agio: *una stanza a.*

accogliènza *s.f.* Modo con cui si accoglie o viene accolta una persona.

accògliere *v.tr.* **1** Ricevere ◊ Ospitare ◊ Ammettere a far parte **2** Accettare, esaudire, approvare **3** Contenere.

accoltellàre *v.tr.* Ferire o uccidere qlcu. a coltellate.

accomodàre *v.tr.* **1** Mettere in ordine: *a. una stanza* ◊ Riparare: *a. una gonna* **2** ♧ Risolvere, sistemare: *a. una faccenda* ♦ **accomodarsi** *v.pr.* Mettersi a proprio agio, mettersi a sedere in un posto.

accompagnàre *v.tr.* **1** Andare insieme con qlcu. (per fargli compagnia, per proteggerlo, scortarlo ecc.) **2** ♧ Seguire: *a. con lo sguardo* **3** Unire una cosa a un'altra: *a. un dono con un biglietto d'auguri* **4** Suonare a sostegno di chi canta o suona la parte principale di un'esecuzione musicale: *a. un cantante al pianoforte.*

acconciatùra *s.f.* Il modo di disporre o di ornare i capelli Ⓢ pettinatura.

acconsentìre *v.intr.* [aus. *avere*] Dare il proprio consenso, dire di sì Ⓢ accondiscendere: *a. alle richieste di qlcu.*

accontentàre *v.tr.* Rendere contento qlcu. facendogli delle concessioni ♦ **accontentarsi** *v.pr.* Essere contento, soddisfatto di qlco.: *a. di poco.*

accónto *s.m.* Versamento anticipato di una parte della somma che si deve pagare per qlco. Ⓢ anticipo.

accoppiaménto *s.m.* Unione sessuale di un maschio e di una femmina per la riproduzione (detto spec. di animali).

accoppiàre *v.tr.* Mettere insieme, unire in coppia due persone, animali o cose ♦ **accoppiarsi** *v.pr.* **1** Unirsi in coppia **2** Unirsi sessualmente per la riproduzione (detto di animali).

accorciàre *v.tr.* Rendere più corto Ⓢ abbreviare ♦ **accorciarsi** *v.pr.* Diventare più corto, più breve.

accordàre *v.tr.* **1** Mettere d'accordo ◊ Armonizzare **2** Dare a uno strumento musicale la giusta intonazione: *a. la chitarra* **3** Concedere: *a. un permesso* ♦ **accordarsi** *v.pr.* Mettersi d'accordo.

accòrdo *s.m.* **1** Concordia di sentimenti, armonia nei rapporti ◊ Intesa di idee, di vedute **2** Patto, trattato: *concludere un a.*

accòrgersi *v.pr.* Rendersi conto di qlco. Ⓢ avvedersi: *a. di un errore.*

accórrere *v.intr.* [aus. *essere*] Correre in fretta o andare in massa verso un luogo.

accòrto *agg.* Astuto e prudente Ⓢ avveduto: *è un uomo molto a.*

accostàre *v.tr.* Avvicinare una cosa a un'altra fino a farle toccare o quasi ♦ **accostarsi** *v.pr.* Avvicinarsi, mettersi accanto a qlco. o a qlcu.

accovacciàrsi *v.pr.* Rannicchiarsi con le ginocchia piegate.

accreditàre *v.tr.* **1** Dare credito a qlco. Ⓢ avvalorare **2** Nel linguaggio bancario, segnare a credito.

accréscere *v.tr.* Far diventare più grande (anche ♧) Ⓢ aumentare ♦ **accrescersi** *v.pr.* Diventare più grande Ⓢ aumentare.

accudìre *v.intr.* [aus. *avere*] Occuparsi dei lavori quotidiani della casa e della famiglia: *a. alle faccende domestiche* ♦ *v.tr.* Prestare le proprie cure a qlcu. Ⓢ assistere: *a. un malato.*

accumulàre *v.tr.* Mettere più cose l'una sull'altra ◊ Raccogliere in gran quantità Ⓢ ammassare: *a. ricchezze* ♦ **accumularsi** *v.pr.* Raccogliersi in gran quantità Ⓢ ammassarsi.

accuràto *agg.* Fatto con cura ◊ Che fa le cose con molta cura e diligenza.

accùsa *s.f.* Attribuzione di una colpa a qlcu. ◊ Imputazione di un reato.

accusàre *v.tr.* Ritenere o indicare qlcu. come colpevole di qlco. Ⓢ incolpare ◊ Denunciare qlcu. come colpevole davanti all'autorità giudiziaria.

acèrbo *agg.* **1** Non maturo **2** Aspro.

acéto *s.m.* Liquido ottenuto dalla fermentazione del vino o di altre sostanze alcoliche, usato come condimento e per la conservazione di alimenti.

àcido *agg.* Che ha il sapore agro e pungente tipico del limone e dell'aceto ♦

s.m. Particolare tipo di sostanza chimica.

àcino *s.m.* Il chicco dell'uva.

àcqua *s.f.* **1** Liquido trasparente, inodore, incolore, insapore che occupa gran parte della superficie terrestre ed è un costituente fondamentale degli organismi viventi. In natura si trova anche allo stato solido (ghiaccio, neve) e gassoso (vapore acqueo) **2** Pioggia **3** Massa o distesa d'a.: *buttarsi in a.*; *nuotare sott'a.*; *corso d'a.*

acquàio *s.m.* Lavandino da cucina Ⓢ lavello.

acquàrio *s.m.* Vasca o complesso di vasche in cui si tengono in vita piante e animali acquatici ◊ L'edificio in cui si trovano queste vasche.

acquàtico *agg.* Che vive nell'acqua o vicino all'acqua: *flora, fauna a.* | *Sport a.* = che si pratica nell'acqua.

acquattàrsi *v.pr.* Rannicchiarsi o nascondersi dietro un riparo per non farsi vedere.

acquazzóne *s.m.* Pioggia improvvisa, violenta e di breve durata.

acquedótto *s.m.* Sistema di canali e condotte per la raccolta, il trasporto e la distribuzione dell'acqua potabile.

àcqueo *agg.* Di acqua: *vapore a.*

acquerèllo *s.m.* Tipo di pittura su carta fatta con colori diluiti nell'acqua.

acquirènte *s.m.f.* Chi acquista Ⓢ compratore.

acquisìre *v.tr.* Venire in possesso di qlco. (spec. ✿): *a. un diritto.*

acquistàre *v.tr.* **1** Venire in possesso di qlco. pagandolo Ⓢ comperare **2** ✿ Ottenere, procurarsi: *a. un vantaggio.*

acquìsto *s.m.* **1** L'acquistare Ⓢ compera: *esco a fare a.* **2** La cosa acquistata.

acquitrìno *s.m.* Terreno paludoso, coperto da acqua stagnante Ⓢ palude, pantano.

acquóso *agg.* Che contiene molta acqua: *frutto a.* ◊ Simile all'acqua: *liquido a.*

àcre *agg.* Di sapore o di odore pungente: *un fumo a.*

acròbata *s.m.f.* Chi, nei circhi e nei varietà, esegue esercizi di equilibrio e agilità Ⓢ funambolo.

acrobazìa *s.f.* Esercizio spericolato di agilità ed equilibrio come quelli degli acrobati.

acùleo *s.m.* **1** Pungiglione **2** Spina.

acùme *s.m.* Acutezza d'ingegno Ⓢ perspicacia: *una persona di grande a.*

acuminàto *agg.* Aguzzo, appuntito.

acùstico *agg.* Che riguarda l'udito o il suono: *impianto a.*

acutézza *s.f.* Intelligenza, acume, perspicacia: *l'a. di un'osservazione.*

acùto *agg.* **1** Che termina a punta Ⓢ aguzzo | *Angolo a.* = minore dell'angolo retto **2** *Accento a.* = il segno (´) che si usa in italiano per indicare la pronuncia chiusa della *e* e della *o* **3** *Suono a.* = alto **4** ✿ Intenso, pungente, vivo: *odore, freddo, dolore a.* | *Vista a.* = molto buona **5** ✿ Che rivela intelligenza Ⓢ perspicace, sottile: *una mente a.*; *un'osservazione a.* **6** *Fase a.* = il momento cruciale, più difficile e rischioso di una malattia o di un fenomeno economico, sociale, politico.

adagiàre *v.tr.* Posare, distendere con cura, delicatamente: *a. un malato sul letto* ♦

adagiarsi *v.pr.* Distendersi comodamente: *si adagiò sul divano.*

adàgio *avv.* **1** Piano, lentamente: *mangiare a.* **2** Con cautela, con prudenza: *andiamo a. con le novità!* ◊ Con delicatezza: *posa a. quel cristallo.*

adattàre *v.tr.* Modificare qlco. per renderlo adatto a uno scopo particolare: *a. una camera a studio* ♦ **adattarsi** *v.pr.*

Adeguarsi, abituarsi a condizioni nuove e diverse ◊ Accontentarsi; rassegnarsi: *è uno che si adatta facilmente.*

adàtto *agg.* Che ha le qualità necessarie allo scopo Ⓢ idoneo, adeguato, appropriato: *è la persona a.; strumenti non a.*

addebitàre *v.tr.* **1** Attribuire a qlcu. il pagamento di qlco.: *a. una spesa a qlcu.* **2** ✿ Addossare: *a. a qlcu. tutti gli insuccessi.*

addèndo *s.m.* Ciascuno dei numeri da sommare in un'operazione di addizione.

addensàre *v.tr.* Rendere denso o fitto ♦ **addensarsi** *v.pr.* Ammassarsi, infittirsi: *la folla si addensava nella piazza.*

addentàre *v.tr.* Afferrare con i denti Ⓢ mordere: *addentò la mela.*

addentràrsi *v.pr.* Penetrare, inoltrarsi in un luogo: *a. nel bosco.*

addestraménto *s.m.* Insieme di istruzioni ed esercizi attraverso i quali si insegna e si impara a fare qlco.

addestràre *v.tr.* Rendere abile in qualche cosa con l'esercizio Ⓢ esercitare, allenare: *a. il cane alla caccia* ♦ **addestrarsi** *v.pr.* Esercitarsi per diventare abile in qlco.: *a. nell'uso delle armi.*

addétto *agg.* Che è assegnato a un dato compito Ⓢ incaricato: *la donna a. alle pulizie* ◊ Che è destinato a un certo uso Ⓢ adibito: *vagoni a. al trasporto merci.*

addìo *inter.* Forma di saluto usata quando ci si separa, soprattutto definitivamente, da qlcu. ♦ *s.m.* Saluto definitivo, distacco: *venne il giorno dell'a.*

addirittùra *avv.* **1** Perfino: *stava a. per cadere* **2** Direttamente: *vediamoci a. a casa.*

additàre *v.tr.* Indicare col dito ◊ ✿ Mostrare, indicare: *a. qlcu. a esempio.*

additìvo *s.m.* Sostanza che si aggiunge a un prodotto per migliorarne le caratteristiche o l'aspetto.

addizióne *s.f.* Operazione aritmetica con cui si sommano due o più numeri.

addòbbo *s.m.* Ornamento, decorazione.

addolcìre *v.tr.* Rendere dolce: *a. il caffè con lo zucchero* ♦ **addolcirsi** *v.pr.* ✿ Diventare più mite, più dolce: *il clima si è addolcito.*

addoloràre *v.tr.* Causare dolore spirituale, dispiacere Ⓢ affliggere, rattristare: *la tua partenza ci addolora* ♦ **addolorarsi** *v.pr.* Provare dolore, dispiacere.

addòme *s.m.* La parte del corpo dell'uomo e di molti animali compresa tra il torace e il bacino.

addomesticàre *v.tr.* Rendere domestico, mansueto un animale selvatico: *a. un leone, un cavallo selvaggio.*

addormentàre *v.tr.* Far dormire: *a. un bambino* ◊ Anestetizzare: *a. qlcu. per l'operazione* ♦ **addormentarsi** *v.pr.* **1** Prender sonno: *non riusciva ad a.* **2** Intorpidirsi (detto di parti del corpo).

addossàre *v.tr.* **1** Accostare, appoggiare: *a. un mobile alla parete* **2** ✿ Attribuire, accollare, imputare a qlcu. una spesa, una colpa, una responsabilità ♦ **addossarsi** *v.pr.* **1** Appoggiarsi con la schiena a qlco. ◊ Ammassarsi, accalcarsi: *tutti si addossavano all'ingresso* **2** ✿ Assumersi, accollarsi: *a. un debito.*

addòsso *avv.* **1** Sulle spalle, sulla persona (anche ✿): *ha a. un abito scuro; sentiva a. il peso degli anni* **2** Nell'animo, in corpo: *avere a. la malinconia, i brividi* ♦ *prep.* **1** Su, sopra: *cascare a. a qlcu.* **2** Molto vicino, accanto: *case l'una a. all'altra* **3** Contro: *si scagliò a. al nemico.*

adeguàre *v.tr.* Rendere proporzionato, corrispondente, adatto Ⓢ conformare: *a. i salari ai prezzi* ♦ **adeguarsi** *v.pr.* Conformarsi, adattarsi: *a. ai tempi.*

adeguàto *agg.* Proporzionato alle esigenze o alle qualità: *stipendio a. al costo della vita* ◊ Adatto, idoneo al compito: *non è la persona a. per quell'incarico.*

aderènte *agg.* Che aderisce al corpo: *un abito a.* ♦ *s.m.f.* Chi dà la propria adesione a qlco.: *gli a. a un partito.*

aderìre *v.intr.* [aus. *avere*] **1** Stare strettamente unito, attaccato **2** ♧ Acconsentire: *a. a una richiesta* ◊ Partecipare: *a. a uno sciopero* ◊ Iscriversi, entrare a far parte: *a. a un partito.*

adesìvo *agg.* Che aderisce: *nastro a.* ♦ *s.m.* Sostanza per tenere uniti due corpi posti a contatto: *la colla è un buon a.*

adèsso *avv.* In questo momento Ⓢ ora: *a. sono occupato* ◊ Poco fa: *era qui proprio a.* ◊ Tra poco: *arriverà a.*

adiacènte *agg.* Che è situato nei pressi Ⓢ vicino, contiguo, attiguo: *la casa a.*

adibìre *v.tr.* Destinare a un determinato uso, scopo: *a. un locale a laboratorio.*

adolescènte *agg.* e *s.m.f.* Che, chi è nell'età dell'adolescenza.

adolescènza *s.f.* L'età compresa tra i dodici e i diciotto anni circa.

adoperàre o **adopràre** *v.tr.* Fare uso di qlco. Ⓢ usare, utilizzare, impiegare ♦ **adoperarsi** *v.pr.* Darsi da fare, impegnarsi: *a. per la riuscita di un'iniziativa.*

adoràbile *agg.* Molto grazioso, amabile, piacevole: *è una ragazza a.*

adoràre *v.tr.* **1** Manifestare con atti di culto amore e rispetto verso la divinità: *a. Dio* ◊ Venerare **2** Amare immensamente: *sua moglie lo adora* ◊ Avere passione, entusiasmo per qlco. o qlcu.

adorazióne *s.f.* **1** Atto con cui si manifesta la propria venerazione per la divinità **2** Amore sviscerato; grande ammirazione: *ha un'a. per la sorella.*

adornàre *v.tr.* Abbellire con ornamenti.

adottàre *v.tr.* **1** Scegliere di far da genitore a un figlio altrui come se fosse proprio **2** ♧ Prendere, attuare: *a. provvedimenti contro la criminalità.*

adottìvo *agg.* Che è tale per adozione: *genitore a.*; *figlio a.*

adozióne *s.f.* Atto legale con cui si assume a tutti gli effetti come proprio figlio un figlio altrui.

adulteràre *v.tr.* Alterare illegalmente la qualità di un prodotto alimentare, aggiungendovi sostanze meno care e talvolta nocive Ⓢ sofisticare: *a. il vino.*

adultèrio *s.m.* Relazione amorosa di una persona sposata con persona diversa dal coniuge.

adùlto *agg.* e *s.m.* Che, chi è giunto alla piena maturità fisica e psichica.

aeràre o **areàre** *v.tr.* Dare aria, rinnovare l'aria Ⓢ arieggiare: *a. una stanza.*

aèreo[1] *agg.* **1** Dell'aria, fatto d'aria: *lo spazio a.* **2** Che sta in aria, al di sopra del terreno: *cavi a.* **3** Che avviene, si muove nell'aria: *voli a.*; *flotta a.* **4** Che utilizza gli aeroplani: *posta a.*

aèreo[2] *s.m.* Aeroplano.

aeroplàno *s.m.* Apparecchio a motore capace di muoversi nell'aria.

aeropòrto *s.m.* Vasto terreno pianeggiante attrezzato con piste e impianti per la partenza, l'atterraggio e il rifornimento di velivoli: *a. civile, militare.*

affaccendàto *agg.* Molto occupato in qlco. Ⓢ indaffarato: *è sempre a.*

affacciàrsi *v.pr.* Mostrarsi, sporgersi da una porta, da una finestra.

affamàto *agg.* Che ha fame.

affannàrsi *v.pr.* Darsi molto da fare, affaticarsi, preoccuparsi: *a. per niente.*

affànno *s.m.* **1** Respiro difficoltoso e

ansimante, per fatica, malattia o emozione **2** ♧ Pena, ansia, inquietudine.

affàre *s.m.* **1** Cosa da fare, attività da svolgere Ⓢ impegno, faccenda ◊ Cosa, faccenda, questione, situazione: *è un a. che non mi riguarda* **2** Operazione economica che ha per scopo un guadagno: *concludere un a.* ◊ Acquisto, vendita a un prezzo vantaggioso: *hai fatto un vero a.* ◊ (al *pl.*) Attività commerciali e finanziarie: *darsi agli a.*

affascinàre *v.tr.* Attrarre in modo irresistibile Ⓢ sedurre: *la bellezza affascina.*

affaticaménto *s.m.* Fatica fisica o mentale e stanchezza che ne deriva.

affaticàre *v.tr.* Sottoporre a fatica, provocare stanchezza Ⓢ stancare: *a. la vista* ♦ **affaticarsi** *v.pr.* Stancarsi.

affàtto *avv.* **1** Del tutto, completamente: *abbiamo opinioni a. diverse* **2** (nelle frasi negative e nelle risposte) Per nulla: *non sono a. stanco*; *«Hai sonno?», «A.».*

affermàre *v.tr.* Dichiarare: *a. la propria innocenza* ♦ **affermarsi** *v.pr.* Avere successo Ⓢ imporsi: *a. in una gara.*

affermatìvo *agg.* Che dice, risponde di sì: *risposta a.*; *gli fece un cenno a.*

affermàto *agg.* Rinomato, di successo: *un prodotto, un medico a.*

affermazióne *s.f.* **1** Ciò che uno dice Ⓢ dichiarazione: *le sue a. sono false* ◊ Risposta affermativa **2** Successo, vittoria: *l'a. di una squadra in una partita.*

afferràre *v.tr.* Prendere e tenere con forza: *a. qlcu. per un braccio* ♦ **afferrarsi** *v.pr.* Attaccarsi con forza Ⓢ aggrapparsi, appigliarsi: *a. a un sostegno.*

affettàre *v.tr.* Tagliare a fette.

affettìvo *agg.* Di affetto, che riguarda gli affetti: *legame, sentimento a.*

affètto[1] *s.m.* Sentimento di tenero amore, di profondo attaccamento per qlcu.

affètto[2] *agg.* Colpito (da una malattia).

affettuóso *agg.* Che dimostra affetto, pieno di affetto: *un gesto a.* ◊ Incline all'affetto: *ha un carattere a.*

affezionàrsi *v.pr.* Prendere affetto per qlcu. o qlco.: *a. a un amico*; *a. al lavoro.*

affezióne *s.f.* Malattia, disturbo.

affiataménto *s.m.* Accordo, intesa tra persone che svolgono un'attività in comune: *una classe in cui c'è molto a.*

affiatàrsi *v.pr.* Acquistare affiatamento, familiarità: *a. con i nuovi compagni.*

affidàbile *agg.* Che dà garanzie; in cui si può avere fiducia: *persona, ditta a.*

affidabilità *s.f.* Grado di fiducia che si può riporre in qlcu. o qlco.

affidaménto *s.m.* Fiducia, garanzia: *persona che non dà nessun a.* | *Fare a. su qlcu. o qlco.* = contarci; averne fiducia.

affidàre *v.tr.* Dare, consegnare alla cura, alla custodia di una persona fidata ♦ **affidarsi** *v.pr.* Rimettersi con fiducia alla protezione, alla cura di qlcu.: *a. a Dio*; *mi sono affidato a un buon medico.*

affilàre *v.tr.* Rendere tagliente, dare il filo a una lama: *a. il coltello, le forbici.*

affinché *congz.* Con lo scopo che, al fine che Ⓢ perché: *te lo dico a. tu lo sappia.*

affìne *agg.* Simile, analogo: *prodotti a.*

affioràre *v.intr.* [aus. *essere*] Apparire alla superficie Ⓢ emergere ◊ ♧ Venire alla luce; manifestarsi, trapelare: *la verità sta affiorando.*

affittàre *v.tr.* Dare in affitto ◊ Nel linguaggio corrente, prendere in affitto.

affitto *s.m.* **1** Cessione temporanea dell'uso di un bene immobile in cambio del pagamento di un canone ◊ Noleggio **2** La somma che si paga per il godimento di tale bene: *pagare l'a. di casa.*

afflitto *agg.* Addolorato; triste, abbattuto.

affluènte *s.m.* Corso d'acqua che sbocca in un fiume maggiore: *gli a. del Po.*

affluìre *v.intr.* [aus. *essere*] Scorrere verso un luogo: *i fiumi affluiscono al mare* ◊ ✣ Giungere in gran numero in un luogo: *la folla sta affluendo allo stadio.*

affogàre *v.tr.* Uccidere qlcu. immergendolo in un liquido ♦ *v.intr.* [aus. *essere*] Morire soffocato nell'acqua ⓢ annegare.

affollàre *v.tr.* Riempire in folla un luogo ⓢ gremire: *il pubblico affolla lo stadio* ♦ **affollarsi** *v.pr.* Raccogliersi in gran numero, far ressa: *a. all'ingresso.*

affondàre *v.tr.* Mandare, colare a fondo: *a. una nave nemica* ♦ *v.intr.* [aus. *essere*] Andare a fondo ◊ Sprofondare.

affrettàre *v.tr.* Rendere più rapido ⓢ accelerare: *a. il passo* ♦ **affrettarsi** *v.pr.* Andare in fretta, accelerare il passo: *affrettatevi, è tardi* ◊ Far qlco. al più presto ⓢ sbrigarsi: *si affrettò a scusarsi.*

affrontàre *v.tr.* **1** Andare incontro o trovarsi di fronte a qlcu. per misurarsi con lui ◊ Andare incontro a qlco. di rischioso, difficile, spiacevole **2** Iniziare ◊ Cominciare a esaminare qlco.: *a. un argomento* ♦ **affrontarsi** *v.pr.* Scontrarsi in un combattimento, in una gara.

afóso *agg.* Soffocante per l'afa: *clima a.*

agènda *s.f.* Libro o taccuino con calendario su cui si annotano le cose da fare, impegni, appuntamenti ecc.

agènte *s.m.f.* Poliziotto, guardia.

agenzìa *s.f.* **1** Impresa, società che fornisce determinati servizi: *a. pubblicitaria, di viaggi* **2** Sede distaccata di un'azienda, di una banca ⓢ filiale.

agevolazióne *s.f.* Facilitazione, aiuto.

agévole *agg.* Facile, non faticoso, comodo: *un compito a.; una salita a.*

agganciàre *v.tr.* Unire, collegare con un gancio: *a. due vagoni al treno.*

aggéggio *s.m.* Oggetto, arnese che non si conosce, di cui non si sa il nome.

aggettìvo *s.m.* Parte del discorso che si aggiunge a un sostantivo per qualificarlo o specificarlo.

aggiornàre *v.tr.* **1** Adeguare alle nuove esigenze e conoscenze: *a. un dizionario* ◊ Mettere al corrente: *a. qlcu. sulle novità* **2** Rimandare ad altra data la continuazione di una riunione ♦ **aggiornarsi** *v.pr.* Tenersi al corrente, spec. sul piano culturale, tecnico, professionale.

aggiràre *v.tr.* Girare intorno a un luogo, a un ostacolo, spec. per superarlo senza affrontarlo direttamente.

aggiudicàre *v.tr.* **1** Assegnare o attribuire qlco. a qlcu.: *a. il primo premio al vincitore* **2** Conquistare, ottenere: *la nostra squadra si è aggiudicata la vittoria.*

aggiùngere *v.tr.* Mettere, dare o dire in più: *a. olio alla pasta.*

aggiustàre *v.tr.* Riparare, accomodare: *a. un motore, un vestito.*

aggravàre *v.tr.* Rendere più grave, più doloroso o fastidioso ⓢ peggiorare ♦ **aggravarsi** *v.pr.* Diventare più grave, avere un peggioramento.

aggredìre *v.tr.* Assalire all'improvviso e con violenza: *a. qlcu. alle spalle.*

aggressóre *s.m.* Chi aggredisce o ha aggredito una persona o uno stato.

agiàto *agg.* Che sta bene economicamente ⓢ benestante ◊ Pieno di agi, comodo: *condurre una vita a.*

àgile *agg.* Che si muove con facilità e scioltezza: *ha un fisico ancora a.*

agilità *s.f.* Scioltezza, facilità e sveltezza nei movimenti: *saltare, ballare con a.*

àgio *s.m.* **1** Condizione e sensazione di

benessere, di comodità: *sentirsi a proprio a.* **2** (al *pl.*) Le comodità della vita, il benessere dato dalla ricchezza.

agìre *v.intr.* [aus. *avere*] **1** Operare, fare; intervenire attivamente: *è il momento di a.* ◊ Comportarsi: *a. male* **2** Esercitare un'azione, avere un effetto: *un farmaco che agisce prontamente.*

agitàre *v.tr.* Muovere rapidamente in qua e in là, scuotere con forza ♦ **agitarsi** *v.pr.* **1** Muoversi con irrequietezza o con forza **2** ⚕ Eccitarsi, emozionarsi, inquietarsi: *non è il caso di a.*

agitàto *agg.* **1** Molto mosso (detto del mare) **2** ⚕ Eccitato, irrequieto, nervoso.

agitazióne *s.f.* **1** Stato di eccitazione o di apprensione **2** Azione politica o sindacale di protesta o rivendicazione.

àglio *s.m.* Pianta erbacea il cui bulbo a spicchi è molto usato come condimento.

agnèllo *s.m.* Il nato della pecora fino a un anno di età.

àgo *s.m.* **1** Asticciola di acciaio, appuntita a un'estremità e con un foro nell'altra, attraverso cui si fa passare il filo per cucire o ricamare **2** Nome di vari oggetti di forma allungata e appuntita: *a. da maglia*; *a. per iniezioni* ◊ Lancetta che serve da indice in vari strumenti: *a. della bilancia, della bussola* **3** Foglia a forma d'ago: *a. di pino.*

agonìa *s.f.* Lo stato che precede la morte, in cui si indeboliscono il battito del cuore e la respirazione: *il malato entrò in a.*

agrìcolo *agg.* Che riguarda l'agricoltura.

agricoltóre *s.m.* Chi coltiva la terra Ⓢ contadino ◊ Chi gestisce un'azienda agricola.

agricoltùra *s.f.* La coltivazione della terra.

agrùme *s.m.* Nome comune delle piante come l'arancio, il limone, il mandarino, il pompelmo ◊ Frutto di tali piante.

agùzzo *agg.* **1** Appuntito, acuminato **2** ⚕ Acuto, penetrante: *ha la vista a.*

aiuòla *s.f.* Ristretto spazio di terreno coltivato a fiori o ortaggi: *un'a. di rose.*

aiutàre *v.tr.* **1** Dare aiuto, soccorrere **2** Favorire, facilitare ♦ **aiutarsi** *v.pr.* **1** Servirsi di qlco. come aiuto: *a. con le mani* **2** Darsi aiuto reciproco.

aiùto *s.m.* Sostegno, soccorso dato a chi è in difficoltà; assistenza, collaborazione: *chiedere a.*; *ho bisogno del tuo a.*

àla *s.f.* **1** Organo del volo degli uccelli, dei pipistrelli e di alcuni insetti **2** Parte dei velivoli che ne sorregge il peso in volo **3** Parte laterale di una costruzione, di un edificio **4** In vari sport, attaccante che occupa la fascia destra o sinistra del campo.

àlba *s.f.* La prima luce del giorno.

albèrgo *s.m.* Edificio attrezzato per offrire alloggio o anche vitto a pagamento Ⓢ hotel: *dormire in a.*

àlbero *s.m.* **1** Pianta con fusto eretto e legnoso dal quale si dipartono dei rami **2** Organo rotante di forma cilindrica che trasmette ad altre parti di una macchina il moto e la potenza del motore.

albicòcca *s.f.* Frutto gialloarancione dell'albicocco, dolce e saporito.

albicòcco *s.m.* Albero che produce le albicocche.

àlbum *s.m.invar.* Quaderno rilegato che si usa per la raccolta di fotografie, francobolli, ricordi ecc.

àlcol *s.m.* **1** Nome corrente dell'alcol etilico, che si ottiene per distillazione del vino o di sostanze zuccherine fermentate **2** Bevanda alcolica.

alcòlico *agg.* Che contiene alcol: *bevande a.* ♦ *s.m.* Bevanda contenente alcol.

alcùno *agg.* e *pron. indef.* Si usa quasi solo al pl. per indicare un numero indeterminato di persone o di cose (al sing. è sostituito come agg. da *qualche* e come pron. da *qualcuno*) ◊ In frasi negative equivale a *nessuno* e si usa solo al sing.

alfabetizzàre *v.tr.* Insegnare a qlcu. a leggere e a scrivere.

alfabèto *s.m.* Serie di segni grafici che servono a rappresentare i singoli suoni di una lingua: *l'a. latino, greco, arabo.*

àlga *s.f.* Nome comune di molte piante che vivono in acque dolci e salate.

àlibi *s.m.* **1** Prova che ci si trovava altrove nel momento in cui in un luogo veniva commesso un reato **2** Pretesto, scusa.

alimentàre[1] *v.tr.* **1** Nutrire: *a. un bambino* **2** Fornire a una macchina l'energia per il suo funzionamento: *a. un motore* ♦ **alimentarsi** *v.pr.* Nutrirsi: *a. con cibi sani.*

alimentàre[2] *agg.* **1** Che serve al nutrimento ⓢ commestibile: *prodotti a.* **2** Che riguarda gli alimenti; provocato da alimenti: *intossicazione a.* ♦ *s.m.pl.* Generi commestibili: *negozio di a.*

alimentazióne *s.f.* **1** Il modo di nutrirsi **2** Rifornimento dell'energia necessaria al funzionamento di una macchina: *a. elettrica, a gasolio.*

aliménto *s.m.* Sostanza capace di nutrire un organismo vivente ⓢ cibo, nutrimento: *la carne e il formaggio sono a.*

àlito *s.m.* **1** Fiato, respiro **2** ⚘ Leggero soffio di vento.

allacciàre *v.tr.* **1** Legare, stringere con lacci, fibbie e sim.: *a. le scarpe* **2** Collegare, mettere in comunicazione **3** ⚘ Stringere, stabilire: *a. nuovi rapporti.*

allagàre *v.tr.* Invadere coprendo d'acqua ⓢ inondare ◊ Spandersi in abbondanza su una superficie (detto di liquidi).

allargàre *v.tr.* **1** Rendere più largo, più ampio: *a. un foro* ◊ Aprire, divaricare: *a. le gambe* **2** ⚘ Ampliare, estendere: *a. le ricerche* ♦ **allargarsi** *v.pr.* **1** Diventare più largo, più ampio **2** ⚘ Estendersi.

allarmàre *v.tr.* Mettere in agitazione, in apprensione ♦ **allarmarsi** *v.pr.* Mettersi in ansia, spaventarsi, preoccuparsi.

allàrme *s.m.* Avvertimento di una situazione grave, di un pericolo imminente: *dare l'a. per un incendio.*

allattaménto *s.m.* Alimentazione del neonato a base di latte: *a. naturale, artificiale.*

allattàre *v.tr.* Nutrire un neonato col proprio latte o con allattamento artificiale.

alleànza *s.f.* Patto con cui due o più stati si impegnano ad aiutarsi reciprocamente ◊ Accordo tra partiti, gruppi, persone per scopi di comune interesse.

alleàrsi *v.pr.* Fare, stringere un'alleanza ◊ Unirsi per un'azione comune.

alleàto *agg.* e *s.m.* Che, chi fa parte di un'alleanza, ha stretto un'alleanza.

allegàre *v.tr.* Unire, accludere: *devi a. una foto alla domanda d'iscrizione.*

alleggerìre *v.tr.* Rendere più leggero: *a. un carico.*

allegrìa *s.f.* Stato d'animo allegro, lieto, gioioso ⓢ contentezza, buonumore.

allégro *agg.* **1** Che ha o rivela allegria ⓢ lieto, gioioso, contento **2** Che mette allegria ⓢ brioso, vivace, piacevole.

allenaménto *s.m.* Preparazione, addestramento (spec. sportivo).

allenàre *v.tr.* **1** Preparare a un'attività sportiva con continui esercizi: *a. una squadra* **2** Tenere in esercizio ⓢ esercitare, addestrare: *a. la memoria, il fisico.*

allenatóre *s.m.* Tecnico che allena gli atleti nei vari sport.

allergìa *s.f.* Reazione di intolleranza di un organismo a determinate sostanze.
allestìre *v.tr.* Preparare, organizzare.
allevaménto *s.m.* **1** Insieme delle cure necessarie alla crescita di un bambino **2** L'attività di allevare animali utili all'uomo ◊ Impianto destinato a tale attività; l'insieme degli animali che si allevano.
allevàre *v.tr.* **1** Nutrire e far crescere un bambino prestandogli le cure necessarie ◊ ♧ Educare **2** Curare la crescita e la riproduzione di piante e animali.
allevatóre *s.m.* Chi si occupa dell'allevamento del bestiame.
allièvo *s.m.* Chi viene istruito da un insegnante o frequenta una scuola [S] discepolo, scolaro, alunno.
alloggiàre *v.tr.* Dare alloggio a qlcu. [S] ospitare ♦ *v.intr.* [aus. *avere*] Dimorare, abitare temporaneamente: *a. in albergo.*
allòggio *s.m.* Luogo in cui alloggiare, essere ospitati ◊ Abitazione.
allontanàre *v.tr.* Mandare lontano [S] separare: *a. il figlio dalle cattive compagnie* ◊ Mettere lontano [S] scostare ◊ Tenere lontano, distante (anche ♧): *a. un pericolo* ◊ Mandar via: *a. un alunno da scuola.*
allóra *avv.* In quel momento (del passato o del futuro) ♦ *congz.* **1** In tal caso **2** Dunque, ebbene: *a. hai deciso che fare?*
àlluce *s.m.* Il più grosso dito del piede.
allumìnio *s.m.* Metallo bianco argenteo.
allungàre *v.tr.* **1** Rendere più lungo, accrescere in lunghezza: *a. una gonna* **2** Aumentare la durata di qlco.: *a. le ferie* **3** Diluire, annacquare: *a. il vino* ♦ **allungarsi** *v.pr.* Accrescersi in lunghezza, altezza, durata.
alluvióne *s.f.* Inondazione di terre provocata da straripamento di fiumi o da forti piogge.
alméno *avv.* Per lo meno, come minimo: *starò via a. una settimana* ◊ Se non altro: *stavolta a. ci ha avvertito.*
alpìno *agg.* Delle Alpi: *la catena a.* ◊ Dell'alta montagna: *flora a.* ♦ *s.m.* Soldato dell'esercito italiano addestrato a operare in alta montagna.
alt *inter.* Esclamazione che ordina di interrompere un'azione o un movimento ♦ *s.m.* **1** Ordine di fermarsi: *il poliziotto intimò l'a.* **2** Interruzione, sosta.
altàre *s.m.* Tavola sulla quale i sacerdoti cattolici celebrano le funzioni religiose.
alteràre *v.tr.* **1** Modificare una cosa, per lo più peggiorandola **2** Falsificare, contraffare: *a. la verità.*
alternàre *v.tr.* Compiere o disporre due o più cose in modo che si succedano l'una all'altra con regolarità: *a. lo studio e il lavoro* ♦ **alternarsi** *v.pr.* Succedersi in modo alterno [S] avvicendarsi.
alternatìva *s.f.* Necessità di scelta fra due soluzioni che si escludono a vicenda [S] dilemma: *trovarsi di fronte a un'a.* ◊ Scelta, soluzione possibile.
altézza *s.f.* **1** Distanza in verticale tra la base e il vertice di un corpo ◊ Profondità (detto dell'acqua) **2** Punto, luogo alto: *cadere da una grande a.* ◊ Distanza da terra: *volare a grande a.*
altitùdine *s.f.* Altezza di un luogo sul livello del mare [S] quota.
àlto *agg.* **1** Che si eleva verticalmente di una certa misura dal suolo o da un altro piano preso come base: *un monte a. mille metri* ◊ Che ha un'altezza, una statura notevole: *un uomo a.* ◊ Situato in posizione elevata: *i piani a. di un edificio* ◊ Spesso: *una lastra a. tre centimetri* **2** Profondo | *A. mare* = quello lontano dalla costa **3** Settentrionale: *a. Italia* **4** Ele-

vato, grande, considerevole: *prezzi a.*; *febbre a.* **5** Acuto; forte: *note a.*; *ad a. voce* ♦ *s.m.* Parte alta, punto alto ♦ *avv.* A grande altezza, verso l'alto: *volare a.*

altoparlànte *s.m.* Apparecchio che serve ad amplificare la voce e il suono.

altrettànto *agg.indef.* Che è uguale ad altro come numero, quantità, misura ♦ *pron.indef.* La stessa quantità o misura ◊ La stessa cosa ♦ *avv.* Nella stessa misura, ugualmente.

altriménti *avv.* **1** In altra maniera, diversamente: *non potevo fare a.* **2** In caso contrario, se no: *parla chiaro, a. taci.*

àltro *agg.indef.* **1** Differente, diverso: *farò in a. modo* **2** Restante, rimanente: *l'a. libro dov'è?* **3** In più rispetto al precedente; nuovo, secondo: *dammi a. pane*; *fu per lui come un a. padre* **4** Riferito al tempo, scorso, precedente (*l'a. ieri*) ma anche prossimo (*verrò quest'a. settimana*) e successivo (*da un anno all'a.*) ♦ *pron. indef.* Una persona o cosa diversa, distinta o in più di quella a cui ci si è riferiti in precedenza: *rivolgersi ad altri* ♦ *s.m.* **1** Altra cosa: *ho a. da fare* **2** (al *pl.*) Le altre persone, il prossimo: *pensare agli a.*

altróve *avv.* In altro luogo.

altrùi *agg.poss.invar.* Di altri: *faccende a.*

altruìsmo *s.m.* Amore per il prossimo; dedizione verso gli altri: *agire con a.*

altùra *s.f.* **1** Luogo elevato Ⓢ colle, collina, monte **2** Alto mare: *pesca d'a.*

alùnno *s.m.* Scolaro, allievo.

alveàre *s.m.* Nido naturale delle api o cassetta in cui sono allevate.

alzàre *v.tr.* **1** Portare in alto o più in alto; spingere, tirare in su Ⓢ sollevare, innalzare ◊ Aumentare di livello o d'intensità: *a. i prezzi* **2** Costruire, erigere: *a. un muro* ♦ **alzarsi** *v.pr.* **1** Mettersi in posizione ritta Ⓢ sollevarsi, rizzarsi ◊ Levarsi dal letto **2** Andare verso l'alto Ⓢ crescere, salire; sorgere, levarsi (anche ♧) **3** Levarsi in volo.

amàre *v.tr.* **1** Voler bene, provare profondo affetto: *a. il prossimo, i figli* ◊ Sentire un'attrazione per qlcu., esserne innamorato **2** Sentire affetto, attaccamento per qlco.: *a. il proprio paese* ◊ Sentire interesse, piacere, attrazione per qlco.: *a. lo studio, la musica* **3** Desiderare, aver piacere, volere: *amerei vederti contento* ♦ **amarsi** *v.pr.* Provare reciprocamente affetto, amore.

amàro *agg.* **1** Che ha sapore contrario al dolce **2** ♧ Che è causa di dispiacere, di delusione Ⓢ spiacevole: *un'a. sorpresa* ♦ *s.m.* Liquore di sapore amaro.

ambascià ta *s.f.* **1** Rappresentanza diplomatica di uno stato presso un altro stato ◊ La sede di tale rappresentanza **2** Messaggio da portare ad altri.

ambasciatóre *s.m.* Rappresentante diplomatico di uno stato presso uno stato straniero.

ambedùe *agg.invar.* e *pron.invar.* L'uno e l'altro, tutti e due Ⓢ entrambi.

ambientàle *agg.* Dell'ambiente, riguardante l'ambiente naturale.

ambientàrsi *v.pr.* Abituarsi a un nuovo ambiente: *a. con i nuovi compagni.*

ambiènte *s.m.* **1** Il luogo, lo spazio e il complesso delle condizioni fisiche e biologiche in cui si svolge la vita degli organismi animali e vegetali: *a. terrestre, marino, lacustre* **2** Il luogo, la situazione in cui si vive e le persone con cui si è a contatto **3** Locale, stanza.

ambulànza *s.f.* Veicolo per il trasporto urgente di ammalati e feriti.

ambulatòrio *s.m.* Luogo attrezzato per

visite mediche e cure di pronto soccorso o specialistiche che non richiedono il ricovero in ospedale.

amichévole *agg.* Da amico Ⓢ cordiale, benevolo | *Incontro a.* = gara sportiva fatta per allenamento o esibizione.

amicìzia *s.f.* Legame tra persone che nasce da simpatia, affetto e stima reciproca.

amìco *s.m.* Chi è legato ad altri da rapporti di amicizia.

àmido *s.m.* Sostanza granulosa biancastra ad alto potere nutritivo, contenuta soprattutto nelle patate e nei cereali.

ammaestràre *v.tr.* **1** Istruire, rendere esperto, abile, scaltro **2** Addestrare animali a compiere certi atti o esercizi.

ammalàrsi *v.pr.* Essere colpito da una malattia: *ha rischiato di a.*

ammalàto *agg. e s.m.* Che, chi è colpito da una malattia Ⓢ malato, infermo.

ammanettàre *v.tr.* Mettere le manette ai polsi di qlcu., arrestarlo: *a. un ladro.*

ammassàre *v.tr.* Raccogliere, radunare in massa, in gran quantità Ⓢ accumulare: *a. ricchezze* ♦ **ammassarsi** *v.pr.* Affollarsi, radunarsi in gran numero in un luogo: *la folla si ammassò in piazza.*

ammazzàre *v.tr.* **1** Uccidere con mezzi violenti ◊ Far morire **2** ⚶ Spossare, stremare ♦ **ammazzarsi** *v.pr.* **1** Suicidarsi **2** Perdere la vita **3** ⚶ Affaticarsi eccessivamente: *a. di lavoro.*

amméttere *v.tr.* **1** Lasciar entrare Ⓢ accogliere, ricevere: *non a. estranei* ◊ Dichiarare idoneo Ⓢ accettare: *a. agli esami* **2** Permettere, consentire: *non ammetto discussioni su questo* ◊ Riconoscere: *a. di aver sbagliato.*

amministràre *v.tr.* Curare e dirigere l'organizzazione e la gestione di un'attività, di un ente, di un bene: *a. un'azienda.*

amministratóre *s.m.* Chi amministra qlco.: *l'a. di un condominio.*

amministrazióne *s.f.* **1** L'attività di amministrare Ⓢ gestione, governo: *l'a. dello stato* **2** Ente, ufficio, organo che ha l'incarico di amministrare qlco.: *l'a. delle ferrovie dello stato* | *A. locali* = regioni, province e comuni.

ammiràre *v.tr.* **1** Guardare, osservare con grande interesse e godimento: *a. un quadro* **2** Considerare con stima e rispetto Ⓢ apprezzare: *un gesto da a.*

ammirazióne *s.f.* Sentimento di grande stima, di entusiastico apprezzamento per qlcu. o qlco.: *ho molta a. per lui.*

ammobiliàre *v.tr.* Arredare con mobili.

ammonìre *v.tr.* **1** Esortare energicamente o mettere in guardia: *l'ho ammonito di studiare* **2** Rimproverare, richiamare: *è stato ammonito per la sua condotta* **3** Nello sport, infliggere un'ammonizione a un atleta per comportamento scorretto.

ammonizióne *s.f.* **1** Rimprovero, richiamo **2** Nello sport, provvedimento preso dall'arbitro o da un'autorità sportiva nei confronti di un atleta responsabile di scorrettezze o infrazioni.

ammortizzatóre *s.m.* Dispositivo che permette di attenuare le scosse e le vibrazioni di un veicolo durante la corsa.

ammucchiàre *v.tr.* Mettere insieme formando un mucchio Ⓢ accumulare (anche ⚶): *a. le foglie*; *a. soldi* ♦ **ammucchiarsi** *v.pr.* Affollarsi, ammassarsi.

ammuffire *v.intr.* [*aus. essere*] Fare la muffa: *la frutta è ammuffita.*

amnesìa *s.f.* Perdita parziale o totale della memoria: *avere un momento di a.*

amnistìa *s.f.* Provvedimento con cui lo stato rinuncia ad applicare la pena nei confronti di certi reati.

àmo *s.m.* Piccolo uncino d'acciaio su cui si infila l'esca per la pesca con la lenza.

amóre *s.m.* **1** Sentimento di affetto profondo e disinteressato: *a. materno, fraterno* **2** Sentimento di forte attrazione verso una persona: *a. non corrisposto* **3** Nel cristianesimo, sentimento di carità e di benevolenza per i propri simili **4** Vivo interesse, predilezione, passione per qlco.: *a. per l'arte* ◊ Brama, desiderio: *a. del denaro, del potere.*

amorévole *agg.* Che sente o dimostra amore, affetto: *un padre a.*; *un gesto a.*

amoróso *agg.* **1** D'amore, che riguarda l'amore: *passione a.* **2** Pieno d'amore Ⓢ tenero, affettuoso: *uno sguardo a.*

ampiézza *s.f.* Larghezza, estensione, vastità (anche ✿): *a. di vedute.*

àmpio *agg.* [superl. *amplissimo*] **1** Che ha una notevole larghezza, estensione o grandezza Ⓢ spazioso, vasto **2** ✿ Esteso, non ristretto; abbondante.

ampliàre *v.tr.* Rendere più ampio Ⓢ allargare, ingrandire: *a. una strada, un locale* ◊ ✿ Estendere, accrescere: *a. le proprie conoscenze.*

amplificatóre *s.m.* Apparecchio che aumenta l'intensità dei suoni.

amputàre *v.tr.* Tagliare via con un intervento chirurgico un arto o una sua parte.

anabbagliànti *s.m.pl.* I fari degli autoveicoli che non abbagliano chi procede in senso opposto.

anàgrafe *s.f.* **1** Registro della popolazione di un comune, contenente tutti i dati relativi a ogni residente **2** Ufficio comunale in cui si tiene questo registro.

analcòlico *agg.* Che non contiene alcol ♦ *s.m.* Bevanda priva di alcol.

analfabèta *agg.* e *s.m./f.* Che, chi non sa né leggere né scrivere.

analgèsico *agg.* e *s.m.* Detto di farmaco che elimina o attenua il dolore.

anàlisi *s.f.* Indagine consistente nell'individuare e nell'esaminare i singoli elementi che compongono un tutto (materiale o astratto) Ⓢ esame: *a. del sangue, delle urine*; *a. logica* ◊ Studio, esame approfondito.

analizzàre *v.tr.* Sottoporre ad analisi: *far a. il sangue* ◊ Esaminare attentamente: *a. un problema, la situazione.*

analogìa *s.f.* Somiglianza, affinità sotto certi aspetti tra due o più cose.

anàlogo *agg.* Che ha analogia con un'altra cosa Ⓢ simile, affine.

anarchìa *s.f.* Stato di caos politico conseguente a mancanza di governo o alla sua debolezza ◊ Disordine, confusione.

ànatra o **ànitra** *s.f.* Uccello acquatico con zampe palmate, becco largo e piatto e piumaggio variopinto.

ànca *s.f.* Regione del corpo umano che comprende la parte laterale del bacino e quella superiore della coscia; fianco.

ànche *congz.* **1** Pure: *vengo a. io* ◊ Per di più, oltre tutto: *è stanco e a. ammalato* **2** Persino: *è a. troppo generoso* **3** *A. se* = sebbene, benché.

àncora[1] *s.f.* Pesante asta di ferro munita di due o più bracci ricurvi che servono a far presa sul fondo in modo da tener ferma l'imbarcazione a cui è collegata mediante una catena.

ancóra[2] *avv.* **1** Indica la continuità di un'azione o di una condizione nel presente, nel passato e nel futuro: *è a. malato* **2** Fino a ora; per ora: *a. non si è visto* **3** Fino ad allora: *non lo conoscevo a.* ◊ A quel tempo: *a. credevo alle favole* **4** Nuovamente, un'altra volta: *devo a. spiegartelo?* ◊ In aggiunta, di più: *vuoi a. pane?*

5 Anche, persino: *è a. più bello di prima.*

andaménto *s.m.* Modo in cui qlco. procede, si svolge: *l'a. degli affari.*

andàre *v.intr.* [aus. *essere*] **1** Muoversi, spostarsi per recarsi in luogo, compiere un'azione, svolgere un'attività o anche senza una meta: *a. a letto*; *a. a caccia*; *a. a spasso* ◊ Portare, condurre (detto di strade) **2** Allontanarsi, partire: *è ora di a.* **3** Entrare in una data condizione o in un particolare stato d'animo: *a. in pensione*; *a. in collera* ◊ Ridursi, trasformarsi, finire: *a. in polvere, in rovina* **4** Avere un certo andamento Ⓢ procedere: *come va il lavoro?* ◊ Avere un esito: *l'esame andò bene* **5** Funzionare: *l'ascensore non va* **6** Piacere, esser gradito: *mi andrebbe un gelato* ◊ Essere di moda **7** Dover essere: *un libro che va letto.*

andàta *s.f.* Viaggio per recarsi in un luogo: *all'a. ho preso il treno.*

andatùra *s.f.* Modo di andare, di camminare: *l'ho riconosciuto dall'a.*

anèllo *s.m.* **1** Cerchietto di metallo, generalmente prezioso, che si porta al dito ◊ Cerchio di metallo o altro materiale; in partic. ognuno degli elementi di una catena **2** Oggetto, struttura di forma circolare: *l'a. della circonvallazione.*

anestesìa *s.f.* Iniezione di sostanze che eliminano la sensibilità al dolore in tutto il corpo o in una sua parte.

anestetizzàre *v.tr.* Sottoporre qlcu. o una parte del corpo ad anestesia.

anfìbio *s.m.* **1** Animale che vive tanto in terra quanto in acqua **2** Autoveicolo capace di muoversi sia in terra che in acqua **3** Scarpone impermeabile.

àngelo *s.m.* **1** In alcune religioni, essere puramente spirituale creato da Dio e suo messaggero presso gli uomini **2** ♣ Persona di grande bellezza, bontà, purezza, virtù: *quella ragazza è un a.*

àngolo *s.m.* **1** In geometria, la parte di piano compresa fra due rette che escono dallo stesso punto (vertice) **2** Punto d'incontro di due muri, due superfici, due linee Ⓢ canto, cantonata; spigolo: *l'a. della strada*; *l'a. del tavolo.*

angòscia *s.f.* Stato di forte ansia, di tormentosa inquietudine.

angosciàre *v.tr.* Dare angoscia, tormentare ♦ **angosciarsi** *v.pr.* Essere in angoscia, tormentarsi: *a. per nulla.*

angoscióso *agg.* **1** Che dà angoscia: *un sospetto a.* **2** Che esprime angoscia, pieno d'angoscia: *un pianto a.*

anguìlla *s.f.* Pesce commestibile, dal corpo a forma di serpente, che vive in acque dolci e salate.

ànima *s.f.* **1** Parte spirituale dell'uomo in opposizione al corpo, considerata immortale nel cristianesimo e in molte altre religioni **2** Sentimento, affetto: *amare con tutta l'a.*

animàle[1] *s.m.* Ogni essere vivente dotato di sensibilità e di capacità di movimento volontario ◊ Bestia.

animàle[2] *agg.* **1** Degli animali: *regno a.* **2** Bestiale: *un comportamento a.*

animàto *agg.* **1** Dotato di vita: *esseri a.* ◊ Dotato di movimento: *cartoni a.* **2** ♣ Pieno di vita, movimentato: *strada a.* ◊ Infervorato, acceso: *una discussione a.*

ànimo *s.m.* **1** Mente, pensiero ◊ Cuore, spirito: *bontà d'a.*; *un a. sensibile* ◊ Volontà, carattere: *avere forza d'a.* ◊ Disposizione di spirito: *era in uno stato d'a. allegro* **2** Coraggio: *farsi a.*

annaffiàre o **innaffiàre** *v.tr.* Bagnare con un getto d'acqua a pioggia: *a. i fiori.*

annàta *s.f.* Lo spazio di un anno, spec.

in riferimento agli avvenimenti o alle condizioni meteorologiche di un determinato anno: *un'a. piovosa* ◊ Quanto è stato realizzato nel corso di un anno in una determinata attività; in partic., la produzione o il raccolto di un anno: *una buona a. per i vini.*

annegaménto *s.m.* Morte per soffocamento in acqua.

annegàre *v.tr.* Far morire soffocato immergendo nell'acqua ♦ *v.intr.* [aus. *essere*] Morire soffocato in acqua [S] affogare.

anniversàrio *s.m.* Il giorno in cui ricorre ogni anno la data di un avvenimento di particolare importanza.

ànno *s.m.* **1** Periodo di tempo che la Terra impiega a compiere un intero giro intorno al Sole; è detto *a. solare* e dura 365 giorni e 6 ore circa; negli usi comuni, nel calendario e nelle datazioni si considera invece l'*a. civile,* periodo di 365 giorni diviso in dodici mesi **2** Periodo di tempo di dodici o circa dodici mesi: *è stato via molti a.* ◊ (al *pl.*) Periodo della vita: *gli a. della giovinezza* **3** Unità di misura per indicare l'età di una persona, di un animale o di una cosa: *un bambino di un a.* **4** Periodo di tempo durante il quale si svolge una determinata attività: *a. scolastico* ◊ Corso di studi: *è iscritto al primo a. del liceo.*

annodàre *v.tr.* Congiungere, legare con uno o più nodi: *a. due corde* ◊ Fare un nodo su qlco.: *a. la cravatta.*

annoiàre *v.tr.* Provocare noia: *quel libro mi annoia* ◊ Infastidire, seccare ♦ **annoiarsi** *v.pr.* Provare noia: *a non far niente mi annoio* ◊ Stancarsi, stufarsi: *mi sono annoiato di aspettare.*

annuàle *agg.* **1** Che dura un anno: *abbonamento a.* **2** Che avviene ogni anno.

annullàre *v.tr.* **1** Dichiarare nullo, privo di valore: *a. un contratto, una gara* **2** Rendere inefficace, vano: *la sfortuna annullò i loro sforzi.*

annunciàre *v.tr.* Far sapere, dare notizia: *a. la morte di qlcu.*

annunciatóre *s.m.* Chi annuncia i programmi o legge comunicati alla radio e alla televisione.

annùncio *s.m.* Comunicazione, notizia di un avvenimento, di un fatto: *la radio diede l'a. della disgrazia* ◊ Breve comunicato scritto con cui si annuncia qlco.: *a. di matrimonio*; *a. economici.*

ànnuo *agg.* Che dura un anno; relativo a un anno [S] annuale: *abbonamento a.*; *stipendio a.* ◊ Che ricorre ogni anno.

annusàre *v.tr.* Aspirare con forza dal naso per sentire un odore [S] fiutare.

annuvolàrsi *v.pr.* Coprirsi di nuvole.

àno *s.m.* Apertura con cui sbocca verso l'esterno l'intestino retto e da cui vengono espulse le feci.

anònimo *agg.* Di cui non si conosce il nome: *un benefattore a.* ◊ Di cui non si conosce il nome dell'autore; non firmato: *continua a ricevere lettere a.*

anormàle *agg.* Non normale, che si stacca dalla normalità: *situazione a.*

ànsia *s.f.* Stato di forte apprensione, di inquieto timore, di affannosa preoccupazione: *la madre stava in a. per il figlio* ◊ Desiderio intenso o affannoso: *avere a. di partire, di successo.*

ansietà *s.f.* Stato di ansia, di preoccupazione, di inquieto timore.

ansimàre *v.intr.* [aus. *avere*] Respirare affannosamente.

ansióso *agg.* **1** Facile all'ansia: *un tipo a.* ◊ Inquieto: *sguardo a.* **2** Desideroso, impaziente: *è a. di partire.*

ànta *s.f.* Imposta di una finestra; sportello di mobile: *armadio a quattro a.*

antenàto *s.m.* Persona della stessa famiglia vissuta molto tempo prima ⓢ avo, progenitore: *avere a. nobili.*

anténna *s.f.* **1** Asta di sostegno per bandiere **2** Nelle telecomunicazioni, dispositivo che serve a trasmettere o ricevere onde radio **3** Ciascuna delle sottili appendici mobili situate sul capo di alcuni insetti e crostacei: *le a. delle farfalle.*

anterióre *agg.* Posto, situato davanti: *la ruota a. della bicicletta* ◊ Precedente nel tempo: *l'epoca a. alla guerra.*

antibiòtico *s.m.* Sostanza medicinale che distrugge i germi portatori delle malattie infettive.

anticàmera *s.f.* Stanza d'ingresso di un appartamento o di un ufficio.

anticipàre *v.tr.* **1** Compiere o far attuare qlco. prima del tempo fissato o previsto: *a. la partenza* **2** Fornire informazioni su qlco. che non è stato ancora ufficialmente reso noto: *a. il risultato di una votazione* **3** Nello sport, precedere nell'azione: *a. un avversario.*

antìco *agg.* **1** Che risale a un'epoca molto lontana: *le a. leggi*; *un mobile a.* ◊ Del periodo storico precedente il medioevo: *la civiltà a.* **2** Del passato, di un'epoca ormai trascorsa: *rivide un suo a. amore* ◊ Di una volta: *tornò alle a. abitudini.*

anticoncezionàle *agg.* e *s.m.* Detto di farmaco o altro mezzo che impedisce la fecondazione dell'ovulo femminile.

anticòrpo *s.m.* Sostanza prodotta dall'organismo come reazione difensiva all'azione di batteri e di sostanze tossiche.

antifùrto *agg.* e *s.m.invar.* Detto di dispositivo o impianto che serve a impedire e a segnalare tentativi di furto.

antioràrio *agg.* Opposto al senso in cui ruotano le lancette dell'orologio.

antipàsto *s.m.* Vivanda che si serve all'inizio del pasto, per stuzzicare l'appetito.

antipatìa *s.f.* Sentimento di istintiva avversione: *avere a. per qlcu., per qlco.*

antipàtico *agg.* Che desta antipatia: *un individuo a.* ◊ Spiacevole, fastidioso: *una situazione a.*

antiquàto *agg.* Che si usava, che era di moda nel passato e ora non più ⓢ sorpassato: *un vocabolo, un vestito a.*

antologìa *s.f.* Raccolta di brani scelti di uno o più autori: *un'a. di poeti italiani.*

anulàre *agg.* A forma di anello ♦ *s.m.* Quarto dito della mano, nel quale si porta normalmente l'anello.

ànzi *congz.* **1** Al contrario: *non mi dispiace, a. mi fa piacere* **2** O meglio, o piuttosto: *vediamoci domani, a. perché non ci vediamo stasera?*

anziàno *agg.* Che è in età avanzata: *una donna a.* ◊ Che è maggiore d'età: *il più a. dei fratelli* ♦ *s.m.* Persona in età avanzata ⓢ vecchio: *rispettare gli a.*

anziché *congz.* Piuttosto che, invece di.

anzitùtto *avv.* Prima di ogni altra cosa.

aòrta *s.f.* L'arteria principale del corpo umano, che dal cuore scende diramandosi in tutte le direzioni.

àpe *s.f.* Insetto alato che vive in colonie e produce miele e cera.

aperitìvo *s.m.* Bibita che stimola l'appetito.

apèrto *agg.* **1** Non chiuso: *porta a.* **2** ✧ Non concluso, che può avere diverse soluzioni: *una questione ancora a.* **3** ✧ Schietto, sincero: *carattere a.* ◊ Esplicito, chiaro: *fare un'a. confessione* **4** ✧ Di ampie vedute, disponibile al confronto e a nuove idee: *una persona a.*

apertùra *s.f.* **1** L'atto di aprire: *l'a. di una porta, di un pacco* **2** Spazio vuoto che consente il passaggio [S] varco, fenditura: *praticare un'a. in un muro* **3** Inizio, entrata in funzione, inaugurazione di un'attività: *l'a. della scuola, di una mostra.*

apòstrofo *s.m.* Segno grafico (') che si pone, alla fine di una parola, per indicare la caduta di una vocale o di una sillaba o anche, prima delle date, per indicare la soppressione del millesimo o anche del centesimo.

appàlto *s.m.* Contratto con cui un'impresa si impegna, per un determinato compenso, a eseguire un lavoro o a gestire un servizio affidatole da una persona, da un'impresa o da un ente.

appannàre *v.tr.* **1** Rendere opaco, velando di vapore: *l'umidità appanna i vetri* **2** ♣ Rendere meno pronto: *la stanchezza appanna i riflessi.*

apparecchiàre *v.tr.* Preparare, allestire la tavola per mangiare.

apparécchio *s.m.* **1** Congegno, macchina che serve a una data funzione: *a. radio, fotografico* **2** Aeroplano.

apparènza *s.f.* Ciò che appare esteriormente, l'aspetto esteriore (spesso non rispondente alla realtà): *le a. ingannano.*

apparìre *v.intr.* [aus. *essere*] **1** Presentarsi alla vista [S] comparire **2** Risultare chiaro: *da ogni indizio appare la sua responsabilità* **3** Parere, sembrare: *mi è apparso un po' stanco.*

appartaménto *s.m.* Insieme di locali che costituiscono un'abitazione indipendente all'interno di un edificio.

appartenére *v.intr.* [aus. *essere* o *avere*] **1** Essere di proprietà di qlcu.: *a chi appartiene questo palazzo?* **2** Far parte di qlco.: *a. a una famiglia, a una nazione.*

appassionàrsi *v.pr.* Provare passione, vivo interesse per qlco.

appassionàto *agg.* Che esprime passione, pieno di sentimento: *sguardo a.* ♦ *agg.* e *s.m.* Che, chi ha passione, vivo interesse per qlco.: *un a. di musica.*

appassìre *v.intr.* [aus. *essere*] Perdere la freschezza, diventare secco [S] avvizzire.

appèllo *s.m.* **1** Chiamata per nome delle persone iscritte in un elenco, spec. per controllarne la presenza: *fare l'a. degli alunni, dei detenuti* **2** Richiamo, invocazione, richiesta d'aiuto, di solidarietà: *nessuno rispose al suo a. disperato.*

appéna *avv.* **1** A fatica, a stento: *di qui ci si passa a.* **2** Soltanto, solo un poco: *sono a. le sette*; *mi salutò a.* **3** Da poco tempo: *è a. uscito* ♦ *congz.* Subito dopo che: *a. lo vide, gli andò incontro.*

appèndere *v.tr.* Attaccare un oggetto a un sostegno in modo che resti sospeso.

appendìce *s.f.* **1** Parte accessoria aggiunta a un'altra **2** Breve prolungamento laterale dell'intestino cieco.

appetìto *s.m.* Voglia, desiderio di mangiare: *un piatto che stuzzica l'a.*

appetitóso *agg.* Che stimola l'appetito.

appiccàre *v.tr.* Attaccare, appendere: *a. un manifesto* | A. *il fuoco* = dar fuoco.

appiccicàre *v.tr.* Attaccare con la colla [S] incollare: *a. un francobollo sulla busta* ♦ **appiccicarsi** *v.pr.* Attaccarsi, incollarsi.

appìglio *s.m.* Punto di sostegno o di appoggio.

applaudìre *v.tr.* e *v.intr.* [aus. *avere*] Manifestare la propria approvazione, ammirazione o entusiasmo battendo le mani: *il pubblico applaudì il cantante.*

applàuso *s.m.* Manifestazione di approvazione, di ammirazione o di entusiasmo espressa battendo le mani.

applicàre *v.tr.* **1** Mettere una cosa sopra un'altra in modo che vi aderisca: *a. un cerotto sulla ferita* **2** Mettere in atto: *a. la legge.*

appoggiàre *v.tr.* **1** Accostare una cosa a un'altra o posarla su un'altra che la sostenga: *a. la scala al muro*; *a. i gomiti sul tavolo* ◊ **2** ♧ Sostenere, favorire: *a. una proposta* ♦ **appoggiarsi** *v.pr.* Sostenersi, reggersi: *a. a un bastone.*

appòggio *s.m.* **1** Sostegno **2** ♧ Aiuto, protezione, sostegno: *gode del mio a.*

appòsta *avv.* **1** Di proposito, deliberatamente: *l'ha fatto a.* **2** Proprio per quello scopo: *sono venuto a. per vederlo.*

apprèndere *v.tr.* **1** Imparare: *a. a leggere* **2** Venire a conoscere: *a. una notizia.*

apprendiménto *s.m.* L'imparare.

apprendìsta *s.m.f.* Chi sta facendo pratica per imparare un mestiere.

apprensióne *s.f.* Stato di ansia, di inquietudine causato dal timore che accada qlco. di male: *stare in a.*

apprensìvo *agg.* Facile a cadere in apprensione Ⓢ ansioso: *persona a.* ◊ Che esprime apprensione: *sguardo a.*

apprèsso *avv.* **1** Vicino, accanto: *tenersi a. qlcu.* **2** Dietro: *gli altri venivano a.* **3** Dopo, in seguito: *come dirò a.* ♦ *prep.* **1** Vicino, accanto: *stai a. a me* **2** Dietro: *va sempre a. alle donne.*

apprezzàre *v.tr.* Riconoscere il valore, il pregio di qlco. o qlcu. Ⓢ stimare: *è apprezzato da tutti per la sua onestà* ◊ Gradire: *ha apprezzato il tuo regalo.*

appròccio *s.m.* Presa di contatto con qlcu. con cui si vuole entrare in rapporti o da cui si vuole ottenere qlco. ◊ Primo contatto con qlco. di nuovo.

approfittàre *v.intr.* [aus. *avere*] Trarre profitto da qlco., sfruttarlo utilmente o a proprio vantaggio: *a. di un'occasione* ♦ **approfittarsi** *v.pr.* Sfruttare disonestamente a proprio vantaggio Ⓢ abusare: *a. delle altrui difficoltà.*

appropriàrsi *v.pr.* Prendersi qlco. che appartiene ad altri o comunque non spetta Ⓢ impadronirsi: *a. (di) una somma.*

approvàre *v.tr.* **1** Giudicare buono, giusto, esprimendo il proprio accordo: *a. una scelta* **2** Convalidare con un voto a favore: *a. una legge* ◊ Promuovere.

approvazióne *s.f.* Consenso, giudizio favorevole: *se accetti, hai tutta la mia a.* ◊ Assenso, ratifica, voto favorevole da parte di un'autorità o di un organo competente: *l'a. di una legge in senato.*

appuntaménto *s.m.* Incontro fissato di comune accordo tra due o più persone in un dato luogo, giorno e ora.

appuntìre *v.tr.* Far la punta a qlco.

appuntìto *agg.* Che termina a punta Ⓢ aguzzo: *un palo a.*

appùnto[1] *s.m.* **1** Rapida e breve annotazione di quanto si ascolta, vede o pensa per poterlo poi ricordare e ricostruire **2** Osservazione, rimprovero.

appùnto[2] *avv.* Proprio, precisamente: *il problema è a. questo* ◊ Sì, certo: *«Pensi che ti debba delle scuse?» «Appunto!».*

apribottìglie *s.m.invar.* Arnese per togliere i tappi a corona delle bottiglie.

aprìre *v.tr.* **1** Dischiudere, disserrare ciò che era chiuso: *a. la finestra, una lettera, un cassetto* **2** Creare un'apertura, un varco in qlco.: *a. una breccia nelle mura* **3** Allargare, distendere: *a. il ventaglio, le braccia* **4** Dare inizio, cominciare: *a. una seduta, un'inchiesta* ◊ Avviare una nuova attività: *a. un negozio* ◊ Inaugurare: *a. una mostra* ◊ Mettere in funzione: *a. la luce, l'acqua* ♦ *v.intr.* [aus. *avere*]

Cominciare l'attività: *i negozi aprono alle otto* ♦ **aprirsi** *v.pr.* **1** Schiudersi **2** Fendersi, squarciarsi **3** Allargarsi, distendersi **4** Cominciare **5** ♧ Confidarsi: *si aprì con un amico.*

àquila *s.f.* Grosso uccello rapace di montagna.

aragósta *s.f.* Grosso crostaceo marino molto ricercato per le sue carni pregiate.

arància *s.f.* Il frutto dell'arancio.

aranciàta *s.f.* Bevanda a base di succo d'arancia o aromatizzata all'arancia.

arància *s.m.* Pianta sempreverde con fiori bianchi e frutti succosi dalla buccia giallorossa ♦ *agg. invar.* Del colore tipico della buccia dell'arancia.

arancióne *agg.invar.* e *s.m.invar.* Di colore acceso simile a quello dell'arancia.

aràre *v.tr.* Rompere e rivoltare la terra con l'aratro: *i contadini arano i campi.*

aràtro *s.m.* Strumento agricolo per rompere e rivoltare la terra.

arbitràre *v.tr.* Dirigere come arbitro una competizione: *a. una partita di calcio.*

àrbitro *s.m.* **1** Persona al di sopra delle parti chiamata a fare da giudice in una controversia **2** Nello sport, chi dirige una competizione con il compito di far osservare il regolamento.

arbùsto *s.m.* Pianta di basso fusto ramificata sin dalla base.

arcàta *s.f.* **1** Struttura di sostegno a forma di arco **2** Parte del corpo a forma di arco: *a. dei denti, del sopracciglio.*

architétto *s.m.* Laureato in architettura che progetta e dirige la costruzione di edifici e di altre opere architettoniche.

architettùra *s.f.* **1** L'arte e la tecnica di progettare e costruire edifici e altre costruzioni **2** L'insieme delle opere architettoniche di un periodo, di uno stile.

archìvio *s.m.* Raccolta di documenti pubblici e privati, ordinati e catalogati in modo da poterli ritrovare e consultare; il luogo in cui viene conservata tale raccolta e l'ufficio che la cura.

arcipèlago *s.m.* Gruppo di isole vicine fra loro: *l'a. delle Eolie.*

àrco *s.m.* **1** Arma che serve a scagliare le frecce **2** Bacchetta di legno ai cui estremi è fissata una striscia di crini di cavallo che si usa per far vibrare le corde del violino e degli altri *strumenti ad arco* **3** Parte di circonferenza o di linea curva compresa tra due punti **4** Struttura curva, sorretta da pilastri o colonne, su cui poggia una costruzione: *gli a. di un ponte* **5** Qualsiasi cosa a forma di linea curva: *l'a. delle sopracciglia.*

arcobaléno *s.m.* Grande arco luminoso con i colori dell'iride, che appare talvolta in cielo dopo la pioggia per effetto della rifrazione dei raggi solari nelle gocce d'acqua sospese nell'atmosfera.

ardènte *agg.* **1** Che arde Ⓢ infuocato, cocente: *sole a.* **2** ♧ Appassionato, intenso: *un amore, un desiderio a.*

àrdere *v.tr.* **1** Bruciare: *a. la legna* ◊ Inaridire, seccare: *i prati erano arsi dal sole* **2** ♧ Infiammare: *lo ardeva il desiderio di tornare* ♦ *v.intr.* [aus. *essere*] **1** Essere in fiamme Ⓢ bruciare: *la legna arde nel camino* ◊ Essere molto caldo Ⓢ scottare: *a. dalla febbre* **2** ♧ Essere preso intensamente da un sentimento: *a. d'amore per qlcu.*

ardìto *agg.* Coraggioso, audace.

ardóre *s.m.* **1** Calore intenso: *l'a. del sole* **2** ♧ Intensità di sentimento Ⓢ passione, impeto: *amare con a.* ◊ Entusiasmo, fervore: *lavorare con a.*

àrduo *agg.* Molto difficile: *un compito a.*

àrea *s.f.* **1** In geometria, misura di una superficie: *l'a. di un triangolo* **2** Spazio di terreno delimitato: *a. edificabile* ◊ *A. di rigore* = nei campi di calcio, la zona davanti a ciascuna delle due porte **3** Zona interessata da determinati fatti, fenomeni, situazioni: *l'a. del conflitto*.

àrgano *s.m.* Macchina per sollevare o trascinare grossi pesi.

argenterìa *s.f.* Insieme di oggetti d'argento (spec. vasellame e posate).

argènto *s.m.* Metallo di color bianco lucente, duttile e malleabile.

argìlla *s.f.* Sostanza minerale terrosa, pastosa e malleabile, usata per fare mattoni e oggetti di ceramica Ⓢ creta.

arginàre *v.tr.* **1** Munire di argini; contenere con argini: *a. un fiume* **2** ⚔ Contenere, frenare: *a. l'offensiva nemica*.

àrgine *s.m.* **1** Rialzo naturale o artificiale che, lungo le rive di un corso d'acqua, ne impedisce lo straripamento durante le piene **2** ⚔ Riparo, freno.

argoménto *s.m.* **1** Ragionamento o prova a sostegno di una tesi **2** Materia, soggetto di un discorso, di una conversazione o di un'opera Ⓢ oggetto, tema.

ària *s.f.* **1** Miscuglio di gas, soprattutto azoto e ossigeno, che forma l'atmosfera terrestre ed è indispensabile alla vita animale e vegetale ◊ Vento: *non tirava un filo d'a.* **2** Clima: *a. di mare, di montagna* **3** Spazio libero verso il cielo: *guardare in a.* **4** ⚔ Aspetto, espressione, atteggiamento: *oggi hai un'a. stanca*; *avere un'a. intelligente* **5** Melodia.

àrido *agg.* Povero d'acqua, di umidità Ⓢ secco: *terra a.*; *clima a.*

arìnga *s.f.* Pesce che vive in banchi nei mari nordici.

aritmètica *s.f.* Parte della matematica che studia i numeri e i problemi delle quattro operazioni fondamentali.

àrma *s.f.* **1** Oggetto che serve alla difesa e all'offesa **2** ⚔ Mezzo di difesa e di lotta: *l'astuzia è la sua a. migliore*.

armàdio *s.m.* Mobile per lo più di legno, chiuso da ante e sportelli, con ripiani e cassetti interni, usato per contenere indumenti, biancheria e oggetti vari.

armaménto *s.m.* Il complesso delle armi, dei mezzi militari di cui dispone una nazione ◊ La dotazione di armi di un soldato o di un mezzo militare.

armàre *v.tr.* **1** Fornire di armi e di tutto quanto serve per combattere **2** Provvedere di strutture di sostegno una costruzione, uno scavo durante i lavori: *a. un ponte, una galleria* ♦ **armarsi** *v.pr.* Prendere le armi, rifornirsi di armi.

armàto *agg.* **1** Munito di armi **2** In edilizia, provvisto di armatura: *cemento a.*

armonìa *s.f.* **1** In musica, combinazione gradevole di suoni vocali o strumentali **2** Effetto musicale prodotto dal gradevole accordo di suoni, voci, parole ◊ Musica, canto melodiosi **3** ⚔ Concordia, accordo: *c'è molta a. tra loro*.

armònica *s.f.* Piccolo strumento musicale a fiato.

armonióso *agg.* **1** Pieno d'armonia **2** ⚔ Ben proporzionato Ⓢ equilibrato.

arnése *s.m.* **1** Attrezzo, strumento di lavoro, utensile **2** Oggetto di cui non si sa o non si vuol dire il nome Ⓢ aggeggio: *a cosa serve questo a.?*

àrnia *s.f.* Alveare artificiale costituito in genere da una cassetta di legno.

aròma *s.m.* **1** Sostanza di profumo e sapore gradevole, che si usa come condimento o per preparare dolci, liquori e profumi **2** Profumo emanato da una sostanza: *l'a. del caffè, del vino, del pane.*

arrabbiàrsi *v.pr.* [aus. *essere*] Essere preso dalla rabbia, dalla collera.

arrampicàrsi *v.pr.* **1** Salire aggrappandosi con gli arti: *a. su un albero* ◊ Detto di piante, crescere attaccandosi a un sostegno **2** Salire per luoghi molto ripidi.

arrancàre *v.intr.* [aus. *avere*] Avanzare con fatica, con difficoltà.

arrangiaménto *s.m.* Adattamento di un brano musicale a strumenti diversi da quelli per cui era stato composto.

arrangiàrsi *v.pr.* Provvedere a se stesso, darsi da fare adattandosi alle circostanze; cavarsela da solo: *è uno che sa sempre a.*

arrecàre *v.tr.* **1** Portare: *a. cattive notizie* **2** ♣ Causare, provocare: *a. danni.*

arredaménto *s.m.* L'arte, la maniera di arredare ◊ L'insieme dei mobili e degli oggetti con cui è arredato un ambiente.

arredàre *v.tr.* Fornire un ambiente di mobili e di tutto quanto serve a renderlo funzionale, accogliente e piacevole.

arrèndersi *v.pr.* **1** Cessare di combattere, darsi per vinto e consegnarsi al nemico **2** ♣ Cedere, accondiscendere; piegarsi: *ha dovuto a. all'evidenza.*

arrestàre *v.tr.* **1** Fermare, bloccare (anche ♣): *a. un'emorragia, l'inflazione* **2** Mettere in stato di arresto Ⓢ catturare: *a. un ladro* ♦ **arrestarsi** *v.pr.* Cessare di muoversi Ⓢ fermarsi.

arrèsto *s.m.* **1** Interruzione di un movimento, di un funzionamento, di un processo, di un'attività **2** Cattura e detenzione provvisoria di un imputato in attesa di processo: *il ladro fu tratto in a.*

arretràre *v.intr.* [aus. *essere* o *avere*] Indietreggiare, retrocedere.

arretràto *agg.* **1** Che si trova o è rimasto indietro o in ritardo ◊ Superato, sorpassato: *concezioni a.* **2** Sottosviluppato (economicamente, culturalmente ecc.): *un'area a.* ♦ *s.m.* (spec. al *pl.*) Somma pagata dopo la scadenza dovuta: *riscuotere gli a. della pensione.*

arricchìre *v.tr.* Rendere ricco: *gli affari lo hanno arricchito* ◊ ♣ Rendere più ricco, più completo: *a. la propria cultura con le letture* ♦ *v.intr.* [aus. *essere*] e **arricchirsi** *v.pr.* Diventare ricco.

arrischiàre *v.tr.* **1** Mettere in pericolo, esporre a rischio: *a. la vita* **2** Dire o fare qlco. vincendo la propria esitazione Ⓢ azzardare, osare: *a. una mossa* ♦ **arrischiarsi** *v.pr.* Esporsi a un rischio Ⓢ avventurarsi: *meglio non a. in mare con questo tempo* ◊ Osare, azzardarsi: *non arrischiarti più a rispondermi così!*

arrivàre *v.intr.* [aus. *essere*] **1** Giungere a un dato punto nello spazio o nel tempo: *a. a casa*; *è arrivato il momento di partire* ◊ ♣ Raggiungere una meta, un risultato: *a. alla laurea, alla soluzione di un problema* ◊ Giungere a destinazione: *il treno arriverà in ritardo* ◊ Entrare a far parte di un gruppo: *è arrivato da poco nella nostra squadra* **2** Giungere a un certo punto o limite (di altezza, lunghezza, quantità, età, tempo ecc.): *la spesa arriva a mille euro* **3** Riuscire, farcela: *arrivi a vedere fin là in fondo?* **arrivedérci** *inter.* Formula di saluto per congedarsi da qlcu. che si pensa o si spera di rivedere presto: *a. a domani!*

arrìvo *s.m.* L'arrivare: *l'a. di un amico, di una lettera* ◊ Il momento e il luogo in cui si arriva: *all'a. lo aspettava una gran folla* ◊ La fase conclusiva di una gara di corsa; il punto in cui si conclude: *a. in salita.*

arrogànza *s.f.* Atteggiamento insolente, sprezzante e presuntuoso.

arrossìre *v.intr.* [aus. *essere*] Divenire rosso in viso per una reazione emotiva: *a. dalla vergogna*; *a. per una lode.*

arrostìre *v.tr.* Cuocere un cibo direttamente sul fuoco, sulla brace, o in padella, nel forno, in modo che sia ben rosolato all'esterno: *a. un pollo* ♦ *v.intr.* [aus. *essere*] e **arrostirsi** *v.pr.* Cuocersi arrosto: *mettere le patate ad a.*

arròsto *s.m.* Carne arrostita ♦ *agg.invar.* Arrostito: *patate a.*; *pollo a.*

arrotolàre *v.tr.* Avvolgere in forma di rotolo: *a. un foglio, un tappeto.*

arrotondàre *v.tr.* **1** Dare una forma rotonda o più rotonda: *a. uno spigolo* **2** ♧ *A. un numero* = sostituirlo con un numero più semplice di valore vicino, per facilitare i calcoli | *A. lo stipendio* = integrarlo con altri guadagni.

arrugginìre *v.tr.* **1** Far venire la ruggine **2** ♧ Togliere agilità, efficienza Ⓢ indebolire, intorpidire: *l'inattività arrugginisce i muscoli* ♦ *v.intr.* [aus. *essere*] e **arrugginirsi** *v.pr.* **1** Prendere la ruggine **2** ♧ Perdere di efficienza Ⓢ indebolirsi: *con l'età la memoria (si) arrugginisce.*

arsenàle *s.m.* **1** Cantiere navale dove si costruiscono e si riparano le navi da guerra **2** Deposito di armi.

àrte *s.f.* **1** Attività umana rivolta a creare con mezzi diversi opere dotate di valore estetico **2** Il complesso delle conoscenze e delle tecniche necessarie per esercitare un'attività, un mestiere, una professione: *l'a. del chirurgo, del cuoco.*

artèria *s.f.* **1** Vaso sanguigno che porta il sangue dal cuore alle varie parti del corpo **2** ♧ Importante via di comunicazione: *a. stradale, ferroviaria.*

articolazióne *s.f.* Giuntura fissa o mobile tra due ossa: *l'a. del ginocchio.*

artìcolo *s.m.* **1** Particella che precede il nome e ne determina il genere e il numero: *a. determinativi, indeterminativi* **2** Ognuna delle parti, contrassegnata da un numero, in cui sono suddivisi un contratto, un regolamento, una legge: *l'a. 26 della Costituzione* **3** Scritto di un giornale o di una rivista su un particolare argomento: *a. politico, di sport* **4** Genere di mercanzia, tipo di oggetto posto in vendita: *negozio di a. sportivi, casalinghi.*

artificiàle *agg.* Che è fatto dall'uomo e non dalla natura; che imita e sostituisce un prodotto, un fenomeno, un'operazione naturale: *lago a.*; *seta, luce a.*

artigianàle *agg.* Fatto da artigiani, non industriale: *un prodotto a.*

artigianàto *s.m.* L'attività produttiva e la categoria degli artigiani ◊ Insieme di prodotti artigianali: *esposizione di a.*

artigiàno *s.m.* Chi, lavorando in proprio, produce oggetti d'uso o ornamentali senza utilizzare macchinari per la produzione in serie ♦ *agg.* Artigianale.

artiglierìa *s.f.* **1** L'insieme delle armi da fuoco pesanti (cannoni, obici, mortai) **2** Corpo dell'esercito specializzato nell'impiego di armi pesanti.

artìglio *s.m.* Unghia adunca caratteristica degli uccelli rapaci e dei felini.

artìsta *s.m.f.* **1** Chi esercita un'attività artistica creativa ◊ Chi esercita un'attività artistica come interprete (attore, cantante ecc.) **2** Chi dimostra una particolare abilità e maestria in quello che fa: *quel cuoco è un a.*

artìstico *agg.* Relativo all'arte: *attività a.*; *gusto a.* ◊ Degli artisti: *l'ambiente a.* ◊ Fatto con arte: *un lavoro davvero a.*

àrto *s.m.* Nel corpo umano, ognuna delle braccia (*a. superiori*) o delle gambe (*a. inferiori*); negli animali, ognuna delle zampe.

artrìte *s.f.* Infiammazione delle articolazioni.

artròsi *s.f.* Malattia che provoca deformazioni nelle articolazioni.

ascèlla *s.f.* Parte concava sotto il braccio nel punto in cui questo si attacca alla spalla.

ascensóre *s.m.* Impianto per il trasporto in verticale di persone o cose.

ascèsso *s.m.* Formazione di una sacca di pus in una zona del corpo in seguito a infezione.

àscia *s.f.* Arnese per tagliare e sgrossare il legname, di forma simile alla zappa.

asciugamàno *s.m.* Panno di tela o spugna che si usa per asciugarsi dopo essersi lavati.

asciugàre *v.tr.* **1** Rendere asciutto: *a. il pavimento* **2** Portar via, togliere o far seccare il liquido che bagna qlco. Ⓢ tergere: *a. il sangue dalla ferita* ♦ *v.intr.* [aus. *essere*] e **asciugarsi** *v.pr.* Diventare asciutto: *il bucato (si) è già asciugato* ♦ **asciugarsi** *v.pr.* Togliersi il bagnato dal corpo: *a. con un panno.*

asciùtto *agg.* Privo di acqua, di umidità: *un torrente a.*; *clima a.* ◊ Arido, secco: *si sentiva la gola a.* ♦ *s.m.* Luogo, terreno asciutto: *dormire all'a.*

ascoltàre *v.tr.* **1** Stare a sentire con attenzione: *a. un discorso, una canzone* **2** Dar retta, seguire: *a. i consigli di qlcu.*

ascoltatóre *agg.* Chi ascolta una conferenza o una trasmissione radiofonica: *un programma con molti a.*

ascólto *s.m.* L'atto, il fatto di ascoltare.

asfaltàre *v.tr.* Coprire con asfalto.

asfàlto *s.m.* Miscuglio di catrame o bitume e ghiaia, usato per impermeabilizzare tetti e per pavimentare strade.

asfissìa *s.f.* Impedimento della respirazione (causato da strangolamento, annegamento, mancanza di ossigeno o altro) Ⓢ soffocamento: *morire per a.*

asfissiàre *v.tr.* Uccidere per asfissia ◊ Provocare una sensazione di soffocamento: *c'è un caldo che asfissia* ♦ *v.intr.* [aus. *essere*] Morire di asfissia ◊ Sentirsi soffocare ♦ **asfissiarsi** *v.pr.* Uccidersi per asfissia.

asìlo *s.m.* **1** Ricovero, rifugio: *dare a. a un viandante*; *a. politico* **2** Istituto che accoglie bambini non ancora in età scolastica; *a. infantile* (oggi chiamato *scuola dell'infanzia*) per quelli da tre a sei anni, *a. nido* per quelli fino a tre anni.

àsino *s.m.* Animale domestico simile al cavallo, ma più piccolo e con le orecchie più lunghe Ⓢ ciuco.

àsma *s.f.* Malattia che provoca una grave difficoltà di respiro.

àsola *s.f.* Negli abiti, piccolo foro con il bordo rinforzato da un orlo di filo, dentro cui si infila il bottone Ⓢ occhiello.

aspettàre *v.tr.* **1** Essere in attesa dell'arrivo di qlcu. o qlco. Ⓢ attendere: *a. un amico, l'autobus, una telefonata* ◊ Attendere, prima di compiere un'azione, che accada un dato fatto o si determini una data situazione: *a. che smetta di piovere per uscire* ◊ Stare per capitare a qlcu.: *ti aspetta una giornata di duro lavoro* **2** (nella forma *aspettarsi*) Prevedere, immaginarsi: *non mi aspettavo di trovarti qui*; *c'era da aspettarselo.*

aspettativa *s.f.* Quello che ci si aspetta o ci si aspettava Ⓢ attesa, speranza, previsione: *esito superiore alle a.*

aspètto[1] *s.m.* Attesa: *sala d'a.*

aspètto[2] *s.m.* **1** Apparenza esteriore: *è anziano, ma ha ancora un a. giovanile* **2** Modo in cui qlco. può essere considerato: *i diversi a. di una questione* ◊ Punto di vista: *sotto questo a. è a posto.*

aspirapólvere *s.m.invar.* Apparecchio elettrico che aspira la polvere.

aspiràre *v.tr.* **1** Immettere nei polmoni [S] inspirare: *a. aria, fumo* **2** Detto di apparecchi, trarre a sé, risucchiare da un ambiente liquidi, gas o altro ♦ *v.intr.* [aus. *avere*] Desiderare di ottenere qlco. [S] ambire: *a. alla gloria.*

asportàre *v.tr.* **1** Portare via da un luogo: *a. i detriti dalla strada* ◊ Rubare **2** Togliere con un intervento chirurgico.

àspro *agg.* **1** Di sapore agro, acidulo: *il limone è a.* **2** Rigido, freddo: *un inverno molto a.* **3** ♧ Duro, severo: *un a. rimprovero* ◊ Violento, accanito: *a. polemiche*; *a. combattimenti.*

assaggiàre *v.tr.* Ingerire una piccola quantità di un cibo o di una bevanda per sentirne e controllarne il sapore o altre qualità ◊ Mangiare o bere un po'.

assàggio *s.m.* L'assaggiare ◊ Piccola quantità di cibo o bevanda.

assài *avv.* Molto: *oggi sono a. stanco.*

assalìre *v.tr.* **1** Attaccare con violenza [S] aggredire, assaltare: *a. una banca* **2** ♧ Cogliere all'improvviso e con forza: *fu assalito dalla nausea, dai rimorsi.*

assaltàre *v.tr.* Prendere d'assalto [S] assalire, attaccare: *a. una banca, un treno.*

assàlto *s.m.* Attacco condotto con slancio e decisione per conquistare le posizioni nemiche ◊ Attacco armato, spec. per impadronirsi di qlco.: *a. al treno.*

assassinàre *v.tr.* Uccidere deliberatamente: *il giudice è stato assassinato.*

assassìnio *s.m.* Uccisione volontaria di una persona: *commettere un a.*

assassìno *s.m.* Chi commette un assassinio [S] omicida: *l'a. fu arrestato.*

àsse[1] *s.f.* Tavola di legno lunga e stretta.

àsse[2] *s.m.* **1** Linea che divide una struttura, un oggetto in due parti simmetriche | *A. terrestre* = la linea immaginaria che unisce i due poli passando per il centro della Terra e attorno alla quale ruota la Terra stessa **2** Organo cilindrico che in macchine e veicoli sostiene gli elementi rotanti (ruote, eliche ecc.).

assediàre *v.tr.* **1** Circondare con truppe una città, un luogo fortificato per isolarlo da ogni rifornimento e costringere i difensori alla resa **2** Bloccare, isolare: *il villaggio era assediato dalla neve* ◊ Circondare qlcu. facendo ressa.

assèdio *s.m.* Blocco militare attorno a un luogo fortificato o a una città per costringere i suoi occupanti alla resa.

assegnàre *v.tr.* **1** Dare, attribuire: *a. i compiti, un premio a qlcu.* ◊ Affidare: *a. a qlcu. un incarico delicato* **2** Destinare: *fu assegnato a un altro impiego.*

asségno *s.m.* Modulo stampato che chi ha un conto corrente presso una banca può utilizzare come mezzo di pagamento, compilandolo con un ordine scritto alla banca stessa di pagare una data somma alla persona cui è intestato.

assemblèa *s.f.* Riunione di più persone per discutere e decidere su questioni di interesse comune ◊ Organo decisionale di una società o di una collettività: *a. di condominio* ◊ Nome di organi legislativi di stati, enti e organismi vari: *l'a. generale delle Nazioni Unite.*

assènso *s.m.* Consenso, approvazione.

assentàrsi *v.pr.* Allontanarsi per un certo tempo, per lo più breve: *a. dal lavoro.*

assènte *agg.* Che non è presente dove dovrebbe essere o dove normalmente si trova: *a. dal lavoro, da scuola* ♦ *s.m.f.* Chi è assente.

assènza *s.f.* **1** L'essere assente: *fare un'a. da scuola* **2** Mancanza: *a. di aria.*

assessóre *s.m.* Membro di una giunta comunale, provinciale o regionale con responsabilità di un settore dell'amministrazione: *a. allo sport, alla cultura.*

assetàto *agg.* **1** Che ha sete **2** ✲ Desideroso, bramoso: *essere a. di ricchezza.*

assicuràre *v.tr.* **1** Rendere sicuro Ⓢ garantire: *a. l'avvenire alla famiglia* **2** Dare per certo; affermare con sicurezza: *ti assicuro che tutto andrà bene* **3** Fermare, fissare saldamente: *a. le imposte prima di uscire* **4** Proteggere un bene da eventuali rischi e danni facendo un'assicurazione: *a. l'auto contro il furto* ♦ **assicurarsi** *v.pr.* **1** Accertarsi, controllare: *ti sei assicurato di aver chiuso tutte le porte?* **2** Fare un'assicurazione.

assicurazióne *s.f.* **1** Garanzia, conferma di qlco. **2** Contratto con cui una persona (l'assicurato), pagando una determinata somma (detta *premio*) a un assicuratore, riceve da questi la garanzia di venire indennizzato per gli eventuali danni futuri che il contratto stesso elenca: *fare un'a. contro il furto, contro gli incendi* **3** Società che esercita attività assicurativa ◊ L'ufficio dove ha sede.

assìduo *agg.* **1** Che si dedica a qlco. con costanza e continuità: *un a. lettore di romanzi gialli* ◊ Che frequenta abitualmente e con regolarità un luogo: *un cliente a.* **2** Fatto con continuità e costanza Ⓢ incessante: *a. ricerche.*

assième *avv.* Insieme: *uscire a.*

assimilàre *v.tr.* **1** Assorbire e integrare nell'organismo le sostanze nutritive **2** ✲ Far proprio, assorbire e integrare nella propria cultura: *a. un'idea.*

assistènte *s.m.f.* **1** Aiutante, collaboratore **2** Chi presta la sua opera in attività di assistenza: *fare l'a. sociale.*

assistènza *s.f.* Soccorso, aiuto, cura assidua: *il malato ha bisogno di a.*

assìstere *v.intr.* [aus. *avere*] Essere presente a qlco.: *a. a un incidente, a uno spettacolo* ♦ *v.tr.* Stare vicino a qlcu. per prestargli le proprie cure: *a. un malato* ◊ Soccorrere chi ne ha necessità: *a. i poveri* ◊ Aiutare, proteggere: *spero che la fortuna ti assista.*

àsso *s.m.* **1** Nelle carte da gioco, la prima carta di ogni seme, di segno uno (e in molti giochi la carta di maggior valore) **2** ✲ Chi è molto bravo in qualche attività Ⓢ campione: *gli a. dello sport.*

associàre *v.tr.* **1** Mettere insieme Ⓢ unire: *a. le forze* ♦ **associarsi** *v.pr.* **1** Unirsi in società **2** Farsi socio, iscriversi a un'associazione ◊ Prender parte, condividere: *a. a una iniziativa.*

associazióne *s.f.* Unione di più persone associatesi per svolgere una data attività o conseguire un certo scopo.

assolutaménte *avv.* In ogni modo, ad ogni costo: *devi farlo a.* ◊ (in frasi negative) Per niente: *non ne ho a. bisogno* ◊ Del tutto: *è a. sicuro di farcela.*

assolùto *agg.* Non soggetto ad alcuna limitazione Ⓢ illimitato: *potere a.*; *gode di un'a. libertà* ◊ Totale, completo: *c'era un a. silenzio* ◊ Urgente, impellente: *ho bisogno a. di riposo, di denaro.*

assoluzióne *s.f.* **1** Dichiarazione che un imputato non è colpevole, emessa con una sentenza alla fine del processo **2**

Perdono dei peccati concesso dal sacerdote in nome di Dio a chi si è confessato e pentito.

assòlvere *v.tr.* Dichiarare innocente con una sentenza: *a. un imputato* ◊ Dare l'assoluzione dai peccati.

assomigliàre *v.intr.* [aus. *avere*] e **assomigliarsi** *v.pr.* Essere simile, somigliante: *il figlio assomiglia alla madre.*

assopìrsi *v.pr.* Addormentarsi di un sonno leggero: *si assopì sul divano.*

assorbìre *v.tr.* 1 Attrarre in sé qlco. facendosene penetrare: *la spugna assorbe l'acqua* 2 ✤ Assimilare, far proprio: *a. un insegnamento* 3 ✤ Impegnare, occupare: *il lavoro assorbe tutto il suo tempo* ◊ Consumare: *la crisi ha assorbito tutti i suoi risparmi.*

assortiménto *s.m.* Varietà di oggetti o merci dello stesso genere, ma diversi per una qualche caratteristica Ⓢ scelta, gamma: *un negozio con un grande a.*

assortìto *agg.* Di vario tipo, qualità, forma, colore ecc.: *caramelle, cravatte a.*

assòrto *agg.* Profondamente concentrato in un pensiero, in un'attività.

assuefàre *v.tr.* Avvezzare, abituare: *a. il corpo alla fatica* ◆ **assuefarsi** *v.pr.* Abituarsi: *a. al clima più freddo.*

assùmere *v.tr.* 1 Prendere su di sé Ⓢ addossarsi: *a. un impegno, una responsabilità* 2 Prendere un atteggiamento: *a. un'aria annoiata* ◊ Prendere, procurarsi: *a. informazioni su qlcu.* ◊ Ingerire: *a. una medicina* 3 Prendere alle proprie dipendenze: *a. un impiegato.*

assùrdo *agg.* Contrario alla logica, al senso comune, all'evidenza Ⓢ illogico, insensato: *discorso a.*; *pretese a.*

àsta *s.f.* 1 Bastone lungo, diritto e sottile, di legno o di altro materiale: *l'a. della bandiera* ◊ In atletica leggera, attrezzo di materiale elastico per eseguire un tipo di salto: *salto con l'a.* 2 Vendita pubblica di beni al miglior offerente: *comprare un quadro all'a.*

astèmio *agg.* e *s.m.* Che, chi non beve vino o altri alcolici: *essere a.*

astenérsi *v.pr.* 1 Tenersi lontano da qlco.: *a. dall'alcol* ◊ Evitare di fare o dire qlco.: *preferì a. da ogni commento* 2 In una votazione, non votare o esprimere un voto né favorevole, né contrario a ciò che è posto ai voti.

astenùto *agg.* e *s.m.* Che, chi non partecipa a una votazione.

asterìsco *s.m.* Segno tipografico a forma di stelletta (*).

astinènza *s.f.* Rinuncia ai rapporti sessuali o ad alcuni cibi o bevande, per ragioni mediche o per osservanza di norme religiose: *a. dalle carni, dal vino.*

astràtto *agg.* Che non ha rapporti con la realtà concreta: *discorso, progetto a.* ◊ *Nomi a.* = quelli che indicano un concetto (ad es. *bontà*) e non un essere o un oggetto materiale.

àstro *s.m.* Corpo celeste.

astronàuta *s.m.f.* Membro dell'equipaggio di un'astronave.

astronàve *s.f.* Veicolo capace di viaggiare nello spazio interplanetario.

astronomìa *s.f.* Scienza che studia le caratteristiche degli astri, i loro movimenti e l'insieme dei fenomeni celesti.

astronòmico *agg.* 1 Di astronomia, che riguarda l'astronomia 2 ✤ Altissimo, esagerato: *prezzi a.*

astùccio *s.m.* Custodia per oggetti d'uso, di forma e materiale vario.

astùto *agg.* Dotato di astuzia Ⓢ scaltro, furbo ◊ Detto, fatto con astuzia.

astùzia *s.f.* Abilità nel pensare e trovare i mezzi più adatti per raggiungere uno scopo Ⓢ scaltrezza, furbizia.

àteo *agg.* e *s.m.* Che, chi nega l'esistenza di Dio: *un filosofo, uno scrittore a.*

atlànte *s.m.* Raccolta di carte geografiche rilegate in un volume ◊ Raccolta di tavole illustrate su un determinato argomento: *a. anatomico, botanico.*

atlèta *s.m.f.* **1** Chi pratica uno sport come dilettante o professionista **2** Persona con un fisico robusto e agile.

atlètica *s.f.* Complesso di discipline e gare sportive, distinte in *a. leggera* (gare di corsa e di marcia, lanci e salti) e *a. pesante* (lotta e sollevamento pesi).

atmosfèra *s.f.* **1** Massa d'aria che avvolge la Terra **2** ⊕ Situazione psicologica che si crea in un certo ambiente Ⓢ clima, aria: *in casa c'era un'a. di tensione.*

atmosfèrico *agg.* Dell'atmosfera: *pressione a.* | *Precipitazioni a.* = la pioggia, la neve e la grandine.

atòmico *agg.* **1** Dell'atomo: *nucleo a.* **2** Nucleare: *guerra a.*

àtomo *s.m.* La particella minima di ogni elemento della materia che conserva le caratteristiche chimiche dell'elemento.

àtrio *s.m.* Locale di ingresso, per lo più ampio, di un edificio: *l'a. della scuola.*

atróce *agg.* **1** Che desta orrore e raccapriccio Ⓢ orrendo, straziante: *delitto a.* **2** Insopportabile, terribile: *un dolore a.*

atrocità *s.f.* Crudeltà orribile: *l'a. di un delitto* ◊ Atto di feroce crudeltà.

attaccaménto *s.m.* Legame affettivo Ⓢ dedizione: *a. alla famiglia, al lavoro.*

attaccapànni *s.m.invar.* Arnese di varia forma per appendere indumenti.

attaccàre *v.tr.* **1** Unire una cosa a un'altra per mezzo di sostanze adesive, cuciture, legature o altro: *a. un francobollo alla busta, un bottone alla giacca* ◊ Appendere: *a. un quadro al muro* **2** ⊕ Trasmettere: *mi ha attaccato l'influenza* **3** Assalire: *a. i soldati nemici* ◊ ⊕ Criticare violentemente: *a. il governo* **4** Dare inizio a qlco. Ⓢ cominciare: *a. discorso con qlcu.* ♦ *v.intr.* [aus. *avere*] **1** Aderire: *questi francobolli non attaccano* **2** Andare all'attacco: *attaccheremo all'alba* ♦ **attaccàrsi** *v.pr.* **1** Rimanere aderente Ⓢ appiccicarsi: *le pagine si sono attaccate* **2** Appigliarsi, aggrapparsi (anche ⊕): *a. a una sporgenza della roccia; a. a un pretesto* **3** ⊕ Trasmettersi per contagio **4** ⊕ Affezionarsi: *si attaccò a lui come a un figlio.*

attàcco *s.m.* **1** Punto di congiunzione tra due cose: *l'a. della manica* **2** Dispositivo per congiungere due cose: *l'a. degli sci* ◊ Presa elettrica o del telefono **3** Nella guerra e nello sport, azione offensiva Ⓢ assalto: *andare all'a.* ◊ Negli sport di squadra, l'insieme dei giocatori della linea più avanzata con compiti offensivi ◊ ⊕ Critica aspra, violenta **4** Accesso di una malattia: *un a. di tosse* **5** Avvio, inizio: *l'a. di una canzone, di un discorso, di un romanzo.*

atteggiaménto *s.m.* Modo di comportarsi, di fare Ⓢ contegno, espressione: *un a. sospetto*; *il suo a. era minaccioso.*

attèndere *v.tr.* Aspettare: *a. un amico.*

attentàto *s.m.* **1** Atto violento per tentare di uccidere qlcu. o distruggere qlco.: *a. a un capo di stato, a un treno* **2** ⊕ Atto con cui si reca grave danno o offesa a qlco.: *un a. alla libertà.*

attènti *inter.* Comando rivolto a soldati, ginnasti, alunni perché si mettano in posizione eretta, con la testa alta e le braccia distese lungo i fianchi ♦ *s.m.* La posizione indicata da tale comando: *stare, mettersi sull'a.*

attènto *agg.* Che segue qlco. con attenzione: *stava a. alla lezione* ◊ Che vigila badando di evitare possibili danni, pericoli, errori: *stai a. a non cadere* ◊ Che dimostra attenzione: *sguardo a.*

attenuàre *v.tr.* Rendere più tenue, più leggero, meno forte, meno gravoso: *a. un colpo, un rumore, la luce, il dolore* ◊ ♧ Diminuire di gravità o d'importanza: *cercò di a. la sua colpa* ♦ **attenuarsi** *v.pr.* Diminuire d'intensità Ⓢ indebolirsi: *il freddo si sta attenuando.*

attenzióne *s.f.* **1** Concentrazione dei sensi e della mente su un oggetto, un'attività: *seguire con a. la lezione* ◊ Cura, diligenza: *mettere a. in un lavoro* ◊ Si usa, come interiezione, per invitare a stare attenti o avvertire di un pericolo: *a., si scivola!* **2** Riguardo, premura: *ha avuto per me molte a.*

atterràggio *s.m.* Manovra con cui un aeromobile discende a terra.

atterràre *v.tr.* Gettare, far cadere a terra Ⓢ abbattere: *a. l'avversario con un pugno* ♦ *v.intr.* [aus. *avere* o *essere*] Scendere a terra: *l'aereo ha* (o è) *atterrato.*

atterrìre *v.tr.* Causare terrore ♦ **atterrirsi** *v.pr.* Venire preso dal terrore.

attésa *s.f.* **1** Il fatto di attendere: *l'a. di un ospite* ◊ Il tempo durante cui si attende: *l'a. fu lunga* **2** Aspettativa: *lo spettacolo ha deluso le mie a.*

attìguo *agg.* Posto accanto Ⓢ adiacente, contiguo: *la cucina è a. alla sala.*

attillàto *agg.* Che aderisce strettamente al corpo: *una camicetta a.*

àttimo *s.m.* Brevissimo spazio di tempo Ⓢ istante, momento: *torno tra un a.*

attìngere *v.tr.* **1** Raccogliere, tirar su acqua con un recipiente: *a. acqua da un pozzo* **2** ♧ Ricavare, trarre: *da dove hai attinto questa notizia?*

attiràre *v.tr.* Tirare verso di sé Ⓢ attrarre (anche ♧): *la luce attira gli insetti; l'idea mi attira molto* ◊ Procurare: *il suo gesto gli attirò la simpatia di tutti.*

attitùdine *s.f.* Disposizione, inclinazione naturale per una determinata attività Ⓢ predisposizione: *ha a. per il disegno.*

attivàre *v.tr.* Mettere in azione, in funzione: *a. l'impianto di riscaldamento.*

attivìsta *s.m.f.* Chi si impegna attivamente in un'organizzazione politica, sindacale ecc.

attività *s.f.* **1** Inclinazione ad agire Ⓢ operosità **2** Lavoro, occupazione, professione: *svolge diverse a.* ◊ Settore sociale di azione Ⓢ iniziativa: *sviluppare le a. industriali, culturali, sportive.*

attìvo *agg.* **1** Che agisce, che è portato all'azione Ⓢ operoso **2** Che è in funzione, in attività: *un vulcano ancora a.* **3** Che dà un utile, un profitto economico **4** In grammatica, detto della forma del verbo transitivo quando esprime l'azione del soggetto.

àtto[1] *s.m.* **1** Azione, comportamento: *un a. di coraggio*; *rispondere dei propri a.* **2** Movimento, gesto **3** Documento con valore legale: *a. di nascita, di morte* **4** Ognuna delle parti in cui si suddivide un'opera teatrale: *commedia in due a.*

àtto[2] *agg.* Idoneo, adatto: *a. allo scopo.*

attorcigliàre *v.tr.* Avvolgere strettamente e più volte una cosa su se stessa o più cose tra loro: *a. una fune, due fili.*

attóre *s.m.* Chi recita, chi interpreta una parte in uno spettacolo teatrale, cinematografico, televisivo.

attórno *avv.* Intorno; in giro: *guardarsi a.*

attraènte *agg.* Affascinante, seducente: *una donna a.* ◊ Allettante, invitante: *una prospettiva poco a.*

attràrre *v.tr.* Attirare, tirare a sé: *la calamita attrae il ferro* ◊ ✂ Allettare, affascinare: *fu attratto dalla sua bellezza.*

attraversàre *v.tr.* Passare attraverso qlco. (anche ✂): *a. un bosco, un fiume.*

attravèrso *prep.* **1** Da una parte all'altra; in mezzo a: *passò a. il bosco*; *guardò a. il buco* ◊ ✂ In mezzo a: *passare a. mille difficoltà* **2** Per mezzo di ⓢ mediante: *l'ho saputo a. un amico.*

attrazióne *s.f.* **1** In fisica, la forza per cui due corpi sono attirati uno verso l'altro **2** ✂ Forza che attrae l'interesse, l'attenzione ⓢ richiamo, seduzione, attrattiva, fascino: *l'a. del denaro, della bellezza* **3** In uno spettacolo, numero o artista di grande richiamo.

attrezzàre *v.tr.* Fornire dell'attrezzatura e in genere di tutto il materiale necessario per un'attività o una funzione ◆ **attrezzarsi** *v.pr.* Fornirsi del necessario ⓢ equipaggiarsi: *a. per un'escursione.*

attrezzatùra *s.f.* Il complesso degli attrezzi, degli impianti e dei materiali necessari per un'attività: *a. per sciare.*

attrézzo *s.m.* **1** Strumento che serve per un dato lavoro ⓢ arnese, utensile **2** Strumento utilizzato in alcune gare di atletica (per es. disco, martello) o per eseguire particolari esercizi di ginnastica (per es. cavallo, anelli, parallele).

attribuìre *v.tr.* **1** Dare, assegnare: *a. a qlcu. un premio, una responsabilità* **2** Considerare causato da qlco.: *forse il tuo mal di testa è da a. a indigestione.*

attrìto *s.m.* **1** Resistenza che ostacola il movimento di un corpo a contatto con un altro: *l'a. dei pneumatici sull'asfalto* **2** ✂ Contrasto, dissidio.

attuàle *agg.* Dell'epoca, del momento presente, di adesso: *l'a. capo del governo.*

attualità *s.f.* **1** *D'a.* = che desta interesse nel presente: *problema d'a.* **2** Avvenimenti attuali, recenti: *notizie di a.*

attuàre *v.tr.* Mettere in atto ⓢ realizzare: *a. un progetto, i propri propositi.*

audàce *agg.* **1** Che affronta il pericolo senza badare al rischio ⓢ ardito, coraggioso **2** Temerario, arrischiato: *un'a. evasione* ◊ Provocante: *un abito a.*

audàcia *s.f.* **1** Coraggio nell'affrontare pericoli e rischi: *dare prova di a.* **2** Sfrontatezza, sfacciataggine.

àudio *s.m.invar.* Apparato per la ricezione e la diffusione del suono.

audiovisìvo *agg.* Che trasmette o riproduce suoni e immagini, consentendo di vedere e insieme sentire: *mezzi a.*

auguràre *v.tr.* Esprimere ad altri il desiderio e la speranza che il futuro riservi loro qlco. di lieto e favorevole (o anche di triste e avverso); fare un augurio: *a. buon viaggio*; *a. a qlcu. una disgrazia* ◊ *Augurarsi* = sperare qlco. per sé o per gli altri: *mi auguro che vada tutto bene.*

augùrio *s.m.* Desiderio espresso a qlcu. che gli accada qlco. di lieto e di favorevole: *gli ho fatto un a. di pronta guarigione* ◊ Formula, frase di augurio che si usa in particolari circostanze: *auguri di buon compleanno!*

àula *s.f.* Locale per lezioni scolastiche ◊ Vasto locale di edifici pubblici destinato a udienze e assemblee.

aumentàre *v.tr.* Rendere più grande ⓢ accrescere: *a. la velocità, i prezzi* ◆ *v.intr.* [aus. *essere*] Diventare più grande, più intenso ⓢ crescere, intensificarsi: *sta aumentando il vento* ◊ Crescere di prezzo ⓢ rincarare: *è aumentata la carne.*

auménto *s.m.* Accrescimento, crescita: *a. di peso* ◊ Rincaro: *a. della benzina.*

auricolàre *agg.* e *s.m.* Piccolo apparecchio che, applicato all'orecchio, consente l'ascolto individuale dei suoni di radio, telefoni ecc.

auròra *s.f.* Chiarore rossastro che, dopo l'alba, si diffonde a oriente nel cielo prima del sorgere del sole.

ausiliàre *agg.* e *s.m.* In grammatica, detto dei verbi (*essere* e *avere*) che servono a formare i tempi composti e (solo *essere*) il passivo degli altri verbi.

austèro *agg.* Rigido, rigoroso e severo ◊ Che ispira rispetto e soggezione.

autenticàre *v.tr.* Dichiarare autentico, certificare come autentico: *a. una firma.*

autèntico *agg.* Che risponde a verità, non falso: *documento a.* ◊ Realmente accaduto: *un fatto a.* ◊ Genuino: *alimenti a.* ◊ Vero e proprio: *è un a. imbroglione*; *un a. capolavoro.*

autìsta *s.m.f.* Conducente di autoveicoli.

àuto *s.f.invar.* Automobile, autovettura.

autoadesìvo *agg.* e *s.m.* Detto di oggetto che aderisce da sé, essendo spalmato di sostanza adesiva: *nastro a.*

autoambulànza *s.f.* Autoveicolo attrezzato per il trasporto di malati o feriti.

autobótte *s.f.* Autocisterna con il serbatoio diviso in scomparti.

àutobus *s.m.* Autoveicolo pubblico per il trasporto collettivo di persone.

autocàrro *s.m.* Autoveicolo per il trasporto di merci.

autocistèrna *s.f.* Autocarro dotato di un serbatoio per il trasporto di liquidi.

autodidàtta *s.m.f.* Chi si è dato da sé

un'istruzione e una cultura, senza frequentare scuole regolari.

autodifésa *s.f.* Difesa di se stessi, con atti o discorsi, da attacchi, critiche, accuse.

autofficìna *s.f.* Officina in cui si effettua la riparazione di autoveicoli.

autògrafo *s.m.* Firma, spec. di persona celebre: *chiedere l'a. a un attore.*

autolìnea *s.f.* Linea di trasporti pubblici interurbani.

autòma *s.m.* Macchina che imita i movimenti dell'uomo o degli animali.

automàtico *agg.* **1** Detto di macchina o meccanismo, che funziona senza l'intervento diretto e costante dell'uomo: *cambio a.* **2** Compiuto meccanicamente, senza l'intervento della volontà: *fece un gesto a. per difendersi* ◊ Che si verifica come conseguenza necessaria di un dato fatto: *l'aumento dei prezzi è un effetto a. dell'inflazione.*

automèzzo *s.m.* Autoveicolo.

automòbile *s.f.* Veicolo a motore per il trasporto di un numero limitato di persone ⓢ autovettura.

automobilìsta *s.m.f.* Chi guida un'automobile.

autonomìa *s.f.* **1** Capacità di pensare e agire liberamente; indipendenza da influenze esterne: *difendere la propria a.* ◊ Indipendenza da altri poteri: *l'a. della magistratura* **2** Libertà di governarsi da sé, con le proprie leggi: *l'a. di un popolo* **3** Detto di mezzi di trasporto, la durata massima di impiego o la distanza massima che possono percorrere senza rifornirsi di carburante.

autònomo *agg.* Dotato di autonomia, non condizionato da altri ⓢ libero, indipendente: *rendersi a. dalla famiglia.*

autopsìa *s.f.* Esame medico di un cadavere per conoscere la causa della morte o a scopo di studio.

autóre *s.m.* **1** Chi ha compiuto una determinata azione; chi è causa, origine di qlco.: *l'a. di un furto, di un danno* **2** Chi ha creato un'opera letteraria, artistica, scientifica: *l'a. di un romanzo, di un quadro, di un saggio.*

autorévole *agg.* Che gode di autorità, di prestigio: *un personaggio a.* ◊ Che proviene da persona dotata di autorità e prestigio: *un parere a.*

autoriméssa *s.f.* Edificio o locale per la custodia degli autoveicoli [S] garage.

autorità *s.f.* **1** Qualsiasi potere pubblico esercitato legittimamente: *l'a. dello stato* ◊ Gli organi e le persone incaricati di esercitare tale potere: *alla cerimonia erano presenti le a.* **2** Potere, influsso di cui una persona gode per il ruolo che esercita: *l'a. dei genitori, di un insegnante* **3** Stima, considerazione, prestigio, ascendente: *ha molta a. sui suoi allievi.*

autorizzàre *v.tr.* Dare, concedere il permesso di compiere una determinata azione: *a. una manifestazione.*

autorizzazióne *s.f.* Permesso di fare una data cosa: *vendere senza a.*

autoscuòla *s.f.* Scuola in cui si insegna a guidare autoveicoli.

autostòp *s.m.invar.* Il fermare un autoveicolo in transito per chiedere un passaggio gratuito; il viaggiare con questo sistema.

autostràda *s.f.* Strada a più corsie e priva di attraversamenti riservata al traffico veloce di autoveicoli e motoveicoli.

autosufficiènte *agg.* Che può soddisfare le proprie esigenze senza dover ricorrere ad altri [S] autonomo, indipendente.

autotrèno *s.m.* Autocarro con rimorchio.

autoveìcolo *s.m.* Veicolo con motore proprio, a quattro o più ruote, per il trasporto su strada di persone o merci.

autovettùra *s.f.* Autoveicolo per il trasporto di persone [S] automobile.

autùnno *s.m.* Stagione compresa fra l'estate e l'inverno, che dura dal 23 settembre al 21 dicembre.

avambràccio *s.m.* La parte del braccio tra il gomito e il polso.

avànti *avv.* **1** Innanzi: *fare un passo a.* **2** Poi: *d'ora in a. farò da me* ♦ *prep.* Prima: *a. Cristo* ♦ *inter.* Si usa come ordine di avanzare, come invito a entrare o come esortazione: *«Permesso?» «A.!»; su, a., non piangere!*

avanzàre[1] *v.intr.* [aus. *essere*] Andare avanti, procedere: *a. di un passo* ♦ *v.tr.* **1** Portare, spostare in avanti: *a. di cento metri la fermata del tram* **2** ♧ Presentare: *a. una richiesta* ♦ **avanzarsi** *v.pr.* Farsi avanti: *a. con aria decisa* ◊ Approssimarsi: *si avanzava la notte.*

avanzàre[2] *v.tr.* Avere ancora qlco. come avanzo: *a. soldi a fine mese* ♦ *v.intr.* [aus. *essere*] Rimanere; essere in sovrappiù: *ti avanza denaro?*; *il pane basta e avanza.*

avànzo *s.m.* Ciò che avanza, che resta di qlco.: *le offrì gli a. del pasto.*

avarìa *s.f.* Danno o guasto sofferto in viaggio da una nave o dal suo carico ◊ Guasto meccanico: *l'aereo ha dovuto tornare a terra per un'a. al motore.*

avariàto *s.f.* Deteriorato, guasto, andato a male: *cibi a.*

avarìzia *s.f.* Attaccamento morboso al denaro, per cui si fatica a darlo e a spenderlo anche quando è più del necessario.

avàro *agg.* e *s.m.* Che, chi ha il vizio dell'avarizia [S] tirchio, spilorcio.

avéna *s.f.* Pianta erbacea, simile al grano, utilizzata come foraggio (biada) e nell'alimentazione umana.

avére *v.tr.* **1** Possedere qlco. o poterne disporre: *a. molti soldi*; *ho ancora una settimana di tempo* ◊ Essere dotato di una qualità, di una caratteristica: *a. il naso lungo*; *la città ha un buon clima* ◊ Essere costituito, formato di: *la mano ha cinque dita* **2** Essere, trovarsi in una data condizione, situazione, necessità: *ho fretta di partire*; *non viene perché ha un impegno* ◊ Può esprimere il fatto di qlco. che accade, capita, si presenta al soggetto: *hai avuto una buona idea* **3** Tenere, portare con sé: *a. un libro in mano* ◊ Indossare: *aveva una giacca scura* **4** Ottenere: *a. una promozione* ◊ Acquistare: *ha avuto quella casa a buon prezzo* ◊ Ricevere: *ebbe brutte notizie* **5** Sentire, provare: *a. fame, sonno* ◊ Essere affetto da, soffrire di un male: *ha l'influenza* **6** *A. da* (seguito da infinito) = avere la necessità di, dovere: *ho da finire un lavoro*.

aviatóre *s.m.* Pilota o membro dell'equipaggio di un aeroplano.

avidità *s.f.* Desiderio smodato e insaziabile: *a. di denaro*; *mangiare con a.*

àvido *agg.* Che ha o rivela un desiderio ardente e smodato di qlco. ⓢ bramoso.

àvo *s.m.* Antenato.

avvalérsi *v.pr.* Valersi, servirsi, giovarsi: *mi sono avvalso del suo aiuto*.

avvallaménto *s.m.* Depressione del terreno.

avvantaggiàre *v.tr.* Dare un vantaggio, favorire: *una legge che avvantaggia i ricchi* ◊ **avvantaggiarsi** *v.pr.* **1** Trarre vantaggio: *è solo lui ad a. di questa situazione* **2** Prendere un certo vantaggio su altri: *a. sugli inseguitori*.

avvelenàre *v.tr.* **1** Intossicare, uccidere qlcu. con un veleno **2** Rendere velenoso con del veleno ◊ Inquinare, contaminare: *gas che avvelenano l'aria* ◊ **avvelenarsi** *v.pr.* Uccidersi, intossicarsi col veleno.

avveniménto *s.m.* Fatto, evento, spec. di una certa importanza.

avvenìre[1] *v.intr.* [aus. *essere*] Accadere, succedere, capitare: *avvenne un fatto strano*; *come spesso avviene*.

avvenìre[2] *s.m.invar.* Il futuro; la sorte, le condizioni, l'esistenza futura: *predire l'a.*; *pensare all'a. dei propri figli*.

avventóre *s.m.* Frequentatore, cliente (soprattutto di bar, ristoranti e sim.).

avventùra *s.f.* **1** Vicenda fuori dell'ordinario, inattesa, piena di emozioni: *bella, brutta a.* ◊ Impresa, iniziativa arrischiata: *mi hanno trascinato in un'a.* **2** Relazione amorosa passeggera e superficiale.

avventuràrsi *v.pr.* Esporsi a un grave rischio ⓢ arrischiarsi: *non mi sembra il caso di a. in mare con questo tempo*.

avventuróso *agg.* Che ama le avventure: *carattere a.* ◊ Ricco di avventure, pieno di imprevisti: *un viaggio a.*

avveràrsi *v.pr.* Dimostrarsi vero, tradursi in realtà: *il suo sogno si avverò*.

avvèrbio *s.m.* Parte invariabile del discorso che serve a specificare in qualche modo ciò che è espresso da un verbo, da un aggettivo o da un altro avverbio.

avversàre *v.tr.* Essere avverso, contrario; ostacolare: *a. un progetto altrui*.

avversàrio *agg.* e *s.m.* Che, chi sta contro, si oppone in una contesa, in una lotta, in un gioco, in una gara.

avversióne *s.f.* Ostilità istintiva, forte antipatia ◊ Ripugnanza.

avversità *s.f.* Evento sfavorevole, sfortunato ⓢ difficoltà, disgrazia.

avvèrso *agg.* Contrario; sfavorevole, ostile: *vento a.*; *destino a.*

avvertènza *s.f.* **1** Attenzione, cautela: *ci vuole a. nella guida* **2** Avviso, consiglio: *ho seguito la tua a.* ◊ Istruzioni per l'uso: *leggere attentamente le a.*

avvertìre *v.tr.* **1** Informare, avvisare: *hai avvertito gli altri?* ◊ Mettere in guardia, ammonire: *lo avevo avvertito di non fidarsi* **2** Sentire, percepire: *a. un dolore, un odore* ◊ Rendersi conto di qlco. Ⓢ accorgersi, avvedersi: *quando avvertì il pericolo era troppo tardi.*

avvézzo *agg.* Abituato: *è a. alla fatica.*

avviàre *v.tr.* **1** Indirizzare (anche ♧): *a. un giovane a una professione* **2** Mettere in moto: *a. una macchina* ◊ Incominciare: *a. un lavoro* ♦ **avviarsi** *v.pr.* Incamminarsi, dirigersi: *a. verso l'uscita* ◊ ♧ Essere prossimo a, essere sul punto di: *lo spettacolo si avvia alla fine.*

avvicinàre *v.tr.* **1** Mettere vicino o più vicino: *a. la mano al fuoco* **2** Andare vicino a qlcu. per parlargli; entrare in contatto, in rapporto con qlcu. Ⓢ accostare ♦ **avvicinarsi** *v.pr.* **1** Andare, farsi vicino, più vicino Ⓢ accostarsi: *a. alla porta* **2** Essere vicino nel tempo; stare per arrivare: *l'autunno s'avvicina.*

avvilìre *v.tr.* Mortificare, deprimere, scoraggiare ♦ **avvilirsi** *v.pr.* Perdersi d'animo Ⓢ scoraggiarsi, abbattersi.

avvilìto *agg.* Sconfortato, scoraggiato, abbattuto: *sentirsi a.*

avvincènte *agg.* Che attrae, avvince Ⓢ affascinante, seducente, appassionante.

avvìo *s.m.* Avviamento, inizio.

avvisàre *v.tr.* Avvertire, informare: *avvisami del tuo arrivo* ◊ Mettere in guardia, ammonire: *l'ho avvisato del rischio che correva.*

avvìso *s.m.* **1** Informazione, notizia, annuncio: *l'altoparlante diede a. del ritardo del treno*; *a. pubblicitari* ◊ Foglio, manifesto contenente informazioni, ordini ◊ Avvertimento: *questo è l'ultimo a. che ti do* **2** Parere, opinione: *a mio a. ti sbagli.*

avvistàre *v.tr.* Scorgere, riconoscere da lontano: *a. una nave, il nemico.*

avvitàre *v.tr.* **1** Girare su se stesso un oggetto filettato in modo da serrarlo a un altro elemento o inserirlo in un'apposita cavità: *a. una lampadina* **2** Fissare con viti: *a. il coperchio alla cassa.*

avvocàto *s.m.* Dottore in legge abilitato ad assistere una parte in processi civili e penali.

avvòlgere *v.tr.* **1** Girare, ripiegare una cosa intorno a un'altra o su se stessa Ⓢ arrotolare: *a. la pellicola sulla bobina* **2** Ricoprire tutto intorno; circondare: *a. la carne nella carta*; *le fiamme lo avvolsero* ♦ **avvolgersi** *v.pr.* **1** Arrotolarsi, attorcigliarsi: *il serpente gli si avvolse intorno alla gamba* **2** Coprirsi tutto intorno: *si avvolse in una coperta.*

avvoltóio *s.m.* **1** Uccello rapace che si ciba soprattutto di carogne **2** ♧ Persona avida, che cerca senza scrupoli di trarre vantaggi dalle disgrazie altrui.

aziènda *s.f.* Complesso di persone e di beni (locali, macchine ecc.) organizzati per svolgere un'attività economica Ⓢ impresa, ditta: *a. agricola, turistica.*

azionàre *v.tr.* Mettere in azione, far funzionare (una macchina, un congegno).

azióne *s.f.* **1** L'agire, l'operare, come attività e attuazione concreta: *far seguire l'a. alle parole* **2** Atto; comportamento: *un'a. di sabotaggio*; *avere il coraggio delle proprie a.* **3** Moto, funzionamento di macchine e congegni Ⓢ funzione: *mettere in a. la pompa* **4** Attività che produce un effetto; l'effetto stesso: *l'a. del sole sulla pelle*; *un sonnifero dalla pronta a.* **5** Movimento, manovra di forze militari: *a. di attacco, di accerchiamento* ◊ Combattimento, intervento: *a. navale, aerea*; *far entrare in a. l'artiglieria* **6** Nello sport, iniziativa agonistica di un atleta o manovra di gioco di una squadra: *il campione, con un'a. travolgente, staccò tutti in salita*; *a. d'attacco, di difesa* **7** Ogni quota in cui è diviso il capitale di una società (del tipo detto appunto *società per azioni*) e il documento che rappresenta tale quota: *comprare, vendere a.*

azòto *s.m.* Gas inodore e incolore che costituisce il principale componente dell'aria.

azzannàre *v.tr.* Afferrare, mordere con le zanne Ⓢ addentare: *il cane mi ha azzannato a una gamba*.

azzardàre *v.tr.* Dire, fare qlco. di cui si è incerti, che si ha un certo timore di dire o di fare: *a. una domanda, un'ipotesi, una mossa* ♦ **azzardarsi** *v.pr.* Arrischiarsi, osare,: *nessuno si azzardò a intervenire*.

azzardàto *agg.* Pieno di rischi Ⓢ arrischiato, temerario, avventato: *mossa a.*

azzàrdo *s.m.* Forte rischio; atto temerario: *è un a. uscire con questo tempo* | *Giochi d'a.* = quelli in cui si scommette del denaro e in cui la vincita o la perdita dipendono solo dal caso.

azzeccàre *v.tr.* **1** Colpire nel segno: *a. il bersaglio* **2** ✿ Indovinare (per fortuna più che per bravura): *a. la risposta*.

azzeràre *v.tr.* **1** Portare a zero l'indice di uno strumento: *a. il contachilometri* **2** Annullare: *a. un debito*.

azzittìre *v.tr.* Far tacere, far stare zitto: *il padre lo azzittì con un'occhiata* ♦ *v.intr.* [aus. *essere*] e **azzittirsi** *v.pr.* Tacere, cessar di parlare: *al suo ingresso tutti (si) azzittirono*.

azzoppàre *v.tr.* Far diventare zoppo: *l'incidente lo ha azzoppato* ♦ **azzopparsi** *v.pr.* Diventare zoppo.

azzuffàrsi *v.pr.* Venire alle mani Ⓢ accapigliarsi: *i ragazzi si sono azzuffati all'uscita della scuola*.

azzùrro *agg.* **1** Che ha un colore tra il blu e il celeste, caratteristico del cielo sereno: *occhi a.* **2** Nello sport, detto di atleta che fa parte della squadra nazionale italiana (in quanto indossa una maglia azzurra): *i ginnasti, i calciatori a.* ♦ *s.m.* **1** Colore azzurro: *l'a. del cielo* **2** Atleta di una squadra nazionale italiana: *le a. del basket*.

B

b *s.f.* o *m.* Seconda lettera dell'alfabeto italiano; è una consonante.

bàbbo *s.m.* Padre, papà.

bàcca *s.f.* Nome generico dei piccoli frutti rotondi di varie piante selvatiche.

baccàno *s.m.* Rumore confuso e assordante fatto da più persone Ⓢ chiasso.

baccèllo *s.m.* Il frutto allungato delle leguminose, che contiene i semi.

bacchétta *s.f.* Bastoncino diritto di materiale e uso vario.

bachèca *s.f.* Vetrinetta appesa al muro dove si espongono avvisi, giornali e sim.

baciàre *v.tr.* Dare un bacio, dei baci ♦

baciarsi *v.pr.* Scambiarsi un bacio, dei baci: *gli sposi si baciarono*.

bacìllo *s.m.* Tipo di batterio a forma di bastoncino.

bacinèlla *s.f.* Piccolo recipiente rotondo, usato spec. per lavarsi.

bacìno *s.m.* **1** Catino **2** Il complesso delle ossa della parte inferiore del tronco **3** Conca naturale o ampia depressione della superficie terrestre in cui confluiscono e si raccolgono le acque piovane e correnti ◊ Zona il cui sottosuolo è ricco di giacimenti minerali: *b. carbonifero, petrolifero* **4** Specchio d'acqua ristretto e ben riparato da moli e dighe.

bàcio *s.m.* Atto di premere le labbra socchiuse su qlcu. o su qlco., in segno di amore, affetto o devozione.

bàco *s.m.* **1** Larva, bruco di insetto **2** Nome generico di vermi parassiti della frutta e di altri alimenti: *ciliegie col b.*

bàda *s.f.* Tenere a b. = trattenere, tenere sotto controllo, tenere a distanza qlcu.

badàre *v.intr.* [aus. *avere*] **1** Prendersi cura, occuparsi: *b. ai figli, alla casa* ◊ Interessarsi: *bada ai fatti tuoi!* **2** Fare attenzione: *bada a dove metti i piedi!* **3** Dare peso, importanza; far caso: *non b. a quel che dice*; *non bada a spese.*

badìle *s.m.* Tipo di pala a punta usata per rimuovere terra, sabbia, ghiaia e sim.

bàffi *s.m.pl.* I peli che crescono sopra il labbro superiore dell'uomo o sul muso di alcuni animali: *i b. del gatto, del topo.*

bagagliàio *s.m.* Spazio, vano riservato ai bagagli in automobili, treni, aerei ecc.

bagàglio *s.m.* L'insieme di valigie, borse ecc. che si portano con sé in viaggio.

baglióre *s.m.* Luce intensa e abbagliante, per lo più improvvisa o intermittente.

bagnànte *s.m.f.* Chi fa il bagno nel mare, in un lago, in un fiume ◊ Chi è in vacanza in una località balneare.

bagnàre *v.tr.* **1** Cospargere qlco. o qlcu. di acqua o altri liquidi oppure immergervelo **2** Detto di mari e fiumi, toccare o attraversare un luogo con le proprie acque ♦ **bagnarsi** *v.pr.* **1** Fare il bagno: *b. nel fiume* **2** Inzupparsi d'acqua.

bagnìno *s.m.* Addetto alla sorveglianza della spiaggia e alla protezione dei bagnanti in uno stabilimento balneare.

bàgno *s.m.* **1** Immersione di qlco. nell'acqua o in altro liquido ◊ Immersione del corpo nell'acqua per lavarsi, per sport o per divertimento **2** Esposizione del corpo all'azione di elementi esterni, spec. a scopo terapeutico: *b. di sole* **3**

Vasca da bagno ◊ Locale con servizi igienici: *un appartamento con due b.*

bàia *s.f.* Insenatura della costa ⓢ rada.

bàita *s.f.* Piccola costruzione in pietra o legno, usata in alta montagna come deposito, stalla o ricovero temporaneo.

balbettàre *v.intr.* [aus. *avere*] Parlare in modo stentato, incespicando sulle sillabe e ripetendole più volte ♦ *v.tr.* Pronunciare qlco. in modo stentato e confuso.

balbuziènte *agg.* e *s.m.f.* Che, chi ha il difetto di balbettare.

balcóne *s.m.* Ripiano chiuso da un parapetto che sporge dai muri esterni di un edificio in corrispondenza di una porta-finestra.

baldànza *s.f.* Fiducia risoluta, e talvolta eccessiva, nelle proprie forze e capacità.

baldanzóso *agg.* Pieno di baldanza ⓢ audace, spavaldo: *un giovane b.*

baldòria *s.f.* Festa allegra, chiassosa o anche sfrenata di più persone che si divertono in compagnia: *far b.*

baléna *s.f.* Mammifero cetaceo dall'enorme corpo a forma di pesce.

balenàre *v.intr.* [aus. *essere* o *avere*] 1 Lampeggiare ◊ Splendere, scintillare all'improvviso: *gli occhi le balenarono di gioia* 2 ♧ Presentarsi improvvisamente all'animo, alla mente: *gli balenò il sospetto che lo stessero ingannando.*

baléno *s.m.* Lampo, bagliore.

balèstra *s.f.* Molla in acciaio usata come sospensione dei veicoli.

bàlia[1] *s.f.* Donna che allatta o alleva i figli altrui dietro compenso.

balìa[2] *s.f. In b. di* = in potere, alla mercé di qlcu. o qlco.: *nave in b. delle onde.*

bàlla *s.f.* 1 Confezione da trasporto di determinati materiali (paglia, stracci, cotone e sim.), ottenuta pressandoli e poi legandoli o avvolgendoli in teli o carta 2 ♧ Bugia, frottola: *raccontare b.*

ballàre *v.intr.* [aus. *avere*] 1 Muoversi a ritmo di musica ⓢ danzare 2 Agitarsi, saltellare: *b. di gioia* ♦ *v.tr.* Eseguire una danza: *b. il rock.*

ballatóio *s.m.* Lungo balcone che collega, all'esterno o all'interno di un edificio, gli appartamenti posti sullo stesso piano.

ballerìno *s.m.* Chi danza per professione ◊ Chi balla per divertimento.

ballétto *s.m.* 1 Spettacolo di danza eseguito da un complesso di ballerini che interpretano un testo musicale 2 Corpo di ballo di un teatro.

bàllo *s.m.* 1 Complesso di movimenti del corpo eseguiti in accordo con il ritmo di una musica ⓢ danza ◊ Festa danzante: *b. di fine d'anno* 2 ♧ *Tirare in b.* = chiamare in causa, coinvolgere in una situazione.

ballottàggio *s.m.* Votazione supplementare per decidere il vincitore fra i due candidati più votati nella prima votazione.

balneàre *agg.* Dei bagni, di bagni (spec. di mare): *la stagione b.*; *località b.*

balòcco *s.m.* Giocattolo.

balórdo *agg.* 1 Sciocco, stupido 2 Mal fatto, mal riuscito ♦ *s.m.* 1 Persona sciocca 2 Delinquente, poco di buono.

balsàmico *agg.* Che contiene un balsamo: *pomata b.* ◊ ♧ Odoroso, salubre.

bàlsamo *s.m.* Sostanza profumata a base di resine e oli essenziali, che ha proprietà medicinali.

baluàrdo *s.m.* 1 Bastione di una fortificazione 2 ♧ Difesa, protezione.

balzàre *v.intr.* [aus. *essere*] 1 Saltare su (o anche giù, in fuori, in avanti) con movimento scattante ◊ Sussultare 2 ♧ Venire in mente all'improvviso.

bàlzo *s.m.* Salto, scatto: *il leone si gettò con un b. sulla preda* ◊ Sussulto, sobbalzo ◊ Rimbalzo di un corpo elastico.

bambàgia *s.f.* Cotone in fiocchi.

bambinàia *s.f.* Donna che per professione si prende cura dei bambini altrui.

bambìno *s.m.* **1** L'essere umano nei primi anni della sua vita, dalla nascita all'adolescenza **2** Figlio.

bàmbola *s.f.* **1** Giocattolo che raffigura una donna o una bambina **2** ♧ Ragazza dal viso bello ma poco espressivo.

banàle *agg.* Privo di originalità, di importanza [S] comune, insignificante, ovvio, ordinario: *persona b.*; *discorsi b.*

banàna *s.f.* Il frutto del banano.

banàno *s.m.* Pianta tropicale dai frutti gialli e dolci di forma allungata.

bànca *s.f.* **1** Azienda autorizzata a ricevere denaro in deposito e a prestarlo [S] istituto di credito **2** *B. dati* = insieme di informazioni raccolte e archiviate nella memoria di un computer.

bancarèlla *s.f.* Banco o carretto su cui i venditori ambulanti espongono all'aperto le merci in vendita.

bancàrio *agg.* Di banca: *assegno b.* ♦ *s.m.* Impiegato di banca.

banchétto *s.m.* **1** Bancarella **2** Ricco pranzo con molti invitati: *un b. di nozze.*

banchière *s.m.* Proprietario, grosso azionista o amministratore di una banca.

banchìna *s.f.* **1** Nei porti, riva rialzata dove approdano le navi, attrezzata per l'imbarco e lo sbarco di merci e passeggeri ◊ Nelle stazioni ferroviarie e alle fermate dei tram, marciapiede rialzato lungo i binari per la salita e la discesa dei passeggeri **2** Striscia laterale di una strada, in genere riservata a pedoni e ciclisti.

bànco *s.m.* **1** Mobile composto di un sedile e di un piano d'appoggio: *b. di scuola* ◊ Mobile allungato che nei negozi separa i venditori dai compratori: *b. del bar, del salumiere* ◊ Tavolo di lavoro: *il b. del falegname* **2** Banca **3** Ammasso compatto di elementi dello stesso tipo: *b. di sabbia.*

banconòta *s.f.* Biglietto di banca con valore di moneta legale.

bànda[1] *s.f.* **1** Gruppo di armati che esercita la guerriglia **2** Gruppo organizzato di malviventi: *una b. di ladri* ◊ Gruppo di persone che si comportano male: *una b. di fannulloni* ◊ Compagnia di amici: *una b. di ragazzi* **3** Complesso di suonatori di strumenti a fiato e a percussione.

bànda[2] *s.f.* Striscia di colore o anche di tessuto diverso in un capo di vestiario.

bandièra *s.f.* Drappo di stoffa di uno o più colori, che costituisce il simbolo di una nazione, di una città, di un corpo militare, di un partito ecc. o che viene usato come mezzo di segnalazione.

bandìre *v.tr.* **1** Annunciare pubblicamente con un bando: *b. un concorso* **2** ♧ Scacciare: *b. qlcu. da un gruppo.*

bandìto *s.m.* Chi compie azioni criminali [S] malvivente, fuorilegge

bàndo *s.m.* **1** Annuncio pubblico di un'autorità fatto attraverso manifesti e giornali: *b. di concorso* **2** Anticamente, pubblica condanna all'esilio.

bar *s.m.invar.* Locale pubblico in cui si consumano caffè, bibite, panini ecc.

bàra *s.f.* Cassa da morto.

baràcca *s.f.* Costruzione provvisoria, di legno o lamiera, per il ricovero di persone o il deposito di materiali e attrezzi.

baraccóne *s.m.* Costruzione smontabile, tipica di circhi, fiere, luna-park.

baraónda *s.f.* Movimento disordinato e

rumoroso di molte persone o di veicoli ◊ Confusione, disordine.

baràre *v.intr.* [aus. *avere*] Imbrogliare al gioco ◊ Comportarsi in modo disonesto.

bàratro *s.m.* Luogo scosceso, profondo e buio Ⓢ abisso, voragine, precipizio.

barattàre *v.tr.* Scambiare una cosa con un'altra, senza far uso di denaro.

baràtto *s.m.* Scambio diretto di un bene con un altro, senza far uso di denaro.

baràttolo *s.m.* Piccolo recipiente munito di coperchio: *b. di vetro, di metallo.*

bàrba *s.f.* I peli che crescono sulle guance e sul mento dell'uomo ◊ Ciuffo di peli che cresce sul mento di alcuni animali.

barbàrie *s.f.invar.* **1** Condizione di arretratezza di una società, di un popolo **2** Atto crudele e disumano.

bàrbaro *s.m.* Termine con cui gli antichi greci e romani indicavano lo straniero ♦ *agg.* **1** Selvaggio, primitivo, incivile: *popoli b.* **2** ♧ Feroce, crudele, disumano: *una b. vendetta.*

barbière *s.m.* Artigiano che rade la barba e taglia i capelli agli uomini.

barbóne *s.m.* **1** Persona misera, senza una casa e un lavoro, che vive di elemosina e di espedienti **2** Cane dal pelo folto e arricciato.

barbóso *agg.* Noioso: *un film b.*

barbùto *agg.* Che ha la barba.

bàrca *s.f.* **1** Imbarcazione di piccole dimensioni **2** ♧ Mucchio: *una b. di soldi.*

barcollàre *v.intr.* [aus. *avere*] Non reggersi sulle gambe; procedere ondeggiando Ⓢ vacillare: *l'ubriaco barcollava.*

barèlla *s.f.* Lettino per il trasporto a braccia di malati e feriti Ⓢ lettiga.

barellière *s.m.* Chi è addetto al trasporto di ammalati e feriti con la barella.

baricèntro *s.m.* Centro di gravità.

barìle *s.m.* Piccola botte di legno per contenere alimenti e liquidi.

barìsta *s.m.f.* Chi serve i clienti al banco di un bar.

bàro *s.m.* Chi imbroglia al gioco.

baròmetro *s.m.* Strumento per misurare la pressione atmosferica.

bàrra *s.f.* **1** Asta di legno o metallo usata soprattutto come leva di comando di meccanismi **2** Segno grafico costituito da una lineetta trasversale (/).

barricàre *v.tr.* Ostruire con una barricata: *b. una strada* ♦ **barricarsi** *v.pr.* Asserragliarsi in un luogo protetto.

barricàta *s.f.* Sbarramento di strade o passaggi fatto con materiali occasionali, spec. durante sommosse e rivoluzioni.

barrièra *s.f.* **1** Sbarramento naturale o artificiale, che chiude o limita un passaggio, un accesso, o segna un confine ◊ Nel calcio, linea di giocatori schierati a difesa della propria porta nei calci di punizione **2** ♧ Ostacolo, divisione: *b. sociali, razziali, ideologiche.*

barùffa *s.f.* Zuffa, rissa; litigio.

barzellétta *s.f.* Storiella spiritosa con finale umoristico: *raccontare una b.*

basàre *v.tr.* Posare su una base Ⓢ fondare (anche ♧): *b. le accuse su prove* ♦ **basàrsi** *v.pr.* ♧ Avere come base, come riferimento Ⓢ fondarsi: *la mia ricerca si basa su dati scientifici.*

bàse *s.f.* **1** Parte inferiore, di sostegno e appoggio, di qlco. (in partic. di una costruzione): *la b. di un monumento* **2** ♧ Fondamento, presupposto: *l'amore è la b. della loro unione* **3** Elemento principale di qlco.: *l'acqua è la b. della vita* **4** La massa degli appartenenti a un partito, un sindacato, un movimento (contrapposti ai dirigenti) **5** Zona in cui sono concentrate e da cui operano forze e mezzi militari: *b. aerea, navale* **6** In geometria, il lato o il poligono su cui poggiano una figura piana o un solido.

basétta *s.f.* Striscia di barba che dai capelli scende sulle guance.

basilica *s.f.* Chiesa di notevole importanza: *la b. di S. Pietro a Roma*.

basìlico *s.m.* Pianta erbacea, le cui foglie odorose sono usate per condimento.

bassézza *s.f.* **1** L'essere basso **2** ✧ Meschinità, viltà ◊ Azione abietta, vile.

bàsso *agg.* **1** Di statura o altezza non elevata, inferiore alla media: *uomo b.*; *casa b.* ◊ Che si trova a poca distanza dal suolo: *nuvole b.* ◊ Rivolto verso terra: *teneva gli occhi b.* **2** Poco profondo: *acque b.* **3** Meridionale: *b. Italia* **4** Sommesso: *a b. voce* ◊ Grave, non acuto (detto di nota o suono) **5** Piccolo, scarso, non elevato: *numero, prezzo b.*; *pressione b.* **6** ✧ Umile, modesto: *persone di b. condizione sociale* ◊ Scadente: *b. qualità* ♦ *avv.* In giù, a bassa distanza da terra: *mirare, volare b.*

bassofóndo *s.m.* **1** Zona poco profonda di un mare o di un lago **2** (al *pl.*) ✧ Gli ambienti sociali e i quartieri più miseri e malfamati di una città.

bassopiàno *s.m.* Pianura poco elevata sul livello del mare.

bàsta *inter.* Si usa per imporre silenzio, per esigere la cessazione di qlco. o per indicare che si ritiene concluso un discorso, una questione.

bastàrdo *agg.* e *s.m.* **1** Detto di figlio nato al di fuori del matrimonio; usato anche come ingiuria **2** Detto di animale nato dall'incrocio tra razze diverse.

bastàre *v.intr.* [aus. *essere*] Essere sufficiente: *mi basta poco per vivere.*

bastonàre *v.tr.* Percuotere con un bastone ◊ Più genericamente, picchiare qlcu.

bastóne *s.m.* Ramo d'albero diritto, sgrossato e lavorato, usato soprattutto come appoggio o come arma.

batòsta *s.f.* **1** Percossa, botte **2** ✧ Dura sconfitta ◊ Duro colpo fisico o morale.

battàglia *s.f.* **1** Scontro armato in cui sono impegnate grandi quantità di uomini e mezzi **2** ✧ Contrasto, lotta: *b. politica, elettorale*; *dare b.*

battèllo *s.m.* Barca ◊ Imbarcazione di medie dimensioni, usata soprattutto come traghetto di passeggeri e veicoli.

battènte *s.m.* Ognuna delle imposte di una porta o di una finestra.

bàttere *v.tr.* **1** Colpire, percuotere, picchiare con le mani o con un oggetto ◊ Urtare: *b. il ginocchio contro uno spigolo* ◊ Nel tennis e nel ping-pong, effettuare una battuta; nel calcio e nel rugby, effettuare un tiro di punizione: *b. un rigore* **2** Percorrere un luogo in lungo e in largo ⓢ perlustrare: *b. una zona* **3** Vincere, superare: *b. un avversario*; *b. un record* ♦ *v.intr.* [aus. *avere*] **1** Cadere, picchiare su qlco., urtare contro qlco.: *la pioggia batte sui vetri* ◊ Bussare: *b. alla porta* **2** Pulsare: *il cuore batte* ♦ **battersi** *v.pr.* Combattere, lottare ◊ Combattere l'uno contro l'altro.

batterìa *s.f.* **1** Insieme di pezzi di artiglieria **2** Insieme di pile o accumulatori che generano corrente elettrica: *b. dell'auto* **3** Insieme di elementi o attrezzi che servono per uno scopo: *b. da cucina* **4** Insieme di strumenti a percussione suonati da un unico musicista **5** Nello sport, gara eliminatoria preliminare.

battèrio *s.m.* Microrganismo composto di una sola cellula.

battésimo *s.m.* **1** Il primo dei sacramenti cristiani **2** ♧ Cerimonia di inaugurazione di qlco.: *il b. di una nave.*

battezzàre *v.tr.* **1** Dare a qlcu. il battesimo: *b. un neonato* **2** ♧ Dare a qlcu. un nome per mezzo del battesimo.

batticuòre *s.m.* Battito accelerato del cuore ◊ ♧ Ansia, trepidazione.

battìgia *s.f.* La parte della spiaggia battuta dalle onde.

battimàno *s.m.* Applauso.

battipànni *s.m.invar.* Attrezzo per battere panni, coperte, tappeti ecc. e farne uscire la polvere.

battistèro *s.m.* Edificio adiacente a una chiesa, o ambiente interno alla chiesa stessa, in cui si celebrano i battesimi.

battistràda *s.m.invar.* **1** Nelle gare di corsa, chi occupa la posizione di testa **2** La fascia esterna del pneumatico.

bàttito *s.m.* Pulsazione del cuore | *B. di ciglia* = il loro chiudersi e aprirsi rapidissimo e involontario ◊ Rumore di qlco. che batte in modo continuo e regolare.

battùta *s.f.* **1** Nella scrittura a macchina, ogni colpo dato sui tasti **2** Caccia fatta in gruppo con l'ausilio di cani: *b. al cinghiale* ◊ Vasta operazione di polizia per ricercare o catturare qlcu. **3** Nei giochi con la palla, il colpo dato alla palla per metterla in gioco, per rinviarla o per eseguire una punizione **4** In un dialogo teatrale, ognuno degli interventi di ciascun attore ◊ Frase con cui si interviene in una conversazione; in partic. frase spiritosa.

batùffolo *s.m.* Fiocco di lana, cotone o altro materiale soffice.

baùle *s.m.* **1** Cassa rettangolare che serve per contenere e trasportare biancheria, vestiti e oggetti d'uso personale **2** Bagagliaio dell'automobile.

bàva *s.f.* **1** Liquido schiumoso che cola dalla bocca di alcuni animali o anche da quella di bambini, vecchi, ammalati, persone eccitate **2** Sostanza vischiosa prodotta da lumache e altri molluschi.

bavaglìno *s.m.* Piccolo tovagliolo allacciato intorno al collo dei bambini.

bavàglio *s.m.* Pezzo di stoffa o fazzoletto che si applica alla bocca di una persona per impedirle di parlare e di gridare.

bàvero *s.m.* Risvolto, ripiegato intorno al collo, di giacche, cappotti e sim.

bazzècola *s.f.* Cosa da nulla Ⓢ inezia.

bazzicàre *v.tr.* e *v.intr.* [aus. *avere*] Frequentare abitualmente persone o luoghi: *lo hanno visto b. gente sospetta.*

beàto *agg.* Pienamente felice e sereno ◊ Fortunato: *b. lui che va in vacanza!*

bebè *s.m.invar.* Bambino molto piccolo Ⓢ neonato.

beccàre *v.tr.* **1** Prendere il cibo con il becco ◊ Colpire con il becco **2** ♧ Prendere, ottenere: *b. un premio* ◊ Buscare: *b. un raffreddore* ◊ Sorprendere: *lo hanno beccato a rubare* ♦ **beccarsi** *v.pr.* Colpirsi reciprocamente col becco (detto di uccelli) ◊ ♧ Bisticciarsi, punzecchiarsi l'un l'altro.

becchìno *s.m.* Chi di mestiere seppellisce i morti.

bécco *s.m.* **1** Estremità dura e prominente della bocca degli uccelli e delle testuggini **2** Parte sporgente di un oggetto, a forma di becco: *b. della caffettiera.*

befàna *s.f.* **1** Nome popolare dell'Epifania **2** Vecchia che nella notte dell'Epifania porta i doni ai bambini **3** ♧ Donna vecchia e brutta.

bèffa *s.f.* Inganno o scherzo che si fa allo scopo di prendersi gioco di qlcu., di deriderlo e schernirlo Ⓢ burla.

beffàre *v.tr.* Ingannare mettendo in ridicolo ◊ Deridere, schernire ♦ **beffarsi** *v.pr.* Farsi beffe, prendersi gioco: *è uno che si beffa di tutto e di tutti.*
bèlla *s.f.* **1** Donna amata Ⓢ innamorata, fidanzata **2** Bella copia **3** In giochi di carte e gare sportive, partita di spareggio.
bellézza *s.f.* **1** Qualità di chi o di ciò che è bello **2** Persona o cosa particolarmente bella: *ha una casa che è una b.*
bèllico *agg.* Di guerra: *industria b.*
bellicóso *agg.* Che ama la guerra, dedito alla guerra: *popolo b.* ◊ Incline, pronto alla lotta Ⓢ battagliero, combattivo.
bèllo *agg.* **1** Che colpisce e attrae gradevolmente per il suo aspetto o le sue qualità, suscitando piacere estetico e ammirazione: *un bell'uomo*; *begli occhi*; *bei paesaggi* **2** Ben fatto, ben riuscito: *un bel discorso* ◊ Piacevole: *una b. passeggiata* ◊ Lieto, felice: *begli anni* **3** Lodevole, degno di approvazione: *un bel gesto* **4** Buono: *bel voto* **5** Grande, considerevole, grosso: *un bel piatto di pasta*; *una b. somma* ◊ Proprio, veramente: *è un bel bugiardo*; *siamo in un bel guaio* ♦ *s.m.* **1** Ciò che è bello Ⓢ bellezza **2** Tempo sereno: *sta tornando il b.*
bélva *s.f.* Animale feroce ◊ ♧ Persona crudele e disumana.
belvedére *s.m.invar.* Luogo elevato da cui si gode un ampio panorama.
benché *congz.* Sebbene, quantunque.
bènda *s.f.* Striscia di tela o garza per fasciare ferite o immobilizzare arti ◊ Striscia di tela posta sugli occhi per impedire di vedere.
bendàre *v.tr.* **1** Avvolgere, fasciare con una benda: *b. la ferita* **2** Coprire gli occhi di qlcu. con una benda: *b. il prigioniero.*
bène *avv.* **1** In modo buono, giusto: *comportarsi b.* **2** In modo positivo, soddisfacente, favorevole, adeguato: *gli affari vanno b.*; *copriti b.* **3** Molto: *ben presto lo saprai* ◊ Addirittura: *glielo dissi ben tre volte* **4** Si usa, in tono esclamativo, per esprimere soddisfazione, consenso, entusiasmo ♦ *s.m.* **1** Ciò che è buono, giusto, onesto: *aspirare al b.* **2** Cosa utile, opportuna, vantaggiosa: *è un b. che tu sia qui* ◊ Benessere, felicità: *ti auguro ogni b.* **3** Affetto, amore: *il b. che ti voglio* **4** Ogni cosa che serve a soddisfare un bisogno: *b. di consumo* ◊ (spec. al *pl.*) Proprietà, ricchezze, averi.
benedétto *agg.* Che ha ricevuto la benedizione religiosa: *acqua b.*
benedìre *v.tr.* **1** Impartire la benedizione religiosa ◊ Invocare la protezione divina su qlcu.: *il padre benedì il figlio* **2** Aiutare, assistere, proteggere (detto di Dio): *che Dio ti benedica!*
benedizióne *s.f.* **1** Nel cristianesimo e in altre religioni, rito, formula e gesto con cui il sacerdote invoca il favore divino su persone o cose **2** Augurio di bene e felicità: *il padre gli diede la sua b.*
benefattóre *s.m.* Chi fa del bene, aiutando moralmente e materialmente gli altri; in partic. chi fa della beneficenza.
beneficàre *v.tr.* Fare del bene a qlcu. dandogli un aiuto.
beneficènza *s.f.* Opera di aiuto a chi è in condizione di bisogno Ⓢ carità.
beneficiàre *v.intr.* [aus. *avere*] Godere, usufruire di un beneficio, di un vantaggio di qualche tipo: *b. di uno sconto.*
benefìcio *s.m.* **1** Atto che fa del bene, reca un aiuto ad altri **2** Giovamento, utilità; vantaggio: *ha tratto b. dalla cura.*
benèfico *agg.* Che fa bene, che arreca beneficio: *una cura b.*

benèssere *s.m.* **1** Buona condizione del corpo e dello spirito **2** Buona condizione economica ⓢ agiatezza: *vivere nel b.*

benestànte *agg.* e *s.m.f.* Che, chi può vivere con agiatezza ⓢ abbiente.

benevolènza *s.f.* Disposizione d'animo favorevole; simpatia ◊ Indulgenza.

benèvolo *agg.* **1** Ben disposto, comprensivo ◊ Indulgente: *un giudice b.* ◊ Affettuoso, amichevole: *un rimprovero b.* **2** ⊕ Favorevole: *tempo b.*

benìgno *agg.* **1** Che mostra comprensione, indulgenza, cortesia ⓢ benevolo, indulgente **2** ⊕ Favorevole: *sorte b.* ◊ Mite (detto di clima) ◊ Non grave, non pericoloso per la vita (detto di malattie).

bensì *congz.* Ma invece, ma piuttosto.

benvenùto *agg.* Benarrivato (come formula di saluto nell'accogliere qlcu.) ♦ *s.m.* **1** Persona o cosa che giunge gradita: *essere il b.* **2** Saluto di buona accoglienza: *dare il b. agli ospiti.*

benvìsto *agg.* Visto con stima e simpatia.

benzìna *s.f.* Liquido infiammabile ricavato dalla raffinazione del petrolio greggio, usato come carburante e solvente.

benzinàio *s.m.* Addetto o gestore di un distributore di benzina.

bére *v.tr.* Ingerire un liquido ◊ Ingerire alcolici: *ha il vizio di b.*

berlìna *s.f.* Automobile con carrozzeria chiusa.

berrétto *s.m.* Copricapo di forma e materiale diversi, con o senza visiera.

bersagliàre *v.tr.* **1** Colpire ripetutamente persone o cose prese a bersaglio **2** ⊕ Perseguitare: *è bersagliato dalla sorte.*

bersàglio *s.m.* **1** L'oggetto, il punto che si deve colpire con un tiro ⓢ obiettivo **2** ⊕ Persona o cosa su cui si concentrano critiche, scherzi, avversità e sim.

bestémmia *s.f.* Insulto, parola offensiva contro Dio e le cose sacre.

bestemmiàre *v.tr.* Offendere con bestemmie: *b. Dio* ◊ Dire bestemmie: *non b.!*

béstia *s.f.* **1** Animale: *b. feroci, da lavoro* **2** ⊕ Persona ignorante o stupida o incapace (anche come insulto): *sei una b.!* ◊ Persona violenta e brutale.

bestiàle *agg.* Disumano, crudele.

bestiàme *s.m.* Nome collettivo di tutti gli animali domestici, ma riferito soprattutto ai bovini: *portare il b. al pascolo.*

betonièra *s.f.* Macchina per la preparazione del calcestruzzo.

béttola *s.f.* Osteria di basso livello.

bevànda *s.f.* Ogni liquido che si può bere: *b. fredde, calde, alcoliche, gasate.*

bevitóre *s.m.* Chi beve abitualmente vino e altre bevande alcoliche.

biàda *s.f.* Ogni cereale e foraggio che si usa per alimentare il bestiame.

biancherìa *s.f.* L'insieme degli indumenti intimi e dei panni per uso domestico (lenzuola, tovaglie): *lavare la b.*

biànco *agg.* **1** Si dice del colore proprio di un corpo che riflette tutta la luce solare senza assorbirne alcuna radiazione: *b. come la neve* ◊ Si dice anche della varietà più chiara di qlco., contrapposta ad altre varietà più scure: *pane, vino b.*; *pelle b.* **2** Non scritto, privo di segni: *scheda b.* **3** Pallido in volto: *diventò b. dalla paura* ♦ *s.m.* **1** Colore bianco **2** Parte bianca di qlco.: *il b. dell'uovo* **3** Sostanza per imbiancare **4** Abito bianco: *vestire di b.* **5** Persona di pelle chiara.

biasimàre *v.tr.* Criticare duramente.

biàsimo *s.m.* Dura critica ⓢ disapprovazione, rimprovero.

bìbita *s.f.* Bevanda dissetante non alcolica: *una b. alla menta, all'arancia.*

bibliotèca *s.f.* Edificio o ambiente in cui sono raccolti e ordinati libri a disposizione di chi vuole leggerli o consultarli ◊ Raccolta di libri di interesse personale.

bicchière *s.m.* Piccolo recipiente per bere, di forma e materiale vario.

biciclétta *s.f.* Veicolo a due ruote, mosso da pedali azionati dalle gambe del guidatore: *Pietro va a scuola in b.*

bicolóre *agg.* A due colori: *matita b.*

bidè *s.m.* Apparecchio igienico costituito da una vaschetta su cui ci si siede per lavare le parti intime del corpo.

bidèllo *s.m.* Persona addetta alla custodia e alla pulizia di una scuola.

bidóne *s.m.* **1** Grosso recipiente di plastica o lamiera per il trasporto di liquidi o di rifiuti **2** ✂ Imbroglio, truffa; acquisto sbagliato, fregatura ◊ Macchina, apparecchiatura che funziona male.

bièco *agg.* **1** (detto di sguardo) Ostile, minaccioso Ⓢ torvo **2** ✂ Malvagio.

biennàle *agg.* **1** Che dura due anni: *corso b.* **2** Che avviene ogni due anni: *mostra b.*

biènnio *s.m.* Periodo di due anni.

biforcàrsi *v.pr.* Dividersi in due rami.

biforcazióne *s.f.* Punto in cui qlco. si biforca: *ti aspetto alla b. della strada.*

bigamìa *s.f.* Condizione di chi è sposato con due persone contemporaneamente.

bighellonàre *v.intr.* [aus. *avere*] Andare a spasso senza uno scopo, per passare il tempo; perdere il tempo oziando.

bighellóne *s.m.* Chi passa il tempo gironzolando in ozio Ⓢ fannullone.

bìglia vedi **bìlia**.

bigliàrdo vedi **biliàrdo**.

bigliettàio *s.m.* Chi vende i biglietti per mezzi di trasporto, spettacoli e sim.

biglietterìa *s.f.* Luogo di vendita dei biglietti in stazioni, cinema, stadi e sim.

bigliétto *s.m.* **1** Foglietto o cartoncino su cui si scrivono brevi comunicazioni: *b. d'auguri* **2** Foglietto o cartoncino stampato che dà diritto, dietro pagamento, a usufruire di un servizio: *b. del tram, del treno, del teatro, dello stadio* **3** B. *(di banca)* = banconota: *un b. da 5 euro.*

bikìni *s.m.* Costume da bagno per donna in due pezzi (reggiseno e slip).

bilància *s.f.* **1** Strumento per la misurazione dei pesi **2** B. *commerciale* = saldo, attivo o passivo, tra le importazioni e le esportazioni di un paese.

bilanciàre *v.tr.* Mettere, tenere in equilibrio (un peso): *b. il carico di una nave* ♦

bilanciàrsi *v.pr.* **1** Mettersi, tenersi in equilibrio: *b. sulle gambe* **2** Equivalersi.

bilàncio *s.m.* **1** In economia, conteggio delle entrate e delle uscite di un'amministrazione, di un'impresa in un dato periodo: *b. in attivo, in pareggio, in passivo* **2** ✂ Calcolo complessivo dell'entità di qlco.: *fare un b. dei danni* ◊ Valutazione complessiva dei diversi aspetti di qlco.

bìle *s.f.* Liquido giallo-verdastro secreto dal fegato.

bìlia o **bìglia** *s.f.* Palla da biliardo ◊ Pallina di vetro colorato o altro materiale con cui giocano i bambini.

biliàrdo o **bigliàrdo** *s.m.* **1** Gioco che si svolge su un tavolo rettangolare delimitato da sponde elastiche ed è basato sull'abilità di colpire delle bilie con altre bilie lanciate a mano o con una stecca **2** Lo speciale tavolo su cui si gioca.

bilìngue *agg.* Che parla due lingue diverse ◊ Scritto in due lingue: *testo b.*

bìmbo *s.m.* Bambino.

binàrio *s.m.* Coppia di rotaie parallele su cui scorrono le ruote di treni e tram.

binòcolo *s.m.* Strumento ottico per

ingrandire oggetti lontani, formato da due cannocchiali accoppiati.

biografìa *s.f.* Narrazione scritta della vita di una persona, spec. illustre.

biologìa *s.f.* Scienza che studia gli organismi viventi nei loro diversi aspetti.

biόndo *agg.* Di colore tra il giallo e il castano chiaro: *capelli b.*

birichìno *s.m.* Bambino molto vivace, malizioso e impertinente ⓢ monello.

birìllo *s.m.* Oggetto a forma di bottiglietta, che in giochi di bambini o di adulti (biliardo, bowling) bisogna colpire e abbattere con una palla o una boccia.

bìro *agg.* e *s.f.invar.* Penna a sfera.

bìrra *s.f.* Bevanda alcolica prodotta dalla fermentazione del malto d'orzo e di altri cereali e aromatizzata con il luppolo.

birrerìa *s.f.* Locale pubblico in cui si serve soprattutto birra.

bis [latino] *inter.* Esclamazione del pubblico per richiedere la ripetizione di un brano musicale ♦ *s.m.invar.* Ripetizione di un brano: *chiedere, concedere un b.*

bisbigliàre *v.tr.* e *v.intr.* [aus. *avere*] Dire, parlare sottovoce ⓢ sussurrare, mormorare: *b. una parola all'orecchio.*

biscòtto *s.m.* Piccola pasta dolce cotta a lungo in forno, secca e croccante.

bisnὸnno *s.m.* Il genitore del nonno o della nonna.

bisognàre *v.intr.impers.* Essere necessario, opportuno: *bisogna che tu venga.*

bisόgno *s.m.* **1** Necessità di procurarsi qlco. che manca, di soddisfare una data esigenza: *b. di denaro, di cibo, di dormire* ◊ Necessità, esigenza: *in caso di b. conta su di me* **2** Necessità corporale.

bisognόso *agg.* Che ha bisogno di qlco. ♦ *agg.* e *s.m.* Che, chi è in condizioni di povertà: *aiutare i b.*

bistécca *s.f.* Fetta di carne bovina.

bistecchièra *s.f.* Piastra su cui cuocere le bistecche.

bisticciàre *v.intr.* [aus. *avere*] e **bisticciarsi** *v.pr.* Litigare per motivi non gravi.

bistìccio *s.m.* Litigio passeggero.

bìsturi *s.m.* Piccolo coltello affilatissimo usato nelle operazioni chirurgiche.

bitùme *s.m.* Miscela solida o pastosa, usata spec. per pavimentare strade.

bìvio *s.m.* Punto in cui una strada si divide in due: *al b., svoltate a destra.*

bizzàrro *agg.* Strano, stravagante, originale: *un individuo b.; che idea b.!*

blàndo *agg.* Non severo, non duro ◊ Leggero, tenue: *una luce b.*

blasfèmo *agg.* Che offende la religione, che contiene una bestemmia: *parole b.*

blindàto *agg.* Corazzato: *porta b.*

bloccàre *v.tr.* Arrestare un meccanismo in movimento: *b. il motore* ◊ Fissare in modo da impedire che si muova: *b. lo sterzo* ◊ Fermare, interrompere lo svolgimento di qlco.: *b. il traffico* ◊ Immobilizzare qlcu. o impedirgli di spostarsi: *b. un ladro* ◊ Impedire il transito, l'accesso, la comunicazione con l'esterno: *la frana blocca la strada* ♦ **bloccarsi** *v.pr.* Arrestarsi, fermarsi improvvisamente.

blòcco[1] *s.m.* **1** Arresto, interruzione: *b. di una ruota, del traffico* ◊ Dispositivo che impedisce il movimento: *b. dello sterzo* **2** Sbarramento di forze militari o di polizia per chiudere o controllare vie di accesso o di transito: *posto di b.*

blòcco[2] *s.m.* Massa compatta di un materiale: *b. di pietra, di ghiaccio.*

blu *agg.* e *s.m.* Colore azzurro scuro.

blùsa *s.f.* Camiciotto da lavoro.

bòa *s.f.* Galleggiante ancorato al fondo a scopo di ormeggio o di segnalazione.

boàto *s.m.* Rumore forte, cupo e rimbombante: *il b. di un'esplosione.*
bobìna *s.f.* Cilindro su cui si avvolgono fili o nastri; il filo o nastro così avvolto.
bócca *s.f.* **1** Cavità nella parte inferiore della faccia: *aprire la b.* ◊ Labbra: *bacio sulla b.* **2** Apertura verso l'esterno di un recipiente o di un altro oggetto cavo: *la b. del vaso, del forno, del fucile.*
boccàle *s.m.* Grosso bicchiere con manico: *un b. di birra.*
boccàta *s.f.* Quantità di cibo, liquido o altro che può essere introdotta nella bocca in una sola volta.
boccétta *s.f.* Bottiglietta: *b. di profumo.*
boccheggiàre *v.intr.* [aus. *avere*] Aprire e chiudere più volte la bocca, come i pesci fuor d'acqua, respirando faticosamente per affanno, caldo, sfinimento.
bòccia *s.f.* **1** Recipiente di vetro, di forma rotonda e dal collo lungo, usato per contenere acqua, vino, liquori, profumi **2** Palla di materiale duro: *gioco delle b.*
bocciàre *v.tr.* **1** Nei giochi delle bocce e delle boccette, colpire con la propria una palla avversaria **2** Non approvare, respingere: *b. una proposta, un alunno.*
bòccio *s.m.* Bocciolo.
bocciòlo *s.m.* Fiore non ancora sbocciato Ⓢ boccio: *un b. di rosa.*
boccóne *s.m.* La quantità di cibo che si può mettere in bocca in una volta sola.
bòia *s.m.invar.* Chi esegue le condanne a morte Ⓢ carnefice.
boicottàre *v.tr.* Colpire economicamente un'azienda, un imprenditore, una nazione, ostacolandone la produzione o non acquistandone le merci ◊ Ostacolare, cercare di far fallire: *b. un'iniziativa.*
bólla[1] *s.f.* **1** Sfera piena di aria o altri gas che si forma nei liquidi in seguito a ebollizione o ad altri processi **2** Vescica piena di siero che si forma sulla pelle in seguito a scottature o malattie.
bólla[2] *s.f.* Documento che descrive e accompagna una merce spedita.
bollènte *agg.* Caldissimo, rovente.
bollétta *s.f.* Documento che indica quanto si deve pagare per il consumo effettuato: *b. del gas, della luce.*
bollettìno *s.m.* Comunicato periodico su notizie e questioni di pubblico interesse: *b. meteorologico.*
bollìre *v.intr.* [aus. *avere*] Detto di liquidi, formare delle bolle in superficie passando dallo stato liquido a quello di vapore ◊ Detto di cibi, cuocere dentro un liquido in ebollizione ♦ *v.tr.* Far cuocere una vivanda in acqua bollente Ⓢ lessare: *b. le patate, la carne.*
bóllo *s.m.* Segno impresso con sigilli, marchi, timbri su qlco. per attestarne la validità, l'autenticità e sim. ◊ Segno di timbro, francobollo o contrassegno che documenta il pagamento di una tassa.
bómba *s.f.* Ordigno esplosivo di varia forma, dimensione e potenza.
bombardaménto *s.m.* Lancio di bombe o serie di tiri d'artiglieria su un bersaglio.
bombardàre *v.tr.* Colpire con bombe o tiri d'artiglieria: *b. una città.*
bómbola *s.f.* Recipiente cilindrico di acciaio per contenere gas compressi.
bonàrio *agg.* Mite, cordiale, amichevole, affabile: *un tipo b.*; *rimprovero b.*
bonìfica *s.f.* L'operazione di bonificare.
bonificàre *v.tr.* **1** Prosciugare terreni paludosi per renderli coltivabili e abitabili ◊ Risanare edifici e quartieri malsani e cadenti **2** Eliminare da una zona mine, bombe e proiettili inesplosi.
bontà *s.f.* **1** Qualità di chi è buono, di-

sposto a fare del bene ◊ Gentilezza, cortesia: *abbi la b. di aspettarmi* **2** Qualità di ciò che è buono: *la b. di un cibo* ◊ Cosa di sapore buono: *che b. questa torta!*

borbottàre *v.intr.* [aus. *avere*] Parlare a bassa voce, in modo poco chiaro e in genere lamentoso Ⓢ brontolare ♦ *v.tr.* Pronunciare in modo confuso e indistinto.

bórdo *s.m.* **1** Fianco di una nave o di una imbarcazione **2** L'ambiente interno di un mezzo di trasporto: *salire a b. di una nave, di un aereo, di un bus* **3** Parte terminale o esterna di qlco. Ⓢ orlo, margine, contorno: *il b. di una strada, di un'aiuola* ◊ Guarnizione, rifinitura fatta sull'orlo di un tessuto: *b. ricamato.*

borghése *agg.* e *s.m.* **1** Della borghesia: *famiglia b.* **2** Civile (contrapposto a *militare*): *il colonnello vestiva in abiti b.*

borghesìa *s.f.* Classe sociale formata da imprenditori, dirigenti, professionisti, impiegati, artigiani; ceto medio.

bórgo *s.m.* Piccolo centro abitato Ⓢ villaggio, paese: *un b. agricolo, marinaro.*

borràccia *s.f.* Recipiente usato spec. da soldati, cacciatori ed escursionisti per portare con sé acqua o altre bevande.

bórsa[1] *s.f.* **1** Sacca di varia forma, grandezza e materiale, usata per tenere e trasportare denaro, documenti e oggetti personali **2** *B. di studio* = finanziamento a studenti meritevoli.

bórsa[2] *s.f.* Mercato pubblico in cui si comprano e vendono azioni, obbligazioni, titoli di stato, valute estere e sim.

borséggio *s.m.* Furto con destrezza dalla borsa o dalla tasca di qlcu.

borsellìno *s.m.* Portamonete.

borsétta *s.f.* Borsa da signora.

boscàglia *s.f.* Bosco fitto e selvatico, spec. di arbusti e piccole piante.

bòsco *s.m.* Terreno ricoperto di alberi d'alto fusto e di arbusti selvatici.

boscóso *agg.* Ricco di boschi: *zone b.*

botànica *s.f.* Scienza che studia i vegetali.

bòtola *s.f.* Apertura in un pavimento o in un soffitto che serve per accedere a un locale sottostante o sovrastante.

bòtta *s.f.* **1** Colpo, percossa ◊ Urto violento contro qlco.: *dare una b. contro uno spigolo* ◊ Il segno lasciato da un colpo, da un urto: *ha una bella b. sul ginocchio* **2** ♧ Grave danno, duro colpo.

bótte *s.f.* Grosso recipiente per conservare vino o altro, formato da assicelle di legno tenute unite da cerchi di ferro.

bottéga *s.f.* Negozio ◊ Laboratorio di un artigiano: *la b. del falegname.*

bottegàio *s.m.* Proprietario, gestore di una bottega Ⓢ negoziante.

bottìglia *s.f.* Recipiente per liquidi di forma cilindrica che si restringe in alto.

bòtto *s.m.* **1** Rumore forte e secco, dovuto a spari, esplosioni, urti violenti **2** (al *pl.*) Fuochi d'artificio: *b. di capodanno.*

bottóne *s.m.* **1** Dischetto di vario materiale che serve ad allacciare i due lembi di un indumento: *i b. della giacca* **2** Pulsante di congegni elettrici: *il b. della luce.*

bovìni *s.m.pl.* Famiglia di mammiferi ruminanti (buoi, bufali, bisonti ecc.).

bovìno *agg.* Di bue, di bovini: *carne b.* ♦ *s.m.* Animale dei bovini.

box [inglese] *s.m.invar.* **1** Piccola autorimessa **2** Piccolo recinto in cui si tengono per sicurezza bambini molto piccoli.

bòzza *s.f.* **1** Prima stesura di uno scritto Ⓢ abbozzo: *b. di un contratto* **2** Prova di stampa di un testo, sulla quale vengono fatte le eventuali correzioni.

bòzzolo *s.m.* Involucro protettivo, formato da filamenti di bava, che si costruiscono le larve del baco da seta.

bracciàle *s.m.* Fascia di stoffa che si porta al braccio come segno di riconoscimento o come distintivo di una categoria.

braccialétto *s.m.* Ornamento, gioiello a forma di cerchio che si porta al polso.

bracciànte *s.m.f.* Lavoratore agricolo assunto a giornata o per lavori stagionali.

bracciàta *s.f.* Nel nuoto, ognuno dei movimenti delle braccia che fanno avanzare il nuotatore.

bràccio *s.m.* **1** Nel corpo umano, l'arto superiore dalla spalla alla mano: *sollevare le braccia* **2** ✿ Parte allungata, sporgente di qlco., che ricorda la forma di un braccio: *b. della gru*.

bracciòlo *s.m.* Appoggio laterale per le braccia in poltrone, sedie e divani.

bràce *s.f.* Fuoco senza fiamma di carbone o legna accesi da tempo: *carne alla b.*

braciòla *s.f.* Fetta di carne bovina o suina da cuocere sulla brace o in padella.

brànchia *s.f.* Organo di respirazione dei pesci, dei molluschi e dei crostacei.

brànco *s.m.* Gruppo di animali della stessa specie, selvatici o addomesticati.

brancolàre *v.intr.* [aus. *avere*] Procedere a tentoni, non potendo vedere per oscurità o cecità.

brànda *s.f.* Letto metallico pieghevole.

brandèllo *s.m.* Pezzo, frammento strappato di tessuto o di qualcos'altro.

bràno *s.m.* **1** Pezzo strappato da qlco. **2** Parte, frammento di un'opera letteraria o musicale: *un b. dei Beatles*.

bràvo *agg.* **1** Che si dimostra capace ed esperto in ciò che fa, nella sua attività e professione: *b. artigiano, medico, studente* **2** Buono, onesto, dabbene: *b. gente* ◊ Buono, obbediente: *oggi sei stato b.*

bravùra *s.f.* Notevole capacità, abilità nel fare qlco.: *ha dato prova di b.*

bretèlla *s.f.* **1** (spec. al *pl.*) Ognuna delle due strisce di tessuto elastico, che, passando sopra le spalle, si allacciano ai pantaloni per sorreggerli **2** Collegamento tra due autostrade o linee ferroviarie.

brève *agg.* **1** Che dura poco tempo: *una vita b.* ◊ Di poche parole Ⓢ conciso: *un b. discorso* **2** Corto: *la via più b.*

brevétto *s.m.* **1** Documento ufficiale che riconosce a una persona la proprietà di un'invenzione e il diritto esclusivo di sfruttarla **2** Patente che abilita all'esercizio di alcune professioni: *b. di pilota.*

brevità *s.f.* Corta durata, corta lunghezza: *b. di un discorso, di un viaggio.*

brézza *s.f.* Vento debole, che spira periodicamente tra una zona più fresca e una vicina, più calda.

brìciola *s.f.* **1** Piccolo frammento di pane, di biscotti, di torte **2** ✿ Quantità piccolissima di qlco.: *le b. dell'eredità.*

brillànte *agg.* **1** Che brilla Ⓢ splendente, luccicante **2** ✿ Vivace, spiritoso: *un oratore b.* ◊ Ben riuscito Ⓢ splendido, eccellente, magnifico: *un b. successo; un'idea b.* ♦ *s.m.* Diamante lavorato.

brillàre *v.intr.* [aus. *avere*] Risplendere di luce viva: *le stelle brillano.*

brìna *s.f.* Rugiada ghiacciata che si forma quando la temperatura notturna scende sotto zero: *campi coperti di b.*

brindàre *v.intr.* [aus. *avere*] Fare un brindisi: *b. in onore di un ospite.*

brìndisi *s.m.* Saluto che si fa alzando i bicchieri in onore di qlcu. o per augurare o festeggiare qlco.: *fare un b. agli sposi.*

brìvido *s.m.* **1** Tremito provocato da freddo, febbre, paura e sim. **2** ✿ Forte emozione: *provare il b. dell'avventura.*

bròdo *s.m.* Alimento liquido ottenuto facendo bollire in acqua carni e verdure.
bròglio *s.m.* Imbroglio, falsificazione.
bronchìte *s.f.* Infiammazione dei bronchi.
brónco *s.m.* Ognuno dei due condotti che portano l'aria dalla trachea ai polmoni.
brontolàre *v.intr.* [aus. *avere*] Manifestare il proprio scontento a voce bassa e con tono lamentoso Ⓢ borbottare.
brucàre *v.tr.* Detto di animali erbivori, strappare a piccoli morsi erba, foglie, ramoscelli per cibarsene.
bruciànte *agg.* **1** Che scotta, che è irritato: *fronte b. di febbre* **2** ♧ Che ferisce l'animo Ⓢ cocente: *sconfitta b.* **3** ♧ Fulmineo: *con uno scatto b. staccò tutti.*
bruciàre *v.tr.* **1** Incenerire, consumare, distruggere o rovinare con l'azione del fuoco o del calore **2** Dare una sensazione di bruciore ♦ *v.intr.* [aus. *essere*] **1** Ardere, essere in fiamme **2** Scottare, essere molto caldo: *b. dalla febbre* **3** Essere infiammato: *mi brucia la gola* **4** ♧ Provare intensamente una sensazione, un desiderio, un sentimento: *b. dalla sete, dalla voglia di partire* ♦ **bruciarsi** *v.pr.* **1** Scottarsi, ustionarsi **2** Andar distrutto, rovinarsi a opera del fuoco.
brùllo *agg.* Privo di vegetazione: *terreno b.* ◊ Privo di foglie: *albero b.*
brùno *agg.* Di colore scuro tra il marrone e il nero: *capelli b.* ◊ Che ha carnagione o capelli scuri: *ragazza b.* ♦ *s.m.* **1** Colore bruno **2** Persona bruna.
brùsco *agg.* **1** Che ha sapore forte, aspro: *vino b.* **2** ♧ Duro, sbrigativo o anche sgarbato: *maniere b.* **3** ♧ Rapido, improvviso e inatteso: *una b. frenata.*
brutàle *agg.* **1** Disumano, bestiale, feroce, crudele: *un delitto b.* **2** Privo di riguardo, di delicatezza: *una domanda b.*
brùto *agg.* **1** Bestiale, animalesco: *forza b.* **2** Inanimato: *materia b.* ♦ *s.m.* Uomo violento, che compie atti perversi e feroci.
bruttézza *s.f.* L'essere brutto.
brùtto *agg.* **1** Che, per il suo aspetto esteriore o per altre qualità, suscita un'impressione sgradevole: *viso b.*; *città b.*; *un b. film* **2** Cattivo, riprovevole: *b. azione* **3** Svantaggioso, sfavorevole, negativo: *fare un b. affare*; *b. voto*; *b. figura* ◊ Doloroso, spiacevole, tragico, triste: *b. notizia*; *fare una b. morte.*
bùca *s.f.* **1** Cavità praticata o formatasi nel terreno: *scavare una b.* **2** *B. delle lettere* = vano nel muro o cassetta con un'apertura in cui infilare la corrispondenza.
bucàre *v.tr.* **1** Fare un buco, dei buchi in qlco. Ⓢ forare **2** Pungere; ferire ♦ **bucarsi** *v.pr.* **1** Forarsi **2** Pungersi.
bucàto[1] *agg.* Che ha dei buchi Ⓢ forato.
bucàto[2] *s.m.* Lavatura della biancheria ◊ La biancheria lavata o da lavare.
bùccia *s.f.* Rivestimento esterno dei frutti e di alcuni tuberi, bulbi e semi: *b. del limone, della patata, della cipolla.*
bùco *s.m.* Apertura, foro che penetra in qlco. o lo passa da parte a parte.
budìno *s.m.* Dolce cremoso o gelatinoso a base di latte e di ingredienti vari.
bùe *s.m.* Maschio adulto castrato dei bovini domestici.
bufèra *s.f.* Vento impetuoso con pioggia, neve, grandine Ⓢ tempesta, tormenta.
bùffo *agg.* Che fa ridere; che è strano, bizzarro e nello stesso tempo comico o ridicolo: *una b. storiella*; *un tipo b.*
buffóne *s.m.* **1** Chi si comporta in modo da provocare il riso degli altri **2** ♧ Persona che manca di serietà, coerenza e dignità Ⓢ pagliaccio.
bugìa *s.f.* Affermazione falsa, menzogna.

bugiàrdo *agg.* e *s.m.* Che, chi dice bugie.

bùio *agg.* **1** Privo di luce Ⓢ oscuro: *notte b.* **2** ✿ Accigliato, preoccupato: *faccia b.* ♦ *s.m.* Mancanza di luce Ⓢ oscurità: *ha paura del b.* ◊ Notte: *sta venendo b.*

bùlbo *s.m.* Germoglio sotterraneo tondeggiante di alcune piante: *b. della cipolla.*

bullóne *s.m.* Grossa vite con un dado avvitato all'estremità, usata per tenere unite parti di macchine e pezzi metallici.

buòno¹ *agg.* **1** Rivolto, conforme al bene, all'onestà, alla giustizia: *b. azione* **2** Mite, bonario, affettuoso: *buon carattere* ◊ Gentile, cortese, delicato: *b. maniere* ◊ Quieto, silenzioso; obbediente: *oggi sei stato b.* **3** Abile, bravo, capace: *un buon avvocato* ◊ Utile, idoneo, efficace, efficiente: *b. idea*; *buon udito* **4** Conveniente, favorevole, opportuno: *aspetta il momento b.* ◊ Vantaggioso: *un buon affare* ◊ Prospero: *b. salute* **5** Bello, di pregevole qualità: *b. musica* **6** Socialmente rispettabile o elevato: *b. reputazione*; *giovane di b. famiglia* **7** Valido, accettabile: *ha le sue b. ragioni* **8** Gradevole, piacevole: *buon odore*; *è in b. compagnia* ◊ Mite, salubre: *buon clima*; *aria b.* **9** Notevole, grande: *b. parte di noi* ◊ Abbondante: *due ore b.* ♦ *s.m.* **1** Persona buona **2** Cosa buona, utile: *non combina niente di b.* ◊ Lato, aspetto positivo.

buòno² *s.m.* Tagliando che dà diritto a qlco.: *b. sconto* ◊ Nome di titoli di credito.

buonsènso *s.m.* Saggezza, equilibrio e senso pratico nel giudicare, nel prendere decisioni e nell'agire: *un uomo pieno di b.*

buonumóre *s.m.* Stato d'animo allegro e sereno: *sentirsi di b.*

bùrla *s.f.* Scherzo fatto per ridere alle spalle di qualcuno, ma senza cattiveria.

burlóne *s.m.* Persona a cui piace scherzare e fare burle: *quel tuo amico è un b.*

buròcrate *s.m.* Impiegato, funzionario, spec. della pubblica amministrazione.

burocrazìa *s.f.* La struttura organizzativa e il complesso degli uffici della pubblica amministrazione; l'insieme degli impiegati e dei funzionari che ne fanno parte: *ridurre i poteri della b.*

burràsca *s.f.* Tempesta, spec. di mare, con forte vento e violento moto ondoso.

bùrro *s.m.* Prodotto alimentare che si ricava dalla parte grassa del latte.

burróne *s.m.* Luogo in cui il terreno scende profondamente con pareti molto ripide Ⓢ precipizio, baratro: *cadere nel b.*

bus *s.m.invar.* Autobus.

bussàre *v.intr.* [aus. *avere*] Battere la porta per farsi aprire o per annunciarsi prima di entrare: *qualcuno ha bussato.*

bùssola *s.f.* Strumento per orientarsi rispetto ai punti cardinali, costituito essenzialmente da un ago calamitato che indica con la punta sempre il Nord.

bùsta *s.f.* **1** Involucro rettangolare di carta in cui si spediscono lettere, si tengono fogli, denaro e sim. **2** Custodia, borsa, astuccio rettangolare: *una b. in pelle per documenti*; *la b. degli occhiali.*

bùsto *s.m.* Parte superiore del corpo umano, dal collo ai fianchi: *stare a b. eretto.*

buttàre *v.tr.* **1** Gettare: *b. qlco. dalla finestra*; *b. qlcu. per terra* ◊ Sprecare: *b. (via) il tempo, il denaro, il fiato* **2** Emettere, mandar fuori: *la ferita butta ancora sangue* ♦ **buttarsi** *v.pr.* **1** Gettarsi, scagliarsi: *b. in acqua*; *b. addosso a qlcu.* **2** ✿ Dedicarsi a qlco. con entusiasmo: *b. a capofitto nel lavoro.*

C

c *s.f.* o *m.* Terza lettera dell'alfabeto italiano; è una consonante.

cabìna *s.f.* **1** Cameretta a bordo delle navi **2** Vano per passeggeri o per guidatori e piloti su vari mezzi di trasporto **3** Piccolo ambiente per usi vari: *c. telefonica* ◊ Piccolo locale che serve da spogliatoio negli stabilimenti balneari.

cacào *s.m.* Albero tropicale con frutti contenenti semi simili a mandorle ◊ La polvere ricavata dai semi della pianta, principale ingrediente del cioccolato.

cacàre *v.tr.* e *v.intr.* [aus. *avere*] Defecare, andare di corpo.

càcca *s.f.* Feci, escrementi.

càccia *s.f.* **1** Attività di ricerca, cattura o uccisione di animali selvatici **2** Ricerca, inseguimento di persone e mezzi **3** ⚘ Ricerca assidua: *è sempre a c. di soldi.*

cacciàre *v.tr.* **1** Cercare di uccidere o catturare animali selvatici **2** Mandare via con la forza o con male parole: *c. qlcu. fuori di casa* **3** Mettere: *dove hai cacciato le chiavi?* **4** Tirar fuori: *c. i soldi* ◊ Emettere con la voce: *c. un urlo* ♦ **cacciarsi** *v.pr.* Mettersi, ficcarsi (anche ⚘): *c. nei pasticci* ◊ Andare a finire, nascondersi: *dove ti eri cacciato?*

cacciatóre *s.m.* Chi pratica la caccia.

cacciavìte *s.m.invar.* Arnese per stringere e allentare le viti.

caciòtta *s.f.* Formaggio tenero di latte di vacca o di pecora in forme rotonde.

cadaùno *pron.indef.* Ciascuno.

cadàvere *s.m.* Il corpo umano dopo la morte.

cadére *v.intr.* [aus. *essere*] **1** Andare, venire giù ⓢ cascare, crollare: *c. a terra*; *è caduto il tetto* **2** ⚘ Venire sconfitto, arrendersi: *la città è caduta* ◊ Venire ucciso: *c. in battaglia* **3** ⚘ Venire a trovarsi, incorrere (in qlco. di negativo): *c. in miseria, in errore* **4** ⚘ Capitare: *gli cadde sotto gli occhi un annuncio.*

cadùta *s.f.* **1** Il cadere: *c. delle foglie, dei capelli* ◊ Capitombolo: *fare una brutta c.* **2** ⚘ Fine, crollo, crisi di un potere politico ◊ Resa: *la c. di una città assediata.*

caffè *s.m.* **1** Pianta tropicale sempreverde con frutti rossi a bacca contenenti due chicchi ◊ I chicchi della pianta; la polvere aromatica che si prepara tostando e macinando i chicchi ◊ La bevanda amara che si ricava dal caffè macinato **2** Locale pubblico in cui si consumano caffè e altre bevande ⓢ bar.

caffettièra *s.f.* Recipiente per preparare e servire il caffè.

càgna *s.f.* Femmina del cane.

calamàro *s.m.* Mollusco marino con dieci tentacoli.

calamìta *s.f.* Oggetto metallico dotato di forza magnetica ⓢ magnete.

calamità *s.f.* Disastro, catastrofe che colpisce molte persone.

calàre *v.tr.* Far scendere qlco. con movimento lento e regolare: *c. le reti* ◊ Abbassare, diminuire: *c. i prezzi* ♦ *v.intr.* [aus. *essere*] **1** Scendere: *c. dai monti* ◊ Tramontare: *il sole sta calando* **2** Abbassarsi, diminuire: *c. di peso, di prezzo.*

càlca *s.f.* Moltitudine di persone strette le une alle altre Ⓢ ressa, folla.

calcàgno *s.m.* La parte posteriore del piede Ⓢ tallone.

calcàre[1] *v.tr.* Premere con i piedi ◊ Premere con forza Ⓢ pressare, pigiare.

calcàre[2] *s.m.* Roccia usata come pietra da costruzione e per produrre la calce.

calcàreo *agg.* Che contiene calcare.

càlce *s.f.* Sostanza biancastra che si ricava (*c. viva*) dalla cottura del calcare; mescolata con acqua (*c. spenta*) viene usata come malta edilizia.

calcestrùzzo *s.m.* Materiale da costruzione formato da un impasto di ghiaia, sabbia e cemento con acqua.

calciàre *v.tr.* Colpire col piede; in partic., nel calcio e nel rugby, colpire il pallone, eseguire un tiro: *c. in porta.*

calciatóre *s.m.* Giocatore di calcio.

càlcio[1] *s.m.* **1** Colpo dato col piede Ⓢ pedata **2** Gioco tra due squadre di undici giocatori che, colpendo un pallone con i piedi o di testa, cercano di mandarlo nella porta avversaria Ⓢ football, pallone **3** Nei giochi del calcio e del rugby, colpo dato con il piede al pallone.

càlcio[2] *s.m.* Parte inferiore, impugnatura di un fucile, di un mitra, di una pistola.

càlcio[3] *s.m.* Elemento chimico diffusissimo in natura in vari minerali, nelle acque e negli organismi animali.

calcolàre *v.tr.* **1** Stabilire per mezzo di un calcolo: *c. una distanza* **2** Tener presente in un calcolo **3** Considerare, valutare attentamente ◊ Prevedere.

calcolatóre *s.m.* Macchina per eseguire calcoli | *C. elettronico* = computer.

calcolatrìce *s.f.* Macchina che esegue automaticamente calcoli.

càlcolo *s.m.* **1** Esecuzione di una o più operazioni matematiche **2** Conto, valutazione preventiva: *fare il c. dei costi.*

caldàia *s.f.* Apparecchio per riscaldare l'acqua in un impianto di riscaldamento o per produrre il vapore necessario ad azionare una macchina.

càldo *agg.* **1** Che produce una sensazione di calore; che ha una temperatura elevata: *acqua c.*; *paesi c.* **2** Detto di cibo, appena cotto **3** ♣ Affettuoso, cordiale: *un c. saluto* **4** ♣ *Colori c.* = quelli dal giallo al rosso **5** ♣ Caratterizzato da conflitti e tensioni: *zone c.* ♦ *s.m.* Temperatura elevata; sensazione di calore.

calendàrio *s.m.* **1** Libretto o fascicolo che riporta in ordine progressivo i giorni dell'anno, suddivisi per mese e settimana **2** Programma, ordinato cronologicamente, di un'attività: *c. scolastico.*

càlice[1] *s.m.* Bicchiere conico sostenuto da uno stelo con base circolare.

càlice[2] *s.m.* Involucro esterno del fiore.

calligrafìa *s.f.* Arte di scrivere con caratteri chiari ed eleganti ◊ Modo di scrivere Ⓢ scrittura: *una c. incomprensibile.*

càllo *s.m.* Indurimento della pelle in punti sottoposti a continuo sfregamento o compressione: *c. alle mani, ai piedi.*

callóso *agg.* Pieno di calli: *mani c.*

càlma *s.f.* **1** Assenza di vento nell'aria e di onde sul mare **2** Quiete, pace, silenzio: *la c. della notte* **3** ♣ Tranquillità, serenità di spirito: *mantenere la c.* ◊ Assenza di fretta e di agitazione.

calmànte *s.m.* Farmaco contro il dolore o uno stato di eccitazione Ⓢ sedativo.

calmàre *v.tr.* Attenuare, alleviare: *farmaco per c. il dolore* ♦ **calmarsi** *v.pr.* Tornare calmo, tranquillo ◊ Diminuire d'intensità Ⓢ attenuarsi.

càlmo *agg.* **1** Che è in stato di calma:

mare c. **2** ♧ Tranquillo, sereno, non agitato: *un ragazzo c.*; *cerca di restare c.*

càlo *s.m.* Diminuzione (anche ♧): *c. di peso, di prestigio* ◊ ♧ Diminuzione, perdita di efficienza (spec. fisica).

calóre *s.m.* **1** Temperatura elevata di un corpo: *il c. del sole* ◊ Sensazione di caldo: *sentire c.* **2** ♧ Intensa manifestazione di affetto, grande cordialità: *ci accolse con c.* ◊ Ardore, entusiasmo, fervore.

calorìa *s.f.* **1** Unità di misura della quantità di calore **2** Valore energetico degli alimenti: *un cibo ricco, povero di c.*

calorìfero *s.m.* Impianto o apparecchio per riscaldare ambienti.

caloróso *agg.* **1** Che non soffre o soffre poco il freddo **2** ♧ Affettuoso, cordiale.

calpestàre *v.tr.* **1** Pestare qlco. con i piedi, camminarci sopra: *c. l'erba* **2** ♧ Violare, offendere: *c. i diritti di qlcu.*

calùnnia *s.f.* Accusa falsa, fatta per incolpare di un reato una persona che si sa innocente o messa in giro per screditarla.

calvìzie *s.f.* Perdita progressiva dei capelli ◊ Mancanza parziale o totale dei capelli.

càlvo *agg.* Privo di capelli Ⓢ pelato.

càlza *s.f.* Indumento a maglia che ricopre il piede e parte della gamba.

calzamàglia *s.f.* Indumento aderente di maglia che copre il corpo dai piedi al collo o dai piedi alla vita.

calzàre *v.tr.* Infilare un indumento aderente ◊ Portare, indossare: *c. stivali.*

calzatùra *s.f.* Nome generico di ogni tipo di scarpe, pantofole, sandali ecc.

calzolàio *s.m.* Artigiano che fabbrica o aggiusta scarpe Ⓢ ciabattino.

calzolerìa *s.f.* **1** Negozio che vende calzature **2** Bottega di calzolaio.

calzóne *s.m.* **1** (al *pl.*) Indumento che ricopre le gambe e il corpo fino alla vita Ⓢ pantaloni **2** Tipo di pizza ripiegata a mezzaluna e farcita all'interno.

cambiàle *s.f.* Foglio su cui una persona firma l'impegno a pagare entro una certa data una somma determinata.

cambiàre *v.tr.* **1** Sostituire una persona o una cosa con un'altra dello stesso genere: *c. medico, vestito* **2** Rendere diverso Ⓢ trasformare, mutare: *gli anni lo hanno cambiato* **3** Dare una cosa in cambio di un'altra Ⓢ scambiare ♦ *v.intr.* [aus. *essere*] Diventare diverso Ⓢ modificarsi, mutare: *è cambiato il tempo* ♦ **cambiarsi** *v.pr.* Mettersi un altro abito.

càmbio *s.m.* **1** Cambiamento, sostituzione **2** Scambio, permuta di una cosa con un'altra; in partic. scambio di una moneta con quelle di paesi diversi ◊ Valore relativo di una moneta rispetto ad altre **3** Nei veicoli, congegno meccanico che serve a variare il rapporto di trasmissione del moto tra due organi rotanti.

càmera *s.f.* **1** Locale di un'abitazione, in partic. stanza da letto **2** Locale destinato a un particolare uso: *c. operatoria* **3** *C. d'aria* = tubo di gomma, gonfiato di aria, all'interno di un pneumatico **4** Macchina fotografica, o per riprese cinematografiche e televisive **5** Nome di una delle assemblee del Parlamento italiano.

cameràta *s.f.* Stanza usata come dormitorio in caserme, collegi, ospedali.

camerière *s.m.* Persona di servizio in una casa privata; persona addetta alle pulizie in un albergo ◊ Persona addetta al servizio ai tavoli in bar e ristoranti.

càmice *s.m.* Veste di tela indossata sopra l'abito da medici, infermieri, pittori, tecnici ecc., spec. per motivi igienici.

camicétta *s.f.* Camicia da donna.

camìcia *s.f.* Indumento abbottonato sul davanti, con maniche lunghe o corte, che copre il corpo dal collo fino alla vita.

caminétto *s.m.* Piccolo camino per il riscaldamento di stanze.

camìno *s.m.* **1** Impianto domestico in cui si accende il fuoco, costituito da un ripiano rialzato (*focolare*) sormontato da una cappa ◊ Canna fumaria: *il c. non tira* **2** Fumaiolo, comignolo, ciminiera.

càmion *s.m.invar.* Autocarro.

camionìsta *s.m.f.* Autista di camion.

cammèllo *s.m.* Grosso mammifero ruminante con due gobbe sul dorso ◊ Lana o tessuto ricavati dal suo pelo.

camminàre *v.intr.* [aus. *avere*] Spostarsi, muoversi a piedi: *c. in fretta.*

camminàta *s.f.* Percorso a piedi piuttosto lungo Ⓢ passeggiata.

cammìno *s.m.* Viaggio a piedi: *mettersi in c.* ◊ La strada che si percorre Ⓢ percorso, tragitto: *siamo a metà c.*

camomìlla *s.f.* **1** Pianta erbacea con fiori simili a piccole margherite **2** Infuso dei fiori della pianta.

campàgna *s.f.* **1** Territorio al di fuori dei centri urbani, coltivato o incolto, in cui ci sono solo piccoli paesi o case sparse; zona rurale **2** Complesso di attività e iniziative rivolte a uno scopo: *c. elettorale.*

campàna *s.f.* Strumento di bronzo a forma di vaso rovesciato, che suona percosso da un martello esterno o da un battaglio appeso all'interno.

campanèllo *s.m.* Piccola campana che si fa suonare agitandola per il manico | *C. elettrico* = quello che suona azionato a distanza da un pulsante elettrico.

campanìle *s.m.* Costruzione a forma di torre, affiancata a una chiesa, che ospita nella sua parte superiore le campane.

campàre *v.intr.* [aus. *essere*] Vivere, mantenersi in vita: *c. 90 anni.*

campeggiàre *v.intr.* [aus. *avere*] Attendarsi all'aria aperta, fare campeggio.

campéggio *s.m.* **1** Forma di turismo in cui si vive all'aperto dormendo in tende, roulotte, camper ecc. **2** Luogo attrezzato per campeggiare Ⓢ camping.

campionàrio *s.m.* Raccolta ordinata di campioni di merci.

campionàto *s.m.* Gara o serie di gare sportive per l'assegnazione del titolo di campione a un atleta o a una squadra.

campióne *s.m.* **1** Atleta o squadra che ha vinto un campionato o un torneo ◊ Atleta molto forte ◊ ♣ Chi eccelle in qlco.: *è un c. in matematica* **2** Piccola quantità di una sostanza, di un prodotto, di una merce, che viene prelevata per esaminarne le caratteristiche e le qualità.

càmpo *s.m.* **1** Superficie di terreno coltivata o coltivabile: *c. di grano, di patate* ◊ (spec. al *pl.*) Campagna: *la vita dei c.* ◊ Spazio di terreno aperto: *un c. di neve* **2** Luogo di combattimento o di esercitazioni militari: *c. di battaglia* **3** Accampamento: *levare il c.* **4** Spazio di terreno attrezzato per attività sportive e ricreative o adibito ad altri usi particolari: *c. di calcio, da tennis*; *c. d'aviazione*; *c. profughi* **5** *C. visivo* = la parte dell'orizzonte che può essere abbracciata dall'occhio immobile **6** ♣ Settore, ambito di studi o di attività: *è un esperto in c. economico.*

canàle *s.m.* **1** Corso d'acqua artificiale **2** Tratto di mare tra due terre: *c. della Manica* **3** Conduttura, tubazione per liquidi **4** Banda di frequenza attraverso cui trasmette un'emittente televisiva o radiofonica; l'emittente stessa.

cancellàre *v.tr.* **1** Eliminare qlco. che è scritto o disegnato facendolo sparire o ricoprendolo **2** ✄ Annullare, eliminare: *c. un appuntamento, un debito.*

cancèllo *s.m.* Chiusura di un ingresso formata da sbarre verticali di ferro o legno distanziate e unite da traverse.

cancerògeno *agg.* Che provoca il cancro: *sostanza c.*

cancrèna *s.f.* Processo di disfacimento, di putrefazione di una parte del corpo colpita da un'infezione o da un trauma.

càncro *s.m.* Tumore maligno.

candeggìna *s.f.* Sostanza per sbiancare la biancheria ingiallita o macchiata.

candéla *s.f.* **1** Cilindro di cera o altra materia grassa con all'interno uno stoppino, che si accende per illuminare **2** Nei motori a scoppio, l'organo che produce la scintilla per accendere la miscela.

candelière *s.m.* Sostegno per candele.

candidàre *v.tr.* Presentare, proporre qlcu. come candidato per una carica o per un'elezione ♦ **candidarsi** *v.pr.* Presentarsi come candidato.

candidàto *s.m.* **1** Chi si presenta o è proposto per essere eletto o nominato a una carica o a un incarico **2** Chi si presenta a una prova d'esame, a un concorso.

càndido *agg.* Di un bianco immacolato e splendente: *lenzuola c.*

candìto *s.m.* Frutto o pezzo di frutta bollito in uno sciroppo di zucchero.

càne *s.m.* Mammifero domestico diffuso ovunque in numerose razze, diverse per aspetto e attitudini.

canèstro *s.m.* **1** Cesto di vimini intrecciati **2** Nella pallacanestro, il cerchio metallico con reticella senza fondo nel quale bisogna infilare la palla per segnare il punto; il punto stesso così segnato.

canìcola *s.f.* Il periodo più caldo dell'estate ◊ Calura, afa.

canìle *s.m.* **1** Casotto con cuccia per cani **2** Luogo in cui si allevano o custodiscono cani.

canìno *agg.* Di cane, di cani: *mostra c.* ♦ *agg.* e *s.m.* Detto di ciascuno dei quattro denti aguzzi ai lati degli incisivi.

cànna *s.f.* **1** Nome comune di varie specie di piante dal fusto lungo, sottile, flessibile e cavo, diviso da nodi: *c. di bambù* **2** Oggetto fatto di canna o di forma simile a una canna: *la c. del fucile* **3** *C. fumaria* = la parte del camino da cui esce il fumo.

cannéto *s.m.* Terreno in cui crescono canne.

cannocchiàle *s.m.* Strumento ottico per vedere ingranditi oggetti molto lontani.

cannóne *s.m.* Pezzo d'artiglieria con canna lunga, capace di scagliare a grande distanza proiettili esplosivi.

cannùccia *s.f.* Tubicino di paglia, di plastica o di vetro per sorbire bibite.

canòa *s.f.* Barca primitiva scavata in un tronco d'albero ◊ Imbarcazione sportiva lunga e stretta, con remi a pagaia.

cànone *s.m.* Somma che si paga periodicamente per l'utilizzo di un bene o di un servizio.

canottièra *s.f.* Maglietta leggera di lana o cotone, scollata e senza maniche.

canòtto *s.m.* Piccola imbarcazione per usi vari: *c. di salvataggio*; *c. pneumatico.*

cantànte *s.m.f.* Chi canta per professione: *c. lirico, di musica leggera.*

cantàre *v.intr.* [aus. *avere*] Modulare con la voce melodie musicali: *c. bene, male* ◊ Esibirsi come cantante: *c. in pubblico* ♦ *v.tr.* Eseguire con il canto.

cantière *s.m.* Area attrezzata e complesso di impianti per la costruzione e la riparazione di navi o di edifici, strade, ponti.

cantìna *s.f.* **1** Locale interrato o seminterrato di un edificio, impiegato per conservarvi il vino o come ripostiglio **2** Stabilimento in cui si produce vino.

cànto[1] *s.m.* **1** Successione di suoni musicali emessi dalla voce umana ◊ L'arte e la tecnica di cantare: *lezione di c.* **2** Verso, suono melodioso di animali.

cànto[2] *s.m.* **1** Angolo interno o esterno formato da due pareti che si incontrano **2** Parte, lato | *D'altro canto* = d'altronde.

canùto *agg.* Bianco (detto di capelli, barba e baffi) ◊ Che ha i capelli bianchi.

canzóne *s.f.* Breve composizione per canto, con melodia orecchiabile.

càos *s.m.* Grande disordine, enorme confusione: *che c. c'è in questa stanza!*

caòtico *agg.* Confuso e disordinato.

capàce *agg.* **1** Che può contenere molte persone o cose [S] ampio, spazioso, capiente: *stadio, borsa c.* **2** Che è in grado di fare qlco.: *è c. di leggere* ◊ Abile, esperto: *un chirurgo c.*

capacità *s.f.* **1** Possibilità di contenere [S] capienza **2** Attitudine, abilità, dote.

capànna *s.f.* Piccola costruzione fatta di piccoli tronchi, canne, frasche e paglia.

capannèllo *s.m.* Gruppo di persone che si forma in una strada o in una piazza per osservare o commentare qlco.

capannóne *s.m.* Ampia e alta costruzione a un solo piano, adibita a usi vari.

capàrra *s.f.* Somma di denaro versata a garanzia del rispetto di un contratto.

capéllo *s.m.* Ognuno dei peli che ricoprono la parte superiore della testa.

capézzolo *s.m.* La parte sporgente al centro della mammella dei mammiferi.

capiènte *agg.* Di notevole capienza.

capiènza *s.f.* Capacità di contenere.

capigliatùra *s.f.* L'insieme dei capelli [S] chioma.

capìre *v.tr.* **1** Comprendere, intendere con la mente: *c. una frase* ◊ Comprendere e valutare adeguatamente qlcu. o qlco.: *c. la gravità della situazione* ◊ Afferrare con l'udito [S] sentire **2** Considerare con comprensione [S] giustificare ♦ **capirsi** *v.pr.* Intendersi.

capitàle[1] *agg.* **1** Di morte: *pena c.* **2** ♣ Fondamentale, decisivo: *c. importanza.*

capitàle[2] *s.f.* La città in cui ha sede il governo di uno stato: *Roma è la c. d'Italia.*

capitàle[3] *s.m.* **1** Somma di denaro che dà un interesse **2** Grande quantità di denaro [S] ricchezza, patrimonio.

capitàno *s.m.* **1** Nell'esercito, ufficiale che comanda una compagnia di soldati **2** Nella marina mercantile, comandante di una nave **3** Nello sport, l'atleta responsabile del comportamento dei compagni.

capitàre *v.intr.* [aus. *essere*] **1** Giungere, arrivare casualmente in un luogo o in un certo momento: *c. al momento giusto* **2** Accadere, succedere: *cose che capitano* ◊ Presentarsi: *mi capitò un buon affare.*

capìtolo *s.m.* Ognuna delle parti in cui è suddiviso un libro.

càpo *s.m.* **1** Testa: *mal di c.* ◊ Mente: *mettersi un'idea in c.* **2** Chi ha funzioni di comando, chi dirige **3** Parte terminale di qlco. [S] estremità: *all'altro c. del paese* ◊ Principio, inizio: *ricominciare da c.* **4** Ogni individuo di una data specie di animali: *un gregge di cento c.* ◊ Singolo pezzo di vestiario, di biancheria: *un bel c.* **5** Sporgenza di una costa nel mare [S] promontorio: *doppiare un c.* ◊ Estremità di una penisola, di un continente.

capòcchia *s.f.* Testina tondeggiante con

cui terminano fiammiferi, spilli e sim.

capodànno Il primo giorno dell'anno.

capofamìglia *s.m.f.* Chi è a capo di un nucleo familiare.

capogìro *s.m.* Giramento di testa Ⓢ vertigine: *a guardare dall'alto mi viene il c.*

capogrùppo *s.m.f.* Chi è a capo di un gruppo (spec. parlamentare o turistico).

capolavóro *s.m.* L'opera migliore di un autore, di una corrente artistica, di un'epoca ◊ Opera di grande qualità.

capolìnea *s.m.* Fermata iniziale o terminale di una linea di trasporto pubblico.

capolìsta *s.m.f.* Chi occupa il primo posto in una lista, in una classifica.

capoluògo *s.m.* La città principale di una provincia o di una regione.

capomàstro *s.m.* Chi controlla e dirige il lavoro dei muratori in un cantiere edile.

caporàle *s.m.* Militare che ha il grado più basso della gerarchia.

caporepàrto *s.m.f.* Chi dirige un reparto di una fabbrica, di un ospedale ecc.

caposquàdra *s.m.f.* Chi comanda una squadra di soldati, di operai, di atleti ecc.

capostazióne *s.m.f.* Chi dirige una stazione ferroviaria.

capotàvola *s.m.f.* Chi siede a capo di una tavola, cioè al posto d'onore; il posto stesso: *mettere l'ospite a c.*

capoufficio *s.m.f.* Chi dirige un ufficio.

capovèrso *s.m.* L'inizio di un periodo, quando è scritto o stampato andando a capo (e di solito rientrato rispetto alle altre righe).

capovòlgere *v.tr.* Rovesciare in modo che la parte di sopra venga a trovarsi sotto: *c. una barca.*

càppa *s.f.* La parte del camino che convoglia verso la canna fumaria i fumi e i vapori del focolare o dei fornelli.

cappèlla *s.f.* Piccolo edificio sacro, isolato o incorporato in un edificio più grande ◊ Ciascuna delle profonde nicchie che, nelle chiese, contengono altari dedicati alla Madonna o ai santi.

cappèllo *s.m.* Copricapo di forma e materiale vari: *c. da uomo, da donna.*

càppio *s.m.* **1** Tipo di nodo che si scioglie tirando uno dei due capi della corda **2** Laccio a un'estremità di una corda, che si stringe sempre più tirando l'altra estremità Ⓢ nodo scorsoio, capestro.

cappòtto *s.m.* Pesante soprabito invernale.

cappuccìno *s.m.* Bevanda di caffè con aggiunta di latte schiumoso.

cappùccio *s.m.* **1** Copricapo di forma appuntita fissato al saio dei frati e al bavero di soprabiti e indumenti sportivi **2** Oggetto che serve da copertura o rivestimento: *il c. della biro*; *c. di stagnola.*

càpra *s.f.* Mammifero ruminante domestico, con corna curvate all'indietro e pelo lungo e liscio.

caprìccio *s.m.* Voglia improvvisa di avere o di fare qlco., spec. se stravagante o non necessaria: *soddisfare un c.*

capriccióso *agg.* Pieno di capricci, che fa capricci.

caprìno *agg.* Di capra: *formaggio c.*

caprìola *s.f.* Salto fatto puntando a terra le mani e la testa e compiendo una giravolta su se stessi.

càpsula *s.f.* Involucro o contenitore di forma tondeggiante o cilindrica.

carabinière *s.m.* Militare appartenente a uno speciale corpo dell'esercito italiano che svolge funzioni di polizia.

caràffa *s.f.* Recipiente panciuto a imboccatura larga, con beccuccio e dotato di manico, per servire liquidi in tavola.

caramèlla *s.f.* Pasticca a base di zucchero cotto, aromi vari e coloranti.

caràttere *s.m.* **1** Ogni segno dotato di significato in un sistema di scrittura ◊ Tipo di segno usato nella scrittura a mano, a macchina o nella stampa: *c. tondo, corsivo* **2** Tipo, genere: *problemi di c. economico* **3** Natura, indole, temperamento: *è di c. aperto, scontroso*; *ha un brutto c.* ◊ Personalità forte, decisa; forza di volontà, costanza: *mancare di c.*

caratterìstica *s.f.* Qualità particolare, proprietà specifica, tipica, peculiare di una cosa o di una persona.

caratterìstico *agg.* Proprio, tipico di qlco. o di qlcu., in quanto lo qualifica e lo contraddistingue: *prodotti c. regionali.*

carbóne *s.m.* Sostanza solida nera, ricca di carbonio, derivata dalla decomposizione di materia vegetale (*c. fossile*) o ottenuta dalla combustione di legna.

carbònio *s.m.* Elemento chimico diffusissimo in natura come costituente essenziale degli esseri viventi.

carbonizzàre *v.tr.* Trasformare in carbone (la legna) ◊ Bruciare riducendo a qlco. di simile al carbone.

carburànte *s.m.* Combustibile liquido o gassoso che brucia nei motori a scoppio.

carburatóre *s.m.* Nei motori a scoppio, apparecchio in cui l'aria e il carburante liquido vengono miscelati.

carcàssa *s.f.* Ossatura, scheletro di un animale morto ◊ Struttura di sostegno di una macchina, di un mezzo di trasporto, di un edificio.

carceràto *agg.* e *s.m.* Detenuto.

càrcere *s.m.* Luogo in cui viene rinchiuso chi deve scontare una condanna penale ⓢ prigione.

cardìaco *agg.* Del cuore: *attacco c.*

cardinàle *agg.* **1** *Numeri c.* = quelli che indicano la quantità di elementi che costituiscono un insieme **2** *Punti c.* = nord, sud, est, ovest ◊ *s.m.* Nella chiesa cattolica, ecclesiastico che ha il più alto grado dopo quello del papa, da cui è nominato.

càrdine *s.m.* **1** Ferro a forma di perno sul quale si infilano e ruotano le ante di porte e finestre **2** ✿ Base, fondamento.

cardiòlogo *s.m.* Medico specialista nelle malattie del cuore.

carèna *s.f.* La parte che rimane sommersa dello scafo di un'imbarcazione.

carènte *agg.* Mancante, insufficiente.

carènza *s.f.* Mancanza, insufficienza.

carestìa *s.f.* Mancanza o grande scarsità di viveri, per cause naturali o sociali.

carézza *s.f.* Dimostrazione di affetto fatta passando leggermente la mano sulla testa, sul volto o sul corpo.

càrgo *s.m.* Nave o aereo da trasporto di merci.

cariàto *agg.* Colpito dalla carie: *dente c.*

càrica *s.f.* **1** Il materiale, l'energia o il congegno necessari al funzionamento di un apparecchio, di un meccanismo: *la c. della penna, dell'orologio* ◊ L'esplosivo contenuto nei bossoli dei proiettili delle armi da fuoco o nelle bombe e nelle mine **2** ✿ Energia spirituale **3** Incarico, ufficio: *c. di sindaco, di ministro* **4** Azione impetuosa di attacco da parte di truppe armate: *una c. della polizia* **5** Nel calcio e in altri sport, spinta a un giocatore avversario per ostacolarlo nell'azione.

caricàre *v.tr.* **1** Collocare sopra un mezzo di trasporto quello che deve essere trasportato: *c. una nave di merci, le merci sulla nave* ◊ Portare come carico: *questa barca non può c. più di cinque passeggeri* **2** Gravare di un peso eccessivo, materiale o morale: *c. uno scaffale di libri*; *c. qlcu. di responsabilità* **3** Fornire di carica: *c. la pipa, l'orologio, un'arma* **4** Attaccare con impeto: *la polizia caricò i dimostranti* ◊ Nel calcio e in altri sport, urtare un avversario ♦ **caricarsi** *v.pr.* Gravarsi di un carico eccessivo (anche ♧).

càrico *agg.* **1** Che porta un peso, un carico: *nave c. di frutta* **2** Pieno, sovraccarico (anche ♧): *albero c. di frutti*; *è c. di debiti* **3** Caricato, pronto a funzionare: *orologio, fucile c.* ♦ *s.m.* L'operazione del caricare un mezzo di trasporto: *fare il c. dei bagagli* ◊ Ciò che si carica, si trasporta: *un c. di banane.*

càrie *s.f.* Malattia che corrode i denti.

carìno *agg.* Grazioso, piacevole: *ragazza c.* ◊ Amabile, gentile: *è sempre c. con me.*

carità *s.f.* **1** Sentimento di amore e solidarietà per il prossimo; disposizione ad aiutare chi ha bisogno **2** Atto concreto di aiuto, di soccorso ◊ Elemosina: *fare la c.*

carnagióne *s.f.* L'aspetto, il colorito della pelle umana, in partic. del volto.

càrne *s.f.* **1** La parte costituita da muscoli nel corpo umano e animale **2** Alimento costituito dalla parte muscolare degli animali commestibili: *c. bovina, suina.*

carneficìna *s.f.* Uccisione violenta di molte persone Ⓢ massacro, strage.

carnevàle *s.m.* Il periodo e in partic. la settimana che precede la quaresima, durante cui si organizzano feste, balli, cortei mascherati e altri divertimenti.

carnìvoro *agg.* e *s.m.* Detto di animale che si nutre di carne.

càro *agg.* **1** A cui si è affezionati: *un c. amico* ◊ Affettuoso: *un c. saluto* **2** Che si considera importante, prezioso: *la vita è c. a tutti* **3** Che costa molto: *vestito c.* ◊ Che fa pagare un prezzo alto: *negozio c.* ♦ *avv.* A prezzo elevato: *vendere c.* | ♧ *Pagare c.* = scontare duramente ♦ *s.m.* *I propri c.* = i genitori, i parenti e gli amici più stretti: *come stanno i tuoi c.?*

carógna *s.f.* **1** Corpo di animale morto **2** ♧ Persona perfida e vile.

caròta *s.f.* Pianta erbacea dalla radice commestibile di color rosso-arancio.

carovàna *s.f.* Gruppo di viaggiatori che, con animali e mezzi di trasporto, attraversa zone desertiche o pericolose ◊ Gruppo di veicoli che si spostano assieme o procedono incolonnati.

carovìta *s.m.* Rialzo del costo della vita.

carràio *agg.* *Passo c.* = tratto di marciapiede davanti a un ingresso, inclinato per consentire il passaggio dei veicoli.

carreggiàta *s.f.* Parte della strada riservata al traffico dei veicoli.

carrèllo *s.m.* **1** Ripiano o vagoncino montato su ruote, usato per trasporto **2** Negli aerei, il congegno fornito di ruote che permette il decollo e l'atterraggio.

carrétto *s.m.* Piccolo carro a due ruote.

carrièra *s.f.* Professione: *c. militare* ◊ Avanzamento di grado, conquista di una posizione sociale ed economica più elevata: *far c.*

carriòla *s.f.* Piccola carretta con una sola ruota, che si spinge o si tira a mano.

càrro *s.m.* **1** Veicolo da trasporto a due o a quattro ruote, trainato da animali **2** Veicolo a trazione meccanica, per varie funzioni: *c. merci*; *c. attrezzi* | *Carro armato* = autoveicolo corazzato, cingolato e armato di cannone e mitragliatrici.

carròzza *s.f.* **1** Veicolo a quattro ruote, trainato da cavalli **2** Vagone ferroviario per il trasporto di passeggeri.

carrozzàbile *agg.* e *s.f.* Detto di strada percorribile dagli autoveicoli.

carrozzèlla *s.f.* **1** Sedia con grosse ruote, spinta a mano o da un motore, per il trasporto di invalidi **2** Carrozzina.

carrozzerìa *s.f.* **1** Parte esterna dell'autoveicolo che ricopre il vano del motore e ospita i passeggeri o le merci **2** Officina per la riparazione di carrozzerie.

carrozzìna *s.f.* Lettino montato su ruote, per il trasporto di neonati.

carrùcola *s.f.* Macchina per sollevare pesi, costituita da una ruota girevole con scanalatura nella quale scorre una fune.

càrta *s.f.* **1** Materiale prodotto dalla lavorazione della cellulosa, costituito da fogli sottili e pieghevoli **2** Documento: *c. d'identità, di credito* **3** Lista delle vivande e dei vini nei ristoranti [S] menu **4** *C. geografica* = rappresentazione grafica in scala di una parte o di tutta la superficie terrestre **5** *C. da gioco* = cartoncino rettangolare su cui sono impressi segni, figure, numeri e simboli vari.

cartapésta *s.f.* Impasto di carta con acqua, gesso e colla, impiegato per fabbricare bambole, pupazzi, statue e sim.

cartèlla *s.f.* **1** Foglio di carta o di cartoncino | *C. clinica* = foglio contenente tutti i dati relativi a un paziente ricoverato **2** Foglio scritto a macchina **3** Custodia per carte e documenti **4** Borsa usata spec. per riporvi documenti e, dagli studenti, per portare libri e quaderni.

cartellìno *s.m.* Cartoncino posto sopra o accanto a oggetti e merci, per indicarne caratteristiche, prezzo o altro.

cartèllo *s.m.* Rettangolo o quadro, cerchio, triangolo su cui sono stampati avvisi, disegni, segnali che devono essere visibili pubblicamente.

cartellóne *s.m.* **1** Manifesto contenente il programma di spettacoli teatrali, cinematografici, sportivi, musicali ecc. **2** Grande manifesto pubblicitario.

cartolerìa *s.f.* Negozio in cui si vende materiale di cancelleria e per disegno.

cartolìna *s.f.* Cartoncino rettangolare, in genere illustrato, usato per inviare tramite posta saluti o brevi comunicazioni.

cartoncìno *s.m.* **1** Tipo di cartone leggero e sottile **2** Biglietto di cartoncino.

cartóne *s.m.* **1** Tipo di carta spessa e piuttosto rigida, impiegata per confezionare scatole e fare imballaggi **2** Cassa, scatola di cartone **3** *C. animato* = film realizzato fotografando una serie di disegni che proiettati velocemente danno l'impressione di un movimento continuo.

cartùccia *s.f.* **1** Munizione delle armi da fuoco portatili **2** Piccolo contenitore di inchiostro per penne stilografiche.

càsa *s.f.* **1** Edificio a uno o più piani per l'abitazione di una o più famiglie ◊ Dimora, appartamento: *cercare c.* **2** Famiglia, familiari: *scrivere a c.* **3** Edificio pubblico destinato a date attività o che ospita date categorie di persone: *c. di cura* **4** Società, ditta: *c. editrice*.

casàcca *s.f.* Ampia giacca per uomo o donna ◊ Giubba o maglia sportiva indossata da fantini, ciclisti, giocatori.

casalìnga *s.f.* Donna che si dedica esclusivamente alle attività domestiche.

casalìngo *agg.* **1** Che riguarda la casa [S] domestico: *lavori c.* **2** Che ama stare in casa ♦ *s.m.pl.* Articoli per la casa.

cascàre *v.intr.* [aus. *essere*] Cadere.

cascàta *s.f.* Salto di un corso d'acqua causato da un improvviso dislivello.

cascìna *s.f.* Costruzione di campagna comprendente sia stanze d'abitazione sia locali d'uso agricolo (fienile, stalla ecc.).

càsco *s.m.* **1** Copricapo protettivo **2** Apparecchio elettrico per asciugare i capelli.

caseggiàto *s.m.* Gruppo di case vicine ◊ Grande edificio con molti appartamenti.

caseificio *s.m.* Stabilimento per la produzione di burro e formaggi.

casèlla *s.f.* **1** Scompartimento di un mobile o di uno scaffale **2** Ogni riquadro di una superficie quadrettata.

casèllo *s.m.* Stazione di ingresso o di uscita dell'autostrada.

casèrma *s.f.* Edificio dove alloggiano soldati, poliziotti, vigili del fuoco e sim.

casìno *s.m.* **1** Casa di prostituzione [S] bordello **2** ♧ Chiasso, confusione ◊ Pasticcio, brutta situazione.

casinò *s.m.* Casa da gioco.

càso *s.m.* **1** Avvenimento fortuito e imprevisto **2** Causa indipendente dalla volontà umana [S] destino, sorte, fatalità: *affidarsi al c.* **3** Possibilità, eventualità, ipotesi: *in c. di bisogno chiamami* **4** Fatto, vicenda: *un c. strano*; *i c. della vita* ◊ Circostanza: *a seconda dei c.* **5** Persona alla quale è stata diagnosticata una malattia.

casolàre *s.m.* Piccola casa di campagna, per lo più isolata.

càssa *s.f.* **1** Contenitore a forma di parallelepipedo: *c. di legno, di cartone* | *C. da morto* = bara **2** Mobile per conservare denaro e oggetti preziosi ◊ Nei negozi, macchina che registra e in cui si depongono le somme incassate ◊ Posto, sportello del cassiere in negozi, uffici, banche e locali pubblici **3** *C. toracica* = gabbia toracica.

cassafòrte *s.f.* Armadio blindato, con serrature speciali, per custodire valori.

cassapànca *s.f.* Cassa con coperchio, utilizzabile anche come sedile.

casseruòla *s.f.* Tegame fondo con uno o due manici e coperchio.

cassétta *s.f.* Piccola cassa, contenitore per usi vari: *c. degli attrezzi*; *c. delle lettere.*

cassettièra *s.f.* Mobile costituito da più cassetti sovrapposti.

cassétto *s.m.* Cassetta con maniglia inserita su guide scorrevoli all'interno di un mobile: *c. della scrivania.*

cassière *s.m.* Impiegato addetto alla cassa in un negozio, in una banca ecc.

cassonétto *s.m.* Grande contenitore stradale per immondizie.

càsta *s.f.* Gruppo sociale al quale si può appartenere solo per nascita ed è perciò chiuso e rigidamente separato da tutti gli altri gruppi: *le c. indiane.*

castàgna *s.f.* Il frutto del castagno.

castàgno *s.m.* Albero ad alto fusto, coltivato per il frutto e per il legname.

castàno *agg.* Del colore marrone scuro della buccia della castagna: *capelli c.*

castèllo *s.m.* **1** Grande edificio fortificato, munito di mura e torri, che nel medioevo costituiva la residenza dei signori feudali e delle loro corti **2** Nei lavori edilizi, impalcatura a forma di torre.

castigàre *v.tr.* Infliggere un castigo.

castìgo *s.m.* Punizione data allo scopo di ammonire, di correggere, di educare.

càsto *agg.* **1** Che si astiene dai rapporti sessuali **2** Puro, innocente: *un c. amore.*

castràre *v.tr.* Privare un animale o un essere umano degli organi genitali o della loro efficienza.

casuàle *agg.* Che avviene, che si fa per caso [S] fortuito, accidentale: *incontro c.*

catalogàre *v.tr.* **1** Registrare in un catalogo **2** Elencare, enumerare.

catàlogo *s.m.* Elenco di oggetti dello

stesso tipo o di una stessa raccolta: *un c. di libri, di francobolli, di dischi, di film.*

catàrro *s.m.* Sostanza vischiosa prodotta dalle mucose quando sono infiammate.

catàsta *s.f.* Mucchio di oggetti posti l'uno sopra l'altro: *una c. di legna, di libri.*

catàstrofe *s.f.* Disastro, grave sciagura.

categorìa *s.f.* Raggruppamento di cose o persone della stessa specie, tipo o livello: *la c. dei medici*; *albergo di prima c.*

caténa *s.f.* **1** Serie di anelli di metallo inseriti l'uno nell'altro, di forma varia e per usi diversi **2** Serie di cose, di elementi collegati tra loro: *c. di montaggio* | *C. montuosa* = successione ininterrotta di montagne ◊ ⌘ Successione ininterrotta di avvenimenti, spesso tra loro collegati.

catìno *s.m.* Recipiente rotondo, largo e poco profondo, per lavare e lavarsi.

catràme *s.m.* Sostanza nera e vischiosa, ricavata per lo più dal carbone o dal petrolio, usata soprattutto nelle pavimentazioni stradali e per impermeabilizzare.

càttedra *s.f.* Scrivania o tavolo riservati all'insegnante.

cattedràle *s.f.* La chiesa principale di una diocesi.

cattivèria *s.f.* Disposizione al male, volontà di fare del male: *agire con c.* ◊ Azione cattiva: *mi ha fatto una c.*

cattività *s.f.* Condizione degli animali selvatici che vivono in gabbia.

cattìvo *agg.* **1** Contrario al bene, non buono: *compiere una c. azione*; *dare il c. esempio* ◊ Rivolto al male ⓢ malvagio: *un uomo c.* **2** Che si comporta male, irrequieto, indisciplinato (detto spec. di bambini) ◊ Irritabile, scontroso: *è sempre di c. umore* **3** Che non sa o non vuole svolgere bene il proprio compito, il proprio dovere: *un c. padre, medico* **4** Che non funziona bene ⓢ difettoso: *vista c.* ◊ Di qualità scadente; mal fatto: *vino c.*; *un c. lavoro* **5** Negativo, sfavorevole, brutto, spiacevole: *c. notizia*; *c. tempo* ◊ Sgradevole: *c. odore* ♦ *s.m.* **1** Persona malvagia **2** Odore o sapore sgradevole: *sa di c.*

cattolicésimo *s.m.* Confessione cristiana che riconosce come autorità suprema il papa.

cattòlico *agg. Chiesa, religione c.* = la chiesa e la religione cristiana che ha come capo il papa di Roma ◊ Della chiesa cattolica, dei cattolici: *sacerdote, rito c.*; *organizzazione c.* ♦ *agg.* e *s.m.* Che, chi professa la religione cattolica.

cattùra *s.f.* Imprigionamento di una persona o di un animale.

catturàre *v.tr.* Far prigioniero, prendere: *c. un evaso, un ladro, un animale selvatico* | ⌘ *C. l'attenzione* = attirarla.

càusa *s.f.* **1** Ciò che provoca, determina qlco. ⓢ origine, motivo, ragione: *la c. di un incidente, di un fenomeno* **2** Obiettivo, ideale per il quale si agisce e si vive: *lottare per una c.* **3** Controversia giudiziaria; processo: *vincere, perdere una c.*

causàre *v.tr.* Essere la causa di qlco. ⓢ provocare, procurare: *c. un danno.*

cautèla *s.f.* Modo di agire attento a non causare danni a sé e agli altri ⓢ prudenza, circospezione ◊ Precauzione.

càuto *agg.* Che agisce con cautela o che rivela cautela ⓢ accorto, prudente.

cauzióne *s.f.* Somma di denaro data a garanzia del rispetto di un impegno.

càva *s.f.* Scavo all'aperto da cui si estraggono materiali da costruzione.

cavalcàre *v.tr.* Montare un cavallo o un altro animale ♦ *v.intr.* [aus. *avere*] Andare a cavallo: *sta imparando a c.*

cavalcàta *s.f.* Passeggiata a cavallo.
cavalcatùra *s.f.* Animale che si cavalca.
cavalcavìa *s.m.invar.* Ponte che passa sopra una strada o una ferrovia.
cavalière *s.m.* **1** Chi va a cavallo **2** ♧ Chi si comporta con premura e cortesia nei riguardi delle donne.
cavallétta *s.f.* Nome comune di molte specie di insetti saltatori.
cavallétto *s.m.* Sostegno con tre gambe.
cavàllo *s.m.* **1** Mammifero erbivoro domestico, usato come animale da cavalcatura, da tiro e da trasporto **2** Nei pantaloni, la zona in cui le due gambe si dividono.
cavallóne *s.m.* Grossa ondata marina.
cavàre *v.tr.* **1** Tirar fuori, estrarre (anche ♧): *c. le pietre* ◊ Ottenere, ricavare: *da lui non si può c. nulla di buono* **2** Togliersi di dosso, levarsi: *c. le scarpe* | ♧ *Cavarsela* = sapersela sbrigare.
cavatàppi *s.m.* Arnese per estrarre i tappi dalle bottiglie.
cavèrna *s.f.* Grotta sotterranea o nei fianchi di un monte, più ampia che profonda.
càvia *s.f.* **1** Piccolo roditore usato per esperimenti di laboratorio **2** Animale o persona usati per prove o esperimenti.
cavìglia *s.f.* Parte inferiore della gamba appena sopra il piede.
cavità *s.f.* Parte cava, spazio vuoto all'interno di qlco.: *le c. del terreno* ◊ Spazio cavo all'interno del corpo: *c. orale.*
càvo[1] *agg.* Incavato, vuoto al proprio interno: *tronco c.*
càvo[2] *s.m.* **1** Grossa fune di materiale vario **2** Filo conduttore per il trasporto dell'energia elettrica o per telecomunicazioni, rivestito di materiale isolante.
càvolo *s.m.* **1** Pianta erbacea commestibile **2** ♧ Niente: *non me ne importa un c.*
cazzòtto *s.m.* Pugno.
cazzuòla *s.f.* Spatola triangolare con manico, per prendere e spianare la malta.
ce *pron.pers.* [Forma che assume il pronome personale *ci* davanti a *lo, la, li, le, ne*]: *ce lo diede*; *daccene* ♦ *avv.* [Forma che l'avverbio *ci* assume davanti a *lo, la, li, le, ne*] Qui, lì: *non ce lo ho mandato io.*
cecità *s.f.* Mancanza della vista.
cèdere *v.intr.* [aus. *avere*] **1** Cessare di opporre resistenza Ⓢ ritirarsi, arrendersi, piegarsi: *c. alla violenza* **2** Crollare, rompersi, piegarsi per il peso o lo sforzo eccessivo: *il ponte ha ceduto* ♦ *v.tr.* **1** Rinunciare a qlco. per darlo ad altri: *c. il posto a qlcu.* **2** Vendere: *c. una proprietà.*
ceffóne *s.m.* Schiaffo violento sul viso.
celàre *v.tr.* Nascondere, tenere nascosto.
celebràre *v.tr.* **1** Commemorare, festeggiare solennemente: *c. un anniversario* **2** Eseguire secondo il rito una funzione sacra: *il sacerdote ha celebrato la messa.*
cèlebre *agg.* Che è molto noto Ⓢ famoso, rinomato: *un c. scrittore, pianista.*
cèlere *agg.* Veloce, rapido; pronto.
celèste *agg.* Del cielo, dello spazio intorno alla Terra: *corpi c.* ◊ Del colore del cielo limpido Ⓢ azzurro: *occhi c.* ♦ *s.m.* Il colore celeste.
cèlibe *agg.* e *s.m.* Che, chi non è ammogliato Ⓢ scapolo.
cèlla *s.f.* **1** Nei conventi, la piccola camera di ciascun monaco o suora ◊ Nelle prigioni, locale in cui stanno rinchiusi i carcerati **2** *C. frigorifera* = locale refrigerato dove si conservano prodotti alimentari **3** Ognuno dei piccoli vani dell'alveare in cui le api depositano il miele.
cèllula *s.f.* **1** Unità elementare di cui sono costituiti gli organismi viventi **2** *C. fotoelettrica* = dispositivo che trasforma

l'energia luminosa in corrente elettrica.

cellulàre *agg.* **1** Delle cellule; costituito da cellule **2** *Telefono c.* = telefono portatile che funziona grazie a una rete di trasmettitori ◆ *s.m.* **1** Furgone per il trasporto dei detenuti **2** Telefono cellulare.

cellulósa *s.f.* Sostanza presente nelle piante, materia prima per la fabbricazione della carta e di altri prodotti industriali.

ceménto *s.m.* Polvere grigia, a base di calcare e argilla, che si impiega, mescolata con acqua, per tenere uniti mattoni, pietre e altri elementi di una costruzione.

céna *s.f.* Pasto della sera ◊ Ciò che si mangia in questo pasto: *c. abbondante.*

cenàre *v.intr.* [aus. *avere*] Consumare la cena: *c. presto, tardi, in casa, da amici.*

céncio *s.m.* Pezzo di stoffa o abito vecchio e logoro ⓢ straccio.

cénere *s.f.* Polvere grigiastra, residuo del legno o del carbone bruciati.

cénno *s.m.* **1** Segno fatto con la mano, con il capo o con gli occhi, per comunicare qlco. ad altri senza parlare **2** ✂ Indizio, segnale.

censiménto *s.m.* Indagine su tutti i componenti di un insieme per rilevarne il numero e altre caratteristiche.

censùra *s.f.* **1** Controllo esercitato dall'autorità su mezzi d'informazione, libri, film, spettacoli **2** ✂ Critica, condanna.

censuràre *v.tr.* **1** Sottoporre a censura: *c. un film* **2** Criticare, condannare.

centenàrio *agg.* Che ha raggiunto o superato i cento anni: *albero c.* ◆ *s.m.* **1** Persona che ha raggiunto i cento anni **2** Centesimo anniversario di un evento.

centèsimo *agg.num.ord.* e *s.m.* Che, chi occupa il posto numero cento in una serie, in una graduatoria ◆ *s.m.* **1** Cente-

sima parte di un intero **2** Centesima parte di una moneta: *un c. di euro* **3** ✂ Quantità minima di denaro: *non ho un c.*

centìmetro *s.m.* Centesima parte del metro.

centinàio *s.m.* Complesso di circa cento unità.

cènto *agg.num.card.invar.* e *s.m.invar.* Numero equivalente a dieci volte dieci.

centràle *agg.* **1** Che costituisce il centro; che è situato nel centro o vicino al centro: *la piazza c. della città*; *Italia c.* **2** ✂ Principale, di maggiore importanza ◆ *s.f.* Sede del centro direttivo di qlco.: *c. di polizia* ◊ Complesso di impianti per la produzione e la distribuzione di determinati beni o servizi: *c. elettrica, del latte.*

centralìno *s.m.* Apparecchiatura telefonica per smistare sulle diverse linee interne le chiamate provenienti dall'esterno.

centràre *v.tr.* Colpire nel centro, colpire in pieno: *c. il bersaglio* ◊ ✂ Individuare, cogliere il punto centrale di qlco.: *c. il problema.*

centrìfuga *s.f.* Macchina per separare con la forza centrifuga sostanze di densità diversa: *la c. della lavatrice.*

centrìfugo *agg.* *Forza c.* = quella che spinge verso l'esterno un corpo in movimento lungo una traiettoria curvilinea.

cèntro *s.m.* **1** In geometria, il punto di un cerchio o di una sfera che è equidistante da tutti i punti della circonferenza o della superficie sferica **2** Il punto, la parte, la zona che sta approssimativamente nel mezzo di qlco.: *c. della Terra, di una città, della tavola* ◊ Zona centrale di una città: *abita in c.* ◊ In politica, posizione intermedia tra le sinistre e le destre: *partito di c.* **3** Località, città, paese: *un c. agricolo, industriale, turistico*

cestèllo

4 Edificio o complesso di edifici, attrezzature e servizi destinati a una particolare funzione: *c. commerciale*; *c. sportivo* ◊ Organizzazione che svolge una particolare attività: *c. culturale*.

céppo *s.m.* Base del tronco di una pianta ◊ Grosso pezzo di legno da ardere ◊ Tronco squadrato in forma di blocco.

céra *s.f.* Sostanza solida che diventa malleabile col calore; è prodotta dalle api o ricavata da grassi animali e vegetali ◊ Prodotto per pulire e lucidare i pavimenti.

ceràmica *s.f.* Impasto di argilla e altre sostanze minerali con acqua, usato per fabbricare oggetti vari: *vaso di c.*

cérca *s.f.* Ricerca: *è in c. di lavoro.*

cercàre *v.tr.* **1** Darsi da fare per trovare qlco. o qlcu.: *c. un libro, un medico* ◊ Sforzarsi di ottenere qlco.: *c. il successo* **2** Tentare, sforzarsi di fare qlco.: *ha cercato di fuggire*; *cerca di stare calmo.*

cérchio *s.m.* **1** In geometria, la superficie racchiusa da una circonferenza: *area del c.* ◊ Circonferenza **2** Oggetto di forma circolare.

cerchióne *s.m.* Cerchio metallico su cui viene montato il pneumatico di veicoli.

cereàle *s.m.* Nome collettivo delle piante erbacee i cui semi trasformati in farina forniscono un importante alimento.

cerebràle *agg.* Del cervello.

cerimònia *s.f.* Complesso di atti che si compiono per celebrare solennemente un rito religioso o un avvenimento.

cerìno *s.m.* Fiammifero rivestito di cera.

cernièra *s.f.* **1** Congegno che tiene uniti due elementi, consentendo a uno o a entrambi di ruotare rispetto all'altro: *la c. di un coperchio* **2** *C. lampo* = sistema di chiusura per abiti, borse, astucci, costituito da una doppia fila di dentini che si incastrano tra loro muovendo un cursore.

ceròtto *s.m.* Nastro di tela adesivo usato per fissare garze ◊ Piccola garza fissata su una striscia adesiva che si applica su lievi ferite.

certézza *s.f.* Ferma convinzione; sicurezza: *ho la c. di non sbagliarmi.*

certificàto *s.m.* Documento ufficiale che dichiara la realtà o verità di un fatto, di una condizione, di un diritto: *c. di nascita.*

cèrto *agg.* **1** Sicuro, dimostrato, incontestabile: *prove, notizie c.* **2** Che è fermamente convinto di qlco. Ⓢ sicuro: *sono c. di farcela* ♦ *agg.indef.* **1** Alcuno, qualche: *c. volte è meglio tacere* **2** Indica persona sconosciuta Ⓢ tale: *ha telefonato un c. Mario* ♦ *pron.indef.pl.* Alcuni: *c. credono che sia tutto facile.*

cervèllo *s.m.* **1** L'organo del sistema nervoso, situato nella testa, che dirige l'attività del pensiero, le sensazioni e i movimenti **2** ✿ La testa come sede del pensiero Ⓢ intelletto, senno, giudizio: *pensa col tuo c.!*

cèrvo *s.m.* Mammifero ruminante selvatico con grandi corna ramificate.

cesòie *s.f.pl.* Grosse forbici da giardiniere.

cespùglio *s.m.* Ammasso compatto e intricato formato dai rami e dalle foglie di un arbusto o di più arbusti vicini.

cessàre *v.intr.* [aus. *essere*] Terminare, finire: *la pioggia è cessata* ♦ *v.tr.* Interrompere, sospendere, smettere.

cèsso *s.m.* Gabinetto, latrina.

césta *s.f.* Canestro a sponde alte, in genere di vimini intrecciati: *c. del pane.*

cestèllo *s.m.* **1** Contenitore per bottiglie **2** Nelle macchine lavatrici, la parte che contiene la biancheria.

cestìno *s.m.* Recipiente in cui si butta la carta straccia.

césto *s.m.* Cesta, paniere.

cèto *s.m.* Classe, categoria sociale.

cetrìolo *s.m.* Pianta erbacea con frutti commestibili di forma allungata.

che¹ *pron.rel.invar.* **1** Il quale, la quale, i quali, le quali **2** La qual cosa: *non viene, il che mi dispiace* ♦ *pron.interr.* Quale cosa: *che ne pensi?* ♦ *pron.escl.* Quale cosa, quali cose: *ma che dite!* ♦ *agg. interr.invar.* Quale, quali: *che ora è?* ♦ *agg.escl.invar.* Quale, quali: *che sciocchezze!* ◊ Com'è, come sono: *che bello!*

che² *congz.* **1** Introduce proposizioni dichiarative: *penso che non verrà* ◊ Poiché, per il fatto che: *copriti che fa freddo* ◊ Cosicché: *è così stanco che non verrà* ◊ Affinché: *parla più forte, che ti possa sentire* ◊ Quando, da quando: *mi alzai che il sole era già alto*; *è già un mese che è partito* ◊ Se non: *non pensa che a giocare* ◊ Per quanto: *non ha telefonato, che io sappia* ◊ Introduce un comando o un augurio: *che entri subito! che Dio ti benedica!* **2** Introduce il secondo termine di paragone in una comparazione: *è più bello che buono.*

chi *pron.rel.invar.* **1** Colui il quale, colei la quale: *chi entra chiuda la porta* **2** Qualcuno che: *non trovo chi mi aiuti* ◊ Chiunque: *può venire chi vuole* ♦ *pron. indef.invar.* | *Chi… chi* = uno… un altro, alcuni… altri: *chi dice una cosa, chi un'altra* ♦ *pron.interr.escl.invar.* Quale persona, quali persone: *chi te l'ha detto?*

chiàcchiera *s.f.* Conversazione su questioni di poca importanza: *fare quattro c.* ◊ Le parole, in quanto considerate inconcludenti: *basta con le c.!*

chiacchieràre *v.intr.* [aus. *avere*] Conversare, discorrere alla buona ◊ Parlare troppo o quando non è il caso.

chiacchieràta *s.f.* Conversazione amichevole su cose di poco conto.

chiacchieróne *agg.* e *s.m.* Che, chi chiacchiera molto ◊ Che, chi non sa tenere un segreto.

chiamàre *v.tr.* **1** Rivolgersi a qlcu. con la voce, con gesti o con altri mezzi, perché risponda, si presenti o compia un'azione **2** Chiedere, invocare: *c. aiuto* ◊ Richiedere l'intervento di qlcu. o qlco. (anche ✿): *c. il medico*; *il dovere mi chiama* **3** Dare un nome, un soprannome, un titolo ◊ Definire **4** Eleggere, designare, nominare qlcu. a un incarico ♦ **chiamarsi** *v.pr.* Avere nome.

chiamàta *s.f.* Richiamo; invito a presentarsi, richiesta di intervento: *c. urgente.*

chiarézza *s.f.* **1** Limpidezza **2** ✿ Modo di esprimersi semplice e comprensibile.

chiariménto *s.m.* Spiegazione che rende più chiaro qlco., risolve un dubbio, elimina un sospetto, un'incomprensione.

chiarìre *v.tr.* Rendere chiaro, comprensibile Ⓢ spiegare: *c. un problema* ◊ Mettere in chiaro: *c. le proprie intenzioni.*

chiàro *agg.* **1** Luminoso: *notte c. di luna* ◊ Limpido, trasparente: *acqua c. di sorgente* ◊ Di colore non intenso, non scuro: *verde c.*; *abito c.* **2** Che si sente, si vede distintamente: *immagine c.* **3** ✿ Facilmente comprensibile: *linguaggio c.* ◊ Evidente: *è c. che lui non c'entra* ◊ Netto, deciso: *un c. rifiuto* ♦ *avv.* Apertamente, francamente: *parliamoci c.* ♦ *s.m.* **1** Luce, luminosità: *c. di luna* **2** Colore chiaro: *vestire di c.*

chiàsso *s.m.* Forte rumore prodotto da persone o da cose Ⓢ baccano, fracasso.

chiàtta *s.f.* Barcone a fondo piatto per

trasportare merci o traghettare persone nei porti o su fiumi e canali.

chiàve *s.f.* **1** Strumento di metallo per aprire e chiudere le serrature ◊ Nome di attrezzi metallici di vario genere per usi diversi: *c. inglese*; *c. di accensione dell'auto* **2** ✿ Ciò che permette di raggiungere un dato fine, di risolvere un problema: *ha trovato la c. del successo*.

chiàzza *s.f.* Macchia tondeggiante di vario genere: *sul muro c'è una c. di umido*.

chìcco *s.m.* **1** Seme dei cereali e di altre piante ◊ Ciascuno dei frutti del grappolo d'uva Ⓢ acino **2** Granello di grandine.

chièdere *v.tr.* **1** Domandare per ottenere: *c. cibo, aiuto* ◊ Domandare per sapere: *c. notizie* **2** Richiedere un certo prezzo per qlco. Ⓢ pretendere, volere ◆ *v.intr.* [aus. *avere*] Domandare notizie su qlcu. o qlco.: *mi ha chiesto di te*.

chièsa *s.f.* **1** La comunità e l'organizzazione dei cristiani che appartengono alla stessa confessione religiosa **2** Edificio destinato al culto cristiano: *andare in c.*

chìglia *s.f.* Parte inferiore dello scafo di un'imbarcazione, costituita da una trave che va dalla poppa alla prua.

chìlo *s.m.* Chilogrammo.

chilogràmmo *s.m.* Unità di misura di peso equivalente a mille grammi.

chilòmetro *s.m.* Unità di misura di lunghezza equivalente a mille metri.

chìmica *s.f.* Scienza che studia la composizione e le proprietà delle sostanze organiche e inorganiche.

chìmico *agg.* Di chimica, relativo alla chimica ◆ *s.m.* Studioso di chimica; laureato in chimica.

chìna *s.f.* Terreno in pendio Ⓢ declivio.

chinàre *v.tr.* Volgere, piegare verso il basso Ⓢ abbassare: *c. lo sguardo* ◆ **chi-**

narsi *v.pr.* Piegarsi con la persona verso il basso: *si chinò a raccogliere un guanto*.

chìno *agg.* Chinato, piegato verso il basso.

chiòccia *s.f.* Gallina che cova le uova e alleva i pulcini.

chiòcciola *s.f.* Mollusco terrestre con conchiglia a spirale | *Scala a c.* = a spirale.

chiòdo *s.m.* Asticciola di metallo, appuntita da una parte e con una testa dall'altra, che si conficca in un materiale per unire due parti o come sostegno per appendere qlco.

chiòma *s.f.* **1** Capigliatura **2** Insieme delle fronde e delle foglie di un albero.

chiòsco *s.m.* Piccola costruzione dove si vendono giornali, bibite, fiori o altro.

chiòstro *s.m.* Cortile chiuso, circondato da porticati, all'interno di conventi o al fianco di alcune chiese.

chirurgìa *s.f.* Parte della medicina che cura le malattie e le lesioni attraverso interventi operatori.

chirùrgico *agg.* Di chirurgia, riguardante la chirurgia: *intervento c.*; *strumenti c.*

chirùrgo *s.m.* Medico specializzato in chirurgia.

chissà *avv.* Esprime dubbio, incertezza, possibilità: *c. se verrà?* ◊ Forse, può darsi: *«Verrai a trovarmi?» «C.!»*.

chitàrra *s.f.* Strumento musicale a sei corde: *sta imparando a suonare la c.*

chitarrìsta *s.m.f.* Suonatore di chitarra.

chiùdere *v.tr.* **1** Congiungere le parti disgiunte o aperte di qlco., in modo da impedire il passaggio, l'accesso, l'uso: *c. la porta, il libro, la bocca* ◊ Coprire con un coperchio, con un tappo: *c. una bottiglia* ◊ Stringere, serrare: *c. la mano*

2 Impedire, vietare l'accesso, il passaggio, il transito ⓢ bloccare, sbarrare: *c. una strada, una frontiera* | *C. la luce, il gas, l'acqua* = interromperne l'erogazione ◊ Recingere: *c. un giardino con un muro* **3** Riporre: *c. il denaro in cassaforte* ◊ Rinchiudere: *c. un animale in gabbia* **4** Terminare, concludere: *c. un discorso, una discussione* ◊ Sospendere o cessare un'attività: *c. le scuole*; *c. bottega* ♦ *v.intr.* [aus. *avere*] **1** Funzionare come chiusura: *la finestra chiude bene* **2** Interrompere, cessare l'attività: *l'azienda ha chiuso* ♦ **chiudersi** *v.pr.* **1** Serrarsi: *mi si chiudono gli occhi dal sonno* **2** Ritirarsi, rinchiudersi: *c. in casa* **3** Terminare, concludersi.

chiùnque *pron.indef.* Qualsiasi persona: *c. lo farebbe* ♦ *pron.rel.indef.* Qualunque persona che: *c. suoni, non aprire.*

chiùso *agg.* **1** Non aperto ⓢ serrato, bloccato, sbarrato, ostruito: *portone c.*; *valico c. per neve* ◊ Che ha sospeso o cessato l'attività; non in funzione: *oggi i negozi sono c.* ◊ Rintanato, rinchiuso: *stare c. in casa* **2** ✿ Poco espansivo, riservato ⓢ introverso: *carattere c.* ♦ *s.m.* Ambiente riparato e coperto: *stare al c.*

chiusùra *s.f.* **1** Il chiudere, il chiudersi, il venire chiuso: *c. di una strada al traffico*; *c. delle scuole* **2** Ciò che serve a chiudere: *c. automatica, a scatto.*

ci *pron.pers.* Noi, a noi: *non ci vide*; *scriveteci presto* ◊ Si usa nella coniugazione dei verbi pronominali: *ci svegliammo*; *ci amiamo* ♦ *pron.dimostr.* A ciò, di ciò, su ciò ecc.: *non ci credo*; *ci puoi contare* ♦ *avv.* Qui, in questo luogo: *è casa mia e ci sto bene* ◊ Lì, in quel luogo: *torna a casa! ci torno subito* | *Esserci* = esistere, trovarsi: *c'è chi non lo sa*; *non c'è nessu-*

no in casa ◊ Per questo, per quel luogo: *ci passo tutti i giorni.*

ciabàtta *s.f.* Pantofola.

ciambèlla *s.f.* **1** Dolce di forma circolare con un buco nel mezzo **2** *C. di salvataggio* = salvagente.

cianfrusàglia *s.f.* Oggetto o insieme di oggetti inutili e senza valore.

ciascùno *agg.* Ogni: *c. tipo* ♦ *pron.indef.* Ogni persona ⓢ ognuno: *c. è diverso.*

cibàre *v.tr.* Alimentare, nutrire ♦ **cibarsi** *v.pr.* Nutrirsi.

cibo *s.m.* Tutto ciò che si può mangiare ⓢ alimento: *mi piacciono i c. naturali.*

cicatrìce *s.f.* Segno che rimane sulla pelle nel punto in cui si è rimarginata una ferita.

cìcca *s.f.* **1** Mozzicone di sigaretta **2** Gomma da masticare.

cìccia *s.f.* Grasso del corpo umano.

ciccióne *s.m.* Persona molto grassa.

ciclàbile *agg.* Riservato al transito delle biciclette: *pista, corsia c.*

ciclìsmo *s.m.* Lo sport delle corse in bicicletta: *c. su strada, su pista.*

ciclìsta *s.m.f.* **1** Chi va in bicicletta **2** Chi pratica il ciclismo **3** Chi ripara biciclette.

cìclo *s.m.* **1** Successione di fenomeni che hanno un andamento costante e regolare o che si ripetono periodicamente: *c. delle stagioni, delle maree* **2** Serie di attività, di manifestazioni dello stesso genere: *un c. di conferenze, di concerti.*

ciclomotóre *s.m.* Bicicletta con un motore non superiore ai 50 cm^3 di cilindrata.

ciclóne *s.m.* Violenta tempesta ⓢ uragano, tifone.

cicòria *s.f.* Pianta erbacea le cui foglie si mangiano in insalata.

cièco *agg.* **1** Privo della vista: *diventare c.* | *Vicolo c.* = senza uscita; ✿ situazione senza vie d'uscita: *trovarsi in un vicolo c.* **2** ⚘ Che ha perso la capacità di ragionare ⓢ folle: *c. dalla rabbia* ♦ *s.m.* Chi è privo della vista ⓢ non vedente.

cièlo *s.m.* Lo spazio in cui si muovono i corpi celesti; in partic. lo spazio atmosferico che circonda la Terra: *c. stellato*; *c. azzurro, nuvoloso.*

cìfra *s.f.* **1** Ognuno dei segni che rappresentano i numeri da zero a nove: *numero di tre c.* ◊ Numero **2** Somma di denaro: *spendere una grossa c.*

cìglio *s.m.* [nel significato 1 pl.f. *le ciglia*] **1** L'orlo delle palpebre fornito di peli ricurvi ◊ (al *pl.*) L'insieme dei peli sulle palpebre: *ciglia lunghe* ◊ Sopracciglio: *aggrottare le ciglia* **2** ⚘ Orlo, margine: *il c. del burrone.*

cigolàre *v.intr.* [aus. *avere*] Mandare un suono acuto e stridente: *porta che cigola.*

cilièga *s.f.* Il frutto del ciliegio.

ciliègio *s.m.* Albero che produce piccoli frutti rossi e carnosi.

cilìndro *s.m.* **1** In geometria, solido generato dalla rotazione di un rettangolo intorno a uno dei suoi lati **2** Nelle pompe, nelle macchine a vapore e nei motori a combustione interna, organo dentro cui scorre lo stantuffo o pistone.

cìma *s.f.* **1** Parte più alta di qlco. ⓢ sommità: *c. di un albero, di un colle* ◊ Vetta di un monte: *le c. delle Alpi* **2** Parte terminale di qlco. ⓢ estremità: *c. di una corda.*

cìmice *s.f.* Insetto parassita degli animali, dell'uomo e dei vegetali.

ciminièra *s.f.* Camino, fumaiolo molto alto (spec. di fabbriche e navi).

cimitèro *s.m.* Luogo dove si seppelliscono i morti ⓢ camposanto.

cinecàmera *s.f.* Macchina da presa cinematografica.

cìnema *s.m.* **1** L'arte e la tecnica di riprendere e proiettare film; il genere di spettacolo che ne deriva e l'industria che lo produce **2** Sala attrezzata per la proiezione di film ⓢ cinematografo.

cinematogràfico *agg.* Del cinema; relativo alla realizzazione, alla produzione e alla proiezione di film: *festival c.*

cinematògrafo *s.m.* **1** Sala cinematografica ⓢ cinema **2** Arte e tecnica di ripresa e di proiezione delle immagini in movimento ⓢ cinema.

cineprésa *s.f.* Cinecamera portatile.

cìngere *v.tr.* Avvolgere, stringere intorno: *lo cinse al collo con le braccia* ◊ Circondare: *c. un giardino con una siepe.*

cìnghia *s.f.* **1** Striscia sottile di cuoio o altro materiale usata per stringere, legare, sostenere **2** *C. di trasmissione* = nastro flessibile, ad anello, che trasmette il moto da una puleggia a un'altra.

cinghiàle *s.m.* Mammifero selvatico simile al maiale, con zanne ricurve.

cìnico *agg.* e *s.m.* Che, chi manifesta indifferenza o disprezzo nei confronti di ogni ideale e sentimento umano.

cinìsmo *s.m.* Atteggiamento di indifferenza o di disprezzo verso qualsiasi ideale e sentimento umano: *agire con c.*

cinquànta *agg.num.card.invar.* e *s.m. invar.* Numero equivalente a cinque volte dieci.

cinquantènne *agg.* e *s.m.f.* Che, chi ha cinquant'anni d'età.

cinquantìna *s.f.* Cinquanta o circa cinquanta unità ◊ Cinquanta o circa cinquanta anni di età: *ha ormai passato la c.*

cìnque *agg.num.card.invar.* e *s.m.invar.* Numero equivalente a quattro unità più una.

cinquecènto *agg.num.card.invar.* e

s.m.invar. Numero equivalente a cinque volte cento.
cìnta *s.f.* **1** Cerchia di mura intorno a un centro abitato | *Muro di c.* = muro di recinzione di parchi, ville ecc. **2** Cintura.
cìntola *s.f.* **1** Cintura **2** Parte del corpo sopra i fianchi [S] vita.
cintùra *s.f.* **1** Striscia di cuoio o altro materiale per stringere alla vita indumenti **2** La parte del corpo sopra i fianchi dove si porta la cintura [S] vita, cintola.
cinturìno *s.m.* Piccola cintura per allacciare o stringere oggetti: *c. dell'orologio.*
ciò *pron.dimostr.* Questa cosa, quella cosa: *ciò non è vero*; *pensa ciò che vuoi.*
ciòcca *s.f.* Ciuffo di capelli.
cioccolàta *s.f.* **1** Cioccolato **2** Bevanda calda di latte con cacao: *bere una c.*
cioccolatìno *s.m.* Pezzetto di cioccolato, in genere avvolto in carta stagnola.
cioccolàto *s.m.* Prodotto alimentare a base di cacao, zucchero e altri ingredienti.
cioè *avv.* Ossia, vale a dire.
ciòndolo *s.m.* Piccolo ornamento appeso a una catenella, a un braccialetto e sim. [S] pendaglio.
ciòtola *s.f.* Tazza bassa senza manico.
ciòttolo *s.m.* Sasso levigato e arrotondato dall'azione dell'acqua corrente.
cipólla *s.f.* Pianta erbacea coltivata per il bulbo commestibile: *c. sottaceto.*
ciprèsso *s.m.* Albero alto e slanciato delle conifere, con foglie sempreverdi.
cìpria *s.f.* Polvere finissima e colorata usata come cosmetico per il viso.
cìrca *prep.* Riguardo a, a proposito di: *vorrei parlarti c. quell'affare* ♦ *avv.* Pressappoco, più o meno: *sarà c. la una.*
cìrco *s.m.* *C. (equestre)* = costruzione smontabile, costituita da un'arena con gradinate coperta da un tendone, in cui si svolgono spettacoli con acrobati, pagliacci, animali ammaestrati ecc.
circolàre[1] *agg.* Che ha forma di circolo: *pista c.*
circolàre[2] *v.intr.* [aus. *avere* o *essere*] **1** Muoversi, spostarsi da un luogo all'altro: *in centro non si può più c. in macchina* ◊ Scorrere, fluire (detto del sangue e di liquidi dentro condotti) **2** Passare da persona a persona, di mano in mano ◊ ♧ Diffondersi, propagarsi.
circolazióne *s.f.* **1** Movimento, spostamento di veicoli [S] traffico: *c. stradale* ◊ Movimento, passaggio di persone, denaro o altre cose ◊ ♧ Diffusione: *c. di idee, di notizie* **2** Il fluire del sangue e della linfa nei loro canali: *disturbi di c.*
cìrcolo *s.m.* **1** In geometria, circonferenza, cerchio ◊ In geografia, ognuna delle circonferenze immaginarie tracciate sulla superficie della sfera terrestre: *c. meridiani, paralleli* **2** Associazione di persone che si riuniscono per un interesse comune; la sede di queste riunioni: *c. sportivo*; *incontrarsi al c.* **3** *C. vizioso* = modo di ragionare o di procedere in cui non si arriva mai a una conclusione, a una soluzione effettiva.
circondàre *v.tr.* Chiudere tutt'intorno [S] cingere, attorniare, accerchiare: *il giardino circonda la casa*; *l'esercito circondò la città.*
circonferènza *s.f.* In geometria, la linea curva formata dai punti di un piano equidistanti da un punto fisso detto *centro* ◊ Linea che misura la grandezza di un corpo tondeggiante: *c. del torace, del tronco.*
circonvallazióne *s.f.* Strada che gira tutt'intorno a una città o a un paese.
circostànte *agg.* Che sta intorno.

circostànza *s.f.* Condizione particolare che accompagna o determina un fatto ◊ Situazione particolare.

circùito *s.m.* **1** Giro, perimetro ◊ Percorso di gare sportive in cui il punto d'arrivo è lo stesso del punto di partenza **2** *C. elettrico* = insieme di conduttori collegati tra loro attraverso cui passa la corrente.

cistèrna *s.f.* Serbatoio sotterraneo per la raccolta dell'acqua piovana ◊ Grande serbatoio per liquidi di vario genere.

citòfono *s.m.* Apparecchio telefonico interno che collega i diversi appartamenti di uno stabile con il portone d'ingresso.

città *s.f.* **1** Centro abitato di notevole estensione e importanza ◊ Zona, quartiere di una città: *abita nella c. vecchia* **2** La popolazione di una città ⓢ cittadinanza: *tutta la c. ne parla*.

cittadinànza *s.f.* **1** Il complesso degli abitanti di una città **2** Appartenenza di un individuo a uno stato: *avere la c. italiana*.

cittadìno *s.m.* **1** Abitante di una città | *Il primo c.* = il sindaco **2** Chi ha la cittadinanza di uno stato: *essere c. italiano* ♦ *agg.* Della città, dei cittadini ⓢ urbano.

ciucciàre *v.tr.* Succhiare.

ciùffo *s.m.* Ciocca di capelli ◊ Gruppo compatto di peli, di piume o anche di erba, di cespugli, di piante.

cìvico *agg.* **1** Proprio di ogni cittadino, in quanto membro di una collettività: *doveri c.* ◊ Che riguarda i diritti e i doveri di ciascun cittadino: *educazione c.* **2** Comunale: *museo c.* | *Numero c.* = quello all'ingresso di ogni edificio.

civìle *agg.* **1** Che è proprio del cittadino, in quanto membro di uno stato, di una collettività: *diritti c.* | *Guerra c.* = tra cittadini di una stessa nazione ◊ (contrapposto a *militare* o a *religioso*): *vestire in abiti c.*; *matrimonio c.* **2** Che ha raggiunto un elevato livello di civiltà: *una nazione c.* **3** Educato, cortese, corretto: *comportarsi in modo c.* ♦ *s.m.* Privato cittadino: *le guerre non risparmiano i c.*

civiltà *s.f.* **1** L'insieme delle forme di vita materiali, sociali, culturali che contraddistinguono un popolo, un'epoca storica, un'area geografica: *la c. greca, medievale, europea* **2** Livello della vita materiale, sociale, culturale; progresso: *popolo di grande c.*; *diffusione della c.*

clàcson *s.m.invar.* Segnalatore acustico per auto e motoveicoli.

clamóre *s.m.* **1** Rumore forte e confuso di molte persone che gridano ⓢ schiamazzo **2** ⚘ Vivo interesse ⓢ risonanza, scalpore: *il fatto ha destato molto c.*

clandestìno *agg.* Che è fatto, avviene, opera di nascosto e spesso illegalmente: *matrimonio c.*; *bisca c.* | *Passeggero c.* = imbarcatosi di nascosto su una nave o su un aereo | *Immigrato c.* = che è entrato o risiede illegalmente in un paese ♦ *s.m.* Passeggero o immigrato clandestino.

clàsse *s.f.* **1** Insieme di persone della stessa condizione economico-sociale: *c. operaia, borghese* ◊ Categoria professionale: *c. medica* **2** Raggruppamento di animali o vegetali con caratteristiche comuni: *c. degli insetti* **3** Corso di insegnamento: *frequenta la terza classe del liceo scientifico* ◊ L'insieme degli alunni che frequentano lo stesso corso: *una c. mista* ◊ L'aula dove si svolgono le lezioni: *entrare in c.* **4** Su treni, navi e aerei, ognuna delle categorie in cui si differenziano, per costo e per servizio offerto, i posti, le cabine ecc. per i passeggeri: *prima, seconda c.* 5 ❀ Qualità, pregio: *vino di gran c.* ◊ Abilità, bravura: *atleta di c.* ◊ Signorilità, distinzione, eleganza: *donna di c.*

classìfica *s.f.* Graduatoria di merito dei partecipanti a un campionato sportivo, a una gara, a un concorso.

classificàre *v.tr.* **1** Ordinare e distribuire in classi sulla base di dati criteri: *c. minerali, francobolli* **2** Valutare, assegnando un voto o un giudizio, il merito di un alunno, di un compito e sim. ◆

classificarsi *v.pr.* Conseguire un dato posto in una classifica ⓢ piazzarsi: *c. primo.*

clemènte *agg.* **1** Non severo nel punire e nel giudicare ⓢ indulgente: *un giudice c.* **2** ❀ Mite: *clima, inverno c.*

clemènza *s.f.* Disposizione a perdonare, mancanza di severità ⓢ indulgenza: *la c. di un giudice.*

clèro *s.m.* L'insieme dei sacerdoti di una chiesa, di una religione.

cliènte *s.m.f.* Chi frequenta abitualmente un locale pubblico, fa acquisti in un negozio, o ricorre alle prestazioni di un professionista (avvocato, medico ecc.).

clientèla *s.f.* L'insieme dei clienti.

clìma *s.m.* **1** Il complesso delle condizioni atmosferiche caratteristiche di una data zona: *c. freddo, temperato, tropicale* **2** ❀ Situazione, ambiente, atmosfera: *in fabbrica c'era un c. di tensione.*

climàtico *agg.* Del clima.

clìnica *s.f.* Casa di cura privata.

clistère *s.m.* Introduzione di liquidi nel retto a scopo curativo.

clòro *s.m.* Elemento chimico gassoso, molto tossico, usato spec. come disinfettante e decolorante.

coabitazióne *s.f.* Convivenza di persone o famiglie diverse in una stessa abitazione.

còccio *s.m.* Terracotta ◊ Oggetto di terracotta ◊ Frammento di oggetto fragile.

cocciùto *agg.* Testardo, ostinato.

còcco *s.m.* Palma tropicale che produce una grossa noce commestibile (*noce di c.*) contenente un liquido dissetante.

coccodrìllo *s.m.* Grosso rettile anfibio col corpo rivestito da scaglie ossee.

còccola *s.f.* Carezza; tenerezza affettuosa.

coccolàre *v.tr.* Trattare con grande tenerezza ⓢ vezzeggiare: *c. un bimbo.*

cocènte *agg.* **1** Che scotta, molto caldo: *sole c.* **2** ❀ Molto doloroso, insopportabile, bruciante: *delusione, sconfitta c.*

cocómero *s.m.* Pianta erbacea che produce grossi frutti con polpa rossa, dolce e acquosa ◊ Il frutto della pianta ⓢ anguria.

códa *s.f.* **1** Parte terminale posteriore del corpo dei vertebrati, di forma e aspetto variabile (nei mammiferi e nei rettili è un prolungamento della colonna vertebrale) **2** Parte posteriore, terminale di qlco.: *c. di un abito da sposa, di una cometa, di un aereo* **3** Fila di persone che aspettano il loro turno o di automezzi che procedono a passo d'uomo.

codésto *agg. e pron.dimostr.* Indica persona o cosa vicina a chi ascolta.

còdice *s.m.* **1** Raccolta di tutte le leggi riguardanti un settore specifico: *c. civile, penale, della strada* **2** Sistema di segni convenzionali per trasmettere messaggi segreti ◊ Combinazione di lettere, di cifre o di altri segni che serve a identificare persone, località, merci: *c. fiscale*; *c. di avviamento postale*; *c. a barre.*

coerènte *agg.* Che non presenta contraddizioni logiche o morali: *discorso, comportamento c.* ◊ Che agisce in modo conforme a ciò che pensa: *persona c.*

coerènza *s.f.* Assenza di contraddizioni tra idee e comportamento pratico, nel modo di pensare, di ragionare.

coetàneo *agg.* e *s.m.* Che, chi ha la stessa età: *io e Luigi siamo c.*

cofanétto *s.m.* Cassetta, scrigno per custodire oggetti preziosi.

còfano *s.m.* **1** Cassa di legno con coperchio **2** Nella carrozzeria degli autoveicoli, la copertura apribile del vano motore.

cògliere *v.tr.* **1** Staccare dalla pianta o dal terreno: *c. un frutto, dell'insalata* ◊ Raccogliere: *c. della legna* **2** Afferrare (anche ⌘): *c. l'occasione* ◊ Prendere all'improvviso, di sorpresa: *lo colse il temporale* **3** Colpire: *c. il bersaglio.*

cognàta *s.f.* La moglie del proprio fratello o del fratello del coniuge; la sorella del marito o della moglie.

cognàto *s.m.* Il marito della propria sorella o della sorella del coniuge; il fratello del marito o della moglie.

cognóme *s.m.* Nome di famiglia.

coincidènza *s.f.* **1** Concomitanza, per lo più casuale, di due o più fatti **2** Combinazione di orario tra trasporti pubblici che permette di prenderli in sequenza.

coincìdere *v.intr.* [aus. *avere*] **1** Accadere contemporaneamente **2** ⌘ Essere identico, corrispondere esattamente.

coinquilìno *s.m.* Ogni inquilino di una casa rispetto agli altri inquilini.

coinvòlgere *v.tr.* Implicare, trascinare altri in situazioni che comportano responsabilità o conseguenze spiacevoli ◊

Interessare, far partecipare altri a qlco.

colabròdo *s.m.invar.* Arnese da cucina con fondo bucherellato per filtrare il brodo.

colàre *v.tr.* Far passare un liquido attraverso un filtro o un setaccio per purificarlo o per separarlo da materie estranee ⓢ filtrare: *c. il brodo, l'olio* ♦ *v.intr.* [aus. *essere*] Cadere giù lentamente, gocciolare: *dalla ferita colava sangue.*

colazióne *s.f.* **1** Il pasto leggero del mattino **2** Il pasto di mezzogiorno ⓢ pranzo.

colf *s.f.* Domestica, donna di servizio.

còlica *s.f.* Dolore acuto provocato da contrazioni della muscolatura di un organo: *c. intestinale, renale, di fegato.*

colìno *s.m.* Arnese da cucina con buchi piccoli e fitti per colare tè, tisane ecc.

colìte *s.f.* Infiammazione del colon.

còlla *s.f.* Sostanza adesiva per attaccare e tenere uniti oggetti e materiali vari.

collaboràre *v.intr.* [aus. *avere*] Partecipare, contribuire con altri a un'attività, alla realizzazione di qlco.; dare il proprio contributo, il proprio aiuto a qlcu. o a qlco. ⓢ cooperare: *c. a un giornale; nessuno collaborava con la polizia.*

collaborazióne *s.f.* Cooperazione, contributo, aiuto: *ci ha dato tutta la sua c.*

collàna *s.f.* **1** Ornamento che si porta intorno al collo **2** ⌘ Serie di opere con caratteristiche comuni pubblicata da una casa editrice: *una c. di romanzi.*

collàre *s.m.* **1** Striscia di cuoio o altro materiale che si mette attorno al collo dei cani o di altre bestie **2** Collana che fascia il collo.

collàsso *s.m.* Malore improvviso con forte abbassamento della pressione del sangue.

collaudàre *v.tr.* Fare il collaudo di qlco.

collàudo *s.m.* Verifica e controllo a cui vengono sottoposti materiali, macchine, costruzioni per accertarne l'efficienza e il corretto funzionamento: *c. di un motore, di una vettura, di un ponte.*

còlle *s.m.* Collina non molto elevata.

collèga *s.m.f.* Compagno di lavoro.

collegaménto *s.m.* **1** Connessione, relazione, rapporto: *stabilire un c. tra due fatti* **2** Mezzo di comunicazione: *c. aerei, telefonici* ◊ Comunicazione, contatto.

collegàre *v.tr.* Unire, congiungere, mettere in contatto, in comunicazione diretta: *c. i fili della luce; c. due città con una strada* ◊ ⚘ Mettere in relazione Ⓢ connettere: *c. due fatti; c. le idee* ♦ **collegarsi** *v.pr.* **1** Unirsi, allearsi **2** Mettersi in comunicazione: *c. via radio con qlcu.*

collègio *s.m.* **1** Organo collettivo composto da persone con la stessa funzione, che si riunisce per prendere decisioni e giudicare: *c. dei docenti* **2** *C. elettorale* = ognuna delle circoscrizioni in cui viene suddiviso il corpo elettorale **3** Istituto di educazione e istruzione in cui i giovani risiedono stabilmente.

còllera *s.f.* Sentimento violento di sdegno Ⓢ ira, rabbia.

collétta *s.f.* Raccolta di offerte in denaro a scopo di beneficenza.

collettività *s.f.* Insieme delle persone che appartengono a una comunità sociale.

collettìvo *agg.* Che riguarda un insieme di persone, una comunità: *bisogni, interessi c.* ♦ *s.m.* Gruppo di persone che svolgono in comune un'attività: *un c. di lavoro, di studio.*

collétto *s.m.* Parte della camicia o del vestito che sta intorno al collo.

collezionàre *v.tr.* Fare collezione di qlco.: *c. francobolli, monete, armi.*

collezióne *s.f.* Raccolta sistematica di oggetti della stessa specie.

collezionìsta *s.m.f.* Chi fa o possiede una collezione: *un c. di monete rare.*

collìna *s.f.* Rilievo del terreno di altezza non superiore ai 600 m.

collisióne *s.f.* Scontro tra due mezzi di trasporto.

còllo[1] *s.m.* **1** Parte del corpo che, nell'uomo e in altri vertebrati, unisce la testa al tronco **2** Parte di un indumento che riveste il collo **3** Parte superiore e ristretta di alcuni recipienti: *c. di una bottiglia* ◊ *C. del piede* = la parte superiore del piede, compresa tra i due malleoli.

còllo[2] *s.m.* Ogni tipo di bagaglio o di oggetto che si trasporta o si spedisce.

collocàre *v.tr.* Mettere, porre in un determinato posto: *c. un mobile in un angolo* ◊ Sistemare qlcu. in un posto di lavoro.

collòquio *s.m.* **1** Conversazione su questioni di una certa importanza ◊ Scambio di idee, dialogo, comunicazione **2** Prova orale di un esame.

colmàre *v.tr.* **1** Riempire un recipiente fino all'orlo ◊ Riempire con terra o altri materiali: *c. un fosso* **2** ⚘ Riempire completamente: *la notizia mi colma di gioia.*

cólmo[1] *agg.* Pieno, riempito (anche ⚘).

cólmo[2] *s.m.* **1** Punto più alto, sommità (spec. di un tetto a spioventi) **2** ⚘ Massimo grado, culmine: *era al c. della gioia.*

colómba *s.f.* **1** La femmina del colombo, simbolo della pace e dell'innocenza **2** Dolce pasquale a forma di colomba.

colómbo *s.m.* Piccione.

còlon *s.m.* Parte mediana dell'intestino crasso.

colònia *s.f.* **1** Paese conquistato da una nazione e sottoposto alla sua sovranità **2**

Istituto che organizza per gruppi di ragazzi soggiorni estivi in luoghi di villeggiatura: *c. marina, montana.*

colònico *agg.* Del colono: *casa c.*

colonizzàre *v.tr.* Sottomettere un paese riducendolo a colonia.

colònna *s.f.* **1** In un edificio, elemento di sostegno verticale di forma cilindrica **2** Serie di lettere o cifre allineate l'una sotto l'altra: *mettere i numeri in c.* ◊ Ognuna delle strisce verticali di righe della stessa larghezza in cui è suddivisa una pagina, spec. nei giornali: *un articolo di tre c.* **3** Fila di persone o di veicoli **4** *C. vertebrale* = spina dorsale **5** *C. sonora* = la parte della pellicola cinematografica in cui sono registrati i suoni.

colonnèllo *s.m.* Ufficiale dell'esercito che comanda un reggimento.

colòno *s.m.* **1** Contadino che coltiva un podere non suo **2** Abitante di una colonia ◊ Chi occupa e coltiva territori di altri popoli.

coloránte *agg.* e *s.m.* Detto di sostanza usata per colorare un materiale.

coloràre *v.tr.* Dare un colore Ⓢ tingere: *c. un disegno* ♦ **colorarsi** *v.pr.* Assumere un colore Ⓢ tingersi: *il cielo si colorò di rosa.*

colóre *s.m.* **1** Qualità che hanno i corpi di riflettere in modo diverso la luce producendo differenti sensazioni nell'occhio che li guarda **2** Colorazione della pelle | *Gente di c.* = di razza non bianca **3** Sostanza per dipingere, per verniciare.

colorificio *s.m.* Fabbrica o negozio di colori o coloranti.

colorìto *agg.* **1** Che ha un colore acceso, vivace: *un viso c.* **2** ♧ Vivace, espressivo: *linguaggio c.* ♦ *s.m.* Colore della pelle e spec. del viso: *c. roseo, pallido.*

colóro *pron.dimostr.pl.m.f.* Forma plurale di *colui* e *colei.*

colossàle *agg.* Di dimensioni molto grandi Ⓢ gigantesco, enorme.

cólpa *s.f.* **1** Azione, comportamento contrari alle leggi o alla morale Ⓢ errore, fallo, peccato | *Senso di c.* = rimorso per essersi comportati male **2** Responsabilità, causa, anche involontaria, di un effetto dannoso o spiacevole: *è c. tua se non capisci*; *arrivò tardi per c. della nebbia.*

colpévole *agg.* Responsabile di una colpa: *si è dichiarato c.* ♦ *s.m.f.* Chi ha commesso una colpa, un reato.

colpevolézza *s.f.* L'essere colpevole.

colpìre *v.tr.* **1** Raggiungere con un colpo, con dei colpi: *lo colpì con un pugno, con un bastone* **2** ♧ Danneggiare: *c. gli interessi di qlcu.* ◊ Punire: *c. con multe le auto in sosta vietata* **3** ♧ Impressionare fortemente: *la notizia lo colpì.*

cólpo *s.m.* **1** Movimento rapido e violento di un corpo contro un altro Ⓢ percossa, urto ◊ Proiettile di arma da fuoco: *sparare un c.* **2** Rumore provocato da un urto, da uno sparo, da un'esplosione: *si sentì un c.* **3** Movimento, spostamento veloce di un oggetto, di uno strumento: *c. di pedale, di remi* **4** Azione rapida, violenta, di sorpresa (spec. di tipo illegale): *c. in banca*; *c. di stato* ◊ Azione abile o fortunata: *fare un bel c.* **5** Avvenimento improvviso, per lo più doloroso, che suscita una forte impressione, che abbatte: *la morte della moglie fu per lui un duro c.* **6** Attacco improvviso e violento di una malattia: *è morto per un c. al cuore.*

coltellàta *s.f.* Colpo, ferita di coltello.

coltèllo *s.m.* Arnese per tagliare o incidere, costituito da una lama con manico.

coltivàre *v.tr.* Lavorare la terra e curare le piante per averne i frutti: *c. un campo*; *c. grano, ortaggi, fiori*.

coltivatóre *s.m.* Chi coltiva la terra Ⓢ agricoltore, contadino.

coltivazióne *s.f.* L'attività di coltivare ◊ Terreno coltivato; le piante coltivate.

cólto *agg.* Dotato di cultura Ⓢ istruito, dotto, erudito: *una persona c.*

coltùra *s.f.* 1 Coltivazione: *c. dei cereali*; *il gelo danneggia le c.* 2 Allevamento: *c. delle ostriche*; *c. dei bachi da seta*.

colùi *pron.dimostr.m.sing.* Quella persona: *c. che mi accusa, mente.*

còma *s.m.* Stato di perdita della coscienza, della sensibilità e della capacità di movimento in seguito a gravi malattie o traumi.

comandànte *s.m.f.* Chi ha il comando di qlco. Ⓢ capo: *il c. di una spedizione* ◊ Ufficiale incaricato di comandare unità e reparti militari: *il c. di un reggimento* ◊ Capitano di una nave o di un aereo.

comandàre *v.tr.* 1 Ordinare, imporre qlco.: *c. il silenzio* 2 Avere il comando di qlco., esserne a capo Ⓢ guidare, dirigere: *c. un esercito, una nave* 3 Azionare, guidare il movimento di un meccanismo o di una macchina.

comàndo *s.m.* 1 Ordine: *obbedire a un c.* 2 Autorità di comandare Ⓢ guida, potere: *avere il c. delle truppe, di una nave* 3 Nello sport, primo posto, posizione di testa: *i corridori al c. della corsa* 4 Congegno, dispositivo che regola il funzionamento di un meccanismo, di un apparecchio: *la leva di c. del cambio*.

combaciàre *v.intr.* [aus. *avere*] Corrispondere e aderire perfettamente: *le due superfici combaciano*.

combàttere *v.tr.* e *v.intr.* [aus. *avere*] 1 Prender parte a scontri armati, battaglie, guerre; affrontare un nemico per sconfiggerlo 2 ⚘ Lottare contro qlco. o qlcu. Ⓢ opporsi, contrastare: *c. contro l'ingiustizia*; *c. la corruzione* ◊ Lottare, battersi per uno scopo: *c. per la libertà*.

combattiménto *s.m.* Lotta, scontro; in partic. scontro armato tra piccole forze militari.

combinàre *v.tr.* 1 Mettere insieme più elementi per conseguire un dato effetto o scopo: *c. i colori di un vestito* 2 Organizzare, stabilire, realizzare qlco. accordandosi con altri: *c. una gita, un affare* ◊ Fare, concludere: *c. un guaio*; *non c. nulla.*

combinazióne *s.f.* 1 Unione di due o più elementi accostati in un certo modo: *una bella c. di colori* ◊ Serie di numeri o lettere da comporre in un certo ordine per aprire una serratura: *la c. di una cassaforte* 2 Circostanza fortuita Ⓢ coincidenza, caso: *passavo di lì per combinazione.*

combustibile *agg.* e *s.m.* Detto di sostanza che può bruciare sviluppando calore e luce: *c. solidi, liquidi, gassosi.*

cóme *avv.* e *congz.* 1 Alla maniera di: *dorme c. un ghiro* ◊ Nel modo che: *tutto andò c. speravo* ◊ Quanto: *è alto c. me* ◊ La stessa cosa che: *dire una cosa non è c. farla* ◊ In qualità di: *ti parlo c. amico* 2 In quale modo: *c. stai?* 3 Il modo in cui: *gli ho detto c. stanno le cose* 4 Quanto: *c. sei sciocco!* 5 Appena, quando: *c. l'ho saputo, ti ho avvisato.*

còmico *agg.* Che fa ridere, che diverte Ⓢ buffo, ridicolo, divertente ♦ *s.m.* Attore specializzato in parti comiche.

comìgnolo *s.m.* Parte della canna del

camino che sporge dal tetto [S] fumaiolo.

cominciàre *v.tr.* Dare inizio a qlco. [S] iniziare, incominciare: *c. un lavoro*; *c. a parlare* ♦ *v.intr.* [aus. *essere* o *avere*] Avere inizio [S] iniziare, incominciare: *quando comincia la scuola?*; *è* (o *ha*) *cominciato a piovere.*

comitàto *s.m.* Gruppo di persone eletto o costituitosi per svolgere date funzioni, realizzare dati obiettivi.

comitìva *s.f.* Gruppo di persone che fanno insieme un viaggio, una gita e sim.

comìzio *s.m.* Riunione pubblica, di solito all'aperto, in cui uno o più oratori tengono discorsi, presentano programmi.

commèdia *s.f.* **1** Opera teatrale o film che rappresenta personaggi e situazioni della vita d'ogni giorno, spesso con aspetti umoristici o satirici **2** ♧ Finzione: *dice di star male, ma è tutta una c.*

commentàre *v.tr.* **1** Esprimere un'opinione su qlco.: *c. un fatto* **2** Spiegare e interpretare un testo: *c. una poesia.*

commentatóre *s.m.* Chi commenta avvenimenti d'attualità su giornali, riviste, alla radio e alla televisione.

comménto *s.m.* **1** Giudizio, osservazione, opinione personale **2** Spiegazione, interpretazione di un testo; insieme di note e osservazioni con cui si spiega e analizza un testo.

commerciàle *agg.* Di commercio, riguardante il commercio: *azienda c.*

commerciànte *s.m.f.* Chi esercita un'attività commerciale: *un c. di tessuti.*

commerciàre *v.intr.* [aus. *avere*] Esercitare il commercio: *c. in tessuti, in vini.*

commèrcio *s.m.* Attività di scambio, di compravendita di merci: *c. all'ingrosso, al dettaglio* ◊ Vendita: *prodotto non in c.*

commésso *s.m.* **1** Addetto alla vendita in un negozio | *C. viaggiatore* = rappresentante di un'azienda incaricato di venderne i prodotti **2** Impiegato subalterno.

commestìbile *agg.* Che si può mangiare: *fungo c.* ♦ *s.m.pl.* Generi alimentari.

comméttere *v.tr.* Compiere un'azione negativa, riprovevole: *c. uno sbaglio, un'imprudenza*; *c. un furto, un delitto.*

commiàto *s.m.* Permesso di partire, di allontanarsi [S] congedo: *chiedere c.* | *Prendere c.* = congedarsi ◊ Separazione, addio; saluto prima della partenza.

commissariàto *s.m.* L'ufficio e la sede di un commissario: *andare al c. di polizia.*

commissàrio *s.m.* **1** Funzionario incaricato temporaneamente di dirigere amministrazioni o enti pubblici o privati in luogo dei normali organi dirigenti **2** Funzionario dirigente della polizia.

commissióne *s.f.* **1** Incarico da svolgere per conto di altri: *affidare a qlcu. una c.* ◊ (spec. al *pl.*) Acquisti, incombenze personali: *ho alcune c. da fare in città* **2** Gruppo di persone a cui è affidato un determinato incarico: *c. d'esami.*

commòsso *agg.* Preso da commozione: *era c. per la partenza del figlio* ◊ Che rivela commozione: *parole c.*

commozióne *s.f.* Turbamento dell'animo provocato da un forte sentimento di affetto, pietà, felicità, nostalgia e sim.

commuòvere *v.tr.* Destare commozione ♦ **commuoversi** *v.pr.* Esser preso da commozione: *rivedendola si commosse.*

comodìno *s.m.* Mobile piccolo e basso che si tiene accanto al letto.

comodità *s.f.* **1** L'essere comodo: *la c. di una sedia* **2** Cosa che rende confortevole la vita quotidiana: *una casa piena di ogni c.*

còmodo *agg.* **1** Che fa stare a proprio

agio; che non causa sforzo, fatica, disturbo ⓢ confortevole: *casa, sedia c.*; *fare una vita c.* ◊ Detto di capo di vestiario, ampio, che non stringe: *scarpe c.* **2** Che si trova a proprio agio: *qui sto c.* ♦ *s.m.* Fare i propri *c.* = fare quel che piace e torna utile a sé, senza pensare agli altri | *Con c.* = senza fretta.

compaesàno *s.m.* Chi è nato o vive nello stesso paese: *incontrò in viaggio un c.*

compagnìa *s.f.* **1** Lo stare insieme con altri: *amare la c.* | *Fare c.* = stare insieme a qlcu., non farlo sentire solo **2** Gruppo di persone che si riuniscono per il piacere di stare insieme, per divertirsi: *una c. di amici* **3** Gruppo di attori e tecnici teatrali che si associano per tenere spettacoli **4** Società (spec. che opera nel campo delle assicurazioni e dei trasporti): *c. aerea* **5** Reparto militare costituito da diversi plotoni e comandato da un capitano.

compàgno *s.m.* Chi svolge con altri una stessa attività, o fa parte dello stesso ambiente o gruppo, o condivide una stessa condizione, le stesse idee, circostanze ecc.: *c. di giochi, di studio, di fede.*

comparàre *v.tr.* Paragonare, confrontare.

comparatìvo *s.m.* Grado dell'aggettivo e dell'avverbio che esprime un paragone.

comparìre *v.intr.* [aus. *essere*] Farsi vedere ⓢ mostrarsi, presentarsi, apparire: *gli comparve in sogno il padre* ◊ Essere presente ⓢ esserci, figurare: *il suo nome non compare nell'elenco.*

compàrsa *s.f.* **1** Apparizione **2** Chi partecipa con la sola presenza, senza recitare, a un film o a uno spettacolo teatrale.

compassióne *s.f.* Sentimento di commossa partecipazione alle sventure e alle sofferenze altrui ⓢ pietà.

compàsso *s.m.* Strumento per tracciare circonferenze o misurare brevi distanze.

compatìre *v.tr.* **1** Provare compassione ⓢ compiangere, commiserare: *c. uno sventurato* **2** Giudicare con indulgenza ⓢ scusare, perdonare: *c. i difetti di qlcu.*

compatriòta *s.m.f.* Chi appartiene alla stessa patria ⓢ connazionale.

compàtto *agg.* **1** Strettamente e saldamente unito nelle sue parti ⓢ duro: *un legno c.* ◊ Denso: *una folla c.* **2** ✿ Solidale, concorde, unitario: *protesta c.*

compensàre *v.tr.* **1** Retribuire, pagare: *c. qlcu. per il suo lavoro* ◊ Risarcire: *c. i danni* **2** Costituire o ristabilire una situazione di equilibrio ⓢ bilanciare: *le entrate non compensano le uscite.*

compènso *s.m.* Ciò che si dà in cambio di una prestazione, come risarcimento di un danno o riconoscimento di un merito ⓢ retribuzione, ricompensa.

cómpera *s.f.* Acquisto: *fare delle c.*

comperàre vedi **compràre.**

competènte *agg.* e *s.m.f.* Che, chi è esperto, preparato in un determinato campo: *affidarsi al giudizio di un c.*

compètere *v.intr.* **1** Gareggiare, reggere il confronto con altri: *c. per il primo posto* **2** Spettare: *non compete a me giudicare.*

competizióne *s.f.* Gara, confronto.

compiacére *v.intr.* [aus. *avere*] e *v.tr.* Far piacere, venire incontro ai desideri di qlcu. ⓢ accontentare: *lo fa per c. a un amico* ♦ **compiacersi** *v.pr.* Provare soddisfazione, piacere per qlco.: *c. della propria bravura* ◊ Rallegrarsi con qlcu.

compiaciménto *s.m.* Sentimento di piacere, di soddisfazione.

compiàngere *v.tr.* Provare compassione ⓢ compatire.

cómpiere *v.tr.* **1** Portare a termine ⓢ completare, finire **2** Fare, realizzare: *c. una buona azione, il proprio dovere.*

compilàre *v.tr.* Scrivere una serie di dati disponendoli in un determinato ordine: *c. un orario, una lista, un modulo.*

cómpito *s.m.* **1** Lavoro da eseguire ⓢ incarico, mansione: *affidare un c. a qlcu.* ◊ Dovere, funzione specifica: *è c. dei genitori educare i figli* **2** Esercizio scolastico: *fare i c.; c. in classe di italiano.*

compleànno *s.m.* Il giorno in cui ricorre l'anniversario della nascita.

complessìvo *agg.* Che riguarda, tiene presente qlco. nel suo insieme, nel suo complesso ⓢ generale, totale, globale.

complèsso *agg.* Composto di più parti e di elementi diversi: *una struttura c.* ◊ Non semplice ⓢ complicato, difficile: *un problema c.* ♦ *s.m.* **1** Insieme, totalità: *la questione va vista nel suo c.* **2** Insieme di edifici destinati a una stessa funzione: *c. ospedaliero* ◊ Impianto industriale o azienda di grandi proporzioni: *c. siderurgico* **3** Gruppo di musicisti, di cantanti.

completàre *v.tr.* Rendere completo aggiungendo ciò che manca; portare a termine: *c. una collezione, un'opera.*

complèto *agg.* **1** Che non manca di nessuna delle parti da cui è o deve essere costituito: *elenco c. dei soci* **2** Tutto occupato, senza più posti liberi: *l'albergo è c.* **3** Totale, assoluto: *ho c. fiducia in lui* ♦ *s.m.* **1** *Al c.* = con tutti i posti occupati; con tutti i membri presenti: *giuria riunita al c.* **2** Abito completo maschile o femminile ◊ Insieme di capi di vestiario o di oggetti necessari per fare qlco: *un c. da sci, da sub.*

complicàre *v.tr.* Rendere complesso, più difficile da risolvere, da affrontare: *non c. le cose* ♦ **complicarsi** *v.pr.* Diventare più complesso, più difficile, più grave.

complicàto *agg.* Complesso, difficile, intricato: *un problema, un caso c.*

complicazióne *s.f.* Fatto che complica una situazione ⓢ difficoltà, inconveniente, contrattempo.

còmplice *s.m.f.* Chi partecipa con altri a un'azione disonesta.

complimentàre *v.tr.* Fare un elogio a qlcu., esprimergli ammirazione ♦ **complimentarsi** *v.pr.* Congratularsi.

compliménto *s.m.* Espressione di ammirazione, di apprezzamento ◊ (al *pl.*) Congratulazioni, rallegramenti: *c. per la vittoria!*

componènte *s.m.f.* Chi fa parte di un gruppo ⓢ membro: *i c. della giuria.*

componìbile *agg.* Detto di mobile o mobilio costituiti di singoli elementi che si possono combinare in vario modo.

compórre *v.tr.* **1** Costituire, formare: *il gruppo è composto da sei persone* **2** Creare un'opera letteraria o musicale: *c. una poesia, una canzone* ♦ **comporsi** *v.pr.* Essere costituito, formato: *l'opera si compone di tre parti.*

comportaménto *s.m.* Modo di comportarsi ⓢ condotta, contegno: *un c. strano.*

comportàrsi *v.pr.* Agire in un dato modo; assumere un certo atteggiamento: *c. onestamente; c. da sciocco.*

compositóre *s.m.* Chi compone opere musicali ⓢ musicista.

compósto *agg.* **1** Formato di più parti o elementi: *sostanze, parole c.* **2** Che ha un atteggiamento educato, corretto: *stai c.!* ♦ *s.m.* In chimica, sostanza costituita da due o più elementi diversi.

compràre o **comperàre** *v.tr.* **1** Acquistare **2** Corrompere: *c. un arbitro, un giudice.*

compratóre *s.m.* Chi compra ⓢ acquirente.

compravéndita *s.f.* L'attività commerciale e finanziaria di comprare beni, titoli ecc. per rivenderli.

comprèndere *v.tr.* **1** Contenere, includere: *il prezzo comprende il servizio* **2** Capire, intendere: *c. una parola* ◊ Considerare con indulgenza ⓢ giustificare.

comprensìbile *agg.* Che si può capire.

comprensióne *s.f.* **1** Il fatto e la capacità di capire: *la c. di un problema* **2** Capacità di considerare con umanità e indulgenza: *mostrare c.*

compréso *agg.* Contenuto: *il territorio c. entro i confini* ◊ Incluso: *siamo in otto, c. voi due.*

comprèssa *s.f.* Pastiglia medicinale.

comprìmere *v.tr.* Esercitare una forte pressione su qlco. ⓢ premere, schiacciare ◊ Sottoporre a una pressione, riducendo di volume: *c. un gas.*

compromésso *s.m.* Accordo in cui ognuna delle parti fa all'altra qualche concessione: *giungere a un c.*

compromèttere *v.tr.* Mettere in pericolo; rovinare: *c. la propria salute* | *C. qlcu.* = coinvolgerlo in situazioni rischiose o poco oneste.

compropriétà *s.f.* Proprietà di un bene in comune tra due o più persone.

comunàle *agg.* Del comune ⓢ municipale: *consiglio c.; tassa c.*

comùne[1] *agg.* **1** Che è di tutti, che riguarda tutti: *la natura è un bene c.; problemi c.* **2** Molto diffuso, frequente, usuale: *oggetti, parole di uso c.* ◊ Ordinario, mediocre: *vino, merce c.* ♦ *s.m. In c.* =

insieme con altri, condiviso con altri: *fare vita in c.* | *Fuori del c.* = eccezionale.

comùne[2] *s.m.* Suddivisione territoriale dello stato retta da organi amministrativi eletti dalla popolazione di quel territorio: *abita nel c. di Genova* ◊ La sede dell'amministrazione comunale ⓢ municipio.

comunicàre *v.tr.* Rendere noto, far sapere ⓢ annunciare, confidare: *c. un segreto* ◊ Rendere pubblico ⓢ diffondere, divulgare: *la radio comunicò la notizia* ♦ *v.intr.* [aus. *avere*] **1** Essere in comunicazione con qlcu.: *c. per telefono* **2** Essere collegato: *l'ingresso comunica con tutte le stanze* ♦ **comunicarsi** *v.pr.* Trasmettersi, diffondersi, propagarsi: *l'allegria si comunicò a tutti.*

comunicàto *s.m.* Notizia, avviso diffusi pubblicamente da un mezzo d'informazione: *c. radio; c. stampa.*

comunicazióne *s.f.* **1** Trasmissione, diffusione: *c. di un contagio* ◊ Il portare altri a conoscenza di qlco.: *c. di una notizia* **2** Contatto, mezzo attraverso cui si comunica con altri ⓢ collegamento: *mettersi in c. con qlcu.* **3** Collegamento, passaggio tra luoghi, ambienti: *vie di c.* ◊ (spec. al *pl.*) Gli impianti e i mezzi di trasporto che consentono un collegamento: *c. stradali, aeree.*

comunità *s.f.* Insieme di persone che vivono su uno stesso territorio o hanno condizioni, modi di vita, legami comuni ◊ Gruppo di persone che vivono insieme: *c. familiare, religiosa.*

comùnque *congz.* **1** In qualunque modo: *c. vadano le cose, sono soddisfatto* **2** Tuttavia: *è tardi, c. verrò* ♦ *avv.* In ogni modo, in ogni caso: *se ne andrà c.*

con *prep.* Esprime vari tipi di rapporti ◊

Di compagnia e di unione: *abita c. i genitori*; *camera c. bagno* ◊ Di relazione (anche col significato di «verso» e «contro»): *ho parlato c. lui*; *è stato gentile c. me*; *combattere c. il nemico* ◊ Di modo: *parlare c. calma* ◊ Di qualità: *un uomo c. la pelle scura* ◊ Di mezzo o strumento: *c. la pazienza si ottiene tutto*; *picchiare c. il bastone* ◊ Di causa: *c. questa siccità il raccolto andrà perduto* ◊ Di paragone: *misurarsi c. la concorrenza.*

cónca *s.f.* Avvallamento della superficie terrestre, di forma più o meno circolare e circondato da alture.

còncavo *agg.* Che ha una superficie curva, rientrante verso l'interno: *lente c.*

concèdere *v.tr.* **1** Dare (spec. come atto di generosità, di favore, d'indulgenza) Ⓢ accordare: *c. un permesso, un prestito* ◊ Consentire, permettere: *gli concesse di partire* **2** Ammettere, riconoscere: *devi concedermi che non avevo tutti i torti.*

concentràre *v.tr.* Raccogliere, riunire, far convergere in uno stesso luogo, in un punto: *c. le truppe al confine* ◊ ⊹ Far convergere su un oggetto o uno scopo: *c. l'attenzione su qlco.* ♦ **concentrarsi** *v.pr.* Riunirsi in un luogo, convergere verso un punto (anche ⊹) ◊ ⊹ Dedicare tutta la propria attenzione: *c. nella lettura.*

concentràto *agg.* e *s.m.* Detto di liquido o di prodotto alimentare da cui è stata sottratta acqua: *brodo c.*; *c. di pomodoro.*

concentrazióne *s.f.* Raccoglimento mentale: *lo studio richiede c.*

concèrto *s.m.* **1** Composizione musicale per orchestra e uno o più strumenti solisti **2** Esecuzione pubblica di brani musicali: *c. pianistico, rock.*

concètto *s.m.* **1** Idea, nozione di ciò che qlco. è: *il c. di spazio, di tempo, di giustizia*; *spiegare un c.* **2** Opinione, giudizio: *mi son fatto un buon c. di lui.*

concezióne *s.f.* Modo di intendere e di giudicare qlco. Ⓢ idea, concetto, opinione ◊ Complesso di idee e di teorie riguardanti un argomento: *c. politiche, morali.*

conchìglia *s.f.* Guscio protettivo che ricopre il corpo di molti molluschi.

concimàre *v.tr.* Fertilizzare dando il concime: *c. il terreno, l'orto, le rose.*

concìme *s.m.* Ogni sostanza che si sparge sul terreno per aumentarne la fertilità Ⓢ fertilizzante: *c. naturale, chimico.*

concìso *agg.* Che è espresso o si esprime in modo breve ed essenziale Ⓢ sintetico, stringato: *un discorso, uno stile c.*

concittadìno *s.m.* Chi è nato o abita nella stessa città.

conclùdere *v.tr.* **1** Portare a compimento Ⓢ realizzare: *c. un affare, un accordo* ◊ Conseguire qualche risultato: *non c. nulla* **2** Terminare: *c. un discorso* ♦ **concludersi** *v.pr.* Aver fine Ⓢ terminare.

conclusióne *s.f.* **1** Realizzazione: *c. di un accordo* **2** Fine, termine, parte conclusiva: *la c. di un viaggio, di un romanzo* ◊ Esito, risultato: *c. positiva, negativa* **3** Conseguenza logica: *trarre le c.*

concordàre *v.tr.* Stabilire di comune accordo: *c. un'iniziativa* ♦ *v.intr.* [aus. *avere*] Essere in accordo, trovarsi d'accordo: *concordo con te.*

concòrdia *s.f.* Accordo, armonia di idee e sentimenti tra due o più persone.

concorrènte *s.m.f.* Chi è in concorrenza commerciale con altri o partecipa a una competizione sportiva, a un concorso.

concorrènza *s.f.* Lotta, competizione

tra persone che hanno uno stesso scopo ◊ Competizione economica e commerciale tra aziende dello stesso settore: *due ditte in c.* ◊ Per ogni azienda, tutte le altre con cui è in competizione: *cercare di battere la c.*

concórrere *v.intr.* [aus. *avere*] **1** Partecipare a una competizione, a un concorso: *c. a un torneo, a un premio* **2** Cooperare, contribuire: *c. a una spesa.*

concórso *s.m.* **1** Collaborazione, contributo: *dare il proprio c. a un'iniziativa* **2** Gara di selezione tra più concorrenti indetta per assegnare appalti, posti di lavoro, premi e simili: *fare gli esami di un c. pubblico.*

concrèto *agg.* Che esiste nella realtà Ⓢ reale: *un caso c.* ◊ Che è aderente alla realtà, che si basa sui fatti Ⓢ pratico.

condànna *s.f.* **1** Sentenza con cui i giudici infliggono una pena ◊ La pena stessa inflitta: *scontare una c.* **2** ⌘ Giudizio duramente negativo Ⓢ biasimo, riprovazione: *la c. di ogni forma di violenza.*

condannàre *v.tr.* **1** Infliggere una pena o una sanzione a chi è stato giudicato colpevole al termine di un processo **2** Biasimare, disapprovare: *c. la violenza.*

condiménto *s.m.* Ingrediente che si aggiunge ai cibi per renderli più saporiti e gradevoli.

condìre *v.tr.* Rendere più saporito un cibo aggiungendovi qualche condimento.

condivìdere *v.tr.* Avere in comune con altri (anche ⌘): *c. la stanza con l'amico* ◊ ⌘ Essere d'accordo con altri: *condivido la tua scelta* ◊ ⌘ Provare gli stessi sentimenti di altri: *condivido il tuo dolore.*

condizionàre *v.tr.* **1** Subordinare a determinate condizioni **2** Influenzare,

limitare psicologicamente **3** *C. l'aria* = regolare, mediante appositi impianti, la temperatura e l'umidità dell'aria in ambienti chiusi.

condizionatóre *s.m.* Impianto per il condizionamento dell'aria.

condizióne *s.f.* **1** Presupposto necessario perché qlco. possa verificarsi **2** Stato, situazione in cui si trovano persone o cose: *strada in cattive c.*; *le c. del malato migliorano.*

condomìnio *s.m.* Proprietà di un edificio in parte suddivisa tra i singoli proprietari e in parte comune ◊ L'edificio stesso ◊ L'insieme dei condòmini.

condòmino *s.m.* Ognuno dei comproprietari di un condominio.

condótta *s.f.* **1** Modo di comportarsi Ⓢ comportamento, contegno ◊ Modo di condurre, di svolgere un'attività **2** Complesso di tubature in cui scorrono liquidi o gas Ⓢ tubazione.

condótto *s.m.* Conduttura, tubo entro cui scorrono liquidi.

conducènte *s.m.* Chi guida un veicolo.

condùrre *v.tr.* **1** Portare, accompagnare sotto la propria guida: *c. i bambini a scuola* ◊ ⌘ Ridurre qlcu. in un certo stato: *c. alla disperazione* **2** Guidare un veicolo ◊ Dirigere: *c. un'azienda, un dibattito* **3** Nello sport, essere in testa, in vantaggio: *c. la classifica* **4** Trasportare (liquidi, gas): *il tubo conduce l'acqua alla casa.*

conduttóre *s.m.* Chi guida un veicolo Ⓢ conducente ◊ Chi presenta e dirige una trasmissione televisiva.

conduttùra *s.f.* Tubo o complesso di tubi che trasportano liquidi o gas; complesso di cavi per il trasporto dell'elettricità.

conferènza *s.f.* Discorso tenuto in pubblico su un determinato argomento.

conférma *s.f.* **1** Assicurazione della verità, della certezza di qlco.: *la c. di una notizia* **2** Prova che conferma quel che già si pensava: *ebbi la c. dei miei sospetti.*

confermàre *v.tr.* **1** Ribadire come certa o ancora valida una cosa che si era già detta in precedenza: *c. l'appuntamento* **2** Rendere certo, garantire come sicuro: *c. una notizia* ◊ Provare la verità, la fondatezza di qlco.: *i fatti confermano la sua ipotesi* **3** Mantenere qlcu. in una carica: *lo confermarono direttore.*

confessàre *v.tr.* **1** Riconoscere e dichiarare apertamente una propria colpa, mancanza o difetto **2** Rivelare qlco. di segreto, di intimo Ⓢ confidare: *confessò all'amico i suoi dubbi.*

confessióne *s.f.* **1** Riconoscimento, ammissione di una colpa, di una mancanza, di un difetto **2** Nella chiesa cattolica, rivelazione dei propri peccati al confessore.

confessóre *s.m.* Il sacerdote che confessa i fedeli e amministra la penitenza.

confètto *s.m.* Piccolo dolce di zucchero cotto contenente mandorle o nocciole.

confettùra *s.f.* Marmellata di frutta.

confezionàre *v.tr.* **1** Sistemare una merce in un involucro: *c. una scatola di dolci* **2** Tagliare, cucire, preparare un capo d'abbigliamento: *c. una giacca.*

confezióne *s.f.* L'operazione di confezionare un prodotto ◊ Modo in cui un prodotto è confezionato; l'involucro stesso che lo contiene: *c. regalo.*

confidàre *v.tr.* Rivelare a persona fidata cose intime o segrete: *c. a un amico un sospetto* ♦ *v.intr.* [aus. *avere*] Aver fiducia Ⓢ contare, sperare: *c. in Dio, nella sorte* ♦ **confidarsi** *v.pr.* Aprire il proprio animo a qlcu.: *si è confidato con me.*

confidènza *s.f.* **1** Fiducia, sicurezza: *aver c. nei propri mezzi* **2** Familiarità, dimestichezza: *essere in c. con qlcu.* **3** Rivelazione ad altri di qlco. di riservato, di intimo: *fare una c. a un'amica.*

confinàre *v.intr.* [aus. *avere*] Avere un confine in comune, essere situato accanto: *l'Italia confina con la Francia*; *il mio giardino confina col suo.*

confine *s.m.* **1** Linea o zona che separa tra loro stati, regioni, comuni, territori, proprietà **2** Limite, termine (anche ✿).

conflìtto *s.m.* **1** Scontro armato: *c. a fuoco* ◊ Guerra: *il secondo c. mondiale* **2** ✿ Scontro, urto, contrasto: *c. sociali, di idee.*

confluènza *s.f.* Il punto in cui si incontrano e si uniscono corsi d'acqua, valli, strade, cortei e sim.

confluìre *v.intr.* [aus. *essere* e *avere*] Congiungersi, unirsi, incontrarsi (detto di fiumi, valli, strade, cortei e sim.).

confóndere *v.tr.* **1** Prendere una persona o una cosa per un'altra: *l'ho confuso con suo fratello* **2** Rendere meno chiaro, più indistinto Ⓢ offuscare: *c. le idee*; *una luce così forte che confonde la vista* ♦ **confondersi** *v.pr.* **1** Mescolarsi: *c. tra la folla* ◊ Diventare indistinto: *i ricordi si confondevano nella sua memoria* **2** Sbagliarsi, fare confusione.

confórme *agg.* Identico o simile ad altro per forma o aspetto: *copia c. all'originale* ◊ Che è in accordo con qlco. Ⓢ corrispondente: *azioni c. alle parole.*

confortàre *v.tr.* Dare conforto, coraggio Ⓢ consolare, incoraggiare: *c. un amico.*

confortévole *agg.* Comodo: *albergo c.*

confòrto *s.m.* Sollievo, consolazione, aiuto morale: *in quella disgrazia ebbe il c. degli amici.*

confrontàre *v.tr.* Esaminare due o più cose per valutarne le somiglianze e le differenze, le rispettive qualità, caratteristiche ecc. [S] paragonare.

confrónto *s.m.* **1** Paragone, comparazione **2** Interrogatorio contemporaneo di testi o imputati per risolvere i contrasti tra le loro dichiarazioni **3** Incontro sportivo.

confusióne *s.f.* **1** Mescolanza disordinata di cose, idee, persone diverse [S] disordine, caos ◊ Baccano, chiasso **2** Scambio di una cosa o una persona con un'altra: *fare c. di nomi, di luoghi.*

confùso *agg.* **1** Disordinato: *un mucchio c. di carte* **2** Poco chiaro [S] vago, indistinto: *ricordi c.* ◊ Che manca di chiarezza e di lucidità mentale: *idee c.*

congedàre *v.tr.* Lasciar partire qlcu. o invitarlo ad andarsene: *c. un ospite* ♦ **congedarsi** *v.pr.* Andarsene salutando [S] accomiatarsi.

congèdo 1 Permesso o invito ad andarsene [S] commiato **2** Permesso di assentarsi dal posto di lavoro per un breve periodo di tempo [S] licenza.

congégno *s.m.* Meccanismo, apparecchio, dispositivo costituito da diverse parti messe assieme: *il c. di un orologio.*

congelaménto *s.m.* **1** Passaggio di un liquido allo stato solido per raffreddamento **2** Lesione di parti del corpo sottoposte a freddo intenso.

congelàre *v.tr.* **1** Raffreddare un liquido fino a farlo diventare solido ◊ Sottoporre a forte raffreddamento degli alimenti per poterli conservare a lungo **2** Intirizzire una parte del corpo ♦ **congelarsi** *v.pr.* **1** Solidificarsi per raffreddamento **2** Essere colpito da congelamento ◊ Prendere, patire un gran freddo.

congelatóre *s.m.* Scomparto del frigorifero o frigorifero autonomo in cui si pongono i cibi da congelare [S] freezer.

congestióne *s.f.* **1** In medicina, afflusso eccessivo di sangue in un organo del corpo **2** ♧ Affollamento eccessivo di veicoli e persone in una zona, per cui si intralciano a vicenda [S] blocco, ingorgo.

congiùngere *v.tr.* Unire insieme (anche ♧): *c. le mani, gli sforzi* ◊ Unire, collegare, mettere in comunicazione: *strada che congiunge due città* ♦ **congiungersi** *v.pr.* Unirsi, confluire.

congiùnto *agg.* Unito insieme: *mani c.* ◊ Collegato: *azione c.* ♦ *s.m.* Parente.

congiùra *s.f.* Accordo segreto per rovesciare con la forza il potere dello stato e le persone che ne sono a capo [S] cospirazione, complotto: *sventare una c.*

congratulàrsi *v.pr.* Esprimere a qlcu. la propria gioia per un suo successo [S] rallegrarsi, felicitarsi, complimentarsi.

congratulazióne *s.f.* (spec. al *pl.*) Rallegramento, felicitazione: *lettera di c.*

congrèsso *s.m.* Assemblea periodica degli iscritti a un partito, a un sindacato, nella quale viene discussa e decisa la linea dell'organizzazione ◊ Convegno ufficiale di addetti a una certa attività: *c. di medici.*

conìglio *s.m.* Mammifero roditore selvatico e domestico.

coniugàle *agg.* Dei coniugi, del matrimonio: *amore c.*; *diritti, doveri c.*

còniuge *s.m.f.* Ciascuna delle due persone unite in matrimonio.

connazionàle *agg.* e *s.m.f.* Che, chi è della stessa nazione [S] compatriota.

connèttere *v.tr.* Unire, collegare materialmente o logicamente: *c. due fili*; *non riesco a c. le idee.*

còno *s.m.* **1** In geometria, solido generato dalla rotazione di un triangolo rettangolo intorno a uno dei suoi cateti **2** Oggetto a forma di cono: *c. vulcanico.*

conoscènte *s.m.f.* Persona che si conosce, con cui si ha una certa familiarità.

conoscènza *s.f.* **1** Il fatto di conoscere qlco.: *avere c. di una lingua* **2** Il conoscere personalmente qlcu.: *sono lieto di fare la sua c.* ◊ Persona conosciuta, familiare: *è una mia vecchia c.* **3** *Perdere c.* = perdere i sensi [S] svenire.

conóscere *v.tr.* **1** Sapere una cosa, averne cognizione: *c. una lingua, un paese* ◊ Avere pratica, esperienza di qlco.: *c. il proprio mestiere* **2** Sapere chi è una persona, come si chiama, cosa fa: *c. qlcu. di nome, di vista, di fama* ◊ Avere rapporti più o meno stretti con una persona: *lo conosco bene* ◊ Essere presentato a qlcu.: *sono lieto di conoscerla* ♦ **conoscersi** *v.pr.* Fare la reciproca conoscenza ◊ Essere in rapporti più o meno stretti di amicizia, di familiarità.

conosciùto *agg.* Noto, celebre, famoso.

conquìsta *s.f.* **1** Occupazione militare, presa con le armi: *c. di una città* ◊ Conseguimento, raggiungimento: *c. del potere, della libertà* **2** Progresso raggiunto in un certo campo: *le c. della scienza.*

conquistàre *v.tr.* **1** Impadronirsi con la forza di un paese, di una località **2** Ottenere, raggiungere con lotte, con sacrifici: *c. la libertà, il potere* **3** Far innamorare di sé: *c. una ragazza* ◊ Suscitare negli altri sentimenti benevoli: *c. l'altrui simpatia.*

consapévole *agg.* Che sa, si rende conto di qlco. [S] conscio, cosciente.

consapevolézza *s.f.* L'essere consapevole, il rendersi conto di qlco. [S] coscienza.

cònscio *agg.* Consapevole, cosciente.

consecutìvo *agg.* Che viene subito dopo [S] successivo, seguente: *il giorno c. alla partenza* ◊ (al *pl.*) Che si succedono senza interruzione: *piovve per tre giorni c.*

conségna *s.f.* Recapito: *c. di un pacco* ◊ Custodia, affidamento: *ti do in c. la casa, il bambino.*

consegnàre *v.tr.* Dare, affidare in possesso o in custodia, definitivamente o provvisoriamente: *c. un pacco al destinatario, le chiavi al portiere.*

conseguènza *s.f.* Risultato, effetto, per lo più negativo, di qlco.: *le c. della guerra* ◊ Conclusione che deriva logicamente da certe premesse: *ora che sai tutto devi trarne le c.*

conseguìre *v.tr.* Riuscire a ottenere, a raggiungere: *c. un successo.*

consènso *s.m.* **1** Approvazione, permesso, autorizzazione: *ha il c. dei genitori* **2** Giudizio, reazione favorevole: *il film incontrò il c. del pubblico.*

consentìre *v.tr.* Permettere, concedere: *c. l'ingresso a tutti.*

consèrva *s.f.* Alimento preparato per essere conservato a lungo senza perdere le proprie caratteristiche: *c. di frutta.*

conservàre *v.tr.* **1** Tenere qlco., spec. alimenti, in modo che non si deteriori o sciupi: *c. il latte in frigorifero* **2** Custodire: *c. il denaro in cassaforte* ♦ **conservarsi** *v.pr.* Mantenersi in buono stato o inalterato nel tempo: *i cibi cotti si conservano meglio.*

conservatóre *agg.* e *s.m.* Che, chi, spec. in campo politico, si oppone ai cambiamenti, alle novità ed è favorevole alla tradizione e al mantenimento della situazione esistente.
conservazióne *s.f.* Mantenimento di qlco. senza alterazioni e danni | *Istinto di c.* = quello che spinge a salvaguardare la propria vita e incolumità.
consideràre *v.tr.* **1** Esaminare, valutare attentamente: *c. le conseguenze di un'azione* **2** Ritenere, giudicare: *lo considero un bravo ragazzo* ◊ Stimare: *è molto considerato dai colleghi.*
considerazióne *s.f.* **1** Esame attento e accurato | *Prendere in c.* = esaminare **2** Stima: *gode della c. di tutti* **3** Osservazione, riflessione: *mi espose le sue c.*
considerévole *agg.* Notevole, rilevante.
consigliàre *v.tr.* Dare un consiglio, un avvertimento Ⓢ suggerire, raccomandare: *ti consiglio di star zitto*; *c. un libro.*
consiglière *s.m.* **1** Chi dà consigli; persona a cui ci si rivolge per avere dei consigli **2** Membro di un consiglio.
consìglio *s.m.* **1** Suggerimento, parere che si dà a qlcu. riguardo al modo più conveniente di agire e comportarsi **2** Organo collegiale che ha il compito di discutere e deliberare sulle questioni di sua competenza: *c. di classe*; *c. d'amministrazione*; *c. dei ministri*; *c. comunale.*
consìstere *v.intr.* [aus. *essere*] Essere composto, costituito: *l'appartamento consiste di tre locali* ◊ Basarsi: *tutto il problema consiste nel non aver fretta.*
consolàre *v.tr.* Confortare, incoraggiare: *c. una persona triste* ◊ Alleviare: *cercai di c. la sua pena.*
consolàto *s.m.* Ufficio, diretto da un console, che rappresenta un paese all'estero nelle città non capitali e ne assiste i cittadini.
consolazióne *s.f.* Sollievo, conforto ◊ Ciò che reca conforto.
cònsole *s.m.* Chi dirige un consolato all'estero.
consolidàre *v.tr.* Rendere più solido, saldo, stabile, sicuro Ⓢ rinsaldare, rafforzare (anche ♧): *c. un terreno*; *c. un'amicizia.*
consonànte *s.f.* Lettera dell'alfabeto che si pronuncia con la bocca chiusa o semichiusa e che ha bisogno di unirsi a una vocale per formare una sillaba.
consòrte *s.m.f.* Coniuge.
consuèto *agg.* Solito, abituale: *arrivò con la c. puntualità* ♦ *s.m.* Ciò che avviene o si fa solitamente: *oggi ho dormito più del c.*
consuetùdine *s.f.* Abitudine ◊ Usanza, tradizione: *le antiche c. locali.*
consultàre *v.tr.* **1** Chiedere un parere, un'informazione a una persona competente: *c. un medico* **2** Leggere uno scritto per cercare informazioni e dati: *c. il dizionario, una guida* ♦ **consultarsi** *v.pr.* **1** Rivolgersi a qlcu. per avere consiglio: *c. con un avvocato* **2** Scambiarsi reciprocamente i pareri.
consultòrio *s.m.* Centro di consulenza e assistenza su problemi sanitari e sociali.
consumàre *v.tr.* **1** Esaurire o logorare con l'uso: *c. le provviste*; *c. un paio di scarpe* ◊ Spendere; sprecare (anche ♧): *c. i propri risparmi*; *c. il tempo in cose inutili* **2** Impiegare, utilizzare: *c. l'acqua, il gas* **3** Mangiare: *c. i pasti in casa* ♦ **consumarsi** *v.pr.* Esaurirsi; logorarsi.
consumatóre *s.m.* Chi acquista e utilizza merci e servizi: *legge a tutela dei c.* ◊ Cliente di un bar, di un ristorante.

consumazióne *s.f.* **1** Logorio; esaurimento **2** Cibo o bevanda consumati in un locale pubblico: *prendere una c. al banco*; *pagare la c.*

consumìsmo *s.m.* Tendenza al consumo sempre maggiore e allo spreco di beni, anche non necessari.

consùmo *s.m.* Uso, impiego: *fare molto c. di verdura, di acqua* ◊ Ciò che si consuma e la quantità che se ne consuma: *c. di lusso*; *ridurre i propri c.*

cónta *s.f.* Conteggio | *Fare la c.* = stabilire a sorte con un conteggio a chi tocca fare una data cosa.

contadìno *s.m.* Chi lavora la terra ⓢ agricoltore ♦ *agg.* Di contadini, proprio dei contadini: *famiglia c.*; *usanze c.*

contagiàre *v.tr.* Trasmettere una malattia per contagio ⓢ infettare.

contàgio *s.m.* Trasmissione di una malattia infettiva per contatto.

contagióso *agg.* Che si trasmette per contagio ⓢ infettivo.

contagócce *s.m.invar.* Dispositivo per versare goccia a goccia un liquido.

contaminàre *v.tr.* Insozzare, inquinare, infettare: *c. l'acqua, l'aria.*

contaminazióne *s.f.* Inquinamento.

contànte *agg.* e *s.m.* Detto di denaro in banconote e monete | *Acquistare in contanti* = pagando subito l'intera somma.

contàre *v.tr.* **1** Calcolare il numero totale di una serie di cose o persone: *c. i soldi, i presenti* ◊ Mettere nel conto ⓢ considerare: *erano in dieci senza c. i bambini* **2** Avere: *c. molti amici* **3** Raccontare: *non c. frottole* ♦ *v.intr.* [aus. *avere*] **1** Dire i numeri in ordine successivo: *c. fino a cento* **2** Avere intenzione ⓢ proporsi: *conto di partire stasera* ◊ Prevedere: *conto di finire per domani* **3** Fare

assegnamento ⓢ confidare: *c. su qlcu., sul suo aiuto* **4** Avere importanza, valore: *quello che conta è far presto.*

contàto *agg.* Limitato come quantità: *avere il denaro, il tempo c.*

contatóre *s.m.* Apparecchio per misurare il consumo di gas, elettricità, acqua e sim.

contattàre *v.tr.* Mettersi in contatto con qlcu.: *non sono riuscito a contattarlo.*

contàtto *s.m.* **1** L'atto di toccare o il fatto di toccarsi materialmente: *malattia che si trasmette per c.* **2** ⚘ Relazione, rapporto: *essere in c. con qlcu.* **3** Collegamento, comunicazione: *c. radio.*

conteggiàre *v.tr.* Calcolare, includere in un conto: *c. le spese di trasporto.*

contéggio *s.m.* Calcolo, conto.

contégno *s.m.* Modo di comportarsi: *c. maleducato* ◊ Atteggiamento.

contemporàneo *agg.* **1** Che avviene nello stesso tempo: *due fatti c.* ◊ Che vive nella stessa epoca di altri: *Giotto era c. di Dante* **2** Che appartiene all'epoca attuale o più recente: *storia c.*; *un artista c.* ♦ *s.m.* Chi vive nella stessa epoca di altri: *i c. di Garibaldi* ◊ Chi vive nell'epoca attuale.

contenére *v.tr.* **1** Avere dentro di sé, racchiudere: *l'armadio conteneva vestiti* **2** Limitare, ridurre: *c. le spese.*

contenitóre *s.m.* Ogni tipo di recipiente o involucro usato per contenere o trasportare sostanze, prodotti, materiali.

contentàre *v.tr.* Rendere contento, soddisfacendo i desideri, le richieste ⓢ accontentare: *c. i clienti.*

contentézza *s.f.* Lo stato d'animo di chi è contento ⓢ felicità, gioia, allegria.

contènto *agg.* **1** Soddisfatto: *è c. del suo lavoro* **2** Lieto, felice, allegro: *aria c.*

contenùto *s.m.* **1** Ciò che sta dentro a un contenitore: *il c. di un pacco* **2** Argomento, materia, tema: *il c. di un libro.*

contésa *s.f.* Contrasto, scontro; controversia, lite: *c. di interessi; i figli del defunto sono in c. per l'eredità.*

contestàre *v.tr.* Negare, mettere in dubbio la verità, la validità o la legittimità di qlco.: *c. una prova, un diritto* ◊ Criticare radicalmente; protestare contro qlcu. o qlco.: *c. la società; c. le autorità.*

contìguo *agg.* Che è così vicino da essere a diretto contatto ⓢ attiguo, adiacente, confinante: *stanze, case, zone c.*

continentàle *agg.* Del continente, di un continente | *Clima c.* = quello tipico delle regioni interne dei continenti.

continènte *s.m.* Ognuna delle grandi estensioni di terre emerse circondate da oceani.

contingènte *agg.* Dovuto a una particolare situazione o a un particolare momento: *per motivi c. non è potuto venire.*

continuàre *v.tr.* Proseguire ciò che si era iniziato o che altri avevano iniziato; riprendere dopo un'interruzione: *c. il viaggio dopo la sosta; c. l'opera del maestro* ♦ *v.intr.* [aus. *avere* se riferito a persona, anche *essere* se riferito a cosa] Seguitare, andare avanti, non cessare: *c. a parlare; ha continuato a piovere* ◊ Proseguire nello spazio: *la strada continua sino al villaggio.*

continuazióne *s.f.* Proseguimento ◊ Seguito: *raccontami la c. della storia.*

contìnuo *agg.* Che non ha interruzioni nel tempo o nello spazio ⓢ incessante, ininterrotto: *una pioggia c.* ◊ Che si ripete con grande frequenza: *c'erano c. interruzioni della corrente elettrica.*

cónto *s.m.* **1** Calcolo aritmetico: *fare un c.* **2** Somma da pagare; il foglio su cui è annotata: *pagare il c. del droghiere; chiedere il c.* **3** Registrazione delle uscite e delle entrate, dei debiti e dei crediti: *tenere i c.* ◊ *C. (corrente bancario)* = contratto tra una banca e un cliente che vi deposita una somma di denaro **4** ♣ *Fare c. su qlcu., su qlco.* = farvi assegnamento | *Rendere, dare c.* = spiegare, giustificare | *Rendersi c.* = capire, accorgersi | *Per c. di qlcu.* = per incarico, a nome di qlcu. | *Tener c. di qlco.* = tenerlo presente | *Tenere da c. qlco.* = conservarlo con cura, averne riguardo | *Di nessun c.* = di nessuna importanza, valore.

contórno *s.m.* **1** Linea che delimita esternamente una figura o una cosa **2** Verdura o legume che accompagna il piatto principale di carne o pesce: *c. di insalata.*

contrabbandière *s.m.* Chi esercita il contrabbando.

contrabbàndo *s.m.* Importazione o esportazione clandestina di merci proibite o che non hanno pagato i dazi doganali.

contraccambiàre *v.tr.* Dare o fare qlco. dello stesso genere di ciò che si è ricevuto ⓢ ricambiare: *c. un dono, un augurio* ◊ Ricompensare qlcu.

contraddìre *v.tr.* **1** Dire qlco. in contrasto con quanto detto da altri ⓢ confutare, smentire **2** Essere in contrasto, in contraddizione: *i suoi atti contraddicono le sue parole* ♦ **contraddirsi** *v.pr.* **1** Dire cose in contrasto con quelle dette in precedenza: *continua a c.* **2** Detto di più persone, dire l'uno il contrario dell'altro, smentirsi a vicenda: *i due testimoni si contraddicono.*

contraddizióne *s.f.* Contrasto, opposi-

zione, discordanza tra affermazioni, fatti, comportamenti ◊ (al *pl.*) Cose che si contraddicono: *un discorso pieno di c.*

contrappósto *agg.* Opposto, contrastante, antitetico: *tesi, opinioni c.*

contràrio *agg.* **1** Che è in opposizione, in contrasto: *opinioni c.* **2** Inverso, opposto: *andare in senso c.; avere il vento c.* **3** Avverso, sfavorevole: *sono c. alla proposta; la sorte ci fu c.* ♦ *s.m.* L'opposto.

contrastàre *v.tr.* Avversare, ostacolare, cercar di impedire: *c. una persona, un progetto* ♦ *v.intr.* [aus. *avere*] Essere in contrasto, in disaccordo: *un comportamento che contrasta con le sue abitudini.*

contràsto *s.m.* **1** Scontro, conflitto, disaccordo: *c. di interessi, di idee* **2** Contrapposizione, stacco netto tra diversi elementi visivi: *c. di colori, di luci e ombre.*

contrattàre *v.tr.* Discutere, trattare le condizioni di una compravendita.

contrattèmpo *s.m.* Avvenimento imprevisto che ostacola o impedisce un'azione.

contràtto *s.m.* Accordo tra due o più persone che stabilisce e regola un rapporto giuridico: *c. di acquisto, pubblicitario, di lavoro* ◊ Il documento su cui è scritto tale accordo: *firmare un c.*

contravvenzióne *s.f.* Reato punito con un'ammenda ◊ Notifica di tale reato e somma da pagare per estinguerlo.

contrazióne *s.f.* **1** Movimento per cui un muscolo si restringe **2** ⚘ Riduzione, diminuzione: *c. delle vendite.*

contribuènte *s.m.f.* Ogni persona che è tenuta a pagare tasse e imposte.

contribuìre *v.intr.* [aus. *avere*] Dare il proprio apporto al conseguimento di un dato risultato ⓢ collaborare, cooperare, concorrere, partecipare: *c. alle spese.*

contribùto *s.m.* **1** Apporto che ciascuno dà al conseguimento di uno scopo comune ⓢ partecipazione, collaborazione, concorso **2** Somma che si deve versare a un ente pubblico o privato per le prestazioni e i servizi da questo offerti.

cóntro *prep.* **1** Indica movimento violento o ostile diretto verso qlcu. o qlco.: *gettarsi c. il nemico; picchiare la testa c. il muro* ◊ Indica movimento in direzione contraria: *nuotare c. corrente* **2** Indica opposizione, ostilità, avversione: *sono tutti c. di lui* **3** Di fronte, davanti: *mise la sedia c. la porta* ♦ *avv.* In modo contrario: *votare c.*

controindicàto *agg.* Detto di farmaco, cura, attività, alimento vietati o sconsigliati a chi si trovi in certe condizioni.

controllàre *v.tr.* **1** Esaminare qlco. per verificarne l'esattezza, la validità, la regolarità, il corretto funzionamento e sim.: *c. una data; c. un motore* **2** Sorvegliare: *c. il traffico* **3** Avere sotto il proprio dominio ⓢ dominare, padroneggiare: *c. la situazione; cerca di c. i tuoi nervi* ♦ **controllarsi** *v.pr.* Dominare i propri sentimenti, impulsi: *non sa c.*

contròllo *s.m.* **1** Esame di qlco. per verificarne l'esattezza, la validità, la regolarità: *c. dei biglietti* **2** Sorveglianza: *è addetto al c. del traffico* **3** Dominio, padronanza: *perdere il c. della guida.*

controllóre *s.m.* Chi controlla i biglietti sui mezzi di trasporto pubblici.

controlùce *avv.* Con la luce di fronte.

contromàno *avv.* In direzione di marcia opposta a quella del traffico normale.

contromisùra *s.f.* Provvedimento volto a contrastare o prevenire un'azione o una situazione dannosa o pericolosa.

controvèrsia *s.f.* Discussione, contesa,

lite dovuta a un contrasto di opinioni o di interessi: *c. familiari, giudiziarie.*

controvòglia *avv.* Malvolentieri.

contusióne *s.f.* Lesione superficiale senza ferite, provocata da un urto o da un colpo Ⓢ ammaccatura, livido.

contùso *agg.* Che ha subito una contusione Ⓢ ammaccato, pesto.

convalescènte *agg.* e *s.m.f.* Che, chi è in stato di convalescenza.

convalescènza *s.f.* Lo stato e il periodo intermedio tra la guarigione da una malattia e il completo ristabilimento.

convégno *s.m.* Riunione tra esperti organizzata per discutere problemi di comune interesse: *un c. di scienziati.*

conveniènte *agg.* **1** Adatto alle circostanze Ⓢ opportuno, appropriato **2** Vantaggioso: *un prezzo c.; un affare c.*

conveniènza *s.f.* Utilità, vantaggio.

convenìre *v.intr.* [aus. *essere*] Essere utile, vantaggioso: *non ci conviene comprare qui* ◊ Essere opportuno, necessario: *conviene partire subito.*

convènto *s.m.* Edificio in cui vive una comunità religiosa di frati o suore Ⓢ monastero.

conversàre *v.intr.* [aus. *avere*] Parlare con una o più persone di argomenti vari, per lo più in modo sereno e piacevole Ⓢ discorrere, chiacchierare.

conversazióne *s.f.* Colloquio, dialogo.

convertìre *v.tr.* **1** Trasformare, cambiare: *il calore converte l'acqua in vapore* **2** Convincere qlcu. a cambiare la sua fede religiosa, le sue idee ◆ **convertirsi** *v.pr.* **1** Trasformarsi **2** Aderire a una nuova fede religiosa: *c. al buddismo.*

convèsso *agg.* Che ha una superficie curva sporgente verso l'esterno: *lente c.* | *Angolo c.* = inferiore a 180°.

convìncere *v.tr.* Indurre qlcu. ad accettare, a riconoscere, a fare o non fare qlco. Ⓢ persuadere ◆ **convincersi** *v.pr.* Acquisire certezza di qlco. su cui si avevano dei dubbi Ⓢ persuadersi.

convinzióne *s.f.* **1** Certezza, fermezza di chi è convinto di qlco. **2** (spec. al *pl.*) Idea, opinione: *c. religiose, politiche.*

convivènza *s.f.* Il fatto di convivere e il modo in cui si convive.

convìvere *v.intr.* [aus. *avere* o *essere*] Vivere insieme, in una stessa casa, luogo o ambiente: *c. con i genitori.*

convocàre *v.tr.* **1** Chiamare i membri di un organo collegiale a partecipare a una riunione: *c. l'assemblea dei soci* **2** Invitare a presentarsi a un colloquio: *fu convocato dal giudice* ◊ Chiamare a un raduno: *c. i giocatori per l'allenamento.*

convòglio *s.m.* Gruppo di navi o di veicoli che viaggiano insieme, a breve distanza uno dall'altro, verso una destinazione prefissata | *C. ferroviario* = treno.

cooperàre *v.intr.* [aus. *avere*] Collaborare con altri alla realizzazione di un fine.

cooperatìva *s.f.* Associazione di persone che gestiscono in comune un'attività economica: *c. agricola, di consumo.*

cooperazióne *s.f.* Collaborazione.

coordinàre *v.tr.* Ordinare, organizzare, collegare tra loro elementi diversi in modo che formino un tutto armonico e coerente con lo scopo da raggiungere: *c. i movimenti del corpo; c. le idee.*

copèrchio *s.m.* Ciò che serve per coprire e chiudere un recipiente.

copèrta *s.f.* Panno per coprire, riparare, riscaldare.

copertìna *s.f.* Involucro esterno di carta o cartoncino che ricopre libri, quaderni, riviste ecc.: *rivista con la c. illustrata.*

copèrto *agg.* Riparato, protetto da una copertura: *piscina c.* ◊ Riparato da indumenti ◊ Ricoperto, cosparso: *muro c. di scritte* | *Cielo c.* = nuvoloso ♦ *s.m.* **1** Luogo coperto, riparato: *dormire al c.* **2** Ciò che occorre (piatti, posate ecc.) per apparecchiare ogni posto a tavola.

copertóne *s.m.* Parte esterna del pneumatico di un veicolo.

copertùra *s.f.* **1** Riparo, protezione (anche ♧) **2** Ciò che copre, che serve a coprire (anche ♧): *rifare la c. del tetto.*

còpia *s.f.* **1** Trascrizione fedele e completa del testo di uno scritto: *c. di un contratto* **2** Riproduzione di un'opera d'arte **3** Ogni esemplare di un libro o di un giornale.

copiàre *v.tr.* **1** Trascrivere fedelmente uno scritto: *c. una lettera* ◊ Fare la copia di un'opera d'arte: *c. un quadro* **2** Imitare qlco. prendendolo da altri: *c. un'idea.*

copióne *s.m.* Testo di un'opera teatrale, cinematografica o radiotelevisiva [S] sceneggiatura.

còppa[1] *s.f.* **1** Bicchiere a forma di mezza sfera sostenuta da uno stelo con base circolare, usato per consumare bevande, frutta, creme ecc. **2** Trofeo che viene assegnato ai vincitori di una competizione sportiva; la gara stessa.

còppa[2] *s.f.* Salume di carne di maiale.

còppia *s.f.* Insieme di due persone, due animali o due cose, spec. quando siano uniti da una condizione, attività o funzione comune: *una c. di ballerini, di buoi, di orecchini.*

copricàpo *s.m.* Cappello, berretto o qualsiasi altra cosa per ripararsi il capo.

coprìre *v.tr.* **1** Mettere una cosa sopra o attorno a un'altra allo scopo di chiudere, riparare, proteggere, nascondere: *c. una pentola, un tavolo, un quadro* ◊ Avvolgere, ricoprire, nascondere: *la nube coperse la luna* **2** ♧ Proteggere: *c. il responsabile di un delitto* **3** ♧ Detto di suono, superare in intensità un altro suono, impedendo che venga udito: *il rumore copriva la sua voce* ♦ **coprirsi** *v.pr.* **1** Mettersi addosso indumenti **2** Diventare coperto, pieno [S] ricoprirsi: *il cielo si coprì di nubi.*

coràggio *s.m.* Forza d'animo nell'affrontare pericoli, difficoltà, sacrifici, dolori | *Far c. a qlcu.* = rincuorarlo.

coraggióso *agg.* Dotato di coraggio: *donna c.* ◊ Che rivela coraggio: *gesto c.*

coràllo *s.m.* **1** Nome di piccoli animali marini che vivono in colonie e i cui scheletri formano scogliere e isole **2** Lo scheletro di questi animali, usato per la fabbricazione di oggetti ornamentali.

coràzza *s.f.* **1** Armatura di cuoio o metallo che proteggeva il busto dei soldati di un tempo **2** Rivestimento protettivo molto resistente di mezzi militari **3** Rivestimento che protegge il corpo di alcuni animali (tartaruga, granchio ecc.).

còrda *s.f.* **1** Treccia di fibre o fili intrecciati, usata per legare, tirare, sostenere: *c. di nailon, di canapa, di acciaio* **2** Filo di materiale vario che, in alcuni strumenti musicali, suona quando viene fatto vibrare: *le c. della chitarra* **3** *C. vocali* = le pieghe della laringe che, vibrando, permettono la modulazione della voce.

cordiàle *agg.* Amichevole, affettuoso, caloroso: *c. rapporti*; *accoglienza c.* ◊ Affabile, gentile: *persona c. con tutti.*

coriàndolo *s.m.* Ognuno dei dischetti di carta colorata che si gettano per gioco addosso alle persone durante il carnevale.

coricàre *v.tr.* Mettere a letto, sdraiare una persona: *c. il ferito sulla barella* ♦ **coricàrsi** *v.pr.* Sdraiarsi: *c. sul divano* ◊ Andare a letto: *si è coricato presto.*

cornìce *s.f.* **1** Telaio usato per racchiudere dipinti, fotografie, specchi ecc. **2** ♧ Tutto ciò che contorna, mette in risalto, fa da sfondo e ornamento a qlco.

cornicióne *s.m.* Struttura sporgente sotto il tetto di un edificio, a riparo e ornamento della facciata.

còrno *s.m.* [nel sign. **1** pl.f. *le corna*] **1** Appendice ossea che sporge dal capo di alcuni mammiferi ◊ ♧ *Fare, mettere le c. alla moglie, al marito* = tradirla, tradirlo **2** Il materiale di cui sono fatte le corna: *bottoni di c.* **3** ♧ Estremità appuntita di qlco.: *i c. dell'incudine*; *i c. della falce della luna.*

còro *s.m.* **1** Canto eseguito da più persone ◊ Gruppo di persone che cantano insieme: *un c. di Alpini* **2** Insieme di voci che esprimono contemporaneamente un comune pensiero, giudizio o stato d'animo: *un c. di proteste, di fischi, di ingiurie.*

coròlla *s.f.* L'insieme dei petali del fiore.

coróna *s.f.* Cerchio di fiori e fronde intrecciati, portato sul capo come ornamento o come segno di onore, gloria, vittoria ◊ Cerchio di metallo prezioso con gemme, simbolo del potere e della dignità del sovrano: *c. reale* ◊ Titolo di campione sportivo: *c. olimpica.*

coronaménto *s.m.* Felice compimento, degna conclusione: *c. di una carriera.*

corpétto *s.m.* Indumento femminile che copre il tronco del corpo ◊ Panciotto.

còrpo *s.m.* **1** La struttura fisica dell'uomo e degli animali Ⓢ organismo, fisico ◊ Pancia, stomaco, intestino: *mettere qlco. in c.*; *andare di c.* ◊ Cadavere: *seppellire un c.* **2** Parte di materia con determinate caratteristiche chimiche e fisiche: *c. liquidi, solidi, gassosi* | *C. celesti* = gli astri **3** Insieme di persone accomunate da una stessa attività, funzione, qualità: *c. insegnante*; *c. di ballo* | *C. elettorale* = l'insieme degli elettori | *Spirito di c.* = sentimento di solidarietà tra i componenti di uno stesso gruppo.

corporàle *agg.* Del corpo, che si riferisce al corpo umano: *bisogni, pene c.*

corporatùra *s.f.* La forma, la struttura del corpo, spec. umano.

corrèggere *v.tr.* **1** Migliorare, rettificare qlco., eliminandone o segnalandone errori, imperfezioni, difetti: *c. delle bozze, un tema* **2** Ammonire, rimproverare qlcu., fargli rilevare difetti, errori ♦ **correggersi** *v.pr.* **1** Rettificare una propria affermazione o risposta inesatta sostituendola con quella giusta **2** Liberarsi da un difetto.

corrènte[1] *agg.* **1** Che scorre in modo continuato: *acqua c.* **2** ♧ Che è in corso Ⓢ attuale: *anno c.* **3** ♧ Diffuso, comune: *parole di uso c.*; *la morale c.* | *Spese c.* = ordinarie ♦ *s.m. Essere, mettere al c.* = essere informato, informare di qlco.

corrènte[2] *s.f.* **1** Massa d'acqua, d'aria o di materia fluente che si muove in una data direzione **2** *C. (elettrica)* = energia elettrica **3** Insieme di persone, veicoli, merci che si spostano lungo una direzione: *c. migratorie.*

córrere *v.intr.* [aus. *essere* o *avere*] **1** Andare, spostarsi, procedere velocemente: *sono corso a casa*; *ho corso per raggiungerti* ◊ Fare qlco. in gran fretta: *non c. quando mangi!* **2** Partecipare a gare di corsa: *c. a piedi, in moto* **3** Scorrere ◊ ♧ Trascorrere, passare: *il* *tempo corre* **4** ⚭ Circolare: *corrono voci sul suo conto* ♦ *v.tr.* **1** Disputare una gara di corsa: *c. la maratona* **2** ⚭ Affrontare: *c. un rischio.*

corrètto *agg.* **1** Privo di errori, di difetti: *metodo c.* **2** Educato, onesto, leale: *contegno c.*; *negoziante, giocatore c.*

correzióne *s.f.* Azione per eliminare errori e difetti, per migliorare qlco.: *c. di bozze* ◊ Segno che indica un errore da eliminare in un testo: *compito pieno di c.* ◊ Modifica, rettifica: *c. del tiro.*

corridóio *s.m.* **1** Locale o spazio di passaggio, stretto e lungo **2** Stretta fascia di terreno.

corridóre *s.m.* Chi partecipa a gare di corsa (a piedi, in bicicletta, moto o auto).

corrière *s.m.* Impresa che svolge servizio di trasporto di corrispondenza e merci tra località diverse: *inviare un pacco con il c.*

corrimàno *s.m.* Sbarra per appoggiarsi o sostenersi, fissata alle pareti delle scale o al soffitto degli autobus.

corrispondènte *agg.* Che corrisponde Ⓟ conforme, coincidente; equivalente; adeguato ♦ *s.m.* **1** Chi è in corrispondenza epistolare con qualcun altro **2** Giornalista incaricato da un giornale o da una radiotelevisione di inviare articoli o servizi dalla località in cui risiede.

corrispondènza *s.f.* **1** Accordo, conformità, equivalenza reciproca tra due o più cose **2** Scambio di lettere tra due persone ◊ Insieme di lettere ricevute o da spedire: *sbrigare la c.*

corrispóndere *v.intr.* [aus. *avere*] **1** Essere conforme Ⓟ accordarsi, coincidere ◊ Equivalere ◊ Essere adeguato, proporzionato **2** Ricambiare un sentimento: *c. all'amore di qlcu.*

corródere *v.tr.* Deteriorare, consumare poco a poco (anche ⚭): *la ruggine corrode il ferro*; *l'invidia corrode l'animo.*

corrómpere *v.tr.* **1** Alterare, deteriorare, guastare ◊ ⚭ Guastare moralmente **2** ⚭ Indurre qlcu., con denaro o altri mezzi, a fare cosa contraria al suo dovere.

corrosióne *s.f.* Processo di lenta e progressiva consumazione e distruzione di un materiale per effetto di agenti esterni.

corrótto *agg.* Moralmente depravato: *un ambiente c.* ◊ Disonesto, che si fa corrompere: *un politico, un funzionario c.*

corruzióne *s.f.* Reato commesso da chi offre o riceve denaro in cambio di un atto o di un comportamento illecito ◊ Immoralità, disonestà: *dilaga la c.*

córsa *s.f.* **1** Il correre; movimento, spostamento veloce di una persona, di un animale, di un veicolo ◊ Gara di velocità **2** Viaggio, tragitto di un mezzo di trasporto pubblico: *l'ultima c. dell'autobus.*

corsìa *s.f.* **1** Negli ospedali, camera comune con più letti allineati **2** Ognuna delle sezioni in cui è suddivisa una carreggiata stradale, una pista da corsa, una piscina: *autostrada a tre c.*

corsìvo *agg.* e *s.m.* Detto del tipo di scrittura a mano comunemente usato e di carattere per stampa inclinato a destra.

córso *s.m.* **1** Lo scorrere di masse d'acqua e il percorso che compiono: *torrente dal c. impetuoso* **2** Il procedere del tempo: *nel c. dei secoli* ◊ Sviluppo, andamento di qlco. nel tempo: *il c. degli avvenimenti*; *la malattia segue il suo c.* **3** Strada cittadina ampia e di grande passaggio **4** Ciclo di lezioni riguardanti una data materia o argomento: *c. di inglese, di storia* ◊ Ordine, settore di studi: *c. professionali*; *c. di laurea in lettere* **5**

Monete, francobolli in c., fuori c. = validi, non più validi.

córte *s.f.* **1** Cortile **2** La residenza di un sovrano e il suo seguito **3** *Fare la c. a qlcu.* = corteggiarlo **4** Collegio di giudici.

cortéccia *s.f.* Lo strato esterno che ricopre il tronco e i rami degli alberi.

corteggiàre *v.tr.* Adulare, lusingare qlcu. per ottenerne favori, appoggi ◊ Rivolgere a una persona complimenti, gentilezze, premure per conquistarne l'amore e l'affetto: *c. una ragazza.*

cortèo *s.m.* **1** Insieme di persone che sfilano in manifestazione per le strade **2** Gruppo di persone che accompagnano qlcu. in una cerimonia: *c. nuziale*; *c. funebre.*

cortése *agg.* Gentile, garbato, affabile.

cortesìa *s.f.* Gentilezza, garbo ◊ Atto di gentilezza Ⓢ favore: *per c., che ore sono?*

cortìle *s.m.* Area scoperta all'interno di un edificio o delimitata da più edifici Ⓢ corte ◊ Area attigua a una casa colonica Ⓢ aia | *Animali da c.* = polli, oche, conigli e sim.

cortìna *s.f.* **1** Tenda usata per isolare e separare una parte di un ambiente o nascondere un mobile, un letto **2** ✂ Barriera che impedisce la vista o ostacola il passaggio: *una c. di nebbia, di fuoco.*

córto *agg.* **1** Poco lungo o di lunghezza inferiore al normale o al necessario: *fare la strada più c.*; *calzoni c.* **2** Che dura poco Ⓢ breve **3** ✂ Difettoso, debole, scarso: *vista, memoria c.*

córvo *s.m.* Grosso uccello dalle piume nere lucenti.

còsa *s.f.* **1** Termine generico per indicare in modo indeterminato tutto ciò che di materiale o di ideale esiste nella realtà o nell'immaginazione **2** Nelle frasi interrogative o esclamative rafforza o sostituisce l'aggettivo *che*: *non so c. gli è preso.*

còscia *s.f.* La parte della gamba tra l'anca e il ginocchio ◊ La parte corrispondente delle zampe degli animali: *c. di pollo.*

cosciènte *agg.* **1** Consapevole, conscio: *è c. dei suoi limiti* **2** Che è in sé, che è in grado di sentire, capire, ragionare.

cosciènza *s.f.* **1** Capacità dell'uomo di rendersi conto di sé e del mondo esterno | *Perdere, riprendere c.* = svenire, rinvenire ◊ Consapevolezza: *ha c. dei suoi limiti* **2** Senso di responsabilità, serietà e scrupolosità: *fare un lavoro con c.* **3** Sensibilità, impegno consapevole: *c. sociale, politica.*

coscienzióso *agg.* Che adempie al suo lavoro, ai suoi doveri con serietà, onestà, senso di responsabilità: *medico c.* ◊ Fatto in modo scrupoloso Ⓢ accurato: *un lavoro c.*

così *avv.* **1** In questo modo: *non devi fare c.* **2** Tanto: *perché arrivi c. tardi?* ♦ *agg.* Tale, simile ♦ *congz.* **1** Nello stesso modo: *fai c. come ti ho detto* **2** A tal punto, talmente: *sei c. sciocco da credergli?* **3** Perciò: *ero stanco, c. non sono uscito.*

cosicché *congz.* Perciò, di modo che.

cosmètico *agg.* e *s.m.* Detto di prodotto che serve a conservare e ad accrescere la bellezza della pelle e del corpo in genere.

còsmico *agg.* Del cosmo: *spazio c.*

còsmo *s.m.* L'universo, l'insieme dello spazio e dei corpi celesti.

cospàrgere *v.tr.* Spargere qua e là Ⓢ disseminare, ricoprire.

cospìcuo *agg.* Notevole, considerevole.

còsta *s.f.* **1** La striscia di terraferma che confina con il mare ◊ Regione costiera: *gli abitanti della c.* **2** Fianco, pendio di un monte, di una collina.

costànte *agg.* **1** Che non ha variazioni Ⓢ continuo, stabile, invariabile: *pressione, temperatura c.* ◊ **2** Perseverante, saldo, tenace: *essere c. nelle opinioni, nello studio.*

costànza *s.f.* Fermezza, perseveranza, tenacia, continuità: *studiare con c.*

costàre *v.intr.* [aus. *essere*] **1** Avere un determinato prezzo, richiedere una data spesa ◊ Essere caro: *qui la vita costa* **2** ♣ Richiedere, esigere: *è un lavoro che costerà tempo e fatica.*

costeggiàre *v.tr.* **1** Navigare lungo una costa: *c. un'isola* **2** Procedere lungo il margine di qlco.: *c. il fiume.*

costellazióne *s.f.* Gruppo di stelle che, unite tra loro da linee immaginarie, sembrano formare una determinata figura.

costernàto *agg.* Profondamente abbattuto, afflitto, sgomento.

costièro *agg.* Situato sulla costa: *città c.* ◊ Che corre lungo la costa o si svolge lungo le coste: *strada c.; navigazione c.*

costituìre *v.tr.* **1** Creare, formare, fondare: *c. un'associazione* ◊ Comporre: *l'appartamento è costituito di tre locali* **2** Essere, rappresentare: *la famiglia costituisce il suo unico interesse.*

costituzionàle *agg.* **1** Della costituzione, conforme alla costituzione: *principi c.* **2** Che riguarda la costituzione fisica di un individuo: *difetti, malattie c.*

costituzióne *s.f.* **1** Creazione, formazione: *c. di un nuovo governo* **2** Il complesso delle caratteristiche fisiche di un individuo: *essere di c. robusta* **3** Complesso di leggi fondamentali che defini-

scono l'ordinamento di uno stato e i diritti e i doveri dei cittadini.

còsto *s.m.* **1** Somma che bisogna spendere per ottenere o usufruire di qlco. Ⓢ prezzo **2** ♣ *A c. di* = a rischio di: *lo salvò a c. della sua vita* | *A ogni c., a tutti i c.* = in ogni modo: *devo farcela a ogni c.*

còstola *s.f.* Ciascuna delle ossa piatte che formano la cassa toracica.

costóso *agg.* Che costa molto: *viaggio c.*

costrìngere *v.tr.* Obbligare qlcu. a fare qlco. che non intendeva fare Ⓢ imporre.

costruìre *v.tr.* Fabbricare opere edilizie Ⓢ edificare ◊ Fabbricare qlco. mettendone insieme i diversi elementi: *c. una macchina.*

costruttóre *s.m.* Chi costruisce; in partic., imprenditore nel settore edilizio.

costruzióne *s.f.* **1** L'operazione di costruire **2** Edificio: *c. in pietra, in cemento armato.*

costùi *pron.dimostr.m.sing.* [f. *costei*; pl.m.f. *costoro*] Questa persona.

costùme *s.m.* Abbigliamento caratteristico di una data epoca, regione, popolazione: *c. sardo, tirolese* ◊ Indumento che si indossa in particolari occasioni: *c. da bagno.*

coténna *s.f.* La pelle dura e spessa del maiale.

cotolétta *s.f.* Fettina di carne.

cotóne *s.m.* **1** Pianta tropicale i cui frutti a capsula contengono attorno al seme una peluria bianca usata come fibra tessile **2** La fibra tessile e il tessuto che si ricavano da tale pianta: *lenzuola, abiti di c.*

còttimo *s.m.* Forma di retribuzione in cui il lavoratore viene pagato in base alla quantità di produzione.

cottùra *s.f.* Il cuocere, il cuocersi e il modo in cui avviene: *c. al forno.*

cóvo *s.m.* **1** Tana di animali selvatici **2** ♣ Rifugio segreto: *un c. di terroristi.*

covóne *s.m.* Fascio di spighe di grano o di altri cereali legate insieme.

còzza *s.f.* Mitilo.

cozzàre *v.intr.* [aus. *avere*] Urtare, battere violentemente: *c. contro un palo.*

còzzo *s.m.* Urto, scontro violento.

crac *s.m.* **1** Rumore di qlco. che si spezza, si sfascia o crolla **2** ♣ Crollo, fallimento economico o finanziario.

cràmpo *s.m.* Contrazione involontaria, violenta e dolorosa dei muscoli, provocata in genere da stanchezza.

crànio *s.m.* Lo scheletro della testa.

cratère *s.m.* **1** Apertura di un vulcano, da cui escono gas, lava, cenere e lapilli **2** Buca prodotta da un'esplosione.

cravàtta *s.f.* Striscia di stoffa che viene fatta passare sotto il colletto della camicia e annodata sul davanti.

creàre *v.tr.* **1** Far nascere dal nulla: *Dio creò il mondo* ◊ Realizzare qlco. di nuovo Ⓢ produrre, inventare, ideare: *c. un'opera d'arte, una moda* **2** Far sorgere, provocare, causare: *c. problemi.*

creatóre *s.m.* **1** *Il C.* = Dio **2** Chi crea, inventa qlco. di nuovo.

creatùra *s.f.* **1** Ogni essere vivente in quanto creato da Dio **2** Bambino, figlio.

creazióne *s.f.* **1** L'atto del creare divino **2** Invenzione, produzione, realizzazione: *c. di un'opera d'arte* ◊ Istituzione, fondazione: *c. di un nuovo stato.*

credènza *s.f.* Armadio in cui si ripongono stoviglie, cose necessarie per la tavola, generi alimentari.

crédere *v.tr.* e *v.intr.* [aus. *avere*] Ritenere vero ciò che è detto da altri; prestar fede a qlcu. o a qlco. ♦ *v.tr.* Ritenere, giudicare, stimare: *fa come credi opportuno* ◊ Pensare, immaginare: *credo che verrà domani* ♦ *v.intr.* **1** Avere fede nell'esistenza, nella realtà di qlco.: *c. in Dio* **2** Avere fiducia in qlcu. o in qlco.: *c. nella giustizia.*

crédito *s.m.* **1** Il credere, l'essere creduto: *notizia degna di c.* **2** Prestito di una somma di denaro; la somma di denaro prestata: *ottenere un c.*; *riscuotere un c.* | *Comprare, vendere a c.* = con pagamento dilazionato rispetto all'acquisto e alla vendita ◊ *Istituto di c.* = banca.

creditóre *s.m.* Chi ha un credito, chi deve ricevere del denaro da qlcu.

crèma *s.m.* **1** Parte grassa del latte Ⓢ panna **2** Dolce semisolido a base di latte, zucchero, farina, tuorli d'uovo: *torta di c.* **3** Cibo o altro prodotto di aspetto e consistenza più o meno cremosa: *c. di verdure*; *c. per la pelle*; *c. da barba.*

cremàre *v.tr.* Bruciare un cadavere.

cremazióne *s.f.* Riduzione in cenere di un cadavere con il fuoco.

cremóso *agg.* Ricco di crema ◊ Che ha la consistenza di una crema: *pomata c.*

crèpa *s.f.* Fessura, sottile fenditura.

crepàccio *s.m.* Profonda fenditura o spaccatura nel terreno, nella roccia, in un ghiacciaio: *l'alpinista cadde in un c.*

crepàre *v.intr.* [aus. *essere*] **1** Spaccarsi formando crepe, screpolarsi: *il gelo ha fatto c. le tubature* **2** ♣ Scoppiare, non poterne più: *c. dal ridere, dal caldo* **3** ♣ Morire: *è crepato come un cane.*

crepùscolo *s.m.* L'ora tra il tramonto del sole e il calare della notte, durante la quale permane nel cielo una luce tenue e diffusa.

créscere *v.intr.* [aus. *essere*] **1** Svilupparsi, diventare più grande in seguito a sviluppo naturale verso lo stato adulto e di maturità ◊ Nascere e poter vivere (detto di piante): *lì non cresce neppure l'erba* **2** Trascorrere l'infanzia e l'adolescenza: *c. in campagna* ◊ Essere allevato: *c. in casa dei nonni* **3** Aumentare (di altezza, peso, volume, numero, prezzo, livello, intensità ecc.): *c. di statura*; *crescono le spese* ♦ *v.tr.* Allevare, educare: *c. i figli.*

créscita *s.f.* **1** Processo di sviluppo di un organismo, di un organo: *l'età della c.*; *c. dei denti* **2** Aumento: *c. dei prezzi.*

créspo *agg.* Fittamente ondulato, arricciato: *capelli c.*

crésta *s.f.* **1** Escrescenza carnosa rossa e dentellata sul capo dei polli e di altri uccelli **2** Sommità, cima (spec. dell'onda).

créta *s.f.* Argilla: *un vaso di c.*

cretìno *agg.* e *s.m.* Stupido, imbecille.

cric *s.m.invar.* Arnese per sollevare un autoveicolo da terra.

crìcca *s.f.* Gruppo di persone che si spalleggiano a vicenda in attività disoneste, in intrighi: *una c. di affaristi.*

criminàle *agg.* Che costituisce un crimine: *un atto c.* ♦ *s.m.f.* Persona colpevole di gravi delitti Ⓢ delinquente.

criminalità *s.f.* Le attività criminali e l'insieme dei criminali Ⓢ delinquenza.

crìmine *s.m.* **1** Delitto di particolare gravità **2** Criminalità: *combattere il c.*

crinièra *s.f.* Massa di crini che ricopre il collo e in parte la testa e il dorso dei cavalli e dei leoni maschi.

crìpta *s.f.* Sotterraneo di una chiesa.

crisantèmo *s.m.* Pianta erbacea i cui fiori di vario colore, simbolo tradizionale dei defunti, sono usati per ornare le tombe.

crìsi *s.f.* **1** Stato o periodo di grave difficoltà o profondo turbamento nella vita individuale o sociale **2** Improvviso peggioramento di una malattia.

cristàllo *s.m.* **1** Tipo di vetro molto trasparente e pregiato: *vaso di c.* ◊ Lastra di cristallo o di vetro **2** Sostanza allo stato solido che si presenta esternamente in forme di poliedri: *c. di quarzo, di neve.*

cristianésimo *s.m.* La religione predicata da Gesù Cristo ◊ L'insieme delle dottrine religiose e delle chiese che si richiamano alla predicazione di Cristo ◊ La cultura, la civiltà cristiana.

cristiàno *agg.* Di Gesù Cristo; che si riferisce o si ispira al suo insegnamento: *fede c.*; *arte c.* ◊ Che professa il cristianesimo: *popoli c.* ♦ *s.m.* Chi professa la religione cristiana.

critèrio *s.m.* **1** Principio, regola su cui ci si basa per giudicare, scegliere, comportarsi **2** Buon senso: *agire senza c.*

crìtica *s.f.* Giudizio negativo, sfavorevole; rimprovero: *ricevere delle c.*

criticàre *v.tr.* Giudicare in modo negativo, sfavorevole Ⓢ disapprovare, biasimare: *c. una proposta*; *si è fatto c. da tutti.*

crìtico *agg.* **1** Che esprime un giudizio negativo, sfavorevole **2** Di crisi Ⓢ difficile, pericoloso: *momento c.*; *situazione c.*

croccànte *agg.* Detto di cibo secco o ben cotto che scricchiola sotto i denti.

cróce *s.f.* **1** Antico strumento di supplizio, composto di due pali di legno incrociati su cui veniva legato o inchiodato il condannato **2** Riproduzione della croce di Gesù, oggetto o gesto a forma di croce, come simbolo della fede cristiana: *farsi il segno della c.* **3** ♧ Pena, sofferenza: *non farmi stare in c.* **4** Nome e insegna di organizzazioni di assistenza umanitaria e di soccorso sanitario: *C. Rossa.*

crocìcchio *s.m.* Luogo dove si incontrano più strade ⓢ crocevia, incrocio.

crocièra *s.f.* Viaggio a scopo di piacere per mare o lungo un fiume su navi che fanno sosta in varie località.

crocifìsso *s.m.* Immagine di Cristo in croce.

crollàre *v.intr.* [aus. *essere*] **1** Cadere rovinosamente al suolo: *il ponte è crollato* **2** Diminuire in modo forte e improvviso: *le vendite stanno crollando*.

cròllo *s.m.* Caduta, rovina improvvisa (anche ✿): *c. di un ponte*; *c. di una speranza* ◊ ✿ Improvviso cedimento fisico o psichico ◊ ✿ Forte e improvviso ribasso o riduzione: *c. delle vendite*.

cromàtico *agg.* Che concerne i colori.

crònaca *s.f.* **1** Racconto, resoconto di fatti e avvenimenti: *fare la c. di una partita* **2** Sezione di un giornale contenente le più importanti notizie del giorno sui diversi argomenti: *c. politica, sportiva*.

crònico *agg.* Detto di malattia che si prolunga nel tempo e ha scarse probabilità di guarigione: *bronchite c.* | *Malato c.* = affetto da malattie croniche.

cronìsta *s.m.* Giornalista di cronaca.

cronologìa *s.f.* Ordine in cui si succedono nel tempo determinati fatti.

cronològico *agg.* Della successione nel tempo: *esporre i fatti seguendo l'ordine c.*

cronòmetro *s.m.* Orologio di precisione.

cròsta *s.f.* Strato esterno indurito di una cosa o che ricopre una superficie: *c. del pane*; *c. di ghiaccio* | *C. terrestre* = lo strato superficiale solido della Terra ◊ Strato di sangue seccato e indurito che si forma sulle ferite.

crudèle *agg.* **1** Che non ha, non mostra pietà per la sofferenza altrui ⓢ spietato, disumano, feroce: *un uomo c.* **2** Che dà dolore, sofferenza: *un supplizio, una morte c.*

crudeltà *s.f.* Spietatezza, ferocia ◊ Atto crudele: *è una c. lasciarlo da solo.*

crùdo *agg.* Non cotto o non abbastanza cotto: *carne c.*

crùna *s.f.* Piccolo foro a un'estremità dell'ago, attraverso cui passare il filo.

crùsca *s.f.* Residuo della macinazione dei cereali, costituito dalle bucce dei semi.

cruscòtto *s.m.* Pannello con gli strumenti di guida e di controllo di un veicolo.

cubétto *s.m.* Piccolo oggetto cubico.

cùbico *agg.* **1** Che ha forma di cubo: *un serbatoio c.* **2** *Metro c.* = metro cubo.

cùbo *s.m.* **1** Figura geometrica solida con sei facce quadrate uguali ◊ Oggetto a forma di cubo **2** In matematica, terza potenza di un numero: *elevare un numero al c.* ♦ *agg. Metro c.* = unità di misura dei volumi equivalente al volume di un cubo il cui spigolo è lungo un metro.

cuccétta *s.f.* Lettino, per lo più sovrapposto, nelle cabine delle navi e sui treni.

cucchiaiàta *s.f.* Il contenuto di un cucchiaio: *prendere una c. di riso.*

cucchiàio *s.m.* Posata usata spec. per cibi liquidi o semisolidi ◊ Cucchiaiata.

cùccia *s.f.* Giaciglio per cani.

cùcciolo *s.m.* Cane o altro animale nato da poco o non ancora adulto.

cucìna *s.f.* **1** Locale in cui si preparano e cuociono i cibi ◊ Il complesso dei mobili che arredano una cucina: *c. in formica* ◊ Apparecchio con fornelli per la cottura dei cibi: *c. a gas* **2** Preparazione dei cibi: *occuparsi della c.* ◊ I cibi cucinati e il modo in cui sono cucinati: *cucina casalinga, italiana, cinese.*

cucinàre *v.tr.* Cuocere e preparare le vivande: *c. la carne, la verdura.*
cucìre *v.tr.* Congiungere pezzi di stoffa, cuoio, carta o altro usando ago e filo o altri mezzi ◊ Confezionare un indumento: *c. una giacca.*
cucìto *s.m.* Il lavoro e la tecnica di cucire tessuti: *occuparsi del c.*; *scuola di c.*
cucitùra *s.f.* L'operazione del cucire ◊ Linea di congiunzione tra due parti cucite e insieme dei punti che le tiene unite.
cùffia *s.f.* **1** Copricapo per neonati ◊ Copricapo usato da infermiere, cuoche, operaie per tenere a posto i capelli **2** Apparecchio per l'ascolto individuale del suono che si applica alle orecchie.
cugìno *s.m.* Figlio di uno zio o di una zia.
cùi *pron.rel.invar.* **1** Si usa come equivalente di *che* nei complementi indiretti ◊ Del quale, della quale, dei quali, delle quali: *una persona il cui nome mi sfugge* **2** *Per cui* = e perciò, per la qual cosa.
cùlla *s.f.* Lettino per neonati.
cullàre *v.tr.* Dondolare un bambino nella culla o fra le braccia per calmarlo o addormentarlo.
cùlmine *s.m.* Il punto più alto di qlco. Ⓢ cima, sommità ◊ ♣ Momento, grado più elevato Ⓢ apice: *al c. del successo.*
cùlto *s.m.* Venerazione religiosa: *c. dei santi, dei morti* ◊ L'insieme dei riti di una religione; la religione stessa.
cultùra *s.f.* Patrimonio personale di conoscenze Ⓢ istruzione ◊ Insieme di nozioni relative a uno specifico campo del sapere: *farsi una c. scientifica, storica.*
culturàle *agg.* Di cultura, che riguarda la cultura: *livello c.*; *attività c.*
cùmulo *s.m.* Mucchio, ammasso disordinato: *un c. di libri* ◊ ♣ Gran quantità: *dire un c. di sciocchezze.*
cùneo *s.m.* Oggetto di legno o di ferro a forma di prisma triangolare, usato spec. per spaccare pietre e legname.
cuòcere *v.tr.* **1** Sottoporre al calore del fuoco i cibi o sostanze come l'argilla, il vetro e sim. **2** Bruciare, inaridire, seccare: *il sole cuoce la pelle* ♦ *v.intr.* [aus. *essere*] Essere sottoposto a cottura: *l'arrosto sta cuocendo.*
cuòco *s.m.* Chi cucina, spec. per mestiere; chi sa cucinare.
cuòio *s.m.* Pelle animale conciata: *borsa di c.*
cuòre *s.m.* **1** Organo muscolare posto al centro del torace, che regola con le sue contrazioni e dilatazioni la circolazione del sangue **2** ♣ La sede dei sentimenti, degli affetti, delle emozioni Ⓢ animo: *un c. generoso* ◊ Coraggio, forza d'animo: *farsi c.* **3** La parte centrale o più interna di qlco.: *il c. di una città*; *nel c. della notte.*
cùpo *agg.* **1** Oscuro, tenebroso: *notte c.*; *cielo c.* ◊ Di tonalità scura: *verde, rosso c.* **2** Detto di suono basso, sordo, che appare minaccioso o esprime tristezza, preoccupazione: *un c. boato*; *voce c.* **3** Accigliato, triste, malinconico Ⓢ tetro: *era c. in volto*; *umore c.* ◊ Intenso, tenace: *un c. rancore*; *una c. sofferenza.*
cùpola *s.f.* Volta emisferica di edifici, che poggia su una base circolare o poligonale.
cùra *s.f.* **1** Interessamento e attenzione costanti per qlcu. o per qlco. Ⓢ premura, riguardo: *aver c. della famiglia, della casa*; *oggetto da trattare con c.* ◊ Accuratezza, diligenza: *lavoro fatto con c.* **2** Il compito, l'attività di curare qlco., di occuparsene Ⓢ gestione, amministrazione: *c. dell'azienda* **3** Terapia: *c. per il*

fegato ◊ Assistenza medica, trattamento medico: *avere in c. un paziente*.

curàre *v.tr.* **1** Avere cura, occuparsi con sollecitudine di qlco. o qlcu. **2** Prestare a un malato le cure mediche necessarie alla sua guarigione: *c. un paziente* ◊ Combattere una malattia con la terapia opportuna: *c. l'influenza* **3** Tenere d'occhio, controllare qlcu. ♦ **curarsi** *v.pr.* **1** Ricorrere alle cure mediche, alle medicine per guarire da una malattia **2** Interessarsi, preoccuparsi di qlco. o qlcu. Ⓢ badare: *non c. degli altri*.

curatìvo *agg.* Che serve a curare una malattia Ⓢ terapeutico: *fare un bagno c.*

curàto *agg.* Accurato, preciso: *lavoro c.* ◊ Ordinato, pulito: *persona sempre c.*

curiosàre *v.intr.* [aus. *avere*] Andare osservando qua e là con curiosità: *c. per le vie della città* ◊ Guardare, frugare indiscretamente in cose altrui.

curiosità *s.f.* **1** Desiderio di conoscere, di sapere: *soddisfare una c.* ◊ Desiderio indiscreto di sapere i fatti altrui **2** Cosa strana, insolita: *negozio pieno di c.*

curióso *agg.* **1** Che ha desiderio, interesse di sapere, di conoscere ◊ Che si interessa in modo indiscreto dei fatti altrui **2** Strano, insolito, bizzarro: *un tipo, un fatto c.* ♦ *s.m.* Persona curiosa.

cursóre *s.m.* Parte scorrevole della cerniera lampo e di altri congegni.

cùrva *s.f.* **1** Linea curva **2** Punto, tratto in cui qlco. si incurva, si piega: *la c. del gomito* ◊ Parte di strada che gira ad arco Ⓢ svolta.

curvàre *v.tr.* Piegare in forma di arco: *c. un ramo* ♦ *v.intr.* [aus. *avere*] Formare o fare una curva Ⓢ girare, svoltare ♦ **curvarsi** *v.pr.* Piegarsi, incurvarsi.

cùrvo *agg.* Non rettilineo, piegato ad arco ◊ Incurvato, chino: *camminare c.*

cuscìno *s.m.* Sacchetto di tessuto o pelle imbottito di materiali morbidi, su cui ci si siede o si appoggia la testa.

custòde *s.m.f.* Chi ha il compito di custodire e sorvegliare qlco. o qlcu.

custòdia *s.f.* **1** Sorveglianza, assistenza, cura | *Agente di c.* = guardia carceraria **2** Astuccio per custodire oggetti, spec. delicati: *la c. della macchina fotografica*.

custodìre *v.tr.* **1** Conservare, proteggere, difendere qlco. con cura: *c. soldi in cassaforte*; *c. un segreto* **2** Sorvegliare persone o luoghi: *c. i prigionieri*; ◊ Prendersi cura di qlcu.: *c. dei bambini*.

cutàneo *agg.* Della pelle: *malattia c.*

cùte *s.f.* La pelle dei vertebrati e in partic. dell'uomo: *malattie della c.*

D

d *s.f.* o *m.* Quarta lettera dell'alfabeto italiano; è una consonante.

da *prep.* **1** Esprime numerose relazioni dando luogo ai relativi complementi ◊ Moto da luogo (anche ♣): *partire da casa*; *contare da uno a dieci* ◊ Stato in luogo: *ci vediamo da te* ◊ Moto a luogo: *venite da me* ◊ Moto attraverso luogo: *passare da una città* ◊ Allontanamento, separazione, distacco (anche ♣): *staccare un chiodo dal muro*; *isolarsi da tutti*; *liberarsi da un fastidio* ◊ Origine o provenienza: *viene da una famiglia povera*; *Leonardo da Vinci*; *l'ho saputo da lui* ◊ Distanza: *a pochi chilometri da qui* ◊ Agente: *è amato da tutti* ◊ Causa, mezzo: *tremava dal freddo*; *l'ho riconosciuto dal vestito* ◊ Tempo (da cui qualcosa ha avuto inizio): *non lo vedo da un mese* ◊ Modo: *mi ha parlato da amico*; *vita da cani* ◊ Limitazione: *è cieco da un occhio* ◊ Qualità, caratteristica: *un uomo dalla pelle scura, dall'intelligenza pronta* ◊ Valore, prezzo, misura: *roba da poco*; *moneta da due euro*; *lampada da cento candele* ◊ Scopo, fine, destinazione: *cavallo da corsa*; *abito da sera*; *sala da pranzo* ◊ Stato, condizione, funzione: *l'ho conosciuto da giovane*; *mi ha fatto da padre* **2** Seguita dal verbo all'infinito introduce frasi che indicano una conseguenza, uno scopo, una necessità: *caldo da impazzire*; *macchina da scrivere*; *rischio da correre*.

daccàpo *avv.* Dall'inizio; di nuovo.

dàdo *s.m.* **1** Piccolo cubo le cui facce sono numerate con puntini da uno a sei; è usato spec. per giochi d'azzardo **2** Cubetto di estratto di carne o verdure usato per insaporire sughi e minestre **3** Pezzo metallico munito di foro filettato per avvitarlo a una vite e serrare il bullone.

dài *inter.* Si usa per esortare, incitare, pregare Ⓢ suvvia: *dai, non prendertela*.

d'altrónde *avv.* D'altra parte, del resto.

damigiàna *s.f.* Grosso recipiente di vetro a forma di fiasco per contenere liquidi.

danàro vedi **denàro**.

danneggiàre *v.tr.* Recare danno Ⓢ rovinare, guastare, nuocere, ledere (anche ♣).

dànno *s.m.* Effetto negativo che costituisce una perdita, una lesione, un guasto ecc.: *arrecare, subire un d.*

dannóso *agg.* Che reca danno Ⓢ nocivo.

dànza *s.f.* Ballo: *scuola di d.*

danzàre *v.intr.* [aus. *avere*] Muoversi a ritmo di musica Ⓢ ballare.

dappertùtto *avv.* In ogni luogo, ovunque.

dapprìma *avv.* In un primo momento.

dàre *v.tr.* **1** Passare, trasferire ad altri qlco. di cui si è in possesso (anche ♣): *dare a qlcu. un libro, una notizia* ◊ Porgere, offrire: *d. la mano* ◊ Donare: *d. il proprio sangue* ◊ Consegnare: *a chi hai dato il pacco?* ◊ Somministrare: *d. una medicina* ◊ Concedere: *d. un permesso* ◊ Pagare ◊ Produrre, diffondere: *la stufa dà calore* **2** Assegnare: *d. un compito, un premio* ◊ Affidare: *d. a qlcu. un incarico* ◊ Attribuire: *d. la colpa ad altri* ◊ Infliggere: *una multa* ◊ Assestare: *d. un pugno* ◊ Impartire: *d. un ordine* **3** Causare, arrecare:

d. un dolore **4** Considerare: *fu dato per morto* ♦ *v.intr.* [aus. *avere*] **1** Battere, urtare: *d. nel muro col paraurti* **2** Guardare, affacciarsi: *il balcone dà sul giardino* ♦ **darsi** *v.pr.* **1** Dedicarsi: *d. allo sport* ◊ Abbandonarsi: *d. al bere, alla pazza gioia* **2** Scambiarsi: *d. un bacio* **3** *Può d.* = è possibile, probabile.
dàrsena *s.f.* Parte più interna e riparata di un porto, nella quale stanno le navi in riparazione ◊ Porticciolo.
dàta *s.f.* Tempo e indicazione del tempo (giorno, mese, anno) in cui qlco. è avvenuto o deve avvenire, è stato fatto o si dovrà fare: *d. di nascita, di morte.*
dàto *agg.* Determinato: *in d. occasioni* ♦ *s.m.* Informazione, elemento già noto e accertato: *raccogliere i d. su un problema.*
datóre *s.m.* Chi dà | *D. di lavoro* = chi ha alle proprie dipendenze lavoratori retribuiti.
davànti *avv.* Innanzi, di fronte: *passare d.*; *ho il sole d.* ◊ Nella parte anteriore: *la camicia ha un buco d.* ♦ *prep.* Dinanzi, di fronte: *la casa d. alla mia* ◊ Alla presenza di: *l'ha detto d. a tutti* ♦ *agg.* Anteriore: *la parte d.* ♦ *s.m.* La parte anteriore: *il d. della casa.*
davanzàle *s.m.* Il ripiano inferiore di una finestra: *non sporgerti dal d.!*
davvéro *avv.* Veramente, proprio: *hai d. ragione* ◊ Sul serio: *dici (per) d.?*
debellàre *v.tr.* Sconfiggere, eliminare definitivamente (anche ♧): *d. la rivolta.*
debilitàre *v.tr.* Privare delle forze fisiche Ⓢ indebolire, infiacchire.
débito *agg.* Dovuto, doveroso: *trattare gli anziani con il d. rispetto* ◊ Opportuno: *a tempo d.* ♦ *s.m.* Obbligo di pagare o restituire una somma di denaro; la somma stessa dovuta: *ha fatto un d.*; *pagare un d.* ◊ Obbligo morale: *d. di gratitudine.*
debitóre *agg.* e *s.m.* Che, chi ha un debito: *mi sei d. di mille euro, di una cena.*
débole *agg.* **1** Che ha poca forza, efficienza fisica: *la malattia lo rese d.*; *vista, memoria debole* ◊ Che manca di forza morale: *un carattere d.* **2** Scarso: *opporre una d. resistenza* ◊ Fievole, tenue; *una luce d.* ♦ *s.m.* **1** Persona che manca di forza morale ◊ Chi è sottomesso, senza potere, autorità: *difendere i d.* **2** La cosa in cui qlcu. è meno capace: *il suo d. è la matematica* **3** Preferenza affettiva: *ha un d. per il figlio maggiore.*
debolézza *s.f.* **1** Mancanza di forza fisica o morale: *non si regge in piedi per la d.*; *d. di carattere* **2** Punto debole, difetto.
debùtto *s.m.* Prima apparizione in pubblico di un attore, di un cantante ecc. Ⓢ esordio ◊ Prima rappresentazione di un lavoro teatrale, di uno spettacolo.
dècade *s.f.* Periodo di dieci giorni.
decadènza *s.f.* Progressiva perdita di forza, vigore, potenza e sim. Ⓢ declino.
decadére *v.intr.* [aus. *essere*] Perdere gradatamente forza, vigore, prosperità, potenza, influenza e sim.
decèdere *v.intr.* [aus. *essere*] Morire.
deceleràre *v.tr.* e *v.intr.* [aus. *avere*] Diminuire la velocità Ⓢ rallentare.
decennàle *agg.* **1** Che dura dieci anni: *contratto d.* ◊ **2** Che avviene ogni dieci anni: *celebrazioni d.* ♦ *s.m.* Il decimo anniversario di un avvenimento.
decènnio *s.m.* Periodo di dieci anni.
decènte *agg.* Che non offende il pudore, la dignità Ⓢ decoroso, conveniente: *vestire, parlare in modo d.* ◊ Adeguato alle esigenze Ⓢ discreto, passabile.
decènza *s.f.* Il senso e il rispetto del pudore, del decoro: *parlare, vestire con d.*
decèsso *s.m.* Morte.

decìdere *v.tr.* Stabilire, scegliere: *devi d. se partire o restare* ♦ **decidersi** *v.pr.* Giungere a una risoluzione: *finalmente si è deciso* ◊ Risolversi a fare qlco.: *dìcidati a parlare!*

decigràmmo *s.m.* Misura di peso equivalente a un decimo di grammo.

decìlitro *s.m.* Misura di capacità equivalente a un decimo di litro.

decimàle *agg.* Che ha per base dieci, che è diviso in multipli e sottomultipli di dieci: *sistema metrico d.* ◊ Che è espresso in decimi di unità: *2,18 è un numero d.* ♦ *s.m.* In un numero decimale, ogni cifra scritta a destra della virgola.

decìmetro *s.m.* Misura di lunghezza equivalente a un decimo di metro.

dècimo *agg.num.ord.* e *s.m.* Che, chi occupa il posto numero dieci in una serie, in una graduatoria ♦ *s.m.* La decima parte di un intero: *gli spetta un d. della vincita.*

decìna o **diecìna** *s.f.* Complesso di dieci o circa dieci unità: *eravamo una d.*

decisióne *s.f.* **1** Risoluzione, scelta: *prendere una d.* **2** Risolutezza, energia: *affrontare con d. le difficoltà.*

decisìvo *agg.* Determinante, risolutivo.

decìso *agg.* Che agisce con prontezza e determinazione Ⓢ risoluto, energico: *un uomo d.* ◊ Fermo, netto: *un d. rifiuto.*

declìno *s.m.* Decadenza: *paese in d.*

decollàre *v.intr.* [aus. *avere*] Sollevarsi in volo staccandosi dal suolo o dall'acqua.

decòllo *s.m.* Manovra con cui un aereo si distacca dal suolo.

decongelàre *v.tr.* Scongelare.

decoràre *v.tr.* **1** Abbellire con ornamenti **2** Dare a qlcu. una decorazione.

decorazióne *s.f.* **1** L'operazione di decorare ◊ Ciò che serve a decorare Ⓢ ornamento **2** Onorificenza, medaglia.

decòro *s.m.* Senso della propria dignità: *parlare con d.* ◊ Onore, prestigio.

decoróso *agg.* Dignitoso, decente.

decorrènza *s.f.* Data a partire dalla quale ha inizio e comincia ad avere effetto qlco.

decórso *s.m.* **1** Il trascorrere del tempo **2** Evoluzione, andamento di una malattia.

decòtto *s.m.* Bevanda curativa ottenuta bollendo a lungo nell'acqua erbe o spezie.

decrèpito *agg.* Che è giunto all'estrema vecchiaia e ne mostra i segni: *un volto d.*

decréscere *v.intr.* [aus. *essere*] Diminuire, calare: *decresce il livello del fiume.*

decretàre *v.tr.* **1** Stabilire con un decreto: *d. la chiusura delle scuole* **2** ✣ Provocare irrimediabilmente: *quell'errore decretò la sua sconfitta.*

decréto *s.m.* Provvedimento che stabilisce o ordina qlco., emanato dal governo o da altre autorità: *d. ministeriale.*

dèdica *s.f.* Frase scritta con cui un autore dedica a qlcu. la propria opera; frase manoscritta che accompagna un regalo.

dedicàre *v.tr.* **1** Rivolgere, destinare, riservare a un particolare scopo: *d. allo sport il tempo libero* **2** Intitolare alla memoria di qlcu.: *d. una piazza ai caduti* ♦ **dedicarsi** *v.pr.* Darsi completamente a un'attività: *d. agli studi* ◊ Rivolgere a qlcu. le proprie cure: *d. ai figli.*

dedùrre *v.tr.* **1** Trarre da qlco. una data conclusione Ⓢ desumere **2** Detrarre: *dal ricavo bisogna d. le spese.*

defecàre *v.intr.* [aus. *avere*] Espellere le feci, andar di corpo Ⓢ evacuare.

deficiènte *agg.* e *s.m.f.* Detto di persona con capacità intellettuali inferiori alla media ◊ Stupido, idiota, cretino.

dèficit *s.m.invar.* Nella contabilità, perdita, passivo, disavanzo: *azienda in d.*

definìre *v.tr.* **1** Descrivere, spiegare con

parole appropriate le caratteristiche essenziali di qlco.: *d. un triangolo* | *D. un vocabolo* = spiegarne il significato **2** Stabilire, fissandone i limiti: *la costituzione definisce diritti e doveri dei cittadini.*

definitìvo *agg.* Che conclude, risolve qlco. una volta per sempre Ⓢ conclusivo, decisivo: *risposta, vittoria, soluzione d.*

definìto *agg.* Preciso, determinato.

definizióne *s.f.* Spiegazione di un concetto o del significato di un termine ◊ Le parole con cui si definisce qlco.: *d. chiara.*

defluìre *v.intr.* [aus. *essere*] **1** Scorrere in giù, detto di liquidi: *l'acqua defluiva dal serbatoio* **2** ⚘ Uscire in massa da un luogo: *il pubblico defluiva dallo stadio.*

deforestazióne *s.f.* Distruzione di boschi e foreste Ⓢ disboscamento.

deformàre *v.tr.* **1** Alterare nella forma ◊ Deturpare, imbruttire **2** ⚘ Distorcere, travisare: *d. la verità, il pensiero di qlcu.*

defórme *agg.* Che non ha la sua forma naturale, per cui appare brutto e sgradevole: *ha un fisico d.; un volto d.*

defraudàre *v.tr.* Privare qlcu. di ciò che gli spetta con la frode, con l'inganno.

defùnto *agg.* e *s.m.* Morto, deceduto.

degeneràre *v.intr.* [aus. *avere* o *essere*] Trasformarsi in qlco. di peggiore.

degènte *agg.* e *s.m.f.* Che, chi è a letto per una malattia o è ricoverato in ospedale.

degènza *s.f.* Il periodo in cui un malato è ricoverato in ospedale.

deglutìre *v.tr.* Inghiottire: *d. la saliva.*

dégno *agg.* **1** Che ha le qualità per meritare qlco. Ⓢ meritevole: *uomo d. di stima* **2** Che si addice: *casa d. di un re* ◊ Adeguato: *una d. ricompensa* **3** Perbene, onesto: *una d. persona.*

degràdo *s.m.* Stato di rovina, di incuria in cui versano ambienti naturali o urbani

Ⓢ deterioramento: *d. ambientale, edilizio.*

degustàre *v.tr.* Assaggiare: *d. un vino.*

degustazióne *s.f.* Assaggio di cibi o bevande, spec. per giudicarne il sapore.

delazióne *s.f.* Denuncia segreta all'autorità fatta per denaro o per vendetta.

dèlega *s.f.* Dichiarazione scritta con cui si autorizza un'altra persona a compiere determinati atti al proprio posto Ⓢ incarico ufficiale, mandato: *firmare la d.*

delegàre *v.tr.* Incaricare, autorizzare altri a compiere degli atti o a svolgere delle funzioni al proprio posto.

delegàto *agg.* e *s.m.* Che, chi è incaricato di rappresentare altre persone o di svolgere funzioni proprie di altri.

delfìno *s.m.* Cetaceo marino molto agile e veloce.

deliberàre *v.tr.* Stabilire, decidere qlco.: *il governo deliberò il blocco dei prezzi.*

delicatézza *s.f.* **1** Finezza, leggerezza gradevoli per i sensi: *d. di un profumo* **2** Facilità a rompersi Ⓢ fragilità: *d. del cristallo* **3** Attenzione, prudenza, tatto, discrezione: *cosa da trattare con d.* ◊ Gentilezza, sensibilità d'animo: *un gesto pieno di d.* **4** Squisitezza (di un cibo).

delicàto *agg.* **1** Che è fine, leggero, morbido, tenue, così da risultare gradevole per i sensi: *tessuto d.; lineamenti d.; odore, sapore d.* **2** Fragile, facile a guastarsi, a sciuparsi ◊ Gracile, cagionevole, debole: *ha una salute d.* ◊ ⚘ Che deve essere affrontato con prudenza, tatto, abilità: *argomento, incarico d.* **3** ⚘ Che dimostra finezza e sensibilità di animo, gentilezza e discrezione: *hai avuto un pensiero d.*

delinquènte *s.m.f.* Chi ha commesso un reato, dei delitti Ⓢ criminale.

delinquènza *s.f.* Criminalità.

deliràre *v.intr.* [aus. *avere*] **1** Essere in delirio, parlare in delirio **2** Dire cose senza senso Ⓢ farneticare.

delìrio *s.m.* **1** Stato di alterazione e confusione mentale, con allucinazioni **2** Stato e manifestazione di entusiasmo fanatico (spec. collettivo): *una folla in d.*

delìtto *s.m.* **1** Nel linguaggio giuridico, reato **2** Nel linguaggio comune, omicidio, assassinio.

delìzia *s.f.* Intenso piacere fisico o spirituale Ⓢ godimento, gioia ◊ Cosa o persona deliziosa: *questo dolce è una d.!*

deliziòso *agg.* Molto bello e piacevole: *un libro d.* ◊ Pieno di grazia e di attrattiva: *persona d.* ◊ Squisito: *un gelato d.*

delùdere *v.tr.* Tradire, non soddisfare le attese, le speranze, i desideri altrui.

delusióne *s.f.* Mancata soddisfazione di un'aspettativa: *mi dispiace di averti dato una d.* ◊ Sconforto e amarezza causati dalla mancata realizzazione di un'aspettativa, di una speranza ◊ Cosa o persona che si dimostra inferiore alle aspettative.

delùso *agg.* Scontento, amareggiato per la mancata realizzazione delle proprie speranze e aspettative.

demagogìa *s.f.* Pratica politica consistente nell'illudere la gente con promesse irrealizzabili, al solo scopo di conquistarne il favore e il voto.

demènte *agg.* e *s.m.f.* Che, chi è affetto da demenza ◊ Idiota, stupido, deficiente.

demènza *s.f.* Progressivo deterioramento e perdita delle capacità mentali.

demèrito *s.m.* Comportamento degno di biasimo Ⓢ mancanza, colpa ◊ Biasimo.

democràtico *agg.* **1** Fondato sui principi della democrazia: *sistema d.* **2** Che si comporta con i suoi sottoposti senza superbia, in modo cordiale e rispettoso

◆ *s.m.* Persona di idee democratiche o di maniere democratiche con i sottoposti.

democrazìa *s.f.* Sistema politico e forma di governo in cui la sovranità appartiene al popolo, che la esercita per mezzo di suoi rappresentanti liberamente eletti.

demolìre *v.tr.* Abbattere una costruzione, smantellare una nave, una macchina.

demolizióne *s.f.* Distruzione, smantellamento: *d. di un palazzo, di una nave.*

demònio *s.m.* **1** Nella religione cristiana ed ebraica, spirito maligno e simbolo del male Ⓢ diavolo **2** ✿ Persona malvagia, di astuzia maligna.

demoralizzàre *v.tr.* Far perdere la fiducia in se stessi Ⓢ scoraggiare.

denàro o **danàro** *s.m.* Moneta: *d. contante* ◊ Soldi, quattrini, ricchezze.

denigràre *v.tr.* Parlar male di qlcu. o qlco. per sminuirne il prestigio, la reputazione Ⓢ screditare, diffamare.

denominatóre *s.m.* In una frazione, il numero che si scrive sotto il segno di frazione e che indica in quante parti è stata divisa l'unità.

denominazióne *s.f.* Nome dato a qlco.

densità *s.f.* L'essere denso | *D. di popolazione* = rapporto tra il numero di abitanti e la superficie di un dato territorio.

dènso *agg.* **1** Concentrato, spesso, fitto, folto: *fumo d.*; *vegetazione d.* **2** ✿ Pieno, ricco: *una giornata d. di avvenimenti.*

dentàrio *agg.* Dei denti: *carie d.*

dentatùra *s.f.* **1** L'insieme dei denti **2** Serie di elementi sporgenti a forma di dente: *la d. di una ruota, di un pettine.*

dènte *s.m.* **1** Ciascuno dei piccoli ossi molto duri che sporgono dalle gengive dell'uomo e di molti animali e che servono principalmente a masticare il cibo | *Pasta, riso al d.* = poco cotti **2** Elemento sporgente di alcuni strumenti e meccanismi: *i d. della sega, di un ingranaggio.*

dentièra *s.f.* Apparecchio che sostituisce la dentatura naturale [S] protesi dentaria.

dentifrìcio *s.m.* Prodotto per pulire i denti.

dentìsta *s.m.f.* Medico specialista nella cura dei denti.

déntro *avv.* **1** All'interno, nella parte interna di qlco.: *guardare, entrare d.* ◊ In prigione: *lo hanno messo d.* **2** ♧ Nell'animo, nell'intimo: *sentiva d. un rimorso* ♦ *prep.* All'interno di: *stare d. la casa.*

denudàre *v.tr.* Spogliare ♦ **denudarsi** *v.pr.* Spogliarsi, svestirsi.

denùncia o **denùnzia** *s.f.* Atto con cui si informa di un reato l'autorità competente ◊ Dichiarazione che il cittadino deve presentare all'autorità competente in date circostanze: *d. dei redditi*; *d. di morte.*

denunciàre o **denunziàre** *v.tr.* **1** Comunicare ufficialmente all'autorità competente: *d. un furto al commissariato* | *D. una persona* = accusarla di un reato davanti all'autorità giudiziaria **2** Portare a conoscenza dell'opinione pubblica: *il giornale denunciò lo scandalo.*

denutrìto *agg.* Debole per insufficiente nutrizione: *un bambino d.*

denutrizióne *s.f.* Nutrizione insufficiente; il deperimento fisico che ne deriva.

deodorànte *agg.* e *s.m.* Detto di sostanza capace di eliminare i cattivi odori.

deperìbile *agg.* Che si deteriora facilmente: *alimenti d.*

deperìre *v.intr.* [aus. *essere*] **1** Perdere in forza, salute, bellezza: *d. per una malattia* **2** Deteriorarsi, guastarsi: *gli alimenti deperiscono in fretta.*

depilàre *v.tr.* Privare dei peli ♦ **depilarsi** *v.pr.* Privare il proprio corpo dei peli.

deploràre *v.tr.* Biasimare, condannare.

deplorévole *agg.* **1** Che merita biasimo [S] riprovevole: *un contegno d.* **2** Che fa pietà, compassione [S] miserevole: *il prigioniero era ridotto in uno stato d.*

depórre *v.tr.* **1** Mettere giù [S] posare, depositare: *d. per terra un pacco* **2** ♧ Rimuovere qlcu. da una carica, dal potere [S] destituire **3** ♧ Dichiarare in un processo [S] testimoniare: *d. il falso.*

depositàre *v.tr.* **1** Lasciare, posare qlco. in un posto **2** Affidare qlco. in deposito ad altri: *d. i soldi in banca* **3** Detto di liquidi, lasciar cadere sul fondo le particelle solide in sospensione [S] sedimentare ♦ **depositarsi** *v.pr.* Posarsi sul fondo.

depòsito *s.m.* **1** Consegna di denaro o di oggetti ad altri per custodia temporanea: *lasciare i bagagli in d.* **2** Locale in cui si custodiscono oggetti e merci varie: *d. di armi, di attrezzi* ◊ Rimessa per mezzi di trasporto pubblici **3** Sedimento di un liquido: *il d. del vino* ◊ Accumulo di materiali vari (ghiaia, sabbia, fango ecc.) trasportati dal vento, dal mare, da fiumi.

depressióne *s.f.* **1** In geografia, territorio che si trova al di sotto del livello del mare ◊ Avvallamento: *una d. del terreno* **2** In meteorologia, zona di bassa pressione atmosferica **3** In economia, fase di forte calo della produzione e dell'occupazione **4** Stato di grave abbattimento psichico, caratterizzato da malinconia, pessimismo, sfiducia in se stessi.

deprèsso *agg.* **1** Arretrato economicamente e socialmente: *aree d.* **2** Affetto da depressione: *un paziente d.* ◊ Avvilito, giù di morale: *oggi mi sento d.*

deprìmere *v.tr.* Abbattere fisicamente o moralmente [S] indebolire, demoralizzare ♦ **deprimersi** *v.pr.* Abbattersi, avvilirsi.

depuràre *v.tr.* Liberare dalle impurità, rendere puro: *impianto per d. l'acqua.*
depuratóre *agg.* Che depura: *filtro d.* ♦ *s.m.* Apparecchio o impianto per depurare l'acqua o altre sostanze.
deputàto *s.m.* Chi è stato eletto a rappresentare i cittadini nel ramo del parlamento detto appunto *camera dei deputati.*
deragliàre *v.intr.* [aus. *avere* o *essere*] Uscire dalle rotaie.
deretàno *s.m.* Sedere, posteriore.
derìdere *v.tr.* Prendere in giro con cattiveria [S] schernire, dileggiare.
derivàre *v.intr.* [aus. *essere*] Avere origine [S] provenire, discendere ◊ Essere prodotto, causato (anche ♧).
dèroga *s.f.* Eccezione a una norma stabilita, a una consuetudine: *fare una d.*
derràta *s.f.* (spec. al *pl.*) Prodotto agricolo di largo consumo: *d. alimentari.*
derubàre *v.tr.* Privare qlcu., con il furto o con l'inganno, di ciò che gli appartiene o gli spetta.
descrìvere *v.tr.* Rappresentare con parole una persona o una cosa, indicandone le caratteristiche: *d. un oggetto, un evento.*
descrizióne *s.f.* Il descrivere; il modo con cui si descrive.
desèrtico *agg.* Che ha le caratteristiche e l'aspetto di un deserto: *paesaggio d.* ◊ Tipico del deserto: *clima d.*
desèrto *agg.* Disabitato, spopolato: *una zona d.*; *le strade erano d.* ♦ *s.m.* **1** Vasto territorio arido **2** ♧ Luogo spopolato, poco abitato: *le città ad agosto sono un d.*
desideràre *v.tr.* **1** Sentire il bisogno o la voglia di avere qlco. **2** Volere: *desidera qlco. da bere?* ◊ Richiedere: *ti desiderano al telefono.*
desidèrio *s.m.* Aspirazione a soddisfare un bisogno o un piacere [S] voglia ◊ Ciò che si desidera: *il mio d. è vivere in pace.*
desinàre *v.intr.* [aus. *avere*] Pranzare.
desinènza *s.f.* Parte variabile alla fine di una parola.
desìstere *v.intr.* Rinunciare a continuare ciò che si stava facendo [S] ritirarsi, recedere: *d. da un'impresa.*
desolànte *agg.* Che sconforta, rattrista [S] sconfortante, triste.
desolàto *agg.* **1** Profondamente addolorato ◊ Spiacente, dispiaciuto **2** Deserto, squallido: *un paesaggio d.*
desolazióne *s.f.* **1** Dolore profondo, inconsolabile **2** Stato di abbandono, di squallore di luoghi.
dessert [francese] *s.m.invar.* La portata (frutta, dolce, gelato) che chiude il pranzo.
destàre *v.tr.* **1** Svegliare **2** ♧ Suscitare: *d. scalpore* ♦ **destarsi** *v.pr.* Svegliarsi.
destinàre *v.tr.* **1** Stabilire, decidere: *incontro rinviato a data da d.* **2** Assegnare qlcu. a un compito: *lo hanno destinato a un nuovo incarico* ◊ Riservare qlco. a uno scopo, a un uso: *d. un locale a studio* **3** Indirizzare, rivolgere: *il colpo era destinato a te.*
destinatàrio *s.m.* La persona o l'ente a cui è indirizzato qlco. (spec. posta).
destinazióne *s.f.* Luogo d'arrivo di un viaggio [S] meta: *partì per d. ignota* ◊ Luogo dove viene spedito qlco.
destìno *s.m.* Sorte assegnata a ciascun uomo, che spesso sembra stabilita da una forza superiore che decide il corso degli eventi: *non si può sfuggire al proprio d.*
désto *agg.* Sveglio: *sogno o son d.?*
dèstra *s.f.* **1** La mano destra: *scrive con la d.* **2** La parte corrispondente alla propria mano destra: *voltare a d.* **3** In politica, i partiti più conservatori.

destrézza *s.f.* **1** Abilità, agilità nei movimenti: *guidare con d.* **2** Abilità, accortezza nell'affrontare situazioni difficili.

dèstro *agg.* **1** Che sta, nel corpo umano o animale, dalla parte opposta a quella del cuore: *occhio d.*; *zampa d.* ◊ Che si trova a destra dal punto di vista di chi osserva: *il bar è sul lato d. della strada* **2** Abile, svelto: *è d. di mano.*

detenére *v.tr.* **1** Tenere presso di sé: *d. abusivamente un'arma* ◊ Avere, possedere: *d. un primato* **2** Tenere in prigione.

detenùto *s.m.* Chi si trova in prigione Ⓢ carcerato, recluso.

detenzióne *s.f.* **1** Possesso: *d. abusiva di armi* **2** Pena detentiva Ⓢ reclusione.

detergènte *agg.* e *s.m.* Detto di prodotto che serve a pulire (spec. la pelle).

detèrgere *v.tr.* Pulire: *d. la pelle* ◊ Asciugare, togliere: *d. il sudore dalla fronte.*

deterioraménto *s.m.* Alterazione, guasto: *il caldo provoca il d. dei cibi* ◊ ⌘ Peggioramento: *d. della situazione.*

deterioràre *v.tr.* Alterare, guastare, danneggiare (anche ⌘): *il caldo deteriora i cibi* ♦ **deteriorarsi** *v.pr.* Ridursi in cattivo stato, guastarsi, peggiorare (anche ⌘): *la situazione si è molto deteriorata.*

determinànte *agg.* Decisivo, risolutivo.

determinàre *v.tr.* **1** Stabilire, fissare esattamente: *d. i confini di una proprietà* **2** Provocare, causare: *d. una crisi* **3** Indurre ♦ **determinarsi** *v.pr.* Decidersi, risolversi: *si è determinato ad accettare.*

determinatìvo *agg.* *Articoli d.* = quelli (*il, lo, la, i, gli, le*) che si premettono a un nome per indicarlo in modo definito.

determinàto *agg.* Stabilito, definito, preciso: *si può entrare solo a d. ore* ◊ Certo, particolare, dato: *in d. casi funziona.*

detersìvo *s.m.* Prodotto contenente sostanze detergenti per pulire e lavare.

detestàre *v.tr.* Aborrire; odiare profondamente: *d. l'ipocrisia* ◊ Non sopportare: *d. lo spreco, la mancanza di puntualità.*

detonazióne *s.f.* Esplosione, scoppio ◊ Rumore di uno sparo: *si udirono delle d.*

detràrre *v.tr.* Togliere via Ⓢ sottrarre.

detrazióne *s.f.* Sottrazione di una somma da un importo; ciò che viene detratto.

detrìto *s.m.* (spec. al *pl.*) Frammento proveniente dalla disgregazione naturale delle rocce: *i fiumi trasportano molti d.* ◊ Frammento di materiali solidi in genere: *i d. di una casa demolita.*

dettagliànte *s.m.f.* Chi vende merci al dettaglio (contrapposto a *grossista*).

dettagliàto *agg.* Particolareggiato, minuzioso: *fare un racconto d. dei fatti.*

dettàglio *s.m.* **1** Particolare: *lavoro curato fin nei minimi d.* **2** *Vendere, vendita al d.* = in piccole quantità, al minuto.

dettàre *v.tr.* **1** Dire le parole che altri devono scrivere, pronunciandole lentamente e con chiarezza: *d. una lettera* **2** Suggerire, consigliare: *fai quello che ti detta la coscienza.*

dettàto *s.m.* Testo scritto sotto dettatura, come esercitazione scolastica.

dettatùra *s.f.* L'azione del dettare.

détto *agg.* Soprannominato, chiamato ♦ *s.m.* Modo di dire, proverbio.

devastàre *v.tr.* Causare gravi danni, rovine e distruzioni Ⓢ distruggere, saccheggiare: *i soldati devastarono la città.*

devastazióne *s.f.* Distruzione, rovina.

deviàre *v.intr.* [aus. *avere*] Cambiare direzione, percorso: *all'incrocio devia a sinistra* ♦ *v.tr.* Far cambiare direzione: *d. il traffico*; *d. la palla in rete* ◊ ⌘ Sviare: *d. i sospetti su un altro.*

deviazióne *s.f.* **1** Cambiamento di direzione, di percorso **2** Spostamento rispetto alla linea normale.

devòto *agg.* **1** Pieno di devozione religiosa: *un fedele d.* **2** Dedito, votato a un ideale: *d. alla patria* **3** Affezionato, fedele: *un amico d.*

di *prep.* **1** Esprime numerose relazioni dando luogo ai relativi complementi ◊ Specificazione: *il colore del cielo*; *la nascita di un figlio*; *un chilo di pasta*; *molti di voi* ◊ Denominazione: *la città di Milano* ◊ Paragone: *è più bravo di te* ◊ Limitazione: *è piccolo di statura*; *lo conosco di nome* ◊ Abbondanza o privazione: *è pieno di guai*; *mancano di mezzi* ◊ Colpa: *è accusato di tradimento* ◊ Argomento: *libro di storia*; *parlare di sport* ◊ Causa: *piangere di gioia* ◊ Mezzo o strumento: *spalmare di colla*; *lavorare di lima* ◊ Modo: *camminare di fretta* ◊ Qualità: *un uomo d'ingegno* ◊ Materia: *una porta di legno* ◊ Quantità, misura: *un gruppo di sei persone*; *una casa di tre piani* ◊ Età: *un bambino di due anni* ◊ Fine o scopo: *cintura di salvataggio* ◊ Origine, provenienza: *è di famiglia povera*; *un amico di Napoli* ◊ Moto da luogo (anche ✿): *se ne è andato di casa*; *m'è uscito di mente* ◊ Tempo determinato o continuato: *di mattina*; *un viaggio di due ore* **2** Si usa per indicare una quantità o un numero indeterminati: *mangiare (del) pane*; *uscì con delle amiche* **3** Seguita dal verbo all'infinito introduce varie specie di frasi: *credo di non sbagliare*; *è degno di occupare quel posto.*

dì *s.m.* Giorno.

diabòlico *agg.* **1** Del diavolo **2** ✿ Malvagio, perverso, perfido: *un uomo d.*

diàgnosi *s.f.* Identificazione, riconosci-

mento di una malattia: *dopo averlo visitato il medico formulò la d.*

diagonàle *s.f.* In geometria, la linea che unisce due vertici non consecutivi di un poligono ◊ Nell'uso comune, linea trasversale, obliqua.

diagràmma *s.m.* Rappresentazione grafica dell'andamento di un fenomeno.

dialettàle *agg.* Proprio del dialetto: *parola d.* ◊ Scritto in dialetto: *poesia d.*

dialèttica *s.f.* Abilità nel discutere e capacità di convincere.

dialètto *s.m.* Parlata caratteristica di una particolare zona geografica, più limitata rispetto a quella della lingua nazionale.

dialogàre *v. intr.* [aus. *avere*] Conversare, discorrere.

diàlogo *s.m.* **1** Discorso tra due o più persone Ⓢ conversazione, colloquio **2** Comunicazione tra persone basata sulla reciproca comprensione: *d. tra genitori e figli.*

diamànte *s.m.* Il più duro dei minerali, trasparente e incolore, costituito da carbonio puro, usato come pietra preziosa e in varie lavorazioni industriali.

diàmetro *s.m.* Linea che unisce due punti di una circonferenza passando per il centro.

diapositìva *s.f.* Immagine fotografica stampata su una lastra trasparente.

diària *s.f.* Compenso giornaliero dato a un lavoratore dipendente in trasferta come rimborso delle spese di vitto e alloggio.

diàrio *s.m.* **1** Quaderno in cui si annotano giorno per giorno i fatti ritenuti più importanti e le proprie impressioni e osservazioni **2** Registro giornaliero: *d. di classe.*

diarrèa *s.f.* Emissione frequente di feci liquide o semiliquide.

diàvolo *s.m.* Spirito del male, spesso rappresentato nella fantasia popolare come un uomo mostruoso con piedi caprini, corna e coda Ⓢ demonio, Satana | *Un buon d.* = persona mite e bonaria | *Un povero d.* = persona sfortunata, da commiserare.

dibàttere *v.tr.* Esaminare, discutere, trattare un problema, una questione ♦ **dibattersi** *v.pr.* Agitarsi per cercare di liberarsi Ⓢ divincolarsi.

dibàttito *s.m.* Discussione pubblica su un determinato argomento.

diboscàre vedi **disboscàre**.

dicèmbre *s.m.* Dodicesimo e ultimo mese dell'anno, di 31 giorni.

dichiaràre *v.tr.* **1** Esprimere apertamente, manifestare: *d. le proprie intenzioni* **2** Affermare: *d. la propria innocenza* ◊ Proclamare: *d. qlcu. colpevole*; *d. uno sciopero, la guerra* ♦ **dichiararsi** *v.pr.* Affermare di essere Ⓢ professarsi, proclamarsi: *d. innocente, vincitore* ◊ Manifestare la propria opinione riguardo a qlco. o qlcu.: *d. contro la guerra*.

dichiarazióne *s.f.* Comunicazione di qlco. ad altri in forma pubblica e ufficiale: *rilasciare una d. alla stampa* ◊ Affermazione: *non credo alle sue d.* ◊ Documento in cui si dichiara qlco.: *d. dei redditi*.

didascalìa *s.f.* Breve scritta informativa che accompagna un'illustrazione.

didàttico *agg.* Che riguarda l'insegnamento: *metodo d.*; *riunione d.*

dièci *agg.num.card.invar.* e *s.m.invar.* Numero equivalente a nove unità più una.

diecìna vedi **decìna**.

dièta *s.f.* Tipo di alimentazione: *d. a base di verdura* ◊ Temporanea riduzione del cibo o astinenza da alcuni cibi: *stare a d.*

diètro *avv.* Nella parte posteriore, opposta a quella davanti: *in auto sto sempre (di) d.* ♦ *prep.* **1** Nella parte posteriore, di là da: *d. la porta* ◊ Alle spalle (anche ✿): *è seduto d. di me*; *ti ridono d.* **2** Dopo: *ha un problema d. l'altro* ♦ *s.m.* La parte posteriore: *il d. dei pantaloni.*

difàtti *congz.* Infatti.

difèndere *v.tr.* **1** Proteggere, salvaguardare, riparare da pericoli, danni, attacchi: *d. i deboli*; *d. la propria salute* **2** Sostenere: *d. le proprie opinioni* ♦ **difendersi** *v.pr.* **1** Proteggersi, ripararsi: *d. dai colpi, dal freddo* **2** Opporre resistenza, tener testa a un nemico, a un avversario ◊ Sostenere le proprie ragioni.

difensìvo *agg.* Di difesa; che serve, che è fatto per difendersi: *atteggiamento d.*

difensóre *agg.* Che difende: *avvocato d.* ♦ *s.m.* **1** Chi difende o qlco.: *i d. della libertà* **2** Avvocato che assume la difesa di un imputato in un processo **3** Negli sport di squadra, giocatore con ruolo difensivo.

difésa *s.f.* **1** L'atto e il fatto di difendere e difendersi: *d. dell'ambiente*; *accorrere in d. di qlcu.*; *armi da d.* **2** Protezione, riparo, fortificazione: *la lana è una buona d. dal freddo*; *bombardare le d. nemiche* **3** Reparto arretrato di una squadra che ha il compito di contrastare gli attacchi avversari: *una buona d.*

difètto *s.m.* **1** Imperfezione: *d. fisico*; *d. di costruzione* ◊ Cattiva abitudine, tendenza negativa Ⓢ vizio **2** Mancanza, scarsità: *tra voi c'è d. di collaborazione.*

difettóso *agg.* Che ha dei difetti, delle imperfezioni: *vista d.*; *un pezzo d.*

differènte *agg.* Che non è uguale né simile Ⓢ diverso: *oggetti, caratteri d.*

differènza *s.f.* **1** Ciò per cui due o più

cose sono differenti ◊ Diversità: *d. di peso, di gusti, di opinioni* **2** Risultato dell'operazione di sottrazione.

differìre *v.tr.* Rimandare a un periodo successivo Ⓢ rinviare: *d. il giorno della partenza* ♦ *v.intr.* [aus. *avere*] Essere differente: *le mie idee differiscono dalle tue.*

differìta *s.f.* Trasmissione televisiva mandata in onda in un momento successivo alla sua registrazione.

diffìcile *agg.* **1** Che richiede particolare impegno, fatica, abilità: *un compito d.* ◊ Non facile da capire Ⓢ complesso, complicato: *libro, problema d.* **2** Pieno di ostacoli, disagi, difficoltà, preoccupazioni: *un percorso d.*; *un momento d.* **3** Chiuso, scontroso: *carattere d.* **4** Poco probabile: *è difficile che venga.*

difficoltà *s.f.* **1** Complessità: *problema di notevole d.* **2** Ostacolo, complicazione, disagio: *affrontare molte d.* ◊ Stento, fatica: *ho d. a digerire* **3** (al *pl.*) Situazione difficile: *trovarsi in d.*

difficoltóso *agg.* Pieno di difficoltà Ⓢ difficile, arduo: *compito d.* ◊ Che avviene con difficoltà Ⓢ faticoso: *respirazione d.*

diffidàre *v.intr.* [aus. *avere*] Non fidarsi: *d. di qlcu.* ♦ *v.tr.* Intimare a qlcu. di astenersi da qlco.: *lo diffidò dal riprovarci.*

diffidènte *agg.* Che non si fida Ⓢ sospettoso: *è un tipo d.*

diffidènza *s.f.* Mancanza di fiducia negli altri.

diffóndere *v.tr.* **1** Spargere, spandere tutt'intorno: *d. luce, calore* **2** ♧ Propagare, divulgare: *d. un contagio, una notizia* ◊ Trasmettere: *d. un comunicato* ♦ **diffondersi** *v.pr.* **1** Spandersi attorno: *il profumo si diffuse in tutta la casa* **2** ♧ Propagarsi, divulgarsi: *il panico si diffuse tra la folla.*

diffusióne *s.f.* Propagazione, divulgazione: *d. del calore, di un'epidemia, di una notizia*; *un giornale di larga d.*

diffùso *agg.* **1** Di largo uso e consumo: *prodotto, giornale molto d.* ◊ Comune a molte persone: *un'opinione d.* **2** Detto di luce, che si diffonde in modo uniforme.

dìga *s.f.* Sbarramento costruito lungo un corso d'acqua per creare un bacino artificiale o davanti a coste e porti per ripararli dalle onde del mare.

digerìre *v.tr.* Assimilare gli alimenti che si mangiano: *d. bene.*

digestióne *s.f.* Processo per cui gli alimenti ingeriti vengono trasformati in sostanze assimilabili dall'organismo.

digestìvo *agg.* Che riguarda la digestione: *disturbi d.* ◊ Che favorisce la digestione: *bevanda d.* ♦ *s.m.* Bevanda, liquore che aiuta a digerire.

digitàle[1] *agg.* Delle dita: *impronte d.*

digitàle[2] *agg.* Numerico: *orologio d.*

digitàre *v.tr.* Comporre con le dita su una tastiera: *d. un numero telefonico.*

digiunàre *v.intr.* [aus. *avere*] Non mangiare per un periodo di tempo.

digiùno[1] *agg.* Che non ha mangiato da un certo periodo di tempo: *è d. da due giorni.*

digiùno[2] *s.m.* Astensione dal cibo per un certo periodo di tempo: *iniziare un d.*

dignità *s.f.* Valore che ogni essere umano ha per sua natura e che è degno di rispetto: *rispettare la d. umana* ◊ Rispetto per se stessi Ⓢ onore: *comportarsi con d.*; *non ha più un briciolo di d.*

dignitóso *agg.* Pieno di dignità; che rivela dignità: *un contegno d.* ◊ Decoroso, decente: *una casa povera ma d.*

dilagàre *v.intr.* [aus. *avere* o *essere*] **1** Detto di acque, straripare spargendosi attorno come un lago: *il fiume è dilagato nelle campagne* **2** ♧ Estendersi, diffondersi in modo rapido e incontrollabile: *l'epidemia sta dilagando.*

dilaniàre *v.tr.* Fare a pezzi: *l'esplosione lo dilaniò* ◊ Sbranare: *il leone dilaniò la preda.*

dilatàre *v.tr.* Rendere più largo o far aumentare di volume Ⓢ allargare, ampliare ♦ **dilatarsi** *v.pr.* Aumentare di estensione o di volume Ⓢ ampliarsi, espandersi: *il legno si dilata con l'umidità.*

dilaziòne *s.f.* Differimento, rinvio, proroga: *chiedere una d. di pagamento.*

dileguàre *v.intr.* [aus. *essere*] e **dileguarsi** *v.pr.* Scomparire, svanire (anche ⌘).

dilèmma *s.m.* Alternativa non facile tra due possibili decisioni o scelte.

dilettànte *agg.* e *s.m.f.* **1** Che, chi si dedica a un'attività non per professione e per guadagno, ma per diletto e per passione: *ciclista, pittore d.* **2** Chi si occupa di qlco. senza la dovuta preparazione e capacità: *un lavoro superficiale, da d.*

dilètto[1] *agg.* Particolarmente caro e amato: *i miei d. figli; il suo amico d.*

dilètto[2] *s.m.* Piacere, gioia, soddisfazione.

diligènte *agg.* Che svolge con diligenza la sua attività, i suoi compiti: *uno scolaro, un impiegato diligente* ◊ Fatto con diligenza Ⓢ accurato: *un lavoro diligente.*

diligènza *s.f.* Impegno, accuratezza, scrupolosità nello svolgere i propri compiti.

diluìre *v.tr.* Rendere meno concentrata una sostanza liquida, aggiungendovi altri liquidi: *d. la vernice con un solvente.*

diluviàre *v.intr.impers.* [aus. *avere* o *essere*] Piovere a dirotto.

dilùvio *s.m.* Pioggia violenta e incessante.

dimagrànte *agg.* Che fa dimagrire: *cura d.*

dimagrìre *v.intr.* [aus. *essere*] Diventare magro o più magro.

dimenàre *v.tr.* Agitare in qua e in là: *il cane dimenava la coda* ♦ **dimenarsi** *v.pr.* Agitarsi, dibattersi: *si dimenava nel letto.*

dimensióne *s.f.* Ognuna delle misure (larghezza, lunghezza, altezza) che determinano l'estensione di un corpo o di uno spazio ◊ (al *pl.*) Estensione, grandezza.

dimenticànza *s.f.* Negligenza, errore.

dimenticàre *v.tr.* e **dimenticarsi** *v.pr.* **1** Non ricordare più o non ricordarsi di qlco. Ⓢ scordare: *d. un indirizzo; dimenticarsi (di) un appuntamento* ◊ Cancellare dalla propria mente o perdonare: *d. un'offesa* ◊ Trascurare: *d. i propri doveri* **2** Lasciare per distrazione un oggetto in qualche luogo: *d. l'ombrello al cinema.*

dimésso *agg.* Umile e modesto.

dimestichézza *s.f.* Familiarità, confidenza: *entrare in d. con qlcu.* ◊ Pratica, esperienza: *ho poca d. con le lingue.*

diméttere *v.tr.* Far uscire: *d. un malato dall'ospedale* ♦ **dimettersi** *v.pr.* Rinunciare a una carica, a un ufficio; dare le dimissioni: *il governo si è dimesso.*

dimezzàre *v.tr.* Ridurre alla metà; ridurre notevolmente: *d. le spese.*

diminuìre *v.tr.* Rendere minore Ⓢ ridurre: *d. le spese, i prezzi, i rischi* ♦ *v.intr.* [aus. *essere*] Diventare minore Ⓢ ridursi, decrescere, calare: *la febbre è diminuita.*

diminutìvo *s.m.* Sostantivo o aggettivo a cui è stato aggiunto un suffisso che indica una diminuzione di grandezza o esprime affettuosità (per es. *casetta, bellino*).

diminuzióne *s.f.* Riduzione, abbassamento, calo: *d. dei prezzi, del caldo.*

dimissióne *s.f.* (spec. al *pl.*) Rinuncia volontaria a una carica, a un impiego.

dimòra *s.f.* Luogo in cui si abita Ⓢ residenza: *persona senza fissa d.* ◊ Casa, abitazione: *una d. modesta, lussuosa.*

dimoràre *v.intr.* [aus. *avere*] Abitare, risiedere: *dimorò alcuni anni all'estero.*

dimostrànte *s.m.f.* Chi partecipa a una dimostrazione pubblica Ⓢ manifestante.

dimostràre *v.tr.* 1 Mostrare apertamente Ⓢ manifestare, rivelare: *d. interesse per lo studio* 2 Provare con ragionamenti o fatti la verità di qlco.: *d. un teorema; d. la propria innocenza* 3 Spiegare, far vedere: *d. il funzionamento di una macchina* ♦ *v.intr.* [aus. *avere*] Fare una dimostrazione pubblica: *d. per la pace* ♦ **dimostrarsi** *v.pr.* Mostrare di essere, rivelarsi: *d. vile.*

dimostrativo *agg.* 1 Che serve a dimostrare qlco. 2 In grammatica, detto di aggettivo o di pronome col quale si indica la vicinanza o la lontananza di qlco. o qlcu. rispetto a chi parla o ascolta.

dimostrazióne *s.f.* 1 Manifestazione, prova: *dare una d. di affetto* 2 Ragionamento che prova la verità di una tesi: *la d. di un teorema* 3 Prova pratica per illustrare il funzionamento di un meccanismo o le qualità di un prodotto 4 Manifestazione pubblica di protesta e denuncia: *una d. contro il governo.*

dinàmica *s.f.* Modo in cui si svolge un avvenimento: *la d. di un incidente.*

dinàmico *agg.* Pieno di energia, di vitalità, di movimento: *persona d.; vita d.*

dinamìsmo *s.m.* Attività continua, energia, vitalità: *è un uomo pieno di d.*

dinamìte *s.f.* Esplosivo ottenuto con la nitroglicerina miscelata ad altre sostanze.

dìnamo *s.f.invar.* Generatore meccanico di corrente elettrica.

dinànzi *avv.* Davanti, avanti, di fronte ♦ *prep.* Davanti, di fronte a, in presenza di.

dintórno o **d'intórno** *avv.* Intorno.

dintórni *s.m.pl.* I luoghi circostanti, le vicinanze: *abita nei d. di Firenze.*

dìo *s.m.* [pl. *dei*] 1 [con l'iniziale maiuscola] Nelle religioni monoteiste, l'essere supremo che ha creato e governa l'universo: *il Dio dei cristiani, degli ebrei, dei musulmani; credere in Dio* 2 Nelle religioni politeiste, ognuno degli esseri immortali dotati di particolari attributi e funzioni Ⓢ divinità: *gli dei pagani.*

diòcesi *s.f.* Territorio su cui esercita la propria autorità un vescovo.

diottrìa *s.f.* In oculistica, unità di misura della capacità visiva.

dipendènte *agg.* Che dipende da altro o da altri Ⓢ subordinato: *lavoro d.* ♦ *s.m.f.* Chi lavora alle dipendenze di altri.

dipèndere *v.intr.* [aus. *essere*] 1 Essere causato da qlco. Ⓢ derivare: *la sua debolezza dipende dalla malattia* ◊ Essere subordinato a una data condizione o alle decisioni di qlcu.: *tutto dipende da te* 2 Non essere autonomo economicamente e dover contare sull'aiuto di altri: *d. dalla famiglia.*

dipìngere *v.tr.* 1 Rappresentare qlco. per mezzo della pittura: *d. un paesaggio* ◊ Ricoprire, decorare con pitture: *d. un quadro, una cappella* 2 Colorare, verniciare, pitturare: *d. un soffitto, un mobile* ♦ **dipingersi** *v.pr.* Truccarsi.

dipìnto *agg.* Decorato con pitture o colorato: *un palazzo con la facciata d.* ♦ *s.m.* Opera di pittura Ⓢ quadro.

diplòma *s.m.* Documento ufficiale che attesta il possesso di un titolo di studio.

diplomàrsi *v.pr.* Ottenere un diploma scolastico: *si è diplomato in ragioneria.*

diplomàto *agg.* e *s.m.* Che, chi è in possesso di un diploma scolastico.

diplomazìa *s.f.* Attività attraverso cui gli stati regolano i loro rapporti reciproci ◊ Il complesso delle persone e degli organismi che svolgono tale attività.

diradàre *v.tr.* Rendere meno fitto, più rado: *d. la vegetazione* ◊ Rendere meno frequente: *d. le proprie visite.*

diramazióne *s.f.* Ognuno dei rami secondari che si dipartono dal tronco principale di un albero, di un fiume, di una strada, di una ferrovia.

dìre *v.tr.* **1** Esprimere con la voce; manifestare un pensiero, un'opinione con parole o scritti: *disse che era stanco*; *non ho nulla da d.* ◊ Raccontare, riferire: *dimmi come è andata* ◊ Consigliare: *cosa dici di fare?* ◊ Ordinare: *gli disse di tacere* ◊ Esprimere in una determinata lingua: *come si dice «casa» in francese?* **2** Parlare: *lascialo d.*

dirètta *s.f.* Trasmissione radiotelevisiva mandata in onda contemporaneamente alla sua realizzazione.

direttìva *s.f.* Indicazione generale su come agire e comportarsi, data da un'autorità: *attenersi alle d. dei superiori.*

dirètto *agg.* **1** Che si muove verso una data destinazione: *treno d. a Roma* ◊ Indirizzato, rivolto a qlcu.: *la lettera è d. a te* ◊ Destinato a un dato scopo: *legge d. a combattere la droga* **2** Che procede diritto, senza deviazioni: *la strada va d. alla stazione* ◊ Immediato, senza che ci sia in mezzo qlco. o qlcu.: *a d. contatto*; *è il mio superiore d.* | *Coltivatore d.* = chi coltiva personalmente terre di sua proprietà.

direttóre *s.m.* Chi dirige un'attività, un'azienda, un ufficio, una scuola ecc.

direzióne *s.f.* **1** Senso in cui si muove e punto verso cui si muove una persona o una cosa: *andare in d. opposta* **2** L'attività, il compito di dirigere [S] guida, comando: *assumere la d. dei lavori* ◊ Ufficio del direttore o dei dirigenti; sede di tale ufficio: *andare in d.*

dirigènte *s.m.f.* Chi dirige, ha funzioni direttive: *d. d'azienda*; *un d. sindacale.*

dirìgere *v.tr.* **1** Rivolgere verso una data direzione, punto o meta (anche ♧): *d. i passi verso casa*; *d. i propri sforzi verso un obiettivo* ◊ Inviare, indirizzare: *d. un messaggio a qlcu.* **2** Essere a capo di un'attività, di un organismo [S] guidare, comandare: *d. i lavori, un'orchestra, un'azienda* ♦ **dirigersi** *v.pr.* Avviarsi verso una direzione, una meta: *d. a casa.*

dirìtto[1] *agg.* **1** Che segue una linea retta, senza curvare o piegarsi da una parte o dall'altra: *strada d.*; *gambe d.* **2** Che sta in posizione verticale [S] dritto, ritto, eretto ♦ *avv.* In linea retta: *guardare d. davanti a sé* ♦ *s.m.* Il lato di un tessuto che deve rimanere all'esterno; la faccia principale di una moneta o di una medaglia.

dirìtto[2] *s.m.* **1** Ognuno degli interessi e dei poteri che la legge riconosce a ogni cittadino e tutela: *d. di voto, di sciopero, di proprietà* ◊ Facoltà o pretesa giustificata di fare o ottenere qlco.: *ha d. a un po' di riposo* **2** Il complesso delle leggi che regolano la vita sociale nei suoi diversi aspetti: *d. penale, civile, del lavoro.*

dirottàre *v.tr.* Far deviare un mezzo di trasporto dalla rotta prevista: *d. un aereo* ◊ Deviare, indirizzare: *d. il traffico su un'altra corsia* ♦ *v.intr.* [aus. *avere*] Cambiare rotta ◊ Cambiare destinazione.

dirótto *agg.* Impetuoso, irrefrenabile (detto di pianto e di pioggia).

dirùpo *s.m.* Luogo roccioso e scosceso [S] precipizio.

disàbile *agg.* e *s.m.f.* Che, chi manca di alcune capacità fisiche o mentali Ⓢ handicappato: *d. bisognoso di assistenza.*

disabitàto *agg.* Non abitato.

disabituàre *v.tr.* Far perdere un'abitudine ♦ **disabituarsi** *v.pr.* Perdere un'abitudine: *fa fatica a d. dal fumo.*

disaccòrdo *s.m.* Mancanza di accordo Ⓢ dissenso, contrasto: *espresse il suo d.*

disadàtto *agg.* Non adatto.

disagévole *agg.* Pieno di difficoltà, di ostacoli Ⓢ scomodo; difficile: *viaggio d.*

disagiàto *agg.* Pieno di stenti: *vita d.* ◊ Che è in penurie economiche: *famiglia d.*

disàgio *s.m.* **1** Scomodità, fatica ◊ Privazione, sofferenza: *vita piena di d.* **2** Imbarazzo, difficoltà: *sentirsi a d.*

disapprovàre *v.tr.* Non approvare Ⓢ criticare, condannare, biasimare.

disapprovazióne *s.f.* Biasimo, condanna, riprovazione.

disarmàre *v.tr.* Privare delle armi: *d. un soldato preso prigioniero.*

disàstro *s.m.* **1** Catastrofe, calamità; danno gravissimo: *d. ecologico*; *i d. della guerra* ◊ Incidente, disgrazia che provoca molte vittime Ⓢ sciagura: *d. aereo* **2** ♣ Cosa riuscita male, fallimento: *la riunione è stata un disastro.*

disastróso *agg.* **1** Che causa disastri; che costituisce un disastro: *un'alluvione, una guerra d.* **2** Pieno di disastri, di guai: *un'annata d.* ◊ Che ha un esito negativo, malriuscito, fallimentare: *un esame d.*

disattènto *agg.* Non attento Ⓢ distratto.

disattenzióne *s.f.* Mancanza di attenzione Ⓢ distrazione ◊ Svista, errore, provocati da scarsa attenzione.

disboscàre o **diboscàre** *v.tr.* Tagliare del tutto o in parte gli alberi di un bosco, di una zona.

discàrica *s.f.* **1** Luogo in cui vengono scaricati rifiuti, detriti e materiali di scarto **2** Scarico di rifiuti: *divieto di d.*

discendènte *s.m.f.* Chi discende per legami di sangue da una persona, da una famiglia, da un popolo.

discéndere *v.intr.* [aus. *essere*] **1** Scendere, venir giù, calare: *d. a valle* ◊ Smontare, sbarcare: *d. da cavallo, da una nave* ◊ Abbassarsi: *la febbre è discesa* **2** Avere origine: *d. da un'antica famiglia* ♦ *v.tr.* Scendere: *d. le scale.*

discépolo *s.m.* Allievo e seguace di un maestro.

discésa *s.f.* **1** Lo scendere, il venir giù: *d. da una montagna* **2** Calo, diminuzione: *d. dei prezzi* **3** Percorso in pendenza, visto dall'alto verso il basso: *una d. ripida.*

disciplìna *s.f.* **1** L'insieme delle norme che regolano il comportamento dei membri di una comunità: *d. militare, scolastica* ◊ L'obbedienza a queste norme: *classe priva di d.* **2** Materia di studio e di insegnamento: *d. storiche, scientifiche.*

disciplinàre[1] *agg.* Che riguarda la disciplina: *provvedimenti d.*

disciplinàre[2] *v.tr.* Regolare: *d. il traffico.*

disciplinàto *agg.* Rispettoso della disciplina: *un allievo d.* ◊ Regolato, ordinato.

dìsco *s.m.* **1** Oggetto piatto e di forma circolare **2** Attrezzo circolare che si lancia nelle gare di atletica.

discolpàre *v.tr.* Difendere qlcu. da un'accusa dimostrandone la non colpevolezza Ⓢ scagionare ♦ **discolparsi** *v.pr.* Difendersi da un'accusa Ⓢ giustificarsi.

discontìnuo *agg.* **1** Che ha interruzioni nello spazio o nel tempo: *linea d.*; *lavoro d.* **2** ♣ Incostante: *un atleta d.*

discordànza *s.f.* Mancanza di accordo Ⓢ contrasto: *d. di opinioni.*

discòrdia *s.f.* Mancanza di concordia; forte disaccordo, dissidio ◊ Divergenza di opinioni ⓢ dissenso.

discórrere *v.intr.* [aus. *avere*] Parlare, conversare: *d. del più e del meno.*

discórso *s.m.* **1** Esposizione del proprio pensiero a voce: *cominciare un d.* ◊ Ragionamento: *perdere il filo del d.* ◊ Orazione, conferenza **2** Conversazione, colloquio: *ho attaccato d. con lui* ◊ L'argomento di cui si discorre: *cambiare d.*

discotèca *s.f.* **1** Locale in cui si balla al suono di dischi **2** Raccolta di dischi.

discréto *agg.* **1** Abbastanza buono, soddisfacente: *un d. artista*; *un tempo d.* ◊ Non piccolo, più che sufficiente, notevole: *una d. quantità* **2** Non importuno, non invadente ⓢ riservato: *un ospite d.*

discrezióne *s.f.* **1** Moderazione, senso della misura: *mostrò d. nelle sue richieste* ◊ Riservatezza: *mi confidai con lui per la sua d.* **2** Libertà di agire come si vuole, senza limiti posti dall'esterno.

discriminàre *v.tr.* Trattare qlcu. in modo diverso, negargli i suoi diritti.

discriminazióne *s.f.* Differenza, disparità nel modo di giudicare e trattare una persona o una popolazione, a seconda della razza, delle convinzioni politiche o religiose, delle condizioni sociali ecc.

discussióne *s.f.* **1** Dialogo, dibattito, scambio di opinioni su un argomento, un problema **2** Litigio, battibecco.

discùtere *v.tr.* e *v.intr.* [aus. *avere*] **1** Esaminare un problema, parlare di un argomento, confrontando i diversi punti di vista: *d. una proposta*; *d. di sport* **2** Mettere in dubbio: *d. l'onestà di qlcu.* ◊ Fare obiezioni: *obbedisci senza d.!* ◊ Litigare.

disdétta *s.f.* **1** Atto con cui si pone fine a un contratto: *dare la d. a un inquilino* **2** Sfortuna: *che d. non esserci incontrati!*

disdìre *v.tr.* Annullare un impegno: *ho disdetto l'appuntamento.*

diseducàre *v.tr.* Dare una cattiva educazione, avere un effetto moralmente negativo: *esempi che diseducano la gioventù.*

disegnàre *v.tr.* Rappresentare qlco. con linee e segni: *d. un triangolo, una casa.*

disegnatóre *s.m.* Chi disegna, spec. per professione: *d. di moda, di fumetti.*

diségno *s.m.* **1** Rappresentazione di oggetti, figure, immagini per mezzo di linee e segni ◊ Arte e tecnica del disegnare: *studiare d.* **2** ⚛ Proposito, piano, intenzione: *le cose non sono andate secondo i suoi d.*

diseguagliànza vedi **disuguaglianza**.

diserbànte *agg.* e *s.m.* Detto di prodotto chimico che elimina le erbe nocive.

disfaciménto *s.m.* Decomposizione, putrefazione: *corpi in d.*

disfàre *v.tr.* **1** Distruggere, smontare quel che era stato fatto: *d. un vestito* **2** Sciogliere ♦ **disfarsi** *v.pr.* **1** Liberarsi, sbarazzarsi di qlco. o qlcu.: *d. di un peso, di un seccatore* **2** Putrefarsi, decomporsi **3** Sciogliersi, liquefarsi.

disfàtta *s.f.* Sconfitta militare irreparabile ◊ Grave sconfitta: *d. elettorale.*

disfunzióne *s.f.* **1** Alterazione del funzionamento di un organo **2** Cattivo funzionamento: *le d. dei servizi pubblici.*

disgèlo *s.m.* Scioglimento del ghiaccio e della neve per l'aumento della temperatura.

disgràzia *s.f.* **1** Sventura, sfortuna ◊ Caso sfortunato; caso spiacevole di cui nessuno ha colpa ◊ Avversità: *una famiglia colpita dalle d.* **2** Grave incidente ⓢ sciagura, disastro: *è successa una d.*

disgraziàto *agg.* **1** Colpito dalle disgrazie, sventurato: *una famiglia d.* **2** Che è andato male: *un viaggio d.* ◊ Pieno di avversità, penoso: *ha avuto una vita d.* ♦ *s.m.* **1** Persona colpita da sventure, dalla miseria, da infermità e perciò degna di pietà **2** Persona cattiva o imprudente, che causa del male, delle disgrazie.

disgregàre *v.tr.* Frantumare, sgretolare: *il vento e le acque disgregano le rocce* ♦ **disgregarsi** *v.pr.* Frantumarsi, sgretolarsi ◊ ♧ Disunirsi.

disguìdo *s.m.* Errore nella spedizione o nella consegna di qlco.

disgustàre *v.tr.* Provocare disgusto, ripugnanza (anche ♧) ♦ **disgustarsi** *v.pr.* Provare disgusto, nausea (spec. ♧).

disgùsto *s.m.* Senso di ripugnanza, di nausea per cibi o bevande ◊ ♧ Profonda avversione, insofferenza, repulsione.

disgustóso *agg.* Che provoca disgusto Ⓢ nauseante, ripugnante (anche ♧).

disidratàre *v.tr.* Privare o impoverire una sostanza o un corpo dell'acqua che contiene: *d. le verdure* ♦ **disidratarsi** *v.pr.* Subire una eccessiva perdita di liquidi organici: *se non si beve, ci si disidrata.*

disillùdere *v.tr.* Far perdere a qlcu. le sue illusioni: *mi è dispiaciuto disilluderlo.*

disimparàre *v.tr.* Dimenticare quel che si aveva imparato: *d. una lingua.*

disinfettànte *agg.* e *s.m.* Detto di sostanza capace di uccidere i germi che portano le infezioni: *l'alcol è un d.*

disinfettàre *v.tr.* Liberare dai germi portatori di infezioni, usando disinfettanti o altri mezzi: *d. una ferita con l'alcol.*

disinquinàre *v.tr.* Liberare dall'inquinamento: *d. un fiume.*

disintegràre *v.tr.* Distruggere riducendo in minuti frammenti ♦ **disintegrarsi** *v.pr.* **1** Ridursi in frammenti **2** ♧ Disgregarsi.

disinteressàrsi *v.pr.* Non avere interesse, non curarsi di qlco. o qlcu.

disinteressàto *agg.* Che non è mosso o non deriva dall'interesse personale, dal tornaconto: *un amico d.*; *un consiglio d.*

disinterèsse *s.m.* **1** Mancanza di interesse, indifferenza: *mostra d. per lo studio* **2** Noncuranza del proprio interesse personale Ⓢ altruismo, generosità.

disintossicàre *v.tr.* Liberare un organo o l'organismo dalle sostanze tossiche, da un'intossicazione ♦ **disintossicarsi** *v.pr.* Liberare il proprio organismo dalle sostanze tossiche: *d. dal fumo.*

disinvòlto *agg.* Che non è impacciato da timidezza o soggezione Ⓢ spigliato.

dislivèllo *s.m.* Differenza di livello.

disobbedìre e derivati, vedi **disubbidìre** e derivati.

disoccupàto *agg.* e *s.m.* Che, chi è senza lavoro: *è d.*; *con la crisi aumentano i d.*

disoccupazióne *s.f.* Mancanza di posti di lavoro ◊ Il numero complessivo dei disoccupati: *aumento della d.*

disonestà *s.f.* Mancanza di onestà: *agire con d.* ◊ Azione disonesta.

disonèsto *agg.* e *s.m.* Che, chi manca di onestà: *un uomo, un atto d.*

disonoràre *v.tr.* Macchiare l'onore, coprire di vergogna: *d. la propria famiglia.*

disonóre *s.m.* Perdita dell'onore Ⓢ ignominia, vergogna: *preferì la morte al d.*

disordinàto *agg.* **1** Che è in disordine: *una casa d.* ◊ Caotico, confuso: *traffico d.* **2** Che non cura l'ordine e la precisione: *un ragazzo d.* **3** Privo di misura Ⓢ sregolato: *è d. nel bere, nel mangiare*; *fa una vita d.*

disórdine *s.m.* Mancanza di ordine, turbamento dell'ordine Ⓢ caos, confusione, scompiglio: *in casa c'era un gran d.*

disorganizzàto *agg.* Privo di organizzazione, incapace di organizzarsi.

disorientaménto *s.m.* Perdita dell'orientamento ◊ ♧ Confusione, smarrimento.

disorientàre *v.tr.* Far perdere l'orientamento ◊ ♧ Confondere.

disorientàto *agg.* Smarrito, confuso, spaesato: *si sentiva d. nel nuovo ambiente.*

disossàre *v.tr.* Togliere le ossa a un animale ucciso o a un pezzo di carne.

dìspari *agg.* Detto di numero non pari, non divisibile per due.

disparità *s.f.* Disuguaglianza, differenza.

dispàrte *avv. In d.* = da parte, appartato, isolato: *starsene in d.*

dispèndio *s.m.* Consumo elevato o eccessivo: *d. di tempo e di energie.*

dispendióso *agg.* Costoso, caro.

dispènsa *s.f.* **1** Locale o mobile in cui si conservano le provviste alimentari **2** Ogni fascicolo di un'opera pubblicata periodicamente **3** Esonero.

disperàre *v.intr.* [aus. *avere*] Non sperare più, perdere la speranza: *d. della salvezza* | *Far d. qlcu.* = tormentarlo, fargli perdere la pazienza ♦ **disperarsi** *v.pr.* Cadere in preda alla disperazione.

disperàto *agg.* **1** Che è in preda alla disperazione **2** Per cui non c'è speranza di soluzione o di esito favorevole: *caso d.*; *una impresa d.* ◊ Che esprime disperazione o è suggerito dalla disperazione: *un pianto d.*; *con un atto d. tentò il suicidio.*

disperazióne *s.f.* Stato d'animo di chi ha perso ogni speranza ed è in preda all'angoscia e allo sconforto.

dispèrdere *v.tr.* **1** Allontanare l'uno dall'altro i membri di un gruppo: *la guerra disperse la famiglia* ◊ Sparpagliare qua e là: *il vento disperde i semi* ◊ Mettere in fuga: *la polizia disperse i dimostranti* ◊ Dissolvere: *il vento disperse le nubi* **2** ♧ Dissipare, sperperare: *d. le proprie forze* ♦ **disperdersi** *v.pr.* **1** Dirigersi in diverse direzioni Ⓢ sparpagliarsi **2** Dissolversi, svanire ◊ Andare perduto.

dispèrso *agg.* e *s.m.* Detto di persona scomparsa in un disastro o in una guerra e di cui né si è trovato il cadavere né si ha una prova certa della sua morte.

dispètto *s.m.* **1** Azione compiuta con l'intenzione di fare dispiacere, di irritare **2** Stizza, irritazione, invidia.

dispettóso *agg.* Che si diverte a fare dispetti ◊ Fatto per dispetto: *gesto d.*

dispiacére[1] *v.intr.* [aus. *essere*] Arrecare rammarico, dolore Ⓢ rincrescere: *ci dispiace non poterti aiutare* ♦ **dispiacersi** *v.pr.* Provare dispiacere.

dispiacére[2] *s.m.* Dolore morale, rammarico, pena, cruccio.

disponìbile *agg.* **1** Di cui si può disporre Ⓢ libero: *posti d.* **2** Libero da impegni: *oggi non sono d.* ◊ Ben disposto a fare qlco.: *è d. ad aiutarti.*

dispórre *v.tr.* **1** Sistemare, collocare secondo un certo ordine o criterio: *d. i libri nello scaffale* **2** Preparare: *d. tutto per la partenza* **3** Ordinare, stabilire, decidere: *il giudice dispose il suo arresto* ♦ *v.intr.* [aus. *avere*] Possedere, avere a disposizione: *d. di poco denaro* ♦ **disporsi** *v.pr.* Sistemarsi, mettersi in un certo ordine: *d. in fila per due.*

dispositìvo *s.m.* Congegno, meccanismo che svolge una particolare funzione.

disposizióne *s.f.* **1** Modo in cui sono disposte persone o cose **2** Inclinazione, attitudine: *ha d. per lo studio* **3** Ordine, prescrizione: *rispettare le d. ricevute* **4** *A d.*

= di cui si può far uso liberamente, su cui si può contare Ⓢ disponibile: *sono a tua d.*

dispósto *agg.* Pronto, disponibile: *sono d. ad aiutarti | Essere ben d., mal d. verso qlcu.* = avere un atteggiamento di simpatia o di ostilità nei suoi confronti.

disprezzàre *v.tr.* Considerare indegno di stima: *d. qlcu. per la sua viltà* ◊ Non tenere in alcun conto: *d. il pericolo.*

disprèzzo *s.m.* Totale mancanza di stima e profonda avversione nei confronti di qlcu. o qlco.

disputàre *v.tr.* Prendere parte a una competizione sportiva: *d. una gara* ♦ **disputarsi** *v.pr.* Contendersi l'un l'altro qlco.: *le due squadre si disputano la vittoria.*

dissanguàre *v.tr.* Far perdere una grande quantità di sangue ♦ **dissanguarsi** *v.pr.* **1** Perdere una gran quantità di sangue **2** ✂ Rovinarsi economicamente: *d. per pagare i debiti.*

disseccàre *v.tr.* Far seccare, essiccare: *d. le foglie al sole* ♦ **disseccarsi** *v.pr.* Prosciugarsi, inaridirsi: *lo stagno si disseccò.*

dissènso *s.m.* Contrasto, disaccordo, divergenza di opinioni ◊ Disapprovazione.

dissentìre *v.intr.* [aus. *avere*] Essere in disaccordo con altri riguardo a qlco.

disseppellìre *v.tr.* Togliere dalla sepoltura Ⓢ esumare ◊ Dissotterrare: *d. un tesoro.*

disservìzio *s.m.* Cattivo funzionamento di un servizio pubblico o privato.

dissèsto *s.m.* Cattiva condizione, stato di grave deterioramento: *d. ecologico* ◊ Grave situazione economica e finanziaria Ⓢ rovina, fallimento: *un'azienda in d.*

dissetànte *agg.* Che toglie la sete.

dissetàre *v.tr.* Togliere la sete: *l'acqua disseta* ♦ **dissetarsi** *v.pr.* Togliersi la sete.

dissìdio *s.m.* Contrasto tra persone o gruppi per divergenza di interessi o di opinioni Ⓢ dissenso, discordia.

dissìmile *agg.* Diverso, differente.

dissimulàre *v.tr.* Nascondere, non lasciar trasparire all'esterno i propri stati d'animo, pensieri, propositi: *d. i propri piani.*

dissipàre *v.tr.* **1** Dissolvere, far sparire (anche ✂): *il vento dissipò le nubi; d. i dubbi di qlcu.* **2** Sprecare, sperperare: *d. al gioco tutte le proprie sostanze.*

dissodàre *v.tr.* Lavorare un terreno rompendo le zolle per renderlo più soffice e adatto alla coltivazione.

dissòlvere *v.tr.* Far sparire Ⓢ dissipare (anche ✂): *il sole dissolse la nebbia; d. i dubbi* ♦ **dissolversi** *v.pr.* **1** Sciogliersi **2** Svanire, dileguarsi (anche ✂).

dissotterràre *v.tr.* Togliere da sotto terra Ⓢ disseppellire: *d. un tesoro.*

dissuadére *v.tr.* Convincere qlcu. a non fare qualcosa; distoglierlo da un proposito: *riuscì a dissuaderlo da quella follia.*

distaccàre *v.tr.* **1** Togliere via una cosa da dove era attaccata: *d. un quadro dal muro* **2** In una gara sportiva, acquistare un vantaggio di spazio o di tempo sugli avversari Ⓢ distanziare ♦ **distaccarsi** *v.pr.* Staccarsi, separarsi, allontanarsi (anche ✂): *d. dai vecchi amici.*

distàcco *s.m.* **1** Separazione, allontanamento da persone o luoghi **2** ✂ Mancanza di partecipazione emotiva Ⓢ freddezza, indifferenza: *tratta tutti con d.* **3** Distanza di tempo, di spazio o di punti tra i partecipanti a una competizione sportiva: *ha vinto con un grosso d.*

distànte *agg.* Che è a una certa distanza nello spazio o nel tempo: *il paese è d. un chilometro, dieci minuti a piedi* ◊ Lontano: *era seduto d.* ♦ *avv.* Lontano.

distànza *s.f.* **1** Spazio che separa due luoghi, due cose, due persone ◊ Intervallo di tempo: *a d. di vent'anni* **2** ✂ Differenza; disuguaglianza: *d. sociali.*

distanziàre *v.tr.* **1** Porre a una certa distanza di spazio o di tempo; mettere più distanti tra loro: *d. le partenze* **2** Lasciare dietro di sé a una certa distanza i concorrenti di una gara Ⓢ distaccare: *d. il gruppo.*

distàre *v.intr.* Essere, trovarsi a una certa distanza da un luogo: *la stazione dista un chilometro da qui.*

distèndere *v.tr.* **1** Allentare ciò che è teso, rilassare (anche ✂): *d. i nervi* **2** Stendere in tutta la larghezza e lunghezza: *d. i panni al sole; d. le gambe* **3** Mettere a giacere Ⓢ sdraiare, adagiare: *d. il malato sul letto* ♦ **distendersi** *v.pr.* **1** Sdraiarsi **2** Estendersi: *i campi si distendevano a perdita d'occhio* **3** ✂ Rilassarsi.

distensióne *s.f.* **1** Rilassamento fisico o spirituale **2** ✂ Diminuzione della tensione, miglioramento nei rapporti tra persone, gruppi, stati divisi da contrasti.

distésa *s.f.* **1** Vasta estensione: *una d. di sabbia* **2** Grande quantità di cose disposte l'una accanto all'altra: *una d. di panni.*

distéso *agg.* **1** Allungato, steso: *gambe d.* ◊ Sdraiato: *si mise d. sul divano* **2** ✂ Rilassato, sereno, tranquillo: *aria d.*

distìnguere *v.tr.* **1** Avvertire chiaramente le differenze esistenti tra più cose o persone, in modo da poterle riconoscere e individuare: *d. colori, suoni, odori; d. il bene dal male* **2** Rendere riconoscibile, diverso Ⓢ contrassegnare, caratterizzare: *la parola distingue l'uomo dagli animali* ♦ **distinguersi** *v.pr.* **1** Essere riconoscibile per qualche particolarità **2** Farsi notare Ⓢ segnalarsi: *d. per impegno.*

distintìvo *s.m.* Contrassegno che si porta sul vestito per indicare l'appartenenza a una categoria, a un'associazione e sim.

distìnto *agg.* **1** Diviso, separato: *conti d.* ◊ Diverso, differente: *problemi d.* **2** Chiaro, facilmente percepibile: *parole poco d.* **3** Signorile, raffinato: *persona d.*

distògliere *v.tr.* **1** Allontanare lo sguardo, l'attenzione, il pensiero dal punto cui era rivolto, dall'oggetto su cui era concentrato **2** Far desistere Ⓢ dissuadere: *siamo riusciti a distoglierlo dal suo proposito.*

distorsióne *s.f.* Lesione dei legamenti di un'articolazione Ⓢ storta.

distràrre *v.tr.* **1** Distogliere, sviare: *d. l'attenzione di qlcu.* ◊ Far perdere la concentrazione: *il rumore mi distrae* **2** Svagare, far divertire ♦ **distrarsi** *v.pr.* **1** Distogliere l'attenzione da ciò che si sta facendo: *d. mentre si guida* **2** Prendersi un po' di svago, di riposo: *ha bisogno di d.*

distràtto *agg.* Che non è attento a quel che accade intorno o a quel che sta facendo, perché ha il pensiero rivolto ad altro: *ero d.* ◊ Che è abitualmente disattento, sbadato: *è una persona molto d.*

distrazióne *s.f.* **1** Mancanza di attenzione momentanea o disattenzione, sbadataggine abituale **2** Ciò che distrae da un'occupazione ◊ Svago, divertimento.

distrétto *s.m.* Ciascuna delle zone in cui è suddiviso il territorio da parte dei diversi settori dell'amministrazione e dei servizi pubblici: *d. telefonico, militare.*

distribuìre *v.tr.* **1** Dare, assegnare qlco., ripartendolo tra diverse persone: *d. il rancio ai soldati* ◊ Consegnare, diffondere: *d. la posta* ◊ Fornire, erogare: *d. il gas* **2** Disporre, sistemare secondo un certo ordine e criterio: *d. i libri sugli scaffali.*

distributóre *s.m.* Apparecchio meccanico che distribuisce oggetti e prodotti vari; in partic. quello che rifornisce di carburante gli autoveicoli: *d. di benzina.*

distribuzióne *s.f.* **1** Assegnazione: *d. dei compiti, dei premi* ◊ Consegna, diffusione, erogazione: *d. della posta, dei giornali, del gas* **2** L'attività di trasporto di merci e servizi dai luoghi di produzione a quelli di consumo.

distrùggere *v.tr.* Far scomparire ogni traccia di qlco.: *d. una lettera* ◊ Demolire, rovinare, danneggiare in modo irreparabile (anche ♣): *d. una città, un casa*; *d. un sogno* ◊ Annientare, sterminare: *d. gli insetti nocivi* ◊ ♣ Abbattere moralmente: *la morte della moglie lo distrusse* ♦ **distruggersi** *v.pr.* Ridursi in pessime condizioni fisiche: *d. con l'alcol, con la droga.*

distrùtto *agg.* **1** Demolito, in rovina **2** ♣ Che è rimasto senza alcuna energia fisica o morale Ⓢ sfinito, abbattuto.

distruzióne *s.f.* Annientamento, demolizione, rovina: *le d. della guerra.*

disturbàre *v.tr.* **1** Causare fastidio, molestia a qlcu., spec. interrompendo quello che sta facendo Ⓢ infastidire, molestare ◊ Causare disagio fisico, malessere; dare noia: *la disturba il fumo?* **2** Ostacolare il normale svolgimento di qlco.: *d. le lezioni* ♦ **disturbarsi** *v.pr.* Incomodarsi.

distùrbo *s.m.* **1** Fastidio, molestia, incomodo: *ti dà d. se fumo?* **2** Indisposizione fisica: *d. di stomaco*; *soffre di d. psichici.*

disubbidiènte o **disobbediènte** *agg.* Non ubbidiente: *è un ragazzo d.*

disubbidiènza o **disobbediènza** *s.f.* Abitudine a disubbidire ◊ Atto che costituisce una mancanza di obbedienza.

disubbidìre o **disobbedìre** *v.intr.* [aus. *avere*] Non ubbidire: *d. a un ordine.*

disuguagliànza o **diseguagliànza** *s.f.* Mancanza di uguaglianza Ⓢ differenza, disparità: *d. di età*; *d. sociali.*

disumàno *agg.* **1** Privo di umanità, di compassione Ⓢ crudele, spietato **2** Che non sembra umano Ⓢ bestiale: *un urlo d.* ◊ Che abbrutisce: *un lavoro d.* ◊ Insopportabile, atroce: *un dolore d.*

ditàle *s.m.* Piccolo cappuccio di metallo o di plastica che, quando si cuce, protegge il dito che spinge l'ago.

ditàta *s.f.* Colpo dato con un dito ◊ Impronta lasciata da un dito.

dìto *s.m.* [pl.f. *le dita,* se considerate nel loro insieme; pl.m. *i diti* quando è seguito dal nome del dito: *i diti pollici*] **1** Ciascuna delle parti mobili con cui terminano le mani e i piedi dell'uomo e le zampe di alcuni animali **2** Misura, quantità corrispondente circa alla larghezza di un dito: *versami un dito di vino.*

dìtta *s.f.* Azienda, impresa.

dittatóre *s.m.* **1** Capo di un regime autoritario e antidemocratico, dotato di un potere assoluto **2** Persona che impone la sua volontà in modo autoritario, senza tener conto del parere degli altri.

dittatùra *s.f.* Regime politico fondato sul potere assoluto di una persona o di un unico organo dirigente, al di fuori di ogni controllo democratico: *la d. fascista.*

diùrno *agg.* Del giorno: *ore d.* ◊ Che si svolge durante il giorno: *servizio d.*

dìva *s.f.* Attrice o cantante molto famosa Ⓢ stella, star: *le d. del cinema.*

divampàre *v.intr.* [aus. *essere*] **1** Accendersi rapidamente e ardere con grandi fiamme: *l'incendio divampò* **2** ♣ Manifestarsi con violenza e diffondersi con rapidità: *la rivolta divampò nel paese.*

divàno *s.m.* Lungo sedile imbottito, in

genere con spalliera e braccioli Ⓢ sofà.

divaricàre *v.tr.* Allargare, far divergere: *d. le gambe.*

divàrio *s.m.* Differenza: *d. di opinioni.*

divenìre *v.intr.* [aus. *essere*] Diventare.

diventàre *v.intr.* [aus. *essere*] Acquistare una qualità o una condizione nuova e diversa Ⓢ divenire, farsi: *d. grasso, vecchio, ricco*; *il latte è diventato acido.*

divèrbio *s.m.* Discussione violenta tra due persone Ⓢ alterco, litigio.

divergènza *s.f.* Netta differenza, contrasto: *abbiamo delle d. di opinione.*

divèrgere *v.intr.* Andare in direzioni diverse, partendo da un'origine comune: *qui le due strade divergono.*

diversità *s.f.* Differenza: *d. di gusti.*

diversìvo *s.m.* Distrazione, svago.

divèrso *agg.* Che non è né uguale né simile Ⓢ differente ♦ *agg.indef.* Molti, parecchi, svariati: *ha d. amici*; *non accetto per d. motivi*; *c'erano d. persone in piazza.*

divertènte *agg.* Che fa divertire Ⓢ piacevole: *uno spettacolo molto d.*

divertiménto *s.m.* Il divertirsi e ciò che serve a divertire Ⓢ svago, passatempo.

divertìre *v.tr.* Procurare piacere, allegria, diletto, svago ♦ **divertirsi** *v.pr.* Occupare il proprio tempo piacevolmente, in svaghi e passatempi Ⓢ svagarsi: *pensa solo a d.* ◊ Provare piacere, gusto nel fare qlco.

dividèndo *s.m.* Nell'operazione della divisione, il numero da dividere.

divìdere *v.tr.* **1** Scomporre un tutto in più parti: *d. una mela in due* ◊ Fare una divisione: *d. nove per tre* ◊ Ripartire, suddividere: *d. gli allievi in gruppi* ◊ Distribuire, spartire: *d. il bottino* ◊ Condividere: *d. con qlcu. gioie e dolori* **2** Separare: *d. due amici* ◊ ♧ Disunire, porre in contrasto: *i litigi divisero i coniugi* ♦ **dividersi** *v.pr.* **1** Separarsi da qlcu. ◊ Smettere di convivere: *i coniugi si divisero* **2** Frazionarsi in gruppi: *il popolo si divise in due partiti* **3** Dedicarsi a più cose contemporaneamente: *d. tra il lavoro e la famiglia* **4** Essere suddiviso: *il metro si divide in centimetri.*

divièto *s.m.* Proibizione, spec. imposta da una legge, un regolamento, un'autorità: *d. di sosta, di pesca*; *d. di fumare.*

divincolàrsi *v.pr.* Dimenarsi, contorcersi per liberarsi: *d. per sfuggire alla presa.*

divinità *s.f.* Essere divino Ⓢ dio.

divìno *agg.* **1** Di Dio: *la bontà d.* ◊ Di un dio: *apparizione d.* ◊ Che è una divinità: *un essere d.* **2** ♧ Così straordinario da non sembrare umano: *bellezza, musica d.*

divìsa *s.f.* Abito indossato da tutti quelli che appartengono a una stessa categoria; in partic. uniforme militare.

divisióne *s.f.* **1** Scomposizione in parti Ⓢ spartizione: *d. di un'eredità* ◊ Ripartizione, suddivisione: *d. di un'opera in capitoli* **2** Operazione aritmetica con cui si calcola quante volte un numero è contenuto in un altro **3** Separazione: *linea di d.* **4** ♧ Discordia, contrasto **5** Grande unità militare **6** Categoria nella quale sono raggruppate le squadre partecipanti a un campionato.

divìso *agg.* Separato, non insieme.

divisóre *s.m.* Nell'operazione della divisione, il numero che divide il dividendo.

divisòrio *agg.* e *s.m.* Detto di ciò che serve a dividere ambienti: *pareti d.*

dìvo *s.m.* Attore o personaggio popolare del cinema, dello spettacolo o dello sport.

divoràre *v.tr.* **1** Mangiare rapidamente, con voracità **2** ♧ Consumare, distruggere rapidamente: *il fuoco divorò la foresta* ◊ Percorrere a tutta velocità: *d. la strada.*

divorziàre *v.intr.* [aus. *avere*] Sciogliere il proprio matrimonio mediante divorzio.
divòrzio *s.m.* Scioglimento legale del matrimonio: *ha chiesto il d. dal marito.*
divulgàre *v.tr.* Far conoscere a molte persone [S] diffondere: *d. una notizia* ◊ Rendere comprensibili a un vasto pubblico nozioni e argomenti difficili: *d. la scienza* ♦ **divulgarsi** *v.pr.* Diffondersi: *la notizia si divulgò.*
divulgatìvo *agg.* Che è scritto o detto in modo da poter essere compreso da un largo pubblico: *un'opera d.*
dizionàrio *s.m.* Opera in cui sono raccolte e spiegate in ordine alfabetico le parole di una lingua nel suo complesso o limitatamente ad alcuni aspetti [S] vocabolario | *D. bilingui* = quelli che riportano accanto a ciascuna parola di una lingua la parola o le parole che le corrispondono in un'altra lingua ◊ Opera che tratta in ordine alfabetico i termini e le nozioni relativi al sapere nel suo complesso (*d. enciclopedico*) o a qualche settore specifico (*d. di medicina*; *d. di economia*).
dizióne *s.f.* Maniera di pronunciare le parole [S] pronuncia: *ha una d. perfetta.*
dóccia *s.f.* Apparecchiatura da bagno per spruzzare in modo uniforme l'acqua sul corpo ◊ Locale o parte del bagno in cui si trova tale apparecchiatura: *entrare nella d.* ◊ Bagno fatto con tale apparecchiatura.
docènte *agg.* e *s.m.f.* Insegnante.
dòcile *agg.* Che obbedisce, che si sottomette facilmente [S] arrendevole, remissivo, mansueto: *ragazzo d.*; *un cavallo d.*
documentàrsi *v.pr.* Procurarsi le informazioni necessarie su un fatto o un argomento.
documentàrio *s.m.* Breve film che illustra qualche aspetto della realtà a scopo informativo o didattico.
documénto *s.m.* **1** Qualsiasi scritto che serve come prova o attestazione di qualcosa; in partic. certificato rilasciato da una pubblica autorità: *d. di proprietà, di guida, di identità* **2** Scritto o altro oggetto materiale su cui ci si basa per studi e ricerche o per dimostrare qlco.: *d. relativi a un fatto storico.*
dogàna *s.f.* Ufficio che controlla il passaggio delle merci alla frontiera di uno stato e riscuote le eventuali imposte che queste devono pagare ◊ L'imposta sulle merci importate ed esportate [S] dazio.
dòglie *s.f.pl.* I dolori che precedono il parto.
dólce *agg.* **1** Che ha un sapore simile a quello dello zucchero o del miele ◊ Non salato: *acqua d.* **2** ♧ Mite, lieve: *clima d.*; *un d. venticello* ◊ Non ripido: *un d. pendio* **3** ♧ Che procura una sensazione gradevole ai sensi o rallegra l'animo [S] delicato, soave: *un d. profumo*; *un d. ricordo* **4** ♧ Mite, gentile, affettuoso: *carattere d.*; *d. carezze* ◊ Caro, amato: *d. compagnia* ♦ *s.m.* **1** Sapore dolce **2** Cibo di sapore dolce; in partic. quello che si serve alla fine del pasto ◊ (al *pl.*) Dolciumi: *rimpinzarsi di d.*
dolcézza *s.f.* **1** Sapore dolce **2** ♧ Qualità di ciò che è dolce, piacevole per i sensi o per l'animo: *d. di una melodia, di un ricordo* **3** ♧ Mitezza, affettuosità, gentilezza di modi: *d. di carattere*; *parlare con d.* **4** ♧ Sentimento di intima felicità e tenerezza: *sentiva una gran d. in cuore.*
dolciùmi *s.m.pl.* Prodotti di pasticceria o dell'industria dolciaria: *negozio di d.*
dolènte *agg.* **1** Che duole [S] dolorante: *si*

toccò la caviglia d. **2** Addolorato, dispiaciuto: *sono d. di non poterti aiutare.*

dolére *v.intr.* [aus. *essere*] **1** Causare dolore, far male: *mi duole la testa* **2** Dispiacere, rincrescere: *mi duole di non potervi aiutare* ♦ **dolersi** *v.pr.* Provare rincrescimento Ⓢ rammaricarsi.

dòlo *s.m.* Volontà consapevole di commettere un reato: *il d. aggrava il reato.*

dolorànte *agg.* Che fa male Ⓢ dolente ◊ Che sente dolore: *si rialzò da terra tutto d.*

dolóre *s.f.* **1** Sensazione di sofferenza fisica Ⓢ male **2** Sofferenza morale, profonda tristezza e infelicità Ⓢ pena.

doloróso *agg.* Che provoca dolore fisico ◊ Che causa dispiacere, tristezza, pena Ⓢ penoso, triste: *un fatto, un ricordo d.* ◊ Pieno di sofferenze, di pene: *una vita d.*

dolóso *agg.* Detto di delitto, di reato commesso con dolo, intenzionalmente.

domànda *s.f.* **1** Richiesta verbale fatta per ottenere un'informazione ◊ Quesito che si pone a qlcu. per verificare le sue conoscenze ◊ Richiesta scritta a un ufficio, a un'autorità: *d. in carta da bollo* **2** In economia, quantità di un bene che è richiesta dagli acquirenti sul mercato.

domandàre *v.tr.* **1** Rivolgersi a qlcu. per sapere qlco. Ⓢ chiedere: *d. il prezzo, il nome di qlco.* **2** Rivolgersi a qlcu. per ottenere qlco. Ⓢ chiedere: *d. un favore; d. scusa* ♦ *v.intr.* [aus. *avere*] Chiedere notizie, informazioni: *d. di qlcu.* ◊ Cercare una persona, chiedere di parlarle.

domàni *avv.* **1** Nel giorno successivo a oggi: *partirò d.* **2** In un tempo futuro ♦ *s.m.* Il futuro, l'avvenire: *pensare al d.*

domàre *v.tr.* **1** Rendere docile, mansueto un animale feroce o selvatico Ⓢ addomesticare **2** ⚘ Sedare, stroncare, spegnere: *d. una rivolta, un incendio.*

domatóre *s.m.* Chi, nei circhi, addestra animali feroci o selvaggi.

domattìna *avv.* Domani mattina.

doménica *s.f.* Settimo giorno della settimana, festivo presso i popoli cristiani.

domenicàle *agg.* Della domenica.

domèstico *agg.* **1** Della casa, della famiglia: *lavori d.* **2** *Animali d.* = quelli allevati dall'uomo ♦ *s.m.* Persona addetta ai lavori domestici presso una famiglia.

domicìlio *s.m.* **1** Casa in cui si abita Ⓢ abitazione **2** Luogo in cui una persona abita normalmente.

dominàre *v.tr.* **1** Tenere sotto il proprio dominio, potere, controllo, autorità, influenza ◊ ⚘ Padroneggiare, conoscere perfettamente: *d. una situazione* ◊ ⚘ Controllare, tenere a freno: *d. la propria rabbia* **2** Sovrastare un luogo: *il castello domina la città* ♦ *v.intr.* [aus. *avere*] Avere il predominio, il potere assoluto: *l'Inghilterra dominava sui mari* ◊ ⚘ Regnare: *in quella casa domina la sporcizia* ♦ **dominarsi** *v.pr.* Tenere a freno un impulso, un sentimento Ⓢ controllarsi: *non sa d.*

domìnio *s.m.* Potere, autorità assoluta su qlcu. o qlco. ◊ ⚘ Padronanza, controllo: *perdere il d. dei propri nervi.*

donàre *v.tr.* Regalare qlco. a qlcu., offrire qlco. spontaneamente: *d. un libro; d. il sangue* ♦ *v.intr.* Giovare all'aspetto di qlcu., stargli bene: *questa gonna ti dona.*

dondolàre *v.tr.* Muovere in qua e in là con lente oscillazioni: *d. la testa* ♦ *v.intr.* [aus. *avere*] e **dondolarsi** *v.pr.* Muoversi oscillando in qua e in là: *d. sulla sedia.*

dondolìo *s.m.* Serie continua di oscillazioni: *il d. della barca sul mare.*

dònna *s.f.* **1** Essere umano adulto di sesso femminile **2** Moglie, compagna, fidanzata **3** *D. (di servizio)* = domestica.

dóno *s.m.* **1** Ciò che si dona o viene donato Ⓢ regalo **2** ⌗ Qualità, dote, virtù naturale: *ha il d. della bellezza.*

dópo *avv.* **1** Poi, più tardi, in seguito **2** Oltre, più avanti ♦ *prep.* **1** Successivamente a: *arrivò d. di me* **2** Oltre: *la casa è d. l'incrocio* ◊ In posizione successiva ♦ *congz.* Successivamente all'aver compiuto una data azione: *d. (aver) mangiato* ♦ *agg.invar.* Successivo, seguente: *il giorno d.*

dopodomàni *avv.* Fra due giorni ♦ *s.m. invar.* Il giorno successivo a domani.

dopopránzo *avv.* Nelle ore successive al pranzo; nel primo pomeriggio: *vedersi d.*

dopotùtto *avv.* In definitiva, alla fin fine.

dóppio *agg.* **1** Che è di misura, quantità due volte maggiore rispetto alla normale o a quella presa come punto di riferimento: *d. razione* **2** Costituito da due parti unite che svolgono la stessa funzione: *d. vetri* ♦ *avv.* *Vederci d.* = avere la vista poco chiara, spec. per ubriachezza ♦ *s.m.* Numero, misura, quantità doppia: *pesa il d.*

doráto *agg.* **1** Ricoperto da uno strato d'oro **2** Che ha il colore o i riflessi dell'oro: *un tramonto dorato.*

dormìre *v.intr.* [aus. *avere*] **1** Essere immerso nel sonno: *sta dormendo* ◊ Riposarsi per mezzo del sonno, coricarsi: *ho bisogno di d.; vado a d.* **2** ⌗ Essere quieto, silenzioso (detto di luoghi): *la città ancora dormiva* ♦ *v.tr.* Fare un sonno di un certo tipo: *d. sonni tranquilli.*

dormìta *s.f.* Sonno lungo e ininterrotto.

dormitòrio *s.m.* Stanzone in cui dormono molte persone, in collegi, ospizi e sim.

dormivéglia *s.m.invar.* Stato intermedio tra il sonno e la veglia.

dorsàle *agg.* Del dorso, situato sul dorso | *Spina d.* = colonna vertebrale.

dòrso *s.m.* **1** Parte posteriore del torace Ⓢ schiena ◊ Parte superiore del corpo degli animali **2** *D. della mano, del piede* = la parte esterna opposta al *palmo* o alla *pianta.*

dosàre *v.tr.* **1** Misurare, stabilire la dose o le dosi necessarie: *d. gli ingredienti di una torta* **2** ⌗ Calcolare con attenzione, usare con parsimonia: *d. le energie.*

dòse *s.f.* La quantità esatta di una o più sostanze che occorre per la preparazione di un alimento, di un farmaco, di un composto chimico ◊ La quantità di un farmaco necessaria per ottenere l'effetto desiderato: *non superare le d. indicate.*

dòsso *s.m.* **1** *Di d.* = dalla schiena, dal corpo: *levarsi i vestiti di d.* **2** Altura non elevata ◊ Rialzo del fondo stradale, indicato da un segnale di pericolo.

dotàre *v.tr.* Fornire (anche ⌗).

dotàto *agg.* **1** Ricco di doti, di qualità: *un artista d.* ◊ Che possiede una certa qualità: *è d. di coraggio* **2** Fornito, provvisto di qlco.: *albergo d. di ogni comodità.*

dòte *s.f.* **1** Il complesso di beni che tradizionalmente la sposa porta al marito **2** ⌗ Qualità positiva Ⓢ pregio: *persona piena di d.; doti fisiche, intellettuali.*

dottóre *s.m.* **1** Titolo di chi ha una laurea: *d. in legge* **2** Medico: *chiamare il d.*

dottrìna *s.f.* L'insieme dei principi teorici su cui si fonda una religione, una filosofia, una scienza, un'ideologia: *d. cristiana, marxista, liberale.*

dóve *avv.* **1** In quale luogo: *non so d. sia* **2** Nel luogo in cui: *vai d. ti pare* **3** Il luogo in cui: *ecco d. abito* **4** In cui: *la città d. sono nato.*

dovére[1] *v.tr.* [aus. *avere* quando è seguito da un nome; quando è seguito da un infinito ha l'ausiliare del verbo cui si accompagna: *ho dovuto mangiare, son dovuto partire*] **1** (seguito da un infinito) Avere l'obbligo, la necessità, il bisogno, la convenienza di fare qlco.: *dobbiamo rispettare gli altri*; *devo andare*; *dovrebbe accettare* ◊ Avere da fare o avere l'intenzione di fare qlco.: *devo sbrigare del lavoro*; *dovevamo partire, ma non fu possibile* ◊ Essere possibile, probabile: *dovrebbe farcela* **2** (seguito da un nome) Essere debitore di qlco. a qlcu. (anche ♧): *ti devo dieci euro*; *mi dovete una spiegazione.*

dovére2 *s.m.* Ciò che ciascuno è tenuto a fare, in quanto stabilito dalle leggi dello stato o da quelle morali [S] obbligo: *i d. dei cittadini*; *fare il proprio d. di padre* ◊ Ciò che si ritiene giusto e necessario: *mi sento in d. di aiutarlo.*

dovùnque *avv.* In qualsiasi luogo in cui: *d. vado lo incontro* ◊ Dappertutto.

dovùto *agg.* **1** Che si deve (dare, pagare, restituire): *pagare la somma d.* **2** Doveroso, necessario [S] debito: *lo trattò con il d. riguardo* ♦ *s.m.* Ciò che si deve dare o fare: *gli ho dato più del d.*

dozzìna *s.f.* Insieme di dodici o circa dodici cose dello stesso genere o persone.

dràmma *s.m.* **1** Nel teatro moderno, opera di tono serio che descrive vicende e situazioni per lo più dolorose **2** Vicenda, situazione molto triste e dolorosa [S] tragedia: *un d. familiare.*

drammàtico *agg.* **1** Relativo al dramma teatrale: *arte d.* ◊ Che scrive o interpreta drammi: *attore d.* **2** Che commuove fortemente o suscita ansiosa preoccupazione per la sua gravità [S] tragico, angoscioso: *un racconto d.*; *una scena d.*

drappèllo *s.m.* Piccolo gruppo di soldati ◊ Gruppo di persone: *un d. di turisti.*

drìtto *agg.* Diritto: *gambe d.* ♦ *avv.* Diritto: *tirare d.* ♦ *s.m.* Persona furba e abile nel fare i propri interessi.

drizzàre *v.tr.* **1** Far diventare diritto [S] raddrizzare: *d. un chiodo* ◊ Mettere in posizione eretta [S] rizzare: *drizzare un palo* **2** Indirizzare, rivolgere in una direzione: *d. gli occhi al cielo* ♦ **drizzarsi** *v.pr.* Alzarsi, rizzarsi: *d. in piedi di scatto.*

dròga *s.f.* **1** Sostanza vegetale usata per aromatizzare e condire le vivande [S] spezie: *il pepe è una droga* **2** Qualsiasi sostanza capace di modificare in vario modo lo stato fisico e psichico di chi la assume; nel linguaggio comune il termine è riferito in partic. alle sostanze il cui consumo è proibito dalla legge.

drogàre *v.tr.* **1** Aromatizzare, condire le vivande con spezie: *d. la carne* **2** Somministrare droghe (spec. in ambito sportivo): *d. un atleta, un cavallo* ♦ **drogarsi** *v.pr.* Fare uso di droga.

drogàto *s.m.* Chi abitualmente fa uso di droga [S] tossicodipendente.

drogherìa *s.f.* Negozio dove si vendono droghe o spezie, tè, caffè ed altri prodotti alimentari o di uso domestico.

dùbbio *agg.* **1** Incerto, non sicuro: *gara dall'esito d.*; *notizia d.* ◊ Poco chiaro: *frase di senso d.* **2** Che non dà alcuna garanzia, in cui si ha poca fiducia [S] sospetto, equivoco, ambiguo: *medicina di d. efficacia*; *uomo dalla d. reputazione* ♦ *s.m.* Incertezza, perplessità nel giudicare e nel decidere: *è in d. sul da farsi* ◊ Timore, sospetto: *i tuoi d. sul suo conto sono infondati.*

dubbióso *agg.* Che è in dubbio [S] incerto, esitante, perplesso: *era d. se accettare o no* ◊ Che esprime dubbio, perplessità: *tono d.*

dubitàre *v.intr.* [aus. *avere*] Avere dei dubbi, essere perplesso, esitante riguardo a qlco.: *dubitava se partire o restare* ◊ Ritenere poco probabile: *dubito che riesca a farcela* ◊ Temere: *dubito che ormai sia troppo tardi* ◊ Non avere fiducia Ⓢ diffidare, sospettare: *non si può d. di tutti.*

dùe *agg.num.card.invar.* e *s.m.invar.* Numero equivalente al doppio dell'unità ⧫ *agg.invar.* Si usa con valore indeterminato per indicare una piccola quantità: *devo dirti d. parole*; *fare d. passi.*

duèllo *s.m.* **1** Combattimento ad armi pari tra due avversari **2** ♧ Lotta, contesa, gara.

duétto *s.m.* Brano musicale eseguito insieme da due cantanti.

dùna *s.f.* Cumulo di sabbia formato dal vento in deserti e su spiagge.

dùnque *congz.* **1** Quindi, perciò: *ho sbagliato, d. tocca a me pagare* **2** (usato per cominciare, riprendere o concludere un discorso): *d. cosa stavo dicendo?*

dùo *s.m.invar.* Coppia di artisti che si esibiscono insieme ◊ Coppia di persone che agiscono in stretta collaborazione.

duodèno *s.m.* La parte iniziale dell'intestino.

duòmo *s.m.* La chiesa principale di una città Ⓢ cattedrale.

duplicàto *s.m.* Copia di un documento, uguale all'originale e con la stessa validità ◊ Copia in genere: *il d. di una chiave.*

dùplice *agg.* Doppio: *in d. copia* ◊ Che si compone di due elementi diversi, che ha due aspetti distinti: *ha una d. funzione.*

durànte *prep.* Nel corso di, nel periodo di, all'epoca di: *d. l'inverno*; *d. la guerra.*

duràre *v.intr.* [aus. *essere* o *avere*] **1** Continuare per un certo periodo di tempo; andare avanti, protrarsi nel tempo: *il film dura due ore*; *così non può d.* **2** Resistere, conservarsi, mantenersi: *una stoffa che dura a lungo.*

duràta *s.f.* Il periodo di tempo durante il quale si svolge qlco.: *la d. di un viaggio.*

durézza *s.f.* **1** Caratteristica di ciò che è duro, resistente **2** ♧ Asprezza, severità, rigidità: *lo rimproverò con d.*; *d. della disciplina* ◊ Insensibilità: *d. di cuore* ◊ Pesantezza, difficoltà: *la d. della vita dei minatori* ◊ Inclemenza: *la d. del clima nelle regioni polari.*

dùro *agg.* **1** Detto di materiale molto resistente e compatto, difficile da schiacciare, intaccare, scalfire: *d. come il ferro* ◊ Poco tenero, poco morbido: *carne d.*; *pane d.* ◊ Privo di elasticità, poco soffice Ⓢ rigido: *materasso d.*; *scarpe d.* **2** ♧ Spiacevole, doloroso: *una d. verità* ◊ Faticoso, difficile: *vita d.*; *lavoro d.* ◊ Aspro; severo, rigido: *un d. rimprovero*; *padre d. con i figli*; *una d. disciplina* ◊ Freddo, inclemente: *clima d.* **3** *Acqua d.* = ricca di sali di calcio, molto calcarea ⧫ *s.m.* **1** Cosa, superficie dura: *dormire sul d.* **2** ♧ Persona che non si piega, forte ed energica di carattere ◊ Persona insensibile e spietata: *fare il d.*

duróne *s.m.* Callo ai piedi o alle mani.

dùttile *agg.* **1** Detto di materiale e spec. di metallo che si può lavorare, piegare, assottigliare senza che si rompa **2** ♧ Che sa adattarsi alle diverse situazioni Ⓢ malleabile, adattabile, arrendevole: *carattere, atteggiamento d.*

E

e[1] *s.f.* o *m.* Quinta lettera dell'alfabeto italiano; è una vocale.

e[2] *congz.* Unisce tra loro due parole della stessa natura grammaticale o due frasi ◊ Può assumere il valore di «ma», «invece», «mentre»: *tutti lavorano e tu non fai niente* ◊ Può rafforzare un'esortazione con il valore di «ebbene»: *e deciditi!* ◊ Nell'addizione di numeri, pesi e misure ha il significato di «più»: *quattro e due sei.*

ebbène *congz.* Dunque, allora.

ebbrézza *s.f.* Stato di stordimento o di euforia provocato da alcol o droghe [S] ubriachezza: *guidare in stato di e.* ◊ ♣ Stato di esaltazione, di euforia provocato da un piacere intenso, da una forte emozione: *l'e. della vittoria, della velocità.*

ebollizióne *s.f.* Passaggio di un liquido allo stato di vapore per effetto del calore, con formazione di bolle gassose che salgono in superficie.

eccedènte *agg.* Che è in più, che avanza ♦ *s.m.* Ciò che eccede: *eliminare l'e.*

eccèdere *v.tr.* Oltrepassare la giusta misura [S] esagerare: *e. nel bere, nel cibo.*

eccellènte *agg.* Di grande qualità [S] ottimo, straordinario: *pranzo e.*; *un'idea e.*

eccèllere *v.intr.* [aus. *avere* o *essere*] Essere superiore [S] emergere, primeggiare, distinguersi: *e. su tutti per bontà.*

eccessìvo *agg.* Che va oltre la giusta misura, che supera i limiti consentiti [S] esagerato: *prezzo e.*; *guidi a velocità e.*

eccèsso *s.m.* Superamento della giusta misura [S] esagerazione: *ammalarsi per e. di lavoro*; *evitare gli e.* ◊ Superamento del limite consentito: *multa per e. di velocità* ◊ Quantità che è in più del necessario: *c'è da mangiare in e.*

eccètera *avv.* (spesso abbreviato in *ecc.*) E così via, e altri dello stesso genere.

eccètto *prep.* Con l'esclusione di, all'infuori di [S] tranne, fuorché: *tutti e. me.*

eccezionàle *agg.* **1** Che costituisce una eccezione, che non rientra nella normalità: *un fatto e.* **2** Straordinario, grandissimo: *forza, bellezza, intelligenza e.*

eccezióne *s.f.* Cosa, fatto, caso o persona che non rientra nella normalità: *fare un'e.*

eccitànte *agg.* Che eccita: *una situazione e.* ♦ *s.m.* Sostanza che eccita il sistema nervoso: *il caffè è un e.*

eccitàre *v.tr.* **1** Stimolare, risvegliare, suscitare: *la notizia eccitò la sua curiosità* **2** Porre in uno stato di agitazione, di tensione psichica o fisica: *oratore che sa e. le folle*; *il caffè eccita* ♦ **eccitarsi** *v.pr.* Entrare in uno stato di agitazione [S] accalorarsi, esaltarsi: *e. per ogni novità.*

eccitazióne *s.f.* Stato di agitazione, di esaltazione o di turbamento.

ecclesiàstico *agg.* Della chiesa cattolica: *beni e.* ◊ Del clero, del sacerdote: *abito e.* ♦ *s.m.* Sacerdote, prete.

ècco *avv.* Si usa per indicare, mostrare qlcu. o qlco. o per annunciarne l'improvviso avvicinarsi o comparire: *e. la mia casa*; *e. la mamma che arriva* ◊ Si usa per sottolineare un fatto o per iniziare o concludere un discorso: *e. cos'è successo.*

eclìssi o **eclìsse** *s.f.* Temporaneo oscuramento di un corpo celeste | *E. lunare* = quando la Terra, interponendosi tra la Luna e il Sole, la oscura con la sua ombra | *E. solare* = quando la Luna si interpone tra la Terra e il Sole oscurandolo.

èco *s.f.* o *m.* [pl.m. *gli echi*] Ripetizione di suono causata dalla riflessione delle onde sonore contro un ostacolo.

ecologìa *s.f.* Scienza che studia le relazioni tra gli esseri viventi e l'ambiente.

ecològico *agg.* Che riguarda l'ambiente naturale e la sua difesa: *disastro e.*

economìa *s.f.* **1** Risparmio di denaro o di altre risorse: *fare e.* **2** L'insieme delle attività riguardanti la produzione, la distribuzione e il consumo di beni e servizi: *e. italiana, internazionale* **3** La disciplina che studia le attività economiche.

econòmico *agg.* **1** Poco costoso ⓢ conveniente: *ristorante e.* **2** Che riguarda l'economia: *risorse e.; crisi e.*

economizzàre *v.tr.* Risparmiare: *e. denaro, energie* ◊ Fare economia.

ecosistèma *s.m.* Complesso unitario costituito da un dato ambiente e dalle piante e dagli animali che lo popolano.

eczèma *s.m.* Malattia della pelle che provoca arrossamento, vesciche e prurito.

edìcola *s.f.* Chiosco per la vendita di giornali e altre pubblicazioni periodiche.

edificàre *v.tr.* Costruire.

edifìcio *s.m.* Costruzione in muratura.

edìle *agg.* Che riguarda l'edilizia, che opera nell'edilizia: *macchine e.; impresa, operaio e.* ◆ *s.m.* Operaio edile.

edilìzia *s.f.* L'attività e l'industria della costruzione di edifici.

edilìzio *agg.* Che riguarda la costruzio-

ne di edifici: *lavori e.; speculazione e.*

editóre *s.m.* Imprenditore o società che si occupa di scegliere, stampare e pubblicare libri, riviste, giornali ◆ anche *agg.*: *società, casa editrice.*

editorìa *s.f.* L'industria che si occupa della pubblicazione di libri e periodici.

edizióne *s.f.* **1** Pubblicazione di un'opera a stampa: *e. economica, di lusso* **2** Nei quotidiani, ciascuna delle tirature che vengono stampate e diffuse nel corso della giornata: *e. del mattino, della sera* ◊ Ogni singola trasmissione di un notiziario radiofonico o televisivo.

educàre *v.tr.* **1** Guidare con l'insegnamento e l'esempio la formazione della personalità di qlcu. (spec. dei giovani), cercando di svilupparne positivamente le facoltà intellettuali e le qualità morali: *e. i figli* ◊ Indirizzare verso determinati fini, idee, comportamenti (anche negativi): *e. alla democrazia; film che educano alla violenza* **2** Abituare, allenare a qlco.: *e. il corpo alle fatiche.*

educatìvo *agg.* **1** Che riguarda l'educazione **2** Che serve a educare: *film e.*

educàto *agg.* Che ha ricevuto una buona educazione: *un ragazzo e.* ◊ Cortese, garbato, gentile: *comportamento e.*

educazióne *s.f.* **1** Formazione intellettuale e morale: *e. dei figli* **2** Modo di comportarsi corretto, cortese, rispettoso nei confronti degli altri: *dare prova di e.* **3** Nome di alcune materie d'insegnamento: *e. civica, artistica, tecnica.*

effervescènte *agg.* Detto di liquido che contiene numerose bollicine di gas ◊ Detto di sostanza che sviluppa bollicine di gas a contatto con un liquido.

effettìvo *agg.* Reale, concreto, vero: *non ha un e. bisogno di quei soldi.*

effètto *s.m.* **1** Tutto ciò che deriva ed è prodotto da una causa Ⓢ conseguenza, risultato, frutto: *la medicina non ha avuto e.*; *gli e. dell'alluvione* ◊ Risultato di un particolare artificio: *e. cinematografici* **2** Viva impressione: *lo spettacolo fece un grande e.* **3** Nel biliardo, nel calcio e in altri giochi, rotazione o traiettoria particolare data alla palla colpendola di lato o di striscio: *tiro ad e.* **4** (al *pl.*) Oggetti: *e. personali, di vestiario.*

effettuàre *v.tr.* Realizzare, attuare: *non poté e. i suoi propositi* ◊ Fare: *l'autobus effettua molte fermate* ♦ **effettuarsi** *v.pr.* Realizzarsi; aver luogo.

efficàce *agg.* Capace di ottenere l'effetto o di raggiungere lo scopo desiderato.

efficàcia *s.f.* Capacità di produrre l'effetto e i risultati voluti: *farmaco di grande e.*

efficiènte *agg.* Che è in grado di funzionare normalmente: *macchina e.* ◊ Che ha un buon rendimento, che svolge bene le proprie funzioni: *organizzazione e.*

efficiènza *s.f.* Capacità di funzionare adeguatamente, di avere un buon rendimento, di dare buoni risultati.

égli *pron.pers.* [f. *ella*; pl. *essi*] Pronome maschile di terza persona singolare, usato solo come soggetto e in riferimento a persone. Nella lingua parlata è sempre più spesso sostituito da *lui*.

egoìsmo *s.m.* Amore esagerato di se stessi e del proprio interesse, anche a scapito di quello degli altri.

egoìsta *agg.* e *s.m.f.* Che, chi si preoccupa solo di sé e del proprio interesse, senza curarsi degli altri.

eguàle e derivati, vedi **uguàle** e derivati.

elaboràre *v.tr.* Preparare qlco. con cura e definendolo in tutti i suoi particolari: *e. un progetto* ◊ Raccogliere e ordinare dati e informazioni mediante dei computer.

elaboratóre *s.m. E. (elettronico)* = macchina capace di eseguire calcoli numerici e di elaborare dati e informazioni con procedimenti automatici e in un tempo brevissimo Ⓢ calcolatore, computer.

elasticità *s.f.* **1** Proprietà di alcuni corpi di deformarsi sotto l'azione di una forza esterna e di riprendere la forma originaria quando questa forza è cessata **2** ✿ *E. mentale* = capacità di adattarsi a situazioni ed esigenze diverse.

elàstico *agg.* **1** Dotato di elasticità: *tessuti e.* **2** Agile e sciolto: *passo e.* ◊ ✿ *Orario e.* = che può iniziare e terminare a ore diverse ♦ *s.m.* Sottile anello di gomma elastica, usato per avvolgere, stringere, legare ◊ Nastro di tessuto elastico, usato in capi d'abbigliamento.

elefànte *s.m.* Il più grande mammifero terrestre vivente, caratteristico per la lunga proboscide e le zanne d'avorio.

elegànte *agg.* Dotato di grazia, di armonia; che rivela cura, finezza e buon gusto: *portamento e.*; *abito e.* ◊ Che veste con buon gusto e raffinatezza: *una donna e.*

elegànza *s.f.* Buon gusto e raffinatezza.

elèggere *v.tr.* Scegliere, per mezzo di una votazione, la persona o le persone che dovranno ricoprire una carica.

elementàre *agg.* **1** Che riguarda le prime, più semplici e fondamentali nozioni di una scienza, di un'arte: *i principi e. della matematica* **2** Facile, semplice: *un problema e.* **3** Basilare, fondamentale: *soddisfare i propri bisogni e.*

eleménto *s.m.* **1** Ciascuna delle quattro sostanze (aria, acqua, terra e fuoco) che, secondo gli antichi, costituivano i componenti fondamentali dell'universo ◊ *E.*

chimico = ogni sostanza pura costituita da atomi tutti identici tra loro **2** Ciascuna delle parti semplici che compongono qlco.: *termosifone a otto e.* **3** Persona, individuo.

elemòsina *s.f.* Offerta di denaro o altro, fatta per aiutare chi ha necessità Ⓢ carità, beneficenza: *fare, chiedere l'e.*

elemosinàre *v.intr.* [aus. *avere*] Chiedere l'elemosina Ⓢ mendicare.

elènco *s.m.* Lista di nomi, oggetti o altre cose, compilata seguendo un certo criterio: *fare l'e. dei libri da comprare.*

elettoràle *agg.* Che riguarda le elezioni: *legge e.*; *campagna e.*

elettoràto *s.m.* L'insieme degli elettori.

elettóre *s.m.* Chi ha il diritto di voto in un'elezione.

elettricìsta *s.m.f.* Tecnico che installa o ripara impianti e apparecchi elettrici.

elettricità *s.f.* **1** Proprietà della materia, la cui più nota manifestazione è la capacità di un corpo di attrarre o di respingere altri corpi **2** Corrente elettrica.

elèttrico *agg.* Che è prodotto dall'elettricità: *energia e.* ◊ Che produce elettricità: *centrale e.* ◊ Che funziona a elettricità: *motore, apparecchio e.*

elettrocardiogràmma *s.m.* Registrazione grafica degli impulsi elettrici del cuore.

elettrodomèstico *s.m.* Apparecchio elettrico per uso domestico.

elettrònica *s.f.* Scienza che si occupa delle applicazioni più avanzate dell'elettricità.

elettrònico *agg.* Che si basa sui principi e le applicazioni tecniche dell'elettronica: *calcolatore e.*

elevàre *v.tr.* Alzare, innalzare, sollevare (anche ✲): *e. il tono della voce* ◊ ✲ Migliorare: *e. il proprio rendimento* ◆ **ele-**

varsi *v.pr.* Diventare più alto (anche ✲).

elevàto *agg.* Alto (anche ✲): *posizione e.*; *prezzi e.*; *famiglia di e. condizione.*

elezióne *s.f.* Scelta, attraverso una votazione, della persona o delle persone candidate a una carica ◊ (al *pl.*) Insieme di operazioni con cui vengono eletti i rappresentanti del popolo ai diversi livelli.

èlica *s.f.* Organo meccanico utilizzato spec. per la propulsione di aerei, elicotteri e imbarcazioni; è costituito da due o più pale che ruotano attorno a un asse.

elicòttero *s.m.* Apparecchio aereo che si sostiene e muove nell'aria grazie a una o più grandi eliche.

eliminàre *v.tr.* **1** Cancellare, rimuovere, togliere: *e. un errore, un ostacolo* **2** Escludere da una gara, da un concorso: *e. una squadra dal torneo* **3** Uccidere, togliere di mezzo **4** Espellere.

elisióne *s.f.* Soppressione della vocale finale di una parola davanti ad altra parola che inizia per vocale.

élla *pron.pers.* [pl. *esse*] Pronome femminile di terza persona singolare, usato solo come soggetto e in riferimento a persone. Nella lingua parlata è sempre più spesso sostituito da *lei.*

ellìsse o **ellìssi** *s.f.* **1** Figura geometrica piana che ha la forma di un cerchio schiacciato e allungato **2** Orbita di tale forma tracciata da un corpo celeste che ruota intorno a un altro.

elmétto *s.m.* Casco di materiale resistente utilizzato per proteggere il capo.

elogiàre *v.tr.* Lodare.

elògio *s.m.* Lode, approvazione.

elùdere *v.tr.* Evitare, sfuggire con astuzia e abilità: *e. la sorveglianza.*

emanàre *v.tr.* **1** Diffondere, esalare: *e. calore, profumo* **2** Emettere un documento ufficiale: *e. un decreto* ♦ *v.intr.* (aus. *essere*) Provenire, diffondersi: *dai fiori emanava un gradevole profumo.*

emancipazióne *s.f.* Liberazione da una condizione di inferiorità e soggezione.

emarginàre *v.tr.* Relegare ai margini della vita sociale; estromettere da un gruppo Ⓢ escludere, isolare.

ematòma *s.m.* Raccolta di sangue che si forma all'interno di un tessuto corporeo in seguito a un'emorragia.

embrióne *s.m.* **1** L'individuo umano o animale nella fase iniziale del suo sviluppo, dopo la fecondazione dell'uovo **2** ⚘ Forma iniziale, abbozzo di qlco.

emergènza *s.f.* Situazione di pericolo improvviso: *chiamateci in caso di e.*

emèrgere *v.intr.* [aus. *essere*] **1** Venire a galla; affiorare dalla superficie dell'acqua ◊ Uscir fuori, apparire: *una figura emerse dal buio* **2** ⚘ Venire alla luce; risultare con evidenza: *dalle indagini emerge la sua responsabilità* ◊ Segnalarsi, distinguersi: *e. su tutti per bravura.*

emèrso *agg.* Che fuoriesce dall'acqua | *Terre e.* = i continenti e le isole.

eméttere *v.tr.* **1** Mandar fuori: *e. un grido*; *e. calore* ◊ Mettere in circolazione monete, francobolli, assegni ecc. **2** ⚘ Emanare: *e. un decreto* ◊ Pronunciare, esprimere: *il giudice emette le sentenze.*

emicrània *s.f.* Mal di testa.

emigrànte *s.m.f.* Chi emigra, spec. per trovare lavoro.

emigràre *v.intr.* [aus. *essere* o *avere*] Lasciare il proprio luogo d'origine per trasferirsi altrove, spec. per trovare lavoro.

emigràto *s.m.* Chi ha lasciato il proprio luogo d'origine per trasferirsi altrove.

emigrazióne *s.f.* Trasferimento di una o più persone dal proprio luogo d'origine

in altre regioni dello stesso paese (*e. interna*) o in paesi stranieri (*e. esterna*), per lo più a scopo di lavoro.

emisfèro *s.m.* La metà di una sfera ◊ Ciascuna delle due metà in cui è diviso dall'equatore il globo terrestre.

emissióne *s.f.* **1** Fuoriuscita: *e. di sangue dalla bocca* **2** Messa in circolazione: *e. di monete* **3** Diffusione: *e. di calore, di luce, di onde radio.*

emittènte *s.f.* Stazione che trasmette programmi radiotelevisivi.

emorragìa *s.f.* Fuoriuscita di sangue.

emostàtico *agg.* Che serve ad arrestare le emorragie: *cotone e.*

emotìvo *agg.* **1** Dovuto a emozione: *reazione e.* **2** Che si emoziona con facilità; molto impressionabile: *è un tipo e.*

emozionànte *agg.* Eccitante, appassionante: *un viaggio e.*

emozionàre *v.tr.* Causare un'emozione Ⓢ impressionare, turbare ♦ **emozionarsi** *v.pr.* Farsi prendere dall'emozione Ⓢ turbarsi, impressionarsi: *e. facilmente.*

emozióne *s.f.* Stato di intensa eccitazione o turbamento, spesso accompagnato da pallore, rossore, blocco della parola ecc.: *non riusciva a parlare per l'e.*

empìrico *agg.* Che si fonda solo sull'esperienza e sulla pratica, senza alcuna base scientifica: *metodi, rimedi e.*

empòrio *s.m.* Grande magazzino in cui si vendono merci d'ogni genere.

emulàre *v.tr.* Seguire l'esempio di qlcu. che si prende a modello, cercando di uguagliare o superare i suoi meriti e le sue virtù.

enciclopedìa *s.f.* Opera che raccoglie in forma sintetica e generalmente in ordine alfabetico le nozioni fondamentali relative a tutte le conoscenze umane o a un particolare campo del sapere.

endovenóso *agg. Iniezione e.* = che i-inietta il liquido direttamente in una vena.

energètico *agg.* **1** Di energia: *fonti e.* ◊ Che riguarda le fonti di energia utilizzate dall'uomo: *crisi e.* **2** Che dà energia all'organismo: *alimenti molto e.*

energìa *s.f.* **1** Forza, vigore fisico: *e. muscolare, nervosa* **2** Fermezza di carattere Ⓢ decisione, risolutezza: *agire con e.* **3** Capacità di un corpo di compiere un lavoro, cioè di produrre movimento, luce, calore: *e. meccanica, idrica, solare.*

enèrgico *agg.* **1** Dotato di energia morale, di fermezza Ⓢ deciso, risoluto: *uomo e.* **2** Radicale, efficace: *provvedimenti e.*

enìgma *s.m.* **1** Breve testo che contiene allusioni a una parola o a un significato da indovinare Ⓢ indovinello **2** ✂ Cosa misteriosa e inspiegabile Ⓢ mistero.

enigmàtico *agg.* Difficile da comprendere Ⓢ oscuro, misterioso: *un discorso e.*

enigmìstica *s.f.* L'insieme dei giochi di agilità mentale, come parole incrociate, indovinelli, rebus ecc.

enòrme *agg.* Molto grande Ⓢ gigantesco, colossale, immenso (anche ✂).

enotèca *s.f.* Collezione di vini pregiati in bottiglia ◊ Locale dove si vendono e assaggiano vini pregiati.

ènte *s.m.* **1** Istituzione, organismo che svolge un'attività di pubblico interesse | *E. locali* = regioni, province, comuni **2** *E. geometrici* = il punto, la linea, il piano, lo spazio.

entità *s.f.* Importanza, consistenza, valore: *danni di scarsa e.*

entràmbi *agg.* e *pron.m.pl.* Tutti e due Ⓢ ambedue: *e. i figli; ho parlato con e.*

entràre *v.intr.* [aus. *essere*] **1** Andare o venire dentro Ⓢ introdursi, penetrare (anche ✂): *e. in casa*; *il chiodo entrò nel* muro; *la lezione non mi entra in testa* **2** Stare dentro, poter essere contenuto in qlco.: *nella valigia non entra più niente* | ✂ *Entrarci* = avere a che vedere, a che fare **3** ✂ Essere ammesso in un gruppo, in un'istituzione: *e. in una squadra*; *e. nell'esercito* **4** ✂ Dare inizio a qlco.: *e. in guerra, in azione* ◊ Venirsi a trovare in un nuovo periodo di tempo, in una nuova situazione o condizione: *stiamo entrando nell'inverno*; *e. in crisi* | *E. in possesso di qlco.* = diventarne padrone.

entràta *s.f.* **1** L'azione di entrare: *l'e. a scuola* ◊ La possibilità di entrare: *l'e. al museo è libera* ◊ ✂ Inizio di qlco., intervento in qlco.: *e. in guerra* **2** Luogo per cui si entra Ⓢ ingresso: *l'e. del cinema* **3** ✂ (spec. al *pl.*) Guadagno, incasso, reddito: *aumento delle e.*

éntro *prep.* Prima della fine di un dato periodo: *tornerò e. sera*; *finirò e. l'anno.*

entrotèrra *s.m.invar.* Parte interna, lontana dalla costa, di una regione costiera.

entusiasmàre *v.tr.* Riempire d'entusiasmo Ⓢ appassionare, esaltare ♦ **entusiasmarsi** *v.pr.* Appassionarsi, eccitarsi, esaltarsi.

entusiàsmo *s.m.* Stato d'animo di gioiosa soddisfazione ed esaltazione.

entusiàsta *agg.* Che prova e manifesta entusiasmo ◊ Del tutto soddisfatto e contento: *è e. della sua nuova casa.*

enumeràre *v.tr.* Esporre in ordine Ⓢ elencare: *e. tutti i rischi di un'impresa.*

eòlico *agg.* Del vento, dovuto al vento.

epatìte *s.f.* Infiammazione del fegato.

epicèntro *s.m.* Il punto della superficie terrestre che viene colpito con più intensità da un terremoto.

epidemìa *s.f.* Rapida diffusione di una malattia contagiosa dentro un territorio.

epidèrmide *s.f.* Parte più superficiale della pelle; nel linguaggio comune, pelle.
epifanìa *s.f.* Festività cristiana che si celebra il 6 gennaio per ricordare la visita e l'adorazione dei Magi a Gesù bambino.
epìlogo *s.m.* Parte finale, conclusione di un discorso, di un romanzo, di un dramma, di un film o di una vicenda reale.
episòdio *s.m.* Fatto, avvenimento particolare [S] caso, vicenda: *un grave e.*
epistolàre *agg.* Relativo alle lettere, alla corrispondenza: *segreto e.* ◊ Costituito da lettere: *relazione e.*
època *s.f.* Periodo storico | *D'e.* = del passato [S] antico: *mobile d'e.* ◊ Tempo, periodo: *l'e. delle vacanze.*
eppùre *congz.* Tuttavia, nondimeno.
equatóre *s.m.* Il circolo massimo del globo terrestre, equidistante dai due poli, che divide la Terra in due emisferi.
equèstre *agg.* Che si riferisce ai cavalli o ai cavalieri: *sport e.*
equilibràto *agg.* **1** Distribuito in modo uniforme: *carico ben e.* **2** ♣ Che dimostra senso della misura, moderazione, saggezza: *ragazzo e.*; *una scelta e.*
equilìbrio *s.m.* **1** Condizione di un corpo che, per la giusta distribuzione del peso, sta dritto sul suo appoggio senza cadere **2** ♣ Situazione in cui forze diverse o contrastanti si bilanciano ◊ Armonia, giusta proporzione tra le diverse parti di un tutto **3** ♣ Capacità di comportarsi con saggezza e senso della misura: *dare prova di e.*
equìno *agg.* Di cavallo.
equinòzio *s.m.* Ciascuno dei due giorni dell'anno in cui la notte e il giorno hanno la stessa durata: *l'e. di primavera è il 21 marzo, l'e. di autunno il 23 settembre.*
equipaggiàre *v.tr.* Fornire di tutto ciò che è necessario allo svolgimento di un'attività o di un'impresa ♦ **equipaggiarsi** *v.pr.* Rifornirsi, dotarsi di tutto ciò che è necessario per uno scopo, per una situazione: *e. per un'escursione, per l'inverno.*
equipàggio *s.m.* L'insieme dei marinai e del personale di una nave o di un'imbarcazione ◊ L'insieme delle persone che provvedono alla guida e al funzionamento di un mezzo di locomozione.
equità *s.f.* Giustizia, imparzialità.
equivalènte *agg.* Di eguale valore ♦ *s.m.* Cosa che ha lo stesso valore di un'altra; somma corrispondente al valore di qlco.
equivalére *v.intr.* [aus. *essere* o *avere*] Avere lo stesso valore di qlco. d'altro ◊ Essere la stessa cosa: *tacere ora equivarrebbe a essere complici.*
equìvoco *agg.* Che si può intendere in modi diversi [S] ambiguo: *risposta e.* ♦ *s.m.* Interpretazione sbagliata di parole altrui [S] malinteso ◊ Errore derivato dallo scambiare tra loro cose o persone simili.
èquo *agg.* Giusto, imparziale ◊ Proporzionato [S] adeguato: *un e. compenso.*
èrba *s.f.* Nome generico di tutte le piante basse dal fusto verde, tenero e non legnoso ◊ Tappeto erboso: *sdraiarsi sull'erba.*
erbàccia *s.f.* Erba nociva alle colture.
erbivéndolo *s.m.* Ortolano.
erbìvoro *agg.* e *s.m.* Detto di animale che si nutre esclusivamente di vegetali.
erborìsta *s.m.f.* Chi raccoglie piante medicinali e aromatiche ◊ Chi vende piante medicinali e aromatiche.
erboristerìa *s.f.* Negozio di erborista.
erbóso *agg.* Ricoperto di erba: *tappeto e.*
erède *s.m.f.* **1** Chi eredita i beni di un defunto **2** Successore.

eredità *s.f.* L'insieme dei beni lasciati da un defunto.
ereditàre *v.tr.* Ricevere in eredità.
erètto *agg.* Dritto: *tenere il capo e.*
ergàstolo *s.m.* Pena del carcere a vita.
erìgere *v.tr.* Innalzare, costruire: *e. un monumento, un grattacielo.*
ermètico *agg.* A perfetta tenuta: *contenitore con chiusura e.*
eródere *v.tr.* Consumare, intaccare lentamente: *le onde erodono gli scogli.*
eròe *s.m.* **1** Chi dà prova di grande coraggio e spirito di sacrificio: *morire da e.* **2** Protagonista di un'opera letteraria, teatrale o cinematografica.
erogàre *v.tr.* Fornire, distribuire acqua, gas, energia elettrica.
eròico *agg.* Degno di un eroe: *un'impresa e.* ◊ Che mostra grande coraggio e forza d'animo: *un soldato e.*; *una madre e.*
eroìsmo *s.m.* Straordinario coraggio e spirito di sacrificio: *dare prova di e.*
erómpere *v.intr.* Venir fuori impetuosamente, con violenza: *la lava erompeva dal cratere del vulcano.*
erosióne *s.f.* L'azione disgregatrice e corrosiva esercitata sulla superficie terrestre dal vento, dalla pioggia, dalle acque correnti e dai ghiacciai.
eròtico *agg.* Che si riferisce all'amore fisico, al sesso: *un sogno e.*; *un film e.*
erràre *v.intr.* [aus. *avere*] Andare qua e là senza una meta o uno scopo [S] vagare, vagabondare: *e. per i boschi.*
erràto *agg.* Sbagliato, inesatto: *risposta e.*
erróre *s.m.* Allontanamento dal vero, dal giusto, da una regola o da una norma [S] sbaglio: *e. di calcolo, di stampa* ◊ Colpa, peccato: *riconoscere i propri e.*
eruzióne *s.f.* Emissione violenta di lava e altri materiali dal cratere di un vulcano.
esageràre *v.tr.* Considerare o far apparire qlco. più grande o importante di quel che è realmente: *e. la gravità di un fatto* ♦ *v.intr.* [aus. *avere*] Superare i limiti del giusto, dell'opportuno [S] eccedere: *e. in severità*; *e. nel mangiare.*
esageràto *agg.* Eccessivo, sproporzionato: *reazione e.*; *prezzo e.* ♦ *s.m.* Chi esagera o ha l'abitudine di esagerare.
esagerazióne *s.f.* Affermazione o notizia che fa apparire qlco. più grande o importante di quel che è realmente.
esalàre *v.tr.* Emettere, diffondere nell'aria [S] emanare: *e. un profumo* | ♣ *E. l'ultimo respiro* = morire ♦ *v.intr.* [aus. *essere*] Venir fuori, diffondersi nell'aria.
esaltàre *v.tr.* **1** Magnificare con grandi lodi: *e. il vincitore di una gara, le qualità di un prodotto* **2** Eccitare, entusiasmare: *la vittoria esaltò i tifosi* ♦ **esaltarsi** *v.pr.* Eccitarsi, entusiasmarsi.
esàme *s.m.* **1** Attenta considerazione e analisi di qlco., allo scopo di farsene un giudizio o di prendere una decisione: *e. di un progetto*; *fare l'e. del sangue* **2** Prova o serie di prove a cui viene sottoposto un candidato per accertarne la preparazione o l'idoneità a svolgere un'attività, una professione: *e. di ammissione*; *e. di guida.*
esaminàre *v.tr.* **1** Considerare, analizzare con attenzione: *e. un problema* **2** Sottoporre a una prova d'esame: *e. un alunno.*
esàtto *agg.* Conforme al vero, privo di errori [S] giusto, corretto, preciso: *risposta e.*; *calcolo e.*
esauriménto *s.m.* **1** Consumazione completa, fine: *e. delle risorse energetiche*; *e. delle scorte* **2** Stato di affaticamento e indebolimento fisico o mentale: *e. nervoso.*
esaurìre *v.tr.* Consumare completamen-

te Ⓢ finire: *e. le provviste* ♦ **esaurirsi** *v.pr.* **1** Consumarsi completamente (anche ✿) **2** Ammalarsi di esaurimento.

ésca *s.f.* Cibo utilizzato per catturare pesci o altri animali: *e. per i topi.*

esclamàre *v.tr.* e *v.intr.* [aus. *avere*] Dire qlco. ad alta voce e con forza.

esclamatìvo *agg.* Di esclamazione: *tono e.* | *Punto e.* = segno di interpunzione (!) che si pone dopo una parola o una frase per indicare che va pronunciata con tono esclamativo.

esclamazióne *s.f.* **1** Parola o frase pronunciata a voce alta e che esprime un forte sentimento **2** Interiezione.

esclùdere *v.tr.* Tenere fuori da un luogo; non lasciar entrare ◊ Lasciar fuori, non ammettere a partecipare: *e. qlcu. da una gara* ◊ Eccettuare: *se si esclude il giovedì, sono sempre libero.*

esclusìvo *agg.* Riservato solo a una persona o a un gruppo ristretto, con esclusione di tutti gli altri | *Modello e.* = unico o venduto da una sola ditta.

esclùso *agg.* Eccettuato: *c'erano tutti, e. te* ◊ *È e. che* = è impossibile che: *è e. che io venga* ♦ *s.m.* Chi è stato escluso da qlco.

escreménto *s.m.* Residuo degli alimenti espulso dall'intestino Ⓢ sterco, feci.

escursióne *s.f.* Gita, spec. in montagna.

esecutóre *s.m.* **1** Chi esegue qlco. per conto d'altri: *l'e. materiale di un delitto* **2** Chi interpreta con la voce o con uno strumento un brano musicale.

esecuzióne *s.f.* **1** Attuazione, realizzazione: *e. di un ordine, di un progetto* **2** *E. (capitale)* = uccisione di un condannato a morte **3** Interpretazione di un brano musicale.

eseguìre *v.tr.* **1** Mettere in opera, in atto

qlco. Ⓢ fare, attuare, realizzare: *e. un lavoro, un ordine* **2** Suonare o cantare una composizione musicale: *e. una sinfonia.*

esèmpio *s.m.* **1** Modello da imitare o da respingere: *essere un e. di coraggio*; *dare un cattivo e.* **2** Caso concreto o frase che si cita per dimostrare e chiarire un'affermazione, un concetto, una regola ecc.: *un dizionario con molti e.*

esentàre *v.tr.* Liberare qlcu. da un obbligo Ⓢ dispensare, esimere, esonerare.

esercènte *s.m.f.* Chi gestisce un negozio o un locale pubblico Ⓢ negoziante, commerciante.

esercitàre *v.tr.* **1** Tenere in esercizio Ⓢ addestrare, allenare: *e. il fisico*; *e. i soldati* **2** Attuare, praticare: *e. un controllo* **3** Praticare: *e. la professione di medico* ♦ **esercitarsi** *v.pr.* Fare esercizio Ⓢ allenarsi.

esèrcito *s.m.* Complesso delle forze armate di uno stato ◊ Complesso delle forze militari di terra (distinte dalla *marina* e dall'*aviazione*).

esercìzio *s.m.* **1** L'esercitarsi Ⓢ addestramento, allenamento ◊ Prova o insieme di prove che servono per acquisire pratica in qlco. **2** *E. pubblico* = albergo, ristorante, bar, cinema e sim.

esibìre *v.tr.* Mostrare, far vedere (spec. documenti) ♦ **esibirsi** *v.pr.* Presentarsi al pubblico in uno spettacolo.

esigènte *agg.* Che esige molto, difficile da accontentare: *professore e.*; *cliente e.*

esigènza *s.f.* Necessità, bisogno, richiesta: *trasferirsi per e. familiari.*

esìgere *v.tr.* **1** Pretendere: *e. una risposta* **2** Richiedere, rendere necessario: *questo è un lavoro che esige precisione.*

èsile *agg.* **1** Sottile, snello; gracile: *collo e.* **2** ✿ Debole, tenue: *un'e. speranza.*

esìlio *s.m.* **1** Allontanamento dalla patria come pena inflitta a un cittadino o come scelta volontaria (spec. per motivi politici o per sfuggire a persecuzioni) **2** La condizione di esule; il luogo e il periodo in cui si vive da esule: *morire in e.*

esistènza *s.f.* **1** Il fatto che qlcu. o qlco. esista: *credere nell'e. di Dio* **2** Vita.

esìstere *v.intr.* [aus. *essere*] Avere realtà effettiva: *i fantasmi non esistono* ◊ Esserci: *da quando esiste il mondo.*

esitàre *v.intr.* [aus. *avere*] Essere incerto, dubbioso, non decidersi a fare qlco.

esitazióne *s.f.* Indecisione, incertezza, perplessità: *ebbe un attimo di e.*

èsito *s.m.* Risultato: *l'e. delle elezioni* ◊ Riuscita, successo: *sforzi senza e.* ◊ Conclusione di una malattia: *e. mortale.*

èsodo *s.m.* Partenza in massa da un luogo: *e. di profughi* ◊ Emigrazione di una popolazione.

esòfago *s.m.* Il tratto del tubo digerente che va dalla faringe allo stomaco.

esoneràre *v.tr.* Dispensare qlcu. da un obbligo, da un onere ⓢ esentare.

esòtico *agg.* Originario, caratteristico di paesi lontani: *frutti e.*

espàndere *v.tr.* Estendere, ampliare: *e. il proprio dominio* ♦ **espandersi** *v.pr.* Estendersi, ingrandirsi ◊ Aumentare di volume ◊ Diffondersi.

espatriàre *v.intr.* [aus. *essere* o *avere*] Lasciare la propria patria ⓢ emigrare.

espediènte *s.m.* Rimedio, trovata per risolvere, almeno provvisoriamente, una situazione difficile.

espèllere *v.tr.* Scacciare, mandar via: *e. un giocatore dal campo* ◊ Mandar fuori (spec. dal corpo): *e. il catarro.*

esperiènza *s.f.* Conoscenza diretta e pratica della vita o di una data realtà ◊ Attività o avvenimento a cui si è partecipato personalmente: *e. politiche, di lavoro, di viaggio* ◊ Vicenda personale.

esperiménto *s.m.* Prova che si fa per accertare le caratteristiche e le qualità di qlco. o di qlcu.; in partic. prova compiuta in laboratorio allo scopo di verificare un'ipotesi scientifica.

espèrto *agg.* Che ha esperienza della vita: *un uomo e.* ◊ Che conosce bene un particolare campo, che ha lunga pratica in un'attività ⓢ competente; abile: *è e. di motori; un pilota e.* ♦ *s.m.* Persona che ha una particolare competenza in un determinato campo: *il parere dell'e.*

espiràre *v.tr.* Mandar fuori l'aria dai polmoni (il contrario di *inspirare*).

esplìcito *agg.* Espresso chiaramente, che non lascia dubbi ⓢ inequivocabile.

esplòdere *v.intr.* [aus. *essere*] **1** Scoppiare con fragore: *esplose una bomba* **2** ⚘ Dare libero sfogo, in modo violento o vivace, ai propri sentimenti: *e. dalla rabbia; e. in un urlo di gioia.*

esplosióne *s.f.* **1** Disgregazione istantanea di una sostanza esplosiva, con violenti effetti distruttivi ⓢ scoppio ◊ Il rumore prodotto da tale fenomeno: *si udì un'e.* **2** ⚘ Improvvisa e intensa manifestazione di un sentimento o di un fenomeno: *un'e. di gioia; e. di una rivolta.*

esplosìvo *agg.* **1** Che può esplodere: *sostanza e.* **2** ⚘ Che suscita violente reazioni, che fa scalpore: *notizia e.* ◊ *Situazione e.* = molto critica e pericolosa ♦ *s.m.* Sostanza capace di provocare una esplosione: *deposito di e.*

esponènte *s.m.f.* Rappresentante qualificato di un gruppo, di una categoria, di un'attività.

espórre *v.tr.* Mettere fuori, all'aperto: *e.*

i panni al sole ◊ Mettere in mostra; presentare al pubblico: *e. le merci*; *e. quadri in una mostra* ♦ **esporsi** *v.pr.* Mettersi nella condizione di venire colpito da qlco.: *e. troppo al sole*; *e. alle critiche.*

esportàre *v.tr.* Vendere all'estero merci prodotte in patria ◊ ♧ Diffondere all'estero: *e. una moda.*

esportazióne *s.f.* Spedizione e vendita all'estero di merci prodotte in una nazione.

espressióne *s.f.* **1** Manifestazione: *e. di un desiderio* **2** Vocabolo, locuzione: *un'e. dialettale, volgare* **3** Atteggiamento del volto che esprime un sentimento, uno stato d'animo: *aveva un'e. triste.*

esprìmere *v.tr.* Manifestare ad altri i propri pensieri o sentimenti: *e. un'opinione, un desiderio* ♦ **esprimersi** *v.pr.* Manifestare i propri pensieri e sentimenti; spiegarsi: *per l'emozione non riuscì a e.* ◊ Parlare, scrivere: *e. in buon italiano.*

espulsióne *s.f.* Allontanamento, cacciata di qlcu. da un luogo: *e. di un giocatore dal campo di gioco.*

espùlso *agg.* e *s.m.* Che, chi è stato cacciato da un luogo, da una collettività.

essenziàle *agg.* Fondamentale: *il punto e. del problema* ◊ Necessario, indispensabile: *l'acqua è e. alla vita.*

èssere[1] *v.intr.* **1** Collega il soggetto con il sostantivo o aggettivo che ne indica qualità, caratteristica, appartenenza a una categoria ecc. **2** *Esserci* = esistere; essere presente; trovarsi: *c'è speranza per lui*; *c'è qlcu. in casa?*; *qui c'era un bosco* ◊ Seguito da *da* e da verbo all'infinito indica necessità, disponibilità, possibilità **3** Indica il tempo e le condizioni climatiche: *che ora è?*; *è caldo* **4** Accadere, avvenire, aver luogo: *che sarà di noi?*; *la lezione non ci sarà* **5** Arrivare, giungere: *saremo lì tra poco* **6** Misurare (in peso, lunghezza ecc.) ◊ Costare ◊ Equivalere **7** *E. a, in* = trovarsi in un luogo, in una particolare situazione o condizione: *e. a letto, in viaggio*; *e. in guerra, in compagnia* ◊ *E. di* = appartenere (*questo libro è di Marco*); avere origine, provenire (*Marco è di Parma*); costituire (*e. d'aiuto*); avere una funzione (*e. di guardia*); essere costituito (*il tavolo è di marmo*).

èssere[2] *s.m.* Creatura, organismo: *gli e. viventi* ◊ Persona, individuo.

essiccazióne *s.f.* Operazione consistente nell'eliminare da materiali e prodotti l'acqua che essi contengono.

ésso *pron. pers.m.* Al singolare si riferisce alla cosa o all'animale di cui si sta parlando ◊ Al plurale si riferisce anche a persone: *essi non ti credono?*

èst *s.m.* Uno dei quattro punti cardinali, quello che si trova dalla parte da cui sorge il sole Ⓢ oriente, levante.

estàte *s.f.* Stagione compresa tra la primavera e l'autunno; nel nostro emisfero va dal 21 giugno al 23 settembre.

estèndere *v.tr.* Rendere più vasto Ⓢ ampliare, allargare (anche ♧): *e. le proprie conoscenze* ♦ **estendersi** *v.pr.* **1** Ampliarsi, allargarsi ◊ ♧ Diffondersi, propagarsi: *l'epidemia si estese* **2** Occupare uno spazio.

estensióne *s.f.* **1** Ampliamento, allargamento ◊ Sviluppo, diffusione **2** Ampiezza, superficie.

esterióre *agg.* Che appare all'esterno, visibile dall'esterno: *aspetto e.*

estèrno *agg.* Che è al di fuori: *mondo e.* ◊ Che agisce o proviene dal di fuori:

pericoli e. ♦ *s.m.* La parte esterna, il di fuori: *si trovava all'esterno della casa.*

èstero *agg.* Straniero: *paesi e.* ◊ Che riguarda i rapporti con i paesi stranieri: *politica e.* ♦ *s.m.* Paese straniero; il complesso dei paesi stranieri: *andare all'e.*

estéso *agg.* Vasto, ampio: *un territorio e.* ◊ Diffuso: *un uso poco, molto e.*

estètica *s.f.* Aspetto esteriore; bellezza: *curare l'e.*

estètico *agg.* 1 Che concerne la bellezza, spec. artistica: *giudizio e.* 2 Che migliora la bellezza del corpo: *chirurgia e.*

estintóre *s.m.* Apparecchio per spegnere piccoli incendi.

estinzióne *s.f.* 1 Spegnimento: *l'e. dell'incendio* 2 Scomparsa di una specie animale o vegetale (o anche di una popolazione): *l'estinzione dei dinosauri.*

estirpàre *v.tr.* Strappare sino alla radice Ⓢ sradicare: *e. le erbacce.*

estìvo *agg.* Dell'estate: *mesi e.*; *caldo e.*

estràneo *agg.* Che non appartiene alla famiglia, alla categoria, all'ambiente, al luogo di cui si sta parlando: *vietato l'ingresso alle persone e.* ◊ Che non ha niente a che fare con una data cosa: *si dichiarò e. al delitto* ♦ *s.m.* Persona estranea: *non aprire la porta a e.!*

estràrre *v.tr.* Tirare, cavare fuori: *e. la pistola dal fodero*; *e. un dente* ◊ ✂ Tirare a sorte: *e. i numeri del lotto.*

estremità *s.f.* Punto estremo, parte finale di qlco. ◊ *Le e.* = le mani e i piedi.

estrèmo *agg.* 1 Ultimo (nello spazio o nel tempo): *gli e. confini*; *l'e. saluto* 2 ✂ Grandissimo, gravissimo: *e. urgenza*; *e. pericolo* ♦ *s.m.* Estremità: *gli e. della corda* ◊ Limite ultimo: *era all'e. delle forze.*

esultànza *s.f.* Grande entusiasmo e gioia.

esultàre *v.intr.* [aus. *avere*] Provare e manifestare grande gioia: *e. per la vittoria.*

età *s.f.* 1 Gli anni di vita di una persona, di un animale o di una cosa ◊ Ognuno dei periodi della vita umana: *e. infantile, adulta, senile* 2 Epoca, periodo storico: *e. della pietra*; *l'e. antica, medievale.*

eternità *s.f.* 1 L'essere eterno: *l'e. di Dio* 2 Tempo infinito nel futuro; in partic., la vita eterna: *giurarsi amore per l'e.* 3 ✂ Tempo molto lungo, interminabile.

etèrno *agg.* 1 Che non ha principio né fine: *Dio è e.* 2 Che durerà finché esisteranno il mondo e gli uomini: *fama e.* ◊ Che durerà per tutta la vita: *amore e.*

eterosessuàle *agg.* e *s.m.f.* Che, chi è attratto dal sesso opposto al proprio.

ètica *s.f.* Insieme dei principi e delle norme di comportamento a cui un individuo o una collettività si ispirano Ⓢ morale.

etichétta[1] *s.f.* Cartellino che si applica su merci e oggetti per indicarne nome, contenuto, prezzo ecc.

etnìa *s.f.* Gruppo umano con comuni caratteri fisici, linguistici e culturali.

ètnico *agg.* Proprio di una razza o di un popolo (in relazione alla sua lingua, alla sua cultura, alle sue usanze e tradizioni).

èttaro *s.m.* Unità di misura dei terreni agrari, equivalente a 10.000 metri quadri.

ettogràmmo *s.m.* Misura di peso equivalente a cento grammi.

euforìa *s.f.* Stato d'animo di particolare benessere e vigore, caratterizzato da allegria, ottimismo, voglia di fare.

èuro *s.m.invar.* Nome della moneta unica della Unione Europea.

evàdere *v.intr.* [aus. *essere*] Fuggire, scappare da un luogo in cui si è rinchiusi: *e. dal carcere* ♦ *v.tr.* Sottrarsi all'ob-

bligo di pagare ciò che si deve: *e. le tasse.*
evaporàre *v.intr.* [aus. *essere*] Trasformarsi in vapore ◊ Svanire nell'aria.
evaporazióne *s.f.* Lento passaggio di un liquido allo stato di vapore.
evasióne *s.f.* **1** Fuga da un luogo in cui si è rinchiusi **2** *E. fiscale* = il non pagare le tasse, le imposte.
evàso *agg.* e *s.m.* Che, chi è fuggito da un luogo in cui era rinchiuso.
evasóre *s.m.* Chi non paga le tasse.
evenienza *s.f.* Circostanza, situazione che può verificarsi [S] caso, occorrenza, eventualità: *tenersi pronti per ogni e.*
evènto *s.m.* Fatto, avvenimento.
eventuàle *agg.* Che può esserci, accadere oppure no [S] possibile.
eventualità *s.f.* Possibilità che un fatto si verifichi [S] evenienza, caso.
evidènte *agg.* Chiaramente visibile, percepibile [S] palese: *la sua stanchezza era e.* ◊ Che non ha bisogno di essere dimostrato [S] chiaro, indubbio, indiscutibile: *la sua innocenza è e.*
evidènza *s.f.* Carattere certo e chiaro di qlco.: *negare l'e. dei fatti* | *Mettere in e.* = in risalto | *Mettersi in e.* = farsi notare.
evitàre *v.tr.* **1** Scansare o sfuggire qlco. o qlcu. che si considera dannoso o comunque molesto: *e. un ostacolo*; *e. uno scocciatore* ◊ Astenersi da qlco.: *e. di fumare* **2** Impedire, scongiurare: *e. una sciagura.*
èvo *s.m.* Epoca, età storica: *medio e.*
evolùto *agg.* Moderno, avanzato sul piano sociale e civile: *vivere in un paese e.*
evoluzióne *s.f.* Sviluppo, trasformazione graduale, progresso ◊ Processo di continua trasformazione delle specie viventi per influsso dell'ambiente e della selezione naturale.
evòlvere *v.intr.* [aus. *essere*] e **evolversi** *v.pr.* Svilupparsi, trasformarsi, progredire, per lo più gradualmente.
evvìva *inter.* Esclamazione di esultanza, di acclamazione, di augurio e simili.
èxtra *agg.invar.* **1** Di qualità superiore [S] super: *un prodotto e.* **2** Fuori del previsto, in più dell'ordinario: *spese e.* ♦ *s.m.invar.* Tutto ciò che costituisce un sovrappiù; in partic. ogni consumazione o servizio forniti da un ristorante o da un albergo e non compresi nel prezzo prestabilito.
extracomunitàrio *agg.* e *s.m.* Che, chi non fa parte dell'Unione Europea ◊ Che, chi proviene da paesi che non fanno parte dell'Unione Europea: *immigrati e.*
extraeuropèo *agg.* Che non fa parte dell'Europa: *paesi e.*
extraterrèstre *agg.* Che è, esiste o avviene al di fuori della Terra ♦ *s.m.f.* Ipotetico abitante di altri mondi.
extraterritoriàle *agg.* Che non fa parte del territorio di uno stato: *acque e.* ◊ Che non è soggetto alla legge di uno stato, pur trovandosi nel suo territorio.
extraurbàno *agg.* Che è al di fuori della città: *zone e.* | *Linee di trasporti e.* = che collegano la città con le zone circostanti.

F

f *s.f.* o *m.* Sesta lettera dell'alfabeto italiano; è una consonante.

fa *avv.* Prima di adesso: *molto tempo fa.*

fàbbrica *s.f.* Stabilimento in cui si fabbricano prodotti con metodi industriali.

fabbricàre *v.tr.* **1** Edificare, costruire: *f. un palazzo* **2** Produrre, fare: *f. mobili.*

fabbricazióne *s.f.* Produzione, lavorazione, spec. di tipo industriale.

fàbbro *s.m.* Artigiano che lavora il ferro e che ripara oggetti di ferro.

faccènda *s.f.* **1** Lavoro, impegno, affare da sbrigare **2** Fatto, situazione, vicenda.

facchìno *s.m.* Chi per mestiere trasporta bagagli o pesi in stazioni, porti, alberghi Ⓢ portabagagli.

fàccia *s.f.* **1** Parte anteriore della testa umana Ⓢ viso, volto ◊ Espressione, atteggiamento del volto: *f. onesta, allegra* **2** Ciascuno dei due lati di un corpo piatto: *le f. di una medaglia* ◊ *La f. della Terra* = la sua intera superficie.

facciàta *s.f.* Il lato esterno e anteriore di un edificio, dove si trova l'ingresso principale.

fàcile *agg.* **1** Che non richiede particolare impegno, fatica, abilità Ⓢ agevole: *lavoro f.; guadagni f.* ◊ Che si capisce senza troppo sforzo Ⓢ semplice, chiaro: *un libro f.* ◊ Che non presenta particolari disagi e difficoltà Ⓢ comodo: *vita f.* **2** Incline, propenso: *uomo f. all'ira* **3** Probabile: *è f. che domani nevichi.*

facilità *s.f.* **1** L'essere facile; semplicità, agevolezza **2** Attitudine naturale a fare qlco. senza sforzo: *avere f. a dipingere* ◊ Tendenza: *ha f. a dimenticare le cose.*

facilitàre *v.tr.* Rendere più facile Ⓢ agevolare, favorire: *f. un lavoro.*

facoltà *s.f.* **1** Ognuna delle capacità, delle attitudini che sono proprie della mente umana: *f. intellettive* **2** Autorità, potere, diritto: *questo non rientra nelle mie f.* **3** Proprietà di produrre un dato effetto **4** Corso di studi universitari: *f. di legge.*

facoltatìvo *agg.* Che si può fare o non fare Ⓢ non obbligatorio: *esame f.*

fagiòlo *s.m.* Pianta erbacea con frutto a legume ◊ Il seme commestibile contenuto nel legume della pianta.

fagòtto *s.m.* Insieme di roba avvolto alla meglio | *Far f.* = andarsene.

falànge *s.f.* Ciascuna delle ossa che formano lo scheletro delle dita delle mani e dei piedi.

fàlce *s.f.* Attrezzo agricolo per tagliare erbe e cereali, costituito da una lama ricurva fissata a un lungo manico.

falciàre *v.tr.* Tagliare con la falce.

fàlco *s.m.* Uccello rapace diurno.

fàlda *s.f.* Striscia, strato sottile e relativamente largo di terreno o di qualsiasi altro oggetto o materiale.

falegnàme *s.m.* Artigiano che lavora il legno.

fàlla *s.f.* Squarcio nello scafo di un'imbarcazione, in un serbatoio, in una diga.

falliménto *s.m.* **1** Insuccesso totale, esito disastroso: *il f. di un'impresa* **2** Situazione in cui un'azienda non è più in grado di pagare i propri debiti, per cui i suoi beni vengono sequestrati e liquidati per soddisfare i suoi creditori [S] bancarotta.

fallìre *v.intr.* [aus. *avere* e *essere*] **1** Non avere successo; avere un esito negativo: *f. in un'impresa* **2** Fare fallimento ♦ *v.tr.* Sbagliare, mancare: *f. il colpo.*

fàllo *s.m.* **1** Errore, sbaglio; colpa **2** Nello sport, infrazione al regolamento di gioco: *f. di mano.*

fallóso *agg.* Nello sport, che costituisce un fallo [S] irregolare: *intervento f.* ◊ Che commette molti falli: *un giocatore f.*

falò *s.m.* Fuoco acceso all'aperto.

falsàre *v.tr.* Esporre o rappresentare in modo diverso dal vero [S] deformare, travisare, alterare, distorcere.

falsàrio *s.m.* Chi falsifica documenti, firme; chi fabbrica banconote, monete, gioielli, quadri ecc. falsi.

falsificàre *v.tr.* Contraffare, imitare qlco. per scopi illeciti: *f. una firma, un quadro.*

fàlso *agg.* Non vero [S] sbagliato, menzognero: *notizia f.*; *f. testimonianza* ◊ Non autentico [S] falsificato, contraffatto: *diamante f.*; *firma f.* ◊ Non sincero [S] finto, simulato, ipocrita: *un sorriso f.*; *f. modestia* ♦ *s.m.* Documento o oggetto non autentico, falsificato.

fàma *s.f.* Reputazione: *ha f. di onesto* ◊ Celebrità, notorietà: *arrivare alla f.*

fàme *s.f.* **1** Sensazione causata dal bisogno di cibo; voglia di mangiare: *avere f.* **2** Mancanza di cibo, denutrizione: *la f. nel mondo.*

famìglia *s.f.* Gruppo di persone unite da legami di parentela; in partic. il nucleo formato dai genitori e dai figli.

familiàre o **famigliàre** *agg.* **1** Di famiglia: *riunione f.* **2** Da famiglia, per famiglie: *auto f.*; *pensione f.* **3** ♧ Noto, conosciuto: *vide una faccia f.* ♦ *s.m.f.* Persona di famiglia.

famóso *agg.* Molto noto e conosciuto [S] celebre: *un f. scienziato*; *un dipinto f.*

fanàle *s.m.* Dispositivo di illuminazione e di segnalazione, spec. su mezzi di locomozione: *i f. delle auto.*

fanàtico *agg.* **1** Intransigente nelle sue convinzioni e intollerante verso quelle degli altri: *un cattolico, un musulmano, f.* **2** Troppo entusiasta ed esaltato: *una folla di ammiratori f.* ♦ *agg.* e *s.m.* Detto di chi si dedica o si interessa a qlco. con passione ed entusiasmo eccessivi.

fanatìsmo *s.m.* Adesione così totale a una fede, a un'idea da portare all'intolleranza verso ogni opinione differente: *f. religioso, politico.*

fanciùllo *s.m.* Bambino, ragazzino tra i sei e i dodici anni circa.

fàngo *s.m.* Terra o polvere ridotta in poltiglia dall'acqua [S] melma.

fangóso *agg.* Ricoperto di fango.

fannullóne *s.m.* Chi non ha mai voglia di far nulla [S] sfaticato, lazzarone.

fantasìa *s.f.* **1** Capacità della mente di immaginare cose e fatti reali o non esistenti [S] immaginazione, inventiva **2** Invenzione: *accuse frutto di pura f.*

fantàsma *s.m.* Immagine, apparizione di persona defunta [S] spettro, ombra.

fantàstico *agg.* **1** Creato dalla fantasia [S] irreale, immaginario: *narrazione f.*; *creature f.* **2** Straordinario, eccezionale.

fanterìa *s.f.* Arma dell'esercito formata dalle truppe che combattono a piedi.

fantìno *s.m.* Chi, per professione, monta e guida i cavalli nelle corse ippiche.

fantòccio *s.m.* Pupazzo o manichino che imita una figura umana.

farcìre *v.tr.* Imbottire una vivanda con un ripieno: *f. un pollo, una torta.*

fàre *v.tr.* **1** Agire, operare: *f. da sé* ◊

Compiere una data azione: *f. una passeggiata* 2 Eseguire, effettuare: *f. i compiti* 3 Generare: *f. figli* ◊ Fabbricare, costruire: *f. mobili* ◊ Produrre: *albero che fa frutti*; *f. rumore* ◊ Preparare, cucinare: *f. la cena* 4 Causare: *mi fa piacere* ◊ Rendere: *f. bella la casa* 5 Raccogliere, mettere insieme, rifornirsi: *f. quattrini*; *f. benzina* 6 Rappresentare in teatro o in un cinema; presentare alla televisione: *cosa fanno stasera?* 7 Esercitare una professione, un mestiere: *f. il medico, l'operaio* ◊ Praticare: *f. dello sport* ◊ Comportarsi da: *f. lo stupido* 8 Eleggere, nominare: *lo fecero sindaco* 9 Dare come risultato di un'operazione aritmetica: *due più due fa quattro* ◊ Segnare una data ora: *l'orologio fa le cinque* ♦ *v.intr.* [aus. *avere*] 1 Essere adatto, conveniente: *quel posto non fa per me* 2 Essere, diventare: *oggi fa caldo*; *d'inverno fa buio presto* 3 *F. a meno di qlco.* = rinunciarvi ♦ **farsi** *v.pr.* 1 Diventare: *si sta facendo tardi* 2 Portarsi, spostarsi: *f. avanti*.

farfàlla *s.f.* Insetto con quattro ali di forma, colore e disegno molto vari; ne esistono numerosissime specie.

farìna *s.f.* Prodotto in polvere ricavato dalla macinazione dei cereali o dei semi e dei frutti secchi dei legumi e di altre piante ◊ Prodotto della macinazione di altre sostanze: *f. di pesce, di ossa*.

farmacèutico *agg.* Medicinale; dei farmaci: *prodotto f.*; *industria f.*

farmacìa *s.f.* Negozio in cui si vendono o anche preparano medicinali.

farmacìsta *s.m.f.* Laureato in farmacia che vende e prepara medicinali.

fàrmaco *s.m.* Sostanza capace di produrre un effetto curativo sull'organismo Ⓢ medicina, medicinale, medicamento.

fàro *s.m.* 1 Impianto di segnalazione luminosa, collocato in cima a torri o edifici lungo le coste o all'ingresso dei porti per guidare la navigazione di notte 2 Proiettore di un veicolo Ⓢ fanale.

fàscia *s.f.* 1 Striscia di tessuto usata nell'abbigliamento con varie funzioni ◊ Striscia di tela o garza usata per proteggere parti del corpo malate o ferite Ⓢ benda 2 ⚭ Zona di territorio estesa in lunghezza: *f. costiera* 3 ⚭ Settore, gruppo: *f. sociali*; *f. orarie*.

fasciàre *v.tr.* Avvolgere, stringere con una fascia: *f. una ferita*.

fasciatùra *s.f.* L'operazione del fasciare una parte del corpo o una ferita; l'insieme delle fasce usate: *cambiare la f.*

fàscino *s.m.* Capacità di attrarre, di affascinare, potere di seduzione.

fàse *s.f.* Ognuno dei momenti o dei periodi successivi e diversi in cui possono essere divisi un evento, un fenomeno, una situazione.

fastìdio *s.m.* 1 Sensazione di malessere, di disturbo, di molestia: *il fumo mi dà f.* 2 Seccatura, noia: *avere un sacco di f.*

fastidióso *agg.* Che dà fastidio Ⓢ molesto, noioso: *rumore, lavoro f.*; *gente f.*

fàta *s.f.* Nelle fiabe, donna molto bella, dotata di poteri magici benefici.

fatìca *s.f.* Sforzo che richiede un notevole impegno fisico o intellettuale: *lavoro che costa f.* ◊ Stanchezza generata da uno sforzo prolungato: *sentire la f.* ◊ Lavoro, attività: *le f. quotidiane*.

faticàre *v.intr.* [aus. *avere*] 1 Lavorare duramente, con fatica 2 Fare fatica, incontrare difficoltà a fare qlco. Ⓢ stentare: *ho dovuto f. per convincerlo*.

faticóso *agg.* Che costa molta fatica Ⓢ

stancante, pesante: *una salita, una giornata f.* ◊ Difficoltoso: *respirazione f.*

fàtto¹ *agg.* **1** Costituito di un certo materiale: *tavolo f. di legno* ◊ Formato: *f. a righe* **2** Compiuto, realizzato: *arrivi sempre a cose f.* ◊ Maturo, adulto: *è un uomo f.* | *Giorno f.* = inoltrato **3** Adatto: *quel lavoro non è f. per me* ◊ Portato: *io non sono f. per il commercio.*

fàtto² *s.m.* **1** Avvenimento, accaduto, vicenda: *f. storici*; *raccontami il f.* ◊ Fenomeno ◊ Circostanza **2** Questione, faccenda: *sono f. miei.*

fattóre *s.m.* Elemento, causa che determina o condiziona un dato fenomeno, fatto o situazione.

fattorìa *s.f.* Azienda agricola; il complesso dei fabbricati che ne fanno parte; in partic. la casa in cui abita il fattore o il proprietario.

fattorìno *s.m.* Impiegato subalterno che svolge diverse mansioni, spec. consegne e commissioni.

fattùra *s.f.* Documento su cui è indicato l'importo da pagare per le merci consegnate o per il lavoro eseguito.

fàuna *s.f.* Il complesso delle specie animali che vivono in un dato ambiente o in una certa regione: *f. marina, africana.*

fàva *s.f.* Pianta leguminosa i cui baccelli contengono semi verdi simili a grossi fagioli ◊ Il seme contenuto nei baccelli.

favìlla *s.f.* Minuscolo frammento di materia incandescente Ⓢ scintilla.

fàvola *s.f.* Breve racconto contenente un insegnamento morale e i cui protagonisti sono in genere animali che rappresentano virtù e debolezze umane ◊ Fiaba.

favolóso *agg.* **1** Leggendario, fantastico, immaginario: *un paese f.* **2** ✿ Enorme, eccezionale: *una ricchezza f.* ◊ Straor-

dinario, bellissimo: *ho fatto un viaggio f.*

favóre *s.m.* **1** Disposizione benevola verso qlcu. o qlco. Ⓢ simpatia, consenso, approvazione, gradimento: *avere il f. del pubblico* **2** Atto di di gentilezza o di aiuto verso qlcu. Ⓢ cortesia, piacere: *ricevere un f.* **3** Beneficio, vantaggio: *testimoniare a f. di qlcu.* ◊ Aiuto, appoggio, protezione: *navigare con il f. del vento.*

favorévole *agg.* Che è a favore, d'accordo ◊ Propizio, vantaggioso: *vento f.*

favorìre *v.tr.* Agire a vantaggio di qlcu. o di qlco. (a volte anche con parzialità) Ⓢ aiutare, sostenere, appoggiare ◊ Agevolare, facilitare: *le circostanze lo hanno favorito.*

favorìto *agg.* e *s.m.* **1** Prediletto, preferito: *il mio cantante f.* **2** Nello sport, il probabile vincitore di una gara.

fax *s.m.invar.* **1** Apparecchio, collegato alla linea telefonica, che permette di ricevere e trasmettere copie di documenti **2** Il documento trasmesso o ricevuto attraverso tale apparecchio: *ti mando un f.*

fazzolétto *s.m.* Quadrato di tela o di carta per soffiarsi il naso, asciugarsi il sudore ecc. ◊ Quadrato di stoffa portato intorno al collo, nel taschino o, dalle donne, usato per coprire la testa.

fèbbre *s.f.* Aumento oltre la norma della temperatura del corpo.

fèci *s.f.pl.* Escrementi umani.

fècola *s.f.* Farina ricca di amido che si ricava dai tuberi e in partic. dalle patate.

fecondazióne *s.f.* Unione delle cellule sessuali maschile e femminile che dà inizio allo sviluppo di un nuovo individuo.

fecóndo *agg.* **1** In grado di avere figli: *donna f.* **2** Che dà molti frutti Ⓢ fertile: *terreno f.*

féde *s.f.* **1** Il credere fermamente in qlco. o in qlcu. per fiducia e per intima convinzione: *avere f. in Dio, nella giustizia* ◊ Fiducia, credito: *persona degna di f.*; *prestare f. a una promessa* **2** Religione: *la f. cristiana, ebraica* **3** Ciò in cui si crede; l'ideologia, la dottrina, il credo a cui si aderisce: *f. religiosa, politica* **4** Fedeltà a una promessa, a un impegno: *tenere f. ai patti* **5** Anello nuziale.

fedéle *agg.* **1** Che è costante nell'amore, nell'affetto, nelle proprie convinzioni; che mantiene le promesse, non tradisce la fiducia Ⓢ devoto, leale: *moglie f.*; *un amico f.*; *f. ai patti* **2** Corrispondente alla verità, alla realtà: *un f. resoconto* ◊ Conforme all'originale: *un ritratto f.*

fedeltà *s.f.* **1** Comportamento fedele Ⓢ fede, lealtà, devozione: *f. a un patto*; *f. coniugale* **2** Corrispondenza alla realtà; conformità al modello, all'originale Ⓢ esattezza, precisione: *f. di un ritratto* | *Alta f.* = alto grado di precisione nella riproduzione dei suoni Ⓢ hi-fi.

fèdera *s.f.* Fodera di tela che ricopre il cuscino.

federàle *agg.* **1** Costituito da una federazione di stati: *stato f.* **2** Di una federazione sindacale, politica, sportiva ecc.

federalìsmo *s.m.* Tendenza politica favorevole alla federazione di più stati ognuno dei quali conservi una relativa autonomia ◊ Tendenza politica favorevole a dare la massima autonomia alle regioni che compongono uno stato.

federazióne *s.f.* **1** Stato formato dall'unione di più stati che mantengono una certa autonomia in diversi settori Ⓢ confederazione **2** Unione di associazioni sindacali, politiche, economiche, sportive ecc.

fégato *s.m.* **1** Grossa ghiandola dell'apparato digerente, situata nella parte destra dell'addome **2** ✂ Coraggio: *avere f.*

felìce *agg.* **1** Lieto, contento, soddisfatto: *sono f. di vederti* ◊ Che procura felicità: *ricordi f.* ◊ Pieno di gioia, di serenità: *ha avuto un'infanzia f.* **2** Favorevole: *l'operazione ha avuto un esito f.* ◊ Efficace, indovinato, opportuno: *una scelta f.*

felicità *s.f.* Condizione e sentimento di gioia, di serenità, di soddisfazione: *che felicità vederti!*

felicitàrsi *v.pr.* Rallegrarsi, congratularsi.

felìno *s.m.* Ogni mammifero carnivoro della famiglia cui appartengono il gatto, la tigre, il leone, il leopardo ecc.

félpa *s.f.* Tessuto morbido e peloso da un lato ◊ Indumento fatto con questo tessuto.

féltro *s.m.* Panno molto compatto ottenuto pressando fibre di lana per lo più mescolate con peli di animali.

fémmina *s.f.* **1** Ogni essere umano o animale in grado di essere fecondato e di generare **2** Donna.

femminìle *agg.* **1** Di femmina: *sesso f.* ◊ *Genere f.* = il genere grammaticale a cui appartengono una parte dei nomi e dei pronomi **2** Da donna, di donne, per donne: *abito f.*; *squadra f.*; *lavori f.*

fèmore *s.m.* Osso della coscia, il più lungo del corpo umano.

fenditùra *s.f.* Apertura lunga e stretta Ⓢ fessura, spaccatura: *una f. della roccia.*

fenomenàle *agg.* Straordinario, eccezionale: *ha una memoria f.*

fenòmeno *s.m.* **1** Ogni fatto o evento che possiamo percepire, osservare, studiare e di cui possiamo stabilire le caratteristiche: *f. naturali, atmosferici, storici, sociali* **2** Persona che ha doti eccezionali.

feriàle *agg.* Non festivo, lavorativo: *giorno f.* ◊ Dei giorni non festivi: *orario f.*

fèrie *s.f.pl.* Periodo di riposo retribuito che spetta ogni anno ai lavoratori Ⓢ vacanze: *andare in f.*; *f. estive.*

ferìre *v.tr.* **1** Colpire producendo una ferita **2** ♧ Addolorare, offendere gravemente: *le sue parole mi hanno ferito* ♦ **ferirsi** *v.pr.* Procurarsi una ferita: *f. a una mano.*

ferìta *s.f.* Taglio o lacerazione della pelle o dei tessuti.

fermàglio *s.m.* Congegno a gancio o a fibbia per tenere uniti oggetti diversi o parti staccate dello stesso oggetto, per fissare ciocche di capelli ecc.

fermàre *v.tr.* Bloccare, trattenere qlcu. o qlco. arrestandone il movimento ◊ Interrompere, sospendere lo svolgimento di qlco.: *l'arbitro fermò il gioco* ♦ *v.intr.* [aus. *avere*] Fare una fermata: *il treno ferma a tutte le stazioni* ♦ **fermarsi** *v.pr.* **1** Smettere di muoversi, di camminare, di procedere; interrompere la propria attività ◊ Smettere di funzionare: *l'orologio si è fermato* **2** Trattenersi in un luogo: *f. in ufficio a lavorare.*

fermàta *s.f.* Sosta effettuata da un mezzo pubblico per far scendere e salire i passeggeri ◊ Il luogo dove si ferma un mezzo pubblico: *scusi, dov'è la f. del tram?*

férmo *agg.* **1** Che non si muove Ⓢ immobile ◊ Sospeso, interrotto: *gioco f.* **2** ♧ Costante, tenace, saldo, irremovibile: *uomo f. nei suoi propositi* ◊ Risoluto, energico, deciso: *tono f.* ♦ *s.m.* Strumento o congegno per fissare o bloccare qlco.: *metti il f. alla porta.*

feróce *agg.* Crudele, spietato, disumano: *un f. delitto* | *Bestie f.* = i grandi carnivori selvatici.

feròcia *s.f.* Crudeltà, spietatezza.

ferragósto *s.m.* La festa del 15 agosto.

ferraménta *s.m.invar.* Negozio in cui si vendono oggetti e arnesi in ferro.

fèrro *s.m.* **1** Metallo di colore grigio scuro: *fondere, lavorare il f.*; *ponte di ferro* **2** Oggetto, arnese di ferro o anche di altro metallo | *I f. del mestiere* = gli strumenti che servono per un lavoro, per una professione: *i f. del fabbro, del chirurgo.*

ferrovìa *s.f.* **1** Strada con binari su cui transitano i treni **2** Servizio di trasporto ferroviario: *viaggiare in f.*

ferroviàrio *agg.* Delle ferrovie e di tutto ciò che le riguarda: *impianti f.*; *orario f.*

ferrovière *s.m.* Dipendente di un'azienda ferroviaria.

fèrtile *agg.* Detto di terreno o territorio, adatto alla coltivazione Ⓢ produttivo, fecondo ◊ Detto di femmina umana o animale, capace di generare Ⓢ fecondo.

fertilizzànte *agg.* e *s.m.* Si dice di sostanza o prodotto che aumenta la fertilità dei terreni agricoli Ⓢ concime.

fésso *agg.* e *s.m.* Sciocco, stupido.

fessùra *s.f.* Apertura o spaccatura lunga e stretta Ⓢ fenditura, crepa; spiraglio.

fèsta *s.f.* **1** Giorno, in genere non lavorativo, dedicato alla ricorrenza di un avvenimento importante o di una solennità religiosa ◊ Vacanza dalla scuola o dal lavoro ◊ Giorno del compleanno o dell'onomastico: *domani è la mia f.* **2** Trattenimento organizzato per celebrare un lieto evento o per semplice divertimento: *f. di matrimonio*; *f. da ballo* **3** Gioia, allegria, giubilo: *la città era in f.*; *grida di f.*

festeggiaménti *s.m.pl.* L'insieme delle manifestazioni con cui si festeggia una persona o un avvenimento.

festeggiàre *v.tr.* **1** Celebrare con feste un

avvenimento lieto, una festività: *f. il Natale, il compleanno* **2** Accogliere festosamente qlcu.: *tutti festeggiarono gli sposi.*

fèstival *s.m.invar.* **1** Rassegna periodica in cui vengono presentate opere cinematografiche, teatrali o musicali **2** Festa popolare con musica e spettacoli.

festività *s.f.* Festa solenne; giorno festivo.

festìvo *agg.* Di festa: *giorno f.* ◊ Proprio dei giorni di festa: *riposo, orario f.*

festóso *agg.* Che fa festa; che esprime gioia e allegria: *cane f.*; *accoglienza f.*

fèto *s.m.* Nell'uomo e nei mammiferi, il nuovo individuo, dal momento in cui assume nel ventre materno le caratteristiche della specie sino alla nascita.

fetóre *s.m.* Puzzo intenso, disgustoso e insopportabile Ⓢ lezzo: *f. di fogna.*

fétta *s.f.* Pezzo di cibo tagliato largo e sottile: *f. di carne, di pane.*

fettùccia *s.f.* Nastro di cotone usato come legaccio o per orli e guarnizioni.

fiàba *s.f.* Racconto fantastico Ⓢ favola.

fiàcco *agg.* Privo di forza, di energia, di vigore Ⓢ debole, stanco: *sentirsi f.*

fiàccola *s.f.* Lume fatto con legni resinosi o altro materiale infiammabile, che brucia resistendo al vento Ⓢ torcia.

fiaccolàta *s.f.* Corteo, processione i cui partecipanti portano in mano una fiaccola accesa.

fiàla *s.f.* Piccolo recipiente di vetro sottile, contenente medicinali o profumi.

fiàmma *s.f.* Lingua di fuoco che si leva da ciò che brucia: *le f. di un incendio.*

fiammìfero *s.m.* Bastoncino con una capocchia che si infiamma sfregandola.

fiancàta *s.f.* Parete, parte laterale di qlco.: *le f. di una nave, di un mobile.*

fiancheggiàre *v.tr.* **1** Stare o procedere di fianco o lungo i fianchi di qlco. o

qlcu.: *la strada fiancheggia la ferrovia* **2** ♣ Aiutare, spalleggiare: *f. un amico.*

fiànco *s.m.* **1** Ognuna delle due parti laterali del corpo comprese tra la vita e l'anca: *girarsi su un f.* | *Stare al f. di qlcu.* = stargli vicino; ♣ assisterlo, aiutarlo **2** Lato, parte laterale di qlco.

fiàsco *s.m.* **1** Recipiente di vetro di forma tondeggiante, con collo lungo e stretto **2** ♣ Esito negativo, insuccesso: *fare f.*

fiatàre *v.intr.* [aus. *avere*] Dire una sola parola, aprire bocca: *se ne andò senza f.*

fiàto *s.m.* L'aria emessa dai polmoni attraverso la bocca e il naso Ⓢ alito ◊ Respiro: *trattenere il f.*

fibbia *s.f.* Fermaglio per tenere chiuse cinture, scarpe, borse e sim.

fibra *s.f.* **1** Formazione di cellule a forma di filamento che costituisce numerosi tessuti animali e vegetali: *f. muscolari, nervose* | *F. tessili* = materiali adatti a essere filati e tessuti **2** ♣ Costituzione fisica: *una persona di f. robusta.*

ficcàre *v.tr.* Spingere dentro a forza: *f. un chiodo nel muro* ◊ Mettere, cacciare dentro (anche ♣): *f. le mani in tasca*; *f. il naso nelle faccende altrui* ♦ **ficcarsi** *v.pr.* Mettersi, cacciarsi dentro qlco. (anche ♣): *f. a letto*; *f. in un pasticcio.*

fico *s.m.* Pianta che produce frutti granulosi molto dolci ◊ Il frutto di tale pianta.

fidanzaménto *s.m.* Promessa di matrimonio; cerimonia con cui la si festeggia ◊ Periodo che trascorre tra la promessa e il matrimonio.

fidanzàrsi *v.pr.* Scambiarsi una promessa di matrimonio ◊ Impegnarsi a sposare una persona: *si fidanzò con un'amica.*

fidanzàto *agg.* e *s.m.* Che, chi ha scambiato promessa di matrimonio.

fidàrsi *v.pr.* **1** Avere fiducia: *f. di qlcu.,*

delle sue promesse **2** Sentirsi in grado di fare qlco. con sufficiente sicurezza.

fidàto *agg.* Di cui ci si può fidare.

fidùcia *s.f.* Convinzione di poter fare sicuro affidamento su qlcu. o su qlco.: *avere f. in Dio, nella giustizia.*

fiducióso *agg.* Pieno di fiducia.

fienìle *s.m.* Locale in cui si ammassano e conservano il fieno e altri foraggi.

fièno *s.m.* Erba tagliata e seccata, usata come foraggio.

fièra[1] *s.f.* **1** Grande mercato che si tiene periodicamente in una località, con vendita di bestiame e prodotti vari **2** Grande mostra-mercato periodica dedicata a uno o più settori della produzione.

fièra[2] *s.f.* Animale feroce Ⓢ belva.

fièro *agg.* Che dimostra coraggio, fermezza e dignità morale: *un popolo f.*; *un f. rifiuto* ◊ Orgoglioso: *sono f. di lui.*

fiévole *agg.* Debole, fioco: *voce f.*

fifa *s.f.* Paura.

figlia *s.f.* Ogni individuo di sesso femminile rispetto ai suoi genitori.

figliàstro *s.m.* Figlio del proprio coniuge nato da un suo precedente matrimonio.

figlio *s.m.* Ogni individuo di sesso maschile rispetto ai suoi genitori.

figliolànza *s.f.* L'insieme dei figli di una coppia: *hanno una numerosa f.*

figliòlo *s.m.* **1** Figlio (con tono partic. affettuoso) **2** Giovane, ragazzo: *un bravo f.*

figùra *s.f.* **1** Forma o aspetto esteriore di una cosa: *una f. tonda* ◊ Aspetto complessivo di un corpo umano: *una f. slanciata* **2** Immagine (spec. umana) disegnata, dipinta o scolpita ◊ Disegno, illustrazione: *libro pieno di f.* **3** Impressione che una persona o una cosa suscitano negli altri: *fare una bella, una brutta f.* **4**

F. geometrica = superficie limitata da linee (*f. piana*) o volume limitato da superfici (*f. solida*).

figuràto *agg.* **1** Che ha figure, immagini: *libro f.* **2** *Espressione f., parola usata in senso f.* = usata non nel senso proprio e concreto ma in senso metaforico.

figurìna *s.f.* Cartoncino su cui è stampata una figura colorata: *collezione di f.*

fila *s.f.* **1** Serie di persone o di cose allineate una accanto all'altra o una dietro l'altra | *Fare la f.* = la coda **2** Serie, successione ininterrotta: *una f. di bugie* | *Di f.* = di seguito, senza interruzione.

filaménto *s.m.* Elemento di forma sottile e allungata.

filàre[1] *v.tr.* Ridurre, trasformare in fili una fibra tessile: *f. la lana* ♦ *v.intr.* [aus. *essere*] Muoversi, correre velocemente: *come fila quella macchina!* ◊ Andarsene, allontanarsi in tutta fretta: *è filato via di corsa.*

filàre[2] *s.m.* Fila di piante: *un f. di viti.*

filàto *agg.* **1** Ridotto in fili: *zucchero f.* **2** ⚙ Continuo, ininterrotto: *parlare per due ore f.* ♦ *s.m.* Fibra tessile filata.

filétto *s.m.* **1** Rilievo a spirale della superficie esterna della vite **2** Taglio di carne molto tenera e pregiata ◊ Petto disossato di pollo o di tacchino ◊ Ognuna delle due metà, pulite e senza lisca, di alcuni pesci.

filiàle *s.f.* Sede distaccata di un'azienda o di una banca, dipendente dalla sede centrale Ⓢ succursale.

film *s.m.invar.* **1** Pellicola fotografica o cinematografica **2** Opera cinematografica: *un bel f.* ◊ Cinema: *l'epoca del f. muto.*

filmàre *v.tr.* Riprendere con la macchina da presa: *f. una gara sportiva.*

filmàto *s.m.* Brano cinematografico inserito come documentazione in una trasmissione televisiva, in una conferenza, in uno spettacolo.

filo *s.m.* **1** Materiale allungato e sottile ricavato dalla filatura delle fibre tessili ◊ Qualsiasi oggetto di forma sottile e allungata: *f. d'erba*; *f. di ferro*; *f. della luce* **2** La parte tagliente di una lama **3** Rivolo sottile di un liquido: *un f. d'acqua* ◊ ⚶ Quantità minima: *c'era un f. di vento*; *un f. di speranza.*

filobus *s.m.invar.* Autobus elettrico alimentato da una linea aerea di fili elettrici.

filovìa *s.f.* Linea di trasporto pubblico per mezzo di filobus ◊ Filobus.

filtràre *v.tr.* Far passare un liquido o un gas attraverso un filtro per purificarli ♦ *v.intr.* [aus. *essere*] Passare attraverso corpi porosi o fori e fessure ⓈPenetrare: *la luce filtrava dalle persiane.*

filtro *s.m.* Materiale o apparecchio attraverso cui si fa passare un liquido o un gas per liberarlo dalle impurità.

finàle *agg.* Che sta alla fine Ⓢ ultimo, conclusivo: *la scena f. di un film* ♦ *s.m.* Parte conclusiva di un romanzo, di un film, di un'opera teatrale o musicale ◊ Fase conclusiva di una gara ♦ *s.f.* Gara conclusiva di una competizione a eliminazione.

finalità *s.f.* Scopo, obiettivo.

finànza *s.f.* **1** Attività economica riguardante la compravendita di denaro, azioni, obbligazioni a scopo di investimento o di speculazione **2** (al *pl.*) Risorse economiche personali Ⓢ mezzi.

finanziàre *v.tr.* Fornire i mezzi economici necessari allo svolgimento di un'attività.

finanziàrio *agg.* **1** Che riguarda le entrate e le uscite dello stato o di un'impresa: *bilancio f.* **2** Che riguarda la compravendita di capitali, azioni ecc.: *attività f.* **3** Che riguarda la disponibilità di denaro: *la sua famiglia ha problemi f.*

finché *congz.* Fino a quando.

fine[1] *agg.* **1** Sottile, molto piccolo di diametro o spessore **2** ⚶ Acuto, penetrante, sottile: *udito f.*; *una f. osservazione* **3** ⚶ Signorile, distinto, raffinato, elegante: *ambiente f.* ◊ Di ottima qualità, di gusto squisito: *abito, gioiello f.*

fine[2] *s.f.* Punto o momento in cui qlco. termina, si conclude Ⓢ termine, conclusione: *la f. di una strada, di un libro*; *essere in fin di vita* ♦ *s.m.* **1** Scopo, proposito, obiettivo: *lo ha fatto a fin di bene* **2** Esito, conclusione: *un film a lieto f.*

finèstra *s.f.* **1** Apertura nelle pareti degli edifici che serve a dare luce e aria agli ambienti interni **2** Riquadro sullo schermo di un computer in cui sono visualizzati file diversi dello stesso programma o di programmi diversi.

finestrìno *s.m.* Piccola finestra, spec. di un mezzo di trasporto: *i f. dell'autobus.*

fingere *v.tr.* Cercare di far credere quel che non è Ⓢ simulare: *f. di essere malato* ♦ **fingersi** *v.pr.* Farsi credere: *f. pazzo.*

finìre *v.tr.* **1** Portare a termine qlco. Ⓢ concludere, terminare: *f. gli studi* **2** Consumare del tutto Ⓢ esaurire: *f. le scorte* **3** Smettere di fare qlco.: *finiscila di lamentarti!* ♦ *v.intr.* [aus. *essere*] **1** Avere fine Ⓢ terminare, cessare: *è finito di piovere* ◊ Terminare, concludersi in un dato modo: *parola che finisce per vocale* **2** Arrivare a trovarsi in una certa situazione, andare a capitare in un dato posto: *f. in miseria* ◊ Cadere: *f. nel burrone* ◊ Cacciarsi: *dov'è finito il mio cappello?*

3 Sfociare, sboccare: *il fiume finisce nel lago* ♦ *s.m.* Fine, termine: *sul f. dell'inverno.*

fino[1] *agg.* **1** Fine: *sale f.* ◊ ♧ Acuto, perspicace: *è un cervello f.* **2** Puro: *oro f.*

fino[2] o **sìno** *prep.* Indica il limite ultimo cui si arriva nello spazio o nel tempo: *fin qui*; *resto f. a domani* ◊ *F. da* = indica il punto di partenza cronologico o spaziale: *è venuto fin dalla Germania* ♦ *avv.* Anche, perfino: *hai parlato fin troppo!*

finòcchio *s.m.* Pianta erbacea di cui si mangiano le foglie bianche e carnose.

finóra o **sinóra** *avv.* Fino ad adesso.

finta *s.f.* **1** Finzione, simulazione | *Far f.* = fingere | *Per f.* = per scherzo **2** In vari sport, azione o mossa appena accennata e non condotta a termine, allo scopo di ingannare l'avversario.

finto *agg.* Non vero Ⓢ falso, artificiale: *denti f.*; *borsa in f. pelle.*

finzióne *s.f.* Simulazione, falsità.

fiòcco *s.m.* **1** Nastro o striscia di stoffa annodati in modo che ne ricadano i lembi, a scopo di ornamento **2** Batuffolo di lana, cotone ecc. ◊ Falda di neve **3** Chicco di cereali trattato in modo da essere più leggero e digeribile: *f. d'avena.*

fiòco *agg.* Debole, fievole: *voce f.*; *luce f.*

fioràio *s.m.* Venditore di fiori.

fióre *s.m.* **1** Parte delle piante che contiene gli organi della riproduzione ◊ Pianta che produce fiori: *coltivare f.* **2** ♧ Parte superficiale, superficie: *a fior d'acqua.*

fiorièra *s.f.* Cassetta in cui si tengono piante ornamentali.

fiorìre *v.intr.* [aus. *essere*] **1** Mettere i fiori: *il melo è fiorito* **2** ♧ Essere fiorente Ⓢ prosperare: *fioriscono i commerci.*

fiorìsta *s.m.f.* Fioraio.

fiorìto *agg.* In fiore: *un albero f.* ◊ Pieno, coperto di fiori: *un prato f.*

fioritùra *s.f.* Il fiorire delle piante; il periodo in cui fioriscono.

fiòtto *s.m.* Getto improvviso e violento di un liquido: *un f. d'acqua uscì dal tubo.*

firma *s.f.* Nome e cognome scritti di propria mano.

firmàre *v.tr.* Mettere la propria firma: *f. una lettera* | *F. un trattato, un decreto* = ratificarlo con la propria firma.

fisarmònica *s.f.* Strumento musicale costituito da un mantice, da una tastiera per la melodia e da pulsanti per l'accompagnamento.

fiscàle *agg.* Riguardante il fisco: *evasione f.* | *Codice f.* = serie di lettere e numeri che serve a identificare ogni cittadino rispetto al fisco.

fischiàre *v.intr.* [aus. *avere*] Emettere un fischio o altro suono acuto e sibilante: *f. con la bocca*; *il vento fischia tra i rami* ♦ *v.tr.* **1** Eseguire fischiando un motivo musicale: *f. una canzone* **2** Manifestare con fischi la propria disapprovazione: *f. un oratore* **3** In vari sport, segnalare, ordinare con un fischio (da parte dell'arbitro): *f. un fallo, la fine dell'incontro.*

fischiétto *s.m.* Piccolo strumento per fischiare: *il f. dell'arbitro.*

fischio *s.m.* Suono acuto e sibilante prodotto da persone, animali o cose.

fisco *s.m.* L'amministrazione finanziaria dello stato che si occupa di riscuotere le tasse.

fisica *s.f.* Scienza che studia i fenomeni naturali e le leggi che li governano.

fisico *agg.* **1** Che riguarda la natura, i suoi fenomeni e le sue leggi **2** Che riguarda il corpo umano: *forza f.*; *difetto* *f.* ♦ *s.m.* Il corpo umano, spec. per quanto riguarda la sua struttura e le sue condizioni: *ha un f. robusto.*

fisionomìa o **fisonomìa** *s.f.* I lineamenti e l'espressione del volto di una persona, che la distinguono da tutte le altre.

fisioterapìa *s.f.* Terapia medica che utilizza mezzi fisici come il massaggio, la ginnastica, i fanghi ecc.

fissàre *v.tr.* **1** Rendere fisso, fermo, stabile: *f. i capelli con la lacca* ◊ Rivolgere e tenere fermi gli occhi su un oggetto: *f. lo sguardo su qlcu.* **2** Stabilire, concordare: *f. un appuntamento* ◊ Prenotare: *f. un tavolo al ristorante.*

fissazióne *s.f.* Idea fissa, mania, ossessione: *ha la f. della puntualità.*

fisso *agg.* Che non si muove, che è fissato saldamente Ⓢ fermo, stabile, immobile: *stare f. sull'attenti* ◊ Intensamente concentrato su un oggetto: *teneva gli occhi f. su di me* ◊ Che non varia Ⓢ stabile, costante, non saltuario: *prezzo f.*; *cliente f.*

fitta *s.f.* Dolore acuto, improvviso e di breve durata: *sentì una f. al petto.*

fitto *agg.* Folto: *vegetazione f.* ◊ Denso, spesso, compatto: *nebbia f.* ◊ ♧ Profondo, impenetrabile: *buio f.*; *un f. mistero* ◊ Frequente: *f. incontri.*

fiumàna *s.f.* **1** Corrente impetuosa di un fiume in piena **2** ♧ Massa di persone che si muove in una direzione.

fiùme *s.m.* **1** Corso d'acqua perenne che sbocca in un altro fiume, in un lago o nel mare **2** Grande quantità di un liquido che scorre: *versare un f. di sangue* ◊ ♧ Moltitudine di persone o di cose: *un f. di gente, di parole.*

fiutàre *v.tr.* **1** Riconoscere per mezzo del fiuto Ⓢ annusare: *il cane fiuta la preda* **2** ♧ Intuire, presentire, subodorare: *f. un inganno.*

fiùto *s.m.* **1** Odorato (spec. degli animali): *i cani hanno un f. finissimo* **2** ♧ Intuito, prontezza nel capire: *ha molto f. per gli affari.*

flàccido *agg.* Privo di elasticità Ⓢ floscio, cascante: *pelle f.*; *muscoli f.*

flacóne *s.m.* Piccolo recipiente di vetro o plastica per profumi o medicinali.

flàuto *s.m.* Strumento a fiato a forma di tubo e munito di fori: *f. diritto, traverso.*

flessìbile *agg.* **1** Che si piega facilmente senza spezzarsi: *ramo f.* **2** ♧ Non fisso, variabile: *in molte aziende c'è l'orario f.*

flèttere *v.tr.* Piegare, curvare: *f. le gambe.*

flòra *s.f.* Il complesso delle piante che vivono in un determinato ambiente o territorio: *f. marina, desertica, italiana.*

floreàle *agg.* Composto di fiori.

flòrido *agg.* Sano, vigoroso, prospero, fiorente: *aspetto f.*; *un'economia f.*

flòscio *agg.* Privo di consistenza, di rigidità Ⓢ molle, flaccido: *pelle f.*; *cappello f.*

flòtta *s.f.* Complesso di navi da guerra o mercantili | *F. aerea* = complesso di aerei.

flùido *agg.* **1** Si dice di ogni sostanza allo stato liquido o gassoso ◊ Che scorre facilmente: *la f. corrente del fiume* **2** ♧ Scorrevole, sciolto: *traffico f.*; *stile f.* ◊ Instabile, mutevole: *situazione f.* ♦ *s.m.* Sostanza liquida o gassosa.

fluìre *v.intr.* [aus. *essere*] Scorrere, sgorgare in modo costante e con facilità.

flùsso *s.m.* **1** Movimento di un fluido, di un'energia che scorre in una direzione: *il f. della corrente elettrica* **2** Movimento continuo di persone o cose che scorrono in una direzione: *il f. del traffico.*

flùtto *s.m.* Onda del mare.

fluttuàre *v.intr.* [aus. *avere*] **1** Ondeggiare sui flutti **2** ✼ Variare, oscillare su e giù: *i prezzi fluttuano continuamente.*

fluviàle *agg.* Di fiume, dei fiumi; che vive nei fiumi: *corrente f.*; *piante f.*

fobìa *s.f.* Paura o repulsione nei confronti di determinate cose o situazioni.

fòca *s.f.* Grosso e tozzo mammifero marino con zampe a forma di pinne.

focàccia *s.f.* Pane di forma schiacciata, condito con olio e sale.

fóce *s.f.* Il punto in cui un fiume sbocca nel mare, in un altro fiume o in un lago.

focolàio *s.m.* Punto del corpo da cui si diffonde un'infezione.

fòdera *s.f.* Rivestimento protettivo interno o esterno: *f. della giacca, del divano.*

foderàre *v.tr.* Rivestire con una fodera.

fóga *s.f.* Ardore, slancio, impeto, furia.

fòglia *s.f.* Organo delle piante, generalmente di forma piatta e colore verde, che ha la funzione di assimilare l'anidride carbonica e di eliminare con la traspirazione l'eccesso d'acqua.

fogliàme *s.m.* L'insieme delle foglie di una pianta ◊ Ammasso di foglie cadute.

fòglio *s.m.* Pezzo di carta, in genere sottile e rettangolare, di dimensioni diverse a seconda degli usi.

fógna *s.f.* Canale sotterraneo che raccoglie le acque piovane e di rifiuto.

fognatùra *s.f.* Il complesso delle fogne che servono ad allontanare da un centro abitato le acque piovane e di rifiuto.

folclóre o **folklóre** *s.m.* L'insieme delle tradizioni popolari (usanze, feste, canti, musiche, fiabe, leggende ecc.) di una regione, di un paese o di un popolo.

folgoràre *v.tr.* Colpire col fulmine ◊ Colpire con una scarica elettrica.

fólgore *s.f.* Fulmine.

fòlla *s.f.* **1** Moltitudine di persone riunite assieme **2** ✼ Grande quantità di cose.

fòlle *agg.* **1** Pazzo (anche *s.m.f.*): *agire da f.* **2** Sconsiderato, irragionevole: *spese f.* ◊ Smisurato, senza freno: *una passione f.* **3** *In f.* = detto del motore di un autoveicolo quando nessuna marcia è inserita.

follìa *s.f.* **1** Perdita della ragione Ⓢ pazzia **2** Azione sconsiderata, assurda, temeraria.

fólto *agg.* Formato da molti elementi vicinissimi tra loro Ⓢ fitto: *barba f.* ◊ Numeroso: *un f. pubblico.*

fondàle *s.m.* **1** Profondità delle acque in un dato punto del mare, di un lago o di un fiume **2** Grande telone dipinto che fa da sfondo alla scena teatrale.

fondaménta *s.f.pl.* Le strutture murarie sotterranee che sostengono un edificio.

fondamentàle *agg.* Che costituisce il fondamento di qlco. o ha una grande importanza Ⓢ principale, essenziale, basilare: *le regole f. di un gioco*; *un'opera f.*

fondàre *v.tr.* **1** Dare vita a un nuovo centro abitato: *f. una città* **2** ✼ Istituire, creare: *f. un partito* **3** Basare, far poggiare: *f. un'accusa su prove* ♦ **fondarsi** *v.pr.* Basarsi: *su che cosa si fonda la tua ipotesi?*

fondàto *agg.* Che ha un valido fondamento, che si basa su dati certi Ⓢ giustificato: *sospetti f.*; *speranze poco f.*

fondatóre *s.m.* Chi fonda qlco.

fóndere *v.tr.* **1** Far diventare liquido un corpo solido Ⓢ liquefare, sciogliere: *f. il ferro* **2** ✼ Unire assieme formando un tutto unico: *f. due partiti* ♦ *v.intr.* [aus. *avere*] Passare allo stato liquido: *il ghiaccio fonde a zero gradi* ♦ **fondersi** *v.pr.* **1** Liquefarsi: *la cera si fonde al* *calore* **2** Unirsi insieme: *i due partiti si fusero.*

fonderìa *s.f.* Stabilimento o reparto di una fabbrica in cui si esegue la fusione e la colata dei metalli.

fondìna *s.f.* **1** Custodia per la pistola **2** Piatto fondo.

fóndo *s.m.* **1** La parte inferiore di qlco.: *il f. di un baule, della valle* ◊ La superficie solida che sostiene una massa liquida: *il f. del mare* | *Andare a f.* = affondare; ⌗ fallire **2** La parte più interna di un luogo ◊ ⌗ La parte più intima: *nel f. dell'anima* | *A f.* = profondamente, molto bene: *conoscere a f. qlco.* ◊ La parte di un luogo più lontana rispetto all'osservatore **3** Parte finale Ⓢ termine: *leggere un libro fino in f.* **4** Strato superficiale: *f. stradale* **5** (al *pl.*) Denaro a disposizione: *esaurire i f.* **6** Sfondo, colore di base su cui spiccano disegni di altro colore: *rose rosse su f. azzurro* ◆ *agg.* Profondo: *acqua f.* | *Piatto f.* = incavato, per i primi piatti.

fondovàlle *s.m.* [pl. *fondivalle*] La parte più bassa di una valle.

fònico *agg.* Che riguarda i suoni di una lingua e il modo di pronunciarli | *Accento f.* = quello acuto o grave usato per distinguere la pronuncia chiusa o aperta della *e* e della *o*.

fontàna *s.f.* Impianto e costruzione da cui sgorga acqua.

fónte *s.f.* **1** Sorgente d'acqua **2** ⌗ Origine, causa: *f. di guadagno*; *notizie di f. ufficiale.*

foràggio *s.m.* Qualsiasi prodotto vegetale utilizzato per alimentare il bestiame.

foràre *v.tr.* Trapassare con uno o più fori Ⓢ bucare: *f. una lamiera* ◊ Subire una foratura a una gomma, a un pneumatico.

foratùra *s.f.* Incidente per cui si fora e sgonfia una gomma, un pneumatico.

fòrbice *s.f.* (spec. al *pl.*) Strumento per tagliare costituito da due lame incrociate.

fórca *s.f.* Attrezzo agricolo per raccogliere e ammucchiare erba, paglia, fieno ecc., formato da un manico di legno terminante con due o più punte di ferro.

forchétta *s.f.* Posata per portare alla bocca i cibi solidi, formata da un manico con quattro denti.

forcìna *s.f.* Piccolo arnese ripiegato a U, usato per tenere ferme ciocche di capelli.

forèsta *s.f.* Vasta estensione di terreno ricoperta di alberi d'alto fusto Ⓢ selva.

forestièro *agg.* e *s.m.* Che, chi proviene da fuori, non è del luogo.

fórfora *s.f.* Piccole squame biancastre che si distaccano dal cuoio capelluto.

fórma *s.f.* **1** Aspetto, figura esteriore di qlco.: *f. quadrata, sferica* **2** (al *pl.*) Struttura fisica di una persona: *f. robuste* **3** Tipo: *f. di governo* ◊ Modo: *funerale in f. privata* **4** Attrezzo o stampo che serve a dare o a mantenere una certa forma a oggetti e prodotti: *f. per scarpe, per dolci* **5** Le condizioni fisiche e lo stato di allenamento di un atleta; più in generale, lo stato fisico o psichico di una persona: *essere in f.*

formàggio *s.m.* Prodotto alimentare che si ottiene facendo coagulare il latte con il caglio: *f. di vacca, di pecora, di capra.*

formàre *v.tr.* **1** Modellare qlco. per dargli una data forma: *f. una figura con la creta* ◊ Comporre una data figura: *f. un cerchio* **2** ⌗ Educare intellettualmente e moralmente: *f. i giovani* **3** Costruire, comporre secondo un certo ordine: *f. una frase* ◊ Costituire: *f. un nuovo governo* ◆

formàrsi *v.pr.* **1** Prodursi, apparire: *sul*

muro si è formata della muffa **2** Svilupparsi: *dal fiore si forma il frutto.*

formàto *s.m.* Dimensione e forma di un oggetto: *f. di un libro, di una fotografia.*

formazióne *s.f.* **1** Il formarsi di qlco. e il processo attraverso cui si è formato: *la f. del sistema solare* ◊ Creazione, costituzione: *f. di un nuovo governo* **2** Educazione, preparazione intellettuale e culturale: *corso di f.* **3** Modo in cui sono disposti, schierati uomini o mezzi che fanno parte di reparti militari o di squadre sportive: *f. difensiva* ◊ La composizione di una squadra sportiva; la squadra stessa: *una f. molto forte.*

formìca *s.f.* Piccolo insetto che vive in comunità rigidamente organizzate.

formicàio *s.m.* Nido di formiche.

formidàbile *agg.* Straordinario, eccezionale: *un tiro f.* ◊ Tanto forte da far spavento: *un avversario, un esercito f.*

fòrmula *s.f.* **1** Frase o insieme di frasi prestabilite che per consuetudine, rito o legge devono essere pronunciate in determinate circostanze: *f. rituali, di giuramento, di saluto, di auguri* **2** In chimica, insieme dei simboli dei diversi elementi che compongono una sostanza ◊ L'insieme degli ingredienti di un prodotto.

fornàce *s.f.* Grande forno per la cottura di materiali da costruzione.

fornàio *s.m.* Panettiere.

fornèllo *s.m.* Apparecchio per cuocere i cibi: *f. elettrico, a gas, a carbone.*

fornìre *v.tr.* **1** Dare a qlcu. ciò di cui ha bisogno; dotare, munire qlcu. o qlco. del necessario: *f. informazioni*; *f. di provviste* **2** Mostrare, esibire: *f. le prove del delitto.*

fornitóre *s.m.* e *agg.* Chi, che fornisce un privato, un negozio, un'azienda di determinati prodotti: *mi servo sempre dallo stesso f.*; *ditta f.*

fórno *s.m.* **1** Costruzione in muratura che viene riscaldata all'interno per cuocervi pane, pizze, dolci ◊ Nelle cucine domestiche, apparecchiatura elettrica o a gas in cui si cuociono varie pietanze **2** Panetteria.

fóro *s.m.* Buco, apertura.

fórse *avv.* Esprime dubbio, incertezza, possibilità, probabilità: *f. è meglio non partire* ◊ Seguito da un numero equivale a «circa»: *saran f. due ore che aspetto* ◊ Nelle domande equivale a «per caso» o indica che la risposta è scontata: *avresti f. paura?*; *f. non lo sapevi?*

fòrte *agg.* **1** Dotato di forza e resistenza fisica Ⓢ robusto, vigoroso ◊ Dotato di forza morale, di tenacia, di volontà: *un carattere f.* ◊ Bravo, abile: *è f. in matematica* ◊ Potente: *una nazione f.* **2** Dato con forza: *un f. pugno* **3** Solido, resistente: *una stoffa f.* **4** Grande, notevole: *una f. somma*; *una f. maggioranza* **5** Di grande intensità e violenza: *un f. dolore*; *un f. temporale* ◊ Che colpisce intensamente i sensi: *luce, rumore, odore f.* ♦ *s.m.* Opera di fortificazione Ⓢ fortezza ♦ *avv.* **1** Con forza, con energia, con violenza: *tieniti f.!*; *picchiare f.* **2** Velocemente: *correre f.* **3** A voce alta; ad alto volume: *parla più f.!*

fortézza *s.f.* Opera di fortificazione, costituita da una cinta muraria munita di torri e di altre opere difensive.

fortìno *s.m.* Piccolo forte.

fortùito *agg.* Casuale: *un incontro f.*

fortùna *s.f.* **1** Sorte, destino: *la f. gli fu avversa* **2** Sorte favorevole, propizia: *per f. non mi ha colpito!* | *Fare f.* = arricchirsi **3** Ricchezza, patrimonio: *sperpe-*

rare le proprie f. **4** *Di f.* = detto di soluzione cui si ricorre in caso di emergenza.

fortunàto *agg.* Favorito dalla fortuna: *un uomo f.* ◊ Che ha avuto un esito felice, favorevole: *un'impresa f.* ◊ Che porta fortuna, che ha positive conseguenze Ⓢ propizio, felice: *incontrarsi per un caso f.*

forùncolo *s.m.* Infezione formatasi sotto la pelle, che produce pus e infiammazione della parte circostante.

fòrza *s.f.* **1** Vigore fisico Ⓢ energia: *è dotato di grande f.*; *perdere le f.* **2** Fermezza, energia morale; decisione: *f. d'animo, di volontà* ◊ (al *pl.*) Mezzi, capacità, doti: *contare sulle proprie f.* ◊ Coraggio: *non ho la f. di dirglielo*; *farsi f.* **3** Intensità, impeto, veemenza: *la f. del vento, del mare* **4** Violenza: *imporsi con la f.* **5** Potere, capacità di produrre dati effetti e di influire efficacemente sulle azioni umane: *la f. della verità, dell'abitudine* **6** In fisica, ogni causa capace di modificare lo stato di quiete o di moto di un corpo: *f. di gravità*; *f. centrifuga* **7** (spec. al *pl.*) Gruppo di armati: *le f. nemiche* | *F. armate* = complesso di uomini e mezzi cui è affidata la difesa di uno stato | *F. dell'ordine* = polizia e carabinieri ◊ Gruppo di persone unite da condizioni, attività, obiettivi comuni: *f. politiche, sindacali.*

forzàre *v.tr.* **1** Aprire con la forza Ⓢ scassinare: *f. una serratura* ◊ Superare con la forza Ⓢ sfondare: *f. un posto di blocco* **2** Obbligare, costringere: *f. qlcu. a mangiare.*

foschìa *s.f.* Lieve offuscamento dell'aria dovuto a umidità, polvere, fumo.

fósco *agg.* **1** Scuro, cupo, offuscato: *notte f.*; *cielo f.* **2** ❧ Cupo, tetro, minaccio-

so: *sguardo f.*; *ci aspetta un f. avvenire.*

fòssa *s.f.* **1** Buca nel terreno **2** Tomba.

fossàto *s.m.* Lunga fossa scavata ai margini di strade e campi per la raccolta e lo scorrimento delle acque.

fòssile *agg.* e *s.m.* Detto dei resti di un animale o di una pianta vissuti in epoche remote e conservatisi negli strati rocciosi della superficie terrestre.

fòsso *s.m.* Lunga fossa naturale o artificiale usata per lo scolo e la distribuzione dell'acqua.

fòto *s.f.* Abbreviazione di *fotografia.*

fotocòpia *s.f.* Copia fotografica su carta di testi o immagini.

fotocopiàre *v.tr.* Riprodurre in fotocopia: *f. un documento.*

fotocopiatrìce *s.f.* Macchina per fare fotocopie.

fotografàre *v.tr.* Riprendere con la macchina fotografica: *f. una persona, un paesaggio.*

fotografìa *s.f.* **1** La tecnica e l'arte di riprodurre immagini su lastre, pellicole, carte sensibili alla luce **2** Immagine ottenuta con questa tecnica.

fotogràfico *agg.* Relativo alla fotografia: *tecnica f.* ◊ Ottenuto per mezzo della fotografia: *immagine f.* ◊ *Macchina f.* = apparecchio per fare fotografie.

fotògrafo *s.m.* Chi fa fotografie, per passione o come professione ◊ Chi vende materiale fotografico.

fra vedi **tra.**

fracassàre *v.tr.* Rompere, fare a pezzi con violenza e rumore: *f. una vetrina* ◆

fracassarsi *v.pr.* Rompersi, infrangersi, schiantarsi violentemente: *f. al suolo.*

fracàsso *s.m.* Rumore assordante Ⓢ frastuono, chiasso: *un f. di vetri rotti.*

fràdicio *agg.* **1** Andato a male Ⓢ mar-

cio: *uova f*. **2** Completamente bagnato |
Ubriaco f. = completamente ubriaco.

fràgile *agg*. **1** Che si può rompere facilmente: *vetro f*. **2** ⚛ Debole, delicato: *salute f*. ◊ Inconsistente: *f. speranze*.

fràgola *s.f*. Pianta erbacea con frutti rossi commestibili ◊ Il frutto della pianta.

fragóre *s.m*. Rumore violento, assordante Ⓢ frastuono: *il f. della cascata*.

fraintèndere *v.tr*. Capire male, intendere una cosa per un'altra: *f. un discorso*.

framménto *s.m*. Piccolo pezzo di un oggetto spezzato.

fràna *s.f*. Distacco e caduta di masse di roccia o di terra lungo i fianchi di montagne e colline ◊ La massa del materiale franato: *la f. seppellì il villaggio*.

franàre *v.intr*. [aus. *essere*] **1** Cadere per frana **2** Crollare: *è franato un muro*.

franchézza *s.f*. Sincerità, schiettezza.

frànco *agg*. Schietto, sincero, leale.

francobóllo *s.m*. Piccolo rettangolo di carta che si applica sulla corrispondenza e su cui è indicato l'importo che si è pagato per la spedizione e il recapito.

frangétta *s.f*. Ciuffo di capelli tagliati corti e che ricadono dritti sulla fronte.

frància *s.f*. Guarnizione formata da fili o cordoncini che si applica al bordo di tovaglie, tende, sciarpe e sim.

fràse *s.f*. Insieme minimo di parole dotate di un senso compiuto Ⓢ proposizione, espressione.

frastuòno *s.m*. Rumore assordante e confuso Ⓢ baccano, fracasso, strepito.

fràte *s.m*. Appartenente a un ordine religioso Ⓢ monaco.

fratellànza *s.f*. Sentimento di solidarietà e di affetto fraterno.

fratellàstro *s.m*. Fratello con cui si ha in comune uno solo dei genitori.

fratèllo *s.m*. Ogni figlio di sesso maschile rispetto agli altri figli degli stessi genitori.

fratèrno *agg*. **1** Che esiste tra fratelli: *vincolo f*. **2** Affettuoso, come tra fratelli: *tra di noi c'è un'amicizia f*.

frattànto *avv*. Nello stesso periodo di tempo Ⓢ nel frattempo, intanto.

frattèmpo *s.m*. *Nel f.; in questo, in quel f*. = frattanto, intanto; durante quello stesso periodo di tempo.

frattùra *s.f*. Rottura di un osso.

fratturàre *v.tr*. Rompere, spezzare un osso.

frazionàre *v.tr*. Dividere in più parti Ⓢ suddividere: *f. una proprietà*.

frazióne *s.f*. **1** Parte, porzione di un tutto, di un'unità **2** In matematica, numero che esprime il rapporto fra due grandezze: *2/3 è una f*. **3** Piccolo centro abitato che fa parte di un comune più grande.

fréccia *s.f*. **1** Asta munita di punta che si lancia con l'arco **2** Segnale stradale a forma di freccia che indica la direzione ◊ Negli auto e motoveicoli, indicatore di direzione a luce intermittente.

freddézza *s.f*. **1** Temperatura fredda **2** ⚛ Mancanza di cordialità, di entusiasmo Ⓢ indifferenza ◊ Controllo dei propri nervi Ⓢ autocontrollo, sangue freddo.

fréddo *agg*. **1** Che ha una temperatura bassa o inferiore al normale, così da provocare una sensazione opposta a quella del caldo **2** ⚛ Privo di calore umano, di cordialità; indifferente, distaccato: *accoglienza f.; mostrarsi f. con qlcu*. ◊ *Sangue f.* = calma, autocontrollo, lucidità ♦ *s.m*. Bassa temperatura e sensazione che questa provoca nel nostro corpo.

freddolóso *agg*. Che soffre molto il freddo: *è un tipo piuttosto f*.

fregàre *v.tr.* **1** Strofinare energicamente qlco. **2** ⚭ Imbrogliare, truffare ◊ Rubare ♦ **fregarsene** *v.pr.* Essere del tutto indifferente Ⓢ infischiarsene.

fregatùra *s.f.* Imbroglio, danno: *prendere una f.* ◊ Cosa scadente, deludente.

frèmere *v.intr.* [aus. *avere*] Essere agitato, sconvolto da un forte sentimento Ⓢ ribollire, tremare, palpitare: *f. di rabbia, di sdegno; f. d'amore, di desiderio.*

frèmito *s.m.* Violenta e improvvisa agitazione interiore, che si manifesta con tremito e movimenti convulsi Ⓢ sussulto, palpito, brivido: *un f. d'orrore.*

frenàre *v.tr.* **1** Rallentare o arrestare con il freno il movimento di un animale o di un veicolo **2** ⚭ Trattenere, moderare, contenere: *f. l'entusiasmo, l'ira* ♦ *v.intr.* [aus. *avere*] Azionare il freno di un veicolo: *f. prima dell'incrocio.*

frenàta *s.f.* Atto di frenare, colpo di freno.

frenesìa *s.f.* **1** Eccitazione incontrollata **2** ⚭ Desiderio irrefrenabile Ⓢ smania.

frenètico *agg.* **1** Che è in preda a un'esaltazione incontrollata: *un pazzo f.* **2** ⚭ Convulso, sfrenato: *ritmo f.* **3** ⚭ Entusiastico, appassionato: *applausi f.*

fréno *s.m.* **1** Meccanismo che serve a rallentare o ad arrestare il movimento di un veicolo o di una macchina **2** ⚭ Qualsiasi mezzo che serva a reprimere, a limitare qlco. di negativo Ⓢ limite: *porre un f. alla corruzione.*

frequentàre *v.tr.* **1** Recarsi di frequente in un luogo, passandovi del tempo: *f. un bar* ◊ Ritrovarsi abitualmente con qlcu.: *f. pochi amici* **2** Partecipare con regolarità a un'attività a cui si è iscritti: *f. la scuola.*

frequènte *agg.* Che si verifica, si ripete spesso: *f. assenze da scuola; piogge f.*

frequènza *s.f.* **1** Il ripetersi spesso di qlco.: *incidenti che avvengono con f.* ◊ Il numero delle volte che un fatto o un fenomeno si verifica in un dato periodo di tempo: *misurare la f. del polso* **2** Presenza, partecipazione costante a un'attività: *l'insegnante raccomandò la f. alle lezioni* ◊ Affluenza.

frésco *agg.* **1** Moderatamente, piacevolmente freddo **2** Fatto, preparato da poco tempo (detto di alimenti); appena colto (detto di vegetali): *uova f.; frutta f.* ◊ Non ancora seccato: *vernice f.* ◊ Recente: *notizie f.* **3** ⚭ Non stanco, riposato ♦ *s.m.* Temperatura fresca ◊ Luogo, ambiente fresco: *mettere in f. la birra.*

frescùra *s.f.* Aria fresca: *la f. della sera.*

frétta *s.f.* Necessità di far presto Ⓢ premura, urgenza: *ho f. di partire* ◊ *In f.* = rapidamente: *mangiare in f.*

frettolóso *agg.* **1** Che si muove o agisce con molta o troppa fretta **2** Fatto in fretta Ⓢ affrettato: *saluto f.; un lavoro f.*

friàbile *agg.* Che si sgretola, sbriciola facilmente: *roccia, terra, torta f.*

frìggere *v.tr.* Cuocere nell'olio, nel burro o in altri grassi bollenti: *f. le patate, il pesce* ♦ *v.intr.* [aus. *avere*] Bollire sfrigolando ◊ Cuocersi nell'olio bollente.

frìgo *s.m.invar.* Frigorifero.

frigorìfero *agg.* Che produce artificialmente freddo: *cella f.* ♦ *s.m.* Elettrodomestico provvisto di impianto refrigerante dentro cui si conservano a bassa temperatura prodotti deperibili.

frittàta *s.f.* Pietanza di uova sbattute e fritte in padella.

frittèlla *s.f.* Piccolo dolce fatto di pasta che viene fritta nell'olio bollente.

frìtto *agg.* Cotto nell'olio o in altro grasso bollente ♦ *s.m.* Piatto di cibi fritti.

frittùra *s.f.* **1** Cottura di un cibo nell'olio o in altro grasso bollente **2** Piatto di cibi fritti: *mangiare una f. di pesce.*
frizióne *s.f.* **1** Massaggio consistente nello strofinare energicamente la pelle con sostanze medicinali **2** Attrito, sfregamento tra due corpi **3** Negli autoveicoli, organo meccanico che stacca il motore dalle ruote quando si aziona la leva del cambio ◊ Il pedale che comanda tale organo.
frizzànte *agg.* **1** Effervescente, gassato: *vino f.* **2** Pungente: *aria f.*; *una battuta f.*
frodàre *v.tr.* Derubare con la frode, con l'inganno Ⓢ truffare, imbrogliare ◊ Sottrarre qlco. con l'inganno: *f. una somma.*
fròde *s.f.* Inganno, raggiro di qlcu. allo scopo di ricavarne un vantaggio.
frónda *s.f.* Ramoscello con le foglie Ⓢ frasca ◊ (al *pl.*) L'insieme delle foglie e dei rami di un albero.
frondóso *agg.* Ricco di fronde: *albero f.*
frontàle *agg.* Che sta, che avviene di fronte: *posizione f.*; *scontro f.*
frónte *s.f.* **1** Parte del viso tra le sopracciglia e l'attaccatura dei capelli **2** *Di f.* = che sta davanti, in faccia (*la casa di f.*); davanti, in presenza di (*fuggire di f. al pericolo*) ♦ *s.m.* **1** Linea lungo la quale si fronteggiano in combattimento due eserciti nemici **2** Unione, alleanza di più partiti e movimenti per opporsi a un comune nemico o per raggiungere comuni obiettivi.
fronteggiàre *v.tr.* Affrontare validamente, tener testa: *f. gli avversari, le difficoltà* ♦ **fronteggiarsi** *v.pr.* Affrontarsi, scontrarsi.
frontièra *s.f.* Linea di confine tra due stati.
fròttola *s.f.* Bugia, fandonia.
frugàre *v.tr.* e *v.intr.* [aus. *avere*] **1** Cercare insistentemente qlco., rovistando con le mani o con un arnese: *f. in un cassetto* **2** Perquisire: *f. una persona.*
fruìre *v.intr.* [aus. *avere*] Godere, giovarsi di qlco. Ⓢ usufruire: *f. di uno sconto.*
frullàre *v.tr.* Agitare, sbattere col frullino o col frullatore: *f. le uova.*
frullàto *s.m.* Bevanda ottenuta frullando latte e frutta o altri ingredienti.
frullatóre *s.m.* Elettrodomestico per frullare gli ingredienti di bevande o cibi.
frullìno *s.m.* Arnese da cucina per frullare a mano ingredienti vari.
fruménto *s.m.* Grano.
frùsta *s.f.* **1** Lunga striscia di cuoio o corda intrecciata, fissata a un manico, usata per incitare gli animali da tiro Ⓢ sferza **2** Arnese da cucina per sbattere le uova e montare la panna.
frustàre *v.tr.* Colpire con la frusta.
frustàta *s.f.* Colpo di frusta.
frustràto *agg.* e *s.m.* Che, chi si trova in uno stato di frustrazione: *un uomo f.*
frustrazióne *s.f.* Stato di profonda insoddisfazione, di avvilimento, provocato dal mancato soddisfacimento di un bisogno, da delusioni e umiliazioni.
frùtta *s.f.invar.* L'insieme dei frutti commestibili: *f. fresca, secca*; *succo di f.*
fruttàre *v.tr.* **1** Dare come frutto Ⓢ produrre ◊ Dare come guadagno Ⓢ rendere: *l'affare gli fruttò tremila euro* **2** ♧ Procurare: *quel gesto gli fruttò simpatia.*
fruttéto *s.m.* Terreno coltivato ad alberi da frutto.
fruttivéndolo *s.m.* Venditore di frutta e verdura.
frùtto *s.m.* **1** In botanica, l'organo della pianta che si sviluppa dall'ovario del fiore e contiene i semi per la riproduzio-

ne ◊ Prodotto commestibile di alcune piante ◊ Qualsiasi prodotto commestibile della terra **2** *Frutti di mare* = molluschi e crostacei commestibili **3** ⚛ Ciò che si ricava da un'attività Ⓢ utile ◊ Profitto, reddito **4** ⚛ Effetto, conseguenza, risultato.

fruttuóso *agg.* Che dà guadagno Ⓢ redditizio: *investimento f.* ◊ Che dà buoni risultati Ⓢ utile: *colloquio f.*; *indagini f.*

fucilàta *s.f.* Il colpo sparato da un fucile e il rumore che esso produce.

fucìle *s.m.* Arma da fuoco portatile a canna lunga.

fùga *s.f.* **1** Precipitoso allontanamento da un luogo: *cercare scampo nella f.* **2** Fuoriuscita di un liquido o di un gas da una conduttura.

fuggiàsco *agg.* e *s.m.* Che, chi sta fuggendo per sottrarsi a un pericolo.

fuggìre *v.intr.* [aus. *essere*] Allontanarsi rapidamente da un luogo per evitare un danno o un pericolo Ⓢ scappare ◊ Evadere: *f. dal carcere* ◊ Rifugiarsi: *f. sui monti* ♦ *v.tr.* Evitare, schivare: *f. un pericolo*; *f. gli altri.*

fuggitìvo *agg.* e *s.m.* Che, chi fugge Ⓢ fuggiasco.

fulminàre *v.tr.* **1** Colpire, abbattere col fulmine Ⓢ folgorare **2** Uccidere sul colpo ◊ Mettere fuori combattimento.

fùlmine *s.m.* Violenta scarica elettrica tra una nube e la terra o tra due nubi, accompagnata da un lampo e da un tuono | ⚛ *Essere un f.* = essere rapidissimo.

fulmìneo *agg.* Rapido come un fulmine: *scatto f.* ◊ Istantaneo: *la morte è stata f.*

fumàre *v.intr.* [aus. *avere*] Emettere fumo o vapore: *il camino fuma* ♦ *v.tr.* Aspirare il fumo del tabacco o di altre sostanze; avere questa abitudine: *smettere di f.*

fumatóre *s.m.* Chi fuma abitualmente.

fumétto *s.m.* Racconto basato su una serie di disegni in cui le battute dei personaggi sono inserite in una specie di nuvoletta (detta *f.*) che esce dalla loro bocca.

fùmo *s.m.* **1** Insieme di gas, ceneri e fuliggine prodotto da qlco. che brucia | ⚛ *Andare in f.* = svanire, fallire **2** Il fumo del tabacco ◊ L'abitudine di fumare tabacco.

fumóso *agg.* Che manda fumo: *legna f.* ◊ Pieno di fumo: *una cucina f.*

fùne *s.f.* Grossa corda formata da fili intrecciati.

fùnebre *agg.* Che riguarda un defunto o un funerale: *rito f.* ◊ Fatto in onore o in memoria di un defunto: *monumento f.*

funeràle *s.m.* Cerimonia con cui si accompagna un defunto alla sepoltura.

fùngere *v.intr.* [aus. *avere*] Esercitare temporaneamente le funzioni di un altro, sostituendolo: *f. da sindaco* ◊ Avere una certa funzione Ⓢ servire: *f. da riparo.*

fùngo *s.m.* Vegetale privo di clorofilla, commestibile o velenoso, costituito da un gambo sormontato da un cappello.

funivìa *s.f.* Impianto per il trasporto di persone costituito da cabine che si spostano sospese in aria su funi d'acciaio.

funzionàle *agg.* Che adempie efficacemente alle funzioni per cui è stato costruito Ⓢ pratico, razionale: *un mobile f.*

funzionaménto *s.m.* Il modo in cui qlco. funziona: *il f. di un apparecchio.*

funzionàre *v.intr.* [aus. *avere*] Svolgere la propria funzione: *l'ascensore non funziona* ◊ Essere efficace: *il tuo sistema ha funzionato.*

funzionàrio *s.m.* Impiegato con mansioni direttive: *f. pubblico*; *f. di banca.*

funzióne *s.f.* **1** Attività che una persona

o un organo collegiale svolgono in rapporto al loro specifico compito Ⓢ ruolo, incarico, mansione: *avere f. direttive*; *la f. legislativa del parlamento* ◊ L'attività fisiologica di un organo o di un insieme di organi negli animali e nei vegetali: *la f. digestiva* ◊ L'attività e il compito specifici di un congegno o di qualsiasi altra cosa materiale o astratta: *la f. di una leva*; *la f. educativa della scuola* **2** Rito religioso, cerimonia sacra: *f. funebre.*

fuòco *s.m.* **1** Insieme di luce e di calore che, sotto forma di fiamme, si produce da ciò che brucia | *Andare a f.* = bruciare | *Prendere f.* = incendiarsi **2** Fiamma per cucinare in un impianto domestico: *metti la pentola sul f.* **3** ⚘ Ardore di sentimento, di passione: *il f. dell'amore* **4** Sparo, lancio di proiettili: *arma da f.* | *Fare f.* = sparare **5** *Mettere a f.* = regolare l'obiettivo di un apparecchio ottico in modo da ottenere un'immagine nitida.

fuorché *congz.* Tranne che, eccetto che, salvo che ♦ *prep.* Tranne, eccetto.

fuòri *avv.* **1** All'esterno: *f. sta piovendo* | *In f.* = verso l'esterno **2** Fuori di casa: *cenare f.* ◊ Fuori dalla città, dal paese in cui ci si trova: *resterò f. per una settimana* **3** Ordine di uscire da un luogo o di consegnare, mostrare qlco.: *vieni f.!*; *f. i soldi!* ♦ *prep.* All'esterno di, lontano da (anche ⚘): *uscì f. di casa*; *stare f. dai guai* | *F. uso* = guasto, inservibile | ⚘ *Essere f. di sé* = non ragionare più.

fuorilégge *s.m.f.invar.* Individuo che agisce contro la legge Ⓢ bandito.

fuoristràda *s.m.invar.* Autoveicolo o motoveicolo con speciali caratteristiche tecniche che gli consentono di viaggiare al di fuori delle normali strade.

fuoriuscìre o **fuoruscìre** *v.intr.* [aus.

essere] Uscire fuori Ⓢ sgorgare, traboccare: *il liquido è fuoriuscito dalla bottiglia*; *dalla ferita fuorisciva sangue.*

fuoriuscìto o **fuoruscìto** *s.m.* Chi ha dovuto abbandonare il proprio paese per motivi politici Ⓢ esule.

furberìa *s.f.* Furbizia, scaltrezza, astuzia ◊ Atto da furbo, espediente astuto.

furbìzia *s.f.* Furberia, scaltrezza.

fùrbo *agg.* Abile, pronto nello sfruttare vantaggiosamente le situazioni e nell'evitare danni e pericoli Ⓢ scaltro, astuto: ♦ *s.m.* Persona furba (anche a danno degli altri): *vuol sempre fare il f.*

furfànte *s.m.f.* Persona disonesta e senza scrupoli Ⓢ farabutto, canaglia.

furgóne *s.m.* Autocarro leggero e coperto per il trasporto di merci.

fùria *s.f.* **1** Violenta esplosione d'ira Ⓢ collera, furore: *andare su tutte le f.* **2** Impeto inarrestabile, violenza impetuosa: *la f. del vento, del mare* ◊ *A f. di* = continuando a, a forza di: *a f. di insistere ottenne quel che voleva* **3** Fretta, premura grandissima: *ha f. di partire.*

furibóndo *agg.* **1** Pieno di furore Ⓢ furioso, furente: *mi lanciava occhiate f.* **2** Violento e impetuoso Ⓢ furioso: *si accese una mischia f.*

furióso *agg.* **1** In preda al furore, all'ira Ⓢ furibondo, furente: *è f. per le critiche* **2** Violento, impetuoso: *una f. tempesta.*

furóre *s.m.* **1** Stato di violenta agitazione, per lo più provocata da ira: *era in preda al f. per l'offesa ricevuta* **2** Violenza, impeto: *si gettò nel f. della battaglia.*

furtìvo *agg.* Che si fa di nascosto, con rapidità e circospezione, per non farsi notare: *occhiata f.*; *s'avvicinò con passi f.*

fùrto *s.m.* Reato consistente nel rubare qlco. ad altri: *è stato condannato per f.*

fuscèllo *s.m.* Ramoscello secco e sottile.

fusióne *s.f.* **1** Passaggio di una sostanza dallo stato solido allo stato liquido Ⓢ scioglimento, liquefazione: *il sole provocò la f. del ghiaccio* **2** ⚹ Unificazione di più elementi in un tutto unico: *f. di due partiti.*

fusolièra *s.f.* La parte centrale e allungata di un aereo, contenente l'alloggio per l'equipaggio e i passeggeri.

fustìno *s.m.* Recipiente di cartone a forma di cilindro o di parallelepipedo.

fùsto *s.m.* **1** Parte principale delle piante superiori, da cui si dipartono le foglie e i rami Ⓢ tronco: *il pino è una pianta ad alto f.* **2** Giovane dalla corporatura atletica **3** Grosso recipiente cilindrico per liquidi: *un f. di birra, di benzina.*

fùtile *agg.* Di scarsa importanza o serietà Ⓢ frivolo, insignificante, inconsistente: *discorsi f.; litigare per f. motivi.*

futùro *agg.* Che accadrà, che verrà: *gli avvenimenti f.; l'epoca f.* ◊ Che è destinato a diventare, che sarà: *ti presento il f. direttore; questa è la mia f. moglie* ♦ *s.m.* **1** Il tempo che verrà e ciò che in esso accadrà Ⓢ l'avvenire: *chissà cosa ci riserva il f.; prevedere il f.* **2** Tempo del verbo che indica un'azione o una situazione successiva al tempo presente.

G

g *s.f.* o *m.* Settima lettera dell'alfabeto italiano; è una consonante.

gàbbia *s.f.* **1** Cassetta, per lo più formata da sottili sbarre metalliche, in cui si rinchiudono piccoli animali, spec. uccelli ◊ Recinto chiuso con grosse sbarre di ferro, per grossi animali: *g. delle tigri* **2** *G. toracica* = la parte dello scheletro che protegge il cuore e i polmoni.

gabbiàno *s.m.* Uccello acquatico con grandi ali e piumaggio biancastro.

gabinétto *s.m.* **1** Locale in cui si trovano i servizi igienici Ⓢ latrina, cesso **2** Studio di un professionista: *g. dentistico.*

gàio *agg.* Allegro, festoso, gioioso.

gàla *s.f.* Sfarzo, lusso, eleganza.

galantuòmo *s.m.* Uomo onesto e leale.

galàssia *s.f.* Enorme ammasso cosmico comprendente miliardi di stelle.

galatèo *s.m.* Le regole della buona educazione e di cortesia.

galèra *s.f.* Carcere, prigione.

gàlla *s.f.* *A g.* = a fior d'acqua | *Venire a g.* = affiorare; ❀ venire alla luce.

galleggiànte *agg.* Che galleggia: *ponte galleggiante* ◆ *s.m.* Ogni oggetto in grado di galleggiare; in partic. boa, gavitello, sughero per segnalare reti e ancore sommerse.

galleggiàre *v.intr.* [aus. *avere*] Mantenersi sulla superficie dell'acqua o di un altro liquido, senza affondare Ⓢ stare a galla ◊ Stare sospeso nell'aria.

gallerìa *s.f.* **1** Passaggio sotterraneo per strade, ferrovie, canali o per lo sfruttamento di miniere **2** Ampia via coperta riservata al passaggio dei pedoni **3** Sala o insieme di locali in cui vengono esposte opere d'arte.

gallìna *s.f.* La femmina del gallo.

gàllo *s.m.* Il maschio adulto dei polli domestici | *Al canto del g.* = all'alba.

galòppo *s.m.* Andatura veloce del cavallo.

gàmba *s.f.* **1** Ciascuno degli arti inferiori dell'uomo e in partic. la parte compresa tra il ginocchio e il piede ◊ Zampa di animale **2** Elemento di sostegno di un mobile: *le g. del tavolo.*

gàmbero *s.m.* Piccolo crostaceo marino e d'acqua dolce.

gàmbo *s.m.* **1** Nome comune del sostegno di foglie, fiori e anche di frutti e funghi a cappella **2** ❀ Parte di sostegno di un oggetto, di forma sottile e allungata.

gàmma *s.f.* Serie di gradazioni, di sfumature di uno o più colori ◊ ❀ Serie di cose affini Ⓢ assortimento.

ganàscia *s.f.* **1** L'insieme della guancia e della mascella **2** Nelle tenaglie, nelle pinze, nelle morse, nei freni, ciascuna delle due parti che servono a stringere, a bloccare, a frenare un oggetto.

gàncio *s.m.* Ferro ripiegato a uncino.

gàra *s.f.* Competizione tra due o più persone o gruppi impegnati a superarsi a vicenda: *g. ciclistica, di nuoto, di ballo.*

garànte *agg.* e *s.m.f.* Che, chi garantisce il rispetto di un impegno preso da altri.

garantìre *v.tr.* **1** Assicurare sotto la propria responsabilità il rispetto di un impegno proprio o altrui ◊ Assicurare la qualità e il perfetto funzionamento di una merce, impegnandosi con l'acquirente a ripararla o a sostituirla gratuitamente qualora si guasti entro un certo periodo **2** Dare per certo, assicurare: *ti garantisco che ha detto la verità* ♦ **garantirsi** *v.pr.* Assicurarsi, prendere delle precauzioni contro eventuali danni o rischi.

garanzìa *s.f.* Assicurazione certa che un impegno sarà rispettato ◊ Impegno del produttore o del venditore di una merce a sostituirla o a ripararla gratuitamente qualora si guasti entro un certo periodo di tempo.

garbàre *v.intr.* [aus. *essere*] Piacere, andare a genio: *i suoi modi non mi garbano.*

garbàto *agg.* Pieno di garbo Ⓢ cortese, gentile, educato: *persona g.*; *risposta g.*

gàrbo *s.m.* Cortesia, amabilità, educazione.

gareggiàre *v.intr.* [aus. *avere*] Partecipare a una gara: *g. nella maratona.*

gargarìsmo *s.m.* Cura consistente nel far gorgogliare in gola per un certo tempo un liquido medicamentoso.

garòfano *s.m.* Pianta erbacea dai fiori profumati di vario colore.

gàrza *s.f.* Tessuto di cotone leggero e trasparente, usato spec. come benda.

garzóne *s.m.* Lavoratore che svolge i lavori più semplici in una bottega o in un laboratorio artigiano.

gas *s.m.* **1** Ogni sostanza normalmente allo stato aeriforme **2** Nell'uso comune, sostanza combustibile aeriforme utilizzata spec. nelle cucine e negli impianti di riscaldamento: *fornello a g.*

gasàto *agg.* **1** Reso effervescente dall'aggiunta di anidride carbonica Ⓢ frizzante: *bibita g.* **2** ✿ Molto eccitato, esaltato, euforico: *è tutto g. per la vittoria.*

gasdótto *s.m.* Conduttura per il trasporto di gas.

gasòlio *s.m.* Carburante liquido ricavato dal petrolio, usato per riscaldamento e nei motori diesel.

gassàto *agg.* Gasato, frizzante: *acqua g.*

gassósa o **gazzósa** *s.f.* Bibita gassata a base di acqua dolcificata e aromatizzata.

gassóso *agg.* Detto di sostanza o composto allo stato aeriforme: *l'aria è una miscela g.*

gàstrico *agg.* Dello stomaco: *succhi g.*

gastrìte *s.f.* Infiammazione della mucosa dello stomaco.

gastronomìa *s.f.* L'arte di cucinare e preparare i cibi.

gàtto *s.m.* **1** Felino domestico diffuso in tutto il mondo in numerose razze **2** *G. delle nevi* = veicolo cingolato capace di muoversi su terreni coperti di neve.

gattonàre *v.intr.* [aus. *avere*] Spostarsi appoggiandosi con le mani e le ginocchia sul pavimento.

gazzàrra *s.f.* Chiasso, confusione, baccano, baraonda.

gazzétta *s.f.* Giornale: *G. dello sport.*

gazzósa vedi **gassósa.**

gelàre *v.tr.* Far diventare gelido ◊ Ghiacciare, congelare ♦ *v.intr.impers.* [aus. *avere* o *essere*] Fare il gelo: *questa notte ha* (o *è*) *gelato* ♦ *v.intr.* [aus. *essere*] e **gelarsi** *v.pr.* Diventare ghiaccio, congelarsi ◊ Diventare gelido ◊ Soffrire un gran freddo: *senza il riscaldamento qui si gela.*

gelatàio *s.m.* Chi fa o vende gelati.

gelaterìa *s.f.* Negozio in cui si fanno e si vendono gelati.

gelatìna *s.f.* Qualsiasi sostanza semisolida trasparente di consistenza molle ed elastica; in partic. brodo ristretto di carne o pollo solidificato per raffreddamento.

gelàto *agg.* Ghiacciato: *lago g.* ◊ Molto freddo Ⓢ gelido: *mani g.* ♦ *s.m.* Dolce a base di latte, zucchero e altri ingredienti, solidificato per raffreddamento.

gèlido *agg.* Freddissimo: *vento g.*

gèlo *s.m.* Freddo intenso.

gelosìa *s.f.* **1** Ansia tormentosa di chi dubita o teme che la persona amata non gli sia fedele o ami altri **2** Sentimento d'invidia, di dispetto nei confronti di chi è sentito come un rivale.

gelóso *agg.* Che soffre di gelosia amorosa: *marito g.* ◊ Che prova invidia e risentimento nei confronti di chi sente come proprio rivale: *i colleghi erano g. del suo successo.*

gemèllo *agg.* **1** Nato nello stesso parto: *fratelli g.* **2** Si dice di cose uguali o simili che formano una coppia: *letti g.* | *Anima g.* = persona con cui si ha in comune il modo di sentire ♦ *s.m.* Chi è nato nello stesso parto con uno o più fratelli o sorelle.

gèmere *v.intr.* [aus. *avere*] Lamentarsi sommessamente.

gèmito *s.m.* Lamento, grido sommesso di dolore: *si udivano i g. dei feriti.*

gèmma *s.f.* **1** Piccolo germoglio da cui si sviluppano nuovi rami, fiori e foglie **2** Pietra preziosa: *corona tempestata di g.*

generàle[1] *agg.* **1** Che è comune a tutti o alla maggioranza: *problema d'interesse g.* ◊ Che riguarda tutto un complesso di persone o di cose: *assemblea g.* ◊ Che dirige tutte le attività: *direzione g.* **2** *In g.* = di solito, in linea di massima.

generàle[2] *s.m.* Il grado più elevato della gerarchia militare.

generalizzàre *v.tr.* Rendere generale, comune Ⓢ diffondere: *g. un'usanza* ◊ Estendere a un'intera categoria ciò che è valido solo in qualche caso particolare.

generàre *v.tr.* **1** Dare vita a esseri della stessa specie: *g. un figlio* **2** ♧ Produrre: *la fiamma genera calore* ◊ ♧ Provocare, far sorgere: *g. sospetti.*

generazióne *s.f.* **1** Il processo per cui un essere vivente genera altri individui della stessa specie Ⓢ riproduzione **2** L'insieme delle persone che hanno all'incirca la stessa età e vivono nella stessa epoca **3** Produzione: *g. di calore, di energia.*

gènere *s.m.* **1** Insieme di cose o di persone con caratteristiche comuni Ⓢ categoria, tipo, specie **2** Categoria grammaticale che distingue il maschile, il femminile e il neutro **3** Merce, prodotto: *un negozio di g. alimentari.*

genèrico *agg.* **1** Non specifico, non precisato Ⓢ vago, indeterminato: *accuse g.* **2** Privo di specializzazione: *medico g.*

gènero *s.m.* Il marito della figlia.

generosità *s.f.* Bontà d'animo, altruismo: *atto di g.* ◊ Larghezza nel dare, nel donare: *lo ricompensò con g.*

generóso *agg.* **1** Che ha o dimostra bontà e nobiltà d'animo, altruismo e disposizione a sacrificarsi ◊ Che dona del suo con larghezza nel dare: *un g. benefattore* **2** Abbondante: *una mancia g.*

gengìva *s.f.* La parte della mucosa della bocca che ricopre le arcate dei denti.

geniàle *agg.* Che ha o che dimostra genio, ingegno, grande acume.

gènio *s.m.* Eccezionale intelligenza e capacità creativa proprie dei grandi uomini ◊ Persona di straordinario ingegno e talento: *Leonardo fu un g.*

genitóre *s.m.* Padre o madre.

genocìdio *s.m.* Sterminio di un intero popolo o gruppo razziale o religioso.

gènte *s.f.* **1** Quantità, insieme di persone: *c'era g. per le strade* ◊ Gli altri, il prossimo: *non curarsi di quel che dice la g.* **2** Insieme di persone di un certo tipo o condizione: *g. onesta*; *g. di città* ◊ Popolo, popolazione: *la g. del Nord.*

gentìle *agg.* Cortese, garbato, affabile.

gentilézza *s.f.* Cortesia, garbo ◊ Sensibilità, delicatezza: *g. d'animo.*

gentiluòmo *s.m.* Uomo educato e signorile, onesto e leale: *comportarsi da g.*

genuìno *agg.* Naturale, non sofisticato, non alterato: *cibo, vino g.* ◊ Sincero, spontaneo: *affetto g.* ◊ Autentico.

geografìa *s.f.* Scienza che studia e descrive la Terra nei suoi diversi aspetti.

geogràfico *agg.* Di geografia, che si riferisce alla geografia: *carta g.*; *nomi g.*

geologìa *s.f.* Scienza che studia la struttura della crosta terrestre e le sue trasformazioni.

geòmetra *s.m.f.* Professionista che svolge misurazioni di terreni e progetta e dirige piccole costruzioni edilizie.

geometrìa *s.f.* Ramo della matematica che studia le figure piane e solide, le loro relazioni e proprietà.

geomètrico *agg.* Di geometria: *figure g.*

gerànio *s.m.* Pianta erbacea ornamentale, con fiori di vari colori.

gerarchìa *s.f.* Struttura di un'organizzazione costituita come una scala in cui i gradi inferiori sono rigidamente subordinati ai gradi superiori: *g. militare, burocratica.*

gèrgo *s.m.* Linguaggio usato dagli appartenenti a certi gruppi sociali o categorie professionali, che risulta oscuro e incomprensibile per chi non ne fa parte.

gèrme *s.m.* Primo stadio di sviluppo dell'embrione ◊ Batterio: *i g. dell'influenza.*

germogliàre *v.intr.* [aus. *essere* o *avere*] Svilupparsi in pianta (detto del seme) ◊ Emettere germogli.

germóglio *s.m.* Piantina o ramo appena spuntati da un seme o da una gemma.

gerùndio *s.m.* Forma non coniugabile del verbo, con due tempi, presente (*mangiando*) e passato (*avendo mangiato*).

gèsso *s.m.* **1** Minerale biancastro da cui si ricava una polvere usata in varie lavorazioni; la polvere stessa **2** Bastoncino per scrivere su lavagne **3** Ingessatura per fratture ossee.

gestànte *s.f.* Donna in gravidanza.

gesticolàre *v.intr.* [aus. *avere*] Fare dei gesti, spec. per comunicare qlco. o mentre si parla, si discute.

gestióne *s.f.* Amministrazione, conduzione di un'azienda, di un'attività.

gestìre *v.tr.* **1** Amministrare un'attività economica per conto proprio o di altri **2** Condurre, dirigere, curare con funzioni di responsabilità: *g. un partito, un affare.*

gèsto *s.m.* **1** Movimento, spec. del capo o delle mani, con cui si esprime uno stato d'animo, una volontà o si accompagna il parlare per renderlo più espressivo **2** Atto, azione: *compiere un g. generoso.*

gestóre *s.m.* Chi gestisce, amministra un'azienda, un'attività economica.

gettàre *v.tr.* **1** Lanciare, scagliare con forza: *g. un sasso nell'acqua* ◊ Buttare via: *g. l'immondizia* **2** Mandar fuori, emettere: *g. un grido* ♦ **gettarsi** *v.pr.* Lanciarsi, scagliarsi con forza ⓈＳ avventarsi, precipitarsi: *g. contro un avversario* ◊ Lanciarsi o lasciarsi cadere dall'alto: *g. in acqua.*

gettàta *s.f.* In edilizia, colata di materiale da costruzione semiliquido dentro una struttura: *una g. di cemento.*

gèttito *s.m.* Introito, provento.

gètto *s.m.* **1** Il gettare Ⓢ lancio **2** Fuoriuscita violenta di un liquido o di un gas.

gettóne *s.m.* Dischetto metallico che si introduce in diversi apparecchi per farli funzionare: *g. del telefono*; *lavatrice a g.*

ghiacciàio *s.m.* Grande massa di ghiaccio permanente che ricopre le regioni polari e quelle di alta montagna.

ghiacciàre *v.tr.* Far diventare ghiaccio ◊ Rendere freddo come il ghiaccio ♦ *v.intr.* [aus. *essere*] e **ghiacciarsi** *v.pr.* Diventare ghiaccio Ⓢ congelarsi ◊ Diventare gelido Ⓢ gelarsi.

ghiàccio *s.m.* Acqua allo stato solido, congelata: *cubetto, lastra di g.*

ghiacciòlo *s.m.* Gelato fatto di ghiaccio zuccherato e aromatizzato.

ghiàia *s.f.* Insieme di ciottoli arrotondati dall'azione delle acque ◊ Insieme di pietre spezzate e tritate, usate per ricoprire il fondo di strade, vialetti, giardini.

ghiànda *s.f.* Il frutto della quercia.

ghiàndola *s.f.* Organo che produce sostanze utili all'organismo (come il sudore, la saliva) o elimina quelle dannose.

ghiótto *agg.* Goloso.

ghiottóne *s.m.* Persona ghiotta, golosa.

ghìsa *s.f.* Lega di ferro e carbonio.

già *avv.* **1** Ormai: *al mio ritorno sarai g. guarito* ◊ Fin da ora: *g. me lo immagino* ◊ Fin da allora: *g. da piccolo era furbo* **2** In precedenza: *questo film l'ho g. visto.*

giàcca *s.f.* Indumento maschile e femminile che copre la parte superiore del corpo.

giaccóne *s.m.* Giacca lunga e pesante.

giacére *v.intr.* [aus. *essere* o *avere*] Stare disteso, sdraiato: *g. a letto.*

giacìglio *s.m.* Letto misero e improvvisato di paglia o foglie secche ◊ Cuccia.

giaciménto *s.m.* Deposito di minerali formatosi nella crosta terrestre.

giàllo *agg.* Di colore tra il verde e l'arancione | *Libro, film g.* = poliziesco ♦ *s.m.* **1** Colore giallo ◊ Luce gialla di avvertimento nei semafori: *passare col g.* **2** Romanzo, film poliziesco ◊ Caso poliziesco particolarmente complesso.

giardinàggio *s.m.* L'attività e la tecnica di coltivare giardini e piante da giardino.

giardinière *s.m.* Chi per mestiere coltiva e cura giardini.

giardìno *s.m.* Terreno coltivato con fiori e piante ornamentali | *G. zoologico* = zoo.

gigànte *s.m.* **1** In leggende e fiabe, essere di statura straordinaria **2** Uomo molto alto e robusto ♦ *agg.* Di dimensioni molto superiori al normale: *un albero g.*

gigantésco *agg.* Molto grande Ⓢ enorme, colossale: *statura, forza g.*

gìglio *s.m.* Pianta erbacea con fiori bianchi profumati, simbolo di purezza.

ginecòlogo *s.m.* Medico specialista nella cura dell'apparato genitale femminile.

ginnàstica *s.f.* Attività fisica che, attraverso una serie di esercizi, tende a rendere il corpo più agile e robusto.

ginocchièra *s.f.* Fascia elastica che si applica al ginocchio per proteggerlo.

ginòcchio *s.m.* [pl. *ginocchi* o f. *ginocchia*] Parte dell'arto inferiore tra la gamba e la coscia.

giocàre *v.intr.* [aus. *avere*] **1** Dedicarsi a un'attività piacevole per svago, divertimento **2** Scommettere in giochi d'azzardo, puntare denaro contando sulla fortuna: *g. ai cavalli* **3** Praticare un'attività sportiva; far parte di una squadra ◊ Disputare un incontro sportivo ♦ *v.tr.* **1** Mettere sul tavolo una carta (nei giochi di carte): *g. l'asso* **2** Disputare un incontro sportivo: *g. una buona partita* **3** Puntare, scommettere in un gioco: *g. un numero al lotto.*

giocatóre *s.m.* Chi partecipa a un gioco o pratica abitualmente un gioco ◊ Atleta che pratica uno gioco sportivo per diletto o come professione.

giocàttolo *s.m.* Ogni oggetto che serve ai bambini per giocare Ⓢ balocco.

giòco *s.m.* **1** Ogni attività fatta a scopo di svago o per tenere in esercizio il corpo e la mente ◊ Giocattolo **2** Attività, competizione sportiva: *il g. del calcio* ◊ (al *pl.*) Manifestazione sportiva comprendente diverse gare: *i g. olimpici* ◊ Partita, gara **3** Competizione tra due o più persone in cui si puntano somme di denaro e il cui esito dipende dall'abilità o dalla sorte: *g. del poker, del lotto.*

giòia *s.f.* **1** Viva contentezza e allegria Ⓢ felicità **2** (al *pl.*) Ciò che è fonte di felicità, di piacere: *amare le g. della vita.*

gioiellerìa *s.f.* Negozio in cui si vendono gioielli.

gioiellière *s.m.* Chi lavora o vende gioielli.

gioièllo *s.m.* Oggetto di metallo prezioso, spesso ornato di gemme.

gioióso *agg.* Che esprime gioia: *grida g.* ◊ Che procura gioia: *una g. notizia.*

gioìre *v.intr.* [aus. *avere*] Provare gioia; rallegrarsi grandemente.

giornalàio *s.m.* Chi vende giornali e riviste.

giornàle *s.m.* Periodico giornaliero d'informazione Ⓢ quotidiano | *G. radio* = notiziario radiofonico ◊ Rivista: *g. illustrati.*

giornalièro *agg.* Di ogni giorno, che si effettua ogni giorno Ⓢ quotidiano.

giornalìsta *s.m.f.* Chi per professione scrive o fa il redattore per giornali o per notiziari e servizi radio-televisivi.

giornàta *s.f.* **1** Il periodo di tempo compreso tra il mattino e la sera Ⓢ giorno **2** Distanza che si può percorrere in un giorno: *si trova a due g. di cammino da qui* **3** Giorno in cui si celebra qlco.: *g. della pace* **4** Turno di gara di un campionato sportivo **5** Compenso di un giorno di lavoro: *riscuotere la g.*

giórno *s.m.* **1** Periodo che va da una mezzanotte a quella successiva (o anche generico periodo di ventiquattro ore) ◊ Giornata: *il g. dei morti* **2** Periodo di tempo in cui il sole è sopra l'orizzonte.

giòstra *s.f.* Piattaforma rotonda girevole su cui sono fissati sedili per i bambini a forma di cavallo, di automobilina ecc.

giovaménto *s.m.* Beneficio, vantaggio.

gióvane *agg.* **1** Che è nell'età della giovinezza, non vecchio **2** Che è nato o si è formato da poco: *pianta g.*; *nazione g.* ◊ Inesperto: *è g. del mestiere* ♦ *s.m.f.* Persona giovane.

giovanìle *agg.* Della giovinezza: *gli anni g.* ◊ Tipico dei giovani: *entusiasmo g.* ◊ Che sembra quello di un giovane: *aspetto g.* ◊ Fatto per i giovani, composto da giovani: *circolo g.*; *associazione g.*

giovanòtto *s.m.* Uomo giovane.

giovàre *v.intr.* [aus. *avere* o *essere*] Essere di utilità, di vantaggio; arrecare un beneficio ◊ Servire: *a che giova lamentarsi?* ♦ **giovarsi** *v.pr.* Valersi, servirsi utilmente di qlco. o di qlcu.

gioventù *s.f.* **1** Giovinezza **2** I giovani nel loro insieme: *la g. d'oggi.*

giovinézza *s.f.* L'età della vita tra l'adolescenza e la maturità Ⓢ gioventù.

giràffa *s.f.* **1** Mammifero ruminante africano con zampe e collo molto lunghi e mantello a chiazze **2** Lungo braccio snodabile che sostiene un microfono.

giràndola *s.f.* **1** Ruota a cui sono applicati dei fuochi d'artificio che la fanno girare vorticosamente quando vengono accesi **2** Banderuola ◊ Giocattolo formato da un bastoncino con in cima un'elica che gira per effetto del vento.

giràre *v.tr.* **1** Far ruotare: *g. la manovella* ◊ Volgere da una parte: *g. la testa* ◊ Voltare; rovesciare: *g. le pagine di un libro; g. un materasso* **2** Percorrere, visitare facendo un giro: *g. il mondo; g. una città* ♦ *v.intr.* [aus. *avere* o *essere*] **1** Ruotare, muoversi intorno a un asse o a un punto: *la Terra gira su se stessa e intorno al Sole* **2** Andare in giro Ⓢ girovagare: *g. per le strade* **3** Cambiare direzione Ⓢ voltare: *g. a destra* ♦ **girarsi** *v.pr.* Volgersi, voltarsi.

girasóle *s.m.* Pianta con grandi fiori gialli che si girano seguendo il corso del sole.

girévole *agg.* Che può girare su se stesso: *porta g.*

gìro *s.m.* **1** Linea che delimita uno spazio più o meno circolare Ⓢ circolo, cerchia: *il g. dell'orizzonte* **2** Movimento rotatorio o lungo un percorso più o meno circolare: *i g. dell'elica; fare un g. intorno alla casa* **3** Passeggiata ◊ Percorso o viaggio con più soste o tappe **4** Gara, spec. ciclistica, in una o più tappe **5** Periodo di tempo: *nel g. di un mese.*

gironzolàre *v.intr.* [aus. *avere*] Andare in giro qua e là senza meta.

girotóndo *s.m.* Gioco di bambini che girano in cerchio tenendosi per mano e cantando una filastrocca.

gìta *s.f.* Lunga passeggiata o breve viaggio per svago Ⓢ escursione.

giù *avv.* Da basso, in basso, verso il basso: *scendere, guardare g.* ◊ *Su per g.* = all'incirca: *hanno su per g. la stessa età.*

giubbòtto *s.m.* Giacca corta e pesante di tipo sportivo.

giudicàre *v.tr.* **1** Sottoporre a giudizio, a valutazione Ⓢ valutare: *g. i candidati* **2** Stabilire con una sentenza l'innocenza o la colpevolezza di un imputato Ⓢ assolvere o condannare.

giùdice *s.m.f.* **1** Chi giudica, chi è in grado di emettere giudizi su persone o cose: *non puoi ergerti a g. degli altri* **2** Magistrato che ha il compito di giudicare in un processo.

giudiziàrio *agg.* Che riguarda un processo, i giudici, l'amministrazione della giustizia: *errore g.; l'autorità g.*

giudìzio *s.m.* **1** Valutazione, parere, opinione: *a mio g. hai torto* **2** Capacità di giudicare, di distinguere il bene dal male Ⓢ senno, prudenza: *ragazzo pieno di g.* **3** Processo giudiziario: *detenuto in attesa di g.* ◊ Decisione, sentenza, verdetto: *mi rimetto al tuo g.; g. di assoluzione.*

giudizióso *agg.* Che dimostra senno, buonsenso, prudenza Ⓢ assennato, saggio: *ragazzo g.; hai fatto una scelta g.*

giùngere *v.intr.* [aus. *essere*] Arrivare; pervenire: *g. al traguardo.*

giùnta[1] *s.f.* Aggiunta | *Per g.* = per di più.

giùnta[2] *s.f.* Organo collegiale con funzioni esecutive, costituito da un sindaco o da un presidente e da vari assessori: *g. comunale, provinciale, regionale.*

giuntùra *s.f.* Punto di congiunzione tra due parti che vengono attaccate.

giuraménto *s.m.* Dichiarazione o promessa solenne della cui verità e sincerità si chiama a testimone Dio o ciò che più si rispetta e si ama.

giuràre *v.tr.* Dichiarare, promettere qlco. con un giuramento | *G. il falso* = mentire sotto giuramento ◊ Assicurare: *ti giuro che non lo sapevo.*

giuràto *s.m.* Giudice popolare; membro di una giuria.

giurìa *s.f.* **1** Organo di giudizio, composto da privati cittadini, che affianca i magistrati in alcuni processi **2** Commissione che valuta i concorrenti e assegna i premi in concorsi, mostre, gare.

giurìdico *agg.* Di diritto, che riguarda il diritto: *studi g.* | *Norme g.* = le leggi.

giustézza *s.f.* Rispondenza alla verità Ⓢ correttezza, esattezza: *g. di un calcolo.*

giustificàre *v.tr.* **1** Rendere ammissibile, legittimo: *nulla può g. la sua condotta* ◊ Ritenere o affermare che qlcu. non ha colpa, responsabilità Ⓢ scusare, discolpare: *g. il figlio* **2** Spiegare le ragioni per cui si è fatto qlco. Ⓢ motivare: *g. un'assenza* ♦ **giustificarsi** *v.pr.* Discolparsi, scusarsi: *non occorre che ti giustifichi.*

giustificazióne *s.f.* Discolpa, scusa: *cosa hai da dire a tua g.?* ◊ Motivo che giustifica un'azione: *mi ha colpito senza g.* ◊ Documento con cui si giustifica qlco.

giustìzia *s.f.* **1** Virtù di chi giudica e tratta gli altri con equità e imparzialità ◊ Il principio morale e sociale del riconoscimento e del rispetto degli uguali diritti di tutti gli uomini ◊ Attuazione concreta della giustizia: *i parenti della vittima chiedono g.* **2** L'autorità giudiziaria, la magistratura: *ricorrere alla g.*

giùsto *agg.* **1** Che giudica e agisce con giustizia Ⓢ equo, imparziale ◊ Conforme a giustizia Ⓢ legittimo, fondato: *dare la g. ricompensa* **2** Rispondente a verità Ⓢ corretto: *una g. osservazione* ◊ Esatto, preciso: *calcolo g.* ◊ Adatto, appropriato, opportuno: *arrivi al momento g.* ♦ *avv.* **1** In modo esatto, preciso: *ha risposto g.* **2** Proprio, per l'appunto: *cercavo g. te* ◊ Appena: *arrivò g. in tempo.*

glàbro *agg.* Privo di peli, di barba.

glaciàle *agg.* **1** Di ghiaccio, coperto di ghiaccio: *calotta g.* **2** Freddissimo, gelido: *vento g.* ◊ ♧ Del tutto privo di calore umano, di cordialità: *accoglienza g.*

glàssa *s.f.* Strato sottile di zucchero fuso e altri ingredienti con cui si ricoprono dolci, pasticcini ecc.

gli[1] *art.determ.* Forma m. pl. dell'art. determ., usata davanti a parole che cominciano per vocale, *s* impura, *gn, ps, z, x.*

gli[2] *pronome pers.* A lui: *gli ho scritto* ◊ A loro: *se li incontri, digli che li aspetto.*

globàle *agg.* **1** Complessivo, totale **2** Che riguarda l'intero globo: *politica g.*

globalizzazióne *s.f.* Processo di crescente integrazione e interdipendenza delle economie e dei mercati internazionali.

glòbo *s.m.* Corpo di forma sferica | *G. terrestre* = la Terra.

glòbulo *s.m.* Ognuno dei corpuscoli tondeggianti presenti nel sangue, distinti in *g. rossi* e *g. bianchi.*

glòria *s.f.* Fama straordinaria e grandissimo onore che si ottengono grazie a opere e meriti eccezionali: *coprirsi di g.*

glorióso *agg.* Pieno di gloria Ⓢ illustre, famoso: *un nome g.* ◊ Che dà gloria Ⓢ eroico, leggendario: *un'impresa g.*

glossàrio *s.m.* Raccolta in ordine alfabetico di vocaboli rari, difficili o appartenenti a una lingua straniera, con a fianco la loro spiegazione o traduzione.

gnòcchi *s.m.pl.* Bocconcini tondeggianti di pasta fresca fatta con farina e patate, che si mangiano lessati.

gòbba *s.f.* **1** Deformazione della colonna vertebrale che produce una protuberanza sulla schiena o sul torace **2** Protuberanza sulla groppa del cammello e del dromedario **3** Protuberanza, rilievo, sporgenza di qlco.

gòbbo *agg.* e *s.m.* Che, chi ha la gobba.

góccia *s.f.* **1** Particella di liquido di forma tondeggiante **2** Piccola quantità di un liquido Ⓢ goccio: *bere una g. di vino*.

gocciolàre *v.tr.* Versare a gocce: *la ferita gocciola sangue* ♦ *v.intr.* **1** [aus. *essere*] Uscire, cadere a gocce: *l'acqua gocciolava dal tubo* **2** [aus. *avere*] Versare gocce di un liquido: *il rubinetto continua a g.*

godére *v.intr.* [aus. *avere*] **1** Provare gioia, soddisfazione, piacere per qlco. **2** Beneficiare, usufruire di qlco. di utile, di gradito: *g. di uno sconto* ♦ *v.tr.* **1** Gustare, assaporare con piacere qlco.: *g. il panorama, il fresco* **2** Avere, possedere qlco. di utile, di gradito: *g. ottima salute*.

godiménto *s.m.* **1** Soddisfazione profonda, grande piacere **2** Facoltà di fruire di qlco.: *l'età per il g. della pensione*.

gòffo *agg.* Impacciato, maldestro, privo di disinvoltura.

góla *s.f.* **1** Parte interna del collo che mette in comunicazione la bocca con la trachea e l'esofago ed è quindi canale di passaggio del cibo, del fiato e della voce ◊ Parte anteriore del collo: *afferrare qlcu. alla g.* **2** Stretto passaggio fra due montagne; valle stretta e profonda con pareti a picco.

gòlf *s.m.* Maglione di lana con maniche lunghe.

gólfo *s.m.* Vasta insenatura marina.

golóso *agg.* Che ha il vizio della gola Ⓢ ingordo ◊ Che desidera molto certi cibi

Ⓢ ghiotto: *è g. di dolci* ◊ ♣ Voglioso, desideroso: *pubblico g. di novità*.

gomitàta *s.f.* Colpo di gomito, al gomito.

gómito *s.m.* Articolazione che unisce il braccio con l'avambraccio; parte esterna della piegatura delle braccia: *fratturarsi un g.*; *mise i g. sul tavolo*.

gomìtolo *s.m.* Piccola palla di filo avvolto su se stesso.

gómma *s.f.* **1** Sostanza elastica ricavata dal latice di alcune piante tropicali o prodotta con mezzi chimici **2** Pezzetto di gomma per cancellare **3** Pneumatico.

gommóso *agg.* Che contiene gomma ◊ Simile alla gomma per aspetto o consistenza: *questo pane è diventato g.*

gonfiàre *v.tr.* **1** Riempire d'aria un corpo elastico in modo che si dilati o si tenda: *g. un pallone* **2** Dilatare, ingrossare: *le piogge gonfiarono il fiume* ◊ ♣ Esagerare: *g. una notizia* ♦ **gonfiarsi** *v.pr.* Aumentare di volume Ⓢ ingrossare.

gónfio *agg.* Gonfiato, dilatato, ingrossato: *stomaco g.*; *fiume g. per le piogge*.

gonfióre *s.m.* Rigonfiamento di una parte del corpo Ⓢ tumefazione.

gònna *s.f.* Indumento femminile che copre il corpo dalla vita in giù Ⓢ sottana.

górgo *s.m.* Vortice, mulinello d'acqua.

gorgogliàre *v.intr.* [aus. *avere*] Emettere un rumore simile a un brontolio (detto di acque che scorrono tra sassi, di liquido che sgorga da una stretta apertura oppure che bolle o fermenta).

gorìlla *s.m.invar.* **1** Grossa scimmia africana dal pelo scuro, spesso più alta di un uomo e dotata di grande forza **2** ♣ Guardia del corpo di personaggi potenti.

gòta *s.f.* Guancia.

governànte *s.m.* Chi ha responsabilità di governo in uno stato.

governàre *v.tr.* **1** Dirigere, amministrare, in partic. stando a capo di uno stato **2** Pilotare, manovrare una nave, un aereo, un automezzo.

governatìvo *agg.* Del governo: *decreto g.* ◊ Statale: *impiegato g.*

governatóre *s.m.* Chi è incaricato del governo di un territorio.

govèrno *s.m.* **1** Direzione: *assumere il g. di una nazione* ◊ Guida, comando di una nave o di un aereo **2** L'organo cui spetta di dirigere lo stato; il potere esecutivo: *crisi di g.*

gràcile *agg.* Che ha un fisico delicato ⓢ debole, fragile ◊ Esile, sottile: *gambe g.*

gradazióne *s.f.* **1** Successione graduale ◊ Sfumatura, tonalità di uno stesso colore **2** Percentuale di alcol contenuto in vini e liquori: *vino a bassa, ad alta g.*

gradévole *agg.* Che riesce gradito ⓢ piacevole: *odore g.; conversazione g.*

gradiménto *s.m.* Senso di piacere provocato da ciò che riesce gradito.

gradinàta *s.f.* **1** Ampia scalinata **2** In stadi e teatri, ordine di posti a sedere costituito da file di gradini.

gradìno *s.m.* Ciascuno dei ripiani disposti in serie ascendente per superare un dislivello ⓢ scalino.

gradìre *v.tr.* Accogliere, accettare con piacere: *g. un regalo* ◊ Desiderare, volere: *gradisci una tazza di tè?*

gradìto *agg.* Accolto, accettato con piacere: *un ospite g.; una g. sorpresa.*

gràdo *s.m.* **1** Ciascuno degli stadi successivi di una progressione **2** Livello: *g. di civiltà* ◊ Livello (riferito a cose ordinate secondo una scala numerata): *scuole di primo g.; ustioni di terzo g.* **3** Posizione occupata da una persona in una gerarchia militare o civile **4** Condizione: *è in g. di farcela da solo* **5** Unità di misura degli angoli, corrispondente alla trecentosessantesima parte dell'angolo giro ◊ Unità di misura della temperatura (di valore variabile a seconda delle scale adottate) ◊ Unità di misura del contenuto di alcol di vini e altre bevande alcoliche.

graduàle *agg.* Che si fa o procede per gradi, poco alla volta, senza sbalzi.

graduatòria *s.f.* Elenco in cui sono classificati in ordine di successione (in base al merito o ad altri criteri) i partecipanti a un concorso, a un esame, a una gara.

graffétta *s.f.* Punto metallico per tenere uniti fogli, fascicoli, riviste.

graffiàre *v.tr.* Fare un graffio sulla pelle con le unghie o con oggetti appuntiti ◊ Scalfire, intaccare in superficie un oggetto ♦ **graffiàrsi** *v.pr.* Farsi dei graffi sulla pelle: *g. camminando in mezzo ai rovi.*

gràffio *s.m.* Sottile lacerazione della pelle o scalfittura di una superficie provocata dalle unghie o da oggetti appuntiti.

grafìa *s.f.* Scrittura; modo di scrivere le parole: *g. illeggibile; g. errata.*

gràfico *agg.* **1** Che riguarda la scrittura: *segni g.* **2** Fatto per mezzo di un disegno: *rappresentazione g.* ♦ *s.m.* Rappresentazione di un fenomeno per mezzo di un disegno ⓢ diagramma.

gramìgna *s.f.* Pianta erbacea assai diffusa nei prati e nei campi, dove infesta e danneggia le colture.

grammàtica *s.f.* **1** Il complesso delle norme che regolano l'uso corretto della lingua: *errore di g.* **2** Libro che contiene le norme grammaticali di una lingua.

grammaticàle *agg.* Di grammatica.

gràmmo *s.m.* Unità di misura del peso.

gràna¹ *s.f.* **1** Grandezza e aspetto delle

particelle che costituiscono un certo materiale o sostanza: *marmo a g. fine* **2** ✂ Seccatura, fastidio, guaio: *non voglio g.* **3** ✂ Denaro, quattrini: *è uno pieno di g.*

gràna[2] *s.m.invar.* Formaggio duro e granuloso, tipico della pianura padana.

granàio *s.m.* Edificio o locale per conservare il grano o altri cereali.

grancàssa *s.f.* Grosso tamburo.

grànchio *s.m.* Crostaceo di mare o d'acqua dolce.

grànde *agg.* **1** Di notevoli dimensioni: *un g. palazzo* ◊ Di notevole quantità, numero, durata, intensità, forza ecc.: *una g. folla*; *un g. vento* **2** Alto di statura ◊ Adulto: *ormai sei g.* **3** Eccellente, straordinario, di alta qualità: *un g. artista* ◊ Importante: *una g. invenzione* ♦ *s.m.* **1** Persona adulta: *spettacolo adatto ai g.* **2** Persona illustre, che eccelle per doti, potenza ecc.: *i g. della storia, della scienza, dello sport.*

grandézza *s.f.* **1** L'insieme delle dimensioni di un oggetto, di una superficie, la loro misura complessiva ◊ In fisica e in matematica, ogni entità misurabile (per es. temperatura, velocità, peso ecc.) **2** Grande dimensione ⓢ ampiezza, vastità ◊ ✂ Grande valore, bellezza: *la g. di un'opera d'arte* ◊ ✂ Eccellenza, genio: *la g. di Michelangelo* ◊ ✂ Nobiltà spirituale: *g. d'animo.*

grandinàre *v.intr.impers.* [aus. *essere* o *avere*] Cadere la grandine.

grandinàta *s.f.* Caduta di grandine.

gràndine *s.f.* Precipitazione di chicchi di ghiaccio durante un temporale.

grandióso *agg.* Impressionante, imponente, maestoso: *una cerimonia g.* ◊ Eccezionale: *un'impresa g.*

granèllo *s.m.* Chicco di grano o di altri cereali ◊ Minuscola particella di un materiale: *g. di sabbia.*

granìta *s.f.* Gelato a base di caffè, di succhi di frutta o di sciroppi congelati e ridotti in granuli minuti.

granìto *s.m.* Roccia granulare composta prevalentemente da quarzo; molto dura e resistente, è usata come materiale da costruzione.

gràno *s.m.* **1** Pianta con infiorescenze a spiga ⓢ frumento ◊ I chicchi contenuti nelle spighe, da cui si ricava la farina **2** Granello: *g. di sale.*

grantùrco o **granotùrco** *s.m.* Mais.

gràppa *s.f.* Acquavite ottenuta dalla distillazione delle vinacce.

gràppolo *s.m.* Gruppo di fiori o di frutti attaccati a un asse centrale: *g. di uva.*

gràsso *agg.* **1** Pingue, corpulento **2** Ricco di parti o di sostanze grasse: *cibi g.* **3** Untuoso, oleoso: *capelli g.* ♦ *s.m.* **1** La parte grassa del corpo umano e animale ◊ *I g.* = sostanze untuose di origine animale o vegetale, ricche di potere nutritivo: *dieta ricca di g.* **2** Sostanza oleosa ⓢ unto.

gràta *s.f.* Chiusura di porte e finestre fatta di sbarre incrociate di ferro o di legno.

gratìcola *s.f.* Griglia per arrostire.

gratificàre *v.tr.* Ricompensare con un premio materiale ◊ Procurare soddisfazione morale, intimo compiacimento.

gràtis *avv.* Gratuitamente, senza pagare.

gratitùdine *s.f.* Sentimento di affettuosa riconoscenza per un beneficio ricevuto.

gràto *agg.* **1** Pieno di gratitudine ⓢ riconoscente **2** Gradito.

grattacàpo *s.m.* Preoccupazione, fastidio, seccatura.

grattacièlo *s.m.* Edificio molto alto, di almeno 15 piani.

grattàre *v.tr.* **1** Sfregare la pelle con le unghie per far passare il prurito **2** Raschiare ◊ Grattugiare.

grattùgia *s.f.* Utensile da cucina per grattare formaggio, pane secco o altro cibo.

grattugiàre *v.tr.* Ridurre in granelli o scaglie con la grattugia: *g. il formaggio.*

gratùito *agg.* Che non si paga, è senza spesa: *ingresso g.*

gràve *agg.* **1** Duro, difficile da sopportare: *assumersi una g. responsabilità* **2** ♧ Che implica rischi, serie conseguenze; che è causa di preoccupazione, di timori Ⓢ serio: *la situazione è g.*; *una g. malattia* | *Malato g.* = in pericolo di vita ◊ Grande, grosso, forte (detto di cosa negativa): *g. pericolo*; *errore g.* **3** Basso (detto di suono o nota) **4** *Accento g.* = il segno grafico (`) che si usa in italiano per indicare la pronuncia aperta della *e* e della *o*.

gravidànza *s.f.* Lo stato e il periodo in cui si trova una femmina dei mammiferi dal concepimento fino al parto.

gràvida *agg.* Che è in stato di gravidanza Ⓢ incinta: *donna g.*

gravità *s.f.* **1** L'essere grave **2** In fisica, la forza che attrae tutti i corpi verso il basso, verso il centro della Terra.

gràzia *s.f.* **1** Bellezza delicata e armoniosa ◊ Eleganza, finezza, gradevole naturalezza: *movimenti pieni di g.* ◊ Gentilezza, garbo **2** Condono parziale o totale di una pena **3** Speciale concessione o dono divino: *chiedere una g. alla Madonna.*

graziàre *v.tr.* Concedere la grazia a un condannato, condonargli la pena.

gràzie *inter.* Esprime ringraziamento e gratitudine.

grazióso *agg.* Che piace per la sua grazia; pieno di grazia Ⓢ carino, attraente, piacevole: *un viso g.*; *un disegno g.*

grégge *s.m.* Branco di ovini custoditi da un pastore.

gréggio *agg.* Detto di materia allo stato naturale, non lavorata, non raffinata Ⓢ grezzo: *lana g.*; *petrolio g.*

grembiùle *s.m.* Indumento che protegge dallo sporco la parte anteriore del vestito, dal petto o dalla vita in giù ◊ Sopravveste indossata dai bambini dell'asilo e da varie categorie di lavoratori per non rovinare gli abiti.

gremìre *v.tr.* Riempire, affollare.

gremìto *agg.* Pieno zeppo, affollato.

gréto *s.m.* Parte del letto di un fiume che resta all'asciutto nei periodi di magra.

grézzo *agg.* **1** Non lavorato Ⓢ greggio: *lana g.* **2** ♧ Rozzo, grossolano: *uomo g.*

gridàre *v.intr.* [aus. *avere*] Parlare o emettere suoni con voce molto alta, per farsi udire, richiamare l'attenzione, esprimere collera, dolore o altro Ⓢ urlare, strillare, sbraitare.

grìdo *s.m.* [pl.f. *grida*, dell'uomo; pl.m. *gridi*, degli animali] Suono di voce emesso con forza Ⓢ urlo, strillo ◊ Verso acuto e forte di animali.

grìgio *agg.* Di colore intermedio tra il bianco e il nero.

grìglia *s.f.* **1** Utensile da cucina per arrostire le vivande sul fuoco, formato da sottili sbarre di ferro o da una lastra metallica ondulata Ⓢ graticola **2** Grata, inferriata di sbarre parallele o incrociate, usata come chiusura o protezione.

grigliàre *v.tr.* Cuocere alla griglia.

grigliàta *s.f.* Piatto di vivande cotte alla griglia.

grillétto *s.m.* Nelle armi da fuoco portatili, piccola leva che fa partire i colpi.

grìllo *s.m.* Insetto con lunghe antenne sottili e zampe posteriori adatte al salto.

grìnza *s.f.* Piega della pelle ⓢ ruga ◊ Piega di stoffe e vestiti: *giacca piena di g.*

grissìno *s.m.* Sottile bastoncino di pane croccante.

grónda *s.f.* Parte del tetto che sporge dai muri esterni di un edificio.

grondàia *s.f.* Canale fissato lungo il bordo della gronda per raccogliere l'acqua piovana e incanalarla nei tubi di scarico.

grondànte *agg.* Che gocciola, fradicio, zuppo: *g. di pioggia*; *fronte g. di sudore.*

grondàre *v.intr.* 1 [aus. *essere*] Cadere giù, colare abbondantemente: *l'acqua grondava dal tetto* 2 [aus. *avere*] Essere bagnato di un liquido che gocciola copiosamente: *g. di sudore* ♦ *v.tr.* Versare in abbondanza: *la ferita grondava sangue.*

grossézza *s.f.* 1 Le dimensioni di un corpo (spec. volume e spessore) 2 Dimensione superiore all'ordinario.

grossìsta *s.m.f.* Commerciante che compra e vende merci all'ingrosso.

gròsso *agg.* 1 Di notevole volume, spessore, diametro, estensione ecc.: *un g. baule* ◊ Grande per numero o quantità: *una g. somma* 2 Di grande entità, importanza, rilievo: *g. affare*; *g. successo* 3 Pesante, arduo, grave: *un g. sforzo; un g. errore.*

grossolàno *agg.* 1 Poco fine, ordinario: *tessuti g.* 2 Rozzo, volgare, privo di garbo e finezza: *gente g.*; *avere modi g.*

gròtta *s.f.* Cavità naturale nella roccia di una montagna o sotterranea ⓢ caverna.

grovìglio *s.m.* Intrico disordinato ⓢ garbuglio: *un g. di capelli, di rami.*

gru *s.f.* 1 Grosso uccello migratore, con zampe e collo molto lunghi, che vive nelle zone ricche d'acqua 2 Macchina per sollevare e spostare carichi.

grugnìto *s.m.* Il verso caratteristico dei maiali e dei cinghiali.

grùmo *s.m.* Piccola massa di liquido rappreso, coagulato, spec. di sangue.

grùppo *s.m.* 1 Insieme di persone o di cose vicine, riunite tra loro: *un g. di ragazzi*; *un g. di case* 2 Insieme di persone associate da caratteri, interessi, scopi comuni: *g. sportivo, politico* 3 G. *sanguigno* = ognuna delle classi in cui è suddiviso il sangue umano.

grùzzolo *s.m.* Somma di denaro accumulata poco alla volta: *metter via un g.*

guadagnàre *v.tr.* 1 Ricavare come compenso da un lavoro o come profitto da un'attività economica: *g. poco, molto* 2 Ottenere come ricompensa, riuscire a conquistare; meritare: *g. un premio*; *g. la stima altrui* ◊ Vincere: *g. la scommessa* 3 Trarre un beneficio, un vantaggio: *non ci guadagni niente a fare così!* G. *tempo* = risparmiarlo.

guadàgno *s.m.* 1 Il guadagnare ◊ La somma guadagnata: *spendere i propri g.* 2 Vantaggio, utilità: *che g. ne hai avuto?*

guadàre *v.tr.* Attraversare un corso d'acqua camminando sul fondo.

guàdo *s.m.* Punto poco profondo di un corso d'acqua, che si può attraversare a piedi, a cavallo o con un veicolo.

guàio *s.m.* Grave difficoltà; disgrazia, malanno ◊ Danno: *combinare dei g.* ◊ Inconveniente, seccatura.

guaìto *s.m.* Verso acuto e lamentoso dei cani.

guància *s.f.* Parte laterale della faccia, tra lo zigomo e il mento ⓢ gota.

guanciàle *s.m.* Cuscino per dormire.

guànto *s.m.* Indumento che riveste e protegge la mano.

guardàre *v.tr.* Rivolgere, fissare lo sguardo su qlco. o qlcu.: *g. altrove* ◊ Osservare: *g. un quadro* | *G. un film, una partita* = assistervi ♦ *v.intr.* [aus. *avere*] **1** Fare attenzione, badare; fare in modo di: *g. ai propri interessi; guarda di non far tardi* **2** Essere rivolto verso una data direzione: *la finestra guarda a sud* ♦ **guardarsi** *v.pr.* **1** Osservare se stessi: *g. allo specchio* **2** Stare in guardia: *g. dai rischi* **3** Osservarsi reciprocamente.

guardaròba *s.m.invar.* Armadio o locale in cui si ripongono i vestiti e la biancheria.

guàrdia *s.f.* **1** Attività di custodia, di protezione, di vigilanza, di sorveglianza ◊ Turno di servizio in tali attività: *poliziotto di g.* ◊ Soldato o gruppo di soldati in servizio di guardia ⓢ sentinella: *cambio della g.* **2** Nome di diversi corpi militari e civili addetti ad attività di protezione e vigilanza; ciascuno degli appartenenti a questi corpi: *g. di finanza; g. forestale* ◊ Poliziotto **3** ✿ *Stare in g.* = stare attento, vigilante **4** *Livello di g.* = quello massimo cui può giungere l'acqua di un fiume senza pericolo di alluvione.

guardiàno *s.m.* Persona addetta a compiti di custodia e di sorveglianza.

guardìngo *agg.* Attento a evitare pericoli e brutte sorprese ⓢ cauto, prudente, circospetto: *avanzava con passi g.*

guarigióne *s.f.* Ristabilimento della salute: *il malato è in via di g.*

guarìre *v.tr.* Rimettere in buona salute una persona ◊ Far passare una malattia: *g. un'influenza* ♦ *v.intr.* [aus. *essere*] Recuperare la salute, tornare in condi-

zioni normali: *g. in fretta* ◊ Passare, scomparire (detto di malattia): *l'infezione sta guarendo.*

guarnìre *v.tr.* Munire, corredare con qlco. che abbellisce, adorna o completa.

guarnizióne *s.f.* **1** Ornamento ◊ Contorno di una pietanza **2** Elemento usato per assicurare la chiusura ermetica e la tenuta di condotti e recipienti.

guastàre *v.tr.* Danneggiare, rendere inservibile ⓢ rovinare, sciupare (anche ✿): *la pioggia guastò la strada; la sua presenza guastò la serata* ◊ Far andare a male: *il caldo guasta la carne* ♦ **guastarsi** *v.pr.* Rovinarsi; non funzionare più: *si guastò l'orologio* ◊ Deteriorarsi, andare a male: *la frutta si è guastata.*

guàsto *agg.* Rotto, che non funziona: *auto g.* ◊ In cattive condizioni, malato: *dente g.* ◊ Andato a male: *carne g.* ♦ *s.m.* Rottura, avaria che impedisce al normale funzionamento di qlco. ◊ Danno.

guèrra *s.f.* **1** Conflitto armato | *G. civile* = tra cittadini di uno stesso stato **2** ✿ Contrasto, ostilità, discordia: *è in g. con i vicini* ◊ Lotta accanita contro qlco.: *g. alla corruzione.*

gùfo *s.m.* Uccello rapace notturno.

guìda *s.f.* **1** L'azione di chi guida con consigli e insegnamenti: *affidarsi alla g. di un esperto* ◊ Direzione: *avere la g. di un paese* **2** Conduzione di un veicolo: *patente di g.* ◊ L'insieme dei comandi di un veicolo: *g. a destra* **3** Persona che per mestiere accompagna e guida turisti in visita a città e musei **4** Libro contenente informazioni e consigli turistici ◊ Manuale che introduce allo studio di una disciplina, di una tecnica: *g. all'informatica.*

guidàre *v.tr.* **1** Accompagnare facendo da guida ◊ ♣ Indirizzare sulla giusta via, educare: *g. i giovani* **2** Essere a capo ⓢ dirigere: *g. un'azienda, un popolo* ◊ Nello sport, essere in testa: *g. la classifica, il gruppo* **3** Condurre un veicolo: *g. una moto.*

guidatóre *s.m.* Chi guida un veicolo ⓢ conducente.

guinzàglio *s.m.* Striscia di cuoio o catenella metallica che si usa per tenere legati i cani o altri animali.

guizzàre *v.intr.* [aus. *essere*] Muoversi rapidamente, a scatti, torcendosi: *i pesci guizzano nell'acqua*; *la fiamma guizza sul fuoco* ◊ Balzare, scattare: *g. in piedi.*

guìzzo *s.m.* Movimento rapido e agile ⓢ scatto, balzo: *il pesce gli sgusciò tra le mani con un g.*

gùscio *s.m.* Involucro esterno delle uova di certi animali e di alcuni frutti e semi: *il g. delle noci, dei piselli* ◊ Conchiglia dei molluschi, corazza della tartaruga.

gustàre *v.tr.* **1** Avvertire il sapore di cibi o bevande: *con questo raffreddore non riesco a g. nulla* ◊ Assaggiare per sentire il sapore: *gusta un po' di questa torta* ◊ Provare piacere mangiando o bevendo: *g. molto una cena* **2** ♣ Ricavare

godimento da qlco., apprezzarlo pienamente: *non tutti riescono a g. certa musica* ♦ *v.intr.* [aus. *essere*] Piacere, riuscire gradito: *gli gustano i cibi piccanti*; *certi scherzi non mi gustano affatto.*

gùsto *s.m.* **1** Il senso che permette di avvertire e distinguere i sapori, situato soprattutto nella lingua: *cibo gradevole al g.* **2** Sapore di una sostanza: *cibo senza g.*; *g. di fragola, di cioccolato* **3** Sensazione di piacere procurata da cibi e bevande: *ho mangiato proprio di g.* ◊ ♣ Piacere, soddisfazione: *ridere di g.* **4** ♣ Modo personale, soggettivo di vedere e sentire le cose ⓢ inclinazione, preferenza: *ognuno ha i suoi g.* **5** ♣ Capacità di sentire e apprezzare ciò che è bello ⓢ sensibilità estetica: *avere g. per la musica, per la pittura* ◊ Eleganza, raffinatezza: *vestire con g.*; *un arredamento di ottimo g.* ◊ *Una battuta, uno scherzo di cattivo g.* = che manca di senso dell'opportunità (e perciò è spiacevole) o di finezza (cioè è volgare).

gustóso *agg.* Gradevole al gusto ⓢ saporito, appetitoso: *un piatto g.* ◊ ♣ Piacevole, divertente: *un film g.*

gutturàle *agg.* Detto di suono pronunciato in gola e perciò cupo e rauco: *voce g.*; *grida g.*

H

h *s.f* o *m.* Ottava lettera dell'alfabeto italiano; non ha un suono proprio ma serve a rendere duro il suono di *c* e *g* nei gruppi *che, chi, ghe, ghi*; nelle interiezioni indica il prolungarsi del suono della vocale (*ah!, eh!, oh!*).

hamburger [inglese] *s.m.invar.* Grossa e piatta polpetta di carne tritata cotta alla piastra.

handicap [inglese] *s.m.invar.* Condizione di svantaggio, di inferiorità ◊ Menomazione fisica o psichica che mette una persona in condizione di inferiorità.

handicappàre *v.tr.* Mettere in una condizione di inferiorità, di svantaggio.

handicappàto *agg.* Che si trova in una condizione di svantaggio, di inferiorità rispetto ad altri Ⓢ svantaggiato: *è h. dal fatto di non conoscere una lingua straniera* ♦ *agg.* e *s.m.* Che, chi è affetto da un handicap fisico o psichico Ⓢ disabile: *l'inserimento degli h. nella scuola.*

hobby [inglese] *s.m.invar.* Occupazione a cui ci si dedica nel tempo libero e che costituisce il proprio svago e passatempo preferito: *avere l'h. della pesca.*

hostess [inglese] *s.f.invar.* Assistente dei passeggeri sugli aerei ◊ Accompagnatrice, guida, interprete per gruppi di turisti o per partecipanti a convegni, fiere, manifestazioni varie.

hotel [parola di origine francese] *s.m. invar.* Albergo.

humus [latino] *s.m.invar.* Terreno fertile costituito da sostanze organiche decomposte o in via di decomposizione.

I

i¹ *s.f.* o *m.* Nona lettera dell'alfabeto italiano; è una vocale.

i² *art.determ.* Forma m. pl. dell'art. determ., usata davanti a parole che cominciano per consonante che non sia *s* impura, *gn, ps, z, x* (nei quali casi si usa *gli*).

ìbrido *agg.* e *s.m.* Si dice di animale o vegetale nato dall'incrocio di genitori di specie o razze diverse.

icòna *s.f.* Immagine sacra dipinta su una tavola di legno ◊ In informatica, immagine sullo schermo del computer che rappresenta simbolicamente un programma, un comando o un file di dati.

idèa *s.f.* **1** Rappresentazione che ci si fa di qlco. nella mente, col pensiero Ⓢ nozione, conoscenza: *avere un'i. di qlco.* ◊ Concetto **2** Pensiero: *gli venne un'i. strana* ◊ Impressione: *dà l'i. di persona seria* **3** Intenzione: *ho i. di partire* ◊ Progetto: *ha grandi i. per il futuro* ◊ Proposta: *la tua i. non mi convince* ◊ Trovata, iniziativa: *un'i. brillante* ◊ Ispirazione: *l'i. del film nasce da un fatto di cronaca* ◊ Suggerimento **4** Opinione, convinzione: *ognuno ha le sue i.* ◊ Ideale, credo: *morire per un'i.*

ideàle *agg.* **1** Immaginario: *vive in un suo mondo i.* **2** Perfetto: *il sogno di una società i.* ◊ Che è il migliore possibile; che risponde pienamente alle esigenze e ai desideri: *è il momento i. per vendere*; *il lavoro i. per me* ♦ *s.m.* **1** Idea, scopo che ispira il comportamento, a cui si crede come supremo valore e che si cerca di realizzare: *i. di libertà, di giustizia* ◊

Massima aspirazione: *il mio i. è vivere tranquillo* **2** Modello di perfezione: *il mio i. d'uomo* ◊ La cosa migliore, più giusta: *l'i. sarebbe che partecipassero tutti.*

idealìsta *s.m.f.* Chi crede in un ideale e cerca di realizzarlo ◊ Persona lontana dalla realtà, priva di senso pratico.

ideàre *v.tr.* Concepire nella mente: *i. un film* ◊ Architettare, escogitare: *i. un piano* ◊ Progettare, inventare: *i. un congegno.*

idèntico *agg.* Esattamente uguale.

identificàre *v.tr.* Riconoscere, accertare l'identità di una persona: *i. un cadavere.*

identità *s.f.* **1** Uguaglianza assoluta Ⓢ coincidenza: *i. di vedute* **2** Il fatto che qlcu. sia quella data persona e non un altro e l'insieme dei dati che permettono di riconoscerlo: *controllare l'i. di un sospetto*; *carta d'i.*

ideogràmma *s.m.* Segno grafico che rappresenta un concetto e non un suono del linguaggio.

ideologìa *s.f.* Il complesso delle idee, dei principi, degli ideali che stanno alla base di un movimento politico.

idiòma *s.m.* Lingua, dialetto.

idiòta *s.m.f.* **1** Stupido, cretino, imbecille **2** In medicina, chi è affetto da idiozia.

idiozìa *s.f.* **1** Stupidità, imbecillità ◊ Stupidaggine: *dire un'i.* **2** In medicina, grave ritardo nello sviluppo mentale.

ìdolo *s.m.* **1** Statua, immagine o oggetto considerati e adorati come divinità **2** ♣ Persona verso cui si nutre un amore o un'ammirazione sconfinata.

idoneità *s.f.* L'essere idoneo a qlco.

idòneo *agg.* Dotato dei requisiti necessari per svolgere un'attività ◊ Detto di cosa, adatto, adeguato: *ho trovato il mezzo i. per convincerlo.*

idratàre *v.tr.* I. *l'organismo* = somministrargli liquidi quando ne è carente | *I. la pelle* = ridarle il giusto grado di umidità.

idràulico *agg.* Che riguarda l'utilizzazione, la regolazione e la distribuzione delle acque: *impianto i.* ♦ *s.m.* Operaio specializzato nell'installazione e riparazione degli impianti idraulici.

ìdrico *agg.* Di acqua: *riserve i.; bacino i.*

idròfilo *agg.* Che assorbe facilmente acqua o altri liquidi: *cotone i.*

idrògeno *s.m.* Gas leggerissimo; è il più diffuso degli elementi chimici ed è un componente essenziale dell'acqua e di tutte le sostanze organiche.

ièna *s.f.* Mammifero carnivoro simile al lupo, che si ciba anche di carogne.

ièri *avv.* Il giorno prima di oggi.

iettatóre *s.m.* Persona che si ritiene porti sfortuna o eserciti influssi malefici.

igiène *s.f.* L'insieme delle norme per salvaguardare la salute e in partic. quelle relative alla pulizia del corpo e degli ambienti in cui si vive: *curare l'i.*

igiènico *agg.* **1** Che riguarda l'igiene, la pulizia: *norme i.; servizi i.* **2** Conforme all'igiene ⓢ sano: *fare una vita i.*

ignàro *agg.* Che è all'oscuro di qlco. ⓢ inconsapevole: *era i. del pericolo* ◊ Che non ha esperienza: *giovane i. della vita.*

ignòbile *agg.* Totalmente privo di moralità e di dignità ⓢ spregevole, abietto, infame, vergognoso, meschino.

ignorànte *agg.* Che è privo di nozioni in una determinata materia: *essere i. di storia* ◊ Privo di cultura, di istruzione: *gente i.* ◊ Che manca della preparazione necessaria per la professione che svolge: *un maestro i.* ♦ *s.m.f.* Persona ignorante.

ignorànza *s.f.* Mancanza di nozioni in una data materia ◊ Mancanza di istruzione, di cultura.

ignoràre *v.tr.* **1** Non conoscere, non sapere qlco.: *i. un fatto* **2** Non considerare, trascurare: *i. i diritti altrui.*

ignòto *agg.* Sconosciuto, non identificato: *autore i.* ♦ *s.m.* **1** Ciò che non si conosce: *la paura dell'i.* **2** Persona sconosciuta, non identificata: *furto commesso da i.*

il *art.determ.* [forma maschile singolare dell'art. determ., usata davanti a parole che cominciano per consonante che non sia *s* impura, *gn, ps, z, x* (nei quali casi si usa *lo*)] **1** Indica una persona o una cosa determinata e distinta rispetto all'insieme di cui fa parte **2** Ogni: *il medico riceve il martedì* ◊ Nel, durante il: *partì il giorno dopo.*

illécito *agg.* Non lecito; contrario alla legge o alla morale: *traffici i.; relazione i.*

illegàle *agg.* Non consentito dalla legge.

illeggìbile *agg.* Che non si riesce a leggere ⓢ indecifrabile: *una scrittura i.*

illegìttimo *agg.* **1** Non conforme alla legge e alla giustizia: *atto i.* **2** Ingiustificato, infondato: *le tue pretese sono i.*

illéso *agg.* Senza alcun danno o lesione ⓢ incolume: *uscì i. dalla caduta.*

illimitàto *agg.* Senza limiti: *spazio i.* ◊ Totale, assoluto, incondizionato: *fede i.*

illùdere *v.tr.* Ingannare qlcu. con false apparenze o suscitando vane speranze ♦

illudersi *v.pr.* Ingannarsi con vane speranze, nutrire un ottimismo ingiustificato.

illuminàre *v.tr.* Rendere luminoso, riempire di luce ⓢ rischiarare: *la lampada illumina la stanza* ♦ **illuminarsi** *v.pr.* **1**

Diventare luminoso **2** ♧ Diventare radioso: *il suo volto s'illuminò di gioia.*

illuminazióne *s.f.* La diffusione della luce in un luogo, in un ambiente e la quantità di luce diffusa ◊ I mezzi impiegati per illuminare: *i. a gas, elettrica.*

illusióne *s.f.* **1** Impressione, percezione dei sensi che non corrisponde alla realtà delle cose: *il miraggio è un'i. ottica* **2** Speranza vana, ingannevole.

illùso *s.m.* Chi si fa delle illusioni.

illustràre *v.tr.* **1** Spiegare, chiarire: *i. la situazione* **2** Corredare di illustrazioni: *i. un libro con disegni, fotografie.*

illustrazióne *s.f.* Figura, disegno o fotografia che accompagna un testo.

illùstre *agg.* Che gode di grande fama e prestigio Ⓢ celebre, rinomato, insigne.

imballàggio *s.m.* L'operazione di imballare degli oggetti ◊ Il materiale e l'involucro che serve a imballare: *i. di cartone.*

imballàre *v.tr.* Sistemare degli oggetti dentro involucri o contenitori adatti al trasporto: *i. dei libri, dei mobili.*

imbarazzànte *agg.* Che mette a disagio.

imbarazzàre *v.tr.* Mettere in imbarazzo, a disagio: *la tua domanda lo ha imbarazzato.*

imbaràzzo *s.m.* Stato di disagio, di perplessità, di confusione: *la domanda lo mise in i.*

imbarcàre *v.tr.* Far salire o caricare a bordo di una nave o di un altro mezzo di trasporto: *i. il carico, i passeggeri* ♦ **imbarcarsi** *v.pr.* Salire a bordo di un'imbarcazione o di un aereo.

imbarcazióne *s.f.* Qualsiasi natante di piccole dimensioni.

imbàttersi *v.pr.* Incontrare per caso e inaspettatamente (anche ♧): *i. in un vecchio amico*; *i. in difficoltà* ◊ Avere la sorte di entrare in contatto, in rapporto con qlcu.

imbattìbile *agg.* Che non può essere battuto Ⓢ insuperabile, invincibile.

imbavagliàre *v.tr.* Tappare la bocca a qlcu. con un bavaglio: *i. l'ostaggio.*

imbecìlle *agg.* e *s.m.f.* Stupido, idiota.

imbiancàre *v.tr.* Rendere bianco: *la neve imbiancò i monti* | *I. le pareti* = tingerle ♦ *v.intr.* [aus. *essere*] e **imbiancarsi** *v.pr.* Diventare bianco ◊ Schiarirsi.

imbianchìno *s.m.* Chi per mestiere imbianca e tinteggia i muri.

imboccàre *v.tr.* **1** Mettere il cibo in bocca a qlcu. **2** Entrare in un luogo da percorrere: *i. un tunnel.*

imboccatùra *s.f.* Entrata, punto di accesso a un luogo: *l'i. del porto, di una valle.*

imbócco *s.m.* Entrata, punto di accesso: *l'i. dell'autostrada*; *l'i. della valle.*

imbottìre *v.tr.* **1** Riempire un oggetto d'arredamento con un materiale che lo renda soffice: *i. un divano* **2** Farcire: *i. un panino con formaggio.*

imbottitùra *s.f.* La parte imbottita e il materiale usato per imbottire.

imbranàto *agg.* Goffo, impacciato.

imbrattàre *v.tr.* Sporcare, insudiciare con liquidi o sostanze appiccicose.

imbrogliàre *v.tr.* **1** Ingarbugliare: *i. una matassa* **2** ♧ Ingannare qlcu. per trarne un vantaggio Ⓢ raggirare, truffare.

imbròglio *s.m.* **1** Situazione confusa, intricata, difficile Ⓢ pasticcio: *cacciarsi in un i.* **2** Raggiro, truffa, inganno.

imbroglióne *s.m.* Truffatore.

imbùto *s.m.* Arnese a forma di cono rovesciato, usato per versare liquidi in recipienti con la bocca stretta.

imitàre *v.tr.* **1** Prendere a esempio,

seguire come modello: *i. il proprio maestro* **2** Cercare di riprodurre il più esattamente possibile [S] copiare, contraffare.
immagazzinàre *v.tr.* Riporre in un magazzino: *i. le merci.*
immaginàre *v.tr.* e **immaginarsi** *v.pr.* **1** Rappresentarsi qlco. nella mente per mezzo dell'immaginazione e della fantasia [S] figurarsi: *i. di essere al posto di un altro* **2** Ideare, inventare: *i. una storia* **3** Credere, pensare, supporre: *chi poteva i. che sarebbe finita così?*
immaginàrio *agg.* Che esiste solo nell'immaginazione, che è frutto di fantasia [S] irreale, inesistente, fantastico: *un mondo i.* | *Malato i.* = chi pensa di avere una malattia che non ha.
immaginazióne *s.f.* Fantasia, inventiva: *mancare d'i.*
immàgine *s.f.* **1** Figura di una persona o di una cosa percepita mediante la vista: *vide la sua i. allo specchio* **2** Fotografia, disegno, pittura o scultura che rappresenta soggetti reali o fantastici: *libro con molte i.* **3** Aspetto esteriore con cui qlcu. o qlco. si presenta; l'idea che dà o vuole dare di sé: *l'i. di un'azienda, di un partito, di un prodotto.*
immediàto *agg.* **1** Che avviene subito dopo [S] istantaneo, pronto: *effetto i.* **2** Che è subito accanto nello spazio: *abita nelle i. vicinanze* ◊ Diretto: *a i. contatto.*
immènso *agg.* Tanto grande ed esteso da non poter essere misurato [S] sconfinato ◊ Smisurato, enorme: *una folla i.* ◊ ♧ Molto intenso, molto forte: *un i. dolore.*
immèrgere *v.tr.* Mettere in un liquido [S] tuffare, affondare: *i. i piedi nell'acqua* ♦ **immergersi** *v.pr.* **1** Entrare nell'acqua ◊ Scendere sotto la superficie dell'acqua (detto di sommergibili e sommozzatori) **2** Addentrarsi in qlco. che avvolge e nasconde: *i. nella foresta, nella nebbia.*
immigrànte *s.m.f.* Chi immigra.
immigràre *v.intr.* [aus. *essere*] Trasferirsi in un paese straniero o in una regione diversa da quella di origine.
immigràto *agg.* e *s.m.* Che, chi è immigrato.
immigrazióne *s.f.* Trasferimento in un territorio, spec. per motivi di lavoro, di persone provenienti da un paese straniero o da un'altra regione dello stesso paese.
imminènte *agg.* Che sta per accadere, prossimo a verificarsi: *il suo arrivo è i.*
immòbile *agg.* Che non si muove [S] fermo | *Beni i.* = terreni ed edifici ♦ *s.m.* Edificio, casa, appartamento.
immobilizzàre *v.tr.* Privare della possibilità o della libertà di muoversi [S] bloccare: *la malattia lo immobilizzò a letto.*
immondezzàio *s.m.* Luogo in cui si raccolgono le immondizie.
immondìzia *s.f.* Spazzatura, rifiuti.
immoràle *agg.* Che si comporta in modo contrario alla morale: *persona i.* ◊ Contrario alla morale o al pudore: *un atto i.*
immùne *agg.* Non contagiato o non contagiabile da parte di un virus o di un bacillo.
immunità *s.f.* **1** Insieme di garanzie e di privilegi di cui godono, rispetto alle leggi ordinarie, determinate categorie di persone: *i. parlamentare, diplomatica, ecclesiastica* **2** Capacità dell'organismo di difendersi da una malattia infettiva grazie alla formazione di anticorpi.
immunizzàre *v.tr.* Rendere qlcu. immune da una malattia infettiva.
immutàbile *agg.* Che non può cambiare.
immutàto *agg.* Non mutato, invariato.

impacchettàre *v.tr.* Mettere, avvolgere, confezionare in uno o più pacchetti.

impacciàto *agg.* 1 Impedito, non libero nei movimenti 2 ✂ Imbarazzato, non disinvolto; goffo: *tra estranei si sente i.*

impàccio *s.m.* 1 Intralcio, ostacolo ◊ Situazione fastidiosa ⓢ impiccio 2 Imbarazzo: *non riuscì a nascondere il suo i.*

impàcco *s.m.* Applicazione su una parte del corpo di panni o garze imbevute d'acqua o di medicamenti.

impadronìrsi *v.pr.* 1 Impossessarsi, appropriarsi di qlco., spec. con la violenza e con l'inganno 2 ✂ Acquistare padronanza di qlco., arrivare a conoscerlo a fondo: *i. di una tecnica, di una lingua straniera.*

impalcatùra *s.f.* Struttura provvisoria di tubi metallici, pali e tavole di legno innalzata lungo i muri di un edificio per eseguire lavori edilizi ⓢ ponteggio.

impallidìre *v.intr.* [aus. *essere*] Diventare pallido.

impanàre *v.tr.* Cospargere di pangrattato cibi da friggere: *i. le cotolette.*

imparàre *v.tr.* Acquisire conoscenze o capacità mediante lo studio, l'esercizio, l'applicazione ⓢ apprendere: *i. una lingua*; *i. a guidare* ◊ Apprendere, capire con l'esperienza: *i. a vivere.*

imparentàrsi *v.pr.* Diventare parente di qlcu., spec. mediante matrimonio.

impartìre *v.tr.* Dare: *i. un ordine.*

imparziàle *agg.* Che non favorisce l'una o l'altra delle parti in causa; non influenzato da simpatie o interessi personali ⓢ equo, giusto, obiettivo, spassionato.

impastàre *v.tr.* Mescolare e manipolare una o più sostanze per farne una pasta omogenea, un impasto: *i. il pane.*

impàsto *s.m.* Sostanza ottenuta impastando diversi ingredienti o materiali.

impàtto *s.m.* 1 Urto, collisione di un corpo in movimento con un altro 2 ✂ Primo contatto con qlco. ⓢ incontro: *i. con un nuovo ambiente.*

impaurìre *v.tr.* Mettere paura ⓢ spaventare ♦ **impaurìrsi** *v.pr.* Spaventarsi.

impaziènte *agg.* 1 Che non ha pazienza e si irrita facilmente ◊ Che rivela impazienza, nervosismo: *sguardo i.* 2 Che desidera tanto qlco. da non riuscire ad aspettare con calma ⓢ ansioso: *è i. di partire.*

impaziènza *s.f.* Mancanza di pazienza ⓢ insofferenza, nervosismo ◊ Desiderio ansioso: *aveva i. di tornare a casa.*

impazzìre *v.intr.* [aus. *essere*] 1 Diventare pazzo, perdere la ragione 2 ✂ Essere preso da una passione travolgente per qlcu. o per qlco.: *i. per una donna, per il ballo* 3 ✂ Perdere la testa, scervellarsi: *questo problema mi fa i.*

impedìre *v.tr.* Non permettere a qlcu. di compiere un'azione ⓢ proibire, vietare: *i. una manifestazione* ◊ Rendere impossibile il verificarsi di qlco.: *il maltempo impedì lo svolgimento della gara* ◊ Ostacolare, bloccare, ingombrare: *i. il passaggio.*

impegnàre *v.tr.* 1 Obbligare qlcu. in base a un impegno a comportarsi in un dato modo: *il contratto la impegna a pagare le spese* 2 Tenere occupato, impiegare: *quel lavoro lo impegnò a lungo*; *i. le proprie energie in un'impresa* ◊ Costringere a un duro sforzo, a impiegare tutte le proprie energie e capacità: *è un lavoro che mi impegna molto* ♦ **impegnàrsi** *v.pr.* 1 Assumersi un dato impegno 2 Mettere impegno nel fare qlco.: *si è dovuto i. a fondo per vincere.*

impegnàto *agg.* 1 Occupato in un'attività; preso da un impegno, da impegni **2** Che si impegna nei problemi sociali e politici: *è i. nell'assistenza ai malati.*

impégno *s.m.* **1** Obbligo, promessa: *mantenere un i.* **2** Compito, incombenza, appuntamento che tiene impegnati: *avere molti i.* **3** Impiego di tutte le proprie energie e capacità nel fare qlco. ⓢ diligenza, zelo: *studiare con i.*

impensierìre *v.tr.* Mettere in pensiero ⓢ preoccupare: *il suo ritardo lo impensierì* ♦ **impensierirsi** *v.pr.* Preoccuparsi, inquietarsi: *non impensierirti se ritardo.*

imperdonàbile *agg.* Che non si può perdonare perché troppo grave: *errore i.*

imperfètto *agg.* Che ha qualche difetto ♦ *agg.* e *s.m.* Detto di tempo del verbo che nel modo indicativo descrive un'azione passata nel suo svolgersi, mentre nel modo congiuntivo può esprimere un'azione passata, presente o futura.

impermeàbile *agg.* Che non lascia passare l'acqua o altri liquidi: *tessuto i.* ◊ Che non si lascia attraversare da gas, radiazioni: *schermo i. ai raggi x* ♦ *s.m.* Soprabito da pioggia confezionato con tessuto impermeabile.

impersonàle *agg. Verbi i.* = quelli che non hanno un soggetto esplicito, usati solo alla terza persona singolare.

imperversàre *v.intr.* [aus. *avere*] **1** Manifestarsi con violenza ⓢ infuriare: *sulla zona imperversava un temporale* **2** Compiere azioni violente di ogni genere e non sottoposte ad alcun controllo: *nel quartiere imperversano bande di teppisti.*

ìmpeto *s.m.* **1** Moto violento di cose o persone che investe con furia travolgente: *l'impeto del vento, degli assalitori* **2** ✿ Impulso inarrestabile provocato da una forte passione o sentimento: *un i. d'ira, d'odio, d'amore.*

impetuóso *agg.* Che si muove con forza travolgente: *vento i.* ◊ Fatto con impeto, con foga ⓢ veemente: *attacco i.*

impiantàre *v.tr.* **1** Cominciare a costruire, a montare: *i. un capannone* ◊ Installare: *i. una caldaia* **2** Metter su, avviare: *i. una nuova azienda, un commercio.*

impiànto *s.m.* Complesso di apparecchi, di attrezzature o di strutture edilizie destinate a una data funzione o attività: *i. di riscaldamento*; *i. elettrico*; *i. sportivo.*

impiccàre *v.tr.* Uccidere o giustiziare una persona appendendola per il collo a un capestro ♦ **impiccarsi** *v.pr.* Uccidersi appendendosi a un capestro.

impiegàre *v.tr.* Adoperare, utilizzare: *i. bene il proprio tempo* ◊ Assumere, dare lavoro: *i. molta manodopera* ♦ **impiegarsi** *v.pr.* Ottenere un impiego lavorativo.

impiegàto *s.m.* Lavoratore dipendente che svolge attività non manuali.

impiègo *s.m.* **1** Uso, utilizzo **2** Posto di lavoro stabile in un ufficio: *trovare un i.* ◊ Lavoro, occupazione: *è in cerca d'i.*

impigliàrsi *v.pr.* Rimanere preso, agganciato in qlco.: *la gonna s'impigliò nei rovi.*

impolveràre *v.tr.* Coprire di polvere.

imponènte *agg.* Enorme, grandioso, maestoso: *un'i. manifestazione.*

impopolàre *agg.* Che non incontra le simpatie del popolo o ne suscita lo scontento: *un governo i.*; *una legge i.*

impórre *v.tr.* Stabilire, prescrivere (da parte di autorità e leggi): *i. limiti di velocità* ◊ Far valere, far rispettare: *i. la propria volontà* ◊ Obbligare; ordinare: *gli imposero di tacere* ♦ **imporsi** *v.pr.* Far valere la propria autorità e volontà ◊

Affermarsi, avere successo: *la nostra squadra si è imposta sugli avversari.*

importànte *agg.* **1** Che ha grande interesse o valore [S] rilevante **2** Autorevole, influente: *gente i.*

importànza *s.f.* Interesse, rilievo: *notizia di grande i.* ◊ Valore, peso: *non dare i. a quel che dice.*

importàre *v.tr.* Acquistare merci all'estero e portarle nel proprio paese ♦ *v.intr.* [aus. *essere*] Premere, stare a cuore, interessare: *mi importa solo della tua felicità* ◊ Avere importanza: *non importa se non hai i soldi.*

importazióne *s.f.* Introduzione di merci straniere in un paese; il complesso delle merci importate: *aumento delle i.*

impòrto *s.m.* Somma complessiva necessaria per un pagamento, per una spesa.

importunàre *v.tr.* Disturbare, infastidire.

impossessàrsi *v.pr.* **1** Prendere possesso di qlco. (per lo più con la forza o in modo illegale) [S] impadronirsi **2** ♣ Acquistare padronanza di qlco. [S] imparare: *i. di un mestiere, di una lingua.*

impossìbile *agg.* **1** Non possibile **2** Insopportabile: *caldo i.*; *carattere i.*

impòsta[1] *s.f.* Ognuno dei due sportelli girevoli su cardini dei serramenti di finestre e porte [S] anta, battente.

impòsta[2] *s.f.* Versamento in denaro che i cittadini devono fare allo stato sulla base del loro reddito per contribuire a finanziare le spese pubbliche.

impotènte *agg.* Che non ha la forza, la capacità per fare qlco. ♦ *agg.* e *s.m.* Detto di uomo affetto da impotenza sessuale.

impotènza *s.f.* **1** Condizione di chi non ha la forza, la capacità o la possibilità di agire **2** Incapacità maschile a compiere l'atto sessuale o a procreare.

impoverìre *v.tr.* Rendere povero ♦ *v.intr.* [aus. *essere*] e **impoverirsi** *v.pr.* Diventare povero: *con la crisi (si) è impoverito.*

imprecazióne *s.f.* Maledizione, insulto.

imprecisióne *s.f.* Mancanza di precisione ◊ Inesattezza: *un racconto pieno di i.*

imprecìso *agg.* Non preciso o poco preciso [S] inesatto.

imprenditóre *s.m.* Chi esercita in proprio e dirige un'attività economica industriale, agricola o commerciale.

impreparàto *agg.* Privo della necessaria preparazione: *andò i. agli esami.*

imprésa *s.f.* **1** Azione, iniziativa di una certa importanza e difficoltà: *fallire in un'i.* ◊ Azione eroica e gloriosa: *le i. di Garibaldi* **2** Azienda, ditta, società.

impresàrio *s.m.* Gestore di un'impresa: *i. edile* ◊ Chi si occupa dell'organizzazione di spettacoli: *i. teatrale, musicale.*

impressionànte *agg.* Che desta grande impressione: *una scena i.*

impressionàre *v.tr.* Turbare, scuotere nell'animo: *la grave notizia impressionò tutti* ♦ **impressionarsi** *v.pr.* Turbarsi, spaventarsi: *si è impressionato alla vista del sangue.*

impressióne *s.f.* Sensazione fisica: *ebbe l'i. di cadere* ◊ Sensazione che una cosa, un avvenimento, una persona esercitano sull'animo e sui sentimenti: *quella scena le lasciò un'i. penosa* | *Fare buona, cattiva i.* = suscitare un'opinione positiva, negativa ◊ Sensazione istintiva di paura, di ansia: *il sangue mi fa i.* ◊ Turbamento ◊ Opinione soggettiva: *non ce l'ha con te, è solo una tua i.* ◊ Vaga sensazione: *ho l'i. che non verrà.*

imprestàre *v.tr.* Dare in prestito.

imprevedìbile *agg.* Che non si può o non si poteva prevedere.

imprevidènte *agg.* Che non pensa alle situazioni future e a trovarsi pronto ad affrontarle ⓢ incauto.

imprevìsto *agg.* Che non si era previsto ⓢ inaspettato: *un fatto i.* ◆ *s.m.* Circostanza imprevedibile ⓢ contrattempo: *ritardò per un i.*

imprigionàre *v.tr.* Mettere in prigione ⓢ incarcerare ◊ Rinchiudere: *i. un uccello in gabbia.*

imprìmere *v.tr.* Lasciare un segno, un'impronta su qlco. premendo: *i. le proprie orme sulla sabbia* ◊ ✣ Fissare nella mente in modo indelebile: *i. un ricordo nella mente.*

improbàbile *agg.* Non probabile, poco probabile | *Non è i.* = è possibile.

improduttìvo *agg.* Che non dà frutti ⓢ sterile, infecondo: *un terreno i.*

imprónta *s.f.* Segno impresso su qlco. ⓢ traccia, orma: *le i. di passi sulla neve.*

improvvìso *agg.* Che avviene o giunge d'un tratto e inaspettatamente ⓢ brusco, imprevisto: *frenata i.*; *una fortuna i.*

imprudènte *agg.* Che manca di prudenza ⓢ incauto, avventato: *un guidatore i.*

imprudènza *s.f.* Mancanza di prudenza: *incidenti causati da i.* ◊ Atto incauto: *ha commesso un'i. ad alzarsi con la febbre.*

impugnàre *v.tr.* Afferrare, stringere in pugno: *i. una racchetta.*

impugnatùra *s.f.* La parte di un oggetto che si stringe nella mano quando lo si adopera ⓢ manico.

impulsìvo *agg.* Fatto d'impulso, senza riflettere ⓢ istintivo: *gesto i.*

impùlso *s.m.* **1** Spinta, stimolo a un maggiore sviluppo e progresso: *dare i. al turismo* **2** Spinta istintiva a compiere un'azione ⓢ istinto, impeto: *sentì l'i. di prenderlo a schiaffi*; *ha agito d'i.*

impùro *agg.* **1** Non puro, mescolato con elementi estranei che ne alterano la purezza: *acqua i.* **2** ✣ Contrario alla purezza morale, alla castità: *atti i.*

imputàbile *agg.* Che si può imputare a qlco. o a qlcu.: *incidente i. alla nebbia.*

imputàre *v.tr.* Accusare di un reato: *i. qlcu. di omicidio.*

imputàto *s.m.* Chi viene accusato di un reato in un processo penale: *l'i. fu assolto.*

in *prep.* **1** Introduce i complementi di stato in luogo (*vivere in campagna*), moto a luogo (*andare in città*) e moto attraverso luogo (*passeggiare nel parco*) **2** Indica un tempo determinato: *in estate* ◊ Indica il limite temporale entro cui si svolge qlco.: *arriverà in giornata* **3** Indica il modo, la maniera: *disporsi in cerchio* ◊ Indica la materia: *poltrona in pelle* ◊ Indica una quantità, una misura: *siamo in dieci* ◊ Indica i limiti di un'azione o di una condizione: *commercia in salumi* ◊ Indica il mezzo: *viaggio in treno* ◊ Indica il fine, lo scopo: *accorse in suo aiuto.*

inaccettàbile *agg.* Che non si può accettare: *la tua proposta è i.*

inacidìre *v.intr.* [aus. *essere*] e **inacidirsi** *v.pr.* Diventare acido: *il vino è inacidito.*

inadàtto *agg.* Non adatto ◊ Che non ha l'attitudine, le capacità necessarie per qlco. ⓢ disadatto: *è i. al comando.*

inadeguàto *agg.* Insufficiente rispetto a quel che servirebbe o sarebbe giusto.

inaffidàbile *agg.* Di cui non ci si può fidare, perché non dà garanzie di serietà.

inagìbile *agg.* Detto di edificio, locale o impianto pubblico che, per cause varie, non è in condizione di poter essere usato.

inalteràbile *agg.* Non soggetto ad alterazioni: *metalli, tessuti, colori i.*

inaridìre *v.intr.* [aus. *essere*] e **inaridirsi** *v.pr.* Diventare arido, seccarsi: *la sorgente (si) è inaridita.*

inattendìbile *agg.* A cui non si può credere, dare credito: *notizia i.; testimone i.*

inattéso *agg.* Inaspettato: *un ospite i.*

inattìvo *agg.* Che non agisce, non svolge alcuna attività Ⓢ inoperoso | *Vulcano i.* = in stato di riposo.

inauguràre *v.tr.* Dare inizio ufficialmente e in modo solenne a un'attività, a una manifestazione, all'apertura al pubblico di qlco.: *i. l'anno scolastico, una mostra, uno stadio.*

inaugurazióne *s.f.* L'atto e la cerimonia con cui si inaugura qlco.

incamminàrsi *v.pr.* Mettersi in cammino Ⓢ avviarsi: *i. verso casa.*

incandescènte *agg.* Che emette luce a causa della sua alta temperatura: *lava i.*

incantévole *agg.* Affascinante, meraviglioso, delizioso: *una ragazza i.; luogo i.*

incapàce *agg.* Che non è capace di fare qlco.: *è i. di pattinare* ◊ Che non sa fare il suo mestiere Ⓢ inetto: *un medico i.*

incarceràre *v.tr.* Chiudere, mettere in carcere qlcu. Ⓢ imprigionare.

incaricàre *v.tr.* Dare un incarico a qlcu. ◆ **incaricarsi** *v.pr.* Assumersi un compito, un incarico: *i. di ricevere i visitatori.*

incàrico *s.m.* Compito, mansione.

incartàre *v.tr.* Avvolgere nella carta.

incassàre *v.tr.* Ricevere come pagamento Ⓢ riscuotere: *i. una somma* ◊ Avere come introito: *il negozio incassa mille euro al giorno.*

incàsso *s.m.* Somma che viene incassata Ⓢ introito, entrate.

incastràre *v.tr.* Inserire a forza un oggetto in un altro in modo che vi resti solidamente fissato ◆ **incastrarsi** *v.pr.*

Inserirsi in qlco. in modo da non poterne più uscire: *la chiave si è incastrata nella serratura* ◊ Unirsi a incastro: *i due pezzi si incastrano perfettamente.*

incàstro *s.m.* Tipo di collegamento tra due elementi in cui l'uno viene inserito in un apposito incavo dell'altro, in modo che restino strettamente uniti.

incatenàre *v.tr.* Legare con catene, a una catena: *i. i prigionieri, il cane.*

incàuto *agg.* Imprudente, sconsiderato.

incendiàre *v.tr.* Dare fuoco, distruggere col fuoco: *i. un bosco* ◆ **incendiarsi** *v.pr.* Prendere fuoco, andare a fuoco.

incèndio *s.m.* Fuoco grande e violento che distrugge ogni cosa.

incenerìre *v.tr.* Ridurre in cenere, bruciare completamente: *i. i rifiuti.*

inceneritóre *s.m.* Impianto per incenerire i rifiuti solidi urbani.

incensuràto *agg.* Detto di chi non ha mai ricevuto una condanna penale.

incentivàre *v.tr.* Stimolare, favorire con degli incentivi: *i. le vendite con sconti.*

incentìvo *s.m.* Stimolo, incitamento ◊ Premio o agevolazione economica che ha la funzione di favorire un certo effetto: *gli sconti sono un i. alle vendite.*

incertézza *s.f.* Dubbio ◊ Esitazione, indecisione: *ebbe un'i. nel rispondere.*

incèrto *agg.* **1** Non certo, non sicuro Ⓢ dubbio: *notizia i.; esito i.* **2** Malsicuro, malfermo: *scrittura i.; passo i.* **3** Dubbioso, indeciso, esitante: *è i. sul da farsi* **4** Variabile, instabile: *tempo i.*

incessànte *agg.* Che non cessa mai, che non ha sosta Ⓢ continuo, ininterrotto.

incètta *s.f.* Acquisto di grandi quantità di una merce, spec. a scopo speculativo.

inchièsta *s.f.* **1** Ricerca di tutte le notizie e i dati utili a chiarire un fatto o una situazione Ⓢ indagine **2** Articolo o serie di articoli (o di servizi radiotelevisivi) che riportano i risultati di indagini su un determinato argomento.

inchinàrsi *v.pr.* Piegarsi verso terra ◊ Fare un inchino in segno di reverenza: *i. davanti all'altare.*

inchìno *s.m.* Gesto di riverenza, di rispettoso saluto che si fa piegando il capo o il busto verso il basso.

inchiodàre *v.tr.* **1** Fissare con chiodi: *i. il coperchio alla cassa* **2** ♧ Immobilizzare, bloccare: *l'influenza la inchiodò a letto.*

inchiòstro *s.m.* Liquido usato per scrivere, disegnare o stampare.

inciampàre *v.intr.* [aus. *essere* e *avere*] Urtare con il piede in un ostacolo.

incidènte *s.m.* Avvenimento imprevisto che provoca danni più o meno gravi Ⓢ infortunio, disgrazia, sciagura.

incìdere1 *v.tr.* Fare su qlco. un taglio in profondità: *i. la corteccia di un albero* ◊ Intagliare una superficie dura lasciandovi impresse lettere o figure: *i. la pietra, il rame.*

incìdere2 *v.intr.* [aus. *avere*] Pesare, influire: *l'affitto incide molto sulle spese.*

incìnta *agg.f.* In stato di gravidanza.

incìrca *avv. All'i.* = pressappoco, circa.

incisióne *s.f.* Taglio praticato su una superficie.

incisìvo *agg. Denti i.* = gli otto denti anteriori che hanno la funzione di spezzare il cibo.

incivìle *agg.* Che ha un basso livello di civiltà Ⓢ selvaggio, arretrato: *paesi i.*

inclinàre *v.tr.* Piegare da un lato ♦ **inclinarsi** *v.pr.* Piegarsi su un lato.

inclinazióne *s.f.* **1** Pendenza: *tetto con una forte i.* **2** ♧ Tendenza, disposizione naturale Ⓢ vocazione, attitudine: *avere i. allo studio.*

inclìne *agg.* Propenso, portato.

inclùdere *v.tr.* **1** Mettere dentro Ⓢ inserire: *i. una foto nella lettera* **2** Far entrare, comprendere in un gruppo, in una serie: *i. nel conto il servizio.*

inclùso *agg.* **1** Inserito: *lettera con i. un invito* **2** Compreso: *servizio i. nel prezzo.*

incoerènte *agg.* Privo di coerenza, di logica Ⓢ contraddittorio: *un discorso i.*

incollàre *v.tr.* Attaccare con la colla ♦ **incollarsi** *v.pr.* Attaccarsi, appiccicarsi.

incollàto *agg.* Attaccato, appiccicato con la colla ◊ ♧ Che non si allontana, non si stacca mai da qlco.: *stare i. al televisore.*

incolpàre *v.tr.* Accusare qlcu. di una colpa; ritenerlo colpevole ♦ **incolparsi** *v.pr.* Accusare se stessi.

incólto *agg.* **1** Non coltivato: *campi i.* **2** ♧ Non curato: *barba i.* **3** ♧ Privo di istruzione, di cultura: *una persona i.*

incòlume *agg.* Sano e salvo, non danneggiato Ⓢ illeso, indenne: *restare i.*

incominciàre *v.tr.* e *v.intr.* [aus. *essere*] Cominciare.

incompetènte *agg.* Non competente, ignorante in un dato campo ◊ Che non conosce bene il proprio mestiere Ⓢ incapace, inetto: *un medico i.*

incompiùto *agg.* Non terminato, non completato: *lasciare i. un lavoro.*

incomplèto *agg.* Non completo; privo di qualche parte: *questo elenco è i.*

incomprensìbile *agg.* Impossibile o molto difficile da comprendere: *parole i.* ◊ Inspiegabile: *comportarsi in modo i.*

incomprensióne *s.f.* Mancanza di comprensione, difficoltà a comprendersi.

inconfondìbile *agg.* Che non si può

confondere con altri perché dotato di caratteristiche uniche: *una voce, una scrittura i.*

inconsapévole *agg.* Non consapevole Ⓢ ignaro: *è i. del rischio cui va incontro.*

incònscio *agg.* Non avvertito e non controllato dalla coscienza Ⓢ non cosciente: *un desiderio i.*

inconsuèto *agg.* Non consueto, diverso dal normale Ⓢ insolito: *un fatto i.*

incontràre *v.tr.* **1** Trovare per caso qlcu. di fronte a sé, sulla propria strada ◊ Imbattersi in qlco.: *i. un ostacolo, una difficoltà* ◊ ✣ Ottenere: *i. successo* **2** Avere un incontro con qlcu.: *lo devo i. domani* ♦ **incontrarsi** *v.pr.* **1** Trovarsi, vedersi con qlcu. **2** Imbattersi l'uno nell'altro: *i. all'uscita del cinema* ◊ Fare reciproca conoscenza: *ci siamo incontrati durante un viaggio* ◊ Incrociarsi; confluire: *le due strade s'incontrano al fiume.*

incóntro[1] *s.m.* **1** L'imbattersi in qlcu., l'incontrarsi di due o più persone: *un i. fortuito* **2** Appuntamento, riunione, colloquio, convegno: *chiedere un i.*; *i. tra due capi di stato* **3** Gara, competizione sportiva.

incóntro[2] *avv.* e *prep.* Verso, in direzione di (indica un movimento di avvicinamento, anche ✣): *mi corse i.*; *andiamo i. a gravi rischi.*

incontrollàbile *agg.* Che non si riesce a dominare: *rabbia i.* ◊ Di cui non si può controllare la verità: *notizie i.*

inconveniènte *s.m.* Avvenimento o circostanza sfavorevole, spiacevole Ⓢ contrattempo, guaio, danno, disturbo, disagio ◊ Svantaggio, lato negativo: *entrambe le soluzioni presentano qualche i.*

incoraggiaménto *s.m.* Incitamento, sti-

molo, aiuto morale: *gli disse parole d'i.*

incoraggiàre *v.tr.* **1** Infondere coraggio, fiducia in qlcu. ◊ Incitare, esortare **2** Favorire, stimolare: *i. un'iniziativa.*

incórrere *v.intr.* [aus. *essere*] Andare incontro a qlco. di spiacevole Ⓢ incappare: *i. in un pericolo, in un errore.*

incosciènte *agg.* **1** Temporaneamente privo di coscienza, di sensi **2** Che agisce senza pensare alle conseguenze delle proprie azioni Ⓢ irresponsabile: *un guidatore i.* ♦ *s.m.f.* Persona irresponsabile.

incosciènza *s.f.* **1** Perdita temporanea della coscienza, dei sensi **2** Mancanza di senso di responsabilità ◊ Atto, comportamento da irresponsabili: *che i. lasciare acceso un fuoco nel bosco!*

incostànte *agg.* Variabile, instabile: *tempo i.* ◊ Discontinuo: *rendimento i.* ◊ Privo di costanza, di perseveranza: *è i. nello studio* ◊ Volubile: *è di umore i.*

incredìbile *agg.* Impossibile o difficile da credere Ⓢ inverosimile, assurdo ◊ Grandissimo, enorme, straordinario.

incrementàre *v.tr.* Far crescere Ⓢ aumentare, sviluppare: *i. le vendite.*

increménto *s.m.* Accrescimento, aumento, sviluppo: *i. della popolazione.*

incriminàre *v.tr.* Accusare qlcu. di un reato Ⓢ imputare: *i. qlcu. di omicidio.*

incrinatùra *s.f.* Fenditura, crepa sottile.

incrociàre *v.tr.* **1** Mettere una cosa di traverso a un'altra Ⓢ accavallare: *i. due assi; i. le gambe* **2** Attraversare, intersecare: *laggiù la strada incrocia la ferrovia* ◊ Incontrare qlcu. o qlco. proveniente dalla direzione opposta: *i. un amico* ♦ **incrociarsi** *v.pr.* Intersecarsi ◊ Incontrarsi venendo da direzioni opposte: *i due treni si sono incrociati in galleria.*

incrócio *s.m.* **1** Punto in cui si incrociano due cose; in partic. punto d'intersezione di due strade Ⓢ crocevia: *l'automobile si fermò all'i.* **2** Accoppiamento di due animali o di due piante di razze o specie differenti; l'individuo nato da tale accoppiamento Ⓢ ibrido: *questa rosa è nata da un i.*

incubatrìce *s.f.* Apparecchio in cui vengono posti i neonati prematuri o con particolari problemi; è costituito da un contenitore al cui interno vengono mantenute temperatura e umidità costante.

incubazióne *s.f.* Periodo compreso tra l'ingresso nell'organismo dei germi di una malattia infettiva e il momento in cui si manifestano i primi sintomi di questa.

ìncubo *s.m.* **1** Sogno angoscioso, spaventoso **2** ✤ Preoccupazione angosciosa, pensiero tormentoso: *l'i. della guerra.*

incùdine *s.f.* Attrezzo da fabbro, costituito da un blocco di acciaio sul quale viene appoggiato il pezzo di metallo riscaldato da lavorare con il martello.

incuràbile *agg.* Che non si può curare Ⓢ inguaribile: *malato i.; malattia i.*

incurànte *agg.* Che non si cura, non si preoccupa di qlco.: *essere i. del pericolo.*

incùria *s.f.* Negligenza, trascuratezza.

incuriosìre *v.tr.* Destare la curiosità: *il fatto lo incuriosì* ◆ **incuriosirsi** *v.pr.* Diventare curioso, essere preso da curiosità.

incustodìto *agg.* Non custodito, non sorvegliato: *lasciò l'auto in un parcheggio i.*

incùtere *v.tr.* Suscitare, infondere un dato sentimento: *i. paura, rispetto.*

indaffaràto *agg.* Che ha molto da fare in generale o che è tutto preso in un'occupazione Ⓢ affaccendato: *è sempre i.*

indagàre *v.intr.* Svolgere delle indagini per scoprire la verità su qlco. Ⓢ investigare: *la polizia sta indagando sul delitto.*

indàgine *s.f.* Ricerca sistematica e approfondita per conoscere o scoprire qlco.

indebitàrsi *v.pr.* Fare un debito, coprirsi di debiti: *i. per comprare la casa.*

indebolìre *v.tr.* Rendere debole, fiacco: *la malattia lo indebolì* ◆ **indebolirsi** *v.pr.* Diventare debole, più debole: *mi si è indebolita la vista.*

indecènte *agg.* Che offende il pudore, la morale Ⓢ sconcio, vergognoso: *un contegno i.* ◊ Tanto sporco e trasandato da fare vergogna: *una tovaglia, una casa i.*

indecisióne *s.f.* Mancanza di decisione Ⓢ incertezza, titubanza.

indecìso *agg.* Che non sa decidere, che esita a fare una scelta Ⓢ incerto, titubante, perplesso: *era i. sul da farsi* ◊ Che rivela incertezza, insicurezza: *rispose in modo i.*

indefinìto *agg.* **1** Non definito, non determinato con precisione: *rinviare qlco. a tempo indefinito* ◊ Vago, indefinibile **2** *Aggettivi, pronomi i.* = quelli che indicano in modo generico persone o cose | *Modi i. del verbo* = infinito, participio, gerundio.

indégno *agg.* **1** Non meritevole, non degno di qlco. o di qlcu.: *è i. della tua stima* **2** Che non si addice a qlcu., che è motivo di vergogna: *un'azione i. di te* ◊ Vergognoso, ignobile: *si è comportato in modo i.*

indelèbile *agg.* Che non si può cancellare: *macchia i.* ◊ ✤ Indimenticabile: *ricordo i.*

indelicàto *agg.* Privo di discrezione, di sensibilità, di tatto: *fare una domanda i.*

indènne *agg.* Senza danno [S] illeso, incolume: *è uscito i. dall'incidente.*

indennìzzo *s.m.* Somma di denaro pagata per risarcire qlcu. di un danno subito [S] risarcimento: *chiese un i. per i danni.*

indescrivìbile *agg.* Tanto grande o straordinario che non si riesce a descriverlo.

indeterminatìvo *agg. Articolo i.* = quello che lascia indeterminato il nome a cui è preposto; ha le forme *un, uno, una.*

indeterminàto *agg.* Non determinato esattamente, non precisato: *un numero i. di persone* ◊ Vago, generico: *progetti i.*

indicàre *v.tr.* **1** Mostrare puntando il dito o con un cenno o con parole: *i. l'uscita a qlcu.* ◊ Segnare, segnalare: *l'orologio indica le sette* **2** Consigliare, suggerire, prescrivere: *che cura ti ha indicato il medico?*

indicatìvo *agg.* e *s.m.* Detto di modo del verbo che esprime un'azione reale o pensata come tale.

indicàto *agg.* Adatto, appropriato.

indicatóre *agg.* Che indica, dà un'indicazione: *cartello i.* ♦ *s.m.* Oggetto, strumento, dispositivo che fornisce un'indicazione di qualche tipo: *i. stradale.*

indicazióne *s.f.* Informazione, segnalazione: *al bivio non c'erano i.* ◊ Prescrizione, istruzione: *seguire le i. del medico.*

ìndice *s.m.* **1** Secondo dito della mano, tra il pollice e il medio **2** Lancetta che, spostandosi sul quadrante di uno strumento di misura, indica il valore raggiunto dalla grandezza misurata: *i. di velocità* **3** Elenco dei capitoli in cui è diviso un libro o dei brani, delle illustrazioni ecc. che vi sono contenuti, con l'indicazione della pagina in cui si trovano **4** Misura statistica dell'andamento di un fenomeno: *i. del costo della vita* **5** ♧ Segno, indizio: *il suo gesto è un i. di debolezza.*

indietreggiàre *v.intr.* [aus. *essere* o *avere*] Andare indietro, tirarsi indietro [S] retrocedere, arretrare, ritirarsi.

indiètro *avv.* Nella direzione di ciò che sta alle spalle: *fece un passo i.*; *tornare i.*

indiféso *agg.* Privo di difesa ◊ Che non è in grado di difendersi: *un bambino i.*

indifferènte *agg.* **1** Che non prova o non mostra interesse o partecipazione emotiva [S] insensibile, freddo: *sguardo i.* **2** Che non suscita particolare interesse o simpatia: *quella ragazza mi è i.* ◊ Uguale, identico: *partire o restare, per me è i.*

indifferènza *s.f.* Mancanza di interesse, di simpatia; atteggiamento freddo e distaccato [S] noncuranza: *ostentare i.*

indìgeno *agg.* e *s.m.* Che, chi è nativo, originario del luogo: *la popolazione i.*

indigestióne *s.f.* Arresto del processo di digestione, dovuto per lo più a eccesso di cibo.

indignàre *v.tr.* Suscitare indignazione, riempire di sdegno ♦ **indignarsi** *v.pr.* Provare sdegno: *i. per un'ingiustizia.*

indimenticàbile *agg.* Che non si può dimenticare perché ha lasciato un ricordo molto vivo o molto gradito.

indipendènte *agg.* Che non dipende da altri [S] autonomo: *rendersi i. dalla famiglia* ◊ Non soggetto a un dominio o a un condizionamento esterno: *un paese i.*

indipendènza *s.f.* Libertà, autonomia: *i. di giudizio* ◊ Libertà di un paese dal dominio straniero.

indirètto *agg.* Non diretto; che agisce, che raggiunge il suo scopo non direttamente: *minacce i.* | *Imposte i.* = quelle che non colpiscono direttamente il reddito del contribuente ma i suoi consumi.

indirizzàre *v.tr.* **1** Dirigere, avviare, guidare in una data direzione: *i. i passi verso casa* ◊ Indicare, consigliare a qlcu. la persona o il posto a cui rivolgersi per risolvere le sue esigenze: *i. un amico da un medico* ◊ Rivolgere: *i. la parola a qlcu.* **2** Spedire a un dato indirizzo ♦ **indirizzarsi** *v.pr.* Rivolgersi.

indirìzzo *s.m.* L'insieme delle indicazioni necessarie per trovare una persona, una ditta ecc. o per far recapitare corrispondenza, pacchi ecc.

indisciplinàto *agg.* Che non rispetta la disciplina, le regole : *automobilista i.* ◊ Disordinato, caotico: *traffico i.*

indispensàbile *agg.* Di cui non si può fare a meno; assolutamente necessario ♦ *s.m.* Ciò che è assolutamente necessario.

indisposizióne *s.f.* Lieve malessere, malattia non grave: *è assente per un'i.*

indispósto *agg.* Colpito da indisposizione, leggermente malato.

indistìnto *agg.* Non distinto, non chiaro Ⓢ vago, confuso: *una immagine i.*

indistruttìbile *agg.* Che non può essere distrutto (anche ♧): *un'amicizia i.* ◊ Molto solido e resistente: *un motore i.*

indisturbàto *agg.* Senza avere nessun disturbo, fastidio, intralcio: *lavorare i.*

individuàle *agg.* **1** Dell'individuo, di ciascuna persona: *libertà i.* **2** Che si riferisce a una particolare persona Ⓢ personale: *ognuno ha le sue caratteristiche i.*

indivìduo *s.m.* **1** Persona in quanto singolo elemento della collettività ◊ Persona sconosciuta o che non si vuole nominare Ⓢ tipo, tizio: *c'è un i. che ti cerca*; *un losco i.* **2** Ogni singolo organismo animale e vegetale, in quanto autonomo e distinto dagli altri della stessa specie.

indivisìbile *agg.* **1** Non divisibile in parti più piccole ◊ Detto di numero che non si può dividere esattamente per un altro: *sette è i. per due* **2** Inseparabile: *amici i.*

indìzio *s.m.* Fatto che segnala indirettamente qlco. Ⓢ indice, segno, sintomo: *l'appetito è i. di salute* ◊ Nei processi, fatto o circostanza che dà indicazioni sulla verità da accertare, pur senza costituire una vera e propria prova.

ìndole *s.f.* **1** Carattere, natura, temperamento di un individuo: *i. mite* **2** Natura, carattere di qlco.: *problemi d'i. generale.*

indolènte *agg.* Fiacco, svogliato, pigro, apatico: *uno scolaro i.*; *ha un carattere i.*

indolènza *s.f.* Fiacchezza, svogliatezza, pigrizia, apatia: *lavorare con i.*

indolenzìto *agg.* Leggermente dolorante.

indolóre *agg.* Che non dà dolore.

indomàni *s.m.* Il giorno seguente.

indossàre *v.tr.* Mettersi indosso un indumento ◊ Avere indosso un indumento Ⓢ portare: *il soldato indossava l'uniforme.*

indòsso *avv.* Addosso, sul corpo.

indovinàre *v.tr.* Cogliere la verità a proposito di una cosa ignota o futura, basandosi su degli indizi, sul proprio intuito o con un colpo di fortuna: *i. un segreto, l'esito della partita.*

indùgio *s.m.* Ritardo, esitazione nel fare qlco.: *ebbe un attimo di i. nel rispondere.*

indulgènte *agg.* Che giudica con benevolenza e perdona facilmente Ⓢ comprensivo: *un maestro, un padre i.*

indulgènza *s.f.* Atteggiamento comprensivo e benevolo; disposizione a perdonare.

induménto *s.m.* Capo di vestiario.

indurìre *v.tr.* Rendere duro (anche ♧) ♦ *v.intr.* [aus. *essere*] e **indurirsi** *v.pr.* Diventare duro (anche ♧).

indùrre *v.tr.* Spingere o persuadere qlcu. a fare qlco. o a un dato atteggiamento: *lo indusse a partire*; *le sue parole mi hanno indotto in errore*.

indùstria *s.f.* **1** L'attività economica costituita dalle imprese che producono merci su larga scala mediante impiego di macchinari **2** L'insieme delle imprese che operano nello stesso settore della produzione: *i. tessile, chimica* ◊ Impianto industriale Ⓢ fabbrica, stabilimento: *una zona con molte industrie*.

industriàle *agg.* Dell'industria, relativo all'industria ♦ *s.m.f.* Proprietario di una impresa industriale Ⓢ imprenditore.

industrializzàre *v.tr.* **1** Trasformare l'economia di un paese, di una regione, impiantandovi attività industriali **2** Trasformare un'attività economica applicandovi le tecniche e i metodi dell'industria: *i. l'agricoltura*.

inefficàce *agg.* Privo di efficacia; incapace di produrre l'effetto voluto: *rimedi i.*

inefficiènte *agg.* Non efficiente o poco efficiente: *impianto i.*; *un impiegato i.*

inefficiènza *s.f.* Mancanza di efficienza, cattivo funzionamento, scarso rendimento.

inèrme *agg.* Disarmato e senza possibilità di difendersi: *uccidere un ostaggio i.*

inèrzia *s.f.* **1** Stato di totale inoperosità, di abbandono all'indolenza: *passare i giorni nell'i.* **2** In fisica, tendenza dei corpi a non modificare, se non intervengono forze esterne, lo stato di quiete o di moto in cui si trovano: *forza d'i.*

inesattézza *s.f.* Errore, sbaglio, imprecisione: *c'è qualche i. nel tuo calcolo*.

inesàtto *agg.* Non esatto, impreciso.

inesaurìbile *agg.* Che non si può esaurire o che sembra non esaurirsi mai

(anche ✿): *una miniera i.*; *ha una fantasia i.*

inesistènte *agg.* Che non esiste Ⓢ fittizio, immaginario: *inventarsi dei mali i.*

inesperiènza *s.f.* Mancanza di esperienza, di pratica: *ha sbagliato per i.*

inespèrto *agg.* Privo di esperienza in un dato campo: *i. di politica* ◊ Che non ha esperienza della vita: *giovane i.* ◊ Privo di esperienza, poco abile nel suo lavoro o nel fare qlco.: *medico, guidatore i.*

inestimàbile *agg.* Di valore tanto grande che non può essere valutato o apprezzato adeguatamente Ⓢ incalcolabile, preziosissimo: *valore i.*; *un favore i.*

inètto *agg.* Privo di attitudine per qlco.: *è i. per gli affari* ◊ Incapace nello svolgere il proprio mestiere: *un medico i.* ◊ Privo di qualsiasi capacità, buono a nulla: *un individuo i.*

inevitàbile *agg.* Che non si può evitare.

inèzia *s.f.* Cosa da nulla, di scarsa importanza o valore Ⓢ sciocchezza, bazzecola.

infallìbile *agg.* Che non sbaglia mai | *Un rimedio i.* = di effetto sicuro.

infàme *agg.* **1** Degno del massimo disprezzo Ⓢ abietto, turpe, scellerato, vergognoso **2** ✿ Pessimo, orribile, disgustoso: *c'era un tempo i.*; *un viaggio i.*

infangàre *v.tr.* **1** Sporcare di fango: *i. le scarpe* **2** ✿ Disonorare, coprire di vergogna: *i. il proprio nome*.

infantìle *agg.* Dell'infanzia, che riguarda i bambini più piccoli: *malattie i.*

infànzia *s.f.* Periodo della vita che va dalla nascita fino agli otto-dieci anni.

infarinàre *v.tr.* Cospargere di farina ◊ Passare un cibo nella farina prima di friggerlo: *i. il pesce*.

infàrto *s.m.* Grave lesione di un organo,

provocata dall'interruzione del normale afflusso di sangue ◊ Comunemente, infarto cardiaco: *avere un i.*; *è morto d'i.*

infastidìre *v.tr.* Dare fastidio a qlcu. Ⓢ disturbare, seccare.

infàtti *congz.* In realtà, in effetti (conferma o spiega quanto detto in precedenza).

infedéle *agg.* Che non tiene fede agli impegni, alla parola data, che tradisce la fiducia: *alleato i.*; *marito i.*

infelìce *agg.* **1** Che, per qualche motivo, non è felice Ⓢ triste, scontento ◊ Pieno di tristezze, di sofferenze, di avversità; che è fonte di infelicità Ⓢ doloroso, travagliato, sventurato: *un amore i.* **2** Negativo: *esito i.* ◊ Sbagliato: *scelta i.* ◊ Non buono, sfavorevole: *un clima i.*; *posizione i.* ◊ Inopportuno: *arrivi in un momento i.*

infelicità *s.f.* L'essere infelice; lo stato di chi non è felice ◊ Dolore, sventura, pena.

inferióre *agg.* **1** Che sta più in basso: *al piano i.* | *Arti i.* = le gambe **2** Minore per altezza, grandezza, numero, valore, qualità, doti, meriti ecc.

infermerìa *s.f.* In caserme, prigioni, conventi, scuole e sim., locale o complesso di locali attrezzati per la visita e le prime cure a feriti e ammalati non gravi.

infermière *s.m.* Chi per professione assiste gli ammalati.

infermità *s.f.* Malattia.

inférmo *agg.* e *s.m.* Malato, invalido.

infernàle *agg.* **1** Dell'inferno **2** ✿ Terribile, spaventoso, micidiale: *oggi fa un caldo i.*

infèrno *s.m.* Secondo la religione cristiana, il luogo in cui le anime dei peccatori non pentiti scontano la condanna alla pena eterna.

inferriàta *s.f.* Struttura di sbarre di ferro posta a protezione di finestre per impedire l'ingresso di estranei.

infestàre *v.tr.* Detto di animali e vegetali, invadere un luogo e danneggiarlo con la propria presenza nociva.

infettàre *v.tr.* Rendere infetto: *i. una ferita* ◊ Contagiare, contaminare (anche ✿) ♦ **infettarsi** *v.pr.* Divenire infetto, prendere un'infezione.

infettìvo *agg.* Chè provoca infezione o è causato da infezione, da contagio.

infètto *agg.* **1** Colpito da infezione: *ferita i.* **2** Che porta germi che possono causare infezione Ⓢ inquinato: *acque i.*

infezióne *s.f.* **1** Malattia provocata dall'ingresso nell'organismo di batteri, virus o altri germi **2** Contagio.

infiammàbile *agg.* Che prende fuoco con facilità: *un gas i.*

infiammàrsi *v.pr.* **1** Prendere fuoco, incendiarsi **2** ✿ Diventare rosso come la fiamma: *i. in volto per la vergogna* **3** ✿ Essere preso da un forte e improvviso sentimento: *i. di sdegno* **4** Essere colpito da infiammazione: *le si infiammò la gola.*

infiammazióne *s.f.* Reazione locale dell'organismo all'azione irritante di agenti esterni; si manifesta con arrossamento, gonfiore, bruciore: *i. alla gola, agli occhi.*

infilàre *v.tr.* **1** Far passare un oggetto sottile attraverso un foro o introdurlo in una cavità: *i. il filo nell'ago, la spada nel fodero* ◊ Far passare un oggetto forato o cavo in qlco. di sottile: *i. l'anello nel dito* **2** Indossare, calzare: *i. la giacca, le scarpe* ♦ **infilarsi** *v.pr.* Mettersi dentro, entrare: *i. nel letto.*

infiltràrsi *v.pr.* **1** Penetrare poco a poco attraverso fessure, crepe, superfici porose ecc. **2** ✧ Penetrare di nascosto Ⓢ insinuarsi: *i. in un'organizzazione criminale.*

ìnfimo *agg.* Che è al livello più basso di una scala di valore Ⓢ pessimo.

infine *avv.* **1** Alla fine, finalmente **2** Insomma, in conclusione: *i., che farai?*

infinità *s.f.* **1** L'essere infinito **2** Quantità grandissima, moltitudine: *un'i. di gente.*

infinìto *agg.* **1** Che non ha limiti, confini: *lo spazio i.* **2** Immenso, enorme: *ha un'i. pazienza* ◊ Innumerevole: *i. volte* ♦ *s.m.* **1** Ciò che non ha limiti di spazio o di tempo **2** Modo del verbo che esprime l'azione in se stessa, senza specificare il numero e la persona (per es. «amare»).

infiorescènza *s.f.* Insieme di piccoli fiori raggruppati in modo da sembrare un unico fiore.

infischiàrsi *v.pr.* Non curarsi, non tenere in alcun conto qlco. o qlcu. Ⓢ fregarsene.

infisso *s.m.* Telaio murato nella cornice di porte e finestre e al quale sono fissati i serramenti.

inflazióne *s.f.* Aumento generalizzato dei prezzi e conseguente diminuzione del potere d'acquisto della moneta.

infliggere *v.tr.* Dare a qlcu. una punizione, fargli subire un danno: *i. una multa.*

influènte *agg.* Dotato di autorità, di influenza Ⓢ importante, potente: *persona i.*

influènza *s.f.* **1** Influsso: *l'i. della luna sulle maree* ◊ Autorità, ascendente, potere: *ha molta i. in quell'ambiente* **2** Malattia infettiva molto contagiosa che colpisce soprattutto le vie respiratorie.

influenzàre *v.tr.* Determinare o condizionare con la propria influenza il modo di pensare e di comportarsi degli altri ♦ **influenzarsi** *v.pr.* Ammalarsi d'influenza.

influìre *v.intr.* [aus. *avere*] Esercitare un influsso, un'influenza su qlcu. o su qlco.

influsso *s.m.* Azione esercitata da persone o cose su altre persone o cose Ⓢ influenza: *ha agito sotto l'i. della droga.*

infondàto *agg.* Privo di fondamento, di validità Ⓢ ingiustificato, inconsistente.

infóndere *v.tr.* Trasmettere, suscitare un sentimento in qlcu. Ⓢ ispirare: *i. pietà.*

informàre *v.tr.* Mettere al corrente Ⓢ avvertire: *i. la famiglia della disgrazia* ♦ **informarsi** *v.pr.* Prendere informazioni; cercare di sapere: *i. sugli orari dei treni.*

informàtica *s.f.* La scienza e la tecnica dell'elaborazione automatica dei dati mediante calcolatori elettronici.

informàtico *agg.* Di informatica, relativo all'informatica: *mezzi, sistemi i.*

informatìvo *agg.* Che fornisce notizie, informazioni: *un rapporto, un articolo i.*

informazióne *s.f.* Dato, notizia che consente di conoscere qlco. Ⓢ ragguaglio: *dare, chiedere un'i.* ◊ Trasmissione di notizie attraverso la stampa, la radio, la televisione o Internet (detti appunto *mezzi di i.*): *difendere la libertà d'i.*

infornàre *v.tr.* Mettere in forno: *i. il pane.*

infortunàrsi *v.pr.* Subire un infortunio.

infortunàto *agg.* e *s.m.* Che, chi ha subito un infortunio: *gli i. sul lavoro.*

infortùnio *s.m.* Caso sfortunato, disgrazia; incidente che provoca un danno fisico: *fare un'assicurazione contro gli i.*

infràngere *v.tr.* **1** Rompere, spezzare: *i. un vetro* **2** ✧ Violare, trasgredire: *i. un divieto* ♦ **infrangersi** *v.pr.* Frantumarsi, rompersi: *vedeva le onde i. sugli scogli.*

infrangìbile *agg.* Che non si può rompere; resistente agli urti: *vetro i.*

infrasettimanàle *agg.* Che cade nel corso della settimana lavorativa: *festività i.*

infrazióne *s.f.* Violazione, trasgressione.

infruttuóso *agg.* Senza esito Ⓢ inutile, vano: *i miei tentativi sono stati i.*

infuriàre *v.intr.* [aus. *avere*] Imperversare: *sulla zona infuriava un temporale* ♦ **infuriarsi** *v.pr.* Diventare furioso.

ingannàre *v.tr.* Indurre in errore: *le apparenze ingannano* ◊ Imbrogliare, truffare, raggirare: *i. il prossimo* ♦ **ingannarsi** *v.pr.* Cadere in errore; sbagliarsi nel valutare, nel giudicare.

ingànno *s.m.* **1** Azione o mezzo con cui si ingannano altri Ⓢ frode, imbroglio, raggiro: *vincere con l'i.* **2** Errore di valutazione: *il buio lo trasse in i.*

ingegnère *s.m.* Chi è laureato in ingegneria.

ingegnerìa *s.f.* La scienza e la tecnica della progettazione e realizzazione di macchine, impianti e costruzioni di ogni genere: *i. edile, elettronica, navale.*

ingégno *s.m.* Intelligenza, prontezza di mente, acume, capacità creativa.

ingelosìre *v.tr.* Rendere geloso: *i. il marito* ♦ **ingelosirsi** *v.pr.* Diventare geloso.

ingènte *agg.* Molto grande Ⓢ rilevante.

ingènuo *agg.* Privo di malizia Ⓢ innocente, candido; che rivela semplicità d'animo: *bambino i.; domanda i.* ◊ Poco accorto, poco furbo Ⓢ inesperto, sprovveduto: *una mossa i.* ♦ *s.m.* Persona di animo candido o sprovveduta e poco furba.

ingerìre *v.tr.* Mandare giù nello stomaco Ⓢ inghiottire: *i. una pillola* ♦ **ingerirsi** *v.pr.* Intromettersi in cose che non riguardano Ⓢ immischiarsi: *i. nei fatti altrui.*

ingessatùra *s.f.* Fasciatura rigida fatta con bende imbevute di un impasto di acqua e gesso.

ingestióne *s.f.* Immissione nello stomaco di cibi o bevande.

inghiottìre *v.tr.* Mandare giù attraverso la gola: *i. un boccone, la saliva.*

inginocchiàrsi *v.pr.* Mettersi in ginocchio, per lo più come atto di devozione o sottomissione: *i. davanti all'altare.*

ingiùria *s.f.* Offesa deliberata all'onore e alla reputazione di una persona Ⓢ oltraggio ◊ Parola offensiva Ⓢ insulto.

ingiuriàre *v.tr.* Offendere qlcu. con espressioni ingiuriose Ⓢ insultare.

ingiustificàbile *agg.* Che non si può giustificare Ⓢ inammissibile: *errore i.*

ingiustificàto *agg.* Privo di giustificazione: *assenza i.* ◊ Infondato: *un timore i.*

ingiustìzia *s.f.* L'essere ingiusto ◊ Atto contrario alla giustizia; situazione ingiusta: *subire un'i.; i. sociali.*

ingiùsto *agg.* **1** Che agisce senza equità, in modo contrario alla giustizia **2** Contrario o non conforme ai principi di giustizia: *una legge, una condanna i.*

ingoiàre *v.tr.* Inghiottire (per lo più in fretta e con avidità) Ⓢ tranguiare.

ingombràre *v.tr.* Occupare uno spazio in modo da costituire un ostacolo, un intralcio: *i detriti ingombravano la strada.*

ingómbro *agg.* Occupato da cose che intralciano: *il tavolo era i. di piatti.*

ingórdo *agg.* Avido di cibo, smodato nel mangiare Ⓢ vorace ◊ Molto goloso di qlco. Ⓢ ghiotto: *è i. di dolci.*

ingórgo *s.m.* Ostruzione, intasamento che blocca il passaggio, la circolazione.

ingranàggio *s.m.* Meccanismo costituito da una coppia di ruote dentate incastrate tra loro in modo tale che il movimento dell'una si trasmette all'altra.

ingrandìre *v.tr.* Rendere più grande Ⓢ ampliare: *i. un negozio* ◊ Detto di strumenti ottici, far apparire l'immagine di un oggetto più grande del reale ♦ *v.intr.* [aus. *essere*] e **ingrandirsi** *v.pr.* Diventare più grande Ⓢ crescere, espandersi.

ingrassàre *v.tr.* Far diventare grasso: *i. i polli* ♦ *v.intr.* [aus. *essere*] Diventare grasso o più grasso: *i. di dieci chili*.

ingràto *agg.* e *s.m.* Che, chi non sente o non dimostra riconoscenza, gratitudine: *ti sei comportato da i.*

ingrediènte *s.m.* Ognuna delle sostanze che entrano nella preparazione di un cibo, di una bevanda, di un medicinale.

ingrèsso *s.m.* **1** L'atto di entrare in un luogo Ⓢ entrata: *l'orario di i. a scuola* ◊ Facoltà di entrare in un luogo: *i. libero* **2** Il punto, il passaggio per cui si entra in un luogo Ⓢ entrata: *l'i. del parco* ◊ Anticamera: *lasciò l'ospite nell'i.*

ingrossàre *v.tr.* Rendere grosso o più grosso Ⓢ gonfiare: *la pioggia ingrossò il torrente* ◊ Far apparire più grosso di corporatura: *questo vestito ti ingrossa* ♦ *v.intr.* [aus. *essere*] e **ingrossarsi** *v.pr.* Diventare più grosso.

ingròsso *s.m.* *All'i.* = in grandi quantità (riferito alla compravendita di merci).

inguaribile *agg.* Che non può o non si può guarire: *malato i.*; *un male i.*

iniettàre *v.tr.* Introdurre un liquido nel corpo mediante un'iniezione o attraverso piccole incisioni della pelle.

iniezióne *s.f.* Introduzione di un farmaco nell'organismo per mezzo di una siringa Ⓢ puntura.

inimicìzia *s.f.* Avversione, ostilità.

ininterrótto *agg.* Che non ha soste Ⓢ continuo, incessante: *una pioggia i.*

iniziàle *s.f.* La prima lettera di una parola | *Le i.* = le lettere con cui cominciano il nome e il cognome.

iniziàre *v.tr.* Dare inizio a qlco. Ⓢ cominciare: *i. un lavoro*; *i. a parlare* ♦ *v.intr.* [aus. *essere*] Avere inizio.

iniziatìva *s.f.* Decisione attiva di fare qlco.: *prendere l'i.* ◊ Attività, impresa promossa da qlcu.: *aderire a un'i.*

inìzio *s.m.* L'atto con cui comincia qlco.; fase, momento, punto iniziale di qlco. Ⓢ avvio, principio: *dare i. ai lavori*; *abita all'i. del viale*; *gli i. sono sempre difficili*.

innalzàre *v.tr.* **1** Portare, dirigere verso l'alto Ⓢ alzare, sollevare: *i. la bandiera*; *i. gli occhi al cielo* **2** Far salire, far aumentare ♦ **innalzarsi** *v.pr.* **1** Portarsi verso l'alto Ⓢ sollevarsi **2** Salire, aumentare: *la temperatura s'innalzò*.

innamoràrsi *v.pr.* **1** Essere preso da amore per qlcu.: *i. della compagna di banco* ◊ Essere preso da desiderio, da entusiasmo per qlco.: *i. di una casa* **2** Provare amore l'uno per l'altro.

innamoràto *agg.* Preso da un sentimento di amore ◊ Pieno di passione, di entusiasmo per qlco.: *è i. del suo lavoro*.

innànzi *avv.* **1** Avanti: *farsi i.* **2** Prima: *il giorno i.* ◊ Poi, in seguito: *d'ora i.* ♦ *prep.* Prima di: *i. tutto*; *i. tempo*.

innàto *agg.* Che si possiede per natura, fin dalla nascita: *l'istinto materno è i.*

innervosìre *v.tr.* Rendere nervoso Ⓢ irritare: *quel rumore mi innervosisce* ♦ **innervosirsi** *v.pr.* Diventare nervoso.

innocènte *agg.* **1** Non colpevole: *dichiararsi i.* **2** Privo di ogni malizia, fatto senza malizia Ⓢ candido, ingenuo, innocuo: *uno sguardo i.*; *uno scherzo i.* ♦ *s.m.f.* Chi non ha commesso ciò di cui è accusato: *condannare un i.*

innocènza *s.f.* **1** Ignoranza del male, assenza di ogni malizia Ⓢ candore, purezza **2** Non colpevolezza riguardo a ciò di cui si è accusati: *dimostrare la propria i.*

innòcuo *agg.* Che non fa del male a nessuno, che non può nuocere.

innumerévole *agg.* Tanto numeroso che non si può contare: *una folla i.*

inodóre o **inodóro** *agg.* Privo di odore.

inoffensìvo *agg.* Incapace di fare del male Ⓢ innocuo: *una persona i.* ◊ Che non vuole offendere: *una frase i.*

inóltre *avv.* Per di più, oltre a ciò.

inondàre *v.tr.* Allagare: *il fiume inondò le campagne.*

inondazióne *s.f.* Allagamento, alluvione.

inopportùno *agg.* Non opportuno, non appropriato alle circostanze Ⓢ fuori luogo, intempestivo: *fare una domanda i.*

inossidàbile *agg.* Che non si ossida: *una pentola di acciaio i.*

inquietàre *v.tr.* Rendere inquieto, ansioso Ⓢ impensierire, preoccupare, turbare ♦ **inquietarsi** *v.pr.* **1** Mettersi in ansia Ⓢ preoccuparsi **2** Irritarsi, spazientirsi.

inquièto *agg.* **1** Preoccupato, impensierito **2** Irrequieto, agitato, non tranquillo.

inquietùdine *s.f.* Apprensione, ansia, preoccupazione, agitazione.

inquilìno *s.m.* Chi abita in una casa altrui pagando l'affitto al proprietario.

inquinaménto *s.m.* Contaminazione e alterazione dell'ambiente naturale, in genere provocata da attività umane che vi introducono sostanze nocive.

inquinàre *v.tr.* Infettare, contaminare con germi; alterare con sostanze nocive.

insalàta *s.f.* **1** Piatto di verdure, per lo più crude, condite con sale, olio e aceto o limone ◊ Piatto freddo a base di verdure, carni e altri ingredienti mescolati: *i. russa, di riso, di pollo* **2** Nome generico di varie verdure che si mangiano

normalmente crude condite in insalata.

insaponàre *v.tr.* Strofinare con il sapone; cospargere di schiuma di sapone.

insaporìre *v.tr.* Dare sapore, rendere saporito un cibo: *i. la carne con spezie.*

insaziàbile *agg.* Che non è mai sazio, che non si sazia mai: *appetito i.*

inscatolàre *v.tr.* Mettere qlco. in scatole: *i. i libri* ◊ Mettere cibi in scatola per conservarli: *i. i pomodori, i fagioli.*

inségna *s.f.* Targa, scritta, figura collocata all'esterno di negozi e locali pubblici per richiamare l'attenzione ◊ Cartello indicatore stradale.

insegnaménto *s.m.* L'attività, il modo di insegnare: *i. pratico, teorico* ◊ La professione di insegnante: *darsi all'i.*

insegnànte *agg.* e *s.m.f.* Che, chi per professione insegna.

insegnàre *v.tr.* Spiegare e fare apprendere con metodiche lezioni teoriche o pratiche una disciplina, un'arte, una tecnica ecc. ◊ Far apprendere qlco. a qlcu. con spiegazioni, con l'esempio o con i fatti: *i. l'educazione ai figli* ◊ Far capire: *quell'esperienza mi insegnò molte cose.*

inseguìre *v.tr.* Correre dietro a qlcu. o a qlco. che fugge per raggiungerlo o catturarlo: *i. un ladro, una macchina.*

insenatùra *s.f.* Rientranza della costa del mare, di un lago o delle sponde di un fiume: *la nave gettò l'ancora in un'i.*

insensìbile *agg.* Che non avverte sensazioni fisiche: *essere i. al freddo* ◊ Che non si lascia commuovere Ⓢ impassibile, indifferente: *un animo i.*

inserìre *v.tr.* Introdurre, infilare una cosa in un'altra: *i. la spina nella presa* ◊ Aggiungere, includere: *i. un nome nella lista* ♦ **inserirsi** *v.pr.* Entrare a far parte di un ambiente, di un gruppo Ⓢ integrarsi.

inservìbile *agg.* Che non serve più o non può più essere utilizzato.

inserviènte *s.m.f.* Persona addetta a lavori manuali e pesanti in ospedali, alberghi, aziende ecc.

inserzióne *s.f.* Annuncio pubblicitario o economico pubblicato a pagamento su giornali e riviste: *la pagina delle i.*

insètti *s.m.pl.* Classe di animali invertebrati con un gran numero di specie e un'enorme diffusione; hanno il corpo diviso in capo, torace e addome, tre paia di zampe, due antenne e spesso uno o due paia di ali.

insetticìda *agg.* e *s.m.* Detto di ogni sostanza che uccide gli insetti.

insètto *s.m.* Ogni animale appartenente alla classe degli insetti.

insicùro *agg.* 1 Che manca di sicurezza, di fiducia in se stesso ◊ Che rivela insicurezza: *voce i.* 2 Che non dà sicurezza, affidamento: *un rifugio, un ponte i.*

insième *avv.* 1 Indica compagnia, unione, associazione, coesione tra diverse persone o cose: *cenare i.*; *legare i. due cose* 2 Nello stesso momento, allo stesso tempo: *parlare tutti i.* ♦ *s.m.* Totalità, complesso di più elementi: *considerare le cose nel loro i.* ◊ Raggruppamento di singoli elementi considerati come un tutto unico: *la folla è un i. di persone.*

insignificànte *agg.* 1 Di scarso pregio e interesse: *un'opera i.* ◊ Privo di personalità, di attrattiva Ⓢ banale, insulso: *persona i.* 2 Trascurabile, irrilevante.

insinuàre *v.tr.* Far nascere indirettamente nell'animo di qlcu. un sentimento o un'idea: *i. un dubbio* ◊ Avanzare un'accusa in modo velato e indiretto: *vuoi forse i. che sono stato io?* ♦ **insinuarsi** *v.pr.* Penetrare, introdursi.

insìpido *agg.* Privo di sapore, poco saporito: *questa minestra è i.*

insìstere *v.intr.* [aus. *avere*] Continuare a dire o a fare qlco. con tenacia o con ostinazione Ⓢ perseverare, ostinarsi: *i. nella propria idea; perché i. a negare?*

insoddisfacènte *agg.* Che non soddisfa Ⓢ deludente: *risultato i.; rendimento i.*

insoddisfàtto *agg.* Non soddisfatto Ⓢ scontento ◊ Inappagato: *desideri i.*

insoddisfazióne *s.f.* Sentimento di scontentezza, di delusione.

insolènza *s.f.* Mancanza di rispetto arrogante e offensiva ◊ Parola offensiva Ⓢ insulto, ingiuria: *lo coprì di i.*

insòlito *agg.* Diverso dal solito o fuori del normale Ⓢ inconsueto, inusuale, strano: *è un caldo i. per questa stagione.*

insómma *avv.* 1 In conclusione, in breve 2 Come esclamazione esprime impazienza, irritazione: *i., ti sbrighi?*

insònnia *s.f.* Difficoltà a prendere sonno o a dormire a sufficienza: *soffre d'i.*

insopportàbile *agg.* Che non si riesce a sopportare o si sopporta a stento Ⓢ intollerabile: *un caldo i.; è un uomo i.*

insospettìre *v.tr.* Mettere in sospetto, destare un sospetto ♦ **insospettirsi** *v.pr.* Mettersi in sospetto: *i. per una frase.*

inspiràre *v.tr.* Introdurre aria nei polmoni Ⓢ aspirare ◊ Introdurre nei polmoni altre sostanze durante la respirazione.

inspirazióne *s.f.* L'atto di inspirare.

instàbile *agg.* 1 Che non sta ben fermo, che è in equilibrio precario Ⓢ traballante, malsicuro: *tavolo i.* 2 Variabile: *tempo i.* ◊ Incostante, volubile: *è di umore i.*

installàre *v.tr.* Collocare un impianto, un apparecchio in un posto e metterlo in condizione di funzionare: *i. una caldaia* ♦ **installarsi** *v.pr.* Insediarsi, sistemarsi stabilmente in un posto, in un alloggio.

insuccèsso *s.m.* Mancato successo, esito negativo Ⓢ fallimento, fiasco.

insudiciàre *v.tr.* Rendere sudicio Ⓢ sporcare, insozzare, imbrattare ◆ **insudiciarsi** *v.pr.* Sporcarsi.

insufficiènte *agg.* Non sufficiente, non adeguato rispetto al bisogno o allo scopo: *stipendio i. per mantenere la famiglia* ◊ Nel linguaggio scolastico, inferiore alla sufficienza: *compito, voto i.*

insufficiènza *s.f.* **1** Quantità insufficiente rispetto alle necessità o allo scopo Ⓢ scarsità, carenza, difetto: *assolto per i. di prove* **2** Voto scolastico negativo, inferiore alla sufficienza.

insulàre *agg.* Delle isole: *clima i.*

insultàre *v.tr.* Offendere gravemente con parole o atti Ⓢ ingiuriare, oltraggiare.

insùlto *s.m.* Parola o atto che offende gravemente Ⓢ offesa, ingiuria, oltraggio.

insurrezióne *s.f.* Rivolta, sollevazione collettiva e violenta contro l'autorità, il governo, il potere statale.

intànto *avv.* Nel frattempo ◊ Però, ma per il momento ◆ *congz. I. che* = mentre.

intasàre *v.tr.* Ostruire, otturare un condotto ◊ Bloccare la viabilità, provocando ingorghi stradali ◆ **intasarsi** *v.pr.* Ostruirsi, otturarsi: *si è intasato il lavandino.*

intascàre *v.tr.* Mettersi in tasca: *i. una mancia* ◊ Guadagnare, riscuotere: *i. una somma, un premio.*

intàtto *agg.* Che non ha subito danni Ⓢ integro: *il vaso cadendo rimase i.*

integràle *agg.* Totale, intero, completo: *restituzione i. del prestito* ◊ *Farina i.* = quella non raffinata che contiene tutti gli elementi costitutivi del frumento (anche la crusca) e con cui si fa il *pane integrale.*

integràre *v.tr.* **1** Completare qlco. aggiungendo ciò che manca **2** Inserire pienamente qlcu. in una comunità, in un ambiente di cui non faceva parte o da cui era escluso: *i. gli immigrati nella società* ◆ **integrarsi** *v.pr.* Inserirsi in un ambiente di cui non si faceva parte.

integrazióne *s.f.* Inserimento pieno ed effettivo in un gruppo, in un ambiente nuovo: *l'i. degli immigrati stranieri.*

ìntegro *agg.* Non danneggiato, non mutilato, non menomato Ⓢ completo, intero, intatto.

intellètto *s.m.* La mente, come complesso delle facoltà che consentono di pensare e comprendere ◊ Capacità di ragionare e giudicare Ⓢ intelligenza.

intellettuàle *agg.* Che riguarda la facoltà di intendere e ragionare: *doti i.* ◊ Che impegna la mente: *lavoro i.* ◆ *s.m.f.* Chi svolge un'attività culturale o artistica.

intelligènte *agg.* **1** Che ha la capacità di comprendere e ragionare: *l'uomo è un essere i.* **2** Dotato di un'intelligenza pronta e vivace: *una donna i.* ◊ Che denota intelligenza: *una domanda i.*

intelligènza *s.f.* Capacità di intendere, pensare, giudicare ◊ Prontezza e vivacità di mente; abilità e perizia nel fare qlco. Ⓢ acume, ingegno: *dare prova di i.*

intempèrie *s.f.pl.* Le perturbazioni atmosferiche come la pioggia, la grandine, la neve, il vento ecc.: *ripararsi dalle i.*

intèndere *v.tr.* **1** Udire, sentire: *parla più forte se vuoi che t'intenda* **2** Comprendere, capire: *ho inteso il tuo pensiero* | *Dare a i.* = far credere (qlco. di falso) **3** Avere intenzione, volere: *cosa intendi fare?* ◆ **intendersi** *v.pr.* **1** Accordarsi; andare d'accordo: *ci siamo intesi sul prezzo* ◊ Capirsi: *i. male al telefono* **2**

Essere competente, esperto di qlco.: *i. di motori.*

intensità *s.f.* Forza, energia e continuità con cui si manifesta o si fa qlco.

intènso *agg.* **1** Particolarmente forte: *luce i.*; *caldo i.* ◊ Acuto, vivo, violento: *desiderio i.*; *dolore i.* **2** Energico e assiduo: *studio i.* ◊ Fitto e continuo: *traffico i.*

intenzióne *s.f.* Idea, volontà di fare qlco., di raggiungere un determinato fine [S] proposito, progetto: *ho i. di uscire*; *non avevo i. di offenderti.*

intercapèdine *s.f.* Spazio vuoto compreso tra due superfici vicine e parallele.

interessànte *agg.* Che desta interesse [S] stimolante, appassionante.

interessàre *v.tr.* **1** Suscitare interesse **2** Coinvolgere, riguardare: *un problema che ci interessa* ♦ *v.intr.* [aus. *essere*] Importare, premere, stare a cuore: *gli interessa solo il denaro* ♦ **interessarsi** *v.pr.* **1** Avere, mostrare interesse per qlco.: *i. di musica* **2** Occuparsi, prendersi cura: *i. dei figli* ◊ Impicciarsi.

interessàto *agg.* **1** Che ha, che mostra interesse a qlco. **2** Che agisce o che è fatto solo per interesse, per tornaconto personale: *un consiglio i.* ♦ *s.m.* La persona che ha un diretto interesse nella cosa di cui si tratta: *ci vuole la firma dell'i.*

interèsse *s.m.* **1** Attenzione, partecipazione, curiosità nei confronti di qlco.: *segue con i. le lezioni* **2** Capacità di destare attenzione, di attrarre: *film di grande i.* ◊ Importanza, rilievo: *questione di nessun i.* **3** Vantaggio, utilità: *parlo nel tuo i.* ◊ (al *pl.*) Affari, faccende: *badare ai propri interessi* **4** Compenso che spetta a chi presta o deposita una somma di denaro per un certo periodo: *la mia banca mi dà un i. del 2%.*

interiezióne *s.f.* Espressione invariabile, costituita da uno o più suoni o parole, che esprime con immediatezza uno stato d'animo [S] esclamazione.

interióre *agg.* Interno ◊ ♧ Che ha sede e origine nell'animo, nella coscienza.

interlocutóre *s.m.* **1** La persona con cui si sta parlando **2** Ognuno dei partecipanti a una discussione, a un dialogo.

intermediàrio *s.m.* Chi, occasionalmente o per professione, presta la sua opera per mettere in contatto delle persone, per facilitare la conclusione di un affare o per conciliare un contrasto [S] mediatore.

intermèdio *agg.* Che sta in mezzo.

intermèzzo *s.m.* Breve spettacolo o breve trasmissione che occupa l'intervallo di uno spettacolo: *i. musicale, pubblicitario.*

interminàbile *agg.* Che sembra non finire mai [S] lunghissimo: *un viaggio i.*

intermittènte *agg.* Che va e viene a intervalli più o meno regolari: *luci i.*

internazionàle *agg.* Che riguarda, interessa, collega più nazioni: *accordi i.*

Internet *s.f.invar.* Sistema che connette le reti telematiche di tutto il mondo e al quale può collegarsi qualsiasi computer per ricevere o trasmettere informazioni.

intèrno *agg.* **1** Che sta dentro: *gli organi i. del corpo* | *Acque i.* = laghi, fiumi, canali **2** Che riguarda una comunità, uno stato e i suoi membri: *politica i.* ♦ *s.m.* **1** Parte di dentro: *l'i. della giacca* **2** Ambito di una comunità, di uno stato: *litigi all'i. della classe* **3** Numero che distingue un appartamento in un edificio.

intéro *agg.* **1** Che non manca di nessuna parte [S] completo: *collezione i.* ◊ Tutto quanto: *girare il mondo i.* **2** Intatto, non spezzato [S] integro: *il vaso è i.* ◊ *Numero i.* = quello costituito da unità, senza decimali o frazioni.

interpretàre *v.tr.* **1** Intendere e spiegare il significato di qlco. che è o sembra oscuro: *i. un testo, un sogno* ◊ Attribuire un particolare significato a qlco.: *come i. il suo silenzio?* ◊ Intuire ed esprimere sentimenti o aspirazioni altrui: *cerco di i. la volontà di tutti* **2** Sostenere una parte a teatro o in un film [S] recitare: *i. Amleto* ◊ Eseguire o dirigere un brano musicale.

intèrprete *s.m.f.* **1** Chi, spec. per professione, traduce oralmente discorsi tra persone che parlano lingue diverse **2** Attore che interpreta una parte a teatro o in un film ◊ Musicista che esegue composizioni musicali.

interpunzióne *s.f.* Punteggiatura | *Segni d'i.* = il punto, la virgola, i due punti, il punto esclamativo ecc., cioè tutti i segni grafici che indicano le pause e il tono con cui va letto un testo scritto.

interrogàre *v.tr.* Rivolgere a qlcu. una o più domande per avere informazioni e spiegazioni o per verificare il suo grado di preparazione ◊ Sottoporre a un interrogatorio: *il giudice interrogò l'imputato.*

interrogatìvo *agg.* Che esprime una domanda: *frase i.* | *Punto i.* = segno d'interpunzione (?) che si pone alla fine di una frase interrogativa ♦ *s.m.* Questione non chiarita, dubbio, perplessità.

interrogatòrio *s.m.* Il complesso delle domande rivolte da un magistrato, nel corso di un processo, a un imputato, a un teste, alle parti in causa.

interrogazióne *s.f.* Serie di domande fatte da un insegnante per verificare il grado di preparazione di un alunno.

interrómpere *v.tr.* **1** Smettere temporaneamente o definitivamente di fare qlco. [S] sospendere, cessare, abbandonare: *i. il lavoro*; *i. gli studi* **2** Far cessare, bloccare la continuazione o il normale funzionamento di qlco.: *la frana interruppe la strada* ◊ Impedire a qlcu. di continuare il discorso: *scusa se ti ho interrotto* ♦ **interrompersi** *v.pr.* Arrestarsi, fermarsi nel parlare ◊ Cessare.

interruttóre *s.m.* Apparecchio che serve a interrompere e ad aprire il passaggio della corrente in un circuito elettrico.

interruzióne *s.f.* Cessazione, sospensione temporanea o definitiva di qlco. [S] arresto, blocco: *i. dei lavori* ◊ Pausa, sosta: *piove senza i.*

interurbàno *agg.* Che collega due o più città; che avviene tra due o più città.

intervàllo *s.m.* Periodo di tempo che intercorre tra due azioni, due fatti; pausa nel corso di uno spettacolo, di un'attività.

intervenìre *v.intr.* [aus. *essere*] **1** Inserirsi direttamente in una situazione, in una vicenda per modificarne con la propria azione le condizioni e lo svolgimento: *i. per evitare un disastro* | *I. in una discussione* = prendere la parola ◊ Operare un intervento chirurgico **2** Partecipare, presenziare: *i. a una cerimonia.*

intervènto *s.m.* L'atto di chi interviene in qlco. partecipandovi attivamente o con la semplice presenza ◊ Discorso pronunciato in un dibattito, in un'assemblea: *un i. molto applaudito* ◊ Azione compiuta da un giocatore durante una partita: *i. falloso* ◊ Operazione chirurgica.

intervìsta *s.f.* **1** Colloquio in cui un giornalista rivolge una serie di domande a una persona le cui dichiarazioni ed opinioni sono destinate a essere diffuse attraverso la stampa, la radio o la televisione **2** Serie di domande rivolte a una persona, sulla base di un questionario, per conoscerne i gusti, le opinioni ecc.

intervistàre *v.tr.* Fare un'intervista a qlcu.: *i. un ministro.*

intésa *s.f.* Accordo: *raggiungere un'i.* ◊ Collaborazione, armonia, affiatamento.

intestinàle *agg.* Dell'intestino: *dolori i.*

intestìno *s.m.* Il tratto dell'apparato digerente che va dallo stomaco all'ano e ha la forma di un lungo tubo ripiegato più volte su se stesso.

intimità *s.f.* **1** Stretta amicizia, familiarità, confidenza **2** Ambiente intimo, in cui ci si trova a proprio agio: *l'i. della casa* ◊ Situazione intima, che non tollera estranei: *nessuno disturbò la loro i.*

ìntimo *agg.* **1** Che è il più profondo, il più nascosto, il più segreto: *i più i. pensieri* | *Biancheria i.* = quella che sta a contatto della pelle ◊ Che viene dal profondo dell'animo: *provò un'i. gioia nel vederlo* **2** Molto stretto (riferito a un rapporto affettivo, di familiarità): *amico i.*

intimorìre *v.tr.* Incutere timore in qlcu. Ⓢ impaurire, spaventare ♦ **intimorirsi** *v.pr.* Spaventarsi.

intìngere *v.tr.* Bagnare leggermente un oggetto immergendolo in un liquido.

intirizzìto *agg.* Irrigidito e reso quasi insensibile dal freddo: *ho le mani i.*

intitolàre *v.tr.* Dare un titolo a un'opera: *i. un libro* ♦ **intitolarsi** *v.pr.* Avere per titolo: *come si intitola il film?*

intollerànte *agg.* **1** Che non tollera, non sopporta qlco. Ⓢ insofferente: *è i. della disciplina* **2** Che non tollera di essere contraddetto e non ammette opinioni diverse dalla propria: *una persona i.*

intollerànza *s.f.* **1** Incapacità dell'organismo di tollerare certi cibi o farmaci Ⓢ allergia: *i. per il pesce* **2** Atteggiamento di rifiuto, ostile e aggressivo nei confronti di chi è diverso o ha opinioni diverse: *i. razziale, religiosa.*

intònaco *s.m.* Sottile strato di malta che viene applicato sui muri a scopo di protezione e per renderli lisci e uniformi.

intontìre *v.tr.* Stordire, istupidire ♦ **intontirsi** *v.pr.* Diventare come tonto Ⓢ istupidirsi, inebetirsi: *i. davanti alla tv.*

intòppo *s.m.* Inciampo, ostacolo, difficoltà: *finirò domani, salvo intoppi.*

intórno *avv.* In giro, nello spazio, nella zona circostante Ⓢ attorno: *guardarsi i.* ♦ *prep.* (seguito da *a*) **1** Attorno, in giro: *sedersi i. a un tavolo* **2** Circa: *pesa i. al quintale* ◊ Verso: *i. alla fine del secolo* **3** Riguardo a, sull'argomento di: *lavorare i. a un progetto* ♦ *agg.invar.* Circostante.

intossicàre *v.tr.* Causare intossicazione Ⓢ avvelenare: *l'alcol intossica l'organismo* ♦ **intossicarsi** *v.pr.* Prendersi un'intossicazione Ⓢ avvelenarsi.

intossicazióne *s.f.* Avvelenamento provocato da sostanze tossiche per l'organismo o ingerite in dosi eccessive.

intralciàre *v.tr.* Impedire, ostacolare, rallentare: *i. il passaggio.*

intràlcio *s.m.* Ostacolo, impedimento.

intransigènte *agg.* Che non è disposto a fare concessioni, a scendere a compromessi, a deviare dalle proprie decisioni Ⓢ rigoroso, irremovibile, inflessibile.

intransitàbile *agg.* Su cui o attraverso cui non si può transitare: *strada i.*

intransitìvo *agg.* *Verbi i.* = quelli che non possono avere un complemento oggetto (per es. *essere, venire*).

intraprendènte *agg.* Dotato di spirito d'iniziativa: *un ragazzo sveglio e i.*

intraprèndere v.tr. Cominciare un'attività: i. un lavoro, un viaggio.

intréccio s.m. 1 La disposizione dei fili dell'ordito e della trama in un tessuto 2 ✥ Trama di un romanzo, di una commedia, di un film ecc.

intricàto agg. Aggrovigliato ◊ ✥ Confuso, complicato: una situazione i.

intrìco s.m. Groviglio, intreccio confuso.

intrìdere v.tr. Bagnare con un liquido una sostanza in polvere per ottenere un impasto: i. la farina di acqua ◊ Bagnare, inzuppare: il sudore gli intrise la camicia.

intrigànte agg. e s.m.f. Che, chi ha l'abitudine di tramare intrighi a danno di altri o si impiccia negli affari altrui.

intrigàre v.intr. [aus. avere] Darsi da fare con mezzi poco onesti per ottenere qlco. ♦ **intrigarsi** v.pr. Impicciarsi, immischiarsi: di che ti intrighi!

intrìgo s.m. Azione svolta con mezzi nascosti e sleali per ottenere qualche vantaggio o per ostacolare qlcu. ⓢ complotto, macchinazione, maneggio.

intrìso agg. Imbevuto, inzuppato, bagnato: la sua camicia era i. di sudore.

introdùrre v.tr. 1 Mettere dentro, far penetrare ⓢ inserire: i. l'ago nella vena ◊ Importare: i. merci di contrabbando 2 Far entrare qlcu. in un luogo o condurlo alla presenza di qlcu.: i. l'ospite in casa 3 Mettere in uso, diffondere qlco. di nuovo: i. una moda ♦ **introdursi** v.pr. Entrare, penetrare furtivamente in un luogo ◊ Entrare a far parte di un ambiente, di un gruppo.

introduzióne s.f. Parte iniziale di un discorso o di un libro in cui si presenta l'argomento trattato ⓢ premessa, prefazione.

intrùso s.m. Chi si è introdotto in un ambiente abusivamente o vi si trova come un estraneo non gradito.

intuìre v.tr. Comprendere prontamente, rendersi immediatamente conto di qlco., senza bisogno di rifletterci: i. un pericolo.

intùito s.m. Capacità di comprendere e valutare con prontezza ⓢ perspicacia.

intuizióne s.f. Percezione immediata, istintiva di una realtà ◊ Idea brillante, folgorante.

inumàno agg. 1 Che rivela mancanza di umanità ⓢ crudele, brutale: i. ferocia ◊ Indegno dell'uomo ⓢ degradante: condizioni di lavoro i. 2 Superiore alle capacità umane: uno sforzo i.

inumidìre v.tr. Rendere umido, bagnare leggermente: i. i panni prima di stirarli ♦ **inumidirsi** v.pr. Diventare umido.

inùtile agg. Che non serve a nulla, di nessuna utilità; che non produce alcun risultato: un oggetto i.; un consiglio i.

invàdere v.tr. Occupare un luogo con la forza: i. un paese ◊ Penetrare, arrivare in un luogo in gran numero: i turisti invadono le spiagge ◊ Inondare: il fiume invase le campagne.

invalidità s.f. La condizione di chi è invalido, inabile al lavoro: pensione di i.

invàlido agg. e s.m. Che, chi in seguito a malattie, infortuni, lesioni, non è in grado di svolgere una normale attività lavorativa: un i. di guerra.

invàno avv. Inutilmente, senza risultato.

invariàbile agg. 1 Non soggetto a variazioni ⓢ costante, stabile: tempo i. 2 Parti i. del discorso = avverbio, preposizione, congiunzione e interiezione | Parole i. = quelle che non cambiano di forma dal maschile al femminile o dal singolare al plurale.

invasióne *s.f.* Occupazione di un territorio altrui con la forza o penetrandovi in massa ◊ Afflusso in massa in un luogo di persone, animali o cose: *un'i. di turisti, di zanzare, di merci.*

invasóre *s.m.* Chi invade il territorio di un altro stato: *combattere contro gli i.*

invecchiàre *v.intr.* [aus. *essere*] **1** Diventare vecchio: *a tutti dispiace i.* ◊ Trascorrere la vecchiaia: *i. in pace* **2** Stagionare: *lasciare il vino a i.* **3** ✠ Perdere di attualità, di validità: *un'opera d'arte non invecchia mai* ♦ *v.tr.* **1** Stagionare: *i. un formaggio* **2** Far sembrare più vecchio: *la barba ti invecchia.*

invéce *avv.* Al contrario, viceversa.

inventàre *v.tr.* **1** Ideare, escogitare per primo una cosa nuova, spec. per scopi pratici: *i. un gioco di carte* **2** Creare con la propria fantasia: *i. un racconto* ◊ Immaginare, escogitare o raccontare cose non vere: *i. una scusa, una bugia.*

inventóre *s.m.* Chi inventa qlco. di nuovo Ⓢ ideatore.

invenzióne *s.f.* **1** Ideazione di qlco. di nuovo: *l'i. della radio* ◊ La cosa inventata: *brevettare un'i.* **2** Creazione della fantasia, dell'immaginazione **3** Bugia, fandonia, falsità: *è tutto una sua i.!*

invernàle *agg.* Dell'inverno: *stagione i.* ◊ Caratteristico dell'inverno: *clima i.* ◊ Che si usa d'inverno: *abiti i.* ◊ Che avviene o si fa d'inverno: *vacanze i.; sport i.*

invèrno *s.m.* La stagione più fredda, compresa tra l'autunno e la primavera.

inverosìmile *agg.* Non verosimile; che non pare vero, reale, possibile Ⓢ incredibile: *una notizia i.* ◊ Enorme, straordinario: *una folla i.*

inversióne *s.f.* Cambiamento di direzione in senso opposto: *l'auto fece un'i.*

di marcia ◊ Mutamento nell'ordine, scambio di posto tra due o più elementi ◊ *I. sessuale* = omosessualità.

invèrso *agg.* Contrario, opposto: *in senso i.* ♦ *s.m.* Il contrario, l'opposto.

invertebràto *agg.* e *s.m.* Detto di animale privo di scheletro interno e di colonna vertebrale (per es. molluschi e insetti).

invertìre *v.tr.* **1** Volgere un movimento in una direzione opposta a quella in atto: *i. la rotta, la marcia* **2** Scambiare due elementi, mettendo l'uno al posto dell'altro: *i. i ruoli tra due giocatori.*

investigàre *v.intr.* [aus. *avere*] Svolgere indagini su qlco. Ⓢ indagare.

investigatóre *s.m.* Chi svolge delle indagini, come funzionario di polizia o come professionista, per conto di privati.

investiménto *s.m.* **1** Urto violento da parte di un veicolo: *fu ferito in un i.* **2** Impiego di denaro in attività produttive o in acquisti allo scopo di ricavarne un utile: *fare un buon i.*

investìre *v.tr.* **1** Urtare, colpire con violenza: *i. un passante con l'auto* **2** Impiegare una somma di denaro per ricavarne un utile: *i. in borsa, in case.*

inviàre *v.tr.* Mandare, spedire.

invìdia *s.f.* **1** Sentimento di rabbioso dispiacere e di astio per la felicità, il successo, la fortuna o le qualità altrui **2** Sincera ammirazione per un bene o una qualità altrui, unita al desiderio di possedere anche noi qlco. di simile.

invidiàre *v.tr.* **1** Provare invidia per qlco. o per qlcu.: *i. la fortuna altrui* **2** Provare ammirazione per una qualità altrui e desiderare di possederla: *invidio la tua capacità di concentrazione.*

invidióso *agg.* Pieno d'invidia: *gente i.* ◊ Che esprime invidia: *uno sguardo i.*

invincìbile *agg.* Che non può essere vinto Ⓢ imbattibile: *un esercito i.*

invìo *s.m.* Spedizione: *l'i. di un pacco.*

inviolàbile *agg.* Che non si può violare; che si deve assolutamente rispettare.

invisìbile *agg.* Che non si vede, non si può vedere: *stella i. a occhio nudo.*

invitànte *agg.* Attraente, allettante.

invitàre *v.tr.* **1** Chiedere, proporre a qlcu. di partecipare a qlco.: *invitare qlcu. a pranzo* **2** Chiedere cortesemente a qlcu. di fare qlco.: *ti invito a entrare* ◊ Ordinare a qlcu. di fare qlco., con cortesia ma con fermezza: *il poliziotto lo invitò ad allontanarsi* **3** Indurre, invogliare: *questo bel sole invita a uscire di casa.*

invitàto *s.m.* Chi partecipa, su invito, a una festa, a un pranzo, a una riunione ecc.

invìto *s.m.* **1** Cortese proposta, a voce o per iscritto, con cui si chiede a qlcu. di essere proprio ospite o di partecipare a qlco.: *i. a cena, a una festa* **2** Richiesta ◊ Ordine ◊ Esortazione.

involontàrio *agg.* Fatto senza volere, senza intenzione: *un gesto i.*

invòlto *s.m.* Pacco, fagotto.

invòlucro *s.m.* Rivestimento che avvolge qlco. (spec. oggetti incartati, imballati, confezionati): *i. di carta, di plastica.*

inzuppàre *v.tr.* Immergere qlco. in un liquido perché se ne imbeva: *i. il pane nel latte* ◊ Bagnare completamente Ⓢ infradiciare.

ìo *pron.pers.* Pronome personale di prima persona singolare; si usa solo in funzione di soggetto e indica la persona che parla riferendosi a se stessa.

ipocrisìa *s.f.* Comportamento di chi finge buoni sentimenti e buone intenzioni per ingannare gli altri e ottenere il loro favore Ⓢ falsità, simulazione.

ipòcrita *agg.* Che agisce con ipocrisia o costituisce, rivela ipocrisia Ⓢ falso, insincero: *persona i.; sorriso i.* ◆ *s.m.f.* Persona falsa, insincera.

ipòtesi *s.f.* **1** Spiegazione provvisoria di un fatto o di un fenomeno su cui mancano dati certi e di cui si ha una conoscenza limitata Ⓢ supposizione, congettura, teoria **2** Caso, eventualità.

ippòdromo *s.m.* Impianto sportivo con piste per le corse dei cavalli.

ippopòtamo *s.m.* Grosso e tozzo mammifero africano, con zampe corte e bocca enorme; vive lungo le rive di fiumi.

ìra *s.f.* Stato d'animo di furiosa irritazione che tende a sfogarsi con parole e atti violenti contro chi si ritiene responsabile Ⓢ collera, rabbia, furore.

iràto *agg.* Pieno d'ira Ⓢ adirato, arrabbiato: *non l'avevo mai visto così i.*

ìride *s.f.* **1** Arcobaleno | *I colori dell'i.* = quelli che compaiono nell'arcobaleno **2** La parte dell'occhio che circonda la pupilla; rotonda e variamente colorata, funziona come un diaframma.

ironìa *s.f.* Particolare modo di manifestare un atteggiamento scherzoso o critico nei confronti di qlcu. o di qlco., consistente nell'esprimersi con parole che, o per il tono usato o per l'evidente contrasto con la situazione, acquistano un significato opposto a quello letterale.

irònico *agg.* Pieno d'ironia; che esprime ironia Ⓢ beffardo: *un sorriso i.*

irragionévole *agg.* Che non vuole o è incapace di ragionare e agire secondo il buon senso ◊ Contrario alla ragione Ⓢ assurdo, infondato: *paure i.*

irrazionàle *agg.* **1** Che non è in rapporto con la ragione: *impulsi i.* ◊ Irragionevole: *comportamento i.* **2** Che non risponde a criteri di razionalità, di funzionalità ⓢ illogico: *un sistema di lavoro i.*

irreàle *agg.* Non reale ⓢ immaginario, fantastico: *vivere in un mondo i.*

irrealizzàbile *agg.* Che non può essere realizzato: *sogni, progetti i.*

irregolàre *agg.* **1** Che è in contrasto con determinate regole, norme, disposizioni ⓢ invalido: *contratto i.* ◊ Nello sport, falloso, scorretto: *azione i.* **2** *Verbi i.* = che hanno coniugazione diversa da quella consueta dei verbi della stessa classe **3** Non uniforme, non costante ⓢ discontinuo: *venti i.; polso i.*

irregolarità *s.f.* Atto, comportamento che viola norme, leggi, regolamenti.

irreperìbile *agg.* Che non si riesce a trovare, a rintracciare: *libro i.; rendersi i.*

irrequièto *agg.* Agitato, non tranquillo, ansioso ◊ Molto vivace ed esuberante; che non sta mai fermo: *un bambino i.*

irresistìbile *agg.* A cui non si può resistere: *un impulso i.; ha un fascino i.*

irrespiràbile *agg.* Che non si può respirare senza danno o senso di fastidio.

irresponsàbile *agg.* Che agisce o è compiuto con incoscienza, senza pensare alle conseguenze: *un gesto i.* ♦ *s.m.f.* Persona che agisce con incoscienza.

irrigàre *v.tr.* Dare a un terreno l'acqua necessaria per le coltivazioni: *i. un orto.*

irrimediàbile *agg.* Per cui non c'è rimedio ⓢ irreparabile: *il danno è ormai i.*

irritànte *agg.* **1** Che irrita, indispettisce: *parole i.* **2** Che provoca infiammazione.

irritàre *v.tr.* **1** Provocare stizza, rabbia; far perdere la pazienza, la calma **2** Provocare infiammazione, bruciore o altra reazione dolorosa o fastidiosa ♦ **irritarsi** *v.pr.* **1** Arrabbiarsi: *i. per nulla* **2** Infiammarsi: *mi si è irritata la pelle.*

irritazióne *s.f.* **1** Stizza, rabbia, risentimento **2** Infiammazione: *i. alla pelle.*

irruzióne *s.f.* Ingresso impetuoso in un luogo, spec. per compiere un'azione di sorpresa: *i. della polizia in una bisca.*

iscrìtto *agg.* e *s.m.* Che, chi è ufficialmente registrato come partecipante a una competizione o come membro di una scuola, di un'associazione, di un partito ecc.

iscrìvere *v.tr.* Compiere le pratiche necessarie per l'ammissione di una persona a un'associazione, a un istituto o a un corso scolastico, a una competizione ecc. ♦

iscriversi *v.pr.* Compiere le formalità necessarie per essere ammesso a un'organizzazione o a un'attività (come membro, alunno, partecipante): *i. a un partito, a una scuola.*

iscrizióne *s.f.* Ammissione o inclusione ufficiale di una persona tra i membri di un'organizzazione o tra i partecipanti a un'attività: *i. alla scuola.*

Islàm *s.m.* La religione fondata da Maometto, i cui precetti sono contenuti nel Corano ◊ Il mondo musulmano, la civiltà, la cultura musulmana.

islàmico *agg.* Dell'Islam ⓢ musulmano: *civiltà i.*

ìsola *s.f.* **1** Porzione di terraferma completamente circondata dalle acque **2** *I. pedonale* = zona di una città in cui è vietata la circolazione dei veicoli.

isolaménto *s.m.* **1** La condizione di chi si isola o è isolato dagli altri ⓢ solitudine: *vivere in i.* **2** Protezione di un ambiente o di un oggetto dal passaggio dell'elettricità, del calore o del suono mediante materiale isolante: *i. termico.*

isolànte *agg.* e *s.m.* Detto di materiale che presenta forte resistenza al passaggio dell'elettricità, del suono o del calore.

isolàre *v.tr.* **1** Separare o staccare qlco. da ciò che gli sta intorno ◊ Tenere qlcu. lontano dagli altri ⓢ segregare: *i. un ammalato contagioso* **2** Separare, rivestire qlco. con materiale isolante per impedire il passaggio di calore, del suono, dell'elettricità ♦ **isolarsi** *v.pr.* Ritirarsi in solitudine, appartarsi: *i. per studiare.*

isolàto *agg.* **1** Separato dal resto, appartato dagli altri: *una casa isolata* ◊ Unico, singolo, particolare: *un caso i.* **2** Separato, rivestito con materiali isolanti: *ambiente ben i.* ♦ *s.m.* Edificio o gruppo di edifici circondati tutt'intorno da strade: *fare il giro dell'i.*

ispettóre *s.m.* Funzionario statale addetto a compiti di controllo e vigilanza: *i. sanitario, scolastico.*

ispezionàre *v.tr.* Sottoporre a un'ispezione; esaminare, controllare attentamente: *i. un ospedale; i. un'auto.*

ispezióne *s.f.* Esame o visita a scopo di controllo, di accertamento, di sorveglianza: *i. a una scuola, a una banca.*

istantàneo *agg.* Che avviene in un istante ⓢ immediato: *la morte fu i.*

istànte *s.m.* Brevissimo spazio di tempo ⓢ attimo, momento: *aspettami un i.*

istintìvo *agg.* Fatto per istinto, senza riflettere ⓢ automatico: *un gesto i.* ◊ Che proviene dall'istinto ⓢ naturale, innato: *l'amore è un sentimento i.*

istìnto *s.m.* Tendenza naturale innata, che spinge gli esseri viventi a comportamenti utili alla conservazione dell'individuo e della specie: *i. materno, sessuale* ◊ Impulso spontaneo, immediato e indipendente dalla riflessione, che porta ad agire in un determinato modo.

istitùto *s.m.* **1** Ente, organismo pubblico o privato costituito per svolgere una determinata attività: *i. di beneficenza; i. religiosi; i. di bellezza* | *I. di credito* = banca **2** Scuola d'istruzione secondaria.

istituzióne *s.f.* Ogni ordinamento e organismo sociale, politico, religioso fondato sulla legge o su una tradizione: *il matrimonio è un'i. sociale.*

istruìre *v.tr.* **1** Dare un'istruzione; formare culturalmente, educare: *i. i giovani* **2** Dare a qlcu. istruzioni, suggerimenti su ciò che deve dire o fare in una certa situazione ♦ **istruirsi** *v.pr.* Farsi un'istruzione, formarsi una cultura.

istruttìvo *agg.* Che fornisce un utile insegnamento: *libri i.; esempio i. per tutti.*

istruzióne *s.f.* **1** L'attività di istruire; in partic., l'attività formativa svolta dalle scuole di diverso ordine e grado: *i. primaria, secondaria, universitaria* ◊ Preparazione culturale, cultura: *studia per farsi un'i.* **2** (spec. al *pl.*) Indicazioni scritte sul modo di usare un prodotto, sul funzionamento di un apparecchio ecc.: *leggere le i. per l'uso.*

italiàno *agg.* Dell'Italia: *popolazione i.; lingua i.* ♦ *s.m.* **1** Persona che abita o è nata in Italia **2** Lingua italiana: *tradurre un libro in i.* ◊ La materia d'insegnamento riguardante la lingua e la letteratura italiana: *esame, professore d'i.*

itineràrio *s.m.* Il percorso di un viaggio, di una gita, di una gara ecc.

ìttico *agg.* Del pesce, costituito da pesci: *mercato i.; fauna i.*

J

j *s.f.* o *m.* Lettera, chiamata *i lunga*, usata un tempo nell'alfabeto italiano e oggi sempre sostituita dalla *i* tranne che in alcuni nomi geografici e di persona (*Jesolo, Jonio, Jacopo*). È presente in parole di origine straniera, con valore di vocale (= i) o di consonante (con pronuncia diversa a seconda della lingua).

jazz [inglese] *s.m.invar.* Musica molto ritmata e con frequenti improvvisazioni, elaborata dai neri d'America alla fine dell'Ottocento e poi diffusasi in tutto il mondo ♦ anche *agg.*: *musica, orchestra j.*

jazzìsta *s.m.f.* Suonatore di jazz.

jeans [inglese] *s.m.invar.* Robusta tela di cotone, in genere di colore blu: *una gonna di j.* ♦ *s.m.pl.* Pantaloni di tela jeans (*blue-jeans*) piuttosto aderenti e con le tasche cucite all'esterno.

jeep [inglese] *s.f.invar.* Autovettura scoperta a quattro ruote motrici, molto robusta e adatta ai percorsi fuori strada.

jet [inglese] *s.m.invar.* Aereo con motore a reazione Ⓢ aviogetto.

jolly [inglese] *s.m. invar.* **1** Carta da gioco, raffigurante un buffone, alla quale, in alcuni giochi, si può dare il valore che si vuole Ⓢ matta **2** ⚘ Persona capace di svolgere diverse funzioni, a seconda delle necessità.

judo [giapponese] *s.m.invar.* Tipo di lotta di origine giapponese.

juke-box [inglese] *s.m.invar.* Apparecchio automatico contenente un giradischi e numerosi dischi, che vengono scelti e suonati a richiesta introducendo delle monete e premendo dei bottoni.

jumbo-jet [inglese] *s.m.invar.* Aereo a reazione di grande capienza.

juniòres [latino] *s.m.f.pl.* Atleti appartenenti a una categoria giovanile ♦ anche *agg.invar.*: *un torneo j.*

K

k *s.f.* o *m.* Lettera presente nell'alfabeto greco e latino e in alcuni alfabeti di lingue moderne; è una consonante con lo stesso suono della *c* dura e quando è da sola si pronuncia *cappa*.

kamikaze [giapponese] *s.m.invar.* Pilota volontario giapponese che, durante la seconda guerra mondiale, si lanciava con il suo aereo carico di esplosivo contro un obiettivo nemico ◊ Chiunque compie un'azione armata suicida.

karate [giapponese] *s.m.invar.* Forma di lotta e tecnica di difesa e offesa di origine giapponese, basata principalmente su colpi vibrati con il taglio della mano e con i piedi.

killer [inglese] *s.m.invar.* Chi compie omicidi a pagamento per conto d'altri Ⓢ sicario.

kìlo– vedi **chìlo–**.

kit [inglese] *s.m.invar.* Insieme di pezzi, venduti in un'unica confezione, con i quali è possibile costruire da soli un oggetto (un mobile, una macchina ecc.).

kiwi [parola originaria della Nuova Zelanda] *s.m.invar.* **1** Frutto commestibile dalla polpa verde e carnosa, prodotto da un arbusto rampicante **2** Uccello della Nuova Zelanda, grosso come un pollo e con un becco molto lungo e sottile; è incapace di volare ma rapido nella corsa.

L

l *s.m.* o *f.* Decima lettera dell'alfabeto italiano; è una consonante.

la[1] *art.determ.* Forma femminile sing. dell'art. determ.; si elide davanti a vocale.

la[2] *pron.pers.f.sing.* Essa, ella, lei (si usa come complemento oggetto riferito sia a persona che a cosa; si può elidere davanti a vocale) ◊ Si usa anche come forma di cortesia rivolgendosi a persona di sesso sia maschile che femminile con la quale non si è in familiarità.

là *avv.* In quel luogo | *Al di là* = oltre.

làbbro *s.m.* **1** [pl. *le labbra*] Ciascuna delle due pieghe cutanee che delimitano l'apertura della bocca **2** [pl. *labbri*] Orlo, margine, bordo: *i l. di una ferita*.

laboratòrio *s.m.* **1** Locale dotato di attrezzature per ricerche ed esperienze scientifiche: *l. chimico, di analisi* **2** Locale in cui si svolgono lavori artigianali o riparazioni: *l. di sartoria, fotografico*.

laborióso *agg.* **1** Che richiede notevole impegno e sforzo ⓢ difficile, faticoso: *indagine l.* **2** Dedito al lavoro ⓢ attivo, operoso: *è un giovane molto l.*

làcca *s.f.* **1** Sostanza usata come colorante o per verniciare mobili e oggetti vari **2** Smalto per unghie **3** Sostanza per fissare i capelli.

làccio *s.m.* **1** Corda con cappio a nodo scorsoio **2** Cordoncino o nastro usato per chiudere un capo di vestiario.

laceràre *v.tr.* Strappare, stracciare con forza; ridurre in brandelli: *l. una lettera*.

làcrima *s.f.* Goccia di umore acquoso che fuoriesce dagli occhi per irritazione o in seguito a dolore, a commozione ecc.

lacrimàre *v.intr.* [aus. *avere*] Versare lacrime ⓢ piangere: *l. per il fumo*.

lacùna *s.f.* Mancanza, carenza, vuoto: *preparazione con molte l.*

làdro *s.m.* **1** Chi ruba **2** Chi richiede un prezzo o un compenso eccessivo.

laggiù *avv.* Là in basso: *scendiamo l.* ◊ Là, in quel luogo lontano: *l. in fondo alla via.*

lagnànza *s.f.* Lamentela.

lagnàrsi *v.pr.* **1** Lamentarsi **2** Esprimere il proprio malcontento ⓢ reclamare, protestare: *l. del cattivo servizio*.

làgo *s.m.* Massa d'acqua per lo più dolce che occupa una depressione del suolo | *L. artificiale* = creato con una diga di sbarramento lungo il corso di un fiume.

lagùna *s.f.* Bacino d'acqua marina lungo la costa, parzialmente separato dal mare da una catena di isolotti o da banchi di sabbia: *la l. veneta.*

làico *agg.* **1** Che non appartiene al clero: *associazione l.* **2** Che non è ispirato o non si ispira a nessuna fede religiosa; che è autonomo rispetto a qualsiasi autorità ecclesiastica: *cultura l.*; *scuola l.*; *stato l.* ♦ *s.m.* Chi non fa parte del clero.

làma *s.f.* **1** La parte tagliente di un utensile, di un'arma **2** L'elemento tagliente di uno strumento, di una macchina o di un attrezzo sportivo: *la l. dell'aratro*.

lamèlla *s.f.* Lamina sottile.

lamentàre *v.tr.* **1** Sentire, accusare un dolore: *l. un dolore alla spalla* **2** Denunciare, segnalare con proteste qlco. di negativo: *l. carenze nei trasporti pubblici* ♦ **lamentarsi** *v.pr.* **1** Emettere lamenti **2** Esprimere il proprio risentimento, il proprio scontento [S] lagnarsi: *l. di un'ingiustizia.*

lamentèla *s.f.* Manifestazione di scontento [S] lagnanza, protesta.

laménto *s.m.* **1** Suono o voce che esprime dolore [S] gemito **2** Lagnanza, lamentela.

lamétta *s.f.* Piccola lama affilatissima per rasoi di sicurezza.

lamièra *s.f.* Lastra metallica piuttosto sottile, usata per tettoie e rivestimenti.

làmina *s.f.* Lastra, piastra molto sottile di metallo o di altro materiale.

làmpada *s.f.* Qualsiasi sorgente o apparecchio d'illuminazione artificiale: *l. a olio, a petrolio, a gas, elettrica.*

lampadàrio *s.m.* Apparecchio per l'illuminazione di ambienti, appeso al soffitto e costituito da una struttura che sostiene una o più lampadine.

lampadìna *s.f.* Lampada elettrica.

lampióne *s.m.* Lampada per l'illuminazione pubblica di strade, piazze e sim.

làmpo *s.m.* **1** Luce abbagliante e di breve durata, prodotta da scariche elettriche nell'atmosfera e di solito seguita dal tuono **2** Emissione di luce rapidissima e molto intensa: *i l. dei cannoni, dei flash* **3** ♧ Attimo [S] baleno: *è arrivato in un l.*

lampóne *s.m.* Arbusto selvatico che produce piccoli frutti rossi e saporiti ◊ Il frutto di tale arbusto: *marmellata di l.*

làna *s.f.* **1** Il pelo della pecora e di altri animali **2** La fibra tessile e i tessuti che se ne ricavano: *gomitolo di l.*; *golf di l.*

lancétta *s.f.* Indicatore girevole di vari strumenti di misura (orologio, barometro ecc.).

lància[1] *s.f.* Antica arma costituita da un'asta terminante con una punta.

lància[2] *s.f.* Imbarcazione leggera per il trasporto di persone: *l. a remi, a motore.*

lanciàre *v.tr.* **1** Scagliare, gettare con forza qlco.: *l. un sasso* ◊ ♧ Indirizzare, rivolgere: *l. un'accusa, un'occhiata* ◊ ♧ Emettere: *l. un grido* **2** Far partire qlco. con una forte spinta iniziale: *l. un missile* ◊ Spingere a forte velocità: *l. un cavallo al galoppo* **3** ♧ Cercare di imporre all'attenzione, di fare affermare qlcu. o qlco., spec. servendosi di mezzi pubblicitari: *l. un cantante, una nuova moda* ♦ **lanciarsi** *v.pr.* Gettarsi con impeto (anche ♧): *l. all'attacco*; *l. in un'impresa* ◊ Gettarsi giù, lasciarsi cadere: *l. nel vuoto, col paracadute.*

làncio *s.m.* **1** L'atto di lanciare qlco. in avanti, verso l'alto o dall'alto: *l. di una bomba, di un missile* ◊ Il lanciarsi dall'alto: *fare un l. col paracadute* **2** ♧ Campagna pubblicitaria per imporre all'attenzione del pubblico qlcu. o qlco.

lantèrna *s.f.* **1** Apparecchio per illuminazione costituito da una gabbia dalle pareti di vetro con all'interno un lume **2** La parte superiore del faro, che contiene le apparecchiature luminose.

làpide *s.f.* Lastra di marmo o pietra posta su una tomba e sulla quale è a volte incisa una iscrizione funebre ◊ Lastra recante un'iscrizione commemorativa, posta su monumenti o su facciate di edifici.

làpis *s.m.invar.* Matita.

làrdo *s.m.* Strato di grasso che ricopre il dorso e il ventre del maiale, conservato salato o affumicato per usi di cucina.

larghézza *s.f.* Una delle tre dimensioni geometriche, insieme all'altezza e alla lunghezza ◊ Nel linguaggio comune, l'ampiezza di qlco. o la misura del lato minore o di base: *la l. di una strada, di un foglio* | *L. di un foro* = il suo diametro | *L. di un muro* = il suo spessore.

làrgo *agg.* Che ha una certa estensione in larghezza: *un tavolo l. un metro* ◊ Ampio, vasto, esteso: *una strada l.*; *un l. spazio* ♦ *s.m.* **1** Larghezza: *misurare qlco. per il l.* ◊ Spazio libero: *fare l.* **2** Mare aperto: *spingersi al l.* **3** Piazza formata da uno slargo all'incrocio di più vie.

larìnge *s.f.* Parte dell'apparato respiratorio situata all'interno del collo; è anche l'organo della voce in quanto sede delle corde vocali.

làrva *s.f.* Prima forma di vita, dopo l'uscita dall'uovo, degli animali che si sviluppano per metamorfosi.

lasàgna *s.f.* (spec. al *pl.*) Sfoglia di pasta all'uovo tagliata a larghe strisce.

lasciapassàre *s.m.invar.* Permesso scritto che autorizza a entrare o a passare in un luogo normalmente vietato.

lasciàre *v.tr.* **1** Cessare di tenere, di stringere o di trattenere qlco. o qlcu. **2** Non prendere con sé qlcu. o qlco. e farlo restare o depositarlo in un posto o presso qlcu.: *l. i bambini a casa* ◊ Dimenticare qlco. in un posto: *l. l'ombrello al cinema* **3** Abbandonare un luogo: *l. il paese natale* ◊ Separarsi da qlcu. temporaneamente o definitivamente: *l. la moglie* ◊ Smettere, abbandonare un'attività: *l. gli studi* **4** Far rimanere qlcu. o qlco. in un certo stato: *lasciami solo*; *l. la porta aperta* **5** Far rimanere dopo di sé una traccia, un segno, un effetto del proprio passaggio, della propria azione ecc.: *l. delle impronte sulla sabbia*; *l. un buon ricordo* **6** Dare, consegnare, affidare qlco. a qlcu.: *l. le chiavi al portinaio* ◊ Tenere da parte, conservare, serbare, riserbare: *mi hai lasciato qlco. da mangiare?* ◊ Non togliere: *lasciami questa speranza* **7** Permettere ad altri di fare qlco.: *lasciami venire con te* ♦ **lasciarsi** *v.pr.* Separarsi ◊ Rompere una relazione amorosa.

lassatìvo *agg.* Che facilita l'evacuazione dell'intestino ♦ *s.m.* Blando purgante.

lassù *avv.* Là in alto.

làstra *s.f.* **1** Pezzo di materiale solido, piatto e di spessore limitato rispetto alla sua estensione: *l. di marmo, di rame, di ghiaccio* **2** Pellicola radiografica.

lastricàre *v.tr.* Pavimentare con lastre di pietra: *l. una strada.*

làstrico *s.m.* Pavimentazione stradale formata da lastre o blocchetti di pietra.

lateràle *agg.* Che si trova sul lato, sui lati di qlco.: *l'ingresso l. del teatro.*

laterìzi *s.m.pl.* Materiali da costruzione di terracotta come tegole, mattoni ecc.

làtice o **làttice** *s.m.* Liquido vischioso e biancastro estratto mediante l'incisione della corteccia da molte piante: *dal l. di una pianta si ricava il caucciù.*

latitànte *agg.* e *s.m.f.* Che, chi, nascondendosi, si sottrae a un ordine di cattura.

latitùdine *s.f.* La distanza di un luogo dall'equatore misurata in gradi sul meridiano che passa da quel luogo; è, insieme alla *longitudine*, una delle due coordinate geografiche terrestri.

làto *s.m.* **1** Parte destra o sinistra del corpo umano o di una cosa Ⓢ fianco ◊ Parte: *il vento soffiava da ogni l.* **2** In geometria, ognuno dei segmenti di retta che costituiscono il perimetro di un poligono: *il pentagono ha cinque l.* **3** ♧ Aspetto, punto di vista: *dal l. pratico.*

latrìna *s.f.* Locale fornito di impianti

igienici, spec. di uso pubblico [S] cesso, gabinetto.

làtta *s.f.* **1** Lamiera sottile di ferro ricoperta da uno strato di stagno: *scatola di l.* **2** Recipiente di latta.

lattàio *s.m.* Chi vende il latte.

lattànte *s.m.f.* Bambino nei primi mesi di vita, che si nutre solo di latte materno o artificiale.

làtte *s.m.* **1** Liquido bianco e sostanzioso prodotto dalle femmine dei mammiferi e che costituisce il primo alimento dei loro nati ◊ Il latte degli animali e in partic. il latte di vacca come prodotto alimentare **2** Liquido di aspetto simile al latte: *l. di cocco, di mandorle.*

latterìa *s.f.* Negozio dove si vendono il latte e i suoi derivati.

làttice vedi **làtice**.

lattìna *s.f.* Piccolo recipiente di latta, ermeticamente chiuso, usato spec. per contenere bibite.

lattùga *s.f.* Ortaggio con foglie larghe e tenere che si mangia in insalata.

làurea *s.f.* Titolo di studio conferito a chi ha compiuto l'intero ciclo di studi di una facoltà universitaria: *l. in medicina.*

laureàre *v.tr.* Dare la laurea a qlcu. ♦ **laurearsi** *v.pr.* Conseguire la laurea.

laureàto *agg.* e *s.m.* Che, chi è in possesso di un titolo di laurea.

làva *s.f.* Massa incandescente di materiali fusi che fuoriesce dal cratere di un vulcano in eruzione.

lavàbo *s.m.* Lavandino per la pulizia personale.

lavàggio *s.m.* L'operazione del lavare qlco.: *l. della biancheria, dei capelli.*

lavàgna *s.f.* Lastra di ardesia o altro materiale, incorniciata da un telaio, usata per scriverci sopra col gesso.

lavanderìa *s.f.* Locale adibito al lavaggio di biancheria e indumenti ◊ Negozio attrezzato per il lavaggio automatico, in acqua o a secco, di indumenti, biancheria, coperte ecc.

lavandìno *s.m.* **1** Lavabo per la pulizia personale, installato nelle stanze da bagno o anche in camere da letto **2** Lavello, acquaio della cucina.

lavapiàtti *s.m.f.invar.* Addetto alla lavatura delle stoviglie in alberghi, ristoranti e comunità ♦ *s.f.invar.* Lavastoviglie.

lavàre *v.tr.* Pulire qlco. togliendo lo sporco con acqua ed altre sostanze detergenti: *l. i piatti, la verdura*; *l. i denti* | *L. a secco* = senza acqua, usando solventi chimici ♦ **lavarsi** *v.pr.* Lavare il proprio corpo.

lavastovìglie *s.f.invar.* Elettrodomestico per il lavaggio automatico delle stoviglie [S] lavapiatti.

lavatóio *s.m.* Luogo attrezzato per lavare i panni a mano ◊ La vasca in cui li si lava.

lavatrìce *s.f.* Elettrodomestico per il lavaggio automatico della biancheria.

lavèllo *s.m.* Lavandino da cucina [S] acquaio.

lavorànte *s.m.f.* Dipendente che svolge lavori manuali in laboratori o negozi artigianali.

lavoràre *v.intr.* [aus. *avere*] **1** Impiegare le proprie energie fisiche e intellettuali nell'esercizio di un mestiere, di una professione o comunque di un'attività utile **2** Essere in azione, funzionare (detto di macchine, fabbriche e sim.): *gli impianti lavorano a pieno ritmo* **3** Avere clienti, fare affari (detto di negozi, studi professionali ecc.): *un ristorante che lavora molto* ♦ *v.tr.* Operare su una materia per darle la forma voluta o per trasformarla: *l. il ferro, il marmo.*

lavoratìvo *agg.* Di lavoro: *attività l.*

lavoratóre *s.m.* **1** Chi lavora esercitando un mestiere, una professione: *l. dipendente, autonomo* ◊ In partic., lavoratore dipendente: *i diritti dei l.* **2** Chi lavora molto e con impegno.

lavorazióne *s.f.* Il procedimento e la tecnica con cui si lavora un materiale per adattarlo alla funzione prevista: *l. a mano, a macchina.*

lavóro *s.m.* **1** Attività umana rivolta a uno scopo utile: *l. intellettuale, manuale* | *L. domestici* = le faccende di casa **2** Attività da cui si ricava un reddito ⓢ occupazione: *restare senza l.* ◊ Il luogo dove si lavora: *va al l. in autobus* **3** La cosa a cui si sta lavorando: *lasciare un l. a metà* ◊ Il prodotto, il risultato di un'attività lavorativa: *consegna del l.* **4** (al *pl.*) Complesso di attività e di opere che impiegano numerosa manodopera: *l. di bonifica* ◊ Insieme di attività svolte da organi collegiali, assemblee e sim.: *l. parlamentari, congressuali.*

lé[1] *art.determ.* Forma femminile plurale dell'articolo determinativo.

lé[2] *pron.pers.f.pl.* Esse, loro (si usa in funzione di complemento oggetto, riferito sia a persona che a cosa).

lé[3] *pron.pers.f.sing.* A lei, a essa ◊ Si usa anche come forma di cortesia rivolgendosi a persona, anche di sesso maschile, con la quale non si è in familiarità.

leàle *agg.* Fedele alla parola data, alle promesse, ai patti; che agisce con correttezza, senza ricorrere a sotterfugi: *un uomo l.* ◊ Condotto nel rispetto delle regole, senza imbrogli: *combattimento l.*

lealtà *s.f.* Fedeltà ai patti e agli impegni presi; correttezza, assenza di sotterfugi nei rapporti e nel comportamento ⓢ onestà, sincerità.

leccàre *v.tr.* Passare la lingua sopra qlco.: *l. un gelato.*

lécito *agg.* Ammesso, consentito dalla legge, dalla morale o dalle norme di educazione e di convenienza sociale.

lèdere *v.tr.* Danneggiare provocando lesioni materiali ◊ Danneggiare, offendere sul piano morale o giuridico.

léga *s.f.* **1** Associazione, alleanza tra stati o città per il raggiungimento di uno scopo comune: *l. militare, doganale* ◊ Organizzazione, federazione che riunisce enti o gruppi sociali per fini comuni: *L. calcio* **2** Materiale composto da due o più metalli fusi assieme: *l'ottone è una l. di rame e zinco.*

legàle *agg.* **1** Che riguarda la legge ⓢ giuridico: *chiedere un parere l.* | *Studio l.* = ufficio di uno o più avvocati **2** Conforme alla legge, consentito dalla legge: *mezzi l.* | *Ora l.* = quella adottata convenzionalmente da uno stato durante una parte dell'anno, anticipata di un'ora rispetto a quella solare ♦ *s.m.* Avvocato.

legalità *s.f.* Conformità alla legge ◊ I limiti consentiti dalla legge.

legalizzàre *v.tr.* **1** Dare valore ufficiale a un atto, a un documento, certificandone l'autenticità: *far l. una firma da un notaio* **2** Rendere legale qlco.: *l. l'aborto.*

legàme *s.m.* **1** Vincolo morale o sentimentale ⓢ relazione, rapporto: *l. di amicizia, di parentela* **2** Rapporto, nesso, collegamento, relazione.

legàre *v.tr.* **1** Stringere, avvolgere una o più cose o persone con una fune o altro mezzo simile, per tenerle unite o immobilizzarle: *l. un pacco con lo spago*; *l. un* *prigioniero* **2** Attaccare, fissare una cosa a un'altra con una fune, una catena e sim.: *l. la barca alla boa* **3** ⚘ Unire: *li lega una lunga amicizia*.

légge *s.f.* **1** Norma o insieme di norme che guidano e regolano le azioni e il comportamento degli uomini **2** Disposizione di un organo legislativo dello stato che fissa regole di condotta che tutti i cittadini devono rispettare: *l. civili, penali* **3** Il complesso delle norme giuridiche di uno stato Ⓢ legislazione ◊ Autorità giudiziaria: *ricorrere alla l.* **4** Scienza giuridica Ⓢ giurisprudenza: *laurea in l.* **5** Regola che sta alla base di un'arte, di un'attività: *le l. dello sport* **6** Regola costante che caratterizza fenomeni e fatti naturali: *l. fisiche, chimiche, biologiche*.

leggènda *s.f.* Racconto di avvenimenti eroici o religiosi del passato, immaginari o basati su fatti storici, ma sempre arricchiti di elementi fantastici.

lèggere *v.intr.* [aus. *avere*] Riconoscere i segni della scrittura e intendere il significato delle parole e delle frasi che essi formano: *imparare a l.* ◊ Dedicarsi alla lettura: *mi piace l.* ♦ *v.tr.* **1** Prendere conoscenza attraverso la lettura del contenuto di un testo: *l. un libro* ◊ Comunicare ad alta voce il contenuto di un testo: *l. una favola a un bambino* **2** Interpretare altri segni convenzionali diversi dalla scrittura: *l. la musica*.

leggerézza *s.f.* **1** L'essere leggero **2** ⚘ Mancanza di serietà Ⓢ superficialità: *agire con l.* ◊ Atto sconsiderato, errore commesso per superficialità.

leggèro *agg.* **1** Che pesa poco | *Tessuti, indumenti l.* = che non tengono caldo | *Cibi l.* = facili da digerire ◊ *Atletica l.* =

settore dell'atletica che comprende le corse, la marcia, i salti, i lanci e il decathlon **2** Svelto, agile, spedito: *passo l.* **3** ⚘ Non gravoso da sopportare; che non richiede grande sforzo o impegno: *un l. sacrificio*; *un lavoro l.* **4** Di forza o intensità molto limitata Ⓢ lieve, debole: *vento l.*; *un l. rumore* | *Vino l.* = poco alcolico ◊ ⚘ Di poca entità, importanza o gravità Ⓢ piccolo, moderato, lieve: *una spesa l.*; *una l. ferita*.

legìttimo *agg.* **1** Che è conforme alla legge, che ha i requisiti richiesti dalla legge: *un'autorità l.* | *Figlio l.* = nato da genitori regolarmente sposati **2** Giustificato, lecito: *un dubbio, un desiderio l.*

légna *s.f.* Pezzi di rami o di tronchi d'albero da ardere: *raccogliere un po' di l.*

legnàia *s.f.* Locale o luogo dove si deposita la legna.

legnàme *s.m.* Legno da lavoro e da costruzione: *una partita di l.*

légno *s.m.* La materia dura e compatta che costituisce la maggior parte del tronco, dei rami e delle radici degli alberi e degli arbusti ◊ Il materiale che si ricava dagli alberi: *mobili in l.*

legùme *s.m.* **1** Baccello ◊ Pianta che produce baccelli: *il fagiolo è un l.* **2** (spec. al *pl.*) I semi commestibili di alcune leguminose (piselli, fagioli ecc.).

lèi *pron.pers.* **1** Pronome personale femminile di terza persona singolare; si usa riferendosi a persona in funzione di complemento oggetto e di complemento indiretto, ma anche in funzione di soggetto il suo uso si è esteso sempre più, anche nella lingua scritta **2** Si usa anche come forma di cortesia e rispetto rivolgendosi a persona, anche di sesso maschile, con la quale non si è in fami-

liarità ♦ *s.m.* La terza persona come forma di cortesia e di rispetto: *dare del lei.*
lémbo *s.m.* Estremità inferiore di un indumento ◊ Parte più esterna di qlco. [S] bordo, margine: *sul l. della strada.*
lenìre *v.tr.* Attenuare una sofferenza fisica o morale [S] mitigare, alleviare.
lènte *s.f.* **1** Dispositivo ottico, costituito da un disco trasparente con una o entrambe le superfici curve, che ha la proprietà di ingrandire o di rimpicciolire le immagini **2** (al *pl.*) Occhiali.
lentézza *s.f.* L'essere lento.
lentìcchia *s.f.* Pianta erbacea delle leguminose i cui baccelli contengono semi commestibili a forma di piccola lente ◊ Il seme commestibile di tale pianta.
lènto *agg.* Che si muove, procede con scarsa velocità; non rapido ◊ Che impiega molto tempo nel fare qlco.; non svelto, non pronto: *l. di riflessi* ◊ Che avviene, si compie adagio o a poco a poco, in un tempo piuttosto lungo: *malattia dal decorso l.*
lènza *s.f.* Filo sottile e trasparente, in genere di nylon, a un'estremità del quale si attacca l'amo da pesca.
lenzuòlo *s.m.* Ciascuno dei due teli che si stendono sul letto e fra i quali si giace.
leóne *s.m.* Grosso felino carnivoro che vive nelle savane africane.
leopàrdo *s.m.* Grosso e agile felino dal pelame giallastro a macchie nere che vive in Africa e in Asia.
lèpre *s.f.* Mammifero selvatico, somigliante al coniglio, velocissimo nella corsa ◊ La carne dell'animale cucinata.
lesionàre *v.tr.* Provocare lesioni, crepe sui muri di edifici.
lesióne *s.f.* **1** Danneggiamento di un organo, ferita o frattura **2** Fenditura, crepa in una struttura muraria: *il terremoto ha provocato l. in molti edifici.*
lessàre *v.tr.* Cuocere in acqua bollente [S] bollire: *l. la carne, il pesce, le verdure.*
lésso *agg.* Lessato: *verdure l.* ♦ *s.m.* Piatto di carne lessa [S] bollito.
lèsto *agg.* Svelto, pronto.
letàle *agg.* Di morte, che causa la morte [S] mortale: *una malattia l., dall'esito l.*
letamàio *s.m.* **1** Luogo in cui si ammucchia il letame **2** Luogo, ambiente molto sudicio: *hanno ridotto la casa a un l.*
letàme *s.m.* Concime naturale formato da escrementi di animali mescolati con la paglia delle stalle.
letàrgo *s.m.* Lungo e profondo sonno in cui cadono alcuni animali durante l'inverno.
letìzia *s.f.* Stato di profonda e serena gioia interiore: *vivere in l.*
lèttera *s.f.* **1** Ognuno dei segni grafici di un alfabeto **2** Comunicazione scritta che si invia a qlcu. [S] missiva.
letteràle *agg.* Che riguarda il significato preciso e più immediato di una parola, di una frase, di un testo.
letteratùra *s.f.* Il complesso delle opere scritte di carattere o intento artistico prodotte in una lingua o in un paese, in una cultura, in un'epoca, in un genere particolare.
lettìga *s.f.* Lettino portatile o con ruote per il trasporto di ammalati e feriti [S] barella.
lètto *s.m.* **1** Mobile sul quale si pongono il materasso, le lenzuola, le coperte ecc. per potercisi coricare a dormire o a riposare **2** Il solco in cui scorre l'acqua di un fiume o di un torrente [S] alveo.
lettóre *s.m.* **1** Chi legge, chi si dedica alla lettura di qlco.: *giornale che ha mol-*

ti l. **2** Apparecchio o dispositivo elettronico che trasforma un sistema di segnali in un altro e ne rende possibile la comprensione: *l. di compact disc.*

lettùra *s.f.* **1** L'azione, l'attività del leggere **2** Scritto, testo, libro, pubblicazione: *l. per ragazzi, per adulti.*

leucemìa *s.f.* Grave malattia provocata da un aumento anormale dei globuli bianchi nel sangue.

lèva *s.f.* **1** Macchina semplice costituita da un'asta rigida ruotante intorno a un punto fisso (*fulcro*) su cui si esercita una forza (*potenza*) per vincerne un'altra (*resistenza*); oltre che nella semplice sbarra usata per sollevare pesi, il principio della leva è utilizzato in numerosi arnesi e strumenti **2** Asta che comanda un meccanismo: *l. del cambio.*

levànte *s.m.* La parte dell'orizzonte da cui sorge il sole ⓢ oriente, est.

levàre *v.tr.* **1** Alzare, sollevare: *l. gli occhi al cielo* **2** Togliere, portar via, rimuovere: *l. una pentola dal fuoco*; *l. una macchia dal vestito* ♦ **levarsi** *v.pr.* **1** Sollevarsi, innalzarsi: *l. in piedi*; *l. in volo* ◊ Sorgere, alzarsi: *si levò un vento furioso* **2** Alzarsi da letto: *l. presto.*

levatrìce *s.f.* Ostetrica.

levigàre *v.tr.* Rendere liscia una superficie dura: *l. una lastra di marmo.*

lezióne *s.f.* Insegnamento impartito da un insegnante a uno o più allievi per un certo tempo (in genere un'ora): *l. di storia, di guida, di sci* ◊ La parte di una materia che si deve studiare di volta in volta: *ripassare la l.* ◊ (al *pl.*) L'attività scolastica, la scuola: *orario delle l.*

li *pron.pers.m.pl.* Loro, essi (in funzione di complemento oggetto): *li ho salutati ma non li conosco.*

lì *avv.* **1** In quel luogo, in quel posto (indica un luogo lontano da chi parla ma spesso vicino o identico a quello di chi ascolta) ◊ Si usa per indicare con più precisione la posizione di una persona o di una cosa o anche il suo tipo: *voglio quel libro lì* **2** In quel momento: *fin lì era andato tutto bene.*

liberàre *v.tr.* **1** Rendere libero, sciogliendo da impedimenti, eliminando vincoli (anche ✿): *l. un prigioniero*; *l. qlcu. dai debiti* **2** Sgombrare: *l. il tavolo dalle carte* ◊ Rendere disponibile: *l. il telefono* ♦ **liberarsi** *v.pr.* **1** Rendersi libero, sciogliersi da un vincolo: *l. da un impegno* ◊ Sbarazzarsi: *l. di un seccatore* **2** Diventare disponibile: *si liberò un posto.*

lìbero *agg.* **1** Non soggetto a un padrone o a qualsiasi altra costrizione autoritaria: *un l. cittadino*; *un popolo l.* **2** Non sottoposto a reclusione, non prigioniero: *lasciare l. un detenuto* ◊ Slegato, non impedito, che può muoversi: *avere le mani l.* **3** Che è padrone di decidere, di agire secondo la propria volontà: *è l. di non accettare* **4** Privo di impegni, non occupato: *sono l. domani* ◊ Non occupato, disponibile, sgombro: *cercare un posto l.*; *lasciar l. il passaggio* **5** Non soggetto a controlli, a divieti, a restrizioni: *ingresso l.*; *entrata l.*; *parcheggio l.* | *L. professionista* = chi esercita un'attività professionale autonoma.

libertà *s.f.* **1** La condizione di chi è libero, non soggetto a costrizioni di alcun genere ◊ La condizione di un popolo non soggetto a un dominio straniero o a una dittatura: *lottare per la l.* **2** Facoltà e diritto di pensare, decidere e agire in piena autonomia: *l. di pensiero, di paro-*

la, di voto **3** L'essere libero da impegni.

libràio *s.m.* Venditore di libri.

librerìa *s.f.* **1** Negozio di libri **2** Mobile a scaffali per contenere i libri.

librétto *s.m.* **1** Libro di piccolo formato **2** Documento su cui sono registrati dati ufficiali: *l. di lavoro, di circolazione, sanitario.*

lìbro *s.m.* Insieme di fogli stampati, cuciti tra loro secondo un ordine e racchiusi da una copertina Ⓢ volume ◊ Il contenuto di un libro; opera stampata: *un l. noioso.*

licènza *s.f.* **1** Permesso di assentarsi temporaneamente da un ufficio, da un servizio; in partic. quello accordato ai militari: *il soldato era a casa in l.* **2** Autorizzazione a fare qlco. rilasciata dall'autorità competente a chi ne fa richiesta: *l. di pesca, di caccia* **3** Diploma che si ottiene al termine di un corso di studi: *l. elementare, media, liceale.*

licenziaménto *s.m.* Provvedimento con cui un datore di lavoro allontana in modo definitivo dal posto di lavoro un suo dipendente: *lettera di l.*

licenziàre *v.tr.* Mandar via definitivamente da un posto di lavoro un lavoratore dipendente.

licèo *s.m.* Scuola media superiore che prepara all'università ◊ L'edificio in cui ha sede un liceo.

lìdo *s.m.* Striscia di terra, per lo più sabbiosa, bagnata dal mare Ⓢ litorale ◊ Spiaggia attrezzata con stabilimenti balneari.

lièto *agg.* **1** Che prova o esprime gioia, contentezza Ⓢ felice, contento, allegro **2** Che riempie di gioia, che è fonte di contentezza Ⓢ piacevole, allegro: *una l. notizia; abbiamo passato una l. serata.*

lième *agg.* **1** Leggero ◊ ⚘ Facile da sopportare: *uno sforzo l.* **2** ⚘ Non grave, di scarsa entità o importanza Ⓢ leggero: *danno l.; l. differenza* ◊ Di modesta intensità; appena percettibile Ⓢ debole, tenue: *l. scossa di terremoto; l. rumore.*

lievitàre *v.intr.* [aus. *essere*] Gonfiarsi per effetto del lievito (detto della pasta).

lièvito *s.m.* Sostanza che produce una fermentazione.

lìma *s.f.* Utensile manuale formato da una sbarretta di acciaio dalla superficie intagliata e ruvida, usato per sgrossare e levigare ferro, legno e altri materiali duri.

limàre *v.tr.* Lavorare qlco. con la lima.

limétta *s.f.* Lima sottile in metallo o carta vetrata, usata per limare le unghie.

limitàre *v.tr.* Porre un limite a qlco.: *l. un potere* ◊ Contenere, ridurre entro certi limiti: *l. i consumi* ♦ **limitarsi** *v.pr.* Contenersi, non eccedere nel fare qlco.: *l. nel bere.*

limitàto *agg.* Esiguo, scarso, modesto: *mezzi l.; tempo l.*

lìmite *s.m.* **1** Confine, linea di confine o di demarcazione **2** Termine o ambito che non può o non deve essere superato: *porre un l. di tempo; c'è un l. alla pazienza* | *Passare ogni l.* = esagerare.

limonàta *s.f.* Bevanda preparata con succo di limone e acqua ◊ Bibita a base di succo di limone o aromatizzata al limone, per lo più gassata.

limóne *s.m.* Albero sempreverde dai fiori bianchi e profumati, che dà frutti gialli dal succo acidulo ◊ Il frutto stesso.

lìmpido *agg.* **1** Chiaro, terso e trasparente: *acqua, aria l.* **2** ⚘ Nitido, chiaro e sonoro: *suono l.* ◊ Puro, sincero: *sguardo l.; coscienza l.*

lìnea *s.f.* **1** Ente geometrico costituito da una serie ininterrotta di punti che si estende solo in lunghezza: *l. retta, curva* ◊ Segno grafico con cui si rappresenta una linea **2** Segno lineare (materiale o ideale) che indica il termine, il confine di qlco. ⓢ limite: *l. di confine*; *la l. dell'orizzonte* **3** Contorno, profilo, forma di un corpo, di un oggetto, di una struttura: *l. del volto*; *auto dalla l. sportiva* ◊ Snellezza delle forme di una persona: *mantenere la l.* ◊ Taglio, modello di un indumento **4** ✄ Modo di agire, di comportarsi: *l. di condotta* **5** Nel linguaggio commerciale, serie di prodotti dello stesso tipo: *una nuova l. di cosmetici* **6** Servizio di comunicazione tra luoghi diversi effettuato da mezzi di trasporto pubblico: *l. aeree* ◊ Tratto di ferrovia che unisce due località **7** Impianto per la trasmissione dell'energia elettrica o di segnali telegrafici e telefonici ◊ Collegamento telefonico: *è caduta la l.*

lineaménti *s.m.pl.* I tratti, la fisionomia del volto umano ⓢ fattezze: *l. delicati*.

lìnfa *s.f.* Liquido che circola nelle piante e le nutre.

lìngua *s.f.* **1** Organo posto all'interno della bocca; è la sede del gusto e, nell'uomo, serve ad articolare il linguaggio **2** Lingua di animale usata come vivanda **3** Cosa che ha una forma simile a quella della lingua: *una l. di fuoco* ◊ Striscia: *l. di terra* **4** Sistema convenzionale di suoni, parole, forme grammaticali, per mezzo del quale gli appartenenti a una comunità comunicano tra loro ⓢ idioma ◊ (al *pl.*) Lingue straniere: *studiare le l.* ◊ Linguaggio particolare di un settore della società, di un ambiente, di un'epoca, di uno scrittore.

linguàggio *s.m.* **1** La facoltà, propria degli esseri umani, di esprimersi e comunicare tra loro con le parole **2** Sistema di espressione e comunicazione che utilizza mezzi diversi dalle parole: *l. dei gesti* **3** Modo individuale o particolare di esprimersi: *l. volgare* ◊ Uso della lingua caratteristico di un certo gruppo, ambiente, settore sociale o professionale: *l. scientifico, politico*.

linguétta *s.f.* Nome di vari piccoli oggetti a forma di lingua: *la l. delle scarpe*.

linguìstico *agg.* Che riguarda la lingua, le lingue: *errore l.*; *liceo l.*

lìno *s.m.* Pianta erbacea coltivata per la fibra tessile che si ricava dal fusto e per l'olio che si estrae dai semi ◊ La fibra tessile ricavata da tale pianta: *tela di l.*

liquàme *s.m.* Liquido putrido di scarico che si raccoglie nelle fognature.

liquefàre *v.tr.* **1** Far diventare liquida una sostanza solida ⓢ sciogliere, fondere **2** Ridurre un gas allo stato liquido ◆ **liquefàrsi** *v.pr.* Sciogliersi, fondersi.

liquidàre *v.tr.* **1** Pagare, saldare: *l. i danni, un debito* **2** ✄ Risolvere in modo definitivo: *l. una questione* ◊ Battere nettamente, metter fuori combattimento: *l. un avversario* ◊ Sbarazzarsi di qlcu. o anche ucciderlo, eliminarlo.

liquidazióne *s.f.* **1** Somma pagata dal datore di lavoro al lavoratore al termine del rapporto di lavoro **2** Vendita di merci a prezzi ribassati ⓢ svendita, saldo: *articoli in l.*

lìquido *agg.* **1** *Stato l.* = in fisica, stato della materia per cui un corpo non ha una forma propria ma assume la forma del recipiente che lo contiene ◊ Che è allo stato liquido: *detersivo l.* ◊ Fuso, liquefatto: *metallo, gas l.* ◊ Poco denso, diluito **2** *Denaro l.* = in contanti ♦ *s.m.* **1** Sostanza liquida **2** Denaro contante.

liquóre *s.m.* Qualsiasi bevanda ad alta gradazione alcolica.

lìra *s.f.* **1** Unità monetaria italiana fino all'introduzione dell'euro **2** Unità monetaria di alcuni stati esteri: *l. turca.*

lìsca *s.f.* La spina dorsale dei pesci e anche ogni spina del loro scheletro.

lìscio *agg.* **1** Privo in superficie di asperità, irregolarità: *roccia l.* | *Capelli l.* = non ricci, non crespi **2** ✆ Privo di difficoltà, di ostacoli: *è andato tutto l.*

lìsta *s.f.* Elenco di nomi, di cose, scritto su un foglio di carta Ⓢ nota: *l. degli invitati*; *l. della spesa.*

listìno *s.m.* Elenco dei prodotti di una ditta con i relativi prezzi: *prezzo di l.*

lìte *s.f.* Discussione violenta con scambio di ingiurie e offese Ⓢ litigio.

litigàre *v.intr.* [aus. *avere*] Venire a violento contrasto, scambiandosi parole aspre; fare litigio Ⓢ bisticciare.

litìgio *s.m.* Violento contrasto con ingiurie e offese tra due o più persone Ⓢ lite.

litoràle *s.m.* Fascia costiera marina Ⓢ costa: *il l. adriatico, ionico* ◊ Spiaggia.

lìtro *s.m.* **1** Unità di misura di capacità per liquidi, corrispondente a un decimetro cubo o al volume di un chilo di acqua **2** Quantità di liquido corrispondente alla misura di un litro: *bere un l. di latte.*

livèlla *s.f.* Strumento per verificare se una superficie è in posizione orizzontale.

livellàre *v.tr.* Ridurre allo stesso livello (anche ✆): *l. un terreno*; *l. i prezzi.*

livèllo *s.m.* **1** Altezza di un punto o di un piano rispetto a un altro punto o piano preso come riferimento ◊ Altezza a cui giunge la superficie di una massa liquida: *il l. del fiume è cresciuto* **2** ✆ Grado,

condizione, valore, qualità: *l. tecnologico*; *l. di vita della popolazione.*

lìvido *s.m.* Macchia bluastra che si forma sulla pelle in seguito a percosse o colpi.

ló[1] *art.determ.* Forma singolare dell'articolo determinativo maschile, usata davanti a parole che cominciano per vocale o *s* seguita da consonante, *gn, ps, x* e *z*; si elide davanti a vocale, ma non davanti a *i* e *y* seguite da vocale.

ló[2] *pron.pers.m.sing.* Egli, lui, esso (si usa come complemento oggetto riferito sia a persona che a cosa) ◊ Può assumere il valore di «ciò»: *non lo sapevo.*

locàle[1] *agg.* **1** Proprio, caratteristico di un determinato luogo: *usanze l.* **2** In medicina, limitato a una parte del corpo: *anestesia l.* ♦ *s.m.f.* (spec. al *pl.*) Abitante di un luogo Ⓢ indigeno.

locàle[2] *s.m.* **1** Stanza, vano **2** Ambiente pubblico di ritrovo e di spettacolo (cinema, discoteca ecc.); esercizio pubblico (bar, ristorante ecc.): *l. notturni.*

località *s.f.* Piccolo centro abitato: *una l. turistica* ◊ Luogo, zona.

locànda *s.f.* Modesto albergo; trattoria con alloggio.

locazióne *s.f.* Contratto d'affitto; affitto.

locomotìva *s.f.* Veicolo a motore usato per il traino di convogli ferroviari.

locomotóre *s.m.* Locomotiva elettrica Ⓢ locomotrice.

locomotrìce *s.f.* Locomotiva elettrica Ⓢ locomotore.

lòculo *s.m.* Nei cimiteri, nicchia in cui si seppelliscono i resti di un defunto.

locuzióne *s.f.* Gruppo di due o più parole che ha un significato unitario e autonomo come fosse una singola parola.

lodàre *v.tr.* Esprimere approvazione per qlcu. o per qlco. con parole di lode Ⓢ

elogiare: *il maestro ha lodato l'allievo.*

lòde *s.f.* Piena ed esplicita approvazione espressa nei confronti di qlcu. o di qlco. ⓢ elogio: *un gesto degno di l.*

lodévole *agg.* Degno di lode.

lòggia *s.f.* Edificio o parte di un edificio con uno o più lati aperti verso l'esterno con una serie di arcate e colonnati.

loggiàto *s.m.* Loggia o serie di logge.

lògica *s.f.* Rigore e coerenza nel ragionamento: *il tuo discorso manca di l.*

lògico *agg.* Conforme alla logica; dotato di logica ⓢ coerente, razionale: *seguire un ordine l.* ◊ Naturale, ovvio, inevitabile: *la l. conseguenza di un errore.*

logorànte *agg.* Che logora sul piano fisico o nervoso: *lavoro l.; un'attesa l.*

logoràre *v.tr.* Consumare a poco a poco o ridurre in cattivo stato con un uso prolungato o eccessivo ⓢ deteriorare, sciupare: *l. delle scarpe* ♦ **logorarsi** *v.pr.* Consumarsi, sciuparsi, deteriorarsi.

logorìo *s.m.* Logoramento intenso e continuo (anche ✂): *l. nervoso.*

lógoro *agg.* Consumato, deteriorato, ridotto in cattivo stato (anche ✂).

lombrìco *s.m.* Verme che vive nei terreni umidi e ne aumenta la fertilità.

longèvo *agg.* Che vive molto a lungo, oltre i limiti della durata media della vita: *persona l.; piante l.; animali l.*

longilìneo *agg.* Che ha un fisico alto e snello: *un ragazzo l.*

longitùdine *s.f.* La distanza di un luogo dal meridiano fondamentale di Greenwich misurata in gradi sull'arco di parallelo che passa da quel luogo.

lontanànza *s.f.* **1** Grande distanza **2** Il fatto di essere lontano da persone e luoghi cari: *soffre molto per la l. da casa.*

lontàno *agg.* **1** Che si trova a notevole distanza: *paesi l.* ◊ Distante: *una casa non molto l. da qui* **2** Distante nel tempo ⓢ remoto: *in un l. passato, futuro* ♦ *avv.* A grande distanza, in un luogo distante: *fuggire l.*

loquàce *agg.* Che parla molto, che ama discorrere: *un tipo l.*

lordàre *v.tr.* Insudiciare, sporcare.

lórdo *agg.* **1** Imbrattato, sudicio, sporco **2** Complessivo, senza detrazioni | *Peso l.* = comprendente la tara | *Reddito, stipendio l.* = comprendente le trattenute.

lóro[1] *agg.poss.m.f. di terza pers.pl.* **1** Di essi, di esse (cioè che appartiene o è relativo alle persone di cui si parla) **2** Che è per essi, per esse abituale, consueto ◊ Opportuno, adatto, corrispondente: *mettere le cose al l. posto* ♦ *pron.poss.m.f. di terza pers.pl.* Ha gli stessi usi e significati dell'aggettivo.

lóro[2] *pron.pers.* Pronome personale maschile e femminile di terza persona plurale; si usa riferendosi a persona in funzione di complemento oggetto e di complemento indiretto, ma anche in funzione di soggetto il suo uso si è esteso sempre più fino a sostituire quasi completamente le forme *essi, esse.*

lósco *agg.* Di dubbia onestà ⓢ sospetto, equivoco: *un tipo l.; traffici l.*

lòtta *s.f.* **1** Combattimento corpo a corpo tra due o più persone, o anche tra animali o tra persone e animali ◊ Scontro armato; battaglia, guerra **2** Contrasto, conflitto, scontro tra persone, gruppi, classi che hanno interessi, idee o fini contrastanti: *l. sindacali, politiche, studentesche* **3** ✂ Impegno e azione decisa contro qlco. o per qlco. ⓢ battaglia: *l. contro la corruzione; l. per la pace.*

lottàre *v.intr.* [aus. *avere*] Battersi in un

incontro di lotta o in uno scontro fisico o armato ◊ Combattere contro o per qlcu. o qlco.: *l. contro l'ingiustizia*; *l. per la libertà.*

lotterìa *s.f.* Gioco in cui si estraggono a sorte dei premi tra coloro che hanno acquistato dei biglietti.

lòtto *s.m.* **1** Gioco d'azzardo gestito dallo stato consistente nell'estrarre a sorte cinque numeri dall'uno al novanta e nel pagare un premio a chi ne abbia indovinati uno o più **2** Ognuno degli appezzamenti di terreno in cui viene suddivisa un'area fabbricabile ◊ Partita di merce.

lozióne *s.f.* Liquido a base di sostanze medicamentose usato per l'igiene e la cura della pelle o del cuoio capelluto.

lubrificànte *s.m.* Sostanza oleosa o grasso che si usa per proteggere e rendere più scorrevoli le parti a contatto di congegni, meccanismi, motori, riducendone l'attrito e l'usura.

lubrificàre *v.tr.* Rendere più scorrevole un meccanismo o un organo meccanico ungendo con un lubrificante le parti a contatto: *l. una serratura, un motore.*

lucchétto *s.m.* Serratura metallica mobile: *chiudere l'armadietto con un l.*

luccicàre *v.intr.* [aus. *essere* o *avere*] Mandare piccoli e frequenti bagliori di luce Ⓢ brillare, scintillare.

lùce *s.f.* **1** Radiazione emessa da corpi riscaldati a elevata temperatura che stimola nell'occhio le sensazioni visive: *l. naturale, artificiale* **2** Chiarore del sole: *alle prime l. dell'alba* **3** Sorgente luminosa; mezzo per l'illuminazione artificiale, spec. elettrica Ⓢ lume, lampada: *spegnere la l.* ◊ Energia elettrica: *andò via la l.* ◊ Fanale, fanalino, faro di veicoli: *l. di posizione.*

lucernàrio *s.m.* Apertura con vetrata nel tetto di un edificio, per dare luce a scale, soffitte o altri ambienti poco illuminati.

lucèrtola *s.f.* Piccolo rettile con corpo snello, coda lunga e sottile, zampe corte.

lucidàre *v.tr.* Far diventare lucido.

lucidatrìce *s.f.* Elettrodomestico per lucidare i pavimenti.

lùcido *agg.* **1** Che ha riflessi di luce Ⓢ brillante, lustro: *pavimento l.* **2** ⚘ Che dimostra chiarezza d'idee, acume e capacità di vedere le cose come sono: *fare un l. esame della situazione* ◊ Che è del tutto cosciente e nel pieno possesso delle sue facoltà mentali ♦ *s.m.* Sostanza che serve a lucidare: *l. per scarpe.*

lùcro *s.m.* Guadagno, utile economico.

lùi *pron.pers.* Pronome personale maschile di terza persona singolare, usato in funzione di oggetto e di complemento indiretto, ma ormai sempre più diffuso anche in funzione di soggetto.

lumàca *s.f.* **1** Mollusco simile alla chiocciola, ma privo di guscio **2** Nel linguaggio comune, chiocciola, spec. del tipo commestibile.

lùme *s.m.* **1** Apparecchio, spec. non elettrico, per illuminare Ⓢ lampada: *l. a petrolio* **2** Sorgente luminosa Ⓢ chiarore, luce: *cenare al l. di candela.*

lumìno *s.m.* Candela bassa e larga, solitamente dentro un vasetto, che si accende sulle tombe o davanti a immagini sacre.

luminóso *agg.* **1** Di luce, che emette luce: *raggi l.* ◊ Pieno di luce, rischiarato dalla luce: *giornata l.* **2** ⚘ Radioso, gioioso: *un sorriso l.* ◊ Brillante, geniale: *hai avuto un'idea l.*

lùna *s.f.* **1** Il satellite naturale della Terra che risplende per luce riflessa del Sole

2 ♧ *L. di miele* = il primo periodo del matrimonio.

lunàre *agg.* Della luna: *fasi l.*

lunghézza *s.f.* **1** In geometria, estensione di un segmento o di una linea curva e sua misura ◊ Una delle tre dimensioni di un solido (insieme alla larghezza e all'altezza) e la misura di tale dimensione **2** L'estensione di un oggetto a sviluppo prevalentemente lineare e la sua misura: *la l. di una corda, di un palo* ◊ La dimensione orizzontale più sviluppata di qlco.: *la l. di un tavolo* **3** Estensione di qlco. nel tempo [S] durata: *la l. di un film.*

lùngo[1] *agg.* **1** Che ha una certa lunghezza: *un tavolo l. due metri* **2** Che ha una lunghezza notevole o comunque superiore al normale, alla media: *porta i capelli l.* **3** Che ha una certa durata: *un film l. due ore* ◊ Che dura per o da molto tempo: *fare un l. viaggio*; *tornare dopo una l. assenza* **4** *A l.* = per molto tempo.

lùngo[2] *prep.* **1** Accanto e parallelamente a qlco.: *camminare l. il fiume* ◊ Per tutta la lunghezza di, attraverso, per: *sentì un brivido l. la schiena* **2** Durante: *lo incontrai l. il cammino.*

lungomàre *s.m.* Strada che costeggia la riva del mare.

lunòtto *s.m.* Vetro posteriore delle automobili.

luògo *s.m.* **1** Parte delimitata di spazio: *non possiamo occupare tutti lo stesso l.* **2** Parte determinata e delimitata della superficie terrestre [S] regione, zona: *l. abitati, desertici, paludosi* ◊ Località; città, paese: *l. di nascita*; *la gente del l.* ◊ Posto: *ci incontrammo nel l. stabilito* **3** ♧ *Aver l.* = avvenire, realizzarsi, tenersi: *la riunione avrà l. domani sera.*

lùpo *s.m.* Mammifero carnivoro selvatico simile al cane, che vive in branchi.

lùrido *agg.* Sporco, sudicio in modo ripugnante: *una casa l.*

lùsso *s.m.* **1** Sfoggio di ricchezza [S] sfarzo: *casa arredata con l.* ◊ Ricchezza e raffinatezza di vita: *è abituato a vivere nel l.* **2** Bene o tipo di consumo costoso o superfluo; spesa eccessiva rispetto alle possibilità di qlcu.: *mangiare al ristorante per loro è un l.* | *Di l.* = particolarmente costoso e raffinato: *appartamento, automobile, albergo di l.*

lussuóso *agg.* Di lusso, fatto con lusso: *un appartamento l.*; *un arredamento l.*

lùstro[1] *agg.* Lucido: *pavimenti l.*

lùstro[2] *s.m.* Periodo di cinque anni [S] quinquennio.

lùtto *s.m.* **1** Dolore profondo provocato dalla morte di qlcu. [S] cordoglio: *l. di famiglia*; *l. nazionale*; *negozio chiuso per l.* ◊ Morte di una persona cara; sciagura, disgrazia: *la guerra è sempre causa di l. e rovine* **2** Segno esteriore con cui secondo usanze tradizionali si manifesta il dolore per la morte di qlcu.: *chiesa parata a l.* | *Carta, manifesto listati a l.* = su cui viene stampata una lista nera.

luttuóso *agg.* Che è causa di lutto [S] doloroso, funesto, tragico: *un l. evento.*

M

m *s.f.* o *m.* Undicesima lettera dell'alfabeto italiano; è una consonante.

ma *congz.* Però, bensì, invece; eppure, tuttavia (esprime contrapposizione più o meno decisa tra due frasi o tra due termini della stessa frase).

màcabro *agg.* Orrido, spaventoso, raccapricciante (per la presenza della morte, di cadaveri, di scheletri).

maccheróne *s.m.* (spec. al *pl.*) Pasta bucata di varia forma e lunghezza.

màcchia[1] *s.f.* Segno di sporco lasciato da una sostanza su una superficie ◊ Chiazza di colore diverso dal resto di una superficie: *sulla faccia le vennero m. rosse.*

màcchia[2] *s.f.* Fitta e intricata boscaglia.

macchiàre *v.tr.* **1** Sporcare con una macchia, con macchie: *m. la tovaglia* ◊ Lasciare macchie: *l'acqua non macchia* **2** ♧ Disonorare: *m. il proprio nome con un atto indegno* ♦ **macchiarsi** *v.pr.* **1** Sporcarsi di una macchia, di macchie **2** ♧ Rendersi colpevole: *m. di un crimine.*

màcchina *s.f.* **1** Congegno meccanico costruito per compiere operazioni che facilitano il lavoro dell'uomo o ne estendono e potenziano le capacità: *m. utensili*; *m. fotografica* **2** Automobile.

macchinàrio *s.m.* Complesso di macchine usate in un'attività.

macchinìsta *s.m.f.* Chi è addetto al funzionamento di una macchina; in partic., chi guida una locomotrice.

macedònia *s.f.* Mescolanza di frutta varia, tagliata a pezzetti e condita con zucchero e succo di limone o liquore.

macellàio *s.m.* Negoziante che vende carne macellata.

macellàre *v.tr.* Ammazzare animali destinati all'alimentazione e prepararli per essere venduti.

macellerìa *s.f.* Negozio o reparto di mercato o supermercato in cui si vendono carni macellate.

macèllo *s.m.* **1** Luogo in cui si macellano gli animali destinati all'alimentazione Ⓢ mattatoio **2** ♧ Strage di uomini Ⓢ carneficina, massacro **3** ♧ Sconquasso, disastro, caos: *che m. avete combinato!*

macèrie *s.f.pl.* Ammasso di pietre e rovine prodotto dall'abbattimento o dal crollo di edifici e muri.

macìgno *s.m.* Masso piuttosto grande e pesante: *un m. ostruiva la strada.*

màcina *s.f.* Grosso cilindro di pietra che, ruotando e sfregando, riduce in polvere i cereali (nei mulini) o frantuma e spreme le olive (nei frantoi) Ⓢ mola.

macinàre *v.tr.* Ridurre in polvere o frantumare un materiale: *m. il grano, il caffè, il pepe* | *M. la carne* = tritarla.

macinìno *s.m.* Piccola macchina per macinare caffè, pepe e sim.

màdido *agg.* Umido, bagnato.

Madònna *s.f.* Maria, la madre di Gesù.

màdre *s.f.* Donna che ha generato figli Ⓢ mamma ◊ Femmina di animale in relazione ai suoi piccoli.

madrelìngua *s.f.* La lingua del proprio paese, che si è appresa da bambini.

madrepàtria *s.f.* Il paese d'origine per chi vive all'estero.

madrepèrla *s.f.* La parte interna della conchiglia di alcuni molluschi, di colore bianco con riflessi iridescenti, usata per intarsi e per fabbricare piccoli oggetti.
maestóso *agg.* Grandioso, imponente e solenne: *il m. spettacolo delle Alpi.*
maèstra *s.f.* **1** Donna che insegna in una scuola primaria o materna ◊ Donna che impartisce nozioni di qlco.: *m. di cucito, di canto* **2** Donna molto abile ed esperta in qualche attività.
maestràle *s.m.* Vento freddo che soffia da nord-ovest sul Mediterraneo centrale.
maestrànze *s.f.pl.* L'insieme degli operai di uno stabilimento, di un cantiere ecc.
maestrìa *s.f.* Grande abilità e perizia.
maèstro *s.m.* **1** Insegnante di una scuola primaria ◊ Chi insegna una particolare disciplina o attività pratica: *m. di ballo* **2** Chi è particolarmente abile ed esperto in qlco. ♦ *agg.* Principale, più importante: *la strada m.*; *il muro m. di una casa.*
màfia *s.f.* Organizzazione criminale originaria della Sicilia e poi diffusasi a livello nazionale e anche internazionale.
mafióso *agg.* Della mafia; tipico della mafia: *metodi m.* ♦ *s.m.* Chi fa parte della mafia ◊ Chi agisce con metodi simili a quelli della mafia.
magàri *inter.* Si usa come risposta per esprimere entusiasmo per ciò che viene proposto e vivo desiderio che possa avverarsi ♦ *congz.* Volesse il cielo che, oh se (esprime desiderio o speranza): *m. fosse vero!* ♦ *avv.* Forse: *prova a chiamrlo, m. è ancora in casa.*
magazzinière *s.m.* Chi gestisce l'entrata e l'uscita delle merci in un magazzino.
magazzìno *s.m.* **1** Locale o complesso di locali adibiti al deposito di merci e materiali vari **2** *Grande m.* = emporio.
maggiorànza *s.f.* La maggior parte, la parte più numerosa: *nella m. dei casi* ◊ Il maggior numero di voti e di votanti in un'elezione, in un'assemblea o in un organo collegiale; anche, il gruppo che dispone del maggior numero di voti e può far prevalere la sua volontà.
maggióre *agg.* [compar. di *grande*] Più grande ◊ Più importante ◊ Superiore di grado: *caporal m.* ◊ Più vecchio d'età, nato prima: *fratello m.* ♦ *s.m.* **1** Chi è più anziano d'età rispetto ad altri **2** Grado militare superiore a quello di capitano.
maggiorènne *agg.* e *s.m.f.* Che, chi ha raggiunto la maggiore età (diciott'anni).
magìa *s.f.* **1** Arte di dominare grazie a poteri segreti le forze naturali e soprannaturali per usarle a vantaggio (*m. bianca*) o a danno (*m. nera*) di qlcu. ◊ Opera di magia Ⓢ incantesimo **2** ♧ Fascino, incanto: *la m. di una notte stellata.*
màgico *agg.* **1** Di magia: *pratiche m.* ◊ Che opera delle magie: *bacchetta m.* **2** ♧ Straordinario, prodigioso ◊ Incantevole, suggestivo: *la m. luce della luna.*
magistràto *s.m.* Chi esercita la funzione di amministrare la giustizia Ⓢ giudice.
magistratùra *s.f.* Il complesso degli organi a cui è affidata l'amministrazione della giustizia: *m. civile, penale* ◊ Il potere giudiziario: *rivolgersi alla m.* ◊ La categoria dei magistrati: *entrare in m.*
màglia *s.f.* **1** Lavoro di intreccio di un filo (spec. di lana) intorno a se stesso: *fare la m.* ◊ Nelle reti da pesca, lo spazio vuoto tra i fili: *rete a m. larghe* **2** Indumento che si indossa direttamente sulla pelle ◊ Casacca di vario colore indossata da atleti per indicare la squadra cui appartengono.
maglierìa *s.f.* **1** Laboratorio in cui si

confezionano indumenti a maglia ◊ Negozio in cui si vendono indumenti lavorati a maglia **2** Indumenti e tessuti a maglia.

magliétta *s.f.* Maglia leggera di lana o di cotone generalmente a maniche corte.

maglióne *s.m.* Maglia di lana pesante, a maniche lunghe.

magnète *s.m.* Corpo metallico che ha la proprietà di attrarre il ferro; calamita.

magnètico *agg.* **1** Di magnetismo, relativo al magnetismo: *forza m.* | *Ago m.* = quello calamitato della bussola ◊ *Nastro m.* = che può essere magnetizzato per registrare e riprodurre suoni e immagini **2** ♧ Che ha una particolare forza di attrazione e di suggestione: *sguardo m.*

magnetìsmo *s.m.* Proprietà che hanno alcuni materiali (i magneti, le calamite) di attrarre e trattenere il ferro e altri metalli.

magnetizzàre *v.tr.* Far acquisire a un corpo delle capacità magnetiche: *m. un pezzo di ferro.*

magnificènza *s.f.* **1** Bellezza splendida, grandiosa, che desta ammirazione e meraviglia ◊ Cosa magnifica, meravigliosa: *che m. quel palazzo!* **2** Sfoggio di ricchezza Ⓢ sfarzo: *nozze celebrate con m.*

magnìfico *agg.* Bellissimo, splendido, meraviglioso: *giornata m.*; *una m. idea.*

màgo *s.m.* **1** Chi esercita la magia Ⓢ stregone ◊ Personaggio di leggende e fiabe, dotato di poteri magici **2** Prestigiatore, illusionista **3** ♧ Persona dotata di straordinaria abilità e capacità in un'attività, in una professione.

màgro *agg.* **1** Che ha poca carne, poco grasso intorno alle ossa Ⓢ smilzo, scarno, sottile **2** Che contiene pochi grassi: *carne m.*; *latte m.* **3** ♧ Scarso, insufficiente; misero, meschino: *un m. raccolto.*

mah *inter.* Esprime dubbio, incertezza o anche rassegnazione o disapprovazione.

mài *avv.* **1** Nessuna volta, in nessun tempo, in nessun caso **2** (in frasi interrogative e condizionali) Qualche volta: *sei m. stato a Roma?* | *Come m.* = per quale motivo | *Caso m.* = eventualmente.

maiàle *s.m.* **1** Mammifero domestico dal corpo grosso e tozzo, allevato per la carne e per il grasso ◊ La carne del maiale macellato **2** ♧ Persona molto sporca o che mangia ingordamente ◊ Persona moralmente ripugnante.

maionése *s.f.* Salsa a base di tuorli d'uovo, olio e succo di limone.

màis *s.m.* Pianta erbacea che produce pannocchie dai cui grani si ricavano una farina e un olio alimentare Ⓢ granturco.

maiùscolo *agg.* Detto di lettera dell'alfabeto più grande e di forma diversa rispetto a quelle minuscole ♦ *s.m.* Carattere maiuscolo: *il titolo va in m.*

malaféde *s.f.* Consapevole intenzione di ingannare; mancanza di sincerità e di lealtà: *parlare, agire in m.*

malaménte *avv.* Male, in malo modo: *lavoro fatto m.*; *mi ha risposto m.*

malandàto *agg.* Mal ridotto, in cattivo stato.

malànimo *s.m.* Avversione, ostilità, rancore, astio, risentimento.

malànno *s.m.* **1** Guaio, disgrazia **2** Malattia non grave: *si prese un m.*

malapéna *A m.* = con difficoltà, a stento, a fatica: *il ferito si reggeva in piedi a m.*

malària *s.f.* Malattia infettiva trasmessa dalle punture della zanzara anofele femmina; provoca attacchi febbrili e anemia.

malasòrte *s.f.* Sorte avversa Ⓢ sfortuna.

malàto *agg.* Affetto, colpito da una

malattia [S] infermo, ammalato ♦ *s.m.* Persona che sta male di salute, che ha una malattia [S] infermo, ammalato.

malattìa *s.f.* Qualsiasi alterazione che danneggia le normali condizioni e funzioni di un organo o di tutto un organismo umano, animale o vegetale.

malaugùrio *s.m.* Cattivo augurio, presagio di sventura.

malavìta *s.f.* L'insieme di coloro che vivono di attività criminali [S] delinquenza.

malavòglia *s.f.* Mancanza di impegno nel fare qlco.: *studia con m.*

malcóncio *agg.* Conciato male, ridotto in cattivo stato [S] malridotto.

malcontènto *agg.* Scontento, insoddisfatto: *è m. del suo lavoro* ♦ *s.m.* Irritazione, scontentezza, malumore.

maldèstro *agg.* Inesperto, incapace: *un guidatore m.* ◊ Eseguito malamente, in modo goffo o senza accortezza: *mossa m.*

maldicènza *s.f.* L'abitudine di parlare male degli altri ◊ Chiacchiera malevola [S] calunnia, pettegolezzo.

màle *avv.* **1** In modo non buono, non giusto o sconveniente: *comportarsi m.* **2** In modo insoddisfacente, spiacevole o negativo: *dormire m.*; *l'esame andò m.* | *Stare m.* = essere ammalato, indisposto o angosciato, depresso ◊ In modo imperfetto o inesatto: *capire m. una domanda* ♦ *s.m.* **1** Ciò che è cattivo, ingiusto, disonesto: *distinguere il bene dal m.* **2** Cosa non buona o inopportuna: *hai fatto m. a rispondergli* ◊ Danno, disgrazia, sventura: *augurare del m. a qlcu.* | *Andare a m.* = guastarsi **3** Sofferenza, dolore: *ho m. a un ginocchio* ◊ Malattia, malessere, disturbo: *un m. incurabile*; *m. di mare.*

maledétto *agg.* **1** Colpito da maledizione, da sventura ◊ Sciagurato: *una guerra m.* **2** Si usa per esprimere rabbia o imprecazione: *m. il giorno che ti ho dato retta!* ◊ Terribile, spaventoso, insopportabile.

maledìre *v.tr.* **1** Detto di Dio, colpire con la propria condanna ◊ Invocare contro qlcu. il castigo divino: *m. il figlio* **2** Imprecare contro qlcu. o qlco.: *m. la sorte.*

maledizióne *s.f.* Condanna, castigo scagliati da Dio o invocati da uomini come augurio di male ◊ Imprecazione ♦ *inter.* Esclamazione di rabbia, di disappunto.

maleducàto *agg.* e *s.m.* Che, chi dimostra mancanza di educazione, cattiva educazione [S] villano, screanzato.

maleducazióne *s.f.* Cattiva educazione, mancanza di educazione.

malèfico *agg.* Dannoso per la salute [S] nocivo: *clima m.* ◊ Che è causa di male, moralmente dannoso: *un influsso m.*

maleodorànte *agg.* Che emana cattivo odore [S] puzzolente, fetido: *una fogna m.*

malèssere *s.m.* **1** Indisposizione, lieve disturbo fisico ◊ Sensazione non ben definita di non star bene: *avvertire uno strano m.* **2** Inquietudine, turbamento ◊ Senso di scontentezza [S] malcontento.

malevolènza *s.f.* Sentimento e atteggiamento di ostilità [S] avversione.

malèvolo *agg.* Che vuole il male altrui o dimostra malevolenza [S] ostile.

malfattóre *s.m.* Delinquente, furfante, malvivente: *una banda di m.*

malférmo *agg.* Instabile, malsicuro: *un tavolo m.*; *essere m. sulle gambe* | *Salute m.* = debole, delicata.

malformazióne *s.f.* Imperfezione, anomalia nel modo in cui è formato un organo, una parte del corpo: *m. all'anca.*

malgovèrno *s.m.* Cattiva amministrazione dello stato, dei beni pubblici.

malgràdo *prep.* Nonostante | *Mio, tuo, suo* ecc. *m.* = contro la mia, la tua, la sua ecc. volontà ♦ *congz.* Nonostante, sebbene, benché: *è partito, m. fosse stanco.*

malignàre *v.intr.* [aus. *avere*] Dire cose maligne, parlare male di altri.

malignità *s.f.* Tendenza a giudicare gli altri con malevolenza e a parlarne male ⓢ cattiveria, malizia.

malìgno *agg.* **1** Che ha la tendenza a pensare e a parlare male degli altri e a danneggiarli ◊ Pieno di cattiveria, di malignità ⓢ malevolo: *un'insinuazione m.* **2** Dannoso, malsano: *un clima m.* ◊ *Tumore m.* = che tende a diffondersi in tutto l'organismo.

malinconìa *s.f.* Senso di vaga tristezza, di intima mestizia.

malincònico *agg.* **1** Che è in uno stato di malinconia ◊ Che tende alla malinconia: *carattere m.* **2** Pieno di malinconia: *un sorriso m.* ◊ Che infonde malinconia: *una musica m.*

malincuòre *A m.* = malvolentieri, con rincrescimento: *se ne è andato a m.*

malintéso *s.m.* Interpretazione errata di parole o atti altrui che causa contrasti e dispiaceri ⓢ equivoco: *chiarire un m.*

malìzia *s.f.* **1** Deliberata intenzione di nuocere, di far del male ⓢ malignità **2** Consapevolezza di ciò che è male o di ciò che non si dovrebbe sapere, spec. riguardo al sesso (che si manifesta in atteggiamenti furbeschi, ironici e allusivi): *bambino senza m.*; *occhiate cariche di m.*

malizióso *agg.* Che mostra malizia nel suo comportamento: *ragazzo m.* ◊ Che denota malizia: *domanda m.*

malleàbile *agg.* Si dice di metallo o di altro materiale solido che si lascia deformare senza rompersi.

malmenàre *v.tr.* Conciare male, picchiare violentemente.

malmésso *agg.* Vestito o arredato poveramente o senza cura ⓢ sciatto, trasandato ◊ Che si trova in cattive condizioni finanziarie o di salute.

màlo *agg.* Cattivo | *M. parole* = ingiurie, offese | *In m. modo* = malamente, in modo brusco e scortese: *rispose in m. modo.*

malòcchio *s.m.* Influsso malefico che, secondo la credenza popolare, certe persone possono esercitare con lo sguardo.

malóra *s.f.* Rovina: *andare in m.*

malóre *s.m.* Malessere improvviso, spesso accompagnato da svenimento.

malsàno *agg.* Che ha poca salute: *bambino m.* ◊ Dannoso alla salute ⓢ nocivo: *vivere in un ambiente m.*

màlta *s.f.* Impasto di acqua, sabbia e cemento o calce, usato in edilizia.

maltèmpo *s.m.* Cattivo tempo.

màlto *s.m.* Prodotto ricavato dall'orzo o da altri cereali, impiegato per fare bevande alcoliche e come surrogato del caffè.

maltrattaménto *s.m.* Violenza fisica o morale: *fu denunciato per m. sui figli.*

maltrattàre *v.tr.* Trattare male qlcu., con violenza o in modo offensivo; trattare in modo crudele animali ◊ Trattare qlco. senza cura: *m. un libro.*

malumóre *s.m.* **1** Umore cattivo, irritabile e incline al pessimismo: *svegliarsi di m.* **2** Malcontento: *nella folla serpeggiava il m.*

malvàgio *agg.* Cattivo e crudele ⓢ perfido ♦ *s.m.* Persona perfida, crudele.

malvìsto *agg.* Considerato con antipatia, con diffidenza.

malvivènte *s.m.* Delinquente, malfattore.

malvolentièri *avv.* Non volentieri, controvoglia: *a scuola ci va m.*

màmma *s.f.* Madre (nell'uso familiare).

mammèlla *s.f.* Organo caratteristico degli esseri umani e dei mammiferi, particolarmente sviluppato nelle femmine in cui ha la funzione di secernere il latte per allattare i piccoli nei primi mesi di vita.

mammìferi *s.m.pl.* Classe di animali vertebrati, di cui fa parte anche l'uomo, forniti di mammelle che, nelle femmine, servono all'allattamento.

mammìfero *s.m.* Ogni animale appartenente alla classe dei mammiferi.

manàta *s.f.* Colpo dato con la mano aperta Ⓢ pacca.

mancaménto *s.m.* Malore improvviso con perdita dei sensi Ⓢ svenimento.

mancànza *s.f.* **1** Carenza, insufficienza o assenza: *m. di tempo*; *sentire la m. di qlcu.* **2** Errore, colpa: *commettere una m.*

mancàre *v.intr.* [aus. *essere*; aus. *avere* nei significati 4, 5, 6] **1** Non esserci in misura sufficiente o non esserci affatto: *qui manca la firma* ◊ Andar via, venir meno: *mancò la luce* | *Sentirsi m.* = svenire **2** Essere assente, lontano: *è un anno che manca da casa* ◊ Morire: *se venissi a m., chi si occuperebbe di te?* **3** Restare da trascorrere o da percorrere: *manca un'ora alla partenza, un chilometro all'arrivo* **4** Essere privo: *m. di mezzi, di coraggio* **5** Venir meno ai propri obblighi, alle regole di correttezza: *m. alla parola data*; *m. di riguardo a qlcu.* **6** Tralasciare, trascurare: *non mancherò di avvisarvi* ◆ *v.tr.* Fallire, non riuscire a colpire: *m. il colpo, la palla.*

mància *s.f.* Compenso in denaro che si dà in più del dovuto a chi presta un servizio.

manciàta *s.f.* Quantità che può essere contenuta in una mano: *una m. di sabbia.*

mancìno *agg.* Sinistro: *mano m.* ◆ *agg.* e *s.m.* Si dice di chi usa di preferenza e con più abilità gli arti della parte sinistra del corpo.

mànco *avv.* Nemmeno, neanche.

mandànte *s.m.f.* Chi ha incaricato qlcu. di commettere un delitto.

mandàre *v.tr.* **1** Far andare qlcu. in un luogo, per lo più con un incarico o per uno scopo: *m. i figli a scuola* | *M. via qlcu.* = allontanarlo, cacciarlo, licenziarlo **2** Far pervenire qlco. a qlcu. Ⓢ inviare, spedire: *m. un pacco per posta* ◊ Gettare, scagliare: *m. il pallone in rete* **3** Far fare una certa fine a qlcu. o a qlco.: *m. in rovina l'azienda* ◊ Ridurre in un certo stato: *m. in pezzi un vaso* **4** Emanare, emettere: *m. un gemito, un urlo.*

mandarìno *s.m.* Albero che produce un frutto di colore giallo, più piccolo dell'arancia e di sapore più delicato ◊ Il frutto di tale albero.

mandàto *s.m.* **1** Incarico di svolgere una certa attività in rappresentanza di altri **2** Ordine dell'autorità giudiziaria: *m. di cattura.*

mandìbola *s.f.* Osso mobile nella parte inferiore del cranio, che permette l'apertura della bocca Ⓢ mascella (inferiore).

màndorla *s.f.* Il frutto e il seme commestibile del mandorlo.

màndorlo *s.m.* Albero con fiori bianchi o rosati, che produce le mandorle.

màndria *s.f.* Branco di grossi quadrupedi domestici o selvatici.

maneggévole *agg.* Che si maneggia, si manovra facilmente: *un attrezzo m.*

maneggiàre *v.tr.* **1** Usare, manovrare uno strumento che si tiene tra le mani: *sta imparando a m. i pennelli* **2** ✿ *M. denaro* = amministrarlo, averlo tra le mani.

manétta *s.f.* **1** Piccola leva per comandare a mano un dispositivo: *m. del gas* **2** (al *pl.*) Coppia di anelli d'acciaio con chiusura a scatto, usati per serrare i polsi degli arrestati: *mettere, togliere le m.*

manganèllo *s.m.* Bastone per picchiare Ⓢ randello, sfollagente.

mangiàre *v.tr.* Ingerire un cibo: *m. un gelato* ◊ Consumare un pasto: *vieni a m. da me* ◊ Nutrirsi: *per vivere bisogna m.* ♦ *s.m.* Cibo, pasto: *portare il m. in tavola.*

mangiàta *s.f.* Pasto molto abbondante Ⓢ scorpacciata.

mangiatóia *s.f.* Lunga cassa in cui, nelle stalle, si mette il foraggio per gli animali.

mangìme *s.m.* Qualsiasi cibo destinato all'alimentazione degli animali domestici e del bestiame.

manìa *s.f.* **1** Disturbo mentale caratterizzato da un'idea ossessiva: *m. di persecuzione* **2** Fissazione: *m. dell'ordine* ◊ Passione eccessiva per qlco.: *la m. del ballo.*

manìaco *s.m.* **1** Persona mentalmente squilibrata **2** Chi ha una passione esagerata per qlco. Ⓢ fanatico: *un m. del calcio.*

mànica *s.f.* Parte di un indumento che ricopre il braccio.

manichìno *s.m.* Fantoccio che riproduce in grandezza naturale la figura umana, usato dai sarti per confezionare i vestiti e dai negozianti per esporli al pubblico ◊ Analogo fantoccio usato in incidenti automobilistici simulati o in sostituzione degli attori in scene pericolose di film.

mànico *s.m.* Parte di un oggetto o di uno strumento che serve per prenderlo in mano, sollevarlo, maneggiarlo, adoperarlo.

manicòmio *s.m.* Istituto in cui si ricoveravano i malati di mente.

manicùre *s.f.invar.* **1** Chi per professio-

ne cura le unghie: *fa la m.* **2** L'operazione del curare le unghie: *farsi la m.*

manièra *s.f.* Modo: *reagire in m. sbagliata* | *Buone m.* = modo educato di comportarsi.

manifattùra *s.f.* **1** Lavorazione a mano o a macchina di materie prime per trasformarle in prodotti di consumo **2** Stabilimento in cui si esegue la lavorazione di manufatti: *lavora in una m. di calzature.*

manifestànte *s.m.f.* Chi partecipa a una manifestazione pubblica Ⓢ dimostrante.

manifestàre *v.tr.* Rendere noto, esprimere chiaramente, far capire apertamente: *m. un dubbio* ♦ *v.intr.* [aus. *avere*] Fare una pubblica manifestazione a favore o contro qlco.: *m. per la pace* ♦ **manifestarsi** *v.pr.* Rivelarsi, rendersi evidente Ⓢ mostrarsi, apparire.

manifestazióne *s.f.* **1** Atto con cui si esprime qlco.: *lo accolse con m. di gioia* **2** Dimostrazione pubblica contro o a favore di qlco.: *m. contro il governo, per la pace* **3** Spettacolo con la partecipazione di un vasto pubblico: *m. sportiva, musicale.*

manifestìno *s.m.* Piccolo foglio stampato, propagandistico o pubblicitario, distribuito pubblicamente.

manifèsto *s.m.* Foglio stampato esposto in luogo pubblico a scopo di informazione, di propaganda o di pubblicità.

manìglia *s.f.* Impugnatura applicata a porte, cassetti, bauli e sim. per poterli aprire o chiudere, sollevare o trasportare.

manipolàre *v.tr.* **1** Trattare, lavorare con le mani: *m. la creta* **2** Massaggiare **3** Adulterare un prodotto alimentare: *m. il vino* ◊ ✿ Alterare, falsare qlco. per trarne vantaggio: *m. i risultati elettorali.*

màno *s.f.* **1** Parte terminale delle braccia, formata dal palmo, dal dorso e dalle cinque dita **2** Strato di vernice, di tinta: *dare un'altra m. alle pareti* **3** Nei giochi di carte, ogni giro di distribuzione e di gioco.

manodòpera *s.f.* **1** L'insieme dei lavoratori che svolgono un lavoro subordinato **2** Il costo del lavoro umano necessario per produrre un dato bene o servizio.

manòmetro *s.m.* Strumento per misurare la pressione di un liquido o di un gas.

manométtere *v.tr.* Mettere le mani su una cosa non propria, aprendola, alterandola o danneggiandola per scopi illeciti.

manòpola *s.f.* **1** Impugnatura di un manubrio o di una leva **2** Rotella girevole che regola un apparecchio o un congegno: *m. della radio, del gas.*

manoscrìtto *agg.* Scritto a mano: *lettera m.* ♦ *s.m.* Testo scritto a mano.

manovàle *s.m.f.* Operaio non qualificato che svolge per lo più lavori di fatica.

manovèlla *s.f.* Attrezzo per far ruotare manualmente un meccanismo.

manòvra *s.f.* **1** Il complesso delle operazioni che si devono eseguire per far funzionare una macchina, un congegno o per far cambiare direzione, velocità o posizione a un mezzo di trasporto: *m. di atterraggio di un aereo* **2** Movimento di reparti militari compiuto per raggiungere un obiettivo bellico o, in tempo di pace, a scopo di esercitazione ◊ Nel calcio, azione di gioco collettiva **3** ♧ Azione o serie di azioni segrete o comunque poco chiare e scorrette.

manovràre *v.tr.* Far funzionare, guidare mediante manovre: *m. una nave* ♦ *v.intr.* [aus. *avere*] Eseguire una manovra, delle manovre: *m. per parcheggiare.*

manovratóre *s.m.* Chi è addetto alla manovra e alla guida di qualche macchina o mezzo di trasporto.

mansióne *s.f.* Compito, incarico, funzione: *ha svolto bene le sue m.*

mansuèto *agg.* Docile e inoffensivo: *un cane m.* ◊ Mite: *un ragazzo m.*

mantellìna *s.f.* Mantello corto che copre solo le spalle e le braccia fino al gomito.

mantèllo *s.m.* **1** Indumento lungo e ampio, senza maniche, per lo più agganciato al collo, che si indossa sopra gli altri vestiti **2** Il pelame che ricopre il corpo dei mammiferi.

mantenére *v.tr.* **1** Far durare, fare in modo che continui a esserci: *m. l'ordine* ◊ Continuare a tenere, conservare: *m. il potere*; *il freddo mantiene i cibi* **2** Rispettare, tener fede: *m. una promessa* **3** Dar da vivere, provvedere al sostentamento: *m. la famiglia.*

manteniménto *s.m.* **1** Conservazione: *m. dell'ordine* **2** Sostentamento: *m. dei figli.*

mànto *s.m.* **1** Mantello ampio e lungo fino ai piedi: *m. reale, papale* **2** Strato che ricopre in modo uniforme una superficie Ⓢ coltre: *m. di neve*; *m. stradale.*

manuàle[1] *agg.* Che si fa, che è eseguito con le mani: *lavoro, operazione m.*

manuàle[2] *s.m.* Libro che riporta e tratta le nozioni fondamentali di una materia: *m. di storia, d'informatica, di giardinaggio.*

manùbrio *s.m.* Tubo con due impugnature alle estremità, che serve a comandare lo sterzo di biciclette, motociclette e altri veicoli con una sola ruota anteriore.

manufàtto *s.m.* Prodotto ricavato dalla lavorazione a mano o a macchina di materie prime: *m. artigianali, industriali.*

manutenzióne *s.f.* Insieme di lavori e operazioni per mantenere in efficienza e in buono stato una macchina, un impianto, un edificio, una strada ecc.: *spese di m.*

mànzo *s.m.* Bue di età compresa tra uno e quattro anni: *carne di m.*

màppa *s.f.* Rappresentazione grafica molto dettagliata di una zona limitata di terreno ◊ Carta geografica in genere.

mappamóndo *s.m.* **1** Globo girevole su cui è rappresentata l'intera superficie terrestre **2** Carta geografica che rappresenta su un piano tutta la superficie terrestre divisa in due emisferi ⓢ planisfero.

maratóna *s.f.* **1** Gara di corsa a piedi su strada, di circa 42 chilometri **2** ✿ Camminata lunga e faticosa ◊ Gara di resistenza: *partecipare a una m. di ballo.*

màrca *s.f.* **1** Segno, marchio con cui una ditta contraddistingue i suoi prodotti per garantirne l'originalità e la qualità ⓢ marchio: *etichetta con la m.* ◊ Ditta produttrice che fabbrica prodotti con il proprio marchio: *auto di tutte le m.* **2** *M. da bollo* = specie di francobollo che si applica su documenti come prova del pagamento di una tassa o di un contributo.

marcàre *v.tr.* **1** Contrassegnare con un segno di riconoscimento ⓢ marchiare: *m. il bestiame* **2** Rendere più accentuato, mettere in rilievo: *m. i contorni di una figura* **3** Nel calcio e in altri giochi, segnare un punto a proprio favore.

marcatóre *s.m.* Nel calcio e in altri sport di squadra, giocatore che realizza un goal, un punto ◊ Giocatore incaricato di controllare un avversario.

marchiàre *v.tr.* Segnare con un marchio ⓢ contrassegnare: *m. il bestiame.*

màrchio *s.m.* **1** Segno impresso a fuoco con un ferro rovente (detto anch'esso *marchio*) su un capo di bestiame per indicarne la proprietà o altre caratteristiche **2** Segno applicato su un prodotto per indicare l'impresa produttrice.

màrcia *s.f.* **1** Modo di camminare con passo uniforme e cadenzato ◊ Cammino, camminata: *mettersi in m.* ◊ Specialità dell'atletica leggera in cui l'atleta, a differenza che nella corsa, deve sempre avere uno dei due piedi a contatto con il suolo **2** Manifestazione pubblica in forma di corteo: *m. per la pace* **3** Composizione musicale adatta a ritmare il passo cadenzato di reparti o destinata ad accompagnare cortei che seguono una cerimonia: *m. militare, funebre, nuziale* **4** Nei veicoli, ognuno dei rapporti con cui la velocità del motore viene trasmessa alle ruote motrici; il dispositivo che inserisce tali rapporti, azionato dal cambio: *innestare la m.* ◊ Movimento di un veicolo o di una macchina: *m. indietro.*

marciapiède *s.m.* **1** Parte rialzata ai lati della strada, riservata ai pedoni **2** Nelle stazioni ferroviarie, banchina sopraelevata a lato dei binari, destinata alla sosta e al movimento dei viaggiatori.

marciàre *v.intr.* [aus. *avere*] **1** Camminare a passo di marcia ◊ Avanzare, dirigersi verso un obiettivo: *l'esercito marciò contro il nemico* **2** Andare, procedere: *m. a bassa velocità.*

marciatóre *s.m.* Atleta che pratica lo sport della marcia.

màrcio *agg.* Che è in stato di decomposizione, che è andato a male ⓢ putrido, guasto: *frutta m.* ◊ Corroso dall'umidità ⓢ fradicio: *legno m.*

marcìre *v.intr.* [aus. *essere*] Diventare marcio ⓢ imputridire, guastarsi, andare a male: *la frutta sta marcendo.*

màre *s.m.* **1** Grande massa di acqua salata che ricopre i tre quarti della superficie terrestre ◊ Costa marina, località sulla costa: *andare al m.* **2** Grande distesa: *il deserto è un m. di sabbia* **3** ✿ Grande quantità: *si trova in un m. di guai.*

marèa *s.f.* Movimento periodico delle acque del mare, il cui livello si abbassa e s'innalza alternamente nel corso della giornata in seguito all'attrazione della Luna e del Sole: *alta, bassa m.*

mareggiàta *s.f.* Burrasca che scatena violente ondate contro la costa.

maremòto *s.m.* Violento movimento delle acque marine, con onde altissime, provocato da un terremoto sottomarino.

marescìàllo *s.m.* Il grado più alto dei sottufficiali; la persona che ha tale grado.

margherìta *s.f.* Pianta erbacea molto diffusa, con fiori gialli e bianchi.

màrgine *s.m.* La parte esterna che costituisce il limite di una superficie Ⓢ bordo, orlo, contorno: *il m. della strada* ◊ Lo spazio che si lascia bianco sui quattro lati di un foglio scritto o stampato.

marìna *s.f.* **1** Tratto di costa vicino al mare Ⓢ litorale **2** Il complesso delle persone e degli enti addetti alla navigazione; l'insieme delle navi e delle attrezzature destinate alla navigazione: *m. mercantile, militare.*

marinàio *s.m.* Chi presta servizio a bordo di una nave.

marinàro *agg.* Di mare, che riguarda i marinai, la navigazione: *città, vita m.*

marìno *agg.* Di, del mare: *flora, fauna m.*

marionétta *s.f.* Fantoccio di legno o cartapesta che in spettacoli teatrali viene manovrato dall'alto per mezzo di fili collegati con la testa, le braccia e le gambe.

maritàrsi *v.pr.* Sposarsi.

marìto *s.m.* Il coniuge di sesso maschile.

marìttimo *agg.* Che si trova sul mare o vicino al mare: *città m.* | *Clima m.* = caratteristico delle regioni vicine al mare ◊ Che si svolge sul mare: *navigazione m.* ♦ *s.m.* Chi lavora sul mare.

marmellàta *s.f.* Conserva di frutta cotta con zucchero: *m. di pesche, di ciliegie.*

marmìtta *s.f.* Parte terminale del tubo di scappamento dei veicoli a motore, che ha la funzione di attenuare il rumore provocato dall'emissione dei gas di scarico.

màrmo *s.m.* Pietra usata per rivestimenti e decorazioni di edifici, per monumenti e sculture: *m. bianco, rosso, venato.*

marmòcchio *s.m.* Bambino.

marmòreo *agg.* Di marmo: *statua m.*

maróso *s.m.* Grossa onda di mare in tempesta: *la barca fu travolta dai m.*

marróne *s.m.* **1** Varietà di castagno con frutti particolarmente grossi e pregiati ◊ Il frutto di tale castagno **2** Il colore bruno scuro caratteristico del guscio delle castagne ♦ *agg.* Che ha il colore del guscio della castagna: *scarpe m.*

martellàta *s.f.* Colpo di martello.

martèllo *s.m.* **1** Utensile per battere, costituito da un elemento metallico di forma varia fissato a un manico **2** Oggetto che ha una forma o una funzione simile a quella del martello ◊ *M. pneumatico* = macchina per perforare e demolire.

màrtire *s.m.f.* **1** Credente che affronta le persecuzioni e la morte pur di non rinnegare la propria fede **2** Chi sacrifica la sua vita per un ideale: *i m. della Resistenza* **3** ✿ Chi sopporta con rassegnazione dolori, sacrifici e ingiustizie.

martìrio *s.m.* La morte o le sofferenze che un martire affronta per la propria fede o il proprio ideale.

mascalzóne *s.m.* Persona disonesta e senza scrupoli Ⓢ farabutto.

mascarpóne *s.m.* Formaggio cremoso e burroso, preparato con pura panna.

mascèlla *s.f.* Osso della faccia in cui sono infissi i denti superiori | *M. inferiore* = mandibola.

màschera *s.f.* **1** Finto volto di cartapesta, stoffa o altro materiale, che si porta sul viso a scopo scherzoso (*m. di carnevale*), per esigenze teatrali o per cerimonie rituali (*m. da stregone*) ◊ Qualsiasi copertura per nascondere il volto **2** Costume che si usa per un travestimento completo: *mettersi in m. per il ballo* ◊ Persona vestita in maschera **3** Arnese o apparecchio che si applica sul volto a scopo protettivo: *m. subacquea, antigas*.

mascheràre *v.tr.* **1** Coprire con una maschera ◊ Vestire in maschera Ⓢ travestire **2** Coprire alla vista Ⓢ camuffare: *m. un cannone con delle frasche* ♦ **mascherarsi** *v.pr.* Mettersi una maschera; vestirsi in maschera, travestirsi.

mascherìna *s.f.* Mezza maschera che copre solo gli occhi e il naso.

maschìle *agg.* Di, da maschio: *sesso m.*; *abito m.* | *Genere m.* = uno dei generi grammaticali in cui sono suddivisi nomi, pronomi, articoli e aggettivi.

màschio *s.m.* Ogni individuo umano o animale fornito dei gameti maschili e perciò della capacità di fecondare la femmina ◊ Bambino, ragazzo, uomo ♦ *agg.* Di sesso maschile: *ha due figli m.*

màssa *s.f.* **1** Quantità di materia che forma un tutto unico e compatto: *una m. di terra, di acqua* **2** Grande quantità ◊ Moltitudine, folla | *Di m.* = che riguarda e coinvolge un gran numero di persone: *turismo di m.*

massacrànte *agg.* Molto faticoso, estenuante: *un lavoro, un viaggio m.*

massacràre *v.tr.* Uccidere ferocemente e in gran numero persone indifese o animali.

massàcro *s.m.* Eccidio, strage, carneficina: *spararono sulla folla e fu un m.*

massaggiàre *v.tr.* Sottoporre a massaggio: *m. una spalla*.

massàggio *s.m.* Trattamento che consiste nel manipolare varie parti del corpo per riattivare e migliorare la circolazione sanguigna, le funzioni dei muscoli, delle articolazioni ecc.

massàia *s.f.* Donna che provvede alla cura della propria casa Ⓢ casalinga.

masserìzie *s.f.pl.* L'insieme dei mobili e delle suppellettili di una casa.

massicciàta *s.f.* Strato di ghiaia e pietrisco compressi che costituisce la base della pavimentazione stradale o su cui poggiano le traversine delle ferrovie.

massìccio *agg.* **1** Costituito da un'unica massa solida e compatta, senza vuoti all'interno: *oro, legno m.* **2** Grosso, pesante, robusto: *corporatura m.* **3** ✿ Molto intenso, molto forte: *bombardamento m.*; *dose m.* ◊ Che coinvolge un gran numero di persone o comporta un grande impiego di mezzi: *sciopero m.*; *m. campagna pubblicitaria* ♦ *s.m.* Gruppo montuoso imponente e isolato.

màssimo *agg.* [superl. di *grande*] Il più grande: *la velocità m. di un'auto* ◊ Grandissimo, estremo: *lavora con il m. impegno* | *Temperatura m.* = la più alta registrata in una località in un dato momento o periodo ♦ *s.m.* Il limite, il grado, il livello più elevato | *Al m.* = tutt'al più.

màsso *s.m.* Blocco di roccia o sasso di grandi dimensioni: *la caduta di un m.*

masticàre *v.tr.* Triturare, schiacciare con i denti: *m. il pane, la carne.*
matàssa *s.f.* Quantità di filato avvolto su se stesso in più giri e fissato ai due capi perché non si imbrogli: *una m. di lana.*
matemàtica *s.f.* Scienza che studia i numeri, le figure geometriche ed enti astratti analoghi ◊ Materia scolastica relativa a tale scienza: *compito di m.*
matemàtico *agg.* **1** Che riguarda la matematica, fondato sulla matematica: *calcolo m.* **2** ♧ Certo, assoluto: *certezza m.* ♦ *s.m.* Studioso di matematica.
materassìno *s.m.* **1** Tappeto con imbottitura di gommapiuma **2** Piccolo materasso pneumatico.
materàsso *s.m.* Involucro di stoffa imbottito di materiali soffici o elastici, che si stende sul piano del letto.
matèria *s.f.* **1** La sostanza di cui sono fatti tutti i corpi o quella particolare di un dato oggetto: *m. solida, liquida, gassosa* **2** Argomento, soggetto di un discorso o di uno scritto ◊ Disciplina di studio e d'insegnamento: *è bravo in tutte le m.*
materiàle *agg.* **1** Costituito di materia: *oggetti m.* **2** Che riguarda gli aspetti fisici, concreti, pratici della realtà e della vita: *piaceri m.*; *necessità m.* ◊ Effettivo, concreto: *l'esecutore m. di un delitto* ♦ *s.m.* Sostanza, prodotto con determinate caratteristiche: *m. elastici, isolanti* ◊ Tutto ciò che serve per svolgere un'attività e per eseguire un lavoro: *m. da costruzione.*
maternità *s.f.* **1** L'essere madre, la condizione di madre **2** Reparto ospedaliero riservato alle partorienti e alle puerpere.
matèrno *agg.* **1** Di, della madre: *latte m.* ◊ Da madre: *affetto m.* ◊ Da parte di madre: *zio m.* **2** *Terra m.* = il paese in cui si è nati e cresciuti | *Lingua m.* = madrelingua.
matìta *s.f.* Strumento per scrivere, disegnare o colorare, costituito da una mina racchiusa in un involucro.
matrìce *s.f.* Originale o stampo da cui si riproducono o si ricavano altri oggetti o copie.
matrìgna *s.f.* La nuova moglie del padre per i figli nati da un'altra moglie.
matrimoniàle *agg.* Relativo al matrimonio [S] coniugale | *Letto m.* = a due piazze.
matrimònio *s.m.* **1** Unione tra un uomo e una donna che si impegnano a vivere insieme e ad aiutarsi reciprocamente davanti a un pubblico ufficiale o a un sacerdote **2** Cerimonia, rito nuziale [S] nozze.
mattatóio *s.m.* Luogo in cui vengono macellati gli animali destinati all'alimentazione [S] macello.
matterèllo *s.m.* Cilindro di legno usato in cucina per spianare la pasta.
mattìna *s.f.* Parte del giorno compresa tra l'alba e il mezzogiorno [S] mattino.
mattinàta *s.f.* Mattina, spec. in riferimento alla sua durata, al tempo che fa e a ciò che vi accade: *una m. piovosa.*
mattinièro *agg.* Che si alza al mattino presto.
mattìno *s.m.* Mattina.
màtto *agg.* e *s.m.* Che, chi è privo della ragione o si comporta in modo assurdo e irragionevole [S] pazzo, folle.
mattóne *s.m.* Laterizio a forma di parallelepipedo, pieno o forato, fatto di argilla cotta al forno e usato nelle costruzioni.
mattonèlla *s.f.* Piastrella di forma e materiale vari, usata per pavimentazioni e rivestimenti.

mattutìno *agg.* Delle prime ore della mattina; che avviene o è fatto di mattina.

maturàre *v.intr.* [aus. *essere*] Diventare maturo ◊ Raggiungere la maturità fisica e intellettuale.

maturità *s.f.* Età della vita compresa tra la giovinezza e la vecchiaia ◊ Pieno sviluppo delle capacità intellettuali e morali; capacità di ragionare e agire con saggezza ed equilibrio: *dimostrare m.*

matùro *agg.* **1** Che ha raggiunto un completo sviluppo: *grano m.* **2** Che è nell'età adulta: *uomo m.* ◊ ⌘ Capace di ragionare e comportarsi da persona adulta: *è molto m. per la sua età.*

màzza *s.f.* **1** Grosso bastone Ⓢ randello ◊ In vari sport, bastone di forma varia che serve a colpire la palla **2** Grosso martello con manico lungo, per lavorare il ferro o spaccare le pietre.

mazzàta *s.f.* **1** Colpo di mazza **2** ⌘ Dolore intenso o disgrazia improvvisa che colpisce violentemente.

màzzo *s.m.* **1** Insieme di cose unite o legate assieme: *un m. di rose, di chiavi* **2** Serie completa di carte da gioco.

mé *pron.pers.* **1** Si usa al posto del pronome *io* nei complementi indiretti ◊ Si usa al posto del pronome *mi* quando gli si vuole dare particolare rilievo e quando è seguito dai pronomi *lo, la, li, le, ne* **2** Si usa come soggetto nelle esclamazioni e nelle comparazioni dopo *come* e *quanto*: *povero me!*; *è alto come me.*

meccànica *s.f.* **1** La tecnologia e la tecnica relative alla costruzione e al funzionamento di macchine e meccanismi: *manuale di m.* **2** ⌘ Modo in cui si è svolto un determinato fatto: *ricostruire la m. dell'incidente.*

meccànico *agg.* Che è costituito da una macchina, da un meccanismo o ne fa parte: *un congegno m.*; *pezzi m.* ◊ Che riguarda le macchine, i meccanismi o loro parti: *guasto m.* ◊ Che viene fatto per mezzo di macchine: *tessitura m.* ◆ *s.m.* Operaio o tecnico specializzato nella manutenzione e riparazione di macchine e meccanismi: *un m. di automobili.*

meccanìsmo *s.m.* Il complesso degli elementi che costituiscono una macchina o un congegno; il modo in cui funziona tale complesso di elementi: *studiare il m. di un motore.*

meccanizzàre *v.tr.* Introdurre l'uso delle macchine in un'attività che in precedenza si basava solo sul lavoro umano o sull'impiego di animali: *m. l'agricoltura.*

medàglia *s.f.* Dischetto di metallo simile a una moneta, con figure e iscrizioni su una o su entrambe le facce, coniato a scopo commemorativo, di onorificenza, di premio e sim.: *m. al valore militare.*

medésimo *agg.* Identico, uguale Ⓢ stesso: *fare il m. lavoro* ◆ *pron.* La stessa persona: *venne il m. dell'altra volta.*

mèdia *s.f.* Valore intermedio fra un massimo e un minimo: *m. delle temperature.*

mediàno *agg.* Che sta nel mezzo: *la linea m. del campo.*

mediànte *prep.* Per mezzo di, con l'aiuto di Ⓢ tramite: *lo seppe m. un amico.*

mediatóre *s.m.* Chi si interpone tra due parti per metterle d'accordo ◊ Agente intermediario che mette in contatto un venditore e un compratore.

mediazióne *s.f.* Attività di chi opera per far trovare un accordo tra due parti in conflitto ◊ Attività svolta dietro compenso per far concludere un affare.

medicaménto *s.m.* Sostanza o prodotto curativi Ⓢ farmaco.

medicàre *v.tr.* Pulire, disinfettare e curare una lesione esterna: *m. una ferita.*
medicazióne *s.f.* L'operazione di medicare ◊ L'insieme dei medicamenti, delle bende, dei cerotti applicati sulla parte ferita: *è ora di cambiare la m.*
medicìna *s.f.* **1** Scienza che studia le malattie e i mezzi per curarle e prevenirle **2** Ogni preparato che serve a curare [S] farmaco.
medicinàle *agg.* Che ha proprietà curative: *erbe m.* ♦ *s.m.* Prodotto farmaceutico [S] farmaco, medicina.
mèdico *agg.* Di medicina, che riguarda la medicina: *cure m.* ◊ Del medico: *visita m.* ♦ *s.m.* Professionista laureato in medicina [S] dottore.
medievàle o **medioevàle** *agg.* Del medioevo: *storia m.*
mèdio *agg.* **1** Che sta nel mezzo tra due estremi (nello spazio o nel tempo, di quantità o qualità): *il punto m. di un asse* | *Dito m.* = il terzo dito della mano **2** Che rappresenta una media, che è ottenuto facendo una media: *età m.*; *velocità m. di 80 km l'ora* ♦ *s.m.* Dito medio.
mediòcre *agg.* Non grande, piuttosto scarso [S] modesto: *persona di m. intelligenza* ◊ Di scarse doti, di scarso valore [S] scadente: *uno scrittore, un film m.*
medioevàle vedi **medievàle**.
medioèvo *s.m.* Periodo storico compreso tra l'età antica e l'età moderna, i cui termini sono fissati tradizionalmente tra l'anno 476 e l'anno 1492 d.C.
meditàre *v.tr.* Preparare, progettare qlco. mentalmente: *m. la fuga* ♦ *v.intr.* [aus. *avere*] Riflettere attentamente su qlco.
meditazióne *s.f.* Attenta e intensa riflessione: *prese la decisione dopo lunga m.*
mediterràneo *agg.* **1** *Mare M.* = circondato da terre; in partic., il mare compreso tra l'Europa, l'Africa e l'Asia **2** Delle terre bagnate dal Mediterraneo: *clima m.*
megàfono *s.m.* Strumento a forma di imbuto che serve ad amplificare la voce.
mèglio *avv.* [compar. di *bene*] In modo migliore: *con gli occhiali ci vedo m.* ♦ *agg.invar.* **1** Migliore: *questo ristorante è m. di quello* **2** Cosa migliore, preferibile, più opportuna: *è m. partire subito* ♦ *s.m.invar.* La cosa o la parte migliore: *si prende sempre il m.* | *Fare del proprio m.* = fare tutto ciò che è possibile ♦ *s.f.invar.* *Avere la m.* = risultare vincitore, prevalere.
méla *s.f.* Il frutto del melo.
melanzàna *s.f.* Pianta erbacea coltivata per i frutti commestibili ◊ Il frutto stesso, di color violaceo o biancastro.
mélma *s.f.* Terra intrisa d'acqua, molle e appiccicosa, come quella sul fondo di fiumi, laghi, paludi [S] fanghiglia.
melmóso *agg.* Coperto, pieno di melma.
mélo *s.m.* Albero con fiori bianchi che dà frutti commestibili detti *mele.*
melodìa *s.f.* Composizione, motivo musicale: *una m. popolare.*
melodióso *agg.* Ricco di melodia; che ha suono dolce, soave: *canzone, voce m.*
melóne *s.m.* Pianta erbacea che dà frutti commestibili ◊ Il frutto di tale pianta.
mèmbro *s.m.* **1** [pl.f. *le membra*] Ognuna delle parti esterne del corpo umano, in partic. gli arti **2** Ogni singolo componente di un gruppo, di un'associazione, di un organismo.
memoràbile *agg.* Degno di essere ricordato: *un giorno, un'impresa m.*
memòria *s.f.* **1** Capacità della mente di conservare e ricordare esperienze, immagini, nozioni del passato **2** Ricordo:

monumento in m. dei caduti **3** (al *pl.*) Ricordi personali di vicende del passato: *scrivere le proprie m.* **4** Nei computer, dispositivo che registra dati e istruzioni ed è in grado di utilizzarli per successive operazioni.

mendicànte *s.m.f.* Chi vive chiedendo l'elemosina Ⓢ accattone.

mendicàre *v.tr.* Chiedere qlco. in elemosina: *m. un tozzo di pane* ◊ Chiedere l'elemosina: *m. per vivere.*

menefreghìsmo *s.m.* Atteggiamento, comportamento di noncuranza e disprezzo degli altri e dei propri doveri.

méno *avv.* [compar. di *poco*] **1** In minor quantità, grado o misura: *oggi è m. caldo di ieri; lavorare (di) m.* | *Fare a m.* = fare senza, privarsi; evitare | *Venir m.* = mancare, venire a mancare; non osservare (*venire m. ai patti*); svenire **2** In matematica, indica la sottrazione ◊ Nell'uso comune indica quanto manca rispetto a un dato valore di misura: *sono le otto m. dieci (minuti)* ◊ Indica temperatura inferiore a zero gradi ♦ *prep.* Tranne, fuorché, eccetto: *c'erano tutti m. lui* ♦ *agg. invar.* Minore in quantità, numero o misura: *oggi c'è m. gente* ♦ *s.m.* Simbolo della sottrazione costituito da una lineetta orizzontale.

menomàre *v.tr.* Danneggiare fisicamente o moralmente.

menomazióne *s.f.* Perdita di integrità o di efficacia; danno fisico o morale.

menopàusa *s.f.* Nella donna, cessazione definitiva delle mestruazioni.

mènsa *s.f.* **1** Tavola a cui ci si siede per mangiare **2** Organizzazione che provvede a preparare i pasti per una collettività; il locale stesso in cui i pasti sono consumati: *m. aziendale; mangiare alla m.*

mensìle *agg.* Del mese: *stipendio m.* ◊ Che avviene o si fa ogni mese: *controllo m.* ◊ Che esce una volta al mese: *rivista m.* ◊ Che dura un mese: *abbonamento m.*

mènsola *s.f.* Ripiano fissato a una parete e usato per appoggiarvi oggetti vari.

ménta *s.f.* **1** Pianta erbacea aromatica **2** Bibita, liquore, caramella a base di essenza ricavata dalla menta: *bere una m.*

mentàle *agg.* Della mente: *malattie m.*

mentalità *s.f.* Modo di ragionare, di vedere le cose: *avere una m. aperta.*

ménte *s.f.* **1** Il complesso delle facoltà psichiche; l'organo del pensiero, delle attività intellettive: *affaticare la m.* ◊ Intelletto, intelligenza, ingegno: *avere una m. acuta* **2** La testa, il capo, in quanto sede del pensiero: *che cosa ti salta in m.?* ◊ Il pensiero, l'attenzione: *ero altrove con la m.* **3** Intenzione, proposito: *ho in m. di partire* **4** *Tenere a m.* = ricordare.

mentìre *v.intr.* [aus. *avere*] Dire il falso.

ménto *s.m.* La parte inferiore del viso, sotto la bocca.

mentre *congz.* **1** Nel momento in cui, intanto che: *gli è accaduto m. dormiva* **2** E invece, quando invece: *accusa gli altri, m. è colpa sua.*

menu [francese] *s.m.invar.* Insieme delle vivande di un pranzo ◊ Lista delle vivande di un ristorante.

menzógna *s.f.* Affermazione consapevolmente falsa Ⓢ bugia, falsità.

meravìglia *s.f.* **1** Sentimento di viva sorpresa suscitato da una cosa nuova, strana, straordinaria o inattesa Ⓢ stupore **2** Cosa o persona che desta ammirazione per la sua grande bellezza: *le m. della natura.*

meravigliàre *v.tr.* Causare meraviglia Ⓢ stupire: *la sua risposta ci meravigliò*

♦ **meravigliarsi** *v.pr.* Provare meraviglia [S] stupirsi.

meraviglióso *agg.* Che desta meraviglia, ammirazione [S] stupendo, magnifico, splendido: *un film m.*; *una donna m.*

mercànte *s.m.* Commerciante.

mercanteggiàre *v.intr.* [aus. *avere*] Contrattare discutendo sul prezzo.

mercanzìa *s.f.* Merce, insieme di merci.

mercàto *s.m.* **1** Riunione periodica di venditori e compratori di merci varie ◊ Luogo in cui si svolge giornalmente la vendita di prodotti alimentari e di consumo: *fare la spesa al m.* **2** L'insieme degli scambi commerciali che si svolgono in una data area: *m. italiano, europeo, mondiale.*

mèrce *s.f.* Qualsiasi prodotto o bene messo in commercio e destinato alla vendita.

mercerìa *s.f.* Negozio in cui si vendono articoli minuti per lavori di cucito.

mercùrio *s.m.* Metallo liquido di colore argenteo, usato in vari apparecchi di misura (termometri, barometri ecc.).

merènda *s.f.* Spuntino pomeridiano tra il pasto e la cena.

meridiàno *s.m.* Ciascuno dei 360 semicerchi immaginari che uniscono i due poli della Terra e servono a determinare la longitudine.

meridionàle *agg.* **1** Del meridione, della parte di un territorio situata a sud ◊ Che proviene dal sud: *venti m.* **2** Caratteristico dei popoli del meridione: *dialetto m.* ♦ *s.m.f.* Chi è nato nell'Italia meridionale.

meridióne *s.m.* **1** Punto cardinale corrispondente al sud [S] mezzogiorno **2** Parte meridionale di un paese: *il m. della Francia* ◊ L'Italia del sud.

meritàre *v.tr.* Essere degno di avere, di ricevere qlco.: *m. un premio, un castigo.*

meritévole *agg.* Che merita [S] degno.

mèrito *s.m.* **1** Diritto alla stima, alla riconoscenza, alla giusta ricompensa, acquisito con le proprie azioni o le proprie capacità: *premiare secondo il m.* **2** Qualità positiva [S] virtù, pregio, valore: *persona che ha molti m.*

mèrlo *s.m.* Uccello canterino con piume nere e becco giallo.

merlùzzo *s.m.* Grosso pesce che vive in branchi nell'Atlantico settentrionale.

meschìno *agg.* **1** Misero, insufficiente: *un compenso m.* **2** Che rivela animo gretto, limitatezza mentale, mancanza di dignità: *idee m.*; *accuse m.* | *Fare una figura m.* = brutta e ridicola.

mescolànza *s.f.* Insieme di sostanze, cose o persone diverse mescolate tra loro [S] miscuglio.

mescolàre *v.tr.* **1** Unire elementi diversi in modo che si fondano tra loro: *m. l'acqua col vino*; *m. i colori* ◊ Mettere in disordine **2** Agitare [S] rimestare: *m. la pasta* ♦ **mescolarsi** *v.pr.* **1** Unirsi in un tutto unico, fondersi **2** Confondersi con altri (detto di persone): *m. tra la folla.*

mése *s.m.* **1** Ciascuno dei dodici periodi in cui è diviso l'anno **2** Periodo di tempo di circa 30 giorni: *non lo vedo da sei m.*

méssa *s.f.* Rito religioso della chiesa cattolica e ortodossa, in cui si commemora e rinnova il sacrificio del corpo e del sangue di Gesù Cristo: *andare alla m.*

messaggèro *s.m.* Chi reca un messaggio, un annunzio, una notizia.

messàggio *s.m.* **1** Notizia, comunicazione trasmessa ad altri: *m. verbale, scritto, radiofonico, telefonico* **2** Discorso solenne pronunciato da un'alta autorità: *il m. del papa ai fedeli.*

mésso *s.m.* **1** Messaggero **2** Dipendente pubblico incaricato di portare lettere e avvisi: *m. comunale.*

mestière *s.m.* Attività lavorativa, spec. manuale, che una persona svolge abitualmente per guadagnarsi da vivere [S] professione.

mestìzia *s.f.* Tristezza profonda e malinconica: *i suoi occhi erano velati di m.*

mèsto *agg.* Triste e malinconico.

méstolo *s.m.* Arnese da cucina a forma di grosso cucchiaio e con un lungo manico.

mestruazióne *s.f.* Emissione di sangue dall'utero che si verifica una volta al mese per qualche giorno nelle donne in età feconda e non in gravidanza.

mèta *s.f.* Punto d'arrivo a cui si è diretti [S] destinazione, traguardo: *giungere alla m.*

metà *s.f.* Ciascuna delle due parti uguali in cui può essere diviso un intero: *la m. di una mela* ◊ Il punto, la linea di mezzo di qlco.: *essere a m. del viaggio* ◊ Mezzo: *è m. bianco e m. nero.*

metàllico *agg.* **1** Di metallo, fatto di metallo **2** Caratteristico dei metalli.

metàllo *s.m.* Ogni elemento chimico solido allo stato naturale (tranne il mercurio), lucente, duttile e malleabile, buon conduttore del calore e dell'elettricità | *M. nobili* = quelli che si ossidano difficilmente, come l'oro e il platino.

metallurgìa *s.f.* L'attività e la tecnica di estrazione e lavorazione dei metalli.

metallùrgico *agg.* Della metallurgia, che riguarda la metallurgia: *l'industria m.* ♦ *agg.* e *s.m.* Detto di operaio dell'industria metallurgica.

metalmeccànico *agg.* Metallurgico e insieme meccanico ♦ *agg.* e *s.m.* Detto di operaio dell'industria metalmeccanica.

metamòrfosi *s.f.* **1** Serie di mutamenti di forma e di struttura che hanno alcuni animali (per es. gli insetti) nelle varie fasi del loro sviluppo **2** Trasformazione soprannaturale di un essere in un altro essere **3** ♧ Mutamento radicale.

metàno *s.m.* Gas infiammabile, usato soprattutto come combustibile.

metàstasi *s.f.* Diffusione di un tumore in parti o organi del corpo diversi da quelli in cui si era inizialmente manifestato.

metèora *s.f.* Meteorite che attraversa l'atmosfera terrestre consumandosi completamente prima di giungere al suolo e lasciando una scia luminosa [S] stella cadente.

meteorìte *s.m.* o *f.* Frammento di corpo celeste che vaga nello spazio finché, attratto da un pianeta, precipita su di esso, per lo più disintegrandosi prima di raggiungere il suolo.

meteorologìa *s.f.* Scienza che studia i fenomeni che si verificano nell'atmosfera terrestre (venti, perturbazioni ecc.).

meteorològico *agg.* Che riguarda la meteorologia e i fenomeni atmosferici.

metìccio *s.m.* Individuo nato da genitori di razze diverse, spec. bianca e india.

meticolóso *agg.* Che agisce con diligenza e precisione scrupolosa: *un impiegato m.* ◊ Fatto in modo preciso e minuzioso, con grande scrupolo: *pulizia m.*

metòdico *agg.* Fatto con metodo, secondo un metodo prestabilito [S] sistematico: *ricerca m.* | *Vita m.* = ordinata e abitudinaria ◊ Che opera seguendo un metodo preciso; che fa una vita regolare e ordinata: *un ricercatore m.*; *un uomo m.*

mètodo *s.m.* **1** Complesso di regole, principi, criteri in base ai quali si svolge un'attività: *m. di studio, di ricerca* ◊

Tecnica, sistema, procedimento: *un nuovo m. di cura* **2** Modo di comportarsi, di trattare Ⓢ maniera: *usare m. violenti.*

mètrico *agg. Sistema m. decimale* = sistema di misura in cui le unità di misura sono multipli o sottomultipli decimali delle unità fondamentali.

mètro *s.m.* **1** Unità di misura della lunghezza nel sistema metrico decimale **2** Strumento per misurare la lunghezza, lungo uno o più metri e suddiviso in decimetri e centimetri **3** ✖ Criterio di giudizio, di valutazione: *giudicare tutti con lo stesso m.*

metró *s.m.invar.* Metropolitana.

metronòtte *s.m.invar.* Guardia notturna.

metròpoli *s.f.* Città di grandi dimensioni, di notevole importanza.

metropolitàna *s.f.* Ferrovia, in genere sotterranea o sopraelevata, per il trasporto dei passeggeri nelle grandi città.

méttere *v.tr.* **1** Porre, collocare, posare, far andare, disporre qlco. o qlcu. in un luogo o in una determinata condizione (anche ✖): *m. le mani in tasca, un ladro in prigione, i libri in ordine* ◊ Applicare, attaccare, appendere: *m. le tende alla finestra* ◊ Installare: *m. il telefono* **2** Indossare, infilare: *m. la giacca* **3** Infondere, incutere: *m. allegria, paura* ◊ Provocare: *m. discordia* **4** Dare, dedicare: *m. tutto il proprio impegno nel lavoro* ◊ Impiegare: *ci mise due ore* **5** Emettere: *la pianta mette le foglie* **6** Imporre: *m. una tassa* ◊ Far pagare: *quanto mette le arance al chilo?* ◆ **mettersi** *v.pr.* **1** Prendere posto, andare in un luogo: *m. a tavola* ◊ Porsi in una determinata posizione o situazione: *m. a sedere; m. nei guai* **2** Unirsi: *m. coi più forti* **3** Iniziare a fare qlco.: *m. a studiare; m. in viaggio* ◊ Cominciare: *si mise a piovere* **4** Vestirsi, abbigliarsi in un certo modo: *m. in maschera.*

mezzalùna *s.f.* Coltello con lama ricurva e due manici alle estremità, usato in cucina per tritare carni e verdure.

mezzanòtte *s.f.* La ventiquattresima ora del giorno, che segna l'inizio del giorno successivo.

mèzzo *agg.* **1** Che è la metà dell'intero: *m. litro; m. giornata* **2** Medio, intermedio tra due limiti: *persona di m. età* **3** (davanti a un aggettivo, con valore di avverbio) Per metà; quasi, in parte, un po': *bicchiere m. vuoto; è m. cieco* ◆ *s.m.* **1** La metà di un tutto: *due chili e m.* **2** Punto mediano, parte, momento centrale: *nel m. della stanza; nel bel m. della festa* **3** Modo, espediente, strumento, di cui ci si serve per raggiungere un fine: *tentò ogni m. per convincerlo; m. di trasporto* **4** Veicolo da trasporto: *usare i m. pubblici* **5** (al *pl.*) Denari, averi, possibilità economiche: *è gente che ha pochi m.* ◊ Doti, capacità: *un atleta con grandi m.*

mezzogiórno *s.m.* **1** Le ore 12 del giorno **2** Sud: *casa esposta a m.* **3** (scritto maiuscolo) L'Italia meridionale.

mi *pron.pers.* Me, a me: *non mi vide; devi credermi.*

miagolàre *v.intr.* [aus. *avere*] Detto del gatto, emettere il caratteristico verso.

mìca *avv.* Affatto, per niente: *non sono m. stupido* ◊ Non: *m. male quel film!* ◊ Per caso: *non ti sarai m. offeso?*

mìccia *s.f.* Cordoncino che brucia con regolarità e viene usato per accendere a distanza cariche esplosive.

micidiàle *agg.* Che provoca la morte: *un veleno m.* ◊ Tremendo, insopportabile.

mìcio *s.m.* Gatto.

mìcrobo o **micròbio** *s.m.* Microrganismo animale o vegetale capace di provocare malattie infettive.
micròfono *s.m.* Apparecchio che trasforma i suoni in impulsi elettrici e permette così di trasmetterli, registrarli e amplificarli.
microrganìsmo *s.m.* Organismo vivente animale o vegetale di minime dimensioni, visibile solo al microscopio.
microscòpico *agg.* **1** Tanto piccolo da essere visibile solo al microscopio ◊ ♧ Piccolissimo, minuscolo **2** Effettuato col microscopio: *esame microscopico*.
microscòpio *s.m.* Strumento capace di fornire un'immagine fortemente ingrandita di oggetti o elementi piccolissimi o invisibili a occhio nudo.
midóllo *s.m.* **1** Sostanza molle e spugnosa contenuta nelle cavità delle ossa | *M. spinale* = parte del sistema nervoso centrale contenuta nella colonna vertebrale **2** La parte centrale, più interna del fusto e delle radici delle piante.
mièle *s.m.* Sostanza zuccherina, molto dolce, che le api producono elaborando il nettare dei fiori.
mietere *v.tr.* Tagliare le spighe dei cereali maturi: *m. il grano*.
mietitùra *s.f.* L'operazione del mietere i cereali ◊ Il raccolto ottenuto.
migliàio *s.m.* [pl.f. *migliaia*] Complesso di mille o circa mille unità ◊ Numero grandissimo, gran quantità.
mìglio[1] *s.m.* [pl.f. *miglia*] Unità di misura delle distanze.
mìglio[2] *s.m.* Pianta erbacea i cui semi sono usati soprattutto come mangime per uccelli.
miglioraménto *s.m.* Cambiamento in meglio, progresso.
miglioràre *v.tr.* Rendere migliore: *m. il proprio tenore di vita* ♦ *v.intr.* [aus. *essere* e, se riferito a persona, anche *avere*] Diventare migliore: *il tempo migliora* ◊ Fare dei progressi; star meglio in salute.
miglióre *agg.* [comparativo di *buono*] Più buono ♦ *s.m.f.* Chi è migliore, più capace, più bravo: *vinca il m.*
mìgnolo *s.m.* Il quinto e più piccolo dito della mano e del piede ♦ anche *agg.*
migràre *v.intr.* [aus. *essere*] Lasciare il luogo in cui si vive per stabilirsi altrove.
migratóre *agg.* e *s.m.* Che, chi migra.
migratòrio *agg.* Di migrazione, relativo alle migrazioni: *movimento m.*
migrazióne *s.f.* Spostamento di interi gruppi umani da una sede a un'altra ◊ Spostamento periodico e stagionale di alcune specie di animali: *le m. dei tonni*.
miliàrdo *s.m.* Mille milioni ◊ Un numero enorme: *te l'ho detto un m. di volte!*
milióne *s.m.* Mille migliaia ◊ Numero, quantità enorme: *c'erano m. di zanzare*.
militànte *agg.* e *s.m.f.* Che, chi aderisce a un movimento, a un'organizzazione e vi si impegna attivamente [S] attivista.
militàre[1] *v.intr.* [aus. *avere*] **1** Prestare servizio come soldato **2** Aderire e partecipare attivamente a un movimento, a un'organizzazione: *m. in un partito*.
militàre[2] *agg.* Dei soldati, delle forze armate o relativo alla loro attività: *saluto m.*; *base m.* ♦ *s.m.* Chi fa parte delle forze armate [S] soldato.
mìlle *agg.num.card.invar.* e *s.m.invar.* Numero corrispondente a dieci volte cento.
millenàrio *agg.* Che ha mille anni: *albero m.* ◊ Che dura o è durato uno o più millenni: *una civiltà m.*
millènnio *s.m.* Periodo di mille anni.

millèsimo *s.m.* La millesima parte di una quantità.

milligràmmo *s.m.* Un millesimo di grammo.

millìlitro *s.m.* Un millesimo di litro.

millìmetro *s.m.* Un millesimo di metro.

mimàre *v.tr.* Rappresentare una scena, imitare un personaggio solo con gesti.

mimètico *agg.* Che serve a mimetizzare: *tuta m.*

mimetizzàre *v.tr.* Mascherare, camuffare qlco. in modo che si confonda con l'ambiente circostante: *m. un cannone* ♦

mimetizzarsi *v.pr.* Trasformare il proprio aspetto per confondersi con l'ambiente circostante.

mìna *s.f.* Carica di esplosivo introdotta in una cavità della roccia o di una muratura allo scopo di abbatterla ◊ Ordigno bellico che esplode per urto, a pressione o comandato a distanza.

minàccia *s.f.* **1** Atto o parola che ha lo scopo di incutere timore ⓢ intimidazione **2** ⚒ Pericolo incombente: *quel cartello indica m. di frane.*

minacciàre *v.tr.* **1** Spaventare qlcu. con minacce; promettere a qlcu. un male o un danno qualora non si comporti nel modo voluto **2** ⚒ Mettere in pericolo: *conflitti che minacciano la pace.*

minaccióso *agg.* **1** Che contiene o esprime una minaccia: *sguardo m.* **2** ⚒ Che costituisce un pericolo; che preannuncia un peggioramento: *cielo m.*

minatóre *s.m.* Operaio che lavora nelle miniere.

minatòrio *agg.* Che contiene minacce.

mineràle *s.m.* Nome generico di tutte le sostanze naturali, prive di vita, normalmente solide, che costituiscono la crosta terrestre ♦ *agg.* Costituito da minerali:

regno m. ◊ Che ha natura di minerale o contiene minerali: *sale m.*; *acqua m.*

mineràrio *agg.* Delle miniere, di minerali: *industria m.*; *giacimento m.*

minèstra *s.f.* Piatto a base di pasta o riso cotti con verdùre e legumi.

minestróne *s.m.* Minestra di verdure e legumi, con o senza pasta o riso.

minièra *s.f.* Complesso costituito da un giacimento di minerali e dagli impianti necessari per estrarli: *m. di carbone.*

minigònna *s.f.* Gonna molto corta, che lascia scoperte le gambe fin sopra il ginocchio.

mìnima *s.f.* La temperatura più bassa registrata in una località in un dato periodo ◊ Il valore più basso della pressione arteriosa.

minimizzàre *v.tr.* Ridurre al minimo l'importanza di un fatto, farlo apparire di scarso rilievo: *m. una sconfitta.*

mìnimo *agg.* [superl. di *piccolo*] Piccolissimo ◊ Il più piccolo: *non ho il m. dubbio* | *Temperatura m.* = la più bassa registrata in una località in un dato momento o periodo ♦ *s.m.* La cosa, la quantità più piccola possibile; il limite più basso: *ridurre le spese al m.*

ministèro *s.m.* **1** Ognuno dei settori, diretti da un ministro, in cui si divide l'attività amministrativa del governo: *m. della difesa, dell'economia* **2** *Pubblico m.* = magistrato che nei processi penali sostiene la pubblica accusa.

minìstro *s.m.* **1** Membro del governo, responsabile di uno dei ministeri **2** *M. di Dio, del culto* = sacerdote cattolico, pastore protestante, rabbino ecc.

minorànza *s.f.* **1** La parte meno numerosa di un insieme di persone o di cose: *la m. dei votanti* ◊ Inferiorità numerica di voti e di votanti in un organo collegiale: *essere in m.* ◊ Il partito o gruppo di partiti che, avendo ricevuto meno voti alle elezioni, stanno all'opposizione (in parlamento, in un consiglio comunale ecc.): *i parlamentari della m.* **2** In uno stato, gruppo di cittadini di religione, etnia, lingua ecc. differente da quella della maggioranza: *proteggere i diritti delle m.*

minóre *agg.* [compar. di *piccolo*] Più piccolo per quantità, numero, durata, grandezza, qualità ecc. [S] inferiore: *una cifra m. del previsto* ◊ Più giovane d'età: *mia sorella m.* ♦ *s.m.f.* **1** Chi è più giovane d'età rispetto ad altri **2** Minorenne: *film vietato ai m.*

minorènne *agg.* e *s.m.f.* Che, chi non ha ancora compiuto il diciottesimo anno d'età: *i m. non possono avere la patente.*

minorìle *agg.* Dei minorenni: *lavoro m.*

minuèndo *s.m.* Nell'operazione della sottrazione, il numero da cui si sottrae un altro numero (*sottraendo*).

minùscola *s.f.* Lettera minuscola dell'alfabeto.

minùscolo *agg.* **1** Detto dei caratteri dell'alfabeto usati normalmente nella scrittura e nella stampa, meno alti di quelli detti *maiuscoli* **2** Molto piccolo ♦ *s.m.* Carattere di scrittura minuscolo.

minùta *s.f.* Prima stesura di uno scritto, ancora da rivedere e perfezionare [S] brutta copia.

minùto[1] *agg.* **1** Molto piccolo: *rompersi in m. frammenti* ◊ Formato di piccole parti, di pezzi piccoli: *neve, legna m.* **2** Gracile, esile; fine, delicato: *corporatura m.*; *lineamenti m.* **3** Preciso, minuzioso, curato nei particolari: *una m. descrizione dei fatti* ♦ *s.m.* *Al m.* = in piccole quantità [S] al dettaglio: *commercio al m.*

minùto[2] *s.m.* **1** Unità di misura del tempo, equivalente alla sessantesima parte dell'ora | *M. secondo* = la sessantesima parte del minuto primo **2** ♧ Breve spazio di tempo [S] momento, istante, attimo: *non ho un m. di pace*.

minuzióso *agg.* Fatto con grande cura e diligenza, non trascurando alcun particolare: *un'indagine m.*

mìo *agg.poss. di prima pers.sing.* Che appartiene a me: *la mia casa* ◊ Che si riferisce a me, alla mia persona; che riguarda me, proviene da me o è fatto da me: *le mie mani*; *i miei lavori* ◊ Che ha con me una relazione di parentela, di amicizia, di lavoro, di dipendenza ecc.: *mia madre*; *il mio paese* ♦ *pron.poss. di prima pers.sing.* Ha gli stessi usi e significati dell'aggettivo (ed è sempre preceduto dall'art. determ.).

mìope *agg.* e *s.m.f.* Che, chi è affetto da miopia.

miopìa *s.f.* Difetto della vista per cui si vedono confusi gli oggetti lontani.

mìra *s.f.* Regolazione della direzione di tiro o di lancio di un'arma o di un oggetto, in modo da colpire il bersaglio: *alzare la m.* ◊ Capacità di mirare e colpire il bersaglio: *avere buona, cattiva m.*

miràcolo *s.m.* **1** Fatto straordinario e in contrasto con le leggi della natura, attribuito all'intervento divino **2** ♧ Caso, fatto straordinario, incredibile, fortunato.

miracolóso *agg.* **1** Che è o sembra effetto di un miracolo: *una guarigione m.* **2** ♧ Straordinario, efficacissimo [S] prodigioso: *un rimedio m.*

miràre *v.intr.* [aus. *avere*] **1** Puntare un'arma contro un bersaglio per colpirlo ◊ Prendere la mira: *sparò senza m.* **2** ♧

Tendere, aspirare a qlco.: *una persona che mira solo al guadagno*.

mirìno *s.m.* **1** Piccolo rilievo sporgente sulla canna di un'arma da fuoco portatile, che aiuta a stabilire meglio la linea di mira **2** Nelle macchine fotografiche e nelle cineprese, dispositivo per osservare e inquadrare il soggetto da riprendere.

mirtìllo *s.m.* Arbusto che produce frutti nero-bluastri a bacca ◊ Il frutto di tale arbusto: *marmellata di m.*

miscèla *s.f.* Miscuglio omogeneo di due o più sostanze solide, liquide o gassose ◊ Il miscuglio di carburante e aria che alimenta i motori a scoppio ◊ Mescolanza di varie qualità di caffè.

mischiàre *v.tr.* Mescolare: *m. le carte*.

miscùglio *s.m.* Mescolanza confusa e poco omogenea di elementi diversi.

miseràbile *agg.* **1** Che suscita compassione per la sua estrema povertà, per la sua triste condizione **2** Spregevole, abietto: *un comportamento m.* ♦ *s.m.f.* Persona spregevole e abietta: *ha agito da m.*

miserévole *agg.* Che suscita compassione: *è ridotto in uno stato m.*

misèria *s.f.* Stato di estrema povertà: *cadere in m.*

misericòrdia *s.f.* Sentimento di compassione e pietà per la sventura altrui che induce all'aiuto e al perdono.

mìsero *agg.* **1** Molto povero **2** Che desta pietà, compassione [S] miserevole, disgraziato, sventurato: *fare una m. fine* **3** Scarso, insufficiente, inadeguato: *prendere una m. pensione* **4** Meschino: *fare una m. figura*.

misfàtto *s.m.* Grave delitto: *macchiarsi di orribili m.*

mìssile *s.m.* Apparecchio aereo senza pilota, a forma di siluro, capace di raggiungere altissime velocità ed enormi distanze, usato in attività spaziali e per scopi militari.

missionàrio *s.m.* Religioso o laico cristiano inviato a diffondere la fede tra popolazioni di altra religione.

missióne *s.f.* **1** Incarico, compito particolare affidato da un'autorità a una o più persone inviate presso qlcu. o da qualche parte **2** L'attività dei missionari e la sede in cui si svolge **3** ♧ Attività, compito che richiede grande dedizione e spirito di sacrificio.

missìva *s.f.* Lettera.

misterióso *agg.* **1** Che costituisce un mistero, che non si riesce a spiegare, a capire [S] oscuro, inesplicabile **2** Che nasconde qlco., che desta sospetti: *un comportamento m.*; *un tipo m.*

mistèro *s.m.* Fatto, fenomeno che non si riesce a spiegare o di cui non si sa nulla: *il suo passato è un m.*

mìsto *agg.* **1** Composto da elementi di diversa natura: *frutta m.*; *popolazioni m.* **2** Mescolato con altri elementi: *pioggia m. a neve* ♦ *s.m.* Mescolanza, miscuglio.

mistùra *s.f.* Miscuglio, mescolanza.

misùra *s.f.* **1** La quantità di una grandezza calcolata in rapporto con un'altra grandezza della stessa specie scelta come *unità di misura* **2** Le dimensioni di un oggetto: *prendere le m. di un tavolo* ◊ Le dimensioni del corpo umano o delle sue parti: *il sarto gli prese le m.* ◊ Taglia, grandezza di un capo d'abbigliamento: *che m. porti di scarpe?* **3** L'operazione di misurare [S] misurazione **4** *Vincere di m.* = con un vantaggio minimo **5** Limite; moderazione: *avere il senso della m.*; *bere con m.* **6** Provvedimento: *prendere le m. necessarie contro la criminalità*.

misuràre *v.tr.* **1** Determinare, calcolare la misura, le dimensioni di qlco.: *m. la temperatura, la superficie di una casa* **2** Provare o far provare un indumento: *il sarto gli misurò la giacca* ♦ *v.intr.* [aus. *avere*] Avere determinate misure: *la stanza misura tre metri per quattro.*

misurazióne *s.f.* L'operazione del misurare: *m. della febbre, della pressione.*

misurìno *s.m.* Piccolo recipiente per misurare quantità limitate di sostanze liquide, in grani o in polvere.

mìte *agg.* **1** Buono, dolce, paziente, pacifico: *carattere m.* ◊ Benevolo, indulgente, non severo: *sentenza, pena m.* **2** Dolce, temperato (detto di clima).

mìtico *agg.* Che ha carattere di mito, appartiene al mito: *personaggi m.* ◊ Leggendario, favoloso: *un'impresa m.*

mitigàre *v.tr.* Rendere meno intenso, più sopportabile Ⓢ calmare, attenuare: *un calmante per m. il dolore.*

mìto *s.m.* **1** Racconto favoloso, tramandato da tempi antichissimi, che narra le gesta di dei ed eroi leggendari o l'origine del mondo, di un popolo, di una scoperta ecc. **2** Immagine leggendaria creatasi intorno a un personaggio, a un avvenimento, a un luogo: *il m. di Hollywood.*

mitologìa *s.f.* L'insieme dei miti di un popolo o di una religione.

mitològico *agg.* Della mitologia, relativo ai miti: *personaggio, racconto m.*

mìtra *s.m.invar.* Fucile mitragliatore.

mitragliàre *v.tr.* Colpire con raffiche di mitragliatrice o di fucile mitragliatore.

mitragliatóre *agg.* Detto di arma automatica che può sparare colpi a ripetizione.

mitragliatrìce *s.f.* Arma da fuoco automatica capace di sparare un gran numero di colpi con cadenza molto rapida.

mittènte *s.m.f.* Chi spedisce una lettera, un pacco.

mòbile *agg.* Che può muoversi o essere mosso, spostato; non fisso, non stabile: *scala m.; sabbie m.; beni m.* ♦ *s.m.* Ciascuno degli oggetti che formano l'arredamento di una casa, di un ambiente.

mobìlia *s.f.* o **mobìlio** *s.m.* Il complesso dei mobili di una casa, di un ambiente.

mobilifìcio *s.m.* Fabbrica di mobili.

mocassìno *s.m.* Scarpa di pelle morbida, leggera e flessibile, in genere senza lacci.

mòda *s.f.* **1** Maniera corrente di vestirsi e acconciarsi, legata ai gusti prevalenti in una data epoca e società ◊ Usanza o abitudine molto diffusa in un certo momento: *oggi c'è la m. delle vacanze all'estero* **2** Gli abiti e tutto ciò che riguarda il settore dell'abbigliamento.

modellìno *s.m.* Modello, riproduzione in miniatura di un oggetto, di una struttura.

modèllo *s.m.* **1** Esempio perfetto, degno di essere imitato: *quella donna è un m. di bontà* ◊ Originale da riprodurre, copiare, ritrarre **2** Tipo di prodotto industriale dotato di particolari caratteristiche: *un nuovo m. di auto* **3** Vestito, oggetto d'abbigliamento realizzato su disegno originale **4** Rappresentazione su scala ridotta di qlco. che si progetta di costruire Ⓢ plastico ◊ Riproduzione, in scala generalmente ridotta, di oggetti e strutture varie.

moderàre *v.tr.* Contenere entro giusti limiti: *m. la velocità* ♦ **moderarsi** *v.pr.* Contenersi, regolarsi: *m. nel bere.*

moderàto *agg.* **1** Che si contiene o è contenuto entro giusti limiti Ⓢ misurato, equilibrato: *m. nel bere, nello spendere*;

un discorso m. ◊ Non forte, non eccessivo: *velocità m.*; *prezzi m.* **2** In politica, contrario a ogni radicalismo: *idee m.*

moderatóre *s.m.* Chi dirige e coordina un dibattito.

moderazióne *s.f.* Senso della misura, equilibrio lontano da ogni eccesso.

modèrno *agg.* Del tempo presente o di quello più recente: *la società m.*; *l'arte m.* ◊ Caratteristico del tempo presente Ⓢ attuale, aggiornato: *mentalità m.*

modèstia *s.f.* Virtù di chi non è presuntuoso e non ama vantarsi dei propri meriti.

modèsto *agg.* **1** Privo di presunzione **2** Semplice, non vistoso, non lussuoso: *una casa m.* ◊ Di livello sociale non elevato Ⓢ umile: *un m. impiegato* ◊ Modico, moderato, esiguo: *spesa m.*; *pretese m.* ◊ Di scarsa importanza o valore Ⓢ limitato, mediocre: *m. risultati*; *un film m.*

mòdico *agg.* Piuttosto esiguo, non elevato, non eccessivo: *prezzi m.*

modìfica *s.f.* Modificazione, cambiamento: *fare una m. a un vestito.*

modificàre *v.tr.* Cambiare qlco. in parte o del tutto: *m. una legge.*

modificazióne *s.f.* Cambiamento, modifica, trasformazione, variazione.

mòdo *s.m.* **1** Maniera particolare (di essere, agire, svolgersi ecc.): *m. di vivere*; *mi guardò in m. strano* **2** Maniera di comportarsi, di trattare: *m. gentili*; *lo cacciò in malo m.* **3** Mezzo, metodo, espediente: *si arrangia in mille m.* **4** *M. del verbo* = la categoria della coniugazione verbale che definisce l'atteggiamento del soggetto di fronte all'azione o allo stato espressi dal verbo (per es. il *m. indicativo* esprime una certezza, il *m. condizionale* una possibilità).

mòdulo *s.m.* Stampato da riempire nelle parti in bianco, in uso soprattutto negli uffici pubblici.

móglie *s.f.* Il coniuge di sesso femminile | *Prendere m.* = sposarsi.

mòla *s.f.* **1** Macina da mulino o da frantoio **2** Disco di materiale abrasivo che, montato su macchine utensili, serve a levigare, lucidare, affilare ecc.

molàre[1] *v.tr.* Levigare, lucidare o affilare qlco. con la mola: *m. un coltello.*

molàre[2] *agg.* e *s.m.* Detto di ciascuno dei denti laterali che, nell'uomo e nei mammiferi, hanno la funzione di masticare il cibo.

mòle *s.f.* **1** Massa o struttura imponente **2** Dimensione: *un pacco di grossa m.* ◊ ✿ Quantità: *ho una gran m. di lavoro.*

molècola *s.f.* La più piccola parte di una sostanza che conserva le proprietà chimiche della sostanza stessa.

molestàre *v.tr.* Infastidire, disturbare, importunare.

molèstia *s.f.* Fastidio, disturbo, disagio che irrita: *la m. dei rumori, del caldo.*

molèsto *agg.* Che reca molestia Ⓢ fastidioso, irritante, noioso: *insetti m.*

mòlla *s.f.* Organo meccanico elastico, per lo più d'acciaio, capace di comprimersi e allungarsi sotto l'azione di una forza e di tornare alla forma primitiva quando cessa tale azione.

mollàre *v.tr.* **1** Lasciar andare, allentare: *m. la presa, un cavo* **2** ✿ Dare, appioppare: *m. un ceffone* ♦ *v.intr.* [aus. *avere*] Desistere, cedere, rinunciare.

mòlle *agg.* Non duro, non rigido Ⓢ morbido, tenero, soffice.

molleggiàto *agg.* Dotato di elasticità grazie a un sistema di molle: *divano m.* ◊ Elastico, flessuoso, sciolto: *passo m.*

mollétta *s.f.* **1** Piccolo arnese a molla per tenere fissati i capelli (*forcina*) o i panni stesi **2** (al *pl.*) Pinzetta a forma di U.

mollìca *s.f.* La parte interna e soffice del pane.

mollùsco *s.m.* Animale invertebrato, acquatico o terrestre, dal corpo molle, spesso provvisto di conchiglia.

mòlo *s.m.* Opera in muratura costruita per difendere un porto dalle onde e attrezzata all'interno per l'attracco e l'ormeggio delle imbarcazioni.

moltéplice *agg.* **1** Costituito da molti elementi **2** (al *pl.*) Numerosi, diversi, svariati: *ha m. interessi, attività.*

moltiplicàre *v.tr.* **1** Accrescere notevolmente di numero, di quantità, di valore: *m. gli sforzi* **2** In matematica, eseguire la moltiplicazione ♦ **moltiplicarsi** *v.pr.* Aumentare notevolmente: *si moltiplicarono le difficoltà* ◊ Crescere di numero riproducendosi: *i topi si moltiplicano in fretta.*

moltiplicazióne *s.f.* **1** Aumento, accrescimento di numero, di quantità: *m. della popolazione* **2** Operazione aritmetica con la quale un numero (*moltiplicando*) viene sommato tante volte quante sono indicate da un secondo numero (*moltiplicatore*) ottenendo un risultato detto *prodotto.*

moltitùdine *s.f.* Gran numero, gran quantità di persone, animali o cose ◊ Folla.

mólto *agg.indef.* Che è in gran quantità, in gran numero ⓢ parecchio, numeroso: *m. pane*; *m. volte* ◊ Grande: *ho m. fiducia in lui* ◊ Lungo (nel tempo o nello spazio): *non lo vedo da m. tempo*; *ho m. strada da fare* ◊ Piuttosto forte o intenso: *c'è m. vento* ♦ *pron. indef.* Si usa, con gli stessi significati dell'aggettivo, sot-tintendendo un sostantivo espresso in precedenza o ricavabile dal contesto ◊ (al *pl.*) Molte persone: *eravamo in m.* ♦ *avv.* Grandemente, assai, notevolmente: *mi piace m.* ◊ Per lungo tempo: *un film che dura m.*

momentàneo *agg.* Che dura un istante: *una distrazione m.* ◊ Di breve durata ⓢ passeggero, temporaneo, transitorio.

moménto *s.m.* **1** Breve frazione di tempo ⓢ attimo, istante **2** Periodo di tempo caratterizzato da particolari condizioni ⓢ situazione, circostanza: *è un m. difficile* ◊ Occasione: *aspettò il m. favorevole.*

mònaco *s.m.* Persona che sceglie di abbandonare la vita sociale e gli interessi terreni per consacrarsi a Dio e alla fede, vivendo in solitudine o in piccole comunità e monasteri.

monàrca *s.m.* Capo di uno stato monarchico ⓢ re, sovrano, imperatore.

monarchìa *s.f.* Forma di governo in cui il potere supremo è nelle mani di una sola persona (re o imperatore) che lo detiene a vita e lo trasmette ai suoi eredi.

monàrchico *agg.* Della monarchia: *regime m.* | *Stato m.* = retto da monarchia.

monastèro *s.m.* Residenza di una comunità di monaci o di monache.

mónco *agg.* Privo di una o entrambe le braccia o di una parte di esse.

moncóne *s.m.* **1** La parte che resta di un arto dopo la perdita della parte terminale **2** Parte che resta di un oggetto spezzato, troncato: *un m. di ramo, di matita.*

mondàno *agg.* **1** Della vita terrena e materiale: *i piaceri, i beni m.* **2** Della gente ricca ed elegante e della sua vita di società frivola e lussuosa, fatta di feste e divertimenti: *un ricevimento m.*

mondàre *v.tr.* Pulire, liberare da ciò che

è inutile o dannoso: *m. le verdure, il riso*.

mondiàle *agg*. Del mondo: *campione m*. ◊ Che riguarda tutti o la maggior parte dei paesi del mondo: *le guerre m*. ◊ Esteso a tutto il mondo Ⓢ universale: *uno scienziato di fama m*.

móndo *s.m.* **1** L'universo e tutto ciò che lo costituisce: *l'origine del m*. **2** La Terra, il globo terrestre: *fare il giro del m*. **3** La Terra come sede degli uomini e quindi come simbolo della vita e della società umana: *sperare in un m. migliore* **4** La totalità degli uomini Ⓢ umanità: *il papa ha rivolto un appello al m*. **5** Insieme di uomini appartenenti alla stessa epoca, civiltà, società, popolazione, religione ecc.; l'insieme degli aspetti che caratterizzano quella data epoca, civiltà ecc.: *il m. antico, romano, cristiano, musulmano, occidentale* ◊ Complesso di persone che hanno attività, interessi, modi di vita comuni Ⓢ ceto, ambiente: *il m. politico, degli affari, del cinema* **6** Insieme costituito da elementi o realtà dello stesso genere: *il m. animale, vegetale, minerale*; *il m. delle idee*.

monéta *s.f.* **1** Dischetto metallico coniato dallo stato per essere usato come mezzo di scambio e dotato di un valore prefissato **2** Denaro spicciolo: *restare senza m*.

mònito *s.m.* Ammonimento severo, fermo avvertimento.

monitor [inglese] *s.m.invar.* Apparecchio dotato di teleschermo che permette di controllare l'andamento di una trasmissione televisiva o di un fenomeno ◊ Schermo di un computer: *m. a colori*.

monocoltùra *s.f.* Coltivazione di una sola specie di piante praticata per molto tempo su uno stesso terreno.

monogamìa *s.f.* Vincolo matrimoniale che unisce un solo uomo a una sola donna, a differenza della poligamia.

monolocàle *s.m.* Abitazione costituita da un solo locale più servizi.

monopòlio *s.m.* Situazione di mercato in cui è un unico venditore a offrire un determinato prodotto o servizio ◊ Impresa che detiene un monopolio o ha comunque una grande influenza in un settore del mercato.

monosìllabo *s.m.* Parola di una sola sillaba.

monoteìsmo *s.m.* Religione che si fonda sulla fede in un solo dio.

monotonìa *s.f.* Uniformità, assenza di variazioni; la noia che ne deriva.

monòtono *agg*. Che ha un tono uniforme, senza variazioni: *una musica m*. ◊ Che stanca e annoia perché sempre uguale, privo di varietà: *un paesaggio m*.; *una persona m*.

montacàrichi *s.m.invar.* Impianto per il trasporto in verticale di merci e materiali.

montàggio *s.m.* L'operazione del mettere insieme e collegare tra loro le diverse parti di una macchina, di un mobile, di una struttura, di un oggetto.

montàgna *s.f.* Monte ◊ Zona, regione montuosa: *fare le vacanze in m*.

montagnóso *agg*. Montuoso.

montanàro *s.m.* Chi è nato o abita in una zona di montagna.

montàno *agg*. Di monte, di montagna.

montàre *v.intr.* [aus. *essere*] **1** Andare, salire su qlco.: *m. a cavallo, su un tavolo*; *m. in bicicletta* **2** Salire, crescere di livello: *sta montando la marea* ♦ *v.tr.* **1** Cavalcare **2** Far crescere di volume Ⓢ gonfiare: *m. la panna* **3** Mettere insieme i vari pezzi che compongono un oggetto in modo da renderlo funzionante: *m. una macchina* **4** *M. di guardia* = fare la guardia; iniziare il servizio di guardia.

montatùra *s.f.* Il telaio o il supporto di sostegno in cui un oggetto è montato: *la m. degli occhiali.*

mónte *s.m.* **1** Rilievo della superficie terrestre, di altezza superiore ai 500 m [S] montagna **2** ♧ *Andare a m.* = fallire, non essere realizzato.

montóne *s.m.* Il maschio della pecora ◊ La carne o la pelle di tale animale.

montuóso *agg.* Ricco di monti: *regione m.* ◊ Costituito da monti: *catena m.*

monuménto *s.m.* **1** Opera di scultura o di architettura eretta per ricordare personaggi o avvenimenti di grande rilievo **2** Opera, spec. architettonica, di notevole importanza e valore artistico o storico.

mòra[1] *s.f.* Frutto del rovo o del gelso.

mòra[2] *s.f.* Ritardo ingiustificato nell'effettuare un pagamento dovuto.

moràle *agg.* **1** Che riguarda il comportamento dell'uomo in relazione all'idea che si ha del bene e del male [S] etico: *giudizio m.*; *principi m.* **2** Conforme a ciò che è buono, giusto, onesto: *comportamento poco m.* **3** Che riguarda la coscienza, l'animo, lo spirito: *forza m.*; *aiuto morale* | *Vincitore m.* = chi, pur essendo stato sconfitto, meritava la vittoria ⧫ *s.f.* L'insieme dei principi morali e delle norme di comportamento che regolano la vita dell'individuo e della società: *agire in modo contrario alla m.* ⧫ *s.m.* Stato d'animo, condizione psicologica: *oggi sono un po' giù di m.*

mòrbido *agg.* Soffice, tenero, cedevole al tatto: *letto m.*; *capelli m.* ◊ Liscio, vellutato, delicato al tatto: *pelle m.*

morbìllo *s.m.* Malattia infettiva che colpisce soprattutto i bambini e provoca febbre, infiammazione alle vie respiratorie e macchie rosse sul viso e sul corpo.

mòrbo *s.m.* Malattia: *un m. contagioso.*

morbóso *agg.* Eccessivo, esasperato, ossessivo: *una gelosia, una curiosità m.*

mòrdere *v.tr.* **1** Afferrare e stringere con i denti [S] addentare ◊ Pungere: *fu morso da una vespa* **2** ♧ Intaccare, corrodere: *un acido che morde il metallo.*

morènte *agg.* e *s.m.f.* Moribondo.

morìa *s.f.* Elevata mortalità di gruppi di animali, per lo più a causa di epidemie o inquinamento: *una m. di polli, di pesci.*

moribóndo *agg.* e *s.m.* Che, chi sta per morire.

morìre *v.intr.* **1** Cessare di vivere **2** ♧ Soffrire fortemente per qlco., non poterne più: *m. dalla sete, dal caldo* ◊ Provare intensamente un sentimento, una sensazione: *m. di rabbia, dalla vergogna* **3** ♧ Cessare di esistere, estinguersi, finire, aver termine: *la speranza è l'ultima a m.*; *il giorno sta morendo.*

mormoràre *v.intr.* [aus. *avere*] **1** Parlare a bassa voce [S] bisbigliare **2** Brontolare, protestare a mezza voce ◊ Fare pettegolezzi, insinuazioni alle spalle di qlcu. [S] malignare, sparlare.

mòro *agg.* Di colore bruno, scuro.

moróso *agg.* Che è in ritardo nel pagamento di quel che deve: *un inquilino m.*

morsicàre *v.tr.* Mordere ◊ Detto di insetti, pungere: *mi ha morsicato una vespa.*

morsicatùra *s.f.* Segno lasciato da un morso o da una puntura di animale.

mòrso *s.m.* **1** L'atto di mordere: *dare un m. a una mela*; *i m. delle vipere* **2** Pezzo di cibo che si stacca con un solo morso [S] boccone: *mangiò qualche m. di pane* **3** ♧ Acuta sensazione di dolore, fisico o spirituale: *essere colti dai m. della fame, della gelosia.*

mortadèlla *s.f.* Salume di carne di maiale impastata con pezzi di lardo e spezie.

mortàle *agg.* **1** Che è soggetto alla morte, destinato a morire **2** Che provoca o può provocare la morte: *malattia m.*

mortalità *s.f.* Il numero dei morti che si verificano in un dato periodo di tempo all'interno di una popolazione o categoria di persone: *la diminuzione della m. infantile*; *l'aumento della m. sul lavoro.*

mòrte *s.f.* **1** Cessazione della vita ◊ Pena capitale: *fu condannato a m.* **2** ⚘ Fine, estinzione, rovina: *la m. di un regno.*

mortificàre *v.tr.* Umiliare una persona con rimproveri o atti che offendono il suo amor proprio.

mòrto *agg.* Che ha cessato di vivere; privo di vita ◊ ⚘ *Stagione m.* = periodo in cui sono scarsi gli affari, il commercio, il turismo ◆ *s.m.* Persona morta Ⓢ salma, defunto: *seppellire un m.*

mosàico *s.m.* Tecnica di decorazione di pareti e pavimenti basata sull'accostamento di cubetti colorati di pietra, vetro o ceramica in modo da formare figure o disegni geometrici ◊ Opera realizzata con questa tecnica: *i m. di Ravenna.*

mósca *s.f.* Nome di numerose specie di insetti con due ali trasparenti; il tipo più diffuso è la *m. comune*, fastidiosa e nociva perché portatrice di germi e malattie.

moscerìno *s.m.* Nome di vari tipi di insetti molto piccoli che volano a sciami.

moschèa *s.f.* Edificio sacro dei musulmani.

móscio *agg.* **1** Floscio, molle, flaccido: *pelle m.* **2** ⚘ Privo di vitalità, di energia fisica o morale Ⓢ fiacco: *una gioventù m.*

mòssa *s.f.* **1** Gesto o movimento del corpo o di una parte del corpo **2** Azione, iniziativa con una fine preciso.

mòsso *agg.* Che è in movimento, non fermo | *Mare m.* = agitato.

móstra *s.f.* **1** *Mettere in m.* = mostrare, esibire, ostentare | *Mettersi in m.* = farsi notare **2** Esposizione pubblica di oggetti, prodotti, animali: *m. di pittura.*

mostràre *v.tr.* **1** Far vedere, presentare ad altri Ⓢ esibire: *m. la casa all'amico* **2** Indicare: *mi può m. la strada per la stazione?* **3** Spiegare, insegnare: *m. il funzionamento di una macchina* **4** Dimostrare, rivelare, manifestare: *m. coraggio*; *m. la propria riconoscenza* ◆ **mostrarsi** *v.pr.* **1** Farsi vedere Ⓢ apparire, presentarsi: *m. in pubblico* **2** Presentarsi o apparire in un certo modo: *m. deluso.*

móstro *s.m.* **1** Creatura fantastica d'aspetto orribile e spaventoso **2** Essere umano o animale con forti anomalie fisiche **3** ⚘ Persona bruttissima **4** ⚘ Persona malvagia e crudele ◊ Persona che ha compiuto crimini orrendi.

mostruóso *agg.* **1** Che ha l'aspetto di un mostro ◊ Bruttissimo **2** ⚘ Estremamente malvagio e crudele: *un delitto m.* **3** ⚘ Straordinario, eccezionale Ⓢ fenomenale: *ha una forza, una memoria m.*

motivàre *v.tr.* Spiegare o giustificare i motivi di qlco.: *m. un'assenza, una richiesta.*

motìvo *s.m.* **1** Ciò che determina o giustifica un comportamento o un fatto Ⓢ ragione, causa: *il m. di un ritardo* **2** Il tema di un brano musicale Ⓢ melodia, aria: *un m. molto orecchiabile.*

mòto[1] *s.m.* **1** Spostamento, movimento: *il m. degli astri* **2** Il camminare, il muoversi, spec. come esercizio fisico: *il medico gli ha detto di fare più m.*

mòto[2] *s.f.invar.* Motocicletta.
motocàrro *s.m.* Motoveicolo da trasporto a tre ruote.
motociclétta *s.f.* Motoveicolo a due ruote che può trasportare fino a due persone.
motociclìsmo *s.m.* Lo sport delle corse in motocicletta.
motociclìsta *s.m.f.* Chi guida una motocicletta ◊ Chi pratica il motociclismo.
motocìclo *s.m.* Qualsiasi motoveicolo a due ruote (motocicletta, motoretta e sim.).
motonàve *s.f.* Nave a motore per il trasporto di merci e passeggeri.
motóre *s.m.* Macchina che trasforma in energia meccanica (cioè in movimento) un'altra forma di energia (termica, elettrica ecc.).
motoscàfo *s.m.* Imbarcazione leggera e veloce munita di motore entrobordo o fuoribordo.
motoveìcolo *s.m.* Ogni veicolo a motore a due o a tre ruote.
motrìce *s.f.* Qualsiasi veicolo a motore che traina un rimorchio.
movènte *s.m.* Motivo che spinge a compiere un'azione, spec. delittuosa.
movimentàto *agg.* Vivace, pieno di animazione: *una festa m.* ◊ Pieno di imprevisti Ⓢ agitato: *il viaggio fu piuttosto m.*
moviménto *s.m.* **1** L'atto, il fatto di muovere o di muoversi; lo spostamento di cose o persone da una posizione all'altra o da un luogo all'altro **2** Animazione, via vai di persone, traffico di veicoli: *alla stazione c'è sempre m.* **3** Gruppo di persone unite da ideali e obbiettivi politici comuni: *m. operaio, studentesco.*
mozzarèlla *s.f.* Formaggio fresco fatto con latte di bufala o di vacca.
mozzicóne *s.m.* Ciò che rimane di un oggetto che sia stato tagliato, spezzato o consumato in parte: *un m. di candela.*
mùcca *s.f.* Vacca da latte.
mùcchio *s.m.* Grossa quantità di materiale o di oggetti ammassati senz'ordine Ⓢ cumulo ◊ ♧ Gran quantità.
mùco *s.m.* Sostanza vischiosa biancastra o giallastra secreta dalle ghiandole delle mucose per proteggerle.
mucósa *s.f.* Membrana che riveste le pareti interne di alcuni organi cavi e condotti del corpo; viene mantenuta sempre umida dal muco che secernono le sue ghiandole e cellule: *m. nasale.*
mùffa *s.f.* Complesso di funghi microscopici che formano un sottile strato biancastro o verdognolo sulla superficie di sostanze organiche in decomposizione: *il formaggio ha fatto la m.*
muggìre *v.intr.* [aus. *avere*] Emettere muggiti (detto dei bovini).
muggìto *s.m.* Il verso caratteristico dei bovini.
mugolàre *v.intr.* [aus. *avere*] Detto di cani, emettere a bocca chiusa suoni sommessi, prolungati e lamentosi.
mulàtto *s.m.* Chi è figlio di un genitore di pelle chiara e di uno di pelle scura.
mulinèllo *s.m.* Vortice formato dal vento o dall'acqua corrente.
mulìno *s.m.* L'edificio in cui si macinano il grano e altri cereali e la macchina che effettua la macinazione.
mùlo *s.m.* Animale nato dall'incrocio di un asino con una cavalla.
mùlta *s.f.* Pena in denaro prevista per certi reati; nell'uso corrente, ammenda per una contravvenzione.
multàre *v.tr.* Condannare al pagamento di una multa.
multicolóre *agg.* Di vari colori.

multinazionàle *s.f.* Grande impresa le cui attività produttive e commerciali sono dislocate in vari paesi del mondo.

mùltiplo *agg.* e *s.m.* Si dice di numero che contiene un esatto numero di volte un altro numero: *15 è (un) m. di 3.*

multirazziàle *agg.* Relativo a più razze | *Società m.* = in cui convivono più razze.

mùmmia *s.f.* Cadavere imbalsamato o disseccato perché si conservi a lungo.

mùngere *v.tr.* Spremere il latte dalle mammelle degli animali che lo forniscono: *m. le mucche, le capre.*

municipàle *agg.* Del municipio Ⓢ comunale: *si è riunito il consiglio m.*

municìpio *s.m.* Il comune, l'amministrazione comunale, la sede del comune.

munìre *v.tr.* Dotare, fornire di quanto è necessario alla difesa, alla protezione, alla sicurezza ecc.: *m. un fiume di argini* ♦ **munirsi** *v.pr.* Fornirsi, dotarsi.

munizióne *s.f.* (spec. al *pl.*) Tutto ciò che serve (proiettili, cartucce ecc.) per caricare le armi da fuoco.

muòvere *v.tr.* **1** Spostare da un punto a un altro ◊ Far compiere un movimento o dei movimenti a una parte del corpo: *m. la testa, gli occhi* **2** Indurre, spingere: *che cosa l'ha mosso a partire?* ♦ **muoversi** *v.pr.* **1** Fare un movimento, dei movimenti: *la ferita gli impedisce di m.* ◊ Spostarsi, allontanarsi da un luogo: *non può m. da casa* ◊ Avviarsi, mettersi in movimento: *si mosse verso l'uscita* **2** Sbrigarsi, affrettarsi: *muoviti se non vuoi fare tardi.*

muràglia *s.f.* Muro di grande altezza e spessore, eretto a scopo difensivo.

muraglióne *s.m.* Grosso muro di sostegno di tratti franosi di strade e ferrovie, o di difesa dalle acque (in fiumi e porti).

muràle *agg.* Eseguito, fatto su muri: *scritte m.* ◊ Destinato a essere affisso a muri: *manifesto m.* ♦ *s.m.* Dipinto di grandi dimensioni realizzato sui muri esterni di edifici.

muràre *v.tr.* Chiudere con un muro un'apertura: *m. una porta* ◊ Incassare in un vano del muro: *m. una cassaforte* ◊ Fissare un oggetto nel muro con cemento o altro: *m. una mensola.*

muràrio *agg.* Di muratura, in muratura: *lavori m.*; *opere m.*

muratóre *s.m.* Operaio che costruisce opere in muratura.

muratùra *s.f.* **1** La tecnica e il lavoro del costruire strutture costituite da pietre o laterizi tenuti insieme da calce, cemento o altro **2** Struttura muraria, muro.

mùro *s.m.* **1** Struttura verticale di pietra, mattoni o altro materiale, che ha funzione di sostegno o di separazione **2** ❀ Ostacolo che impedisce il passaggio o la vista, o atteggiamento che separa come un muro le persone tra loro Ⓢ barriera: *un m. di fuoco, di nebbia*; *un m. d'odio.*

mùschio *s.m.* Nome di diverse specie di piante piccolissime che crescono compatte su terreni umidi, rocce e tronchi d'albero, formando un morbido tappeto.

muscolàre *agg.* Del muscolo, dei muscoli: *dolore m.*; *forza m.*

muscolatùra *s.f.* Il complesso dei muscoli.

mùscolo *s.m.* Ciascuno degli organi formati da fasci di fibre capaci di contrarsi e che servono ai vari movimenti del corpo e delle sue parti.

muscolóso *agg.* Che ha muscoli forti e in rilievo.

musèo *s.m.* Luogo dove sono raccolte, custodite ed esposte al pubblico opere d'arte e oggetti d'interesse culturale, storico, scientifico ecc.

museruòla *s.f.* Arnese fatto di strisce di cuoio o di filo di ferro intrecciato a forma di gabbia, che si pone al muso dei cani perché non mordano.

mùsica *s.f.* **1** L'arte di combinare i suoni secondo determinate regole in modo da farne un mezzo espressivo: *maestro di m.* ◊ La produzione musicale di un'epoca, di un paese, di un musicista o considerata in relazione al genere e allo stile: *m. antica, moderna*; *m. sacra, classica, popolare, leggera* ◊ Composizione musicale: *ascoltare una m.* **2** ♣ Suono melodioso, armonioso, gradevole: *la m. del vento tra gli alberi.*

musicàle *agg.* Di musica, relativo alla musica: *brano m.*; *strumenti m.*

musicìsta *s.m.f.* Compositore di musica ◊ Esecutore di composizioni musicali.

mùso *s.m.* **1** La parte anteriore della testa degli animali **2** Viso, faccia **3** La parte anteriore di un'automobile, di un aeroplano, di un sommergibile.

musulmàno o **mussulmàno** *agg.* Islamico ♦ *s.m.* Chi segue la religione islamica.

mùta *s.f.* Tuta subacquea.

mutaménto *s.m.* Cambiamento, modificazione, variazione: *i m. del clima.*

mutànde *s.f.pl.* Indumento intimo costituito da calzoncini corti e leggeri.

mutandìne *s.f.pl.* Mutande, spec. per donna e bambini | *M. da bagno* = slip.

mutàre *v.tr.* Cambiare, modificare: *m. idea*; *gli uccelli mutano le penne* ◊ Rendere diverso, trasformare: *m. aspetto, atteggiamento* ♦ *v.intr.* [aus. *essere*] Diventare diverso, cambiare: *il tempo sta mutando*; *m. in meglio, in peggio.*

mutévole *agg.* Che cambia spesso e facilmente ⓢ variabile, instabile, incostante, volubile: *questa settimana il tempo sarà m.*; *una persona di umore m.*

mutilàre *v.tr.* Privare una persona di una parte del corpo (spec. di un arto): *l'incidente lo ha mutilato di una gamba.*

mutilàto *s.m.* Persona che ha perso un arto o un'altra parte del corpo in guerra o per altre cause.

mutìsmo *s.m.* Incapacità di parlare, per lo più come conseguenza della sordità.

mùto *agg.* **1** Che è incapace di parlare perché affetto da mutismo **2** Che rimane silenzioso perché non vuol parlare o resta senza parola per una forte emozione o sentimento: *restare m. per lo stupore, per la vergogna* **3** (detto di cosa) Privo di suoni, di voci, silenzioso: *cinema m.* ♦ *s.m.* Persona affetta da mutismo.

mùtuo¹ *agg.* Reciproco, vicendevole, scambievole: *c'è tra loro una m. ammirazione*; *si sono prestati un m. soccorso.*

mùtuo² *s.m.* Prestito a lunga scadenza: *chiedere un m. per comprarsi la casa.*

N

n *s.f.* o *m.* Dodicesima lettera dell'alfabeto italiano; è una consonante.

nàfta *s.f.* Combustibile ricavato dal petrolio greggio Ⓢ gasolio.

naftalìna *s.f.* Sostanza solida di colore bianco, usata contro le tarme.

nànna *s.f.* Il dormire, spec. nel linguaggio infantile: *andare a n.*; *fare la n.*

nàno *agg.* Si dice di individuo o di razza e specie che ha dimensioni notevolmente inferiori rispetto alla norma ♦ *s.m.* Persona affetta da un'anomalia che causa una forte riduzione della crescita corporea ◊ Persona di statura molto bassa.

narcòsi *s.f.* Stato di perdita totale della coscienza e della sensibilità, provocato artificialmente Ⓢ anestesia generale.

narcòtico *agg.* Che provoca narcosi: *sostanze n.* ♦ *s.m.* Farmaco che provoca narcosi o comunque un sonno profondo Ⓢ sonnifero.

narìce *s.f.* Ciascuna delle due aperture della cavità nasale.

narràre *v.tr.* e *v.intr.* [aus. *avere*] Raccontare: *n. favole, esperienze di viaggio.*

narratìva *s.f.* Il genere letterario che comprende romanzi, novelle, racconti, fiabe: *un'opera di n.* ◊ Il complesso delle opere narrative appartenenti a una certa epoca, paese, categoria ecc.

narrazióne *s.f.* Esposizione ordinata di una vicenda Ⓢ racconto.

nasàle *agg.* Del naso: *osso n.* ◊ *Voce n.* = che risuona nelle cavità del naso.

nàscere *v.intr.* [aus. *essere*] **1** Venire al mondo (detto di uomini e animali) **2** Spuntare, germogliare (detto di piante, fiori, foglie) ◊ Spuntare, crescere (detto di denti, peli, capelli) ◊ Sorgere, spuntare (detto degli astri, dell'alba, del giorno) **3** Scaturire (detto di corsi d'acqua): *il Po nasce dal Monviso* ◊ ♣ Sorgere, manifestarsi: *nacque un dubbio.*

nàscita *s.f.* **1** L'atto e il momento in cui un essere umano (o un animale) viene partorito, messo al mondo **2** Lo spuntare, il sorgere di qlco.: *la n. di un fiore, del sole* ◊ ♣ Inizio, origine dell'esistenza di qlco.: *la n. di una città, di un partito.*

nascóndere *v.tr.* **1** Mettere, tenere una cosa o una persona in un luogo in cui sia difficile per altri vederla o trovarla Ⓢ celare, occultare **2** Impedire la vista, sottrarre alla vista: *le nuvole nascondevano il sole* **3** ♣ Non manifestare, dissimulare quel che si sente o pensa: *n. il proprio imbarazzo cambiando discorso* ◊ Non rivelare, tacere quel che si sa: *n. la gravità del male* ♦ **nascondersi** *v.pr.* Mettersi dove non si può essere visti o trovati; sottrarsi alla vista (anche ♣).

nascondìglio *s.m.* Luogo adatto a nascondere o a nascondersi ◊ Luogo in cui è nascosto qlcu.: *il n. di un ladro.*

nascósto *agg.* **1** Situato in modo da non essere visibile: *una casetta n. nel bosco* **2** ♣ Non evidente: *ha doti n.* ◊ Celato, segreto: *mi tenne n. la verità.*

nàso *s.m.* Parte sporgente del viso (e del muso di molti animali), posta tra la fronte e la bocca; ha funzione respiratoria ed è sede dell'olfatto.

nàstro *s.m.* **1** Striscia di tessuto che si usa per legare e come ornamento **2** Striscia a forma di nastro, di materiali vari e per usi diversi: *n. adesivo, isolante, magnetico*.

natàle *agg.* In cui si è nati Ⓢ nativo: *paese n.* ♦ *s.m.* (con l'iniziale maiuscola) Festa cristiana che ricorre il 25 dicembre e in cui si ricorda la nascita di Gesù Cristo.

natalità *s.f.* In statistica, il numero delle nascite che si verificano in un dato luogo e periodo: *diminuzione della n.*

natalìzio *agg.* Di, del Natale: *feste n.*

natànte *s.m.* Tutto ciò che galleggia; in partic. imbarcazione di piccole e medie dimensioni.

nàtica *s.f.* Ciascuna delle due masse carnose formate dai muscoli del sedere.

natìvo *agg.* In cui si è nati: *il paese n.* ◊ Del luogo in cui si è nati: *il dialetto n.* ♦ *s.m.* Chi è nato in un luogo Ⓢ indigeno.

nàto *agg.* Venuto al mondo ♦ *s.m.* Persona nata in un determinato anno o periodo: *i n. nel 1995* ◊ Figlio: *il primo n.*

natùra *s.f.* **1** Il complesso delle cose e degli esseri che costituiscono l'universo (e in partic. il mondo terrestre): *le forze, i fenomeni, i misteri della n.* ◊ L'ambiente naturale: *rispettare la n.* **2** L'insieme delle qualità, delle tendenze innate di una specie o caratteristiche di un individuo Ⓢ indole, carattere, temperamento: *una persona buona di n.* ◊ Qualità intrinseca o particolare di qlco.: *la n. complessa di un problema* ◊ Genere, tipo Ⓢ carattere: *problemi di n. politica*.

naturàle *agg.* **1** Della natura, relativo alla natura: *fenomeni n.* **2** Che deriva dalla natura, che si ha per natura: *mangiare è un bisogno n.* ◊ Genuino, non alterato; non artificiale: *cibi n.; lago n.* ◊ Spontaneo, schietto, non studiato: *tono di voce n.* **3** Giustificato, ovvio, logico: *la sua è stata una reazione n.*

naturalézza *s.f.* Spontaneità, semplicità, disinvoltura: *comportarsi con molta n.*

naufragàre *v.intr.* [aus. *essere* o *avere*] Detto di imbarcazione, affondare, andare distrutta.

naufràgio *s.m.* Perdita di una nave o di un'imbarcazione per una tempesta o altro accidente.

nàufrago *s.m.* Chi ha fatto naufragio o è scampato a un naufragio.

nàusea *s.f.* **1** Stato di malessere accompagnato da un senso di vomito imminente **2** ✂ Ripugnanza, disgusto.

nauseànte *agg.* Che dà la nausea, che fa venire il vomito Ⓢ disgustoso.

nauseàre *v.tr.* Dare la nausea: *questo odore mi nausea* ◊ ✂ Disgustare.

nàutico *agg.* Che riguarda la navigazione, serve alla navigazione: *carte n.*

navàle *agg.* Relativo alle navi o alla navigazione: *cantiere n.; battaglia n.*

nàve *s.f.* Grossa imbarcazione fornita di propri mezzi di propulsione, impiegata per il trasporto di persone e cose o per attività belliche: *n. a vela, a motore*.

navétta *s.f.* Treno o autobus che percorre continuamente nei due sensi un breve percorso.

navigàbile *agg.* Su cui è possibile la navigazione: *fiumi, canali n.*

navigàre *v.intr.* [aus. *avere*] **1** Spostarsi sull'acqua o nell'acqua: *n. lungo la costa, in immersione* ◊ Viaggiare per mare, su un fiume o su un lago come passeggero o membro dell'equipaggio di una nave **2** Volare: *n. a bassa quota* **3** N. in Internet = passare da un sito all'altro di Internet o consultare le diverse pagine di un sito.

navigazióne *s.f.* L'attività e il modo di navigare: *n. a vela, a motore* ◊ Viaggio compiuto per nave: *arrivammo in porto dopo tre giorni di n.*

navìglio *s.m.* **1** Insieme di navi o di imbarcazioni dello stesso tipo: *n. da guerra, da pesca* **2** Canale navigabile.

nazionàle *agg.* Della nazione: *lingua, bandiera n.* ♦ *s.f.* Squadra di atleti che rappresentano la propria nazione in gare internazionali: *la n. italiana di calcio.*

nazionalità *s.f.* **1** Appartenenza a una determinata nazione: *nave di n. inglese* ◊ Cittadinanza: *avere la n. italiana* **2** Nazione: *alla fiera c'era gente di ogni n.*

nazióne *s.f.* **1** Insieme di genti legate da una comune tradizione storica, linguistica, di civiltà e di costumi, spec. in quanto coscienti di tale patrimonio comune Ⓢ popolo **2** Stato, paese: *l'interesse della n.*

né *pron.m.f., sing.* e *pl.* **1** Di lui, di lei, di loro ◊ Di questo, di questa, di questi, di queste o di quello, di quella, di quelli, di quelle (riferito a cose nominate in precedenza o sottintese) ◊ Di ciò **2** Da ciò, da questo ♦ *avv.* Da lì, da qui.

né *congz.* Si usa per coordinare negativamente due o più elementi della stessa frase: *non ho fame né sete* ◊ Coordina due frasi negative (col valore di *e non, e neppure*).

neànche *avv.* e *congz.* Nemmeno, neppure ◊ Anche… non, persino… non, neppure: *n. un bambino ci crederebbe.*

nébbia *s.f.* Massa di vapore acqueo che si condensa vicino al suolo formando una specie di nube.

nebbióso *agg.* Pieno di nebbia, coperto di nebbia; in cui c'è spesso la nebbia.

nebulóso *agg.* **1** Nebbioso, nuvoloso: *cielo n.* **2** ♧ Vago, confuso: *ricordo n.*

necessàrio *agg.* Di cui non si può fare a meno Ⓢ indispensabile ♦ *s.m.* Ciò che è indispensabile, che occorre per qlco.

necessità *s.f.* Bisogno, esigenza irrinunciabile: *chiamateci in caso di n.* ◊ Cosa necessaria, indispensabile: *le n. della vita.*

necessitàre *v.intr.* [aus. *essere*] **1** Aver bisogno: *n. di cure* **2** Essere necessario Ⓢ occorrere: *necessitano provvedimenti.*

necrològio *s.m.* Annuncio della morte di una persona pubblicato su giornali.

negàre *v.tr.* **1** Dichiarare che non è vera una cosa che altri sostengono: *n. tutte le accuse* ◊ Non ammettere, non riconoscere: *n. le proprie responsabilità* ◊ Dire di no ◊ Non confessare: *si ostina a n.* **2** Non concedere Ⓢ rifiutare: *n. un favore.*

negatìvo *agg.* **1** Che nega, che esprime una negazione o un rifiuto: *risposta n. a una richiesta* **2** Contrario, sfavorevole: *parere n.* ◊ Che costituisce un difetto, un danno, uno svantaggio, un fallimento: *le qualità n. di qlcu.*; *esito n.* ◊ In medicina, si dice di esame, analisi ecc. che non ha riscontrato nulla di anormale o nessun segno di qlco. che si prevedeva.

negazióne *s.f.* Non riconoscimento: *n. della libertà* ◊ In grammatica, ogni elemento del discorso che serve a negare.

negligènte *agg.* Trascurato e svogliato nell'adempiere i propri doveri o compiti.

negligènza *s.f.* Trascuratezza nell'adempimento dei propri compiti o doveri ◊ Mancanza dovuta a trascuratezza o a disattenzione.

negoziànte *s.m.f.* Proprietario o gestore di un negozio Ⓢ esercente.

negòzio *s.m.* Locale, situato in genere al pian terreno, in cui si vendono merci o si offrono servizi al pubblico Ⓢ bottega.

négro *agg.* e *s.m.* Termine con cui era

tradizionalmente indicato chi appartiene alle popolazioni africane di pelle scura. Poiché oggi viene sentito come spregiativo, si preferisce il termine *nero*.

nemìco *agg.* e *s.m.* **1** Che, chi nutre e manifesta avversione e ostilità per qlcu. o per qlco. Ⓢ ostile, avverso, avversario **2** Che, chi appartiene a uno stato con cui si è in guerra: *esercito n.* ♦ *agg.* Avverso, sfavorevole: *la sorte gli è n.* ◊ Nocivo, dannoso: *l'alcol è n. del fegato.*

nemméno *avv.* e *congz.* Neanche, neppure: *non vengo n. io.*

nèo *s.m.* **1** Piccola macchia scura sulla pelle **2** ♧ Piccolo difetto.

nèon *s.m.* Elemento chimico, gas presente nell'aria, usato per lampade a tubo e per insegne luminose.

neonàto *s.m.* Bambino appena nato.

neppùre *avv.* e *congz.* Neanche.

néro *agg.* **1** Si dice del colore più scuro che ci sia e di ciò che ha questo colore **2** ♧ Pieno di avversità, contrarietà, dolori: *un periodo n.* ◊ Triste, malinconico, cupo: *oggi sono di umore n.*; *era n. in volto* **3** ♧ *Cronaca n.* = quella che si occupa dei delitti e degli incidenti **4** ♧ Caratterizzato da illegalità, mancato rispetto delle leggi: *lavoro n.* ♦ *s.m.* **1** Colore nero **2** Individuo di pelle nera.

nèrvo *s.m.* **1** Ciascuno dei filamenti che collegano il cervello e il midollo spinale alle diverse parti del corpo, trasmettendo gli stimoli dalla periferia al centro e dal centro alla periferia **2** Tendine.

nervosìsmo *s.m.* Stato di irritabilità, di agitazione, di tensione.

nervóso *agg.* **1** Dei nervi: *sistema n.* **2** Agitato, teso, inquieto, facilmente irritabile ♦ *s.m.* Stato d'animo agitato, irritato Ⓢ malumore, irritazione: *oggi ha il n.*

nèsso *s.m.* Rapporto, connessione, collegamento, legame, relazione.

nessùno *agg.indef.* [si tronca in *nessun* davanti a nomi maschili che cominciano per vocale o per consonante che non sia *s* impura, *gn, ps, x, z*] Neppure uno: *n. uomo* ◊ Neanche un po' di: *non c'è n. fretta* ♦ *pron.indef.* **1** Neppure uno: *non c'era n.* **2** Qualcuno: *hai visto n.?*

nèttare[1] *s.m.* **1** Liquido dolce secreto dai fiori di molte piante **2** Bevanda squisita.

nettàre[2] *v.tr.* Pulire: *n. l'insalata.*

nettézza *s.f.* Pulizia | *N. urbana* = servizio municipale che cura la pulizia delle strade e la raccolta delle immondizie.

nétto *agg.* **1** Pulito **2** Nitido, chiaro, preciso; secco, deciso (anche ♧): *contorni n.*; *colpo n.*; *n. rifiuto* **3** *Peso n.* = senza la tara | *Incasso, utile n.* = detratte le spese.

netturbìno *s.m.* Chi è addetto alla nettezza urbana Ⓢ spazzino.

neutràle *agg.* Che non parteggia per nessuno dei contendenti in una discussione, in una disputa, in una vertenza.

néve *s.f.* Precipitazione atmosferica sotto forma di minuscoli cristalli di ghiaccio, per lo più riuniti in fiocchi o falde.

nevicàre *v.intr.impers.* [aus. *essere* o *avere*] Cadere neve.

nevicàta *s.f.* Caduta di neve.

nevóso *agg.* Di neve: *precipitazioni n.* ◊ Coperto di neve: *cime n.*

nevralgìa *s.f.* Acuto dolore locale, causato dall'infiammazione di uno o più nervi.

nevròsi *s.f.* Disturbo psichico che si manifesta con sintomi di vario genere (ansie, ossessioni, paralisi momentanee ecc.) ◊ Nel linguaggio comune, ansia, ossessione: *la n. del lavoro, del successo.*

nevròtico *agg.* e *s.m.* Che, chi è affetto da nevrosi ◊ Nel linguaggio corrente, si dice di chi si mostra ansioso, fragile di nervi, facilmente irritabile.

nìcchia *s.f.* Cavità praticata nello spessore di un muro, spec. per collocarvi oggetti decorativi.

nicotìna *s.f.* Sostanza tossica contenuta nel tabacco.

nìdo *s.m.* **1** Ricovero che gli uccelli costruiscono per deporvi le uova e allevare i piccoli ◊ Ricovero di altri animali: *n. di vespe, di vipere* **2** *(Asilo) n.* = asilo che ospita i bambini inferiori ai 3 anni.

niènte *pron.indef.invar.* **1** Nessuna cosa Ⓢ nulla: *non gli va mai bene n.* **2** Qualche cosa: *c'è n. di nuovo?* ♦ *s.m. invar.* Nessuna cosa Ⓢ nulla ◊ Cosa da nulla: *basta un n. a farlo felice* ♦ *avv.* Neppure un poco, assolutamente nulla: *non ci capisco n.*

ninnanànna *s.f.* Cantilena per far addormentare i bambini.

nipóte *s.m.f.* Il figlio o la figlia di un proprio figlio o figlia ◊ Il figlio o la figlia di un proprio fratello o sorella.

nìtido *agg.* **1** Chiaro, dai contorni netti, ben definiti: *immagine n.* **2** Limpido, pulito, splendente: *un cielo n.*

nitrìto *s.m.* Il verso caratteristico del cavallo.

nò *avv.* **1** Negazione (il contrario di *sì*) che, spec. nelle risposte, equivale a un'intera frase negativa **2** In alcune frasi ha il significato di «non è vero?»: *ti piacerebbe venire, no?* ♦ *s.m.* Rifiuto, risposta negativa: *non mi aspettavo un suo no* ◊ Voto contrario: *i no furono più dei sì.*

nòbile *agg.* **1** Appartenente alla nobiltà Ⓢ aristocratico **2** ♣ Di elevate qualità morali Ⓢ generoso, magnanimo: *ha un animo n.* **3** *Metalli n.* = quelli che si ossidano difficilmente ♦ *s.m.f.* Chi appartie-

ne a una famiglia nobile, all'aristocrazia.

nobiltà *s.f.* **1** La classe sociale superiore che, nelle monarchie di un tempo, godeva di particolari privilegi **2** ♣ Elevatezza spirituale, generosità di sentimenti.

nòcca *s.f.* Ciascuna delle giunture delle dita delle mani e dei piedi.

noccìòla *s.f.* Il frutto del nocciolo e il seme commestibile che contiene ♦ *agg.invar.* Di colore marrone chiaro.

nòcciolo[1] *s.m.* **1** La parte interna e legnosa di certi frutti, che contiene il seme **2** ♣ Punto centrale, aspetto essenziale di qlco.: *venire al n. della questione.*

nocciòlo[2] *s.m.* Albero o arbusto che dà frutti detti *nocciole.*

nóce[1] *s.m.* Grande albero che dà frutti detti *noci* ◊ Il legno di tale albero.

nóce[2] *s.f.* **1** Il frutto del noce **2** Frutto o seme di altre piante, che ricorda la noce: *n. di cocco; n. moscata.*

nocività *s.f.* L'essere nocivo Ⓢ dannosità: *la n. del fumo* ◊ Complesso di fattori nocivi alla salute: *la n. in fabbrica.*

nocìvo *agg.* Che nuoce Ⓢ dannoso.

nòdo *s.m.* **1** Avvolgimento su se stesso di un filo, di un nastro, di una fune e sim.; legatura per congiungere fra loro due o più corde, funi, nastri ecc. **2** Groviglio, intreccio di capelli o peli ◊ ♣ Punto difficoltoso, intricato ◊ ♣ Punto essenziale, decisivo **3** *N. stradale, ferroviario* = punto, località in cui si intrecciano o convergono più strade o linee ferroviarie.

nói *pron.pers.* Pronome personale, maschile e femminile, di prima persona plurale; si usa sia come soggetto che come complemento, quando la persona che parla si riferisce a se stessa insieme ad altri.

nòia *s.f.* **1** Senso di insoddisfazione e di

fastidio provocato dall'inattività, dalla mancanza di distrazioni e interessi, dal ripetersi monotono delle stesse situazioni **2** Fastidio, molestia, disturbo: *il fumo non mi dà n.* ◊ Seccatura, guaio, inconveniente: *ha delle n. con i vicini.*
noióso *agg.* **1** Che procura noia [S] tedioso, monotono **2** Fastidioso, molesto.
noleggiàre *v.tr.* Prendere a noleggio: *n. gli sci* ◊ Dare a noleggio.
noléggio *s.m.* Contratto con cui il proprietario di un mezzo di trasporto o di un altro oggetto lo cede temporaneamente in uso, dietro compenso, a un'altra persona ◊ Il prezzo che si paga per il noleggio.
nòlo *s.m.* Noleggio.
nòmade *agg.* Detto di popolazione e di tipo di vita senza una sede fissa e stabile: *tribù n.* ♦ *s.m.f.* Chi appartiene a una popolazione nomade ◊ ♧ Chi non ha un domicilio fisso ed è sempre in giro, per lavoro o per altro.
nóme *s.m.* **1** Parola che serve a indicare persone, animali, cose concrete o astratte, idee, fenomeni, sentimenti ecc.; dal punto di vista grammaticale è sinonimo di *sostantivo* **2** Riferito a persona indica il *nome proprio* (distinto dal *cognome*), ma può indicare anche l'insieme di nome e cognome.
nomìgnolo *s.m.* Soprannome.
nòmina *s.f.* Assegnazione, conferimento di un incarico, di una carica.
nominàre *v.tr.* **1** Indicare, chiamare per nome [S] menzionare **2** Assegnare ufficialmente a una persona una carica [S] designare: *è stato nominato direttore.*
nominatìvo *s.m.* Nome e cognome.
nón *avv.* **1** Serve a negare il concetto espresso dalla parola che segue **2** Si usa in frasi interrogative in cui è scontata una risposta affermativa: *non te lo avevo detto?*
noncurànte *agg.* Che non si cura, non si preoccupa di qlco. [S] incurante, indifferente: *è n. dei suoi doveri*; *con aria n.*
noncurànza *s.f.* Mancanza di cura, di attenzione: *n. delle norme di sicurezza* ◊ Atteggiamento di indifferenza.
nondiméno *congz.* Ciò nonostante, tuttavia: *non so se è possibile, n. ci proverò.*
nònna *s.f.* La madre del padre o della madre.
nònno *s.m.* Il padre del padre o della madre.
nonostànte *prep.* Malgrado, senza curarsi di ♦ *congz.* Benché, sebbene.
nonsènso *s.m.* Cosa senza senso, illogica [S] assurdità, controsenso.
nonviolènza *s.f.* Atteggiamento che rifiuta il ricorso a qualsiasi tipo di violenza nella vita e nella lotta politica.
nòrd *s.m.* **1** Uno dei quattro punti cardinali, quello la cui direzione è indicata dalla posizione della stella polare **2** Parte settentrionale di un territorio: *gente del n.* ♦ *agg.invar.* Settentrionale.
nòrdico *agg.* Del nord; in partic. del nord dell'Europa: *lingue n.*
nòrma *s.f.* **1** Precetto, regola da seguire e osservare: *n. morali, religiose, d'igiene* **2** Consuetudine, abitudine ◊ Normalità.
normàle *agg.* Che non si discosta dal consueto, dalla norma o da ciò che viene considerato regolare ◊ Logico, ovvio: *è n. che voglia essere trattato come tutti.*
nosocòmio *s.m.* Ospedale.
nostalgìa *s.f.* Desiderio intenso, misto a malinconia, di persone, luoghi, cose lontane che si vorrebbe rivedere o rivivere.
nostràno *agg.* Del nostro paese, della nostra zona: *prodotti, formaggi n.*
nòstro *agg.poss. di prima pers.pl.* Che

appartiene a noi: *la n. casa* ◊ Che si riferisce a noi, riguarda noi o proviene da noi: *non è affar n.* ◊ Che ha con noi una relazione di parentela, di amicizia, di lavoro, di dipendenza ecc.: *un n. amico*; *il n. paese* ♦ *pron.poss. di prima pers.pl.* Ha gli stessi usi e significati dell'aggettivo.

nòta *s.f.* **1** Appunto, annotazione: *prendere n. di qlco.* ◊ Osservazione che spiega o commenta un testo, posta al margine o in fondo alla pagina **2** Giudizio, comunicazione scritta di un insegnante riguardo al comportamento di un allievo: *n. sul registro, sul diario* **3** Elenco, lista: *n. della spesa* ◊ Conto, fattura: *la n. del sarto* **4** Segno che rappresenta un suono musicale; il suono stesso rappresentato da tale segno: *le sette n. musicali*.

notàio *s.m.* Professionista che, con funzioni di pubblico ufficiale, ha il compito di ricevere e conservare atti giuridici garantendo della loro validità e legalità.

notàre *v.tr.* **1** Accorgersi, rilevare, osservare: *n. l'assenza di qlcu.* | *Farsi n.* = richiamare l'attenzione su di sé **2** Prendere nota di qlco. Ⓢ annotare, registrare: *n. le spese*.

notévole *agg.* Che merita di essere preso in considerazione Ⓢ importante, pregevole, significativo ◊ Di misura o valore superiore al normale Ⓢ rilevante, considerevole: *un n. aumento dei prezzi*.

notìzia *s.f.* Comunicazione, informazione riguardante persone, fatti, avvenimenti (spec. recenti).

notiziàrio *s.m.* Rubrica giornalistica, radiofonica o televisiva in cui si danno notizie d'interesse generale o relative a particolari settori: *n. sportivo, regionale*.

nòto *agg.* Conosciuto: *fatto n. a tutti* ◊ Molto conosciuto Ⓢ famoso: *un n. attore*.

notorietà *s.f.* Celebrità, fama.

nottàta *s.f.* La durata di una notte.

nòtte *s.f.* Periodo di tempo compreso fra il tramonto e il sorgere del sole.

nottùrno *agg.* Della notte: *le ore n.* ◊ Che avviene, si svolge, funziona, opera di notte: *spettacolo, lavoro, locale n.*

novèlla *s.f.* **1** Breve narrazione letteraria Ⓢ racconto **2** Notizia, annuncio di un fatto nuovo.

novità *s.f.* **1** Carattere, aspetto nuovo, originale con cui qlco. si presenta **2** Cosa nuova, introdotta o apparsa di recente: *le n. della moda* ◊ Avvenimento nuovo, notizia recente: *ci sono n.?*

nozióne *s.f.* Conoscenza, cognizione, spec. relativa agli elementi fondamentali di una disciplina ◊ Idea, percezione.

nòzze *s.f.pl.* Sposalizio, matrimonio.

nùbe *s.f.* Massa visibile di goccioline d'acqua o aghetti di ghiaccio in sospensione nel cielo Ⓢ nuvola.

nubifràgio *s.m.* Violento temporale.

nùbile *agg.* e *s.f.* Detto di donna non sposata: *una ragazza ancora n.*

nùca *s.f.* Parte alta posteriore del collo.

nucleàre *agg. Energia n.* = quella che si libera dalle reazioni di fissione o fusione del nucleo dell'atomo.

nùcleo *s.m.* **1** In fisica, la parte centrale dell'atomo, costituita da protoni e neutroni ◊ In biologia, la parte interna e vitale della cellula, contenente i cromosomi ◊ *N. della Terra* = la sua parte più centrale **2** ⚘ Gruppo ristretto di persone.

nùdo *agg.* **1** Privo di vesti, d'indumenti **2** Detto di cose, privo di rivestimento, di copertura o degli oggetti che normalmente dovrebbe avere; spoglio.

nùlla *pron.indef.invar.* Niente, nessuna cosa ♦ *s.m.invar.* Ciò che non ha esistenza, realtà; il non essere ♦ *avv.* Niente.

nùllo *agg.* Privo di valore, non valido.

numeràle *agg.* Dei numeri: *sistema n.* | *Aggettivi n.* = quelli che esprimono un numero; si distinguono in *cardinali*, se indicano una quantità, e *ordinali*, se indicano il posto occupato in una serie.

numeràre *v.tr.* Segnare con numeri progressivi: *n. le pagine di un quaderno.*

numeratóre *s.m.* In una frazione, il numero che indica quante parti si devono considerare delle unità indicate dal denominatore: *il n. di 4/5 è 4.*

numerazióne *s.f.* 1 L'insieme di numeri, per lo più progressivi, che contraddistinguono una serie di oggetti: *la n. delle case di una via* 2 Il sistema di segni usato per rappresentare i numeri e fare con essi dei calcoli: *n. araba, romana.*

numèrico *agg.* Dei numeri, effettuato per mezzo di numeri: *calcolo n.* ◊ Di numero: *essere in inferiorità n.*

nùmero *s.m.* 1 Ognuno degli enti matematici che indica la quantità di elementi che costituiscono un insieme o il posto, l'ordine in cui ciascun elemento è collocato nell'insieme; il simbolo grafico che rappresenta tali enti in un sistema di numerazione: *n. arabi, romani* 2 La cifra o l'insieme di cifre che serve a contraddistinguere una cosa o una persona: *n. di targa, di telefono; stanza n. 8* ◊ Taglia, misura: *pantaloni n. 48* 3 Quantità non precisamente indicata: *un gran n. di persone* 4 Ognuna delle esibizioni, delle parti di uno spettacolo di varietà 5 *N. singolare, plurale* = categoria grammaticale che permette di distinguere, nella flessione delle parole, il singolo dal molteplice.

numeróso *agg.* Costituito da molte persone: *una famiglia n.* ◊ (al *pl.*) Molti, parecchi: *ha n. figli; hai fatto n. errori.*

nuòcere *v.intr.* [aus. *avere*] Arrecare un danno materiale o morale Ⓢ fare male, danneggiare: *il fumo nuoce alla salute.*

nuòra *s.f.* La moglie del figlio.

nuotàre *v.intr.* [aus. *avere*] Spostarsi nell'acqua eseguendo una serie di movimenti.

nuotàta *s.f.* L'azione di nuotare, spec. in relazione alla sua durata o al percorso compiuto a nuoto ◊ Modo di nuotare.

nuòto *s.m.* L'azione, l'attività del nuotare.

nuòvo *agg.* 1 Fatto, costruito, accaduto, comparso, diffuso, conosciuto da poco, di recente 2 Diverso rispetto a quello precedente Ⓢ altro: *iniziare un n. lavoro* ◊ Detto di chi ha appena iniziato un'attività, spec. sostituendo qualcun altro: *è arrivato il n. insegnante* 3 Che inizierà tra poco o è appena iniziato: *l'anno n.* ♦ *s.m.* Novità.

nutriènte *agg.* Che nutre, dotato di potere nutritivo: *un cibo molto n.*

nutriménto *s.m.* Il nutrire, il nutrirsi ◊ Ciò che serve a nutrire Ⓢ alimento.

nutrìre *v.tr.* 1 Fornire a un essere vivente gli alimenti o le sostanze necessarie alla vita: *n. un animale* 2 ⚘ Provare, sentire, coltivare (un sentimento): *n. amore per qlcu.* ♦ **nutrirsi** *v.pr.* Cibarsi, alimentarsi.

nutritìvo *agg.* Che serve a nutrire Ⓢ nutriente: *sostanze n.; potere n.*

nutrizióne *s.f.* Nutrimento; alimentazione: *curare la n. dei figli; una n. sana.*

nùvola *s.f.* 1 Nube | ⚘ *Cadere dalle n.* = restare molto meravigliato nell'apprendere qlco. 2 Cosa di forma e aspetto simile a una nuvola: *una n. di polvere.*

nuvolóso *agg.* Coperto di nuvole.

nuziàle *agg.* Di nozze, delle nozze Ⓢ matrimoniale: *cerimonia n.; abito n.*

O

ò[1] *s.f.* o *m.* Tredicesima lettera dell'alfabeto italiano; è una vocale.

ó[2] *congz.* **1** Esprime un'alternativa, una contrapposizione o un'esclusione reciproca [S] oppure **2** Cioè, ossia.

òasi *s.f.* **1** Zona verdeggiante in mezzo a un deserto, resa fertile e abitabile dalla presenza di acqua **2** ♧ Luogo piacevole, tranquillo e distensivo all'interno di una realtà di tipo diverso.

obbediènza o **ubbidiènza** *s.f.* L'obbedire; l'abitudine di obbedire.

obbedìre o **ubbidìre** *v.intr.* [aus. *avere*] Fare ciò che viene ordinato o suggerito: *o. alle leggi, ai genitori, alla voce della coscienza.*

obbiettàre e derivati vedi **obiettàre** e derivati.

obbiettìvo e derivati vedi **obiettìvo** e derivati.

obbligàre *v.tr.* Impegnare qlcu. per legge o per ragioni morali a un dato comportamento: *i cittadini sono obbligati a pagare le tasse* ◊ Costringere.

obbligàto *agg.* Che è l'unico possibile e non si può evitare o modificare: *passaggio o.*; *scelta o.*

obbligatòrio *agg.* Che costituisce un obbligo; non facoltativo.

òbbligo *s.m.* Impegno a un dato comportamento, derivante da leggi o ragioni morali [S] dovere: *l'o. di dire la verità.*

obèso *agg.* Molto grasso.

obiettàre o **obbiettàre** *v.tr.* Dire qlco. contro quanto detto, proposto o deciso da altri.

obiettività o **obbiettività** *s.f.* Atteggiamento obiettivo [S] imparzialità.

obiettìvo o **obbiettìvo** *agg.* Corrispondente alla realtà, non influenzato da preconcetti o interessi personali [S] imparziale, spassionato: *giudizio o.* ♦ *s.m.* **1** Sistema di lenti che, in strumenti ottici, fornisce l'immagine dell'oggetto da osservare o riprodurre **2** Scopo, fine, intento: *raggiungere il proprio o.* ◊ Bersaglio di un'azione militare.

obiezióne o **obbiezióne** *s.f.* Argomento con cui si contesta, critica, contrasta quanto detto, proposto o deciso da altri.

obitòrio *s.m.* Locale in cui vengono tenuti i cadaveri in attesa di autopsia o di riconoscimento.

oblìo *s.m.* Dimenticanza totale, perdita di ogni ricordo.

oblìquo *agg.* Inclinato, trasversale, diagonale, sbieco: *i raggi o. del sole.*

oblò *s.m.* Finestrino rotondo sulle fiancate delle navi o sulla fusoliera degli aerei.

òca *s.f.* Grosso uccello palmipede allevato per la carne e le piume.

occasionàle *agg.* Dovuto al caso [S] casuale, fortuito: *un incontro del tutto o.*

occasióne *s.f.* **1** Circostanza, situazione: *abito adatto a tutte le o.* **2** Situazione o momento favorevole o particolarmente adatto per qlco. [S] opportunità: *un'o. da non perdere* ◊ Bene, articolo venduto a un prezzo particolarmente buono [S] affare **3** Motivo, pretesto.

occhiàie *s.f.pl.* Macchie livide sotto gli occhi, dovute a stanchezza o malattia.

occhiàli *s.m.pl.* Coppia di lenti incastrate in una montatura che si portano per correggere i difetti della vista o proteggere gli occhi: *o. da miope, da sole.*

occhiàta *s.f.* Sguardo rapido: *lo fulminò con un'o.* ◊ Scorsa: *dare un'o. al giornale.*

occhièllo *s.m.* Piccola apertura nella stoffa di un capo di vestiario, in cui si infila un bottone o altro ⓢ asola ◊ Qualsiasi foro, rinforzato da cuciture o anelli, in cui si fanno passare ganci, stringhe, legature di scarpe ecc.

òcchio *s.m.* Organo della vista, costituito da un globo situato in ognuna delle due orbite del cranio | *Colpo d'o.* = veduta d'insieme | *A o.* = per quanto si può giudicare con la vista | *Dare nell'o.* = attirare l'attenzione | *Tenere d'o.* = sorvegliare.

occidentàle *agg.* Dell'occidente; situato a occidente.

occidènte *s.m.* Punto dell'orizzonte dove tramonta il sole ⓢ ovest, ponente.

occorrènte *s.m.* Ciò che è necessario per fare qlco.: *portò con sé tutto l'o.*

occórrere *v.intr.* [aus. *essere*] Essere necessario: *occorre far presto.*

occùlto *agg.* Segreto, nascosto, misterioso: *esercitare un potere o.*; *capacità o.*

occupànte *agg.* e *s.m.f.* Che, chi occupa un luogo, dei locali o un territorio.

occupàre *v.tr.* 1 Prendere possesso di un luogo e installarvisi, in modo lecito o illecito, pacifico o violento, provvisorio o definitivo 2 Riempire uno spazio: *il tavolo occupa metà della stanza* 3 Dare lavoro a qlco.: *fabbrica che occupa mille operai* ◊ Impiegare: *o. bene le proprie giornate* ◊ Tenere impegnato: *il lavoro lo occupa molto* ♦ **occuparsi** *v.pr.* 1 In-

teressarsi: *o. di politica* ◊ Prendersi cura: *o. dei figli* 2 Trovare un impiego.

occupàto *agg.* 1 Non disponibile, non libero perché già impegnato da altri: *il telefono era sempre o.* 2 Detto di persona, impegnato, affaccendato ♦ *agg.* e *s.m.* Che, chi ha un lavoro, un impiego.

occupazióne *s.f.* 1 Presa di possesso di un luogo: *l'o. di una fabbrica* 2 Lavoro, impiego: *giovani in cerca di o.* ◊ Attività in genere: *la caccia è la sua o. preferita.*

ocèano *s.m.* Ognuna delle tre vaste distese di acqua marina che circondano i continenti: *o. Atlantico, Pacifico, Indiano.*

oculàre *agg.* Dell'occhio | *Testimone o.* = chi riferisce fatti che ha visto coi propri occhi.

oculìsta *s.m.f.* Medico specializzato nella cura degli occhi.

odiàre *v.tr.* Avere in odio qlcu. ◊ Provare avversione, ripugnanza per qlco. o qlcu. ⓢ detestare: *o. i pettegolezzi* ♦ **odiarsi** *v.pr.* Provare un odio reciproco ⓢ detestarsi: *da quel giorno cominciarono a o.*

odièrno *agg.* Di oggi: *in data o.*

òdio *s.m.* Sentimento di grande avversione e ostilità verso qlcu. ◊ Avversione, ripugnanza nei confronti di qlco.: *avere in o. la violenza, l'ipocrisia.*

odióso *agg.* Che merita, suscita odio, riprovazione: *un gesto o.* ◊ Sgradevole, antipatico: *i paragoni sono sempre o.*

odontoiàtra *s.m.f.* Dentista.

odoràre *v.tr.* Percepire, fiutare l'odore di qlco.: *o. un fiore* ♦ *v.intr.* [aus. *avere*] Mandare odore, avere un odore.

odoràto *s.m.* Olfatto.

odóre *s.m.* Esalazione e sensazione che si percepisce con il senso dell'olfatto: *o. di fiori, di muffa, di gas.*

offèndere *v.tr.* Ferire moralmente: *o. la*

reputazione di qlcu. ◊ Urtare l'amor proprio di qlcu.: *mi offendi a non accettare questo invito* ◊ Violare; essere in contrasto: *spettacoli che offendono la morale* ♦ **offendersi** *v.pr.* 1 Sentirsi offeso, aversene a male Ⓢ risentirsi: *o. per un'accusa* 2 Scambiarsi offese, insulti Ⓢ oltraggiarsi, ingiuriarsi.

offensivo *agg.* 1 Che offende Ⓢ ingiurioso, oltraggioso: *parole o.*; *gesto o.* 2 Che serve ad attaccare: *il fucile è un'arma o.* ◊ D'attacco: *guerra, manovra o.*

offèrta *s.f.* 1 Atto con cui si offre o propone qlco.: *o. di denaro, di aiuto*; *o. di matrimonio* ◊ Ciò che viene offerto: *raccogliere le o. per i poveri* 2 Proposta di prezzo da parte dell'acquirente in una vendita 3 La quantità di beni posti in vendita sul mercato: *l'o. di auto è attualmente superiore alla domanda.*

offésa *s.f.* 1 Danno morale Ⓢ oltraggio, insulto, ingiuria 2 Attacco: *armi da o.*; *guerra di o.*

offéso *agg.* Risentito per un'offesa ricevuta ♦ *s.m.* Chi ha ricevuto un'offesa.

officìna *s.f.* Complesso di locali e impianti adibiti a lavorazioni industriali o artigianali di vario tipo.

offrìre *v.tr.* 1 Mettere a disposizione di qlcu. o dargli una cosa per lui gradita o utile: *o. aiuto, ospitalità, un caffè* ◊ Pagare qlco. a qlcu.: *o. una cena* ◊ Dare in sacrificio, dedicare: *o. la propria vita per una causa* 2 Proporre di dare una certa somma di denaro in cambio di qlco.: *quanto ti offrono per la tua vecchia auto?* 3 Fornire, dare: *la tettoia gli offrì un riparo dalla pioggia* ♦ **offrirsi** *v.pr.* Dichiararsi disposto, mettersi a disposizione: *o. volontario.*

oggettìvo *agg.* 1 Che si riferisce alla realtà o esiste come oggetto reale, al di fuori e indipendentemente da noi: *dati o.*; *realtà o.* 2 Obiettivo, imparziale.

oggètto *s.m.* Ogni cosa concreta, materiale, che può essere percepita dai sensi; in partic., cosa prodotta dall'uomo.

òggi *avv.* 1 Nel giorno presente, in questo giorno 2 Attualmente, adesso ◊ Nell'epoca attuale, nel tempo presente: *o. il mondo cambia rapidamente* ♦ *s.m.* 1 Il giorno presente: *notizia di o.* 2 Il presente, l'epoca attuale: *i giovani d'o.*

oggigiórno *avv.* Al giorno d'oggi.

ógni *agg.indef.* [solo *sing.*] 1 Ciascuno, ciascuna (col valore di «tutti, tutte»): *o. uomo*; *o. cosa* 2 Indica l'intervallo regolare con cui si ripete qlco.: *o. tre giorni* ◊ Indica la proporzione con cui si verifica qlco.: *in quel paese c'è un medico o. cento abitanti.*

ognùno *pron.indef.* [solo *sing.*] Ogni persona Ⓢ tutti, ciascuno: *o. applaudì.*

oleifìcio *s.m.* Stabilimento per la produzione dell'olio d'oliva o di altri oli vegetali commestibili.

oleodótto *s.m.* Conduttura per il trasporto del petrolio greggio.

oleóso *agg.* Che contiene olio ◊ Che ha l'aspetto o la consistenza dell'olio.

olfàtto *s.m.* Il senso che permette di percepire e distinguere gli odori Ⓢ odorato.

oliàre *v.tr.* Cospargere d'olio Ⓢ ungere, lubrificare: *o. un ingranaggio.*

òlio *s.m.* 1 Sostanza liquida untuosa, di origine varia, non solubile in acqua ◊ *O. vegetali* = ricavati dai semi e dai frutti di alcune piante, spec. per usi alimentari ◊ *O. animali* = estratti da grassi animali (spec. marini) ◊ *O. minerali* = ricavati dal petrolio greggio o da suoi derivati e impiegati spec. come combustibili e lubrificanti **2** In partic., olio d'oliva: *funghi sott'o.* **3** Cosmetico liquido di consistenza oleosa: *o. solare, da bagno.*

olìva o **ulìva** *s.f.* Il frutto dell'olivo.

olivéto o **ulivéto** *s.m.* Terreno piantato a olivi.

olìvo o **ulìvo** *s.m.* Albero sempreverde, tipico delle zone mediterranee, che dà come frutti le olive.

oltràggio *s.m.* Grave offesa arrecata con parole ingiuriose o con atti.

oltraggióso *agg.* Che costituisce un oltraggio Ⓢ offensivo, ingiurioso.

óltre *avv.* Più in là nello spazio: *non andate o.* ◊ Più in là, più a lungo nel tempo: *non intendo aspettare o.* ♦ *prep.* **1** Al di là di: *o. il fiume* **2** Più di: *o. un'ora* **3** In aggiunta a: *o. tutto sono stanco* **4** Eccetto, all'infuori di: *non lo sa nessuno o. a te.*

oltrepassàre *v.tr.* Passare oltre, andare al di là Ⓢ superare: *o. i limiti.*

omàggio *s.m.* **1** Atto con cui si intende esprimere rispetto, stima, reverenza: *rendere o. a qlcu.* **2** Offerta, dono: *ricevere un libro in o.* ◊ Prodotto offerto in regalo a scopo pubblicitario.

ombelìco *s.m.* Cicatrice situata al centro dell'addome, nel punto in cui era attaccato prima della nascita e dove è stato reciso il cordone ombelicale.

ómbra *s.f.* **1** Zona di oscurità o di minore luminosità prodotta da un corpo opaco che ostacola la luce ◊ Oscurità, tenebre **2** Sagoma oscura proiettata da un corpo opaco colpito dalla luce: *scorsi la sua o. dietro di me* ◊ Sagoma, figura confusa, indistinta: *scorse delle o. nella nebbia* **3** Fantasma, spettro, spirito.

ombrèllo *s.m.* Arnese per ripararsi dalla pioggia (o anche dal sole).

ombrellóne *s.m.* Grande ombrello per riparare dal sole, spec. sulle spiagge, in terrazzi, giardini ecc.

ombróso *agg.* Ricco d'ombra Ⓢ ombreggiato: *un luogo o.* ◊ Che fa ombra: *una quercia o.*

òmero *s.m.* Osso che va dalla spalla al gomito e costituisce lo scheletro del braccio.

omertà *s.f.* Atteggiamento complice di chi tace o non denuncia i delitti della criminalità organizzata e rifiuta di collaborare con la giustizia, per paura, per salvaguardare qualche interesse o per un malinteso senso d'onore.

ométtere *v.tr.* Tralasciare.

omicìda *s.m.f.* Chi ha commesso un omicidio.

omicìdio *s.m.* Uccisione di una o più persone ◊ *O. bianco* = morte di operai per incidenti sul lavoro causati dalla mancanza di adeguate misure di sicurezza.

omogeneizzàto *agg.* e *s.m.* Si dice di prodotto alimentare i cui ingredienti sono stati mescolati e ridotti a una sostanza facilmente digeribile.

omogèneo *agg.* Costituito da elementi che si fondono in un insieme uniforme o si armonizzano bene tra loro: *un impasto o.*; *un gruppo o.*

omònimo *agg.* Che ha lo stesso nome ♦ *s.m.* Persona che ha lo stesso nome e cognome di un'altra.

omosessuàle *agg.* e *s.m.f.* Detto di chi prova un'attrazione sessuale verso le persone del suo stesso sesso e di ciò che è proprio di tale condizione: *rapporti o.*

ónda *s.f.* **1** Massa d'acqua che si alza e si abbassa sulla superficie del mare, di laghi, fiumi o bacini, per effetto del vento o per altre cause **2** *O. sonore, lumino-*

se, termiche, sismiche, elettromagneti-che ecc. = le oscillazioni e le vibrazioni mediante le quali le diverse forme d'energia si propagano da un punto all'altro di un mezzo fisico.

ondàta *s.f.* **1** Colpo di una grossa onda **2** ⚘ Afflusso massiccio e improvviso di qlco.: *o. di freddo* ◊ Massa di persone che si spostano in fasi successive: *sono arrivate le prime o. di turisti.*

ondeggiàre *v.intr.* [aus. *avere*] **1** Oscillare sull'acqua seguendo il moto delle onde **2** Muoversi in qua e in là Ⓢ fluttuare, oscillare: *la folla ondeggiò* ◊ Barcollare, vacillare.

ondulàto *agg.* Fatto a onde: *capelli o.*

ònere *s.m.* Peso (non materiale); obbligo, impegno, responsabilità: *addossarsi l'o. di una spesa* | *O. fiscali* = il complesso dei tributi di cui è gravato un contribuente.

onestà *s.f.* La qualità di chi o di ciò che è onesto: *dare prova di o.*

onèsto *agg.* **1** Che si comporta con rettitudine, lealtà, correttezza, senso della giustizia e non cerca di ingannare gli altri o di raggiungere i suoi scopi con mezzi illeciti **2** Conforme a principi di lealtà, rettitudine, giustizia, decoro: *una vita o.*

onnìvoro *agg.* Che si nutre di qualsiasi cibo: *l'uomo è un essere o.*

onomàstico *s.m.* Giorno dell'anno in cui si celebra la festa del santo o della santa di cui si porta il nome.

onoràre *v.tr.* Tributare omaggio, rispetto, venerazione a persone o cose che ne sono degne: *o. la memoria dei caduti.*

onóre *s.m.* **1** Buona reputazione di cui gode chi si comporta con onestà e rettitudine: *offendere con calunnie l'o. di una famiglia* ◊ Senso della propria dignità che impone di comportarsi con onestà e coerenza morale **2** Prestigio, vanto, merito: *uno scienziato che fa o. al suo paese* | *Farsi o. in qlco.* = affermarsi, fare una bella figura ◊ Soddisfazione, orgoglio: *ho l'o. di presentarvi un grande scienziato* **3** Atto d'omaggio, manifestazione di stima e trattamento di riguardo con cui si esprime riconoscimento per il valore o per i meriti di qlcu. o qlco.: *festa in o. degli ospiti*; *fu sepolto con tutti gli o.*; *medaglia d'o.*

onorévole *agg.* Degno di stima e rispetto: *persona o.* ♦ *s.m.f.* Membro del parlamento.

onorificènza *s.f.* Titolo, decorazione o altro riconoscimento concesso in segno d'onore per particolari meriti.

opàco *agg.* **1** Che non si lascia attraversare dalla luce, non trasparente: *un corpo o.* **2** Privo di brillantezza, non lucido: *superficie o.*

òpera *s.f.* **1** Attività, azione diretta a un fine o che comunque produce un determinato effetto: *l'o. creatrice dell'uomo*; *fare o. di persuasione* ◊ Lavoro: *mettersi all'o.* **2** Risultato, effetto, prodotto di un'attività, di un'azione **3** Costruzione, struttura: *o. murarie, portuali, di bonifica* **4** Prodotto di un'attività intellettuale o artistica: *o. letterarie, scientifiche, di pittura.*

operàio *s.m.* Lavoratore dipendente che svolge un lavoro manuale.

operàre *v.tr.* **1** Compiere, attuare, fare: *o. un miracolo* **2** Sottoporre a un intervento chirurgico: *o. qlcu. al fegato* ♦ *v.intr.* [aus. *avere*] Agire: *o. con prudenza* ♦ **operarsi** *v.pr.* Sottoporsi a un intervento chirurgico.

operàto *s.m.* **1** Ciò che qlcu. ha fatto;

modo di agire, di comportarsi Ⓢ condotta: *rendere conto del proprio o.* **2** Chi ha subito un'operazione chirurgica.

operatóre *s.m.* **1** Tecnico addetto al funzionamento di macchine, impianti, congegni: *o. del suono* **2** Chi svolge il suo lavoro in un dato settore: *o. di borsa, sanitario, scolastico, turistico.*

operatòrio *agg.* Che riguarda un'operazione chirurgica: *intervento o.; sala o.*

operazióne *s.f.* **1** Qualsiasi azione o serie di atti diretti a un preciso scopo: *o. manuali, mentali, di controllo* ◊ Serie di azioni e di iniziative militari coordinate e organizzate: *o. aeree, navali; o. di polizia* **2** Intervento chirurgico: *o. al cuore* **3** Ciascuno dei procedimenti di calcolo usati in matematica; in partic. ciascuna delle quattro *o. aritmetiche* (addizione, sottrazione, moltiplicazione, divisione).

operóso *agg.* Che svolge con impegno e costanza le sue attività, il suo lavoro Ⓢ laborioso, attivo: *impiegato o.* ◊ Pieno di attività: *una giornata o.; vita o.*

opinióne *s.f.* **1** Idea, convinzione, giudizio personale; parere: *rispettare le o. altrui; cambiare o.* **2** Stima, considerazione: *ho una buona o. di lui.*

oppórre *v.tr.* Porre, presentare qlco. contro qlcu. o qlco., per ostacolare, contrastare, difendersi: *o. un'accanita resistenza; o. un rifiuto alla richiesta* ◆

opporsi *v.pr.* Porsi contro, fare ostacolo; cercare di impedire Ⓢ contrastare: *i genitori si opposero al loro matrimonio.*

opportunità *s.f.* **1** Carattere opportuno di qlco.: *l'o. di un intervento* **2** Circostanza favorevole Ⓢ occasione: *cogliere un'o.*

opportùno *agg.* Adeguato, adatto, conveniente rispetto alle circostanze, alle necessità, agli scopi che ci si prefiggono:

arrivare al momento o.; un'occasione o.

oppositóre *s.m.* Chi si oppone, chi è contrario a qlcu. o qlco. Ⓢ avversario.

opposizióne *s.f.* **1** Posizione contraria; atteggiamento e azione di contrasto, di rifiuto: *incontrare l'o. generale* **2** L'insieme dei partiti e dei loro rappresentanti che non fanno parte della maggioranza di governo e ne contrastano la politica.

oppósto *agg.* **1** Posto, situato di fronte o all'altra estremità: *la sponda o. del fiume* ◊ Contrario (detto di senso o direzione) **2** ⚘ Contrastante, contrario, divergente: *avere idee o.*

oppressióne *s.f.* L'azione di chi opprime e la condizione di chi è oppresso Ⓢ dominio, tirannia, soggezione.

opprèsso *agg.* e *s.m.* Che, chi è tenuto in una condizione di oppressione, di sfruttamento ed è vittima di soprusi e vessazioni: *un popolo o.*

opprìmere *v.tr.* **1** Sottoporre a pesanti imposizioni, a vessazioni; tenere in una condizione di schiavitù, di sfruttamento Ⓢ tiranneggiare: *o. le minoranze* **2** Gravare con un peso che molesta: *i cibi grassi opprimono lo stomaco* ◊ Spossare: *un caldo che opprime.*

oppùre *congz.* **1** O, o invece: *parti subito, o. preferisci aspettare?* **2** Altrimenti, se no: *sbrigati, o. perderai il treno* ◊ O, o anche: *scrivigli, o. telefonagli.*

opùscolo *s.m.* Libretto di poche pagine, per lo più di carattere informativo o pubblicitario.

opzióne *s.f.* Libera scelta fra due o più possibilità.

óra[1] *s.f.* **1** Ciascuno dei 24 periodi di tempo di 60 minuti in cui viene diviso il giorno ◊ Periodo di tempo di 60 minuti in genere: *un viaggio di tre o.* **2** Determinato momento del giorno: *che o. è?*; *l'o. di pranzo* ◊ Parte, periodo della giornata: *le o. della sera* **3** Momento, tempo: *l'o. della riscossa*; *è o. di andarsene.*

óra² *avv.* In questo momento Ⓢ adesso: *o. non posso venire* ◊ Attualmente: *un ballo o. non più di moda* ◊ Poco fa: *l'ho incontrato o.* ◊ Tra poco, tra un attimo: *o. vengo!*

òrafo *s.m.* Artigiano che lavora l'oro e altri metalli preziosi per farne gioielli.

oràle *agg.* **1** Della bocca: *cavità o.* **2** Fatto, comunicato a voce; non scritto: *risposta o.* ♦ *s.m.* Esame, prova orale.

oràrio *agg.* Relativo all'ora | *Senso o.* = quello in cui ruotano le lancette dell'orologio ♦ *s.m.* **1** Il tempo esattamente determinato in cui inizia, termina o si svolge un'attività: *o. di chiusura dei negozi*; *o. di lavoro* **2** Prospetto, tabella, fascicolo in cui sono indicate le ore e i modi di svolgimento di un'attività: *o. delle lezioni*; *o. ferroviario.*

oratóre *s.m.* Chi tiene un discorso in pubblico: *l'o. fu applaudito.*

òrbita *s.f.* **1** Traiettoria percorsa nello spazio da un astro o da un satellite artificiale che si muove attorno a un corpo celeste **2** Ognuna delle due cavità del cranio che contengono gli occhi.

òrbo *agg.* e *s.m.* Che, chi è cieco (o anche vede molto poco e male).

orchèstra *s.f.* Il complesso dei suonatori e degli strumenti necessari per un'esecuzione musicale.

orchidèa *s.f.* Pianta erbacea ornamentale, con fiori di forma e colore molto vario e assai pregiati.

ordìgno *s.m.* Qualsiasi oggetto, arnese, strumento complesso e strano; in partic. congegno distruttivo: *o. esplosivi.*

ordinàle *agg.* e *s.m.* Si dice di numero che indica l'ordine, la posizione di un elemento in una successione, in una serie (per es. *primo, secondo, decimo* ecc.).

ordinàre *v.tr.* **1** Mettere in ordine, disporre in un certo ordine: *o. una stanza*; *o. le idee* **2** Comandare: *o. il silenzio* ◊ Prescrivere: *il medico le ordinò una cura* ◊ Chiedere la fornitura di una merce Ⓢ commissionare: *o. un vestito al sarto* ◊ In bar e ristoranti, chiedere agli addetti al servizio ciò che si desidera consumare: *o. una bistecca, un caffè.*

ordinàrio *agg.* **1** Che riguarda le attività, le esigenze, le situazioni normali e più comuni: *spese o.*; *biglietto o.* **2** Di scarso valore, di qualità scadente Ⓢ dozzinale: *un tessuto o.* ♦ *s.m.* Ciò che avviene o si fa normalmente, di solito.

ordinàto *agg.* Che è in ordine, disposto in ordine ◊ Che ama l'ordine, che tiene in ordine le proprie cose: *persona o.*

ordinazióne *s.f.* Ordine, incarico di fornire una merce o di eseguire un lavoro: *lavorare su o.* ◊ In bar e ristoranti, richiesta di cibi o bevande che si fa a chi è addetto al servizio.

órdine *s.m.* **1** Disposizione, sistemazione, assetto di qlco. secondo un criterio razionale o pratico, di funzionalità o estetico: *tenere in o. i libri, i documenti, la casa*; *rimettere in o. le idee* ◊ Regolare e ordinato funzionamento di una collettività fondato sul rispetto delle leggi e delle norme istituite al suo interno: *mantenere l'o. pubblico* ◊ Disposizione, successione di una serie di elementi secondo un dato criterio: *o. alfabetico*; *o. cronologico* **2** Serie, categoria, tipo di cose: *teatro esaurito in ogni o. di posti*; *un albergo di prim'o., di terz'ordine* **3**

O. professionali = associazioni di categoria dei liberi professionisti: *l'o. dei medici* | *O. religiosi* = comunità di religiosi che seguono una regola comune **4** Comando, direttiva: *obbedire agli o. dei superiori* **5** Richiesta, ordinazione di merci.

orecchìno *s.m.* Monile che si porta agli orecchi.

orécchio *s.m.* [pl. *gli orecchi* o *le orecchie*] **1** Ciascuno dei due organi dell'udito situati ai lati del capo e costituiti da una parte esterna e da una parte sistemata in una cavità del cranio **2** Udito; attenzione: *ha l'o. fine*; *prestare o. alle chiacchiere* **3** La parte esterna dell'orecchio: *avere le o. piccole, grandi*.

oréfice *s.m.f.* Proprietario o gestore di un negozio di gioielli e oggetti preziosi.

òrfano *agg.* e *s.m.* Si dice di chi ha perduto uno o entrambi i genitori.

orfanotròfio *s.m.* Istituto in cui sono accolti e educati i bambini orfani.

orgànico *agg.* **1** Che riguarda gli organismi viventi | *Materia o.* = quella di cui sono costituiti gli organismi viventi **2** Che riguarda qualche organo o tutto l'organismo umano: *deperimento o.* **3** ♧ Costituito da parti ed elementi ben coordinati tra loro: *un discorso o.* ◊ Generale, complessivo: *una riforma o. della scuola* ♦ *s.m.* L'insieme del personale di un'azienda, di un'amministrazione, di un ufficio e sim.: *aumentare l'o.* ◊ L'insieme degli elementi che costituiscono una squadra sportiva, un'orchestra, una compagnia teatrale ecc.

organìsmo *s.m.* **1** Ogni essere vivente, in quanto costituito da organi: *o. vegetali, animali* ◊ Il corpo umano, il fisico: *un o. malato* **2** ♧ Complesso organizzato di persone e strutture che operano per un determinato fine Ⓢ organizzazione.

organizzàre *v.tr.* Formare, disporre o coordinare in modo funzionale: *o. il lavoro*; *o. le idee* ◊ Preparare qlco., predisponendo tutto il necessario per la sua attuazione e buona riuscita: *o. una festa, uno sciopero* ♦ **organizzarsi** *v.pr.* Ordinare o predisporre le proprie cose in modo funzionale o adeguato a un dato scopo.

organizzazióne *s.f.* **1** L'attività di organizzare qlco. Ⓢ preparazione, allestimento: *o. di una mostra* ◊ Modo in cui è organizzato qlco.: *migliorare l'o. del lavoro* **2** Complesso di persone organizzate per uno scopo Ⓢ associazione, organismo: *o. politiche, sindacali, internazionali*.

òrgano *s.m.* **1** Ogni parte del corpo umano adibita a una specifica funzione: *l'orecchio è l'o. dell'udito* ◊ Ogni pezzo o congegno che svolge una funzione specifica in un meccanismo complesso: *gli o. del motore* **2** *O. di stampa* = giornale **3** Strumento musicale a tastiera in cui il suono viene prodotto immettendo aria in una serie di canne metalliche di diversa grandezza e lunghezza.

orgóglio *s.m.* **1** Grande e per lo più eccessiva stima di sé e dei propri meriti Ⓢ superbia **2** Senso della propria dignità, amor proprio ◊ Fierezza, soddisfazione: *parla con o. dei suoi figli*.

orgoglióso *agg.* **1** Pieno d'orgoglio Ⓢ superbo, presuntuoso **2** Fiero: *è o. dei suoi figli* ◊ Che rivela fierezza.

orientàle *agg.* Che viene da oriente o è situato a oriente ♦ *s.m.f.* Abitante dell'Oriente, dell'Asia.

orientaménto *s.m.* Consapevolezza della posizione in cui ci si trova o della direzione in cui ci si muove; capacità di orientarsi: *perdere, ritrovare l'o.*

orientàrsi *v.pr.* Identificare la propria posizione, il luogo in cui ci si trova rispetto ai punti cardinali o ad altri punti di riferimento Ⓢ orizzontarsi: *o. con il sole, con le stelle.*

oriènte *s.m.* **1** Punto dell'orizzonte dove sorge il sole Ⓢ est, levante **2** Zona, regione situata a est: *l'o. della Spagna* ◊ *L'O.* = i paesi asiatici rispetto a quelli europei.

orìgano *s.m.* Erba aromatica usata in cucina come condimento.

originàle *agg.* **1** Che costituisce la prima e autentica realizzazione di qlco. e non una copia, una riproduzione, un rifacimento, un'imitazione, una traduzione | *Film in lingua o.* = non doppiato ◊ Detto di prodotto che proviene realmente dal luogo d'origine, da una data epoca o casa produttrice Ⓢ autentico: *stoffa o. scozzese* **2** Che è del tutto nuovo e autonomo da modelli precedenti: *un artista, una tecnica o.* ♦ *s.m.* Documento, stesura, testo, opera originale: *traduzione poco fedele all'o.* ◊ Modello reale: *il ritratto è meglio dell'o.*

originàrio *agg.* Che ha origine da un luogo Ⓢ proveniente, nativo: *la sua famiglia è o. della Liguria.*

orìgine *s.f.* **1** Principio da cui deriva qlco.; punto di partenza, momento iniziale di qlco.: *l'o. della vita, dell'universo* ◊ Causa: *malattia di o. nervosa; quale è stata l'o. della lite?* **2** Provenienza: *parole di o. straniera* ◊ Ambiente, condizione sociale da cui qlcu. proviene: *famiglia di umili o.*

origliàre *v.intr.* [aus. *avere*] Ascoltare di nascosto: *si mise a o. dietro una porta.*

orìna vedi **urìna**.

orinàre o **urinàre** *v.intr.* [aus. *avere*] Emettere l'urina.

orizzontàle *agg.* Parallelo all'orizzonte, alla superficie terrestre: *posizione o.*

orizzontàrsi *v.pr.* Individuare il luogo in cui ci si trova e trovare la direzione da prendere Ⓢ orientarsi.

orizzónte *s.m.* Linea apparente leggermente curva che delimita la zona della superficie terrestre visibile da un luogo e lungo la quale sembra che il cielo si congiunga con la terra o col mare.

órlo *s.m.* **1** Margine, bordo che costituisce il limite estremo di qlco.: *l'o. del fosso, del bicchiere* **2** Bordo ripiegato e cucito di un tessuto o di altro materiale.

órma *s.f.* Impronta lasciata sul terreno dal piede dell'uomo o dalla zampa di un animale.

ormài *avv.* Adesso, a questo punto: *o. non c'è più niente da fare* ◊ (per sottolineare il tempo trascorso): *sono o. tre mesi che non lo vedo* ◊ A quel punto (del passato o del futuro) Ⓢ già: *arrivammo che il treno era o. partito.*

ormóne *s.m.* Sostanza prodotta da alcune ghiandole e cellule che ha la proprietà di stimolare e regolare l'equilibrio di varie funzioni e attività dell'organismo.

ornamentàle *agg.* Che serve di ornamento Ⓢ decorativo: *disegni, piante o.*

ornaménto *s.m.* Elemento che serve ad abbellire: *portava un vestito ricco di o.*

ornàre *v.tr.* Rendere più bello, più grazioso aggiungendo qualche elemento decorativo Ⓢ abbellire, decorare.

òro *s.m.* Metallo prezioso di color giallo, duttile, malleabile e inossidabile.

orològio *s.m.* Strumento che misura il tempo e fornisce l'indicazione dell'ora.

oròscopo *s.m.* Predizione del futuro di una persona, basata sulla posizione in cui si trovavano gli astri al momento della sua nascita.

orrèndo *agg.* Che suscita orrore, raccapriccio, disgusto ⓢ orribile, atroce, spaventoso ◊ Bruttissimo: *un film o.*

orrìbile *agg.* Orrendo, atroce, spaventoso ◊ Pessimo, molto brutto: *tempo o.*

òrrido *agg.* Che incute orrore, paura: *un o. precipizio.*

orróre *s.m.* **1** Forte sensazione di ribrezzo e raccapriccio, talvolta mista a paura: *delitto che desta o.* ◊ Profonda avversione: *provo o. per la violenza* **2** Cosa abominevole, atroce, raccapricciante: *gli o. della guerra* ◊ Cosa o persona molto brutta.

órso *s.m.* Grosso mammifero onnivoro, dalle forme tozze e robuste, con forti artigli e pelo foltissimo, diffuso in varie specie: *o. bruno*; *o. bianco o polare.*

ortàggio *s.m.* Ogni pianta erbacea commestibile coltivata negli orti ⓢ verdura.

ortìca *s.f.* Pianta erbacea le cui foglie sono ricoperte di peli pungenti e irritanti.

orticària *s.f.* Infiammazione e irritazione della pelle caratterizzata da comparsa di macchioline rosse e forte prurito.

òrto *s.m.* Piccolo appezzamento di terreno coltivato a ortaggi.

ortofruttìcolo *agg.* Degli ortaggi e della frutta: *mercato o.*

ortografìa *s.f.* Modo corretto di scrivere le parole: *fare molti errori di o.*

ortogràfico *agg.* Che riguarda l'ortografia: *errori o.*

ortolàno *s.m.* Venditore di ortaggi e frutta ⓢ erbivendolo, fruttivendolo.

ortopedìa *s.f.* Ramo della medicina che cura le malformazioni e i traumi riguardanti le ossa e le articolazioni.

ortopèdico *agg.* Di ortopedia: *clinica o.* ◊ Detto di apparecchi che servono a curare e a prevenire malformazioni e difetti degli arti e del tronco: *scarpe o.* ♦ *s.m.* Medico specialista in ortopedia.

òrzo *s.m.* Cereale simile al grano, impiegato come foraggio, come alimento, come surrogato del caffè e nella fabbricazione della birra.

osàre *v.tr.* Avere il coraggio, l'audacia di compiere, di rischiare qlco.: *o. il tutto per tutto* ◊ Avere l'impudenza, la sfacciataggine di fare qlco. ⓢ permettersi: *come osa parlarmi in questo modo?*

oscèno *agg.* Che offende il senso del pudore ⓢ indecente, sconcio: *gesti o.*

oscillàre *v.intr.* [aus. *avere*] Muoversi alternativamente in un senso e nell'altro ⓢ ondeggiare, dondolare: *il pendolo oscilla.*

oscuràre *v.tr.* Rendere oscuro, meno luminoso ♦ **oscurarsi** *v.pr.* Diventare oscuro, meno luminoso o meno chiaro.

oscurità *s.f.* Mancanza o scarsità di luce ⓢ buio, tenebre: *fuggì sparendo nell'o.*

oscùro *agg.* **1** Privo di luce o poco illuminato ⓢ scuro, buio **2** ✂ Poco chiaro, difficile da comprendere, da interpretare: *una frase o.*

ospedàle *s.m.* Edificio o complesso di edifici attrezzati per il ricovero e la cura dei malati: *o. civile, militare.*

ospitàle *agg.* Che riceve gli ospiti con cortesia, che è pronto a dare ospitalità ◊ Accogliente: *un paese, una città o.*

ospitalità *s.f.* **1** Cortesia, cordialità verso gli ospiti e i forestieri **2** Il fatto di accogliere, di dare alloggio a un ospite nella propria casa: *ha dato o. a un amico.*

ospitàre *v.tr.* Accogliere, alloggiare qlcu. nella propria casa o nella propria

città, nel proprio paese: *o. un parente.*
òspite *s.m.f.* **1** Persona che viene accolta (o anche alloggiata) in casa d'altri ◊ Cliente di un albergo **2** Chi accoglie in casa propria una persona.
ospìzio *s.m.* Istituto che ricovera persone bisognose di assistenza, spec. anziane.
ossatùra *s.f.* **1** L'insieme delle ossa del corpo o di una sua parte: *l'o. degli arti* **2** ♣ Struttura di sostegno di una costruzione [S] intelaiatura: *l'o. di un ponte.*
osservànza *s.f.* Scrupoloso e rigoroso rispetto di ciò che è prescritto o a cui ci si è impegnati: *l'o. dei regolamenti.*
osservàre *v.tr.* **1** Guardare, esaminare con attenzione: *o. le stelle* **2** Notare: *hai osservato com'era vestito?* ◊ Far notare: *osservò che ormai era tardi* **3** Mantenere, rispettare, non trasgredire: *o. le leggi, la parola data.*
osservatòrio *s.m.* Luogo o edificio dotato delle attrezzature per osservare e studiare particolari zone e fenomeni.
osservazióne *s.f.* **1** L'attività di osservare **2** Considerazione: *fare un'o. molto acuta* ◊ Giudizio, critica **3** Rimprovero.
ossessióne *s.f.* Preoccupazione angosciosa e assillante, idea fissa tormentosa [S] incubo: *ha l'o. di essere malata.*
ossìa *congz.* Cioè, vale a dire.
ossigenàre *v.tr.* Arricchire di ossigeno: *o. l'aria* ♦ **ossigenarsi** *v.pr.* Ritemprarsi respirando aria ricca di ossigeno.
ossìgeno *s.m.* Elemento chimico gassoso, costituente principale dell'aria e dell'acqua, indispensabile alla vita.
òsso *s.m.* [pl.f. *le ossa* quando sono indicate collettivamente] Ciascuno degli elementi rigidi di varia forma che costituiscono lo scheletro dell'uomo e degli animali vertebrati.
ostacolàre *v.tr.* Essere di ostacolo a qlcu. o a qlco., porre degli ostacoli all'attuazione di qlco. [S] osteggiare, intralciare.
ostàcolo *s.m.* **1** Tutto ciò che intralcia o costituisce un impedimento, una barriera, una difficoltà (anche ♣) **2** Nell'atletica leggera e nell'ippica, barriera di varia natura posta lungo il percorso di gara e che l'atleta o il cavallo devono saltare.
ostàggio *s.m.* Persona che forze militari nemiche o gruppi criminali prendono in proprio potere per usarla, sotto minaccia di morte o di altre ritorsioni, come strumento per ottenere i propri scopi.
òste *s.m.* Chi gestisce un'osteria.
ostèllo *s.m.* Albergo che alloggia con poca spesa giovani turisti.
ostentàre *v.tr.* Mostrare volutamente, esibire in modo esagerato qlco., perché venga notato, per vanto o anche per simulazione: *o. la propria cultura.*
osterìa *s.f.* Locale pubblico dove si servono vino, bevande e talvolta anche cibi.
ostètrica *s.f.* Infermiera specializzata che assiste le donne durante la gravidanza, il parto e il puerperio [S] levatrice.
ostìle *agg.* Avverso, contrario, nemico.
ostilità *s.f.* **1** Avversione, inimicizia ◊ Atteggiamento di dura opposizione: *incontrare l'o. generale* **2** (al *pl.*) Azioni di guerra, combattimenti: *sospendere le o.*
ostinàrsi *v.pr.* Persistere caparbiamente e spesso irragionevolmente in un'idea, in un proposito, in un atteggiamento [S] intestardirsi, insistere: *o. a negare.*
ostinàto *agg.* Caparbio, testardo: *ha un carattere o.* ◊ Tenace, fermo, risoluto: *i difensori opposero un'o. resistenza.*
ostinazióne *s.f.* Caparbietà, testardaggine, cocciutaggine ◊ Tenacia, fermez-

za, perseveranza: *difendere con o. i propri diritti*.

òstrica *s.f.* Mollusco marino con conchiglia, molto pregiato come frutto di mare.

ostruìre *v.tr.* Chiudere, bloccare, impedire un passaggio: *la frana ostruì la strada*.

otìte *s.f.* Infiammazione dell'orecchio.

ottàgono *s.m.* Poligono con otto lati e otto angoli.

ottenére *v.tr.* **1** Riuscire ad avere Ⓢ conseguire, raggiungere: *o. uno sconto*; *o. il successo* **2** Ricavare, trarre: *la benzina si ottiene dal petrolio*.

òttico *agg.* **1** Che riguarda la vista e i suoi organi: *nervo o.*; *illusione o.* **2** *Strumenti o.* = quelli che producono o utilizzano particolari fenomeni relativi alla luce e alla vista (per es. la macchina fotografica, il microscopio, gli occhiali).

ottimìsmo *s.m.* Tendenza a cogliere soprattutto gli aspetti positivi della realtà e a confidare sempre in uno sviluppo favorevole delle situazioni e degli eventi.

ottimìsta *agg. e s.m.f.* Che, chi è incline all'ottimismo.

òttimo *agg.* Molto buono, buonissimo, eccellente: *pranzo o.*; *un o. lavoro*.

ottóne *s.m.* Lega di rame e zinco, di colore giallo.

otturàre *v.tr.* Ostruire, chiudere un'apertura, un condotto Ⓢ turare, tappare.

ottùso *agg.* **1** *Angolo o.* = maggiore di un angolo retto e minore di un angolo piatto **2** ✤ Tardo a comprendere, poco acuto, mentalmente limitato: *una mente o.*

ovàia *s.f.* Ciascuna delle due ghiandole che costituiscono l'organo di riproduzione della donna e delle femmine dei mammiferi, e all'interno delle quali si sviluppano e sono contenute le uova prima della loro fecondazione.

ovàle *agg.* Che ha una forma ellittica, cioè un contorno simile a quello di un uovo ♦ *s.m.* Linea di contorno del volto.

ovàtta *s.f.* Cotone in fiocchi usato per imbottiture ◊ Cotone idrofilo.

ovazióne *s.f.* Calorosa manifestazione di consenso, con grida e applausi entusiastici e prolungati: *le o. della folla*.

òvest *s.m.* Uno dei quattro punti cardinali, quello corrispondente alla parte dell'orizzonte in cui si vede tramontare il sole Ⓢ occidente, ponente.

ovìle *s.m.* Stalla, riparo per gli ovini.

ovìni *s.m.pl.* Famiglia di ruminanti i cui maschi hanno le corna a spirale; ne fanno parte pecore, capre, camosci.

ovìno *agg.* Di pecora e capra: *carne o.*

ovulazióne *s.f.* Produzione della cellula germinativa femminile da parte dell'ovaia ◊ Fuoriuscita dall'ovaia dell'ovulo maturo, pronto per essere fecondato.

òvulo *s.m.* Cellula riproduttiva femminile che, dopo la fecondazione, si trasforma in embrione negli animali e in seme nelle piante.

ovùnque *avv.* Dovunque.

ovvéro *congz.* Cioè, ossia.

òvvio *agg.* Del tutto evidente Ⓢ scontato, naturale, logico.

oziàre *v.intr.* [aus. *avere*] Stare in ozio, passare il tempo senza far nulla.

òzio *s.m.* Il non far nulla, per pigrizia e abitudine◊ Inattività temporanea: *la malattia lo costrinse all'o. forzato*.

ozióso *agg.* Che ama l'ozio ◊ Che sta in ozio Ⓢ inattivo ◊ Passato nell'ozio Ⓢ inoperoso: *fare una vita o.*

P

p *s.f.* o *m.* Quattordicesima lettera dell'alfabeto italiano; è una consonante e quando è sola si pronuncia *pi.*

pacàto *agg.* Che dimostra calma e serenità: *rispondere in tono p.*

pacchétto *s.m.* Pacco, confezione di piccole dimensioni.

pàcco *s.m.* Involucro di carta o altro materiale, confezionato per contenere uno o più oggetti e talvolta legato con corde o nastri: *un p. di libri, di dolci.*

pàce *s.f.* **1** Assenza di guerre, di conflitti tra popoli e stati: *vivere in tempo di p.* **2** Concordia, tranquillità nella vita pubblica e nei rapporti tra le persone: *vivere in p. con tutti* **3** Quiete, tranquillità, come assenza di rumori, di confusione o di altri fastidi: *la p. della campagna* ◊ Tranquillità e serenità spirituale, interiore: *avere la coscienza in p.*

pacìfico *agg.* Che ama la pace e rifugge dalla guerra: *un popolo p.* ◊ Che ama la tranquillità, il quieto vivere e rifugge da ogni violenza e litigio: *carattere p.* ◊ Che non fa ricorso alla violenza: *protesta p.* ◊ Non bellicoso, non aggressivo.

pacifista *agg.* e *s.m.f.* Che, chi è radicalmente contrario alle guerre come mezzo per risolvere le controversie tra gli stati.

padàno *agg.* Del Po, della valle del Po.

padèlla *s.f.* Recipiente di cucina tondo e poco fondo, con lungo manico.

padiglióne *s.m.* Costruzione isolata o collegata con altre, che costituisce un settore di un complesso [S] reparto, stand.

pàdre *s.m.* **1** Uomo che ha generato uno o più figli [S] genitore, babbo, papà **2** ♧ Chi è stato fondatore, iniziatore, inventore di qlco.

padronànza *s.f.* Controllo, dominio: *ha perso la p. dei propri nervi* ◊ Grande pratica e abilità in qlco.; conoscenza approfondita di qlco.: *avere p. della guida.*

padróne *s.m.* **1** Chi è proprietario di qlco. ◊ Datore di lavoro, imprenditore **2** ♧ Chi è libero di agire a proprio piacimento: *sei p. di andartene.*

padroneggiàre *v.tr.* Dominare, controllare: *p. i propri nervi* ◊ Conoscere in modo approfondito: *p. un argomento.*

paesàggio *s.m.* Aspetto di un luogo così come appare allo sguardo [S] panorama: *dalla collina si gode un bel p.* ◊ Territorio, ambiente naturale contraddistinto da particolari caratteristiche: *p. alpino, desertico.*

paése *s.m.* **1** Stato, nazione: *p. confinanti* ◊ Patria: *amare il proprio p.* **2** Ampio territorio con particolari caratteristiche [S] regione: *p. caldi, freddi* **3** Piccolo centro abitato [S] villaggio: *la festa del p.*

pàga *s.f.* Retribuzione, salario, stipendio.

pagaménto *s.m.* Versamento di una somma dovuta; la somma stessa pagata.

pagàre *v.tr.* **1** Dare la somma di denaro dovuta per un bene acquistato, per una prestazione ricevuta, per un impegno preso ecc.: *p. il pane, il sarto, un debito* **2** Offrire qlco. a qlcu. assumendosene la spesa: *p. da bere* **3** ♧ Subire le conseguenze di quanto si è fatto [S] scontare, espiare: *ha pagato cari i suoi errori.*

pagèlla *s.f.* Documento scolastico in cui vengono segnati i voti riportati nelle diverse materie da un alunno nel corso dell'anno, agli scrutini e agli esami.

pàgina *s.f.* Ciascuna facciata dei fogli che compongono un libro, un giornale, un quaderno ◊ Foglio: *strappò una p. dal quaderno*.

pàglia *s.f.* Insieme di steli secchi di cereali già trebbiati.

pagliàccio *s.m.* **1** Buffone da circo ⓢ clown **2** ⚘ Persona poco seria, senza alcuna coerenza e dignità ⓢ buffone.

pagliùzza *s.f.* Sottile fuscello di paglia.

pàio *s.m.* **1** Coppia o comunque insieme di due cose, persone o animali della stessa specie ◊ Oggetto formato da due parti non separabili: *un p. di occhiali* **2** Circa due: *il film durerà un p. d'ore*.

pàla *s.f.* **1** Attrezzo per rimuovere, ammucchiare o caricare terra o altri materiali, costituito da un ferro largo e piatto fissato a un lungo manico di legno **2** Parte terminale, piatta e larga, di un remo o di un timone **3** Ciascuno degli elementi appiattiti di varia forma fissati a un organo meccanico che gira: *le p. di un'elica*.

palàto *s.m.* **1** Parte superiore della cavità della bocca **2** ⚘ Il senso del gusto.

palàzzo *s.m.* **1** Edificio signorile destinato, spec. un tempo, ad abitazione di re, principi e alti personaggi e oggi usato per lo più come sede di organi di governo, di uffici pubblici, di musei ecc. **2** Grande edificio adibito a una particolare funzione: *p. dello sport* **3** Edificio di notevoli dimensioni, per abitazione e per uffici.

pàlco *s.m.* Struttura provvisoria di tavole che formano un ripiano, rialzato da

terra, che fa da tribuna: *in piazza hanno montato un p. per il comizio* ◊ Palcoscenico di teatro.

palcoscènico *s.m.* Nei teatri, il palco su cui recitano gli attori e si svolge l'azione.

palesàre *v.tr.* Manifestare, rivelare, svelare: *p. un'opinione*; *p. un segreto*.

palése *agg.* Evidente, chiaro.

palèstra *s.f.* Ampio locale attrezzato per fare ginnastica, allenamenti e giochi sportivi come basket e pallavolo.

palétta *s.f.* **1** Piccola pala per usi domestici **2** Disco con manico usato dal capostazione per dare il segnale di partenza al treno o dalla polizia per intimare l'alt.

palétto *s.m.* **1** Piccolo palo di legno o di metallo che si conficca nel terreno per usi vari: *i p. della tenda* **2** Spranga di ferro usata per rinforzare la chiusura di porte e finestre.

palizzàta *s.f.* Serie di pali infissi nel terreno l'uno accanto all'altro, come opera di recinzione, di riparo, di difesa, di sostegno ecc.

pàlla *s.f.* **1** Oggetto, corpo di forma sferica **2** Sfera di grandezza e materiali diversi, usata in vari giochi e sport **3** Proiettile di arma da fuoco.

palleggiàre *v.tr.* e *v.intr.* [aus. *avere*] Nella pallacanestro, far saltellare ripetutamente la palla per terra; nel calcio, lanciare la palla in aria e riprenderla, di piede o di testa ◊ Tra due o più giocatori, lanciarsi e rilanciarsi la palla.

pàllido *agg.* **1** Privo del naturale colorito ⓢ sbiancato, smorto: *p. in volto* ◊ Tenue, poco intenso: *rosa p.*; *un p. sole* **2** ⚘ Vago, debole: *un p. ricordo*.

palloncìno *s.m.* **1** Pallone di gomma sottilissima e colorata, gonfiato con un gas più leggero dell'aria **2** Piccolo lampione di carta colorata, usato per illuminazione.

pallóne *s.m.* Grossa palla di gomma o di cuoio, gonfiata a pressione, di grandezza diversa a seconda del gioco in cui si impiega ◊ Gioco del calcio: *partita di p.*

pallóre *s.m.* Colore pallido del viso.

pallòttola *s.f.* Proiettile di arma da fuoco.

pàlma[1] *s.f.* Parte interna della mano: *giunse le p. per pregare.*

pàlma[2] *s.f.* Pianta tropicale con fusto a colonna e un ciuffo di rami con grandi foglie sulla sommità.

pàlmo *s.m.* **1** Distanza tra la punta del pollice e quella del mignolo con le dita divaricate al massimo Ⓢ spanna **2** Palma della mano.

pàlo *s.m.* **1** Legno lungo, diritto e tondeggiante che viene infisso nel terreno a sostegno o recinzione di qlco.; asta di metallo o cemento con analoghe funzioni **2** Ciascuno dei legni che delimitano la porta in un campo di calcio.

palpàre *v.tr.* Toccare con il palmo della mano, ripetutamente e con una leggera pressione Ⓢ tastare.

pàlpebra *s.f.* Ciascuna delle due sottili pieghe della pelle che si aprono e chiudono davanti all'occhio.

palpitàre *v.intr.* [aus. *avere*] Battere, pulsare con particolare forza e frequenza, detto spec. del cuore.

pàlpito *s.m.* Singolo battito del cuore.

palùde *s.f.* Zona, terreno ricoperti di acqua bassa e stagnante Ⓢ acquitrino.

paludóso *agg.* Coperto di acqua bassa e stagnante ◊ Ricco di paludi: *zona p.*

pànca *s.f.* Sedile di legno per più persone, con o senza spalliera.

pancétta *s.f.* Parte della pancia del maiale che, salata o affumicata, viene usata come salume o condimento.

panchìna *s.f.* Sedile per più persone in ferro, legno o pietra, con o senza schienale, collocato all'aperto in viali, giardini, piazze, stazioni ecc.

pància *s.f.* Ventre, addome ◊ Ventre ingrossato: *avere la p.*

panciòtto *s.m.* Corpetto senza maniche, aperto e abbottonato sul davanti, che gli uomini portano sopra la camicia e sotto la giacca Ⓢ gilè.

pàncreas *s.m.invar.* Ghiandola situata nell'addome, che secerne nel duodeno un succo necessario alla digestione.

pàne *s.m.* Alimento che si ottiene cuocendo al forno una pasta lievitata | ♧ *Guadagnarsi il p.* = il necessario per vivere.

panetterìa *s.f.* Negozio in cui si vende e talvolta anche si fa il pane Ⓢ panificio.

pànico *s.m.* Paura improvvisa e incontrollabile, che spinge spesso a comportamenti irrazionali: *la folla fu presa dal p.*

panière *s.m.* Cesta per lo più di vimini, di solito provvista di un manico arcuato per infilarvi il braccio.

panificio *s.m.* **1** Stabilimento industriale in cui si fa il pane **2** Bottega in cui si fa e si vende o solo si vende il pane Ⓢ panetteria.

panìno *s.m.* Piccolo pane di forma rotonda o allungata.

pànna *s.f.* La parte più grassa del latte Ⓢ crema: *gelato alla p.*

pannèllo *s.m.* **1** Elemento piano di legno o altro materiale, quadrato o rettangolare, usato come copertura, rivestimento, protezione, chiusura, decorazione: *p. divisorio* **2** *P. solare* = lastra che assorbe le radiazioni solari, collegata a un dispositivo che le trasforma in energia elettrica **3** Quadro dei comandi e degli strumenti indicatori di una macchina.

pànno *s.m.* **1** Tessuto pesante e compatto di lana ◊ Pezzo di tessuto, spec. di lana, destinato a un particolare uso: *p. da stiro* **2** (al *pl.*) Indumenti, vesti: *p. stesi al sole.*

pannòcchia *s.f.* La grossa spiga del mais.

pannolìno *s.m.* Piccola pezza di lino, cotone o altro materiale assorbente, usata per l'igiene intima dei neonati e delle donne nel periodo mestruale.

panoràma *s.m.* **1** Veduta di un ampio paesaggio ⓢ vista **2** ✿ Quadro complessivo di un settore, di una situazione: *cambia il p. politico, economico.*

panoràmico *agg.* Che offre la vista di un ampio paesaggio: *strada p.*

pantalóni *s.m.pl.* Calzoni.

pantàno *s.m.* Terreno fangoso e pieno di pozzanghere ◊ Palude.

pantèra *s.f.* Leopardo, in partic. quello asiatico dal pelame nero.

pantòfola *s.f.* Calzatura per casa morbida e comoda, di pelle o tessuto: *stare in p.*

pàpa *s.m.* Il vescovo di Roma e capo della chiesa cattolica.

papà *s.m.* Nel linguaggio familiare, padre ⓢ babbo.

papàvero *s.m.* Pianta erbacea con fiori dai petali rossi e frutti a capsula.

pàppa *s.f.* Minestra di pane, semolino o altra farina cotti in acqua o brodo ◊ Qualsiasi cibo per bambini piccoli.

pappagàllo *s.m.* **1** Uccello esotico con piumaggio dai colori vivaci; alcune specie sanno imitare le parole del linguaggio umano **2** ✿ Persona che ripete o imita senza criterio e personalità le parole e gli atteggiamenti altrui: *smettila di fare il p.!*

pàprica o **pàprika** *s.f.* Condimento piccante in forma di polvere, ottenuta da peperoncini rossi essiccati.

pàra *s.f.* Tipo di gomma naturale.

paràbola *s.f.* Traiettoria curva compiuta da un corpo lanciato nell'aria.

parabrézza *s.m.invar.* Vetro anteriore di un veicolo: *il p. di un'auto, di un aereo.*

paracadùte *s.m.invar.* Dispositivo per frenare la caduta di un corpo, usato sugli aerei come mezzo di salvataggio o per lanciare truppe, munizioni, viveri ecc.

paracadutìsta *s.m.f.* Chi si lancia dagli aerei con il paracadute ◊ Militare appartenente a un corpo addestrato a lanciarsi con il paracadute.

paracàrro *s.m.* Ciascuna delle colonnine messe lungo i bordi delle strade per segnalarne i margini e impedire l'uscita dei veicoli dalla carreggiata.

paradìso *s.m.* **1** Secondo la religione cristiana, il luogo di eterna beatitudine riservato alle anime dei giusti dopo la loro morte **2** ✿ Luogo molto bello, sereno e tranquillo.

paradòsso *s.m.* Affermazione, ragionamento sorprendente, in contrasto con l'opinione comune ◊ Cosa illogica, assurda.

parafàngo *s.m.* Elemento della carrozzeria di un veicolo che contorna la parte superiore delle ruote per impedire che spruzzino acqua e fango.

parafùlmine *s.m.* Asta metallica appuntita posta sul tetto di edifici, che attira i fulmini e li scarica a terra mediante una fune metallica a cui è collegata.

paràggi *s.m.pl.* Dintorni, vicinanze.

paragonàre *v.tr.* Mettere a confronto Ⓢ comparare, confrontare ♦ **paragonarsi** *v.pr.* Porsi a confronto con un altro.

paragóne *s.m.* Confronto tra due cose o persone per valutarne la somiglianza o la diversità, le rispettive caratteristiche ecc.

paràgrafo *s.m.* Ciascuna delle parti in cui sono suddivisi i capitoli di un testo.

paràlisi *s.f.* **1** Perdita della capacità di muovere uno o più muscoli **2** ♧ Arresto, blocco totale di un'attività.

paralìtico *agg.* e *s.m.* Che, chi è colpito da paralisi: *un p. in carrozzella.*

paralizzàre *v.tr.* **1** Rendere paralitico **2** ♧ Arrestare, bloccare: *p. i trasporti.*

parallèla *s.f.* Retta parallela a un'altra ◊ Strada parallela a un'altra.

parallelepìpedo *s.m.* Solido geometrico formato da sei facce che sono parallelogrammi e ognuna delle quali è parallela a quella opposta.

parallèlo *agg.* In geometria, si dice di rette o piani che non si incontrano mai ◊ Si dice di cose che procedono a eguale distanza nella stessa direzione: *strada p. alla ferrovia* ♦ *s.m.* In geografia, ciascuno dei circoli immaginari paralleli all'equatore tracciati sulla superficie terrestre e a cui ci si riferisce per determinare la latitudine.

parallelogràmma o **parallelogràmmo** *s.m.* Quadrilatero i cui lati opposti sono uguali e paralleli.

paralùme *s.m.* Schermo di stoffa o altro materiale che serve ad attenuare la luce di una lampada.

paràmetro *s.m.* Punto di riferimento, criterio di valutazione.

parànco *s.m.* Apparecchio usato per sollevare grossi pesi e costituito da un sistema di carrucole e funi o catene.

parapètto *s.m.* Barriera di sicurezza, per impedire le cadute, posta al bordo di ponti, terrazze, balconi o lungo le murate delle navi: *non sporgersi dal p.*

parapìglia *s.m.invar.* Gran confusione di persone accalcate che si muovono scompostamente o si azzuffano.

parapiòggia *s.m.invar.* Ombrello.

paràre *v.tr.* **1** Bloccare, evitare, schivare qlco. di dannoso: *p. un colpo* | *P. (un tiro)* = nel calcio e in altri sport, bloccare o respingere il pallone impedendo che entri in porta **2** Riparare, proteggere da qlco. di dannoso o molesto: *p. gli occhi dalla luce* ♦ **pararsi** *v.pr.* Presentarsi, apparire all'improvviso: *gli si parò dinnanzi un'ombra.*

parasóle *s.m.invar.* Ombrello per ripararsi dal sole.

parassìta *agg.* Detto di organismo animale o vegetale che vive a spese e con danno di un altro essere vivente, stabilendosi sulla superficie o all'interno del suo corpo: *insetti p.*; *piante p.* ♦ *s.m.* **1** Organismo parassita **2** ♧ Persona che vive alle spalle degli altri e ne sfrutta il lavoro.

paràta[1] *s.f.* Nel calcio e in altri sport, intervento del portiere che impedisce alla palla di entrare nella sua porta.

paràta[2] *s.f.* Rassegna, rivista, sfilata, spec. militare: *gli alpini sfilarono in p.*

paratìa *s.f.* Ciascuna delle pareti che dividono gli ambienti nella parte sommersa di una nave.

paràto *s.m.* Rivestimento per pareti in tessuto o carta speciale Ⓢ tappezzeria.

paraùrti *s.m.* Traversa di metallo o di plastica posta nella parte anteriore e posteriore degli autoveicoli per proteggere la carrozzeria dagli urti.

paravènto *s.m.* Struttura mobile a pannelli, usata come divisorio per isolare una parte di un ambiente.

parcèlla *s.f.* **1** Nota delle spese da rimborsare e del compenso delle proprie prestazioni che un professionista presenta al cliente **2** Piccolo appezzamento di terreno.

parcheggiàre *v.tr.* Collocare e lasciare un veicolo in sosta in un luogo ◊ Effettuare la manovra del parcheggio.

parchéggio *s.m.* **1** Sosta dei veicoli: *area di p.* ◊ La manovra per parcheggiare **2** Area destinata alla sosta dei veicoli Ⓢ posteggio: *p. libero, a pagamento.*

pàrco *s.m.* Vasto giardino, pubblico o privato, con alberi d'alto fusto ◊ *P. nazionali* = aree del territorio di uno stato tutelate da speciali leggi che ne proteggono il paesaggio, la flora e la fauna.

parécchio *agg. e pron.indef.* Non poco, molto: *p. giorni; spendere p.* ♦ *avv.* Molto, notevolmente: *oggi sta p. male.*

pareggiàre *v.tr.* **1** Rendere uniforme, portare allo stesso livello: *p. una siepe* | *P. i conti* = portarli in pareggio **2** *P. una partita* = concluderla in parità ♦ *v.intr.* [aus. *avere*] Riportare un risultato di parità in una competizione.

paréggio *s.m.* **1** Parità di punteggio tra due squadre o due contendenti nel corso o al termine di una gara **2** Nella contabilità, equilibrio tra entrate e uscite.

parènte *s.m.f.* Chi è legato a un'altra persona da vincoli di parentela.

parentèla *s.f.* **1** Rapporto naturale tra persone dello stesso sangue (nonni, nipoti, padri, figli, zii, cugini); anche, rapporto tra persone acquisito con un matrimonio (cioè coniugi, suoceri, nuore, generi, cognati) **2** L'insieme dei parenti.

parèntesi *s.f.* **1** Parola o frase autonoma, posta tra due segni ( ), che si inserisce in un periodo per chiarire, precisare, completare quanto si dice, fare un rinvio ecc. **2** Ciascuno dei segni grafici che aprono e chiudono una parentesi o che si usano nelle espressioni matematiche per indicare l'ordine di esecuzione delle operazioni: *p. tonde, quadre.*

parére[1] *v.intr.* [aus. *essere*] **1** Avere una certa apparenza Ⓢ sembrare ◊ Sembrare probabile: *pare che pioverà* **2** Credere, pensare, avere una certa opinione: *ti pare di aver agito bene?* ◊ Volere: *fai quel che ti pare.*

parére[2] *s.m.* Idea personale Ⓢ opinione, avviso: *cambiare p.* ◊ Giudizio, valutazione, consiglio: *il p. di un esperto.*

paréte *s.f.* **1** Muro che delimita gli ambienti interni di un edificio **2** L'insieme delle superfici che delimitano un ambiente, un oggetto, una cavità: *le p. di una grotta, di un tubo, dello stomaco.*

pàri *agg.* **1** Uguale, equivalente **2** Senza dislivelli, allo stesso livello: *la siepe non è p.* **3** In pareggio, in parità: *la partita finì p.* **4** *Numero p.* = ogni numero divisibile per due ♦ *s.m.* Numero pari.

parità *s.f.* Uguaglianza: *p. di forze* ◊ Risultato pari tra i due avversari di una competizione Ⓢ pareggio: *finire in p.*

parlamentàre[1] *v.intr.* [aus. *avere*] Trattare, discutere per raggiungere un accordo.

parlamentàre[2] *agg.* Del parlamento: *dibattito p.* ♦ *s.m.f.* Membro del parlamento: *i p. dell'opposizione.*

parlaménto *s.m.* Assemblea dei rappresentanti eletti dal popolo, che negli stati democratici moderni esercita il potere legislativo e controlla l'attività del governo.

parlàre *v.intr.* [aus. *avere*] **1** Pronunciare parole: *p. a voce alta* ◊ Comunicare qlco. con le parole: *ti vorrei p. di quell'argomento* ◊ Rivolgersi a qlcu.; avere un colloquio con qlcu.: *vorrei p. con il direttore* **2** Conversare, discutere, chiacchierare: *p. di politica* **3** Rivelare ciò che si sa Ⓢ confessare **4** Trattare di un argomento per iscritto: *tutti i giornali parlano dello scandalo* ♦ *v.tr.* Usare, per esprimersi, una data lingua: *in Italia si parla l'italiano* ◊ Conoscere una lingua: *p. il russo* ♦ **parlarsi** *v.pr.* Scambiarsi delle parole, rivolgersi la parola.

parlàta *s.f.* Modo di parlare caratteristico di una zona o di una persona.

parodìa *s.f.* Versione comica, caricaturale di un'opera, di un film, di una canzone ◊ Imitazione caricaturale di una persona.

paròla *s.f.* **1** Insieme di suoni (o di lettere) dotato di significato all'interno di una lingua Ⓢ termine, vocabolo: *una p. italiana, straniera, dialettale* **2** L'atto del parlare: *rivolgere la p. a qlcu.* ◊ Ciò che viene detto Ⓢ espressione, frase: *non ho le p. per ringraziarti* ◊ Contenuto di un discorso Ⓢ ragionamento, insegnamento, consiglio: *seguire le p. del maestro* **3** Assicurazione, promessa, impegno verbale: *mantenere la p. data* **4** L'atto e il diritto di parlare in pubblico, di esprimere pubblicamente le proprie idee: *chiedere la p.*; *libertà di p.*

parolàccia *s.f.* Parola volgare, sconcia.

parricìda *s.m.f.* Chi ha ucciso il proprio padre.

parrùcca *s.f.* Capigliatura non propria, fatta con capelli naturali o artificiali.

parrucchière *s.m.* Chi taglia e acconcia i capelli delle donne o degli uomini.

pàrte *s.f.* **1** Ognuno degli elementi in cui si può dividere o di cui è composto un tutto Ⓢ porzione, quota, pezzo, frazione, sezione, settore **2** Zona, regione, luogo: *abita da queste p.* ◊ Lato: *dall'altra p. della strada* ◊ Direzione: *il vento soffia da quella p.* **3** Periodo di tempo: *la prima p. del mese* **4** Personaggio interpretato da un attore Ⓢ ruolo ◊ ♧ Ruolo, compito di una persona nella vita reale: *fare la propria p.*

partecipànte *agg.* e *s.m.f.* Che, chi partecipa a qlco.: *i p. a una riunione.*

partecipàre *v.intr.* [aus. *avere*] Prendere parte a qlco.; intervenire: *p. a un gioco, a una riunione* ◊ Collaborare, contribuire a qlco.: *p. a una spesa.*

partecipazióne *s.f.* Presenza, adesione, intervento: *è necessaria la tua p.*

parteggiàre *v.intr.* [aus. *avere*] Stare dalla parte di qlcu., sostenere una delle parti in una competizione: *p. per il più debole.*

partènza *s.f.* **1** L'atto, il momento di partire: *rimandare la p.* **2** Origine, inizio: *il punto di p. di un viaggio* ◊ Inizio di una gara di corsa: *dare il segnale di p.*

particèlla *s.f.* **1** *P. elementare* = ognuna delle piccolissime e indivisibili parti di materia che costituiscono l'atomo **2** *P. pronominali* = le forme atone dei pronomi personali (*mi, ti, li, ci, vi, ne* ecc.).

particolàre *agg.* **1** Che riguarda una singola parte, cosa o persona, e non riguarda o non è comune alla totalità Ⓢ peculiare, specifico: *interessi p.*; *un caso p.* **2** Fuori del comune, dell'ordinario Ⓢ speciale, eccezionale: *donna di p. bellezza* ♦ *s.m.* Elemento, aspetto particolare di un tutto Ⓢ dettaglio: *ricordò un p.*

partìre *v.intr.* [aus. *essere*] **1** Allontanarsi da un luogo per recarsi in un altro; mettersi in viaggio, in cammino: *p. per le vacanze* ◊ Mettersi in azione, in moto: *p. all'attacco*; *il motore non parte* 2 ✿ Provenire, uscire: *dalla pistola partì un colpo* ◊ Avere inizio, origine: *le strade che partono dalla piazza* ◊ Cominciare: *l'orario estivo inizia a p. da domani.*

partìta *s.f.* 1 Incontro, gara sportiva o di gioco: *p. di calcio*; *p. a carte* 2 Quantità di una stessa merce commerciata all'ingrosso: *acquistare una p. di caffè.*

partìto *s.m.* Associazione, organizzazione politica.

pàrto *s.m.* Fuoriuscita del feto, o dei feti, dall'organismo materno, a conclusione della gravidanza.

partorìre *v.tr.* Mettere al mondo, generare, dare alla luce uno o più figli.

parziàle *agg.* 1 Che riguarda solo una parte, che avviene solo in parte; non totale, non definitivo ⓢ incompleto, limitato: *eclisse p. di luna*; *un successo p.* 2 Che favorisce qlcu. a scapito di altri; non equo: *un giudice, un arbitro p.*

parzialità *s.f.* Atteggiamento parziale, non obiettivo: *accusare un arbitro di p.*

pascolàre *v.tr.* Condurre al pascolo e sorvegliare il bestiame ♦ *v.intr.* [aus. *avere*] Stare al pascolo, brucare l'erba del pascolo: *il gregge pascolava sui prati.*

pàscolo *s.m.* Terreno coperto di erbe adatte all'alimentazione del bestiame: *p. alpini* ◊ Il pascolare: *portò le bestie al p.*

Pàsqua *s.f.* Festa mobile cristiana che commemora la risurrezione di Cristo e cade ogni anno nella domenica successiva al primo plenilunio dopo l'equinozio di primavera.

pasquàle *agg.* Di Pasqua: *vacanze p.*

passàggio *s.m.* 1 Il passare per un luo-

go o uno spazio ⓢ transito, attraversamento 2 Luogo per cui si passa o si può passare ⓢ varco: *aprirsi un p. tra i cespugli* 3 Viaggio per nave e relativo prezzo ◊ Tragitto come ospite su un veicolo altrui: *chiedere un p.* 4 ✿ Mutamento, cambiamento da una condizione a un'altra: *p. dal caldo al freddo* ◊ Trasferimento: *p. di proprietà* 5 Nel calcio e in altri sport, invio della palla a un altro giocatore: *p. all'indietro, di testa.*

passànte *s.m.f.* Persona che passa per la strada: *chiese l'ora a un p.*

passapòrto *s.m.* Documento personale che consente di recarsi all'estero.

passàre *v.intr.* [aus. *essere*] 1 Andare, procedere attraversando un luogo, seguendo un percorso: *p. per un paese* ◊ Scorrere in, attraverso: *la corrente passa nel filo* ◊ Transitare: *l'autobus è già passato* ◊ Penetrare attraverso un luogo, un'apertura: *rumori che passano dalla parete* 2 Spostarsi, trasferirsi da un luogo a un altro: *p. in salotto* ◊ ✿ Cambiare condizione, stato, attività, argomento e sim.: *p. dalla vita alla morte*; *p. al nemico* 3 Andare o venire in un luogo o da qlcu. per fermarvisi brevemente: *devo p. in banca* 4 Trascorrere: *come passa il tempo!* ◊ Finire, terminare, cessare: *la gioventù passa in fretta* ♦ *v.tr.* 1 Oltrepassare, superare (anche ✿): *p. il fiume a nuoto*; *p. l'esame* 2 Far entrare o uscire attraverso un'apertura, un foro: *p. la mano tra le sbarre* 3 Spalmare, far scorrere qlco. su una superficie: *p. la cera sui pavimenti* 4 Porgere, dare, trasmettere ad altri: *p. la palla a un compagno* 5 Trascorrere: *p. un mese all'estero* ◊ Affrontare, subire, soffrire: *p. un guaio.*

passatèmpo *s.m.* Occupazione, attività svolta al solo scopo di passare piacevolmente il tempo Ⓢ svago, hobby.
passàto *agg.* Trascorso, dei tempi trascorsi: *l'anno p.*; *le generazioni p.* ♦ *s.m.* **1** Il tempo trascorso; ciò che in esso è accaduto: *rimpiangere il p.* **2** Minestra a base di verdure ridotte in poltiglia.
passeggèro *agg.* Che passa presto, di breve durata: *malessere p.* ♦ *s.m.* Chi viaggia a bordo di un mezzo di trasporto.
passeggiàre *v.intr.* [aus. *avere*] Camminare lentamente per svago; andare a spasso ◊ Camminare avanti e indietro in un luogo.
passeggiàta *s.f.* Camminata per svago o breve gita, a piedi o con un veicolo.
passéggio *s.m.* Il passeggiare: *andò a p.*
passerèlla *s.f.* Ponte stretto e leggero, per pedoni, sopra un corso d'acqua, una strada o una ferrovia ◊ Ponticello mobile per scendere o salire su navi o aerei.
pàssero *s.m.* Piccolo uccello dalle piume grigio-brune.
passióne *s.f.* Sentimento di grande violenza e intensità, capace di dominare interamente una persona: *l'odio è una terribile p.* ◊ Amore molto forte per qlcu. ◊ Inclinazione, interesse molto vivo per qlco.: *avere la p. della caccia.*
passìvo *agg.* Privo d'iniziativa; che subisce le situazioni e le azioni altrui senza reagire: *atteggiamento p.* ◊ *Forma p. del verbo* = quella in cui il soggetto grammaticale subisce l'azione ♦ *s.m.* **1** Forma verbale passiva **2** L'insieme delle perdite che si hanno in un'attività economica Ⓢ deficit, disavanzo: *bilancio in p.* ◊ Nello sport, l'insieme delle reti o dei punti subiti da una squadra rispetto a quelli segnati.
pàsso[1] *s.m.* **1** Ognuno dei movimenti che si compiono con le gambe camminando ◊ Modo di camminare Ⓢ andatura: *andare a p. spedito* ◊ Rumore che fanno i piedi posandosi a terra: *sentì dei p.* **2** Distanza equivalente alla lunghezza di un passo: *era a tre p. da me* **3** ♧ Atto, iniziativa, mossa; decisione: *un p. rischioso*; *fare un p. falso.*
pàsso[2] *s.m.* **1** Luogo, punto attraverso cui si passa o si può passare; possibilità di passare Ⓢ passaggio: *sbarrare il p.* **2** Valico montano: *il p. del Sempione.*
pàsta *s.f.* **1** Impasto a base di farina, acqua e altri ingredienti, lavorato fino a diventare compatto e plasmabile ◊ Prodotto alimentare costituito da farina di grano duro impastata con acqua che, tagliata in varie forme ed essiccata, si cuoce e si mangia in brodo o asciutta **2** Piccolo dolce, spesso farcito Ⓢ pasticcino **3** Sostanza o prodotto di consistenza densa e molle: *p. di legno*; *p. dentifricia.*
pastasciùtta *s.f.* Pasta alimentare cotta in acqua bollente e condita in vario modo.
pastèllo *s.m.* Piccolo cilindro formato da un impasto solido di colori, usato per dipingere con una particolare tecnica.
pastìcca *s.f.* Pastiglia: *p. per la tosse.*
pasticcerìa *s.f.* Negozio dove si fanno e vendono dolci.
pasticcière o **pasticcère** *s.m.* Chi fa o vende dolci.
pasticcìno *s.m.* Piccola pasta dolce.
pastìccio *s.m.* **1** Cosa mal fatta, disordinata e confusa **2** Guaio, situazione imbrogliata, difficile da risolvere: *mettersi nei p.*
pastìglia *s.f.* Prodotto farmaceutico o dolciario costituito da un dischetto di sostanze polverizzate e pressate.

pastìna *s.f.* Pasta alimentare di piccolo formato, da mangiare in brodo.
pàsto *s.m.* **1** L'atto del mangiare, spec. a ore abituali della giornata **2** L'insieme dei cibi che si consumano in un pasto.
pastóre *s.m.* Chi custodisce e porta al pascolo le greggi.
patàta *s.f.* Pianta erbacea di origine sudamericana, largamente coltivata per i tuberi commestibili ◊ Il tubero di tale pianta, ricco di amido: *p. lesse, fritte.*
patatìna *s.f.* Fetta sottile di patata fritta o cotta al forno.
patènte *s.f.* Documento che autorizza a guidare un veicolo, rilasciato a chi ha superato gli esami di guida.
patèrno *agg.* **1** Del padre: *casa p.* **2** ♧ Da padre, simile a un padre: *affetto p.*
patètico *agg.* Che suscita commozione, compassione, malinconia: *una vicenda p.*
patiménto *s.m.* Sofferenza fisica o morale.
pàtina *s.f.* Sottile strato che ricopre qlco.
patìre *v.tr.* Provare, subire qlco. che causa dolore, disagio, danno, offesa Ⓢ soffrire: *p. la fame*; *p. un'ingiustizia* ⧫ *v.intr.* [aus. *avere*] Soffrire: *p. d'insonnia.*
pàtria *s.f.* La terra, il paese in cui si è nati e a cui ci si sente legati come membri di uno stesso popolo ◊ Città, paese natale: *Firenze è la p. di Dante.*
patrìgno *s.m.* Il nuovo marito della propria madre per i figli nati da un marito precedente.
patrimònio *s.m.* **1** Il complesso dei beni appartenenti a una persona, a una famiglia, a un'azienda, a un ente **2** ♧ Complesso di elementi materiali, spirituali ecc. di cui è dotato qlco. e che ne costituiscono una ricchezza e una caratteristica: *l'Italia ha un grande p. artistico.*
pàtrio *agg.* Della patria: *amor p.*
patriòta *s.m.f.* Chi ama la patria e spec. chi lotta e si sacrifica per essa.
patriottìsmo *s.m.* Sentimento di amore e fedeltà verso la propria patria.
patteggiàre *v.tr.* Trattare per concludere un accordo Ⓢ negoziare: *p. la resa* ⧫ *v.intr.* [aus. *avere*] Scendere a patti, a compromessi: *p. con i rapitori.*
pattinàggio *s.m.* Lo sport che si pratica sui pattini: *p. su ghiaccio, a rotelle.*
pattinàre *v.intr.* [aus. *avere*] Muoversi scivolando sui pattini: *p. sul ghiaccio.*
pàttino *s.m.* **1** Attrezzo che si applica ai piedi per pattinare, costituito da una lama d'acciaio (nei *p. da ghiaccio*) o da quattro rotelle saldate a una speciale calzatura **2** Ognuno degli elementi inferiori di alcuni veicoli che servono a farli scorrere e scivolare su superfici lisce, e spec. su ghiaccio, neve e acqua.
pàtto *s.m.* **1** Accordo stabilito tra due o più parti: *p. d'alleanza*; *rompere un p.* **2** Condizione: *vengo a p. che vengan tutti.*
pattùglia *s.f.* Piccolo gruppo di soldati o agenti di polizia incaricati di un particolare compito: *p. in esplorazione.*
pattumièra *s.f.* Recipiente per la spazzatura.
paùra *s.f.* **1** Sensazione di intenso timore, di preoccupazione, di angoscia che si prova in presenza o al pensiero di un pericolo reale o immaginario **2** Timore, preoccupazione, dubbio: *verrò, non aver p.*
pauróso *agg.* **1** Che si fa prendere facilmente dalla paura, che ha paura di ogni cosa **2** Che incute paura: *un incubo p.* ◊ Impressionante: *un incidente p.*
pàusa *s.f.* Intervallo, interruzione, sosta di breve durata: *fare una p. durante il*

lavoro ◊ Nel parlare, nel leggere e nel recitare, sospensione più o meno breve della voce, a scopo espressivo.

paviménto *s.m.* Rivestimento di vario materiale che ricopre il suolo spec. di ambienti di edifici e mezzi di trasporto.

pazientàre *v.intr.* [aus. *avere*] Avere pazienza, attendere con pazienza.

paziènte *agg.* 1 Dotato di pazienza 2 Che richiede o rivela pazienza, costanza: *p. indagini* ♦ *s.m.f.* Persona in cura da un medico; persona affetta da una malattia.

paziènza *s.f.* Capacità di sopportare serenamente tutto ciò che causa o può causare disagio, fastidio, dolore o irritazione ◊ Costanza, diligenza, calma, precisione richieste da determinati lavori e attività: *il ricamo richiede grande p.*

pazzésco *agg.* 1 Da pazzi: *discorsi p.* ◊ Assurdo, irragionevole, esagerato: *spese p.* 2 ✂ Straordinario, enorme, incredibile: *ha una fortuna p.*

pazzìa *s.f.* 1 Malattia mentale Ⓢ follia 2 Azione o cosa irragionevole, sconsiderata o stravagante: *non fare pazzie!*

pàzzo *agg. e s.m.* 1 Malato di mente Ⓢ folle, matto 2 Che, chi è fuori di sé o si comporta in modo insensato, sconsiderato: *è p. di gioia* | *Essere p. di qlcu.* = esserne molto innamorato | *Andare p. per qlco.* = esserne molto appassionato ♦ *agg.* Degno di un pazzo, da pazzi Ⓢ sconsiderato, eccessivo: *spese p.*

peccàre *v.intr.* [aus. *avere*] Commettere un peccato, dei peccati: *p. di superbia.*

peccàto *s.m.* 1 Nel cristianesimo, ogni violazione volontaria della legge divina 2 ✂ Cosa spiacevole, deplorevole, che rincresce: *è un p. sprecare il pane.*

pècora *s.f.* 1 Mammifero della famiglia degli ovini, allevato per il latte, la carne, la pelle e la lana 2 ✂ Persona debole, che si lascia sottomettere: *siete un branco di p.!* ◊ Persona paurosa, codarda.

pecorìno *s.m.* Formaggio prodotto con latte di pecora: *p. sardo, toscano.*

pedàggio *s.m.* Tassa che si paga per transitare su un'autostrada.

pedalàre *v.intr.* [aus. *avere*] Muovere i pedali della bicicletta: *p. in fretta* ◊ Andare in bicicletta.

pedàle *s.m.* Qualsiasi organo che in un meccanismo è azionato dal piede; può avere la funzione di trasmettere a un veicolo il movimento o dei comandi; in alcuni strumenti musicali serve ad ottenere determinati suoni ed effetti.

pedàna *s.f.* Struttura su cui si appoggiano i piedi, generalmente costituita da un ripiano di legno più o meno soprelevato.

pedàta *s.f.* Colpo dato col piede Ⓢ calcio.

pediàtra *s.m.f.* Medico specialista nel curare le malattie dei bambini.

pedinàre *v.tr.* Seguire qlcu. senza farsi accorgere per spiarne ogni mossa.

pedonàle *agg.* Dei pedoni: *traffico p.* ◊ Riservato ai pedoni: *passaggio p.*

pedóne *s.m.* Chi va, si sposta a piedi.

pèggio *avv.* [compar. di *male*] In modo peggiore ♦ *agg.invar.* 1 Peggiore 2 Meno preferibile: *mi sembra p. non dirglielo* ♦ *s.m.invar.* La cosa peggiore, più sfavorevole: *il p. che può capitare* ♦ *s.f.* *Avere la p.* = essere battuto.

peggioraménto *s.m.* Cambiamento in peggio: *si prevede un p. del tempo.*

peggioràre *v.tr.* Rendere peggiore Ⓢ aggravare: *p. la situazione* ♦ *v.intr.* [aus. *essere* o *avere*] Diventare peggiore: *il tempo sta peggiorando* ◊ Aggravarsi: *nella notte il malato è peggiorato.*

peggióre *agg.* [compar. di *cattivo*] Più cattivo; inferiore per qualità, capacità, condizione, pregio, valore e sim. ◊ Meno soddisfacente, meno vantaggioso: *nel p. dei casi* ♦ *s.m.f.* La persona più cattiva o che si dimostra in qlco. la meno capace: *nella gara è risultato tra i p.*

pégno *s.m.* Garanzia della restituzione di un prestito, costituita da uno o più oggetti che il debitore consegna al creditore ◊ L'oggetto stesso dato a garanzia: *restituire il p.*

pelàme *s.m.* L'insieme dei peli che rivestono un animale Ⓢ mantello.

pelàre *v.tr.* Togliere i peli, le penne o anche la pelle a un animale morto ◊ Sbucciare: *p. le patate.*

pelàto *agg.* Senza capelli, calvo: *testa p.* ◊ Sbucciato | *(Pomodori) p.* = pomodori interi senza buccia conservati in scatola.

pèlle *s.f.* 1 Rivestimento esterno del corpo umano Ⓢ cute 2 ✀ Vita: *salvare la p.* 3 Rivestimento esterno del corpo di molti animali: *p. di pollo* ◊ Pelle di animali conciata: *borsa di p.* 4 Buccia.

pellìccia *s.f.* 1 Il mantello degli animali dal pelo lungo e fitto: *la p. dell'orso* 2 Pelle di animale conciata in modo che conservi il suo pelo morbido e lucente; indumento confezionato con tali pelli.

pellìcola *s.f.* 1 Strato superficiale molto sottile, che riveste o protegge 2 Nastro di celluloide rivestito di un sottile strato di materiale sensibile alla luce, su cui si registrano le immagini nelle riprese fotografiche e cinematografiche ◊ Film.

pélo *s.m.* 1 Ognuno dei sottili filamenti che crescono più o meno numerosi sulla pelle dell'uomo e dei mammiferi ◊ Pelame, pelliccia 2 ✀ La superficie di un liquido: *a p. d'acqua.*

pelóso *agg.* Coperto di peli, che ha molti peli: *gambe p.*; *foglia p.*

pelùria *s.f.* Insieme di peli sottili e morbidi: *p. sulle guance* ◊ Insieme di piume piccole e morbide: *la p. dei pulcini.*

péna *s.f.* 1 Punizione prevista dalla legge nei confronti di chi ha commesso un reato 2 Sofferenza fisica o morale: *p. d'amore* ◊ Angoscia, pietà per le sofferenze altrui: *provo p. per lui* ◊ *Valere la p.* = meritare, essere utile ◊ *A mala p.* = con difficoltà, a stento.

penàle *agg.* Che consiste in una pena: *sanzioni p.* ◊ Che riguarda reati che prevedono una pena giudiziaria: *codice p.* ♦ *s.f.* Somma che deve pagare chi non rispetti le clausole di un contratto.

penalità *s.f.* Nello sport, punizione inflitta a un concorrente o a una squadra che ha commesso un'irregolarità nel corso di una gara.

penalizzàre *v.tr.* Nello sport, punire infliggendo una penalità ◊ ✀ Danneggiare, sfavorire.

penàre *v.intr.* [aus. *avere*] 1 Patire, soffrire, tribolare 2 Faticare molto per raggiungere uno scopo: *ho dovuto p. per convincerlo.*

pendènza *s.f.* Inclinazione di qlco. rispetto all'asse verticale o al piano orizzontale: *un tetto, una strada in forte p.*

pèndere *v.intr.* [aus. *avere*] 1 Essere appeso, sostenuto da qlco. in alto 2 Essere inclinato: *il quadro pende a destra.*

pendìo *s.m.* Pendenza: *strada in p.* ◊ Terreno in pendenza: *scendere per un p.*

pendolàre *agg.* e *s.m.* Detto di chi deve compiere ogni giorno un viaggio dalla propria abitazione al luogo di lavoro o di studio: *lavoratori, studenti p.*

pèndolo *s.m.* Peso che per effetto della

forza di gravità oscilla avanti e indietro appeso a un punto fisso | *Orologio a p.* = orologio il cui movimento è regolato dalle oscillazioni di un pendolo.

pène *s.m.* Organo esterno dell'apparato genitale e urinario maschile.

penetràre *v.intr.* [aus. *essere*] Entrare dentro, introdursi (anche ✿): *il chiodo penetrò nel muro*; *un dubbio penetrò nel suo animo*.

penìsola *s.f.* Territorio che si protende nel mare ed è interamente circondato dalle acque tranne che dalla parte che lo unisce al continente: *p. italiana, iberica*.

penitènza *s.f.* Ogni privazione o punizione materiale o spirituale a cui ci si sottomette volontariamente per riparare al male commesso.

penitenziàrio *s.m.* Carcere.

pénna *s.f.* 1 Ciascuno degli elementi che rivestono il corpo degli uccelli mantenendone il calore e in partic. quelli più lunghi che ricoprono le ali e la coda e servono per il volo 2 Strumento per scrivere a mano che utilizzi l'inchiostro.

pennèllo *s.m.* Attrezzo costituito da un mazzetto di peli fissati all'estremità di un manico, usato per dipingere, verniciare, spalmare sostanze liquide o pastose.

pennóne *s.m.* Asta verticale che sostiene una bandiera.

penómbra *s.f.* Condizione di semioscurità intermedia tra la luce e l'ombra.

penóso *agg.* 1 Che procura pena, sofferenza, fatica, disagio: *un viaggio p.* 2 Che suscita pena, compassione: *una p. situazione familiare*.

pensàre *v.intr.* [aus. *avere*] 1 Formare delle idee nella mente ◊ Riflettere, meditare: *è meglio p. prima di agire* 2 Rivolgere la mente a qlcu. o a qlco.: *p. al* passato ◊ Considerare qlco., rifletterci sopra: *ci dovevi p. prima* ◊ Immaginare: *pensa a come ci divertiremmo!* 3 Provvedere: *ci pensi tu ad avvisarlo?* ◊ Badare: *pensa ai fatti tuoi!* ♦ *v.tr.* 1 Esaminare qlco. con il pensiero: *che cosa stai pensando?* ◊ Considerare, meditare: *pensa quel che potrebbe succedere* ◊ Immaginare, figurarsi: *chi poteva p. una cosa così?* 2 Ritenere, credere: *penso che tu abbia ragione* ◊ Avere una data opinione: *che ne pensi di quel libro?* 3 Avere in programma; prevedere: *penso di partire domani*.

pensàta *s.f.* Idea, trovata.

pensièro *s.m.* 1 La facoltà e l'attività del pensare ◊ Mente: *concentrare il p. su qlco.* 2 Ciò che si pensa Ⓢ idea, opinione 3 Ansia, preoccupazione: *ero in p. per te*.

pènsile *agg. Mobile p.* = sollevato da terra e appeso al muro | *Giardino p.* = posto sopra a una terrazza ♦ *s.m.* Mobile pensile: *cambiare un p. della cucina*.

pensilìna *s.f.* Tettoia per riparare dalla pioggia e dal sole persone che attendono all'aperto: *la p. della stazione*.

pensionàto *s.m.* 1 Chi riceve una pensione 2 Istituto che ospita a pagamento date categorie di persone: *p. per studenti*.

pensióne *s.f.* 1 Somma periodica che spetta a chi smette di lavorare per limiti di età o perché è rimasto invalido ◊ La condizione di chi ha smesso di lavorare e riceve una pensione: *è in p. da tre anni* 2 Albergo, locanda che fornisce vitto e alloggio a un prezzo concordato, spec. per periodi di una certa durata.

pentiménto *s.m.* 1 Dolore e rimorso per il male commesso 2 Rammarico, rimpianto; cambiamento d'opinione.

pentìrsi *v.pr.* 1 Provare rimorso, senso di

colpa per come si è agito **2** Rammaricarsi delle proprie scelte e decisioni: *p. di un acquisto* ◊ Cambiare idea.

péntola *s.f.* Recipiente con due manici e coperchio, usato per cuocere cibi.

penùltimo *agg.* e *s.m.* Che, chi in una serie, una lista e sim. occupa il posto che precede immediatamente l'ultimo.

penùria *s.f.* Insufficienza, scarsità.

penzolàre *v.intr.* [aus. *avere*] Stare appeso, pendere dall'alto, spec. oscillando.

pépe *s.m.* Pianta rampicante tropicale ◊ La spezie dal sapore piccante ricavata dalle bacche di tale pianta: *condire con p.*

peperoncìno *s.m.* Varietà di peperone i cui frutti, piccoli, sottili e molto piccanti sono usati come condimento.

peperóne *s.m.* Pianta erbacea coltivata per i frutti dal sapore dolciastro e più o meno piccante ◊ Il frutto di tale pianta.

pér *prep.* **1** Attraverso (anche ♧): *uscire per la porta*; *che ti passa per la testa?* ◊ In direzione di: *il treno per Milano* ◊ ♧ Verso (indica inclinazione): *passione per lo sport* ◊ In: *sedersi per terra* **2** Per la durata di: *lavorò per un anno* ◊ Indica un termine temporale, una scadenza: *sarà pronto per domani* **3** Per mezzo di: *spedire per posta* **4** A causa di: *gridare per il dolore* **5** Indica il fine o lo scopo: *lottare per la pace* ◊ Destinato a: *libri per ragazzi* **6** Indica vantaggio o svantaggio: *sacrificarsi per i figli*; *clima nocivo per la salute* **7** Indica il modo, la maniera: *pagare per contanti*; *tenersi per mano* **8** Riguardo a, limitatamente a: *per questa volta ti perdono* ◊ Dal punto di vista di, secondo: *per me hai torto* **9** Al prezzo di: *comprare per pochi soldi* **10** Come: *la prese per moglie* **11** Indica una misura, un'estensione: *per tre chilometri* **12** Indica scambio, sostituzione: *lo prese per un altro* **13** Indica distribuzione, ripartizione: *in fila per tre*; *giorno per giorno* ◊ Indica la percentuale: *venti per cento* **14** *Stare per* = essere sul punto di (fare qlco.).

péra *s.f.* Il frutto del pero.

perbène *agg.invar.* Onesto, ammodo: *persona p.* ♦ *avv.* Con cura, come si deve: *mi piace fare le cose p.*

percentuàle *agg.* Calcolato in rapporto a cento: *aumento p.* ♦ *s.f.* Quantità numerica calcolata in rapporto a cento.

percepìre *v.tr.* **1** Cogliere qlco. per mezzo dei sensi o dell'intuito Ⓢ sentire, avvertire: *p. un suono, un pericolo* **2** Ricevere, riscuotere: *p. lo stipendio.*

percezióne *s.f.* Sensazione, intuizione.

perché *avv.* Per quale ragione: *p. non parli?* ♦ *congz.* **1** Poiché: *non vengo p. sono stanco* **2** Affinché: *te lo dico p. tu lo sappia* ♦ *pron.rel.* Per cui: *non c'è ragione p. faccia così* ♦ *s.m.invar.* Motivo, causa, scopo: *l'ha fatto senza un p.*

perciò *congz.* Per questo motivo, di conseguenza: *è stanco, p. non verrà.*

percórrere *v.tr.* **1** Compiere un dato tragitto: *p. un chilometro a piedi* **2** Attraversare un territorio in tutta la sua lunghezza o estensione: *p. una regione in moto.*

percórso *s.m.* Tratto di strada che si percorre per andare in un luogo Ⓢ tragitto, itinerario.

percòssa *s.f.* Colpo violento dato a qlcu. con le mani, con i piedi o con qualche oggetto, allo scopo di fargli del male.

percuòtere *v.tr.* Colpire con violenza Ⓢ picchiare.

pèrdere *v.tr.* **1** Non avere più, restare

privo di qlco. o qlcu.: *p. la vista*; *p. i genitori* ◊ Smarrire: *p. le chiavi* ◊ Lasciarsi sfuggire: *p. il treno, l'occasione* **2** Lasciar uscire (liquidi o gas): *p. sangue* **3** Sprecare, sciupare: *non ho tempo da p.* **4** Venire vinto, avere la peggio: *p. la guerra, una scommessa* ♦ *v.intr.* [aus. *avere*] Diminuire: *p. di valore* ♦ **perdersi** *v.pr.* Smarrirsi: *p. nel bosco.*

pèrdita *s.f.* **1** Il fatto di perdere, di aver perso qlco.: *p. della vista* ◊ Morte: *piangere la p. di un amico* **2** Danno in vite umane: *infliggere al nemico forti p.* ◊ Il perdere denaro: *p. al gioco* **3** Fuoriuscita anormale di liquidi o gas: *p. d'acqua.*

perdonàre *v.tr.* Rinunciare a punire qlcu. di una sua colpa; abbandonare ogni risentimento e proposito di vendetta nei suoi confronti.

perdóno *s.m.* Generosa rinuncia a punire, a vendicarsi di chi ha commesso una colpa.

perdùto *agg.* **1** Che non si ha più perché smarrito, scomparso, morto **2** Spacciato, senza via di scampo: *ormai siamo p.*

perènne *agg.* Destinato a durare eternamente ◊ Continuo, ininterrotto.

perfètto *agg.* **1** Completo, totale: *c'era un silenzio p.* **2** Privo di qualsiasi difetto Ⓢ eccellente: *un lavoro, un marito p.*

perfezionàre *v.tr.* Rendere perfetto o migliore: *p. una macchina* ♦ **perfezionarsi** *v.pr.* Giungere a un alto livello di qualità, di completezza Ⓢ migliorarsi.

perfezióne *s.f.* Assenza di qualsiasi difetto o lacuna: *la p. di un'opera.*

pèrfido *agg.* Malvagio, subdolo, crudele e sleale: *un p. tiranno*; *un p. inganno.*

perfìno o **persìno** *avv.* Addirittura, finanche ◊ Anche solo.

perforàre *v.tr.* Bucare, forare da parte a parte ◊ Forare in profondità: *p. il terreno.*

pèrgola *s.f.* Struttura di sostegno per viti o altre piante rampicanti.

pergolàto *s.m.* Lunga pergola, insieme di pergole: *pranzare all'ombra di un p.*

pericolànte *agg.* Che minaccia di crollare: *un edificio p.*

perìcolo *s.m.* Situazione, circostanza da cui può derivare un danno; grave rischio: *la sua vita era in p.*

pericolóso *agg.* Che comporta dei pericoli Ⓢ rischioso ◊ Che può recare danno, fare del male: *è un uomo p.*

periferìa *s.f.* Parte, zona esterna (spec. di una città): *abitare in p.*

perìmetro *s.m.* La somma dei lati di un poligono ◊ Linea di contorno.

perìòdico *agg.* Che avviene o appare a intervalli di tempo più o meno regolari: *venti p.* ♦ *s.m.* Pubblicazione che esce a intervalli regolari di tempo: *p. illustrati.*

perìodo *s.m.* **1** Spazio di tempo determinato da particolari caratteristiche e avvenimenti: *p. di crisi*; *il p. della guerra* **2** Insieme di due o più frasi che formano un'unità logica con senso compiuto.

perìre *v.intr.* [aus. *essere*] Morire di morte non naturale: *p. in un naufragio.*

perìto *s.m.* **1** Esperto a cui si dà l'incarico di compiere esami e di esprimere un parere su determinate questioni **2** Diplomato in un istituto tecnico: *p. chimico.*

pèrla *s.f.* Piccola sfera lucente che alcuni tipi di ostriche producono intorno a un corpo estraneo penetrato all'interno della conchiglia.

perlopiù *avv.* Di solito, generalmente.

perlustràre *v.tr.* Percorrere per intero una zona ispezionandola attentamente.

permalóso *agg.* e *s.m.* Che, chi è facile

a offendersi ⓢ suscettibile: *come sei p.!*

permanènte *agg.* Che dura, che resta continuamente: *divieto p. di sosta.*

permanènza *s.f.* Soggiorno in un luogo.

permanére *v.intr.* Persistere, perdurare: *permarrà il brutto tempo* ◊ Continuare a essere in un certo modo: *le sue condizioni permangono gravi.*

permeàbile *agg.* Che si lascia attraversare da liquidi o gas: *terreno p.*

permésso *s.m.* Autorizzazione a fare qlco. ◊ Licenza che autorizza militari e impiegati ad assentarsi per un breve periodo: *un soldato in p.*

perméttere *v.tr.* Dare il permesso ⓢ autorizzare: *p. una manifestazione* ◊ Dare la possibilità di fare qlco.; consentire, tollerare che avvenga qlco.: *il maltempo non ci permise di uscire.*

pèrno *s.m.* Elemento intorno a cui ruota una delle parti di un meccanismo: *il p. della ruota.*

pernottàre *v.intr.* [aus. *avere*] Passare la notte fuori di casa: *p. in albergo.*

péro *s.m.* Albero che produce le pere.

però *congz.* Ma ◊ Tuttavia, nondimeno.

perpendicolàre *agg.* Detto di elementi che intersecandosi formano un angolo retto: *rette p.*; *la parete è p. al suolo.*

perplèsso *agg.* Incerto, dubbioso, titubante: *la sua proposta mi lascia p.*

perquisìre *v.tr.* Sottoporre a perquisizione: *p. una casa, una persona.*

perquisizióne *s.f.* Ricerca di indizi e prove riguardanti un reato, condotta frugando in un luogo o su una persona.

persecuzióne *s.f.* Azione sistematica di oppressione e violenza contro persone o determinati gruppi: *p. religiose, razziali.*

perseguìre *v.tr.* Cercare di raggiungere, di realizzare qlco.: *p. uno scopo.*

perseguitàre *v.tr.* **1** Sottoporre a persecuzione qlcu. **2** ✣ Tormentare, molestare in continuazione.

perseveràre *v.intr.* [aus. *avere*] Insistere, procedere con costanza e fermezza nei propri propositi, atteggiamenti e attività.

persiàna *s.f.* Imposta esterna alle finestre, formata da un telaio con infisse stecche orizzontali inclinate verso il basso.

persìno vedi **perfino**.

persistènte *agg.* Che dura a lungo e senza interruzione: *pioggia, febbre p.*

pèrso *agg.* Perduto, sprecato: *tempo p.*

persóna *s.f.* **1** Essere umano ⓢ individuo **2** Il corpo, il fisico: *aver cura della propria p.* **3** Categoria grammaticale che indica le variazioni del verbo e del pronome a seconda che ci si riferisca al soggetto che parla (*prima p.*: *io* o *noi*), a quello a cui è rivolto il discorso (*seconda p.*: *tu* o *voi*) o a quello di cui si parla (*terza p.*: *egli* o *essi*).

personàggio *s.m.* **1** Persona importante: *i p. dello sport* **2** Ogni persona rappresentata in un'opera narrativa, teatrale, cinematografica o televisiva.

personàle *agg.* **1** Relativo alla persona, proprio di una determinata persona ⓢ individuale, privato: *oggetti di uso p.* **2** *Pronomi p.* = quelli che indicano le tre persone grammaticali ♦ *s.m.* L'insieme dei dipendenti di un'azienda, di un ufficio, di un servizio e sim.

personalità *s.f.* **1** L'insieme delle caratteristiche psicologiche e intellettuali di un individuo **2** Persona che riveste un'alta carica o che ha molta fama, prestigio in un certo campo: *una p. della scienza.*

persuadére *v.tr.* Convincere: *lo persuase a partire* ♦ **persuadersi** *v.pr.* Convincersi: *si è persuaso che aveva torto.*

persuàso *agg.* Convinto.

pertànto *congz.* Perciò, quindi.

pèrtica *s.f.* Lungo bastone di legno.

perturbazióne *s.f.* Turbamento, sconvolgimento ◊ Ondata di maltempo.

pervenìre *v.intr.* [aus. *essere*] Giungere, arrivare (anche ✧): *p. a un accordo.*

pervèrso *agg.* Che ha o denota una profonda inclinazione al male ⓢ malvagio.

pesànte *agg.* **1** Che ha un peso notevole, superiore alla media: *un mobile p.* **2** Che richiede notevole fatica e resistenza fisica: *lavoro p.* ◊ ✧ Grande, grave: *subire un danno p.* **3** *Aria p.* = afosa, soffocante ◊ ✧ Noioso, fastidioso: *un romanzo p.; una persona p.* **4** ✧ Privo di agilità: *corporatura p.; passo p.*

pesantézza *s.f.* L'essere pesante ◊ Sensazione di peso e oppressione: *p. di testa.*

pesàre *v.tr.* Stabilire, misurare il peso di qlco. o qlcu. ♦ *v.intr.* [aus. *avere* o *essere*] Avere un dato peso: *p. cento chili* ◊ Essere pesante: *questa valigia pesa* ♦ **pesarsi** *v.pr.* Misurare il proprio peso.

pèsca[1] *s.f.* Il frutto del pesco.

pésca[2] *s.f.* L'attività di pescare: *andare a p.* ◊ Quantità di pesce o altro che si è pescato: *fare una p. abbondante, scarsa.*

pescàre *v.tr.* Prendere pesci o altri animali acquatici usando vari strumenti ◊ Recuperare qlco. che si trova nell'acqua.

pescatóre *s.m.* Chi si dedica alla pesca per mestiere o per svago.

pésce *s.m.* Ogni animale acquatico vertebrato che respira con le branchie ed è provvisto di pinne per nuotare ◊ Carne di pesce, come alimento.

pescecàne *s.m.* Squalo.

pescheréccio *s.m.* Grossa imbarcazione attrezzata per la pesca.

pescherìa *s.f.* Negozio in cui si vende pesce.

pescivéndolo *s.m.* Venditore di pesce.

pèsco *s.m.* Albero con fiori rosei che produce frutti dolci e sugosi.

péso *s.m.* **1** Forza che un corpo esercita verso il centro della Terra per effetto della gravità ◊ Misura del peso: *il grammo è l'unità di p.* ◊ Oggetto pesante; carico: *trasportare dei p.* **2** Oggetto metallico, corrispondente a un'unità di peso, usato per pesare: *i p. della bilancia* **3** ✧ Ciò che pesa fisicamente o moralmente su una persona ⓢ fatica, affanno, responsabilità, preoccupazione: *sentire il p. degli anni; avere un p. sulla coscienza* **4** ✧ Importanza, valore: *non devi dare p. alle chiacchiere.*

pessimìsmo *s.m.* Tendenza a cogliere soprattutto gli aspetti negativi della realtà ◊ Atteggiamento di sfiducia, di previsione negativa riguardo a qlco.

pessimìsta *agg.* e *s.m.f.* Che, chi è incline al pessimismo ◊ Che, chi prevede in senso negativo l'esito di qlco.

pèssimo *agg.* [superl. di *cattivo*] Molto cattivo; di qualità molto scadente ◊ Molto brutto: *un p. film.*

pestàggio *s.m.* Serie violenta di percosse ◊ Rissa.

pestàre *v.tr.* **1** Schiacciare con i piedi ⓢ calpestare **2** Picchiare: *lo hanno pestato a sangue.*

pèste *s.f.* Malattia infettiva contagiosa, spesso mortale.

pesticìda *s.m.* Prodotto chimico usato per distruggere insetti e altri animali nocivi alle colture agricole.

pésto *agg.* Livido, ammaccato, gonfio:

aveva un occhio p. | ⚘ *Buio p.* = molto fitto.

pètalo *s.m.* Ciascuna delle parti che formano la corolla di un fiore.

petrolièra *s.f.* Nave cisterna che trasporta petrolio e altri liquidi combustibili.

petrolìfero *agg.* Che contiene, produce petrolio: *pozzi p.* ◊ Relativo all'estrazione e alla lavorazione del petrolio.

petròlio *s.m.* Olio minerale, estratto dal sottosuolo, da cui si ricavano benzine, lubrificanti, catrame, materie plastiche, gomma, fibre sintetiche ecc.

pettegolézzo *s.m.* Chiacchiera indiscreta e maligna su fatti e comportamenti altrui: *non mi piacciono i p.*

pettégolo *agg.* e *s.m.* Che, chi ha l'abitudine di fare pettegolezzi.

pettinàre *v.tr.* Riordinare, acconciare i capelli con il pettine o con una spazzola ♦ **pettinarsi** *v.pr.* Sistemarsi i capelli con il pettine o con la spazzola.

pettinatùra *s.f.* Modo in cui si è pettinati; acconciatura dei capelli: *cambiare p.*

pèttine *s.m.* Arnese di materiale vario che si usa per ravviare e acconciare i capelli: *p. di osso, di metallo, di plastica.*

pètto *s.m.* 1 La parte anteriore del torace: *ferita al p.* ◊ Il seno, le mammelle della donna ◊ ⚘ Animo, cuore: *nutrire in p. una passione* 2 Negli animali, la parte anteriore del corpo al di sotto del collo; il taglio di carne corrispondente.

pèzza *s.f.* Pezzo di tessuto, di stoffa ◊ Pezzetto di tessuto o altro materiale usato come rattoppo Ⓢ toppa.

pèzzo *s.m.* 1 Quantità, parte più o meno grande di un materiale solido separata o staccata da un tutto Ⓢ porzione, frammento: *un p. di ferro, di carne* 2 Ognuno degli elementi che costituiscono una mac-china, un arnese o qualsiasi altro insieme unitario: *i p. del motore*; *costume a due p.* ◊ Ogni esemplare di una serie di oggetti dello stesso genere: *cambiare dieci euro con due p. da cinque* 3 Brano di un'opera musicale o letteraria ◊ Articolo di giornale o di periodico.

piacére[1] *v.intr.* [aus. *essere*] Risultare gradito, procurare soddisfazione: *ti piacerebbe venire?* ◊ Corrispondere ai gusti, ai desideri personali: *quella donna mi piace.*

piacére[2] *s.m.* 1 Sensazione fisica o spirituale gradevole Ⓢ godimento, soddisfazione ◊ Divertimento, svago: *viaggio di p.* ◊ Motivo di compiacimento, onore: *ho il p. di presentare...* 2 Favore, cortesia: *che ore sono, per p.?*

piàga *s.f.* Lesione della pelle che si cicatrizza lentamente e con difficoltà.

piàlla *s.f.* Utensile del falegname, usato per spianare, assottigliare e levigare il legno.

piàna *s.f.* Terreno pianeggiante, pianura.

pianeggiànte *agg.* Piano, senza dislivelli: *un tratto di strada p.*

pianeròttolo *s.m.* Ripiano tra una rampa e l'altra delle scale di un edificio.

pianéta *s.m.* Corpo celeste privo di luce propria che gira intorno al Sole o a un'altra stella.

piàngere *v.intr.* [aus. *avere*] Versare lacrime ♦ *v.tr.* 1 Versare lacrime: *p. lacrime amare* 2 Esprimere dolore per la perdita di qlcu.: *p. un amico* ◊ Dolersi, rammaricarsi di qlco.: *p. i propri errori.*

pianificàre *v.tr.* Organizzare, programmare secondo un piano: *p. la produzione, i propri viaggi.*

pianìsta *s.m.f.* Chi suona il pianoforte.

piàno[1] *agg.* Privo di dislivelli, di sporgenze o rientranze ♦ *avv.* **1** Adagio, lentamente: *andare p.* ◊ Con cautela **2** A bassa voce: *parla p.*

piàno[2] *s.m.* **1** Superficie piana di qlco.: *tavolo con p. di marmo* **2** Pianura: *scendere al p.* **3** Livello (spec. ⌗): *mettere sullo stesso p.* ◊ ⌗ Punto di vista: *conveniente sul p. economico* **4** Ciascuno degli ordini sovrapposti in cui è suddiviso in altezza un edificio **5** In una pittura o in un disegno in prospettiva, *primo p., secondo p., terzo p.* indicano le zone dell'immagine che appaiono più vicine o più distanti all'occhio di chi osserva.

piàno[3] *s.m.* Programma che predispone i modi e i tempi in cui dovrà svolgersi un'attività e i mezzi necessari per attuarla: *p. di lavoro, di battaglia* ◊ Progetto, proposito: *che p. hai per il futuro?*

piàno[4] *s.m.* Pianoforte.

pianofòrte *s.m.* Strumento musicale a corde con tastiera.

piànta *s.f.* **1** Nome generico di tutti gli organismi vegetali **2** Parte inferiore del piede **3** Disegno che rappresenta in scala terreni, edifici o loro parti, zone o centri urbani.

piantagióne *s.f.* Estensione di terreno, per lo più vasta, su cui sono coltivate piante dello stesso tipo: *p. di caffè.*

piantàre *v.tr.* **1** Mettere nel terreno semi, germogli o giovani piantine perché si sviluppino in piante **2** Conficcare: *p. chiodi nel muro* **3** ⌗ Abbandonare, lasciare all'improvviso: *p. la moglie*; *p. il lavoro* ♦ **piantarsi** *v.pr.* Conficcarsi.

pianterréno *s.m.* Il piano di un edificio a livello del suolo: *abita a p.*

piànto *s.m.* Il piangere; le lacrime.

pianùra *s.f.* Vasta regione pianeggiante.

piàstra *s.f.* Lastra di metallo o di altro materiale, per usi vari ◊ Nelle cucine, fornello elettrico a forma di disco.

piastrèlla *s.f.* Mattonella di cemento, ceramica, marmo o altro materiale, usata per ricoprire pavimenti e rivestire pareti.

piàtto *agg.* Che ha una superficie piana: *barca a fondo p.* ◊ Angolo *p.* = di 180° ♦ *s.m.* **1** Recipiente quasi piano, per lo più rotondo, in cui si servono e si mangiano le vivande ◊ Il cibo contenuto in un piatto: *mangiare un p. di riso* **2** Vivanda: *p. tipici* ◊ Ciascuna delle portate di un pranzo: *primo, secondo piatto* **3** Oggetto di forma piatta e rotonda: *il p. della bilancia.*

piàzza *s.f.* Spazio libero più o meno ampio, circondato da edifici, all'interno di un centro abitato.

piazzàle *s.m.* Piazza con almeno un lato libero da costruzioni e dal quale si gode una vista panoramica ◊ Ampio spazio destinato a particolari servizi.

piazzaménto *s.m.* Posto ottenuto in una classifica o graduatoria sportiva ◊ Negli sport a squadre, posizione che occupano sul campo i vari giocatori.

piazzàre *v.tr.* **1** Collocare, mettere in un dato luogo: *p. un semaforo a un incrocio* **2** *P. una merce* = venderla ♦ **piazzarsi** *v.pr.* **1** Collocarsi in un dato posto: *p. in prima fila* **2** Classificarsi in una gara.

piazzòla *s.f.* Slargo per la sosta dei veicoli ai lati della carreggiata di strade e autostrade.

piccànte *agg.* Di sapore forte e pungente: *un peperoncino molto p.*

picchiàre *v.tr.* Battere con forza; urtare ◊ Prendere a botte ⓢ percuotere, pestare ♦ **picchiarsi** *v.pr.* Detto di due o più persone, prendersi a botte a vicenda.

picchiàta *s.f.* Discesa in velocità di un aeroplano con la prua molto inclinata.

piccìno *agg.* Piccolo ♦ *s.m.* Bambino.

picciòlo *s.m.* Parte della foglia che la collega al ramo ◊ Gambo del frutto Ⓢ peduncolo.

pìcco *s.m.* Cima di monte isolata, aguzza e dai fianchi molto ripidi | A *p.* = che scende verticalmente: *costa rocciosa a p. sul mare* | *Colare a p.* = affondare.

pìccolo *agg.* **1** Di dimensioni non grandi o inferiori a quanto è necessario ◊ Basso di statura ◊ Poco numeroso: *una p. folla* ◊ Poco intenso, non forte: *un p. rumore* ◊ Breve: *una p. sosta* ◊ Di poco conto, di modesta entità: *un p. errore* ◊ Scarso, esiguo: *un p. guadagno* **2** Di giovane età: *un bambino p.*

piccóne *s.m.* Attrezzo per scavare e demolire formato da un manico di legno su cui è infisso un ferro con un'estremità a punta e l'altra a taglio.

picnìc *s.m.invar.* Colazione, pranzo o merenda all'aperto durante una gita o una passeggiata.

pidòcchio *s.m.* Insetto parassita dell'uomo, di cui succhia il sangue ◊ Nome di vari insetti parassiti di animali e piante.

piède *s.m.* **1** La parte terminale delle gambe dell'uomo e delle zampe di vari animali **2** Base, sostegno di qlco.: *una città ai p. dei monti*; *tavolino a tre p.*

piedistàllo o **piedestàllo** *s.m.* Base, sostegno su cui poggiano statue, colonne, pilastri e sim.: *p. di marmo, di pietra.*

pièga *s.f.* Punto in cui qlco. si piega: *la p. del braccio* ◊ Ondulazione di un tessuto o segno lasciato su di esso da una piegatura ◊ Ruga, grinza: *le p. del volto.*

piegàre *v.tr.* **1** Rendere curvo, angolato o inclinato qlco., modificandone la forma o la posizione precedente Ⓢ curvare, flettere, inclinare: *p. una sbarra*; *p. le gambe, la schiena* **2** Accostare il lembo di un foglio, di un tessuto e sim. al lembo opposto **3** ⚬ Sottomettere: *p. qlcu. alla propria volontà* ♦ *v.intr.* [aus. *avere*] Prendere una certa direzione Ⓢ dirigersi, svoltare: *p. a destra* ♦ **piegarsi** *v.pr.* **1** Incurvarsi, abbassarsi, inclinarsi **2** ⚬ Cedere, sottomettersi: *p. alle minacce.*

pieghévole *agg.* Che si può ripiegare su se stesso: *sedia, tavolino p.*

pièna *s.f.* Fase di portata molto superiore al normale di un corso d'acqua ◊ La massa d'acqua di un fiume o torrente in piena: *la casa fu spazzata via dalla p.*

pièno *agg.* **1** Che è riempito, occupato in tutta la sua capacità Ⓢ colmo ◊ Completamente ingombro, cosparso di qlco.: *vestito p. di macchie* ◊ Che abbonda di qlco. (anche ⚬) Ⓢ ricolmo: *è p. di guai*; *occhi p. di speranza* ◊ Costituito da materia compatta, senza vuoti all'interno: *mattoni p.* **2** ⚬ Che è al suo culmine, nella sua fase centrale o in quella più compiuta: *siamo in p. inverno* ◊ Intero, completo, totale: *luna p.*; *ho p. fiducia in lui* ♦ *s.m.* **1** Il momento culminante: *era nel p. della giovinezza* **2** Carico completo (spec. di un serbatoio): *fare il p.*

pietà *s.f.* Sentimento di compassione per il dolore e la sofferenza altrui.

pietànza *s.f.* Vivanda che si serve a tavola, spec. come secondo piatto.

piètra *s.f.* Massa o frammento di roccia.

pigiàma *s.m.* Indumento che si indossa per andare a letto.

pigiàre *v.tr.* Schiacciare, premere: *p. l'uva* ◊ Spingere.

pigliàre *v.tr.* Prendere.

pìgna *s.f.* Il frutto conico del pino.

pignòlo *agg.* e *s.m.* Si dice di persona eccessivamente meticolosa e pedante.

pigrìzia *s.f.* Tendenza a evitare ogni fatica e impegno; riluttanza a muoversi, ad agire ⓢ indolenza.

pìgro *agg.* Detto di chi è restio a muoversi, ad agire, tende a evitare ogni fatica e impegno ed è lento e svogliato in tutto quel che fa ⓢ indolente.

pìla *s.f.* 1 Insieme di oggetti dello stesso tipo posti l'uno sopra l'altro 2 Apparecchio generatore di corrente elettrica ⓢ batteria: *il registratore ha le p. scariche* ◊ Lampada tascabile ⓢ torcia elettrica.

pilàstro *s.m.* Struttura architettonica di sostegno, simile alla colonna, ma di solito a base quadrata.

pìllola *s.f.* Preparato medicinale per bocca di forma tondeggiante.

pilóne *s.m.* Grosso pilastro in muratura o calcestruzzo ◊ Traliccio metallico di sostegno di linee elettriche, funivie e sim.

pilòta *s.m.f.* Chi guida un aereo o un altro veicolo, spec. da corsa.

pilotàre *v.tr.* Guidare come pilota.

pinéta *s.f.* Bosco di pini.

ping-pong *s.m.* Tennis da tavolo.

pìnna *s.f.* 1 Ciascuno degli organi sottili e piatti che, nei pesci e nei cetacei, servono al movimento e all'equilibrio 2 Attrezzo di gomma che si applica ai piedi per nuotare più velocemente.

pìno *s.m.* Albero sempreverde, con foglie ad ago ◊ Il legno di tale albero.

pìnza *s.f.* Nome di vari strumenti manuali che servono per afferrare, stringere, serrare, tagliare ecc.

pinzétta *s.f.* Piccola pinza a molla per operazioni delicate: *p. dell'orologiaio.*

pìo *agg.* 1 Che è animato da una fede profonda e osserva i precetti della propria religione ⓢ devoto 2 Pietoso, caritatevole verso il prossimo.

pióggia *s.f.* Precipitazione atmosferica costituita da gocce d'acqua.

pìòlo *s.m.* Paletto di legno con un'estremità appuntita che si conficca nel terreno o in una parete per assicurarvi o appendervi qlco. ◊ Gradino di scala portatile.

piombàre *v.intr.* [aus. *essere*] Cadere giù all'improvviso: *perse l'equilibrio e piombò nel vuoto* ◊ Gettarsi con impeto addosso a qlcu.: *il falco piombò sulla preda* ◊ Giungere all'improvviso.

piómbo *s.m.* 1 Metallo grigio, tenero e molto pesante, usato per fare pesi e zavorre e in numerose applicazioni industriali 2 Pezzo di piombo usato come peso, zavorra o per sigillare chiusure ◊ Proiettile d'arma da fuoco: *cadere sotto il p. nemico.*

pionière *s.m.* Chi per primo esplora nuovi territori per insediarvisi e sfruttarne le risorse ◊ ✿ Chi per primo si dedica a nuove attività, compie nuove scoperte, diffonde nuove idee ecc.

pióppo *s.m.* Pianta d'alto fusto, coltivata per il legno usato spec. per ricavarne la cellulosa per la carta.

piovàno *agg.* Che proviene dalla pioggia: *acqua p.*

pìòvere *v.intr.impers.* [aus. *essere* o *avere*] Cadere pioggia.

piovigginàre *v.intr.impers.* [aus. *essere* o *avere*] Piovere a piccole gocce.

piovosità *s.f.* Quantità di pioggia caduta in un determinato periodo di tempo in una determinata regione.

piovóso *agg.* Caratterizzato da pioggia: *giornata p.* ◊ Che minaccia pioggia: *cielo p.* ◊ Caratterizzato da piogge frequenti e abbondanti: *regione molto p.*

piòvra *s.f.* Polpo di grandi dimensioni.

pìpa *s.f.* Arnese per fumare costituito da

un fornello dove si brucia il tabacco, collegato a un bocchino da cui si aspira.

pipì *s.f.* Orina (nel linguaggio familiare).

pipistrèllo *s.m.* Piccolo mammifero notturno dal corpo simile a quello di un topo e capace di volare grazie agli arti anteriori trasformati in ali.

piràmide *s.f.* **1** Solido geometrico costituito da una base poligonale e da facce triangolari che si congiungono in un vertice comune **2** Grande monumento funerario tipico nell'antico Egitto.

piràta *s.m.* Predone del mare che assalta e depreda le navi e le località costiere | *P. della strada* = chi, dopo aver investito qlcu. con il suo veicolo, se ne va senza soccorrerlo ♦ *agg.invar. Cassette, dischi, libri p.* = prodotti e venduti abusivamente.

pirotècnico *agg.* Di fuochi d'artificio.

piscìna *s.f.* Vasca di dimensioni sufficienti per potervi praticare il nuoto ◊ Complesso edilizio che comprende, oltre a una o più piscine, impianti e locali accessori (docce, spogliatoi ecc.).

pisèllo *s.m.* Pianta erbacea leguminosa, coltivata per i semi commestibili contenuti nei frutti a baccello ◊ Il baccello e il seme di tale pianta: *sgusciare i p.*

pìsta *s.f.* **1** Traccia, orma: *la polizia è sulle p. dei ladri* ◊ Direzione verso cui è orientata un'indagine, una ricerca: *seguire una p. giusta* **2** Sentiero, strada di terra battuta formatisi per il passaggio ripetuto di animali, uomini o veicoli ◊ Tracciato di neve battuta per la pratica dello sci **3** Circuito su cui si disputano corse sportive ◊ Spiazzo destinato a particolari attività sportive e ricreative: *p. da ballo* **4** *P. di volo* = striscia per il decollo e l'atterraggio degli aerei ◊ *P.*

ciclabile = corsia stradale riservata alle biciclette.

pistìllo *s.m.* L'organo sessuale femminile del fiore, che si trasforma in frutto dopo la fecondazione.

pistòla *s.f.* **1** Arma da fuoco a canna corta che si può impugnare con una sola mano **2** Arnese a forma di pistola.

pistóne *s.m.* Stantuffo che si muove avanti e indietro nei cilindri dei motori.

pittóre *s.m.* Chi dipinge, chi si dedica alla pittura come professione o per diletto.

pittùra *s.f.* **1** L'arte, l'attività, la tecnica di dipingere ◊ Dipinto **2** Vernice.

più *avv.* [compar. di *molto*] **1** In maggior quantità, grado o misura: *lavorare di più* ◊ Preceduto dall'articolo determinativo forma il superlativo relativo di maggioranza: *l'uomo più buono del mondo* **2** In matematica, indica l'addizione ◊ Indica aggiunta in una misura ◊ Indica temperatura superiore a zero gradi **3** Oltre, altre volte, da ora o da allora in poi: *non lo aspetterò più*; *non farlo più* ♦ *prep.* Oltre a, con l'aggiunta di: *costa mille euro più le spese* ♦ *agg.invar.* **1** Maggiore in quantità, numero o misura: *oggi c'è più gente* **2** Parecchi, molti: *lo vide più volte* ♦ *s.m.invar.* **1** La cosa più importante: *il più è cominciare* ◊ La maggior parte: *il più delle volte* **2** (al *pl.*) La maggioranza: *i più non sono d'accordo*.

piùma *s.f.* Penna più corta, leggera e morbida degli uccelli, usata spec. per ornamento e imbottitura: *materasso di p.*

piumìno *s.m.* **1** Coperta imbottita di piume ◊ Giaccone imbottito di piume **2** Arnese per spolverare costituito da un ciuffo di piume fissate a un manico.

piuttòsto *avv.* **1** Alquanto, notevolmente: *è p. tardi* **2** Più spesso, più facilmente: *qui fa p. freddo che caldo* ◊ Preferibilmente, più volentieri: *non ho fame, vorrei p. da bere* **3** *P. che, di* = anziché, pur di non: *p. che cedere si farebbe ammazzare.*

pìzza *s.f.* Focaccia di pasta di pane condita con vari ingredienti e cotta in forno.

pizzerìa *s.f.* Locale pubblico in cui si servono pizze e spesso anche altri piatti.

pizzicàre *v.tr.* Stringere tra la punta del pollice e di un altro dito una parte molle del corpo; dare un pizzicotto ♦ *v.tr.* e *v.intr.* [aus. *avere*] Dare una sensazione piccante, frizzante o di prurito.

pizzicòtto *s.m.* Stretta che si dà pizzicando con le dita, in modo più o meno forte, una parte molle del corpo.

pìzzo *s.m.* **1** Cima aguzza di un monte Ⓢ picco **2** Barbetta a punta che ricopre solo il mento **3** Merletto, trina **4** Tangente estorta da organizzazioni criminali.

placàre *v.tr.* Calmare; mitigare: *p. la collera*; *p. la sete* ♦ **placarsi** *v.pr.* Calmarsi, attenuarsi: *il vento si sta placando.*

plàcca *s.f.* Lamina sottile di metallo o altro materiale, usata spec. come rivestimento ◊ Piastrina metallica su cui sono incisi numeri, lettere e altri segni di riconoscimento, portata in vista dagli addetti a particolari servizi pubblici.

placènta *s.f.* Membrana spugnosa che si forma all'interno dell'utero durante la gravidanza e che fornisce al feto, attraverso il cordone ombelicale, l'ossigeno, il sangue e le sostanze nutritive necessarie alla sua vita e al suo accrescimento.

plàcido *agg.* Del tutto calmo e tranquillo: *se ne stava p. in poltrona.*

plafonièra *s.f.* Lampada a forma di calotta che si applica direttamente al soffitto.

planàre *v.intr.* [aus. *avere*] Detto di uccelli, alianti e aerei a motori spenti, scendere in volo quasi orizzontalmente sostenuti solo dalle ali.

planetàrio *s.m.* Macchina che proietta sulla volta di una cupola l'immagine del cielo e degli astri in movimento ◊ L'edificio in cui avviene tale proiezione.

plàsma *s.m.* Parte liquida del sangue.

plasmàre *v.tr.* Fare assumere la forma voluta a una materia informe e malleabile Ⓢ modellare: *p. una statua con la creta* ◊ ✿ Formare, educare moralmente o intellettualmente: *p. il carattere.*

plàstica *s.f.* **1** Materia plastica: *sacchetto di p.* **2** Operazione di chirurgia plastica: *si è fatta una p. al naso.*

plàstico *agg.* **1** Detto di materiale malleabile, che si può modellare facilmente | *Materie p.* = materiali sintetici che si possono modellare e stampare nelle forme più diverse **2** *Chirurgia p.* = quella che ricostruisce o modifica, spec. a scopo estetico, parti del corpo ♦ *s.m.* Modello in scala ridotta che riproduce un edificio, un quartiere, una città: *il p. del nuovo stadio.*

plastificàre *v.tr.* Rivestire con uno strato di materiale plastico.

platèa *s.f.* Nei teatri e nei cinematografi, la parte della sala situata davanti e un poco sotto al palcoscenico, riservata agli spettatori.

plàtino *s.m.* Metallo nobile di color bianco-argenteo, malleabile e resistente agli acidi, usato in gioielleria e per parti di apparecchiature elettriche e scientifiche.

plebiscìto *s.m.* Consultazione diretta del popolo su determinate proposte o alternative Ⓢ referendum.

plenilùnio *s.m.* La fase in cui la faccia

della Luna rivolta verso la Terra è interamente illuminata dal Sole [S] luna piena.

plìco *s.m.* Busta, per lo più sigillata, contenente carte, lettere, documenti.

plotóne *s.m.* **1** Piccolo reparto di soldati **2** Nel ciclismo, gruppo di corridori.

pluràle *agg.* Che si riferisce a più persone o cose: *sostantivo p.* ♦ *s.m.* Forma grammaticale dei sostantivi, aggettivi, pronomi e verbi quando sono riferiti a due o più di due cose o persone.

pluviàle *agg.* Della pioggia: *acque p.*

pneumàtico *agg.* Che si gonfia con aria: *canotto p.* ◊ *Martello, fucile p.* = che funziona ad aria compressa ♦ *s.m.* Rivestimento delle ruote dei veicoli, costituito da un copertone di gomma dura.

pò' vedi **pòco**.

pòco o, troncato, **pò'** *agg.indef.* Piccolo, limitato, scarso, insufficiente come quantità, misura, intensità o numero; non molto, non numeroso: *c'è p. spazio qui*; *p. volte* ♦ *pron. indef.* **1** Si usa, con gli stessi significati dell'aggettivo, sottintendendo un sostantivo espresso in precedenza o ricavabile dal contesto **2** (al *pl.*) Poche persone: *rimasero in pochi* ♦ *avv.* **1** In quantità, in misura piccola, scarsa, ridotta; scarsamente, non molto: *dormire p.*; *p. cotto*; *p. prima* ◊ Per breve tempo: *mi tratterrò p.* **2** *Un po'* = leggermente (*è un po' stanco*); piuttosto (*è un po' tardi per partire*); per un certo tempo, a una certa distanza (*parlammo un po'*; *spostalo un po'*) ♦ *s.m.* Piccola quantità (spec. di denaro, di beni): *quel p. che guadagna non le basta.*

podére *s.m.* Terreno agricolo coltivato, in genere con casa colonica.

pòdio *s.m.* Pedana o palco soprelevato.

poesìa *s.f.* **1** L'arte, la tecnica e la maniera di esprimere in versi idee, sentimenti e realtà ◊ Il complesso della produzione poetica di un poeta, di un'epoca, di un paese: *la p. di Dante*; *la p. italiana, russa* **2** Componimento in versi: *leggere una p.* **3** Forza spirituale ed emotiva di cui è dotata ogni opera d'arte: *un film pieno di p.*

poèta *s.m.* Autore di poesie.

poètico *agg.* Della poesia; di poeta: *l'arte p.* ◊ Ricco di poesia: *un film p.*

poggiatèsta *s.m.invar.* Sostegno a cui appoggiare la testa, spec. come parte del sedile degli autoveicoli.

pòggio *s.m.* Piccola altura, colle tondeggiante: *la casa sorge sopra un p.*

pòi *avv.* **1** In seguito, successivamente: *te lo dirò p.* ◊ Dopo, nello spazio: *prima c'è il ponte, p. la curva* ◊ In una posizione successiva in una serie: *prima c'è il due, p. il tre* **2** Inoltre, in secondo luogo: *non ho fame, e p. sono stanco* **3** Infine, dunque: *hai deciso, p., che fare?* ♦ *s.m.* L'avvenire, il futuro: *dobbiamo pensare al p.*

poiché *congz.* Dato che, dal momento che: *me ne vado p. non son d'accordo.*

polàre *agg.* Del polo, dei poli.

polèmica *s.f.* Vivace contrasto di opinioni; discussione accesa, disputa.

polèmico *agg.* Che esprime un forte contrasto di opinioni e contiene dure critiche: *un discorso p.* ◊ Aggressivo, provocatorio: *parlare con tono p.* ◊ Che ama polemizzare: *ha un carattere p.*

polemizzàre *v.intr.* [aus. *avere*] Fare una polemica; discutere aspramente con altri per contestarne le idee.

polènta *s.f.* Cibo preparato con farina di granturco cotta a lungo in acqua salata.

policlìnico *s.m.* Complesso ospedaliero

suddiviso in più reparti specialistici per la cura delle diverse malattie.

polìgamo *agg.* e *s.m.* Che, chi ha più di una moglie o di un marito contemporaneamente.

poliglòtta *agg.* e *s.m.f.* Detto di persona che parla diverse lingue.

polìgono *s.m.* Figura geometrica piana chiusa, delimitata da tre o più lati.

pòlipo *s.m.* Piccolo animale marino dal corpo a forma di sacco e con la bocca circondata da tentacoli; vive spec. in colonie ◊ Nell'uso corrente, polpo.

polisìllabo *agg.* e *s.m.* Detto di parola formata da più di una sillaba.

politeìsmo *s.m.* Religione basata sulla credenza in più divinità.

polìtica *s.f.* La tecnica e l'attività di governo e organizzazione dello stato nei suoi differenti settori: *p. interna, estera, fiscale* ◊ Modo d'agire, linea d'azione di chi governa e, più in generale, di chi prende parte alla vita pubblica: *fare una p. rivoluzionaria, conservatrice* ◊ Tutto ciò che riguarda la vita pubblica: *discutere di p.*

polìtico *agg.* Che concerne la politica, che si occupa di politica: *situazione p.*; *giornali p.* | *Uomo p.* = chi svolge attività politica professionalmente | *Prezzo p.* = quello, inferiore al costo di mercato, stabilito dalle autorità per motivi politici e sociali.

polizìa *s.f.* Organo dello stato che ha il compito di far rispettare la legge, prevenire i reati e tutelare l'ordine pubblico; il complesso degli uffici e degli individui impiegati in tale compito ◊ Sede della polizia ⓢ questura, commissariato.

poliziésco *agg.* **1** Di polizia **2** *Romanzo, film p.* = che ha per argomento un delitto e le indagini di polizia ad esso relative.

poliziòtto *s.m.* Agente di polizia.

pòlizza *s.f.* Documento che prova l'esistenza di un contratto di assicurazione.

pollàio *s.m.* Locale o recinto in cui si tengono e allevano i polli.

pollàme *s.m.* Insieme degli animali da cortile come polli, tacchini, oche ecc.

pòllice *s.m.* **1** Il primo e più grosso dito della mano **2** Misura inglese di lunghezza, equivalente a 2,54 cm.

pòlline *s.m.* Polvere, per lo più gialla, che si forma nel fiore e contiene l'elemento fecondatore della pianta.

pollivéndolo *s.m.* Venditore di pollame e uova.

pòllo *s.m.* Nome generico del gallo e della gallina allevati per uso alimentare.

polmonàre *agg.* Del polmone, dei polmoni: *infezione, malattia p.*

polmóne *s.m.* Ciascuno dei due organi della respirazione contenuti nella cavità toracica dell'uomo e degli altri vertebrati (esclusi i pesci).

polmonìte *s.f.* Infiammazione dei polmoni.

pòlo *s.m.* **1** Ciascuno dei due punti in cui l'asse di rotazione della Terra si incontra con la sua superficie ◊ Regione polare **2** *P. positivo, negativo* = le estremità di un magnete, di una calamita (*p. magnetici*) o di una pila, di una batteria (*p. elettrici*).

pólpa *s.f.* Parte tenera, carnosa e succosa di un frutto ◊ Parte magra e senz'osso degli animali macellati: *p. di vitello*.

polpàccio *s.m.* La parte posteriore e muscolosa della gamba, sotto il ginocchio.

polpastrèllo *s.m.* La parte carnosa dell'ultima falange di ogni dito delle mani e dei piedi.

polpétta *s.f.* Vivanda, per lo più a base di carne tritata, preparata in piccole forme tondeggianti e schiacciate.

polpettóne *s.m.* Grossa polpetta di forma cilindrica che si serve tagliata a fette.

pólpo *s.m.* Mollusco marino con otto tentacoli muniti di ventose.

polsìno *s.m.* Parte terminale delle maniche delle camicie, formata da una fascia di tessuto chiusa da bottoni o gemelli.

pólso *s.m.* **1** La parte del braccio in cui la mano si congiunge all'avambraccio **2** Il battito ritmico del sangue nelle arterie, avvertibile in partic. nel polso.

poltìglia *s.f.* Massa semiliquida, molliccia e collosa, di sostanze varie (spec. alimentari) ◊ Fanghiglia.

poltróna *s.f.* **1** Ampio e comodo sedile, in genere imbottito e dotato di braccioli **2** ✿ Carica, posto di potere: *aspira alla p. di direttore.*

poltróne *s.m.* Persona pigra.

pólvere *s.f.* **1** Terra arida ridotta in granelli finissimi **2** Sostanza o materiale ridotti in particelle minutissime: *p. di marmo*; *cacao in p.* ◊ *P. da sparo* = sostanza esplosiva in polvere.

polverizzàre *v.tr.* Ridurre in polvere o in minuti frammenti.

polveróne *s.m.* Gran quantità di polvere sollevata dal vento o da persone e veicoli in marcia.

polveróso *agg.* Pieno, coperto di polvere: *strade p.*; *libri p.*

pomàta *s.f.* Crema da applicare sulla pelle, per uso cosmetico o farmaceutico.

pomèllo *s.m.* Elemento di forma tondeggiante, applicato come impugnatura a oggetti vari: *p. del cassetto, del bastone.*

pomeridiàno *agg.* Del pomeriggio; che si svolge o si fa nel pomeriggio.

pomerìggio *s.m.* Parte della giornata compresa tra il mezzogiorno e la sera.

pómo *s.m.* **1** Mela o anche altro frutto simile **2** Elemento di forma sferica o rotondeggiante, applicato a oggetti vari come impugnatura o ornamento.

pomodòro *s.m.* Pianta erbacea largamente coltivata per i suoi frutti ◊ Il frutto rosso, carnoso e succoso di tale pianta.

pómpa *s.f.* Macchina o congegno capace di spostare, aspirare o comprimere liquidi o gas ◊ Distributore di carburante per autoveicoli e motoveicoli.

pompàre *v.tr.* Aspirare o immettere un liquido o un gas per mezzo di una pompa: *p. l'acqua da un pozzo* ◊ Gonfiare d'aria con una pompa: *p. le gomme.*

pompèlmo *s.m.* Albero sempreverde degli agrumi ◊ Il frutto di tale albero, simile a una grossa arancia, con polpa succosa di sapore agrodolce.

pompière *s.m.* Vigile del fuoco.

ponènte *s.m.* La parte dell'orizzonte in cui tramonta il sole ⓢ ovest, occidente.

pónte *s.m.* **1** Costruzione che permette a una strada di superare un corso d'acqua, un braccio di mare, un avvallamento del terreno ecc. **2** Ciascuno dei piani orizzontali in cui è diviso lo scafo di una nave.

pontéfice *s.m.* Il capo della chiesa cattolica ⓢ papa.

pontìle *s.m.* Struttura costituita da un piano sorretto da pali che si protende dalla riva del mare, di un lago o di un fiume per consentire l'ormeggio di imbarcazioni e le operazioni di imbarco e sbarco.

popolàre[1] *v.tr.* Rendere abitato un luogo che non lo era: *p. una zona desertica* ◊ Abitare: *i pesci che popolano uno sta-*

gno ◊ Affollare: *d'estate i bagnanti popolano le spiagge* ♦ **popolarsi** *v.pr.* Divenire abitato o affollato.

popolàre[2] *agg.* **1** Del popolo, che riguarda il popolo inteso come insieme di tutti i cittadini: *governo senza consenso p.* **2** Che ha origine dal popolo, è diffuso tra il popolo (in senso sociale) o che è caratteristico di un determinato popolo (in senso etnico e culturale): *proverbi p.*; *i costumi p. spagnoli* **3** Che è molto noto o diffuso tra la popolazione, che ne gode le simpatie: *uno sport p.*; *un uomo politico molto p.*

popolarità *s.f.* Grande diffusione o notorietà tra le masse ◊ Favore, consenso di massa: *la scarsa p. di un governo.*

popolazióne *s.f.* **1** Il complesso degli abitanti di un luogo: *la p. mondiale, di una città, di un quartiere* ◊ Gruppo umano Ⓢ popolo: *p. primitive* ◊ Il complesso degli individui appartenenti a una stessa categoria: *la p. civile, scolastica* **2** Il complesso degli animali o delle piante di una data zona o ambiente.

pòpolo *s.m.* **1** Grande complesso di persone che hanno in comune lingua, origini, tradizioni, religione o altre caratteristiche (indipendentemente dal fatto che vivano in uno stesso e unico stato) **2** L'insieme degli abitanti di uno stato, di una regione, di una città **3** In senso politico, l'insieme dei cittadini di uno stato: *i membri del parlamento sono i rappresentanti del p.* ◊ In senso economico e sociale, l'insieme dei cittadini appartenenti alle classi meno elevate: *gente del p.*

popolóso *agg.* Che ha molti abitanti.

póppa[1] *s.f.* Parte posteriore di una nave o di un'imbarcazione ◊ Parte posteriore di un aereo.

póppa[2] *s.f.* Mammella.

poppànte *s.m.f.* Lattante.

poppàre *v.tr.* e *v.intr.* [aus. *avere*] Succhiare il latte dal seno materno o dal poppatoio: *il bambino poppava con avidità.*

poppatóio *s.m.* Recipiente munito di tettarella, usato per l'allattamento artificiale Ⓢ biberon.

porcellàna *s.f.* Ceramica bianca pregiata, dura e resistente, usata per stoviglie, oggetti artistici, strumenti sanitari ecc.

porcherìa *s.f.* **1** Roba sporca Ⓢ sudiciume **2** ♧ Cibo o bevanda cattivi, disgustosi ◊ Cosa brutta, mal fatta, mal riuscita: *quel film è una p.* **3** ♧ Azione disonesta, spregevole **4** ♧ Cosa indecente, che offende il pudore: *fare delle p.*

porcìle *s.m.* Stalla per i maiali.

pòrco *s.m.* **1** Maiale: *carne di p.* **2** ♧ Persona spregevole per disonestà o perché fa o dice cose oscene.

pòrgere *v.tr.* Dare, offrire qlco. a qlcu., tendendo la mano.

pòro *s.m.* **1** Ciascuno dei microscopici fori della pelle attraverso i quali fuoriesce il sudore **2** Ciascuna delle piccolissime cavità presenti nella massa di certi corpi solidi: *i p. del legno, della carta.*

poróso *agg.* Pieno di pori: *materiale p.*

pórre *v.tr.* Mettere, collocare, posare ◊ Impostare, presentare: *p. un problema* ◊ Rivolgere: *p. una domanda* ♦ **porsi** *v.pr.* Mettersi (anche ♧): *p. in salvo.*

pòrro *s.m.* Pianta erbacea coltivata per il bulbo commestibile, simile per odore e sapore alla cipolla e all'aglio.

pòrta *s.f.* **1** Apertura praticata nelle pareti esterne e interne di un edificio per consentire il passaggio ◊ Il serramento che chiude tale apertura: *aprire la p.* ◊

Sportello, portello, portiera: *la p. del frigo, dell'autobus* **2** Nel calcio e in altri sport, ognuno dei due spazi delimitati da pali entro i quali i giocatori delle due squadre devono mandare la palla o il disco per ottenere un punto.

portabagàgli *s.m.invar.* **1** Facchino **2** Struttura per sorreggere i bagagli su un mezzo di trasporto ◊ Bagagliaio di un'automobile.

portacénere *s.m.invar.* Recipiente usato dai fumatori per deporvi la cenere, i mozziconi di sigarette ecc.

portachiàvi *s.m.invar.* Anello o custodia per tenere unite le chiavi di uso quotidiano e portarle con sé.

portaèrei *s.f.invar.* Grande nave da guerra dotata di un ampio ponte che permette il decollo e l'atterraggio di aeroplani.

portafinèstra *s.f.* Porta con vetrata da cui si accede a balconi, terrazzi o giardini.

portafòglio *s.m.* Custodia tascabile in pelle, divisa in più scomparti, usata per tenervi denaro, documenti e carte varie.

portalèttere *s.m.f.invar.* Impiegato delle poste addetto al recapito a domicilio delle lettere Ⓢ postino.

portamonéte *s.m.invar.* Custodia tascabile di forma varia per tenere le monete metalliche Ⓢ borsellino.

portaombrèlli *s.m.invar.* Recipiente collocato all'ingresso di abitazioni, uffici e negozi per depositarvi gli ombrelli.

portapàcchi *s.m.invar.* Portabagagli che si applica a biciclette e motociclette.

portàre *v.tr.* **1** Avere con sé o sostenere su di sé qlco., spec. per spostarlo o trasferirlo: *p. un bimbo in braccio, un fucile in spalla* ◊ Spostare, trasportare: *portiamo di là il tavolo* ◊ Prendere con sé andando in qualche posto: *p. l'ombrello* ◊ Trascinare con sé: *il torrente portò a valle il corpo* **2** Consegnare, recare, dare (anche ♧): *p. una notizia a qlcu.* ◊ ♧ Arrecare, causare, produrre: *le mosche portano molte malattie* **3** Condurre (anche ♧): *p. il figlio a scuola*; *p. qlcu. alla rovina* ◊ ♧ Spingere, indurre: *p. qlcu. al suicidio* **4** Avere indosso o usare abitualmente: *p. gli occhiali* ◊ Avere, tenere una certa acconciatura: *p. i capelli lunghi* ◊ Avere: *p. un braccio al collo* ♦ **portarsi** *v.pr.* Recarsi, andare: *p. sul luogo dell'incidente* ◊ Spostarsi: *si portò con l'auto sul bordo della strada.*

portàta *s.f.* **1** Ognuna delle vivande che vengono servite in tavola durante un pranzo **2** Capacità massima di carico di un mezzo di trasporto: *p. di un camion, di un ascensore* **3** La distanza massima alla quale uno strumento può esercitare la sua azione; in partic. gittata di un'arma da fuoco ◊ Punto dove si può arrivare con la vista, la voce o la mano: *tenere qlco. a p. di mano* ◊ ♧ Livello, capacità: *un libro alla p. di tutti*; *quella casa costa troppo, non è alla mia portata* **4** Volume d'acqua che passa per un punto di un corso d'acqua in un certo tempo **5** ♧ Importanza, valore: *scoperta di grande p.*

portàtile *agg.* Che si può agevolmente portare con sé, trasportare: *computer p.*

portàto *agg.* Che ha una inclinazione naturale per qlco. Ⓢ versato: *è p. per la musica* ◊ Propenso: *ero p. a credergli.*

portèllo *s.m.* Piccola porta tagliata in un portone ◊ Apertura nella fusoliera di un aereo o nelle murate di una nave ◊ Sportello di armadio Ⓢ anta.

portènto *s.m.* Prodigio, miracolo ◊ ♧

Persona o cosa dotata di qualità straordinarie: *quella medicina è un p.*

portentóso *agg.* Prodigioso, miracoloso; straordinario: *una cura p.*; *memoria p.*

porticàto *s.m.* Grande portico, serie di portici: *la piazza è circondata da un p.*

pòrtico *s.m.* Struttura architettonica che serve a creare un ambiente aperto e insieme coperto lungo i lati di edifici; è formata da una volta sorretta da colonne o pilastri sul lato o sui lati aperti verso l'esterno (su strade, piazze o cortili).

portièra *s.f.* Sportello di un autoveicolo.

portière *s.m.* 1 Portinaio 2 Giocatore che, nel calcio e in altri sport, ha il compito di difendere la porta.

portinàio *s.m.* Chi è addetto alla custodia e alla sorveglianza dell'ingresso di uno stabile d'abitazione Ⓢ portiere.

portinerìa *s.f.* Locale in cui sta e a volte anche risiede il portiere.

pòrto *s.m.* Specchio d'acqua ben riparato dalle onde e dalle correnti e attrezzato per consentire alle navi la sosta, le operazioni di imbarco e sbarco di merci e passeggeri, il rifornimento e le riparazioni.

portóne *s.m.* Porta d'ingresso di un edificio.

porzióne *s.f.* 1 Parte, quota di un tutto 2 Quantità di un cibo che viene data a tavola a una persona o a ciascuna persona, o che uno o ciascuno si prende Ⓢ razione.

pòsa *s.f.* 1 L'operazione di posare, di collocare qlco.: *p. della prima pietra di una casa* 2 Sosta, riposo: *lavorare senza p.* 3 La posizione immobile in un dato atteggiamento che assume chi deve essere fotografato o ritratto: *stare in p. un'ora*

posacénere *s.m.invar.* Portacenere.

posàre *v.tr.* Mettere giù, deporre, appoggiare: *posa pure a terra quel pacco* ♦ *v.intr.* [aus. *avere*] Stare in posa: *p. per un ritratto* ♦ **posarsi** *v.pr.* Fermarsi calando dall'alto (anche ✿): *il suo sguardo si posò su di me.*

posàta *s.f.* Ciascuno degli utensili (coltelli, forchette, cucchiai ecc.) che si usano per mangiare: *mettere le p. in tavola.*

positìvo *agg.* 1 Affermativo: *risposta p.* 2 Favorevole, utile, vantaggioso: *risultati p.*; *giudizio p.* 3 In matematica, si dice di numero maggiore di zero (cioè preceduto dal segno +).

posizióne *s.f.* 1 Il luogo, il punto in cui si trova una cosa o una persona, spec. in relazione ad altri punti o elementi: *cambiare p. a un mobile* ◊ Posto occupato in una classifica, in una gara: *essere nelle prime p.* 2 Modo in cui è messo un oggetto e, in partic., il modo in cui sta o è atteggiato il corpo o una parte del corpo: *stare seduto in una p. comoda* 3 ✿ Situazione, condizione in cui una persona si trova: *la sua p. è delicata* ◊ Condizione economica e sociale: *raggiungere una buona p.* 4 ✿ Punto di vista, opinione: *abbiamo p. politiche diverse.*

posologìa *s.f.* Indicazione delle dosi e dei modi in cui va preso un medicinale.

possedére *v.tr.* Avere qlco. in possesso, in proprietà, in dominio: *possiede una bella casa* ◊ ✿ Avere in sé date doti e qualità: *p. una bella voce.*

possessìvo *agg.* Detto di aggettivo o pronome che indica possesso, appartenenza (come *mio, tuo, nostro* ecc.).

possèsso *s.m.* Il fatto di possedere, di avere a propria disposizione qlco.: *prendere p. di una casa.*

possessóre *s.m.* Chi possiede qlco.

possìbile *agg.* Che può essere, può accadere o si può fare ♦ *s.m.* Ciò che si può fare: *faremo tutto il p. per aiutarti.*

possibilità *s.f.* **1** Caso possibile: *c'è la p. che non venga* **2** Facoltà, capacità o occasione di fare qlco.: *lo aiutò nei limiti delle sue p.* ◊ (al *pl.*) Mezzi economici: *spesa al di sopra delle mie p.*

possidènte *s.m.f.* Chi possiede beni immobili e terreni: *un ricco p.*

pòsta *s.f.* **1** Servizio pubblico per la spedizione e il recapito della corrispondenza ◊ Ufficio postale **2** Corrispondenza: *cassetta della p.* ◊ *P. elettronica* = scambio di messaggi tra utenti di computer Ⓢ E-mail **3** La somma di denaro che si punta al gioco o in una scommessa.

postàle *agg.* Della posta.

postazióne *s.f.* Luogo di osservazione: *p. televisiva.*

posteggiàre *v.tr.* Parcheggiare.

postéggio *s.m.* Spazio riservato alla sosta di veicoli Ⓢ parcheggio.

posterióre *agg.* Che sta dietro nello spazio o viene dopo nel tempo.

posticipàre *v.tr.* Rinviare a un tempo successivo a quello fissato in precedenza.

postìno *s.m.* Dipendente delle poste che consegna la corrispondenza a domicilio Ⓢ portalettere.

pósto *s.m.* **1** Luogo, collocazione, posizione in cui sta o dovrebbe stare una persona o una cosa: *mettere tutto fuori p.* **2** Spazio disponibile: *qui c'è p. per tutti* ◊ Spazio singolo riservato a ogni persona; in partic. sedile, poltrona: *auto da cinque p.* **3** Luogo in cui si sta per svolgere particolari compiti o funzioni: *p. di lavoro, di guardia* **4** Impiego, lavoro, carica: *perdere il p.*; *occupa un p. di responsabilità* **5** Luogo, località, zona: *un p. tranquillo* ◊ Locale pubblico: *un p. dove si balla.*

pòstumo *agg.* Pubblicato dopo la morte dell'autore: *romanzo p.* ◆ *s.m.* (spec. al *pl.*) Disturbo lasciato da una malattia o sua conseguenza: *i p. dell'influenza.*

potàbile *agg.* Detto di acqua che si può bere senza danno per la salute.

potàre *v.tr.* Tagliare parte dei rami di una pianta per regolarne la crescita e la produzione di frutti, per ridurne le dimensioni, per darle la forma voluta ecc.

potatùra *s.f.* L'operazione di potare.

potènte *agg.* **1** Che ha grande potere, autorità, influenza in campo politico, economico e sociale ◊ Forte militarmente: *un esercito p.* **2** Dotato di grande forza, vigore, energia: *muscoli p.* ◊ Di grande efficacia: *un farmaco p.*

potènza *s.f.* **1** Potere, forza, influenza: *la p. del denaro, della televisione* ◊ Forza, vigore ◊ Energia, intensità, veemenza: *la p. delle onde, del vento* ◊ Efficacia: *la p. di un'arma, di un veleno* **2** Persona che ha grande potere e influenza ◊ Stato: *le grandi p.* **3** In fisica, il lavoro compiuto o l'energia erogata in una determinata unità di tempo: *la p. di un motore* ◊ In matematica, il prodotto che si ottiene moltiplicando un numero per se stesso tante volte quante sono indicate dall'esponente.

potére[1] *v.intr.* [aus. *avere*] **1** Avere la capacità di, essere in grado di, riuscire a (fare qlco.): *senza occhiali non posso leggere* ◊ Avere la possibilità di fare qlco.: *ti aiuterò, se potrò* **2** Avere il permesso, il diritto di fare qlco.: *posso entrare?* ◊ Essere permesso, lecito, ammissibile: *non si può agire così!* **3** Aver motivo di: *non può lamentarsi* **4** Essere possibile: *oggi potrebbe piovere.*

potére[2] *s.m.* **1** Possibilità concreta di

fare qlco.: *non ho il p. di aiutarti* **2** Capacità di ottenere un determinato effetto Ⓢ virtù, forza, potenza: *p. magici*; *il p. del denaro* ◊ Influsso, influenza: *il p. della televisione* **3** Possesso, dominio, balia: *cadere in p. del nemico* **4** Direzione e controllo della vita di un paese: *p. politico*; *impadronirsi del p.*

pòvero *agg.* **1** Che ha pochi mezzi per vivere, scarse risorse economiche: *gente p.* ◊ Che denota miseria, povertà Ⓢ misero: *una cena p.* **2** Che manca o scarseggia di qlco. Ⓢ carente: *regione p. d'acqua* **3** Che suscita compassione, pietà per le sue tristi condizioni o per ciò che ha dovuto subire: *un p. cieco* ◆ *s.m.* Persona povera.

povertà *s.f.* **1** La condizione di chi è povero; scarsezza di mezzi economici Ⓢ miseria **2** Scarsezza, limitatezza: *p. di vegetazione*; *p. di mezzi, di idee*.

pózza *s.f.* **1** Buca del terreno piena d'acqua **2** Quantità di liquido versato al suolo e sparso a macchia: *una p. di sangue*.

pozzànghera *s.f.* Pozza fangosa di acqua piovana: *mettere un piede in una p.*

pózzo *s.m.* Scavo, in genere di forma circolare e rivestito in muratura, praticato in profondità nel terreno per raggiungere l'acqua di una falda sotterranea ◊ Qualsiasi scavo praticato nel terreno per estrarne materiali o per altri scopi: *p. petrolifero* | *P. nero* = fossa in cui si raccolgono gli escrementi e gli scarichi di edifici non collegati con la fognatura.

pranzàre *v.intr.* [aus. *avere*] Consumare il pranzo: *p. a casa, al ristorante.*

prànzo *s.m.* Il pasto principale della giornata (in genere riferendosi a quello di mezzogiorno).

pratèrìa *s.f.* Vasta pianura erbosa.

pràtica *s.f.* **1** L'agire, l'operare; attività che realizza concretamente qlco. **2** Conoscenza, esperienza diretta, concreta di qlco.: *avere p. della vita* | *Fare p.* = compiere il proprio apprendistato di lavoro: *fare p. in ospedale* **3** L'insieme degli atti e dei documenti burocratici necessari per concludere un affare, ottenere autorizzazioni e sim.: *fare le p. per sposarsi* ◊ Affare, caso di cui si occupa un ufficio: *sbrigare una p.*

praticàre *v.tr.* Attuare, mettere in pratica: *p. la fede* ◊ Esercitare: *p. una professione, uno sport* ◊ Eseguire, fare: *p. un foro nel muro.*

praticità *s.f.* Funzionalità, comodità, semplicità d'uso.

pràtico *agg.* **1** Che riguarda la pratica, l'attuazione di qlco. Ⓢ concreto: *problema p.* **2** Che tiene conto della realtà e della possibilità di realizzare concretamente le cose: *un uomo p.* ◊ Detto di oggetto, funzionale, facile o comodo da usare: *un abbigliamento p.* **3** Che è esperto, competente, conoscitore di qlco.: *un tecnico p. del mestiere*; *sei p. della zona?*

pràto *s.m.* Terreno coperto di erba ◊ Terreno coperto di piante erbacee per il foraggio, spontanee o seminate.

preavvìso *s.m.* Avviso, avvertimento preventivo: *è arrivato senza p.*

precàrio *agg.* Temporaneo, provvisorio, non stabile: *lavoro p.* ◊ Non buono, incerto, malsicuro: *situazione economica p.*; *equilibrio p.* ◆ *s.m.* Chi ha un lavoro non stabile e non garantito.

precauzióne *s.f.* **1** Particolare attenzione, cautela e prudenza: *guidare con p.* **2** Misura, provvedimento per evitare eventuali rischi o pericoli: *p. contro i furti.*

precedènte *agg.* Che viene prima nel

tempo Ⓢ antecedente ◊ Che viene prima nello spazio o in una serie: *la pagina p.*

precedènza *s.f.* Diritto di passare prima rispetto ad altri, spec. nella circolazione stradale.

precèdere *v.tr.* Stare o andare avanti ◊ Andare o venire prima: *p. di un'ora.*

precètto *s.m.* Insegnamento, norma, regola, prescrizione: *p. morali, igienici.*

precipitàre *v.intr.* [aus. *essere*] Cadere giù dall'alto con velocità e violenza: *l'aereo precipitò a terra* ♦ **precipitarsi** *v.pr.* Gettarsi dall'alto ◊ Andare di corsa, in gran fretta: *p. alla stazione.*

precipitazióne *s.f.* **1** Fretta eccessiva: *agire con p.* **2** *P. atmosferica* = il fenomeno per cui l'acqua contenuta nell'atmosfera cade o si deposita al suolo sotto forma di pioggia e rugiada (*p. liquide*) o di neve, grandine e brina (*p. solide*).

precisàre *v.tr.* Indicare chiaramente, con precisione Ⓢ chiarire.

precisazióne *s.f.* Indicazione precisa, chiarimento che precisa qlco.

precisióne *s.f.* Esattezza assoluta, assenza di qualsiasi errore o imperfezione.

precìso *agg.* **1** Esatto: *sono le otto p.* ◊ Chiaro, ben determinato, non generico: *un ordine p.* ◊ Che ama la precisione, che fa le cose con accuratezza: *ragazzo p.* **2** Identico, uguale: *il figlio è p. al padre.*

precòce *agg.* Che matura, si sviluppa o avviene prima del tempo normale.

precòtto *agg.* Si dice di cibo messo in vendita dopo essere già stato cotto.

prèda *s.f.* Animale cacciato, catturato o ucciso.

predellìno *s.m.* Gradino su cui si poggia il piede per salire su tram, autobus, carrozze ferroviarie.

prèdica *s.f.* **1** Discorso che il sacerdote tiene ai fedeli durante una funzione religiosa Ⓢ sermone **2** ♣ Lungo discorso di rimprovero o di esortazione.

predilètto *agg.* e *s.m.* Che, chi è amato, preferito più di ogni altro: *l'amico p.*

predomìnio *s.m.* Forza, potere superiore a ogni altro Ⓢ supremazia.

prefabbricàto *agg.* Detto di elementi di un edificio fabbricati in precedenza e poi montati sul posto; detto anche di edificio costruito con tale tecnica.

preferènza *s.f.* Simpatia o gradimento maggiore per una persona o una cosa rispetto ad altre e conseguente scelta a suo favore: *ha una chiara p. per te.*

preferìre *v.tr.* Amare, apprezzare, gradire una persona o una cosa più di un'altra o di ogni altra ◊ Scegliere, volere piuttosto: *preferirei morire che accettare!*

preferìto *agg.* e *s.m.* Che, chi è amato, apprezzato, gradito più di ogni altro Ⓢ prediletto: *il cantante, il gioco p.*

prefètto *s.m.* Alto funzionario che rappresenta il governo in ogni provincia italiana.

prefisso *s.m.* **1** Particella che si premette a una parola per formare un'altra parola **2** Serie di cifre da comporre prima del numero telefonico di un abbonato.

pregàre *v.tr.* **1** Rivolgersi con le parole o con il pensiero a Dio; dire le preghiere **2** Chiedere umilmente e con fervore qlco. a qlcu. Ⓢ supplicare ◊ Invitare cortesemente: *vi prego di fare silenzio.*

preghièra *s.f.* **1** L'atto di pregare Dio; ciò che si dice pregando; orazione **2** Richiesta umile e accorata ◊ Cortese richiesta o invito: *vengo dietro sua p.*

pregiàto *agg.* Di notevole valore o qualità: *metalli, vini, tessuti p.*

prègio *s.m.* Valore, qualità: *vino di p.* ◊ Qualità positiva Ⓢ dote, virtù, merito.
pregiudìzio *s.m.* Idea o opinione che ci si forma prima di conoscere direttamente qlcu. o qlco. e che non è fondata su fatti ma deriva per lo più dall'accettazione acritica di convinzioni tradizionali o molto diffuse nel proprio ambiente Ⓢ preconcetto: *essere pieno di p.*
preistòria *s.f.* Il lungo periodo dell'evoluzione culturale dell'umanità di cui non rimangono documenti scritti ma solo reperti fossili e archeologici.
prelevàre *v.tr.* Prendere e portar via qlco.; in partic. ritirare del denaro o della merce da dove sono stati depositati ◊ Asportare una piccola quantità di qlco., spec. per fare analisi e controlli: *p. il sangue.*
prelièvo *s.m.* Ritiro di una somma di denaro depositata in banca ◊ Prelevamento di una piccola quantità di qlco. a scopo di esame medico o chimico: *p. di sangue.*
prematùro *agg.* Che avviene o è fatto prima del tempo giusto, normale: *una morte p.*; *una decisione p.*
premeditàre *v.tr.* Progettare, preparare mentalmente un'azione, spec. illecita, prima di compierla: *p. un delitto.*
prèmere *v.tr.* Schiacciare, comprimere, pigiare, spingere ⧫ *v.intr.* [aus. *avere*] **1** Esercitare una pressione su qlco.: *p. col dito sul bottone* **2** ♧ Importare, stare a cuore: *mi preme la tua felicità.*
preméssa *s.f.* Informazione o chiarimento preliminare che si premette al discorso che si sta per fare o a uno scritto.
preméttere *v.tr.* Dire come prima cosa.
premiàre *v.tr.* Dare un premio, ricompensare con un premio: *p. un vincitore.*
prèmio *s.m.* **1** Dono che si dà come riconoscimento dei meriti di qlcu.; in partic. somma di denaro, oggetto di valore o simbolico che si assegna ai vincitori di una competizione ◊ Ciò che si vince in giochi, lotterie e sim. **2** *P. di assicurazione* = la somma di denaro che si paga all'assicuratore per il rischio che questo si assume.
premùra *s.f.* **1** Fretta, urgenza **2** Atto gentile Ⓢ attenzione, riguardo.
premuràrsi *v.pr.* Curarsi, interessarsi con sollecitudine di fare qlco.: *si è premurato di avvisarci.*
premuróso *agg.* Pieno di premure, di attenzioni, di riguardi: *una persona p.*
prèndere *v.tr.* **1** Afferrare, pigliare, sollevare ◊ Colpire; cogliere (anche ♧): *mi prese a una gamba con una sassata*; *fu preso dal rimorso* **2** Catturare: *p. un ladro*; *p. una trota* ◊ Conquistare, impadronirsi: *p. il potere* ◊ Portar via, rubare: *il ladro gli prese il portafoglio* **3** Procurarsi, ritirare, prelevare, portare con sé qlco. da utilizzare: *vado nel bosco a p. legna*; *p. l'ombrello uscendo* ◊ Comprare: *vado a p. il pane* ◊ Utilizzare un mezzo di trasporto: *p. il treno* **4** Mangiare, bere, ingoiare, respirare: *p. un caffè*; *p. una boccata d'aria* **5** Scegliere, imboccare una via, una direzione: *p. una strada* ◊ ♧ Assumere, stabilire un atteggiamento, una linea di condotta: *p. una decisione*; *p. precauzioni* **6** Assumere qlcu. come dipendente o collaboratore **7** Ricevere, ottenere: *p. lezioni*; *p. un premio* ◊ Guadagnare: *p. un bello stipendio* ◊ ♧ Provare una sensazione, un sentimento: *p. uno spavento* **8** Buscarsi, essere colpito da: *p. uno schiaffo*; *p. l'influenza* **9** Scambiare, confondere qlcu. con un altro: *lo avevo preso per suo fra-*

tello ♦ *v.intr.* [aus. *avere*] **1** Andare, dirigersi: *p. a destra* **2** Incominciare: *prese a preparare i bagagli.*

prenotàre *v.tr.* Fissare, farsi riservare in anticipo: *p. un tavolo al ristorante.*

prenotazióne *s.f.* Accordo con cui si fissa e ci si fa riservare in anticipo qlco.

preoccupàre *v.tr.* Causare inquietudine, tenere in ansia, in pensiero [S] inquietare, impensierire: *il suo ritardo mi preoccupa* ♦ **preoccuparsi** *v.pr.* Stare in ansia, in pensiero: *p. per il futuro.*

preoccupàto *agg.* Che è in ansia, in pensiero per qlco. o per qlcu.

preoccupazióne *s.f.* Pensiero causato da timore per qlco. o qlcu. e che provoca uno stato di ansia, di apprensione.

preparàre *v.tr.* **1** Disporre, apprestare, allestire qlco. in modo che sia pronto all'uso o allo scopo: *p. il pranzo* ◊ Predisporre ciò che è necessario per qlco.: *p. tutto per la partenza* **2** Mettere qlcu. in grado di affrontare una prova: *p. un alunno per gli esami* ♦ **prepararsi** *v.pr.* Mettersi nelle condizioni di poter fare, sostenere qlco.: *p. a un viaggio* ◊ Accingersi, apprestarsi a fare qlco.: *p. a uscire.*

preparatìvo *s.m.* Tutto ciò che serve e si fa per essere pronti a fare qlco.

preparàto *agg.* Dotato della preparazione necessaria a svolgere bene i suoi compiti, la sua attività: *un tecnico p.*

preparazióne *s.f.* **1** L'azione di preparare, di prepararsi ◊ Addestramento a svolgere un'attività o in vista di una prova: *corso di p. agli esami* **2** Complesso di cognizioni, di competenze, di abilità in un determinato campo: *un medico dotato di una buona p.*

preposizióne *s.f.* Parte invariabile del discorso che, preposta a una parola, forma un complemento, indicando la sua relazione con altre parole.

prepotènte *agg.* e *s.m.f.* Che, chi vuole imporsi sugli altri, far prevalere la sua volontà ad ogni costo, anche con la forza.

prepotènza *s.f.* Comportamento da prepotente ◊ Atto prepotente [S] sopruso.

présa *s.f.* **1** L'atto e il modo di prendere, di afferrare, di stringere, di bloccare: *lasciare la p.* **2** L'impadronirsi di qlco. [S] conquista: *p. del potere* **3** Pezzo di stoffa, per lo più imbottita, che si usa in cucina per maneggiare recipienti e oggetti molto caldi **4** Piccola quantità di una sostanza che si può prendere in una volta con la punta delle dita: *una p. di sale* **5** *P. d'acqua, del gas* = rubinetto o dispositivo che regola il prelievo dell'acqua o del gas dalla conduttura principale | *P. di corrente* = dispositivo fissato al muro che collega con l'impianto elettrico.

presàgio *s.m.* Segno, indizio di avvenimenti futuri ◊ Presentimento.

prèsbite *agg.* e *s.m.f.* Che, chi è affetto da un difetto della vista per cui non si vedono bene gli oggetti vicini.

prescrizióne *s.f.* Norma, disposizione, indicazione: *seguire le p. del medico.*

presentàre *v.tr.* **1** Far vedere, consegnare, far conoscere qlco. a qlcu. per sottoporla al suo controllo, al suo esame, al suo giudizio: *p. una proposta* **2** Far conoscere, illustrare al pubblico qlco.: *p. un libro* ◊ Fare da presentatore a uno spettacolo, a una manifestazione ◊ Far conoscere una persona a un'altra o ad altre, introdurla in un ambiente, annunciarla in uno spettacolo: *p. un amico* ♦ **presentarsi** *v.pr.* **1** Andare, venire di persona: *p. al lavoro* **2** Farsi conoscere dicendo il proprio nome: *permette che mi presenti?* **3** Offrirsi, capitare: *si presentò una buona occasione.*

presentatóre *s.m.* Chi presenta al pubblico uno spettacolo.

presentazióne *s.f.* L'atto di presentare qlco. o qlcu.: *lettera di p.* | *Fare le p.* = presentare l'una all'altra persone che ancora non si conoscevano.

presènte[1] *agg.* **1** Che si trova nel luogo a cui ci si riferisce, assistendo o partecipando personalmente a quanto vi avviene: *gli alunni p. in classe* **2** Attuale: *la situazione p.* ♦ *s.m.* **1** Persona presente in un luogo: *fare l'appello dei p.* **2** Il tempo, il momento attuale: *il passato e il p.* **3** Tempo del verbo che indica che l'azione si svolge nel momento in cui si parla.

presènte[2] *s.m.* Dono, regalo.

presentiménto *s.m.* Sensazione interiore di qlco. che sta per accadere o potrebbe verificarsi: *ho il p. di una disgrazia.*

presènza *s.f.* Il fatto che qlcu. o qlco. sia presente in un luogo: *non mi accorsi della sua p.*; *p. di sostanze inquinanti nell'acqua* | ⨯ *P. di spirito* = prontezza nel decidere, nel reagire.

presèpio o **presèpe** *s.m.* Rappresentazione della nascita di Gesù nella grotta di Betlemme fatta tradizionalmente con statuette che raffigurano i vari personaggi.

preservàre *v.tr.* Difendere, proteggere da danni, pericoli: *p. la salute.*

prèside *s.m.f.* Chi dirige un istituto di istruzione secondaria o una facoltà universitaria.

presidènte *s.m.* Chi ha la carica e la funzione di dirigere o rappresentare un organo, un ente, una società, un'associa-zione ecc.: *il p. del senato, di un partito.*

presidènza *s.f.* La carica di presidente o di preside ◊ L'ufficio del presidente o del preside: *è stato chiamato in p.*

presìdio *s.m.* Reparto armato o gruppo di vigilanza che ha il compito di controllare e difendere un luogo.

prèssa *s.f.* Macchina capace di comprimere un materiale fino a ridurlo nella forma desiderata.

pressappòco *avv.* All'incirca, più o meno: *abbiamo p. la stessa età.*

pressàre *v.tr.* Comprimere con forza o con una pressa: *macchine per p. la carta.*

pressióne *s.f.* **1** Forza, spinta esercitata da qlco. che preme su qualcos'altro ◊ *P. (atmosferica)* = quella che l'atmosfera con il suo peso esercita su una data superficie | *P. (sanguigna* o *arteriosa)* = quella esercitata dal sangue sulle pareti delle arterie: *avere la p. alta* **2** ⚗ Azione insistente per indurre qlcu. a fare qlco.: *fecero p. su di me perché mi dimettessi* **3** *P. fiscale* = quanto si paga di imposte in rapporto al reddito.

prèsso *prep.* **1** Vicino a, accanto a ◊ In casa di, insieme con: *abita p. una zia* **2** In: *lavora p. un'azienda* ◊ Tra (gli appartenenti a un dato gruppo): *ha successo p. i giovani* ♦ *s.m.pl. I p.* = le vicinanze, i dintorni: *abita nei p. di Roma.*

pressoché *avv.* Quasi, circa.

prestàre *v.tr.* **1** Dare qlco. col patto che venga restituito dopo un certo tempo: *p. un libro*; *p. denaro* **2** Dare, concedere, porgere: *p. aiuto, attenzione* ♦ **prestarsi** *v.pr.* **1** Offrirsi, rendersi disponibile: *si è prestato a darci una mano* **2** Essere adatto: *la plastica si presta a molti usi.*

prestazióne *s.f.* **1** Attività compiuta, lavoro eseguito: *p. professionale* **2** Rendimento fornito nello svolgimento di un'attività: *la buona p. di una squadra* ◊ Rendimento di una macchina: *un motore, una vettura dalle p. brillanti.*

prestìgio *s.m.* Autorità, stima, buona reputazione di cui gode qlcu. o qlco. per le proprie doti o qualità.

prèstito *s.m.* Cessione di qlco. a un'altra persona con l'impegno della sua restituzione dopo un certo periodo ◊ Somma di denaro che si dà o si riceve in prestito.

prèsto *avv.* **1** Entro breve tempo, tra poco: *torna p.* ◊ Rapidamente, in fretta: *cerca di far p.* **2** In anticipo, prima del tempo stabilito o opportuno: *è p. per dare un giudizio* ◊ Di buon'ora: *alzarsi p.*

presùmere *v.tr.* Supporre, immaginare, ritenere.

presuntuóso *agg.* e *s.m.* Che, chi ha un'opinione troppo alta di sé, una fiducia esagerata nelle proprie capacità.

presunzióne *s.f.* Opinione troppo alta di sé, fiducia esagerata nelle proprie capacità.

prète *s.m.* Sacerdote cattolico.

pretèndere *v.tr.* **1** Chiedere, esigere qlco. in base a un preciso diritto: *p. di essere rispettato* **2** Richiedere, esigere ciò che non è giusto o è eccessivo, infondato: *p. troppi soldi.*

pretésa *s.f.* Richiesta, esigenza, aspirazione che può essere fondata su un diritto, ma che più spesso si considera eccessiva e ingiustificata | *Senza pretese* = modesto, alla buona: *una casa senza p.*

pretèsto *s.m.* Ragione, causa non vera addotta per mascherare il vero motivo di un comportamento ⓢ scusa.

prevalènte *agg.* Che prevale per numero, importanza, forza ecc.

prevalére *v.intr.* [aus. *essere* o *avere*] Imporsi, avere la meglio: *prevalse la sua opinione* ◊ Predominare, essere in maggioranza: *al nord prevalgono i biondi.*

prevedére *v.tr.* Conoscere, immaginare in anticipo: *chi può p. il futuro?* ◊ Ritenere possibile, probabile o certo qlco. che deve ancora verificarsi: *p. pioggia.*

prevenìre *v.tr.* Evitare che avvenga qlco. di dannoso prendendo in anticipo gli opportuni provvedimenti: *p. la diffusione di un'epidemia.*

preventìvo *s.m.* Calcolo della spesa prevista per qlco.: *chiedere un p.*

prevenzióne *s.f.* **1** L'attività di predisporre le misure più opportune per evitare eventi dannosi: *p. degli infortuni* **2** Pregiudizio, preconcetto.

previdènte *agg.* Che sa prevedere le necessità e le difficoltà in cui potrà trovarsi e si prepara per tempo ad affrontarle.

previsióne *s.f.* Ciò che si prevede o si era previsto: *tutto si svolse secondo le p.*

previsto *agg.* Conosciuto, calcolato, immaginato in anticipo: *una difficoltà p.* ◆ *s.m.* Quanto si supponeva, si immaginava in precedenza: *spese più del p.* ◊ Tempo o momento previsto: *arrivò prima del p.*

prezióso *agg.* **1** Di gran pregio o valore: *pietre p.* **2** ⚘ Che si apprezza molto per la sua importanza, utilità e sim.: *dare un consiglio p.*

prezzémolo *s.m.* Pianta erbacea le cui foglie sono usate come condimento.

prèzzo *s.m.* Valore in denaro di una merce; somma di denaro necessaria per acquistare un bene o usufruire di un servizio.

prigióne *s.f.* Carcere.

prigionièro *agg.* e *s.m.* Che, chi è stato catturato e privato della libertà personale durante operazioni di guerra (o con un'azione armata) ◊ Detenuto, carcerato.

prìma[1] *avv.* **1** In precedenza: *dovevi pensarci p.* ◊ Più presto, più rapidamente: *p. arrivi, meglio è* **2** In un luogo, in un punto precedente; avanti: *è alla pagina p.* ♦ *prep.* (seguito da *di*) Indica anteriorità nel tempo o precedenza nello spazio (o in una serie) ♦ *congz. P. di, p. che* = indica anteriorità nel tempo: *deciditi, p. che sia troppo tardi!*

prìma[2] *s.f.* **1** Prima rappresentazione di uno spettacolo teatrale o cinematografico **2** Prima classe di una scuola ◊ Prima classe di un mezzo di trasporto **3** Prima marcia del cambio di un veicolo a motore.

primàrio *s.m.* Medico che dirige un reparto ospedaliero.

primavèra *s.f.* Stagione compresa tra l'inverno e l'estate; nel nostro emisfero inizia il 21 marzo e termina il 21 giugno.

primaverìle *agg.* Di, della primavera.

primitìvo *agg.* **1** Del periodo iniziale Ⓢ originario **2** Che appartiene alle popolazioni della preistoria o, anche, alle popolazioni dell'epoca moderna le cui forme di vita sono state ritenute simili a quelle preistoriche ◊ ♧ Rozzo, rudimentale, arretrato: *tecniche p.*

primìzia *s.f.* Frutto o ortaggio maturato prima o agli inizi della stagione e perciò più raro e pregiato.

prìmo *agg.num.ord.* **1** Che viene prima di tutti gli altri in una serie, in una graduatoria: *il p. figlio* | *Minuto p.* = sessantesima parte dell'ora ◊ Iniziale, che costituisce l'inizio: *le p. luci dell'alba* **2** Principale, fondamentale: *il tuo p. dovere è aiutarlo* ◊ Più importante; superiore, migliore: *vincere il p. premio*; *albergo di p. categoria* ◊ *Numero p.* = ogni numero divisibile solo per se stesso e per l'unità ♦ *s.m.* **1** La persona o la cosa che è al primo posto in un ordine o in una graduatoria: *arrivare tra i p.* **2** La prima portata di un pasto **3** Il primo o i primi giorni della settimana, del mese, dell'anno **4** Minuto primo.

primogènito *agg.* e *s.m.* Che, chi è nato per primo tra più figli.

principàle *agg.* Più importante: *la via p. della città* ♦ *s.m.f.* Padrone, direttore di un negozio, di un'azienda; datore di lavoro.

prìncipe *s.m.* Il più alto dei titoli nobiliari, riservato spec. ai membri di una famiglia regnante e ai sovrani di principati.

principiànte *s.m.f.* Chi è agli inizi e quindi ancora poco esperto di un'attività, di uno studio, di una professione.

princìpio *s.m.* **1** Parte, momento iniziale di qlco. Ⓢ inizio: *il p. dell'anno* **2** Idea, concetto che rappresenta il fondamento di un ragionamento, di una scienza, di un'attività: *i p. della matematica* ◊ Norma, criterio generale che sta alla base di un ordinamento statale, di una società o che guida il comportamento di una persona: *p. morali, religiosi*; *il p. di giustizia.*

privàre *v.tr.* Rendere privo di qlco.; togliere, lasciare senza: *p. qlcu. della libertà* ♦ **privarsi** *v.pr.* Fare a meno volontariamente di qlco. Ⓢ rinunciare: *si priverebbe di tutto per i figli.*

privàto *agg.* **1** Si dice di ogni individuo in quanto agisce come singolo e di ogni azione e attività compiuta da singoli per scopi e interessi personali: *imprenditore p.* **2** Che appartiene a una singola o a singole persone e non dipende dallo stato o da altri enti pubblici: *scuola p.* ◊ Non aperto al pubblico, ma solo ai proprietari o ai soci: *club p.* **3** Personale: *questioni p.* ♦ *s.m.* Privato cittadino, senza alcuna responsabilità o funzione pubblica.

privazióne *s.f.* Il privarsi volontariamente di qlco. ⓢ sacrificio.

privilegiàto *agg.* e *s.m.* Che, chi gode di particolari vantaggi ⓢ favorito: *classi p.*

privilègio *s.m.* Diritto, vantaggio particolare di cui gode qlcu. rispetto ad altri.

privo *agg.* Che manca, che è sprovvisto di qlco. di necessario, di utile.

probàbile *agg.* Che è altamente possibile e verosimile, pur non essendo certo o sicuramente vero: *un evento p.*

probabilità *s.f.* Possibilità; la misura in cui si considera che un fatto sia probabile o realizzabile: *ci sono p. di successo.*

problèma *s.m.* **1** Quesito la cui soluzione consiste nel trovare, sulla base di dati noti e mediante dei calcoli, un dato sconosciuto: *p. di geometria* **2** Questione, situazione, caso difficile da risolvere e che è causa di preoccupazione: *il p. della droga.*

probòscide *s.f.* Lunga appendice del naso degli elefanti, con le narici all'estremità; viene anche usata per prendere e portare alla bocca il cibo e l'acqua.

procèdere *v.intr.* [aus. *essere* nel significato 1, *avere* nel significato 2] **1** Andare avanti ⓢ avanzare: *p. a passo d'uomo* **2** ✤ Andare avanti in ciò che si è iniziato ⓢ proseguire: *p. nelle ricerche.*

procedimènto *s.m.* Metodo seguito per risolvere un problema, eseguire un'operazione, condurre un esperimento: *un nuovo p. per la fabbricazione della carta.*

processàre *v.tr.* Sottoporre una persona a processo giudiziario.

processióne *s.f.* Corteo religioso che percorre lentamente le strade di un paese o di una città, portando immagini sacre, cantando inni e recitando preghiere.

procèsso *s.m.* **1** Qualsiasi fenomeno costituito da una successione di fatti o fenomeni legati tra loro: *il p. storico* **2** La serie di operazioni e il metodo con cui viene svolta un'attività produttiva: *il p. di estrazione del petrolio* **3** Lo svolgimento di una causa giudiziaria e le attività a ciò collegate (in partic. il pubblico dibattito): *essere sotto p.; assistere a un p.*

proclamàre *v.tr.* **1** Dichiarare, annunciare in forma ufficiale: *p. la vittoria* **2** Affermare con decisione: *p. la propria innocenza.*

procreàre *v.tr.* Generare, partorire, mettere al mondo dei figli.

procuràre *v.tr.* Trovare il modo di fare avere ad altri o di ottenere per sé qlco.

prodìgio *s.m.* **1** Fatto o fenomeno stupefacente, che non rientra nell'ordine normale e naturale delle cose ⓢ miracolo **2** Fatto, opera, cosa o persona che suscita meraviglia e ammirazione per le sue caratteristiche e doti eccezionali.

prodiglóso *agg.* Miracoloso, portentoso: *una cura p.* ◊ Straordinario, eccezionale.

prodótto *s.m.* **1** Tutto ciò che la natura produce spontaneamente o che costituisce il risultato dell'attività lavorativa dell'uomo **2** Risultato di una moltiplicazione ◊ La moltiplicazione stessa: *fare il p. di due numeri.*

prodùrre *v.tr.* **1** Dare come proprio frutto, prodotto naturale: *campo che produce grano* ◊ Dare, fornire come risultato di un'attività, di un processo lavorativo; fare, fabbricare: *p. automobili* ◊ Creare:

p. un capolavoro **2** Generare, causare, provocare: *il fuoco produce luce e calore.*

produttìvo *agg.* **1** Di produzione, che riguarda la produzione: *metodo p.* **2** Che produce, capace di dare prodotti: *terreno p.* ◊ Che rende, che fornisce un utile.

produttóre *agg. e s.m.* Che, chi produce un determinato bene.

produzióne *s.f.* Ogni attività diretta a produrre beni o servizi: *p. tessile, televisiva* ◊ La quantità di qlco. che viene prodotta: *aumento della p. di vino.*

professionàle *agg.* Relativo alla professione che si esercita: *doveri p.*

professióne *s.f.* Attività lavorativa che si svolge abitualmente per guadagnarsi da vivere; in senso più ristretto, attività lavorativa di tipo intellettuale.

professionìsta *s.m.f.* **1** Chi esercita una professione intellettuale **2** Chi pratica un'attività sportiva come professione.

professóre *s.m.* Chi insegna nelle scuole secondarie o nelle università.

profèta *s.m.* **1** Chi parla per ispirazione e in nome di Dio, annunziandone la volontà o predicendo gli avvenimenti futuri **2** Chi prevede o crede di poter prevedere il futuro.

profezìa *s.f.* Predizione di avvenimenti futuri fatta da chi è ispirato dalla divinità ◊ Predizione, previsione.

profìcuo *agg.* Utile, vantaggioso.

profìlo *s.m.* **1** Linea di contorno di qlco. **2** La linea del volto osservato di fianco.

profìtto *s.m.* **1** Giovamento, vantaggio, risultato utile ◊ Nella scuola, risultato raggiunto nelle varie materie **2** Differenza tra ricavi e costi di un'impresa ⓈⒼ guadagno, utile: *aumentare i p.*

profondità *s.f.* Distanza in verticale (cioè altezza) tra il fondo di una cavità o di una massa d'acqua e il suo limite superiore: *p. di un lago* ◊ Distanza in orizzontale tra il limite interno e il limite esterno di qlco.: *p. di un armadio.*

profóndo *agg.* **1** Che presenta una notevole distanza tra il limite superiore e il fondo (o anche tra il punto più esterno e quello più interno): *un lago p.*; *una p. insenatura* **2** Che penetra molto addentro, non superficiale (anche ✂): *ferita p.*; *pensieri p.*; *sguardo p.* ◊ ✂ Molto intenso, vivamente sentito: *odio, amore p.*; *una p. emozione.*

pròfugo *agg. e s.m.* Che, chi è stato costretto ad abbandonare il proprio paese e a rifugiarsi altrove a causa di guerre, persecuzioni o calamità naturali.

profumàre *v.tr.* Cospargere, impregnare di profumo ♦ *v.intr.* [aus. *essere*] Emanare profumo, un odore gradevole: *p. di pulito* ♦ **profumarsi** *v.pr.* Cospargersi di profumo, mettersi del profumo.

profumàto *agg.* Che ha, che emana profumo: *fiori p.*

profumerìa *s.f.* Negozio in cui si vendono profumi e cosmetici.

profùmo *s.m.* **1** Odore gradevole: *p. di fiori* **2** Miscela di essenze odorose: *p. per donna, per uomo.*

progettàre *v.tr.* **1** Avere in mente di fare o studiare il modo di realizzare qlco.: *p. di fare un viaggio*; *p. la fuga* **2** Ideare la costruzione di qlco., facendo tutti gli studi, i calcoli e i disegni necessari alla sua realizzazione: *p. un edificio.*

progètto *s.m.* **1** Idea, intenzione di fare, di realizzare qlco. Ⓢ proposito, programma **2** Il complesso degli studi, dei calcoli e dei disegni necessari per realizzare una costruzione: *il p. di un ponte.*

prògnosi *s.f.* Previsione, espressa dal

medico, sull'evoluzione e sull'esito di una malattia.

progràmma *s.m.* 1 Elenco delle cose da fare, degli obiettivi da raggiungere in un'attività: *p. di lavoro, di studio* ◊ Nella scuola, l'insieme degli argomenti da studiare in ogni singola materia 2 Trasmissione radiofonica o televisiva 3 Progetto, proposito: *ha in p. di partire domani* 4 In informatica, insieme di istruzioni fornite a un computer perché possa eseguire i compiti affidatigli.

progredìre *v.intr.* [aus. *avere* se il soggetto è una persona, *essere* se è una cosa] Andare avanti, procedere verso la propria conclusione ◊ ⚘ Fare progressi Ⓢ migliorare: *p. tecnologicamente*.

progressìvo *agg.* Che procede con un andamento regolare e continuo Ⓢ graduale: *aumento p. del costo della vita*.

progrèsso *s.m.* Perfezionamento, miglioramento: *i p. della tecnica*; *p. sociale*; *fare p. nello studio* ◊ *Il p.* = il miglioramento complessivo (economico, sociale, culturale ecc.) della società e delle condizioni di vita: *lottare per il p.*

proibìre *v.tr.* Ordinare di non fare qlco. Ⓢ vietare: *ha proibito alla figlia di uscire.*

proibìto *agg.* Vietato, non consentito.

proibizióne *s.f.* Divieto.

proiettàre *v.tr.* Riprodurre su uno schermo, mediante un proiettore, le immagini impresse su film o diapositive.

proièttile *s.m.* Oggetto metallico lanciato con forte velocità da un'arma da fuoco (o anche con altro mezzo).

proiettóre *s.m.* 1 Apparecchio che proietta su uno schermo film o diapositive 2 Apparecchio capace di proiettare a notevole distanza un fascio luminoso molto potente Ⓢ riflettore.

pròle *s.f.* Figliolanza, figli.

proletariàto *s.m.* La classe dei lavoratori salariati (e spec. operai e braccianti).

prolìfico *agg.* Che ha generato o può generare molti figli.

prolùnga *s.f.* Qualunque elemento che, collegato a un altro, ne aumenta la lunghezza; in partic., pezzo di filo elettrico terminante a un capo con una spina e all'altro con una presa, usato per prolungare il cavo di alimentazione di un apparecchio.

proméssa *s.f.* Impegno esplicito di compiere un dato atto o di tenere un dato comportamento: *mantere la p.*

prométtere *v.tr.* Impegnarsi a fare o a dare qlco. o a comportarsi in un certo modo: *ha promesso di tornare presto.*

promontòrio *s.m.* Sporgenza montuosa della costa sul mare (o su un lago).

promòsso *agg.* e *s.m.* Che, chi ha ottenuto la promozione, una promozione.

promozióne *s.f.* 1 Passaggio a una classe superiore di studi ◊ Avanzamento professionale, di carriera ◊ Nello sport, passaggio di una squadra da una serie inferiore a una superiore 2 Ogni attività diretta ad aumentare le vendite di un prodotto.

promuòvere *v.tr.* 1 Agire, impegnarsi in prima persona per realizzare o dare avvio a qlco.: *p. una colletta* ◊ Dare impulso a qlco., favorirne lo sviluppo e il progresso: *p. la ricerca scientifica* 2 Nella scuola, nella carriera e nello sport, fare avanzare qlcu. a una classe, a un grado, a una serie superiore.

pronóme *s.m.* Parola che ha la funzione di sostituire il nome nell'indicare persone, animali o cose, pur senza nominarle specificamente (come fa il *nome*).

pronominàle *agg.* Del pronome | *Particelle p.* = le forme del pronome personale *mi, ti, si, ci, lo, gli, la, ne* ecc. | *Verbi p.* = quelli che si coniugano uniti a una particella pronominale e possono avere un significato riflessivo (per es. *giudicarsi*) oppure no (per es. *ricordarsi*).
pronòstico *s.m.* Previsione.
prontézza *s.f.* Rapidità, sveltezza nell'agire e nel reagire: *p. di riflessi.*
prónto *agg.* **1** Preparato per essere consumato, utilizzato immediatamente ◊ In grado di fare, di subire, di affrontare subito qlco.: *il paziente è p. per l'intervento* **2** Rapido, immediato, sollecito: *p. soccorso*; *riflessi p.*
pronùncia *s.f.* **1** Modo di articolare, secondo determinate norme, i suoni e le parole di una lingua: *sbagliare la p. di una parola straniera* **2** Modo di parlare caratteristico di una lingua o di una parlata regionale, locale [S] accento ◊ Maniera di parlare di una persona.
pronunciàre *v.tr.* **1** Articolare con la voce i suoni e le parole **2** Dire: *p. una parola* ◊ Fare, esprimere, emettere: *p. un giudizio* ♦ **pronunciarsi** *v.pr.* Esprimere la propria opinione, il proprio giudizio: *p. a favore.*
propagànda *s.f.* Attività, opera rivolta a far conoscere e apprezzare al pubblico determinate idee o (sinonimo di *pubblicità*) determinati prodotti commerciali.
propagandàre *v.tr.* Cercare di diffondere, di far apprezzare con la propaganda.
propagàre *v.tr.* Diffondere: *p. una notizia* ♦ **propagarsi** *v.pr.* Diffondersi, trasmettersi: *il fuoco si propagò al piano superiore.*
propìzio *agg.* Favorevole, adatto, opportuno: *aspettare l'occasione p.*
proponiménto *s.m.* Impegno preso con se stessi [S] proposito, intenzione.
propórre *v.tr.* Presentare, sottoporre qlco. all'attenzione e alla valutazione altrui: *p. un accordo, un affare, la pace* ◊ Offrire: *p. un lavoro* ◊ Suggerire qlco. che si ritiene utile, giusto, opportuno ♦ **proporsi** *v.pr.* Stabilire con se stessi [S] prefiggersi: *p. uno scopo, un compito.*
proporzionàto *agg.* Che presenta una giusta proporzione rispetto a un altro o ad altri elementi [S] adeguato.
proporzióne *s.f.* **1** Rapporto di misura tra due o più elementi o tra le diverse parti di un insieme; in partic. rapporto equilibrato, armonico, corrispondenza giusta, adeguata: *un corpo dalle p. perfette* **2** (spec. al *pl.*) Dimensione, estensione, entità: *un incendio di vaste p.*
propòsito *s.m.* **1** Proponimento; intenzione: *venne col p. di aiutarci* **2** *A questo p., in p.* = su questo argomento, a questo riguardo.
proposizióne *s.f.* In grammatica, frase (nel senso di espressione linguistica dotata di senso compiuto).
propósta *s.f.* Offerta o suggerimento proposto all'attenzione, alla valutazione e all'accettazione altrui: *accettare una p.*
proprietà *s.f.* **1** Diritto di godere e disporre di una cosa in modo pieno ed esclusivo ◊ Ciò di cui si è proprietari: *vendere ogni p.* **2** Qualità, caratteristica particolare: *le p. di una sostanza.*
proprietàrio *s.m.* Chi ha la proprietà di qlco.: *il p. di una casa, di un libro.*
pròprio *agg.* **1** Che appartiene alla persona o alla cosa a cui si fa riferimento [S] suo, loro **2** Particolare, caratteristico, tipico di qlcu. o qlco.: *il linguaggio è p. dell'uomo* **3** Appropriato, adatto: *non è*

il momento p. per parlarne | *Senso p.* = il significato originario, fondamentale di una parola e non quello estensivo o figurato ♦ *avv.* **1** Veramente, davvero: *sei p. tu?* **2** Precisamente, per l'appunto: *è p. quello che mi aspettavo*.

pròra *s.f.* Prua.

pròroga *s.f.* Prolungamento, rinvio di una scadenza Ⓢ dilazione.

prorogàre *v.tr.* Prolungare o rinviare oltre il limite di tempo prestabilito.

prorómpere *v.intr.* [aus. *avere*] Uscire fuori con violenza, con impeto.

prosciugàre *v.tr.* Rendere asciutto, eliminando l'acqua: *p. un lago, un terreno paludoso* ♦ *v.intr.* [aus. *essere*] e **prosciugarsi** *v.pr.* Diventare asciutto.

prosciùtto *s.m.* Coscia di maiale salata e fatta seccare (o anche affumicata o cotta) e consumata a fette sottili.

prosecuzióne *s.f.* Proseguimento, continuazione, seguito: *p. dei lavori*.

proseguiménto *s.m.* Continuazione, prosecuzione, seguito.

proseguìre *v.tr.* Continuare: *p. il cammino*; *p. gli studi* ♦ *v.intr.* [aus. *avere* o anche *essere*, quando è riferito a cosa] Procedere, andare avanti Ⓢ continuare: *proseguì a parlare senza curarsi delle interruzioni*.

prosperàre *v.intr.* [aus. *avere*] Andare, procedere bene; essere florido ◊ Crescere, svilupparsi rigogliosamente.

pròspero *agg.* Molto favorevole: *annata p. per l'agricoltura* ◊ Che è in ottime condizioni Ⓢ florido, fiorente: *salute p.*

prospettìva *s.f.* **1** Nel disegno e nella pittura, la tecnica e l'operazione di rappresentare su una superficie piana gli oggetti tridimensionali e la profondità dello spazio in modo da riprodurre un'immagine analoga a quella della visione diretta **2** ♣ Punto di vista dal quale si giudicano i fatti **3** ♣ Eventualità, possibilità futura prevedibile: *ha scarse p. di successo*.

pròssimo *agg.* **1** Molto vicino nello spazio o nel tempo futuro **2** Che viene subito dopo nello spazio o nel tempo: *ci vediamo l'anno p.* ♦ *s.m.* Gli altri: *amare il p.*

prostituìrsi *v.pr.* Vendere il proprio corpo, la propria dignità e libertà morale e intellettuale.

prostituzióne *s.f.* Vendita del proprio corpo a fini di guadagno, spec. come attività abituale.

protagonìsta *s.m.f.* L'attore o l'attrice che interpreta il personaggio principale di un'opera teatrale, di un film o di uno spettacolo ◊ Il personaggio principale di un'opera letteraria, teatrale o cinematografica ◊ Chi ha una parte attiva, un ruolo di primo piano in vicende e avvenimenti reali: *i p. della storia*.

protèggere *v.tr.* Coprire facendo da riparo, da difesa Ⓢ riparare ◊ Tutelare: *la legge deve p. tutti i cittadini* ◊ Difendere, aiutare; appoggiare, favorire: *p. i più deboli* ♦ **proteggersi** *v.pr.* Difendersi, ripararsi: *p. dal freddo*.

proteìna *s.f.* Sostanza organica presente in tutta la materia vivente e di grande importanza alimentare: *la carne è ricca di p.*

pròtesi *s.f.* Apparecchio o elemento artificiale che sostituisce o integra un organo del corpo umano mancante o difettoso.

protèsta *s.f.* Disapprovazione, opposizione decisa nei confronti di qlcu. o qlco., apertamente manifestata con parole o atti: *fare uno sciopero di p.*

protestàre *v.intr.* [aus. *avere*] Esprimere la propria decisa disapprovazione e opposizione: *p. contro i licenziamenti.*

protettìvo *agg.* Che serve o tende a proteggere: *occhiali p.*; *atteggiamento p.*

protezióne *s.f.* Riparo, difesa: *muro di p. contro le frane* ◊ Attività protettrice, di difesa, di assistenza Ⓢ difesa, tutela: *p. della natura.*

pròva *s.f.* **1** Ogni esame, esperimento o esperienza che serve a verificare o a dimostrare le caratteristiche e le qualità di qlco. o di qlcu.: *p. di collaudo*; *assumere un impiegato in p.* ◊ Esame scolastico: *p. orali, scritte* **2** Tentativo: *c'è riuscito alla prima p.* **3** Elemento, testimonianza, fatto o argomento che dimostra qlco.: *ecco la p. della sua colpevolezza* ◊ Dimostrazione concreta: *ha dato p. di grande coraggio.*

provàre *v.tr.* **1** Sottoporre a prova; sperimentare, verificare concretamente: *p. un motore, una nuova cura* **2** Fare l'esperienza personale di qlco.: *p. la fame* **3** Sentire dentro di sé: *p. simpatia per qlcu.*; *p. dolore* **4** Cercare di riuscire a fare qlco. Ⓢ tentare: *p. a convincere qlcu.* **5** Dimostrare con prove: *p. la propria innocenza.*

proveniènza *s.f.* Luogo da cui qlcu. o qlco. viene Ⓢ origine.

provenìre *v.intr.* [aus. *essere*] **1** Venire da un luogo **2** ✿ Avere origine, derivare.

provèrbio *s.m.* Breve detto popolare che esprime una regola di vita, un giudizio, un consiglio basati sull'esperienza.

provétta *s.f.* Tubetto di vetro, chiuso a un'estremità, usato normalmente per le analisi di laboratorio.

provìncia *s.f.* Nell'ordinamento statale italiano, territorio amministrativo costituito da più comuni confinanti che fanno capo a una città capoluogo ◊ L'amministrazione di tale territorio, i suoi uffici, la sua sede: *il presidente della p.*

provocàre *v.tr.* **1** Causare, determinare: *p. gravi danni* **2** Indurre altri a una reazione violenta irritandoli con parole o atti ostili, offensivi o di sfida.

provocazióne *s.f.* Atto, comportamento, discorso offensivo o di sfida che mira a irritare e a provocare reazioni violente.

provvedére *v.intr.* [aus. *avere*] Occuparsi di fare qlco.: *provvedi tu a informarlo?* ◊ Curarsi di procurare o disporre quanto è necessario per soddisfare un'esigenza, un bisogno: *p. al mantenimento della famiglia.*

provvediménto *s.m.* Misura con cui si provvede a far fronte a una situazione, a una necessità.

provvisòrio *agg.* Non stabile, non fisso, non definitivo Ⓢ temporaneo, transitorio.

provvìsta *s.f.* Ciò che si è messo da parte per necessità future Ⓢ scorta ◊ Rifornimento di quanto è necessario.

provvìsto *agg.* Dotato, fornito.

prùa *s.f.* Parte anteriore di una nave o di un'imbarcazione Ⓢ prora ◊ Parte anteriore di un aereo o di un altro velivolo.

prudènte *agg.* Che agisce, si comporta con prudenza Ⓢ cauto, giudizioso ◊ Che denota prudenza: *atteggiamento p.*

prudènza *s.f.* Qualità di chi si comporta in modo da evitare il più possibile pericoli o errori Ⓢ cautela, attenzione.

prùdere *v.intr.* Dare prurito.

prurìto *s.m.* Sensazione fastidiosa di irritazione alla pelle, che induce a grattarsi per eliminarla.

psìche *s.f.* La parte spirituale dell'uomo, come complesso delle funzioni e dei processi (pensieri, sentimenti, sensazioni) della sua mente e della sua coscienza.

psichiatrìa *s.f.* Parte della medicina che si occupa dello studio e della cura delle malattie mentali.

psìchico *agg.* Della psiche, che riguarda la mente, la coscienza: *trauma p.*

psicologìa *s.f.* **1** Scienza che studia i fenomeni della psiche umana (emozioni, sentimenti, istinti, volontà ecc.) e il comportamento degli animali **2** Modo di pensare, di sentire, di reagire caratteristico di un individuo o di una categoria di persone: *la p. dei giovani, dei consumatori.*

psicòlogo *s.m.* **1** Studioso, specialista di psicologia **2** Persona capace di intuire gli stati d'animo e le reazioni altrui.

psicoterapìa *s.f.* Qualsiasi metodo di cura dei problemi e dei disturbi psichici basato essenzialmente su una serie di colloqui tra medico e paziente (con l'esclusione di farmaci o di altre tecniche).

pubblicàre *v.tr.* Diffondere, far conoscere al pubblico per mezzo della stampa.

pubblicità *s.f.* **1** Diffusione, divulgazione tra il pubblico: *dare p. a una notizia* **2** Attività diretta a richiamare l'attenzione del pubblico su un prodotto, per incrementarne le vendite ◊ Annuncio, comunicato pubblicitario: *pagine di p.*

pubblicitàrio *agg.* Di pubblicità.

pùbblico *agg.* **1** Che riguarda, interessa tutti i cittadini: *salute p.*; *ordine p.* ◊ Che rientra nell'ambito dello stato, dei suoi organi, delle sue funzioni: *opere p.*; *la p. amministrazione* **2** Di tutti: *informare l'opinione p.* ◊ Noto a tutti: *rendere p. una notizia* ◊ Aperto a tutti; che tutti possono frequentare o utilizzare: *locali, trasporti p.* ♦ *s.m.* L'insieme della popo-

lazione, la gente: *giardino aperto al p.* ◊ Il complesso delle persone che assistono a uno spettacolo, a una manifestazione, a una trasmissione radiotelevisiva: *il p. applaudì il cantante* ◊ Insieme di persone unite da qualche interesse comune: *il p. dei lettori.*

pubertà *s.f.* Periodo della vita, in genere compreso tra gli 11 e i 15 anni, in cui nell'uomo e nella donna iniziano le funzioni sessuali e si sviluppano altri caratteri sessuali (crescita del seno, della barba ecc.).

pudóre *s.m.* **1** Sentimento di ritegno, di riservatezza verso ciò che riguarda la sfera sessuale e intima **2** Senso di rispetto di sé e degli altri ⓢ ritegno: *mentire senza p.*

puerìle *agg.* Degno di un bambino, che rivela immaturità: *comportamento p.*

pugilàto *s.m.* Sport di combattimento nel quale si affrontano due atleti colpendosi con pugni protetti da guantoni imbottiti ⓢ boxe: *un incontro di p.*

pùgile *s.m.* Atleta che pratica il pugilato.

pugnàle *s.m.* Arma costituita da una corta lama a doppio taglio e con punta acuta.

pùgno *s.m.* **1** Mano chiusa, con le dita serrate contro il palmo **2** Colpo dato con la mano chiusa **3** Quantità di qlco. che può stare nella mano serrata: *un p. di sale, di riso.*

pùlce *s.f.* Piccolo insetto parassita dell'uomo e di vari animali; succhia il sangue e può trasmettere gravi malattie.

pulcìno *s.m.* Il piccolo della gallina e di altri gallinacei.

pulìre *v.tr.* Togliere lo sporco, la polvere ◊ Liberare da ciò che è dannoso o inutilizzabile: *p. il giardino dalle erbacce.*

pulìto *agg.* **1** Privo di sporcizia, di macchie, di rifiuti [S] netto **2** ♣ Onesto: *un affare poco p.* ◊ Privo di colpe, di responsabilità: *sentirsi la coscienza p.*

pulizìa *s.f.* **1** L'essere, il tenersi pulito **2** Il lavoro di pulire: *fare le p. (della casa).*

pulsànte *s.m.* Bottone, tasto che si preme per azionare un meccanismo.

pulsazióne *s.f.* Battito ritmico del cuore e delle arterie.

pungènte *agg.* Che punge, pizzica: *barba p.* ◊ ♣ Intenso, acuto, penetrante: *freddo p.*; *odore p.*

pùngere *v.tr.* Trafiggere leggermente la pelle con una punta sottile.

punìre *v.tr.* Colpire con una pena o con un castigo: *p. un colpevole, un reato.*

punizióne *s.f.* **1** L'atto del punire: *p. di un reato* ◊ Pena o castigo: *infliggere una p.* **2** Nel calcio e in altri sport, tiro concesso dall'arbitro a favore della squadra che ha subito un fallo.

pùnta *s.f.* **1** Estremità acuminata e pungente di qlco.: *la p. del chiodo* ◊ Estremità di qlco.: *la p. del naso* **2** Piccola sporgenza della costa **3** ♣ Massima intensità o frequenza di un fenomeno: *le ore di p. del traffico.*

puntàre *v.tr.* **1** Dirigere, rivolgere qlco. verso o contro un punto determinato: *p. lo sguardo su qlcu.*; *mi puntò contro la pistola* **2** Scommettere una somma di denaro: *p. 10 euro su un cavallo* ♦ *v.intr.* [aus. *avere*] Dirigersi verso una direzione: *p. a est* ◊ ♣ Mirare con grande impegno a un obiettivo: *p. al successo.*

puntàta[1] *s.f.* **1** Breve escursione in un luogo **2** Scommessa di una somma di denaro al gioco; la somma che si scommette: *raddoppiare la p.*

puntàta[2] *s.f.* Ognuna delle parti di un'opera pubblicata in fascicoli separati o in numeri successivi di un periodico; ognuna delle parti di una trasmissione radiotelevisiva mandata in onda in più riprese successive: *l'ultima p. dello sceneggiato.*

punteggiatùra *s.f.* L'insieme dei segni (punto, virgola ecc.) che separano le parti di un testo scritto, suggerendo le pause e l'intonazione della voce nella lettura: *fare attenzione alla p.*

puntéggio *s.m.* Il numero dei punti ottenuti in una gara, in un gioco, in un concorso, in un esame: *riportare un p. alto.*

pùnto *s.m.* **1** Piccolo segno grafico (.) che si fa con la punta della penna o della matita; si mette sulla *i* minuscola, dopo un'abbreviazione e alla fine di un periodo | *Punto e virgola* (;) = segno grafico che indica una pausa più breve del punto ma più lunga della virgola | *Punto interrogativo* (?), *esclamativo* (!) = segni grafici che indicano tono di domanda o di esclamazione | *Due punti* (:) = segno grafico che introduce un discorso diretto, un elenco, una spiegazione **2** Oggetto o segno molto piccolo o che appare tale per la distanza **3** Luogo, posizione nello spazio | *P. cardinali* = quelli che indicano i principali punti di orientamento sull'orizzonte (nord, sud, est, ovest) | *P. di vista* = quello da cui si osserva qlco.; ♣ modo di vedere, di giudicare le cose [S] idea, opinione ◊ Luogo determinato, posto: *tornare al p. di partenza* **4** Parte di uno scritto, di un discorso, di un'opera [S] passo, brano: *i p. più belli di un film* ◊ Elemento, argomento, questione: *i p. all'ordine del giorno*; *siamo d'accordo su tutti i p.* **5** Stato di avanzamento di un'attività: *a* *che p. è il lavoro?* ◊ Momento: *a un certo p. me ne accorsi* **6** Ognuna delle unità che costituiscono un elemento di valutazione in competizioni sportive, giochi, tornei, concorsi, esami e nelle quotazioni di borsa: *vincere per un p.* **7** Ogni singolo elemento di una cucitura, cioè ogni tratto di filo tra due fori successivi fatti dall'ago nella stoffa.

puntuàle *agg.* Che arriva all'ora stabilita, che rispetta con precisione le scadenze, gli impegni presi, senza ritardi.

puntualità *s.f.* Precisione nel rispettare i tempi e gli impegni stabiliti.

puntùra *s.f.* **1** Ferita superficiale provocata dalla penetrazione nella pelle di un corpo sottile e acuminato **2** Iniezione.

pupàzzo *s.m.* Fantoccio.

pupìlla *s.f.* Apertura circolare al centro dell'iride dell'occhio, attraverso la quale passano i raggi luminosi.

purché *congz.* A patto che, a condizione che: *t'aspetterò p. ti sbrighi.*

pùre *congz.* **1** Anche (se), sebbene: *p. potendo, non lo fece* **2** Tuttavia, eppure: *non se lo merita, p. lo aiuterò* ♦ *avv.* **1** Anche: *verrà p. lui alla festa* **2** In alcune espressioni ha un generico valore rafforzativo: *resta p. seduto.*

purè *s.m.* Passato di patate o di altre verdure o legumi lessati, talvolta con aggiunta di latte e burro: *arrosto con p.*

purézza *s.f.* **1** Il fatto, la qualità di essere puro: *p. dell'aria* **2** ✿ Integrità, onestà; castità: *p. d'animo, di vita.*

pùrga *s.f.* Medicinale che ha l'effetto di provocare l'evacuazione dell'intestino.

purgànte *s.m.* Purga.

purificàre *v.tr.* Liberare da scorie o impurità Ⓢ depurare: *p. l'acqua, l'aria.*

pùro *agg.* **1** Non mescolato con altre sostanze, privo di elementi estranei: *seta p.; oro p.* | *Acqua, aria p.* = non inquinata, limpida, sana **2** ✿ Non contaminato da colpa o peccato Ⓢ onesto, innocente, casto: *animo p.; una ragazza p.*

purtròppo *avv.* Sfortunatamente.

pus *s.m.* Materia semiliquida, giallastra e densa, che si forma nei tessuti del corpo in seguito a infiammazioni e infezioni.

pùstola *s.f.* Vescichetta sulla superficie della pelle contenente pus.

putrefàtto *agg.* Decomposto, marcito: *un cadavere p.*

putrefazióne *s.f.* Decomposizione cui è soggetta la materia organica.

pùtrido *agg.* Che è in stato di putrefazione Ⓢ marcio: *carne p.; legno p.*

pùzza *s.f.* Puzzo.

puzzàre *v.intr.* [aus. *avere*] Mandare un cattivo odore.

pùzzo *s.m.* Cattivo odore.

puzzolènte *agg.* Che puzza Ⓢ fetido.

Q

q *s.f.* o *m.* Quindicesima lettera dell'alfabeto italiano, nel quale è sempre seguita dalla *u*; è una consonante.

qua *avv.* In questo luogo, in questo posto Ⓢ qui .

quadèrno *s.m.* Fascicolo di fogli cuciti insieme, con copertina, per usi scolastici, appunti, conti ecc.

quadrànte *s.m.* Facciata di uno strumento di misura su cui sono segnati i valori: *q. dell'orologio* ◊ Ognuno dei quattro settori di 90° in cui è divisa la bussola.

quadràre *v.intr.* [aus. *essere* o *avere*] **1** Essere esatto Ⓢ tornare: *far q. i conti* **2** ♣ Convincere: *hai fatto un ragionamento che non mi quadra.*

quadràto¹ *agg.* Che ha la forma di un quadrato: *un tavolo q.*

quadràto² *s.m.* Figura geometrica composta da quattro lati uguali che formano quattro angoli retti.

quadrilàtero *s.m.* Figura geometrica piana con quattro lati.

quadrimèstre *s.m.* Periodo di quattro mesi; in partic. ciascuno dei due periodi di circa quattro mesi in cui si può dividere l'anno scolastico.

quàdro¹ *agg.* Quadrato: *metro q.* | *Parentesi q.* = quella aperta dal segno "[" e chiusa dal segno "]".

quàdro² *s.m.* **1** Dipinto: *un q. su tela, su legno* **2** ♣ Vista, scena, spettacolo che colpisce: *gli si presentò un q. terrificante* ◊ Descrizione generale: *fare un q. della situazione* ◊ Situazione, condizione: *q. politico*; *q. clinico* **3** Superficie, oggetto di forma quadrata: *un tessuto a quadri* **4** Tabella, prospetto contenente dati di vario genere: *consultare il q. delle partenze e degli arrivi* **5** Pannello su cui sono installati gli organi di comando e gli strumenti indicatori di un'apparecchiatura, di un macchinario, di un veicolo **6** (al *pl.*) L'insieme degli ufficiali militari: *gli alti q. dell'esercito* ◊ (spec. al *pl.*) Chi ha funzioni di direzione in un'organizzazione: *i q. di un partito.*

quadrùpede *agg.* e *s.m.* Detto di ogni animale a quattro zampe e spec. dei mammiferi.

quaggiù *avv.* Qui in basso.

quàlche *agg.indef.m.f.* [solo *sing.*] Alcuni, non molti: *q. giorno fa* ◊ Può indicare anche una sola persona o cosa che si lascia però indefinita: *cerca di trovare q. scusa* ◊ Indica una quantità imprecisata ma non piccola: *mi fermerò per q. tempo.*

qualcòsa *pron.indef.m.f.* [solo *sing.*] Qualche cosa (indica una o più cose indeterminate, vaghe): *hai saputo q.?*; *vorrei q. da mangiare.*

qualcùno *pron.indef.* [solo *sing.*] Alcuni (indica un numero indeterminato ma limitato di persone o cose): *q. non era d'accordo* ◊ Qualche persona: *c'è q. in casa?* ◊ Una persona (non specificata): *c'è q. che ti vuole al telefono.*

quàle *agg.* e *pron.interr.m.f.* Si usa per chiedere o indicare la qualità, il tipo o l'identità di qlco. o qlcu.: *q. libro vuoi?* ♦ *agg.escl.m.f.* Si usa per sottolineare l'intensità di qlco.: *q. gioia rivederti!* ♦

pron.rel.m.f. Che, cui: *ne ho parlato con il direttore, il q. è d'accordo; questo è il posto del q. ti ho parlato.*

qualìfica *s.f.* 1 Posizione lavorativa di un lavoratore dipendente, attribuita in base alle mansioni che deve svolgere 2 Titolo professionale.

qualificàre *v.tr.* 1 Preparare professionalmente: *corsi per q. la manodopera* 2 Nello sport, selezionare i concorrenti che passeranno al turno successivo di una competizione: *gara per q. i finalisti* ♦ **qualificarsi** *v.pr.* 1 Presentarsi con un titolo, con una qualifica: *quel tipo si è qualificato come giornalista* 2 Superare le prove di selezione per poter partecipare alle fasi successive di una competizione sportiva: *q. per le semifinali dei cento metri.*

qualificàto *agg.* Che ha una specifica preparazione professionale: *operaio q.* ◊ Che ha tutti i requisiti richiesti: *è la persona più q. per questo compito.*

qualità *s.f.* 1 Ogni proprietà e caratteristica che determina la natura di una persona o di una cosa e serve a distinguerla dalle altre 2 Caratteristica positiva Ⓢ pregio, dote, virtù: *vino di q.; un ragazzo con molte q.* 3 Specie, genere, tipo: *merce, frutta di ogni q.*

qualitatìvo *agg.* Che riguarda la qualità: *differenza q.; valore q.*

qualóra *congz.* Se per caso, nel caso che: *q. tu non potessi venire, avvisami.*

qualsìasi *agg.indef.m.f.invar.* Qualunque: *un giorno q.* ◊ Ogni: *a q. costo.*

qualùnque *agg.indef.m.f.* [solo *sing.*] L'uno o l'altro che sia, non importa quale Ⓢ qualsiasi: *a q. ora* ◊ Ogni: *dobbiamo riuscirci a q. costo* ◊ Posposto al nome può assumere il valore negativo di «uguale a tanti altri, senza particolari qualità, comune, ordinario»: *è un medico q., un uomo q.*

quàndo *avv.* 1 In quale tempo, in quale momento: *a q. la partenza?* 2 Di q. in q. = ogni tanto: *lo vedo di q. in q.* ♦ *congz.* 1 Nel tempo, nel momento in cui: *cosa farai q. sarai grande?* ◊ Ogni volta che: *q. penso a quella storia, mi vengono i brividi* 2 Dal momento che: *perché insisti, q. sai che non serve?* 3 Mentre: *si lamenta lui, q. dovrei essere io a farlo!* 4 Se, qualora: *q. avessi bisogno, telefonami pure.*

quantità *s.f.* 1 Grandezza, misura, peso, dimensione, numero di qlco. 2 Gran numero: *c'era una q. di gente* ◊ Mole consistente: *ha svolto una q. di lavoro.*

quànto[1] *agg. e pron.interr.* Che quantità (di), che numero (di): *q. denaro hai speso?; in q. eravate?* ◊ In espressioni in cui è omesso il sostantivo può significare «quanto tempo, quanta strada, quanto denaro»: *q. starà via?; q. costa?* ♦ *agg. e pron.escl.* Si usa per indicare una gran quantità: *q. tempo è passato!* ♦ *agg. e pron.rel.* (Tutto) quello che, (tutti) quelli che; ciò che: *prendi q. denaro ti serve; invita q. persone vuoi; mangiane q. vuoi; l'ho capito da q. mi ha detto.*

quànto[2] *avv.* 1 In che misura, in che quantità: *non so q. sia soddisfatto* 2 Nella misura, nella quantità che: *ha resistito q. ha potuto* ◊ Come, nella stessa misura che: *sono stanco q. te* 3 In q. = in qualità di: *te lo dico in q. medico.*

quantùnque *congz.* Sebbene, benché, nonostante.

quarantèna *s.f.* Periodo di isolamento in cui sono tenute persone, animali o cose colpiti da gravi malattie infettive o provenienti da zone in cui sono diffuse epidemie contagiose.

quartière *s.m.* Zona di una città, distinta per particolari caratteristiche: *q. residenziale, commerciale, industriale.*

quàrto *agg.num.ord.* Che occupa il posto numero quattro in una serie, in una graduatoria ◆ *s.m.* **1** La quarta parte di un intero: *mangiare un q. di pollo* **2** La persona che viene al quarto posto in un ordine, in una graduatoria: *il q. della fila.*

quàsi *avv.* Poco meno che: *ha q. vent'anni* ◊ Pressoché: *sono q. uguali* ◊ Per poco (non): *q. m'investiva* ◊ Come, come se fosse: *pareva q. indifferente* ◆ *congz.* Come se: *era distratto, q. non gli interessasse l'argomento.*

quassù *avv.* Qui in alto.

quatèrna *s.f.* Nel gioco del lotto, combinazione di quattro numeri giocati o estratti ◊ Nel gioco della tombola, serie di quattro numeri estratti nella stessa fila di una cartella.

quàtto *agg.* Che sta rannicchiato a terra o si muove silenzioso, per non farsi vedere o notare: *se ne andò q. q.*

quattrìno *s.m.* Quantità minima di denaro Ⓢ soldo: *restare senza un q.* ◊ (al *pl.*) Denaro, soldi: *guadagnò molti q.*

quàttro *agg.num.card.invar.* e *s.m. invar.* **1** Numero equivalente a tre unità più una **2** Pochi, alcuni (usato per indicare una piccola quantità): *fare q. chiacchiere.*

quél vedi **quéllo.**

quéllo *agg.dimostr.* [al m. si tronca in *quel* davanti a parole che cominciano con consonante che non sia *s* impura, *gn, ps, x, z*; pl.m. *quegli* o *quei* negli stessi casi in cui si usa *quel*] **1** Indica persona, animale o cosa lontana, nello spazio o nel tempo, sia da chi parla che da chi ascolta **2** Indica persona, animale o cosa di cui si è già parlato o comunque nota a

chi ascolta: *ho incontrato q. tuo amico* ◆ *pron.dimostr.* **1** Indica persona, animale o cosa lontana sia da chi parla che da chi ascolta **2** (seguito da *che*) Colui, coloro, ciò, quanto: *fa q. che ti pare.*

quèrcia *s.f.* Genere di alberi d'alto fusto comprendente diverse specie e varietà.

querèla *s.f.* Denuncia presentata all'autorità giudiziaria perché proceda penalmente contro una persona che riteniamo ci abbia offeso o diffamato.

quesìto *s.m.* Domanda, questione, problema: *è un q. cui è difficile rispondere.*

questionàrio *s.m.* Serie di domande scritte su un dato argomento ◊ Il modulo contenente le domande e su cui sono registrate le risposte: *compilare un q.*

questióne *s.f.* Problema, caso da risolvere: *una q. delicata.*

quésto *agg.dimostr.* **1** Indica persona, animale o cosa vicini, nello spazio o nel tempo, a chi parla ◊ Indica un tempo attuale, in corso (*in q. momento*), o appena passato (*q. notte*), o che sta per venire (*verrò da te uno di q. giorni*) **2** Indica persona o cosa di cui si sta parlando **3** Simile, tale, di questo genere: *non è il caso di uscire con q. tempo* ◆ *pron.dimostr.* **1** Indica persona, animale o cosa vicini a chi parla o di cui si sta parlando **2** Ciò, questa cosa: *di q. non s'è parlato.*

questùra *s.f.* Ufficio del ministero dell'interno che dirige in ogni provincia i servizi di pubblica sicurezza; la sede di tale ufficio: *rivolgersi alla q.*; *andare in q.*

qui *avv.* In questo luogo, in questo posto, in questo punto Ⓢ qua.

quïète *s.f.* Calma, tranquillità, pace (esterna o interiore): *la q. della campagna*; *cercare un po' di q. dopo tanti affanni.*

quièto *agg.* **1** Che non si muove [S] fermo, calmo, tranquillo **2** Non turbato da rumori, da confusione [S] silenzioso, tranquillo: *un q. paesino di montagna* ◊ ♧ Non agitato, privo di preoccupazioni [S] sereno, tranquillo: *fare una vita q.* ◊ ♧ Placido, pacifico: *un uomo q.*

quìndi *congz.* **1** Perciò, di conseguenza: *non guardavo e q. non vidi nulla* **2** Poi, successivamente, dopodiché: *prosegui fino all'incrocio, q. volta a sinistra.*

quinquènnio *s.m.* Periodo di cinque anni.

quintàle *s.m.* Misura di peso equivalente a 100 kg: *comprare un q. di farina.*

quìnto *agg.num.ord.* Che occupa il posto numero cinque in una serie, in una graduatoria ♦ *s.m.* **1** La quinta parte di un intero: *gli spetta un q. dell'eredità* **2** La persona che viene al quinto posto in un ordine, in una graduatoria: *il q. della fila.*

quiz [inglese] *s.m.invar.* Domanda, quesito che si pone ai partecipanti a un gioco, a un concorso o a chi deve superare certi tipi di esame ◊ Gioco, concorso basato su quiz: *partecipare a un q. televisivo.*

quòta *s.f.* **1** Parte, porzione di un tutto che spetta a chi ne ha diritto: *ricevere la propria q. di eredità* ◊ La parte che deve pagare, come contributo alla spesa totale, ciascuno dei partecipanti a un'attività, a un'iniziativa: *versare la q. di partecipazione alla gita* **2** Altitudine sul livello del mare: *il rifugio si trova a q. 3200* ◊ Altezza dal suolo: *l'aereo volava a bassa q.* ◊ Profondità rispetto alla superficie dell'acqua: *il sommergibile sta navigando a q. –40.*

quotidiàno *agg.* Di ogni giorno; che avviene ogni giorno: *le necessità q. della vita*; *gli incidenti, a quell'incrocio, sono q.* ◊ Di tutti i giorni [S] consueto, usuale: *si dedicava alle sue q. occupazioni* ♦ *s.m.* Giornale che si pubblica ogni giorno: *q. del mattino, della sera.*

quòto *s.m.* Quoziente di una divisione senza resto: *il q. di 20 diviso 2 è 10.*

quozièNte *s.m.* **1** Il risultato di una divisione **2** Numero che esprime un determinato valore o rapporto [S] indice, tasso: *q. di natalità, di mortalità* | *Q. d'intelligenza* = indice che misura, mediante una serie di prove, l'intelligenza di una persona.

R

r *s.f.* o *m.* Sedicesima lettera dell'alfabeto italiano; è una consonante.

ràbbia *s.f.* 1 Grave malattia infettiva che colpisce vari animali (cani, gatti, lupi ecc.) e che dal morso di questi può essere trasmessa all'uomo 2 Violenta irritazione Ⓢ collera, ira ◊ Stizza, disappunto: *che r. non poter andare anch'io!*

rabbìno *s.m.* Sacerdote della religione ebraica.

rabbióso *agg.* 1 Malato di rabbia: *cane r.* 2 Pieno di rabbia: *sguardo r.* ◊ Furioso, violento: *la forza r. del vento.*

rabbrividìre *v.intr.* [aus. *essere*] Avere un brivido, sentire i brividi: *r. di freddo.*

raccattàre *v.tr.* Raccogliere da terra: *r. una moneta.*

racchétta *s.f.* Attrezzo per giocare a tennis o a ping-pong ◊ *R. da sci* = bastoncino da sci con una rotella fissata poco sopra la punta, per impedire che questa affondi nella neve.

racchiùdere *v.tr.* Contenere, custodire in sé: *la cassa racchiudeva un tesoro.*

raccògliere *v.tr.* 1 Prendere su, sollevare da terra qlco. ◊ Cogliere, prendere i frutti della terra, i prodotti agricoli: *r. i fiori, i funghi, il grano* 2 Mettere insieme, radunare, riunire: *r. denari*; *r. notizie* ◊ Collezionare: *r. francobolli.*

raccoglitóre *s.m.* 1 Chi raccoglie 2 Custodia per tenere in ordine fogli, documenti, francobolli, monete ecc.

raccòlta *s.f.* 1 L'attività di raccogliere i prodotti della terra ◊ Il raccogliere o collezionare qlco.: *r. dei rifiuti*; *fa r. di francobolli* 2 Insieme di cose riunite e ordinate Ⓢ collezione: *una r. di monete.*

raccòlto *s.m.* Il complesso dei prodotti della terra raccolti durante l'annata.

raccomandàre *v.tr.* 1 Affidare alle cure, alla protezione, all'interessamento altrui ◊ Segnalare una persona perché venga favorita, appoggiata in modo particolare: *r. qlcu. per un posto* 2 Consigliare qlco. o qlcu. garantendone le buone qualità: *r. un film*; *ti raccomando quell'idraulico* ◊ Consigliare, esortare, pregare caldamente: *r. prudenza.*

raccomandàta *s.f.* Forma di spedizione postale in cui la corrispondenza viene registrata in partenza rilasciandone ricevuta al mittente e consegnata direttamente al destinatario; la lettera o il pacco spediti in questa forma.

raccontàre *v.tr.* Narrare o riferire fatti reali o immaginari: *r. una storia.*

raccónto *s.m.* 1 Narrazione, esposizione, resoconto 2 Componimento narrativo più breve del romanzo Ⓢ novella.

raccòrdo *s.m.* Elemento, tratto che serve di collegamento tra due o più strade, linee ferroviarie, condutture, tubature e sim.

ràdar *s.m.invar.* Apparecchio radio che permette di individuare la posizione e la distanza di oggetti fissi o mobili non visibili per l'oscurità, la nebbia, la distanza o altra causa.

raddoppiàre *v.tr.* Aumentare del doppio, rendere doppio ◊ Aumentare notevolmente: *r. gli sforzi* ◆ *v.intr.* [aus. *essere*] Crescere del doppio.

raddrizzàre *v.tr.* Far tornare diritto, rimettere in posizione diritta: *r. un quadro storto.*

ràdere *v.tr.* Tagliar via i peli col rasoio.

radiatóre *s.m.* **1** Negli impianti di riscaldamento, l'elemento che trasmette all'ambiente il calore del liquido che circola al suo interno Ⓢ calorifero **2** Negli autoveicoli, il dispositivo che raffredda il motore assorbendone il calore.

radiazióne *s.f.* Emissione di energia da parte di un corpo sotto forma di raggi, onde, particelle; i raggi, le onde, le particelle che si propagano in tale forma: *r. solari, luminose, sonore, nucleari.*

radicàle *agg.* **1** Della radice di una pianta **2** ⚘ Che va alle radici, alle cause di un problema, di una situazione Ⓢ definitivo, totale: *fare una cura r.; riforma r.*

radìce *s.f.* **1** Parte inferiore della pianta, che si addentra nel terreno e serve a sostenerla e a fornirle le sostanze nutritive **2** La parte iniziale, di base o di origine di un organo: *le r. dei capelli* **3** ⚘ Origine, causa prima: *affrontare un problema alla r.*

ràdio[1] *s.m.* Osso che costituisce insieme all'ulna lo scheletro dell'avambraccio.

ràdio[2] *s.m.* Metallo altamente radioattivo presente nei minerali di uranio.

ràdio[3] *s.f.invar.* **1** Le trasmissioni radiofoniche: *ascoltare la r.* ◊ Stazione trasmittente di programmi radiofonici **2** Apparecchio che riceve trasmissioni radiofoniche: *accendere la r.*

radioattività *s.f.* Proprietà che hanno alcune sostanze di emettere radiazioni di tipo particolare, con importanti applicazioni pratiche, dai raggi X in medicina alle reazioni nucleari.

radioattìvo *agg.* Dotato di radioattività.

radiocrònaca *s.f.* Cronaca di un avvenimento trasmessa per radio.

radiofònico *agg.* Che trasmette o riceve suoni per mezzo di radioonde: *apparecchi r.* ◊ Della radio: *programmi r.*

radiografìa *s.f.* Fotografia delle parti interne dell'organismo o di un oggetto ottenuta per mezzo dei raggi X.

radioónda *s.f.* Onda elettromagnetica che viene utilizzata nelle radiocomunicazioni (trasmissioni radiotelevisive, comando a distanza ecc.).

radioóso *agg.* Splendente di luce: *un cielo r.* ◊ ⚘ Che esprime una grande felicità Ⓢ raggiante: *mi rivolse un sorriso r.*

radiotelevisìvo *agg.* Della radio e della televisione: *programmi r.*

ràdo *agg.* **1** Non folto, non fitto: *capelli r.* **2** Non frequente Ⓢ raro: *visite r.*

radunàre *v.tr.* Riunire, mettere insieme: *r. le proprie cose prima di partire* ◆

radunarsi *v.pr.* Riunirsi in uno stesso luogo: *la folla si radunò nella piazza.*

radùno *s.m.* Riunione di molte persone convenute da varie parti per partecipare a un qualche tipo di manifestazione.

radùra *s.f.* Spazio privo di alberi all'interno di un bosco: *accamparsi in una r.*

raffazzonàto *agg.* Composto, fatto alla meglio, senza cura e impegno: *lavoro r.*

raffèrmo *agg.* Non fresco, indurito: *pane r.*

ràffica *s.f.* **1** Violento e improvviso colpo di vento **2** Serie di colpi di arma automatica sparati in rapida successione: *una r. di mitra.*

raffiguràre *v.tr.* Rappresentare con immagini: *r. una battaglia in un quadro.*

raffinàre *v.tr.* Rendere più fino, più puro un materiale mediante raffinazione.

raffinatézza *s.f.* Finezza, eleganza.

raffinàto *agg.* **1** Sottoposto a raffinazione: *sale, zucchero r.* **2** ✥ Fine, ricercato, elegante, squisito: *una donna r.*; *cibi r.*

raffinazióne *s.f.* Trattamento a cui viene sottoposta una sostanza per liberarla da impurità o per renderla più fine.

rafforzàre *v.tr.* Rendere più forte, più saldo (anche ✥): *r. un'amicizia*.

raffreddàre *v.tr.* Far diventare freddo o più freddo ♦ **raffreddarsi** *v.pr.* **1** Diventare freddo o più freddo **2** Prendere un raffreddore.

raffreddóre *s.m.* Infiammazione delle mucose del naso e della laringe.

ragàzza *s.f.* Donna in giovane età Ⓢ fanciulla ◊ Donna nubile, non sposata ◊ Fidanzata, innamorata: *uscire con la r.*

ragàzzo *s.m.* Fanciullo, adolescente ◊ Giovanotto: *sposare un r. in gamba* ◊ Innamorato, fidanzato: *è venuta col suo r.*

raggiànte *agg.* **1** Che emana raggi di luce, luminoso, splendente: *sole r.* **2** ✥ Che lascia trasparire la propria gioia Ⓢ esultante: *volto r.*; *era r. per la vittoria*.

ràggio *s.m.* **1** Fascio sottile di luce: *r. di sole* ◊ (spec. al *pl.*) La luce del sole o di altri corpi celesti **2** Radiazione: *r. ultravioletti*; *r. X* **3** In geometria, segmento che unisce il centro di un cerchio con un punto qualsiasi della circonferenza; la misura di tale segmento **4** Ciascuno degli elementi lineari d'acciaio o di legno che uniscono il centro di una ruota con il cerchione: *i r. della bicicletta* **5** Distanza, spazio intorno a un punto: *era tutto distrutto in un r. di trenta metri*.

raggiràre *v.tr.* Ingannare, abbindolare, imbrogliare, truffare: *r. un ingenuo*.

raggìro *s.m.* Imbroglio, inganno.

raggiùngere *v.tr.* **1** Arrivare ad affiancarsi a chi ci precede, colmando la distanza che ci separa da lui ◊ Cogliere, colpire: *la pallottola lo raggiunse in pieno petto* **2** Arrivare in un luogo: *r. la vetta* ◊ Arrivare a un dato livello, limite, misura: *r. i 200 km all'ora* ◊ ✥ Conseguire, ottenere, conquistare: *r. lo scopo*.

ragionaménto *s.m.* Discorso che vuole dimostrare qlco. o convincere qlcu. attraverso una serie di argomentazioni logiche: *il suo r. è persuasivo*.

ragionàre *v.intr.* [aus. *avere*] **1** Fare un ragionamento, dei ragionamenti ◊ Usare la ragione Ⓢ riflettere: *ragiona prima di rispondere!* **2** Discutere in modo ragionevole, serio: *con te non si può r.!*

ragióne *s.f.* **1** La facoltà di pensare con coerenza logica e giudicare correttamente: *avere l'uso della r.* **2** (spec. al *pl.*) Argomenti addotti per dimostrare qlco. o difendere se stessi o altri: *le sue r. non mi convincono* **3** Causa, motivo, spiegazione, giustificazione di qlco.: *non c'è r. di preoccuparsi*; *qual è la r. del ritardo?*

ragionévole *agg.* **1** Che dà prova di buon senso Ⓢ saggio, equilibrato: *persona r.* **2** Sensato, fondato, giustificato: *proposta r.*; *sospetti r.*

ragnatéla *s.f.* La tela a rete che il ragno tesse per catturare gli insetti di cui si nutre.

ràgno *s.m.* Piccolo animale invertebrato con otto zampe e ghiandole che secernono i caratteristici fili della ragnatela.

ragù *s.m.* Condimento per paste asciutte a base di carne tritata cotta con cipolle, pomodori e aromi vari.

rallegràre *v.tr.* Rendere allegro o più allegro, vivace, gaio, festoso ◊ Causare gioia, contentezza: *ci rallegra sapere che state bene* ♦ **rallegrarsi** *v.pr.* **1** Diventare allegro, provare gioia **2** Congratularsi, felicitarsi: *r. con qlcu. per la promozione.*

rallentaménto *s.m.* Diminuzione di velocità ◊ ♧ Diminuzione, calo.

rallentàre *v.tr.* Rendere più lento, meno veloce: *r. il passo* ◊ Diminuire la velocità: *il treno cominciò a r.* ♦ *v.intr.* [aus. *essere*] Diventare più lento, meno veloce o meno intenso.

ramàzza *s.f.* Scopa di rami o frasche, usata spec. per spazzare terreni e cortili.

ràme *s.m.* Metallo rossiccio malleabile, usato per fabbricare fili elettrici, monete, pentole, vasi e altri oggetti d'uso.

rammaricàrsi *v.pr.* Provare o esprimere rammarico Ⓢ dispiacersi.

rammàrico *s.m.* Dispiacere, rincrescimento, amarezza.

rammendàre *v.tr.* Riparare con un rammendo: *r. le calze, un buco nei calzoni.*

rammèndo *s.m.* Riparazione di uno strappo, di un buco di un tessuto fatta con l'ago e col filo: *fare un r. alle calze.*

rammentàre *v.tr.* Ricordare ♦ **rammentarsi** *v.pr.* Ricordarsi.

ràmo *s.m.* Ciascuna delle diramazioni che partono dal tronco di un albero e che portano le foglie, i fiori e i frutti.

ràmpa *s.f.* Tratto di scale tra un pianerottolo e l'altro ◊ Piano inclinato o breve salita molto ripida che serve a superare un dislivello: *le r. di accesso a un parcheggio soprelevato.*

rampicànte *agg.* e *s.m.* Detto di pianta dal fusto lungo e sottile che per crescere si appoggia e attacca a muri, alberi o altri sostegni.

ràna *s.f.* Anfibio molto diffuso che vive soprattutto nelle acque stagnanti.

ràncido *agg.* Che ha un odore e un sapore acido e sgradevole: *olio, burro r.*

rancóre *s.m.* Sentimento di odio nascosto, profondo risentimento, malanimo.

randàgio *agg.* Detto di animale domestico senza padrone o fuori dal branco, che gira qua e là: *cane, gatto r.*

randèllo *s.m.* Bastone grosso e pesante.

rannicchiàrsi *v.pr.* Piegare le membra, raccogliersi su se stessi in modo da occupare il minor spazio possibile.

rannuvolàrsi *v.pr.* Coprirsi di nuvole.

ràntolo *s.m.* Il respiro affannoso di chi è moribondo o ha una grave malattia respiratoria.

ràpa *s.f.* Pianta erbacea con fiori gialli, coltivata per la radice commestibile e per le foglie e gli steli con i fiori (*cime di r.*) anch'essi commestibili.

rapàce *agg.* Detto di animale, e spec. di uccello, predatore.

rapanèllo vedi **ravanèllo**.

rapàre *v.tr.* Tagliare i capelli a zero.

rapidità *s.f.* Celerità, prontezza, velocità.

ràpido *agg.* **1** Che si muove, si sposta velocemente ◊ Molto veloce, fulmineo: *fare una r. mossa* **2** Che avviene o si compie in un tempo molto breve: *gli diede una r. occhiata* ◊ Svelto, pronto: *uomo r. nel decidere.*

rapiménto *s.m.* Atto di forza con cui si trascina via qlcu. e lo si trattiene presso di sé; sequestro.

rapìna *s.f.* Reato di chi si appropria con la violenza o con la minaccia di denaro o oggetti altrui: *r. a mano armata.*

rapinàre *v.tr.* Derubare con una rapina: *r. una banca* ◊ Portare via con la violenza o la minaccia: *le rapinarono tutti i soldi.*

rapinatóre *s.m.* Chi commette una rapina o vive di rapine.

rapìre *v.tr.* Condurre via con sé qlcu. con

la forza o con l'inganno: *r. un bambino.*

rappacificàrsi *v.pr.* Far pace Ⓢ riconciliarsi: *r. con l'amico dopo un litigio.*

rappòrto *s.m.* 1 Resoconto, relazione, per lo più di carattere ufficiale, che riferisce su fatti e situazioni 2 Relazione tra persone, organizzazioni, stati ecc.: *r. di amicizia, di lavoro* ◊ Relazione, connessione, legame tra cose: *r. di causa ed effetto.*

rappresentànte *s.m.f.* Chi rappresenta un'altra persona, un ente, un'organizzazione | *R. (di commercio)* = chi svolge attività commerciali per conto di una ditta.

rappresentàre *v.tr.* 1 Riprodurre la realtà mediante figure, immagini Ⓢ raffigurare ◊ Descrivere 2 Costituire, essere, significare: *i soldi per lui rappresentano tutto* 3 Portare sulla scena (o sullo schermo) Ⓢ recitare: *r. una nuova commedia.*

rarità *s.f.* Cosa rara, difficile a trovarsi.

ràro *agg.* Non frequente, non comune; difficile a trovarsi: *un r. esemplare* ◊ Prezioso: *monete r.*

rasàre *v.tr.* 1 Tagliare i peli fino alla base Ⓢ radere 2 Rendere uniforme una superficie tagliando le sporgenze: *r. l'erba di un prato* ♦ **rasarsi** *v.pr.* Radersi i peli.

raschiàre *v.tr.* Fregare con forza una superficie per levigarla o ripulirla asportando incrostazioni o sporgenze.

rasóio *s.m.* Strumento per radere i peli e spec. la barba.

ràspa *s.f.* Attrezzo simile alla lima, ma con denti più grossi e sporgenti, usato spec. per lavorare il legno.

raspàre *v.tr.* e *v.intr.* [aus. *avere*] 1 Lavorare, spianare, sgrossare con la raspa: *r. un'asse di legno* 2 Grattare su una superficie con le unghie o le zampe: *il cane raspa alla porta* 3 Irritare, pizzicare: *questa grappa raspa la gola* (o *in gola*).

ràspo *s.m.* Grappolo d'uva a cui sono stati tolti tutti gli acini.

rasségna *s.f.* 1 Ispezione a reparti militari schierati fatta da superiori o pubbliche autorità per controllarne l'aspetto e la preparazione Ⓢ rivista: *passare in r. le truppe* ◊ Esame accurato 2 Resoconto ordinato ed esauriente: *r. degli spettacoli* 3 Mostra, esposizione, festival: *una r. cinematografica, di pittura, di moda.*

rassegnàrsi *v.pr.* Accettare, senza più opporsi, la volontà altrui o accettare con sopportazione qlco. di inevitabile: *r. alla sconfitta, alla sorte.*

rassettàre *v.tr.* Rimettere in ordine, a posto: *r. la stanza*; *r. i capelli.*

rastrellièra *s.f.* Struttura a elementi verticali, usata per sostenere e disporre in fila oggetti vari: *r. per fucili, per sci.*

rastrèllo *s.m.* Attrezzo agricolo o da giardinaggio costituito da un'asta di legno o d'acciaio munita di denti e fissata a un lungo manico; serve per raccogliere e ammassare erba, fieno, paglia, per pareggiare il terreno o ripulirlo da foglie, ghiaia, sassi ecc.

ràta *s.f.* Ciascuna delle parti in cui viene suddivisa una somma da pagare in più volte a scadenze stabilite.

rateàle *agg.* Che si effettua a rate.

ràtto *s.m.* Grosso topo dannoso per la sua voracità e per le malattie che può trasmettere.

rattòppo *s.m.* Riparazione fatta mettendo una toppa: *fare un r.* ◊ Toppa.

rattristàre *v.tr.* Rendere triste Ⓢ addolorare ♦ **rattristarsi** *v.pr.* Diventare triste Ⓢ addolorarsi.

ravanèllo o **rapanèllo** *s.m.* Pianta erbacea di cui si mangia cruda la radice tondeggiante, di colore rosso e di sapore più o meno piccante.

raviòlo *s.m.* Rettangolo di pasta all'uovo ripieno di carne tritata, di ricotta o verdura o d'altro.

razionàle *agg.* **1** Dotato di ragione **2** Fondato sulla ragione, su principi e metodi logici, su basi scientifiche: *scelta r.* **3** Rispondente alle esigenze dell'uso Ⓢ funzionale: *arredamento r.*

razionaménto *s.m.* Distribuzione controllata di un genere di prima necessità, con assegnazione a ciascuno di una quantità fissa e limitata, per far fronte a una situazione di scarsità: *r. dei viveri.*

razióne *s.f.* Quantità di un genere di consumo che spetta ogni volta a ciascun membro di una comunità o che è stata assegnata a ciascun cittadino in caso di razionamento ◊ Quantità di ogni singolo piatto che viene data in ristoranti e pensioni Ⓢ porzione: *r. scarse, abbondanti.*

ràzza *s.f.* Gruppo di individui di una specie animale o vegetale che si differenziano per una serie di caratteristiche ereditarie comuni da altri gruppi della stessa specie: *r. bovine, equine, canine* ◊ Gruppo di esseri umani aventi alcuni caratteri somatici (colore della pelle ecc.) che li differenziano da altri gruppi.

razziàle *agg.* Che riguarda la razza, basato sulla razza: *caratteristiche r.*

razzìsmo *s.m.* Ideologia che, sulla base di una presunta superiorità della propria razza sulle altre, rifiuta ogni mescolanza con altri popoli, giungendo a giustificare discriminazioni e persecuzioni nei confronti dei membri di altre razze.

razzìsta *s.m.f.* Seguace, fautore del razzismo ♦ *agg.* Basato sul razzismo.

ràzzo *s.m.* **1** Fuoco artificiale che si innalza nell'aria lasciando una scia luminosa **2** Missile.

ré [ré] *s.m.* **1** Capo di uno stato monarchico, di un regno Ⓢ monarca, sovrano **2** Persona che domina un settore produttivo o eccelle in qualche attività: *il re del petrolio; il re dei cuochi* ◊ Animale che domina gli altri: *il leone è il re degli animali.*

reagìre *v.intr.* [aus. *avere*] **1** Rispondere con una propria azione a una violenza, a un'offesa, a un'ingiustizia altrui: *sopportò senza r.* ◊ Avere, mostrare forza d'animo di fronte a un'avversità, a una difficoltà: *r. a una sconfitta* **2** Essere sensibile a uno stimolo: *il malato sta reagendo bene alla cura.*

reàle[1] *agg.* Che esiste nella realtà; veramente accaduto Ⓢ effettivo, concreto.

reàle[2] *agg.* Del re: *palazzo r.; corona r.*

realìsmo *s.m.* Senso concreto della realtà, capacità di valutare obiettivamente le situazioni e le possibilità reali.

realista *agg.* e *s.m.f.* Che, chi tiene ben presente la realtà concreta e agisce senza cedere a idealismi o illusioni.

realizzàre *v.tr.* Mettere in pratica, tradurre in realtà Ⓢ attuare: *r. un progetto* ♦ **realizzarsi** *v.pr.* Diventare realtà Ⓢ avverarsi: *il suo sogno si realizzò.*

realtà *s.f.* **1** Il mondo reale, concreto, ciò che esiste effettivamente: *confondere la r. con il sogno* ◊ Esistenza effettiva, concreta: *tramutare una speranza in r.* **2** Condizione reale, effettiva di qlco.: *bisogna guardare alla r. della situazione.*

reàto *s.m.* Atto o comportamento che viola una norma penale ed è punito dal codice penale: *rubando commetti un r.*

reattóre *s.m.* **1** Motore che sfrutta la spinta propulsiva di una massa di gas espulsa in direzione opposta a quella del movimento ◊ Aereo azionato da tale motore; aereo a reazione Ⓢ jet **2** *R. nucleare* = impianto che produce energia per mezzo di reazioni nucleari controllate.

reazionàrio *agg.* e *s.m.* Che, chi sostiene idee conservatrici, è favorevole a regimi e metodi politici autoritari e si oppone a ogni tendenza progressista e democratica.

reazióne *s.f.* **1** Azione o comportamento di risposta a un'azione altrui o a un fatto, a una situazione: *r. a un'offesa* ◊ Risposta a uno stimolo esterno: *r. dell'organismo alle cure* **2** *R. nucleare* = processo di trasformazione del nucleo atomico di una sostanza radioattiva **3** *R. chimica* = trasformazione di una o più sostanze in altre sostanze chimicamente diverse.

recapitàre *v.tr.* Portare e consegnare qlco. a un indirizzo, al destinatario.

recàpito *s.m.* Indirizzo a cui si può trovare qlcu. o fargli pervenire qlco.

recàre *v.tr.* **1** Portare (anche ✂): *r. un dono, una notizia* ◊ Portare su di sé Ⓢ avere, mostrare: *il documento non reca la data* **2** Arrecare, causare: *r. disturbo, gravi danni* ♦ **recarsi** *v.pr.* Andare.

recènte *agg.* Avvenuto o fatto da poco tempo: *un fatto r.*; *un edificio r.*

recintàre *v.tr.* Chiudere con un recinto.

recìnto *s.m.* Spazio all'aperto chiuso tutt'intorno da una recinzione.

recinzióne *s.f.* L'operazione di recintare uno spazio ◊ La struttura usata per recintare Ⓢ recinto: *r. metallica, in legno.*

recipiènte *s.m.* Contenitore, spec. per liquidi: *r. di vetro, di plastica, di metallo.*

recìproco *agg.* Vicendevole, scambievole: *stima r.*; *farsi r. favori.*

rècita *s.f.* Rappresentazione di un'opera teatrale: *r. di beneficenza.*

recitàre *v.tr.* **1** Ripetere ad alta voce un testo che si è imparato a memoria: *r. una poesia* **2** Sostenere una parte in uno spettacolo teatrale, cinematografico ecc.: *r. la parte di Amleto.*

reclamàre *v.intr.* [aus. *avere*] Fare un reclamo Ⓢ protestare, lamentarsi: *r. per il chiasso* ♦ *v.tr.* Chiedere energicamente qlco. a cui si ha o si ritiene di avere diritto Ⓢ esigere: *r. un rigore.*

reclàmo *s.m.* Protesta con cui ci si rivolge a chi di dovere per lamentarsi di un danno o di un torto ingiustamente subito e per chiedere il rispetto dei propri diritti e interessi: *fare r. per i rumori.*

reclùso *s.m.* Chi sta scontando una pena in carcere Ⓢ detenuto, carcerato.

rècord *s.m.invar.* Primato: *battere un r.*

recuperàre e derivati, vedi **ricuperàre** e derivati.

redattóre *s.m.* Giornalista che lavora nella redazione di un giornale, di una rivista, di una radio o televisione, scrivendo o curando gli articoli da pubblicare ◊ Nelle case editrici, chi cura la stesura e la revisione dei testi da pubblicare.

redazióne *s.f.* Ufficio che in giornali, radiotelevisioni, case editrici ha il compito di curare i testi da pubblicare o trasmettere ◊ L'insieme dei redattori, la sede in cui lavorano: *riunione di r.*; *andare in r.*

redditìzio *agg.* Che dà un buon reddito, che rende bene: *lavoro, investimento r.*

rèddito *s.m.* Complesso delle entrate,

degli utili che in un dato periodo di tempo derivano da un lavoro, dal possesso di case e terreni o dall'investimento di capitali: *r. mensile, annuale*.

rèduce *agg.* e *s.m.* Che, chi è tornato da una guerra, da una situazione dura e rischiosa o è appena uscito da un'esperienza; detto anche di chi è appena tornato da una qualsiasi attività: *è r. da un viaggio*.

referèndum *s.m.invar.* Votazione in cui tutto il popolo è chiamato ad approvare o ad abrogare una specifica legge o a decidere su una questione istituzionale.

referènze *s.f.pl.* Informazioni sulle capacità e sulla condotta di una persona o sull'affidabilità di un'azienda, fornite da chi ha già avuto rapporti con loro.

refèrto *s.m.* Relazione scritta da un medico sulle condizioni di un paziente.

refrigeràre *v.tr.* Sottoporre a refrigerazione [S] raffreddare: *r. la carne, il pesce*.

refrigeratóre *s.m.* Liquido o apparecchio che serve a refrigerare.

refrigèrio *s.m.* Sensazione piacevole di fresco che dà sollievo dal caldo, dall'arsura: *la brezza dava un po' di r.*

refurtìva *s.f.* Ciò che è stato rubato, il ricavato di un furto: *la r. fu recuperata*.

refùso *s.m.* Errore di stampa.

regalàre *v.tr.* Dare in dono [S] donare.

regàle *agg.* Da re; degno di un re.

regàlo *s.m.* **1** Ciò che viene regalato [S] dono, omaggio **2** ♣ Cosa gradita, piacere: *se vieni a trovarmi mi fai un r.*

regàta *s.f.* Gara di velocità tra imbarcazioni a remi, a vela o a motore.

règgere *v.tr.* **1** Tenere o sorreggere qlcu. o qlco. in modo che stia su, dritto o fermo o sollevato da terra: *r. un ferito*; *r. la scala* **2** Sostenere, sopportare: *i pilastri reggono il peso della casa* **3** ♣ Dirigere, governare: *r. un paese* ♦ *v.intr.* [aus. *avere*] Resistere: *r. al freddo, al dolore* ♦ **reggersi** *v.pr.* Sostenersi, star ritto, star saldo: *non r. in piedi per la stanchezza*.

règgia *s.f.* Residenza di un re, palazzo reale ◊ ♣ Abitazione molto lussuosa.

reggiséno *s.m.* Indumento intimo femminile per sorreggere il seno.

regìa *s.f.* Direzione artistica di uno spettacolo teatrale, cinematografico o radiotelevisivo.

regìme *s.m.* **1** Forma di governo, sistema politico: *r. democratico, dittatoriale* **2** Tipo di dieta alimentare: *r. vegetariano*.

regìna *s.f.* **1** Moglie del re o donna che è a capo di uno stato monarchico **2** La femmina feconda degli insetti organizzati in forme di vita sociali, come api, vespe, formiche, termiti.

regionàle *agg.* Delle regioni, di una particolare regione: *i governi r.*; *piatto r.*

regióne *s.f.* **1** Zona della superficie terrestre distinta da particolari caratteristiche (geografiche, climatiche ecc.): *r. tropicali, polari, temperate* ◊ Zona determinata di un continente, di un paese [S] territorio **2** Territorio che costituisce la più vasta unità amministrativa dello stato italiano; l'ente autonomo che lo governa: *la r. Toscana* **3** Parte, zona del corpo umano.

regìsta *s.m.f.* **1** Chi cura la regia di uno spettacolo **2** Nei giochi sportivi di squadra, il giocatore che ne imposta le azioni.

registràre *v.tr.* **1** Scrivere, annotare su un registro o su altro: *r. un contratto* **2** Rilevare e rappresentare in forma visiva un fenomeno: *il sismografo registrò una scossa di terremoto* **3** Fissare suoni o immagini su nastri, dischi o pellicole per poterli poi riprodurre: *r. un programma.*

registratóre *s.m.* Apparecchio che registra e riproduce i suoni.

regìstro *s.m.* Libro, quaderno su cui si prende nota di qlco.: *r. delle presenze.*

regnàre *v.intr.* [aus. *avere*] Essere re; esercitare il potere monarchico.

régno *s.m.* **1** Stato a regime monarchico ◊ Il periodo in cui regna un re **2** Ciascuna delle parti in cui viene suddiviso il mondo naturale: *r. animale, vegetale, minerale.*

règola *s.f.* **1** Modo più o meno costante e consueto con cui si svolgono determinati fatti: *eccezione alla r.* **2** Norma che prescrive il comportamento o ciò che si deve fare in una data attività: *le r. della buona educazione*; *le r. del tennis.*

regolaménto *s.m.* Complesso di norme che disciplinano lo svolgimento di un'attività, il funzionamento di un organo pubblico o privato: *r. scolastico*; *r. del condominio.*

regolàre[1] *v.tr.* **1** Ordinare secondo una regola, disciplinare con delle regole: *r. il traffico* **2** Sistemare, modificare qlco. secondo le esigenze o in modo che funzioni correttamente: *r. l'orologio, i freni.*

regolàre[2] *agg.* **1** Conforme alla regola, alle regole, al regolamento: *elezioni r.* **2** Che rientra nella norma o nella media; che non presenta irregolarità o imperfezioni Ⓢ normale: *fa una vita r.* | *Verbi r.* = quelli che si coniugano come la maggioranza dei verbi della stessa classe.

regolarizzàre *v.tr.* Rendere regolare, mettere in regola: *r. gli immigrati.*

regrèsso *s.m.* Ritorno all'indietro Ⓢ decadenza: *r. economico, culturale.*

relatìvo *agg.* **1** Che si riferisce a qlco., che è in relazione con qlco. Ⓢ riguardante, attinente: *i dati r. all'ultimo censimento* **2** Che non ha un valore assoluto ma dipende da ciò con cui è in rapporto ◊ Limitato, parziale, discreto: *godere di un r. benessere.*

relazióne *s.f.* **1** Rapporto, legame esistente tra due o più cose: *r. tra due fatti* ◊ Rapporto, legame tra persone, organizzazioni, stati: *r. affettive, di affari*; *r. diplomatiche* **2** Rapporto orale o scritto su un dato argomento Ⓢ resoconto.

religióne *s.f.* Sentimento di fede dell'uomo in una o più divinità; ciascun complesso di credenze e atti di culto con cui si è espressa e si esprime storicamente tale fede: *r. ebraica, cristiana, buddista, islamica.*

religióso *agg.* Della religione, di una religione: *riti r.* ◊ Che crede in una religione e ne segue i precetti: *un uomo r.*

relìtto *s.m.* Avanzo, carcassa di una nave naufragata o di un aereo caduto.

remàre *v.intr.* [aus. *avere*] Manovrare i remi o il remo per spostare un'imbarcazione Ⓢ vogare: *r. a tutta forza.*

rèmo *s.m.* Lunga asta terminante a forma di pala all'estremità che si immerge nell'acqua per imprimere il movimento a un'imbarcazione: *barca a remi.*

remòto *agg.* Molto lontano nel tempo.

rèndere *v.tr.* **1** Ridare Ⓢ restituire: *r. un libro* ◊ Contraccambiare: *r. il saluto* **2** Dare un utile Ⓢ fruttare: *capitale, negozio che rende bene* ◊ Avere un certo rendimento: *r. poco sul lavoro* **3** Far diventare: *l'eredità lo rese ricco* ♦ **rendersi** *v.pr.* Fare in modo di essere: *r. utile.*

rendiménto *s.m.* **1** L'utile, il reddito che qlco. dà calcolato in proporzione alla sua quantità **2** Efficienza lavorativa, capacità di ottenere risultati in un'attività.

rèndita *s.f.* Utile, reddito che deriva dal semplice possesso di proprietà o capitali.

rène *s.m.* Ciascuna delle due grosse ghiandole che producono l'urina e filtrano il sangue depurandolo delle sostanze eccessive o dannose.

rèo *agg.* e *s.m.* Colpevole di un reato.

repàrto *s.m.* Parte, settore di un'azienda, di un complesso commerciale, ospedaliero e sim.: *r. pediatrico*.

reperìre *v.tr.* Trovare, ritrovare.

rèplica *s.f.* 1 Ripetizione ◊ Ogni rappresentazione di uno spettacolo successiva alla prima 2 Risposta ◊ Obiezione.

repressióne *s.f.* L'azione di reprimere (spec. in senso politico e sociale).

reprìmere *v.tr.* 1 Frenare, trattenere qlco. che tende a prorompere istintivamente e con forza da noi stessi: *r. le lacrime* 2 Impedire, domare con la forza azioni e attività che mettono in pericolo l'ordine esistente: *r. una ribellione popolare*.

repùbblica *s.f.* Stato e sistema politico in cui il capo dello stato è un presidente, eletto dai cittadini o dal parlamento, che resta in carica per un periodo determinato.

repulsióne *s.f.* 1 Ripugnanza, avversione profonda verso qlcu. o qlco. 2 Forza per la quale due corpi tendono a respingersi l'un l'altro.

reputazióne *s.f.* Considerazione, stima pubblica: *lo scandalo gli rovinò la r.*

requisìre *v.tr.* Prendere, sequestrare d'autorità dei beni per esigenze militari o di pubblico interesse.

requisìto *s.m.* Qualità, dote richiesta o necessaria per una particolare attività o finalità: *ha tutti i r. per quell'incarico*.

rèsa *s.f.* 1 L'atto di arrendersi al nemico: *intimare la r.* 2 Restituzione; in partic. restituzione di merci invendute al pro-

duttore: *le r. dei giornali* 3 Efficacia: *un materiale che ha un'ottima r.*

residènte *agg.* e *s.m.f.* Che, chi risiede, ha fissa dimora in un luogo.

residènza *s.f.* 1 Luogo in cui una persona risiede, vive abitualmente: *cambiare r.* 2 Soggiorno: *fare una breve r. all'estero* 3 Edificio in cui si abita Ⓢ abitazione.

residuo *agg.* Che ancora rimane, avanza: *cerchiamo di sfruttare il tempo r.* ◆ *s.m.* Ciò che resta di qlco. Ⓢ avanzo, resto: *spegnere i r. di un incendio*.

rèsina *s.f.* Sostanza naturale, gommosa e vischiosa, prodotta per secrezione da alcune piante: *r. di pino | R. sintetiche* = materie plastiche.

resistènte *agg.* Che resiste, capace di resistere: *tessuto r.*; *vetro r. agli urti*.

resistènza *s.f.* 1 Azione che si sforza di resistere a qlcu. o a qlco., che cerca di contrastarli Ⓢ opposizione, contrasto: *opporre r. al nemico* 2 Capacità di sopportare, di reggere qlco.: *r. alla fatica, al dolore* ◊ Detto di cose, capacità di non rompersi, non deformarsi, non logorarsi ecc.: *r. agli urti, al calore* 3 In fisica, ogni forza che si oppone a un'altra forza: *vincere la r. dell'aria*.

resìstere *v.intr.* [aus. *avere*] 1 Contrastare un'azione o una forza avversa impedendole di prevalere: *r. all'assalto nemico* ◊ Non cedere a qlcu. o a qlco. (anche ✺): *r. a una tentazione* 2 Sopportare, sostenere qlco. senza venire danneggiato, annientato, spezzato, logorato ecc. Ⓢ reggere: *la casa resistette al terremoto*; *r. alla fatica*.

resocónto *s.m.* Relazione scritta dettagliata su qlco. ◊ Descrizione, racconto particolareggiato: *mi fece il r. del viaggio*.

respìngere *v.tr.* 1 Ricacciare, spingere

indietro: *r. il nemico* ◊ Mandare indietro Ⓢ rimandare, rinviare: *r. il pallone* **2** ⊰ Non accettare, non accogliere, non approvare Ⓢ rifiutare: *r. un'offerta*; *r. l'accusa* ◊ Bocciare: *lo respinsero all'esame.*

respiràre *v.intr.* [aus. *avere*] **1** Compiere la respirazione, inspirare ed espirare **2** ⊰ Avere un po' di sollievo, di riposo: *il lavoro non lo lascia r.* ♦ *v.tr.* Immettere nei polmoni: *r. un gas tossico.*

respirazióne *s.f.* Il processo con cui gli organismi viventi assumono ossigeno dall'ambiente esterno ed emettono anidride carbonica.

respìro *s.m.* **1** Il respirare, come atto continuato o come singolo movimento di respirazione **2** ⊰ Riposo, pausa: *lavora senza un attimo di r.*

responsàbile *agg.* Che è consapevole delle proprie responsabilità, delle conseguenze delle proprie azioni: *persona r.* ♦ *agg.* e *s.m.f.* Che, chi deve rispondere, rendere conto di una determinata cosa, perché ne è l'autore o vi è coinvolto o è stato incaricato di occuparsene, di dirigerla ecc.: *parlare con il r. dell'ufficio* ◊ Che, chi è colpevole di qlco. o è la causa che l'ha provocata: *il r. di un delitto.*

responsabilità *s.f.* **1** Il fatto di essere responsabile di qlco.: *la r. dei danni è di chi li provoca* ◊ L'impegno, gli obblighi che derivano dalla posizione che si occupa, dai compiti, dagli incarichi che si sono assunti: *prendersi una r.* ◊ Colpa, colpevolezza: *negò ogni r.* **2** Capacità di agire in modo equilibrato, consapevolezza delle conseguenze che possono derivare dai propri comportamenti.

rèssa *s.f.* Affollamento di gente che si muove disordinatamente, premendo e spingendosi Ⓢ calca.

restàre *v.intr.* [aus. *essere*] **1** Fermarsi, trattenersi in un luogo, in un posto Ⓢ rimanere: *r. in casa* **2** Continuare a stare in una certa posizione, condizione, situazione Ⓢ rimanere: *r. seduto*; *r. segreto* **3** Venire a trovarsi in una certa condizione, situazione Ⓢ divenire, rimanere: *r. orfano, cieco* **4** Avanzare, esserci ancora: *mi restano pochi soldi.*

restauràre *v.tr.* **1** Riparare e rimettere a nuovo opere d'arte, monumenti, edifici, oggetti antichi ecc. danneggiati e deteriorati **2** ⊰ Ristabilire, ripristinare qlco. che era stato soppresso o era venuto meno: *r. la democrazia*; *r. la disciplina.*

restàuro *s.m.* L'operazione e il procedimento tecnico che ha lo scopo di riportare al loro stato originario opere d'arte, monumenti, edifici, oggetti antichi ecc. danneggiati e deteriorati: *lavori di r.*

restituìre *v.tr.* Ridare a qlcu. ciò che gli si è tolto o si è avuto da lui in prestito, in dono, in consegna: *r. una somma, un regalo* ◊ Contraccambiare, ricambiare: *r. un favore, una visita.*

rèsto *s.m.* **1** Ciò che resta, avanza di qlco.; ciò che ancora manca per completare qlco.: *mangiò il r. della torta*; *saprai domani il r. della storia* ◊ La differenza tra il denaro sborsato per acquistare una cosa e il prezzo che essa costa: *dare il r.* **2** Il numero che avanza in una divisione, quando il dividendo non è multiplo del divisore **3** (al *pl.*) Avanzi: *i r. della cena.*

restrìngere *v.tr.* Ridurre di larghezza, estensione, ampiezza: *r. un vestito.*

resurrezióne o **risurrezióne** *s.f.* Ritorno in vita dopo la morte: *la r. di Cristo.*

resuscitàre o **risuscitàre** *v.tr.* Far tornare in vita: *r. un morto* ♦ *v.intr.* [aus. *essere*] Tornare in vita.

réte *s.f.* **1** Arnese per prendere pesci, uccelli o altri animali, costituito da un complesso di fili più o meno grossi intrecciati a maglia **2** Qualsiasi struttura costituita da un intreccio di maglie di qualunque materiale: *r. metallica* **3** Barriera rettangolare di corde intrecciate a maglia che divide in due il campo di tennis e di pallavolo (e il tavolo del ping-pong) e al di sopra della quale deve passare la palla ◊ Nel calcio e in altri sport, la maglia di corda che chiude le due porte e che, nel linguaggio sportivo, è sinonimo di *porta* e, anche, di *goal*: *vincere per due r. a zero* **4** ⬡ Insieme di linee che si incrociano; in partic. complesso di vie e linee di comunicazione, di trasporto o di distribuzione: *r. stradale*; *r. telefonica* ◊ Emittente radiotelevisiva **5** In informatica, insieme di calcolatori collegati tra loro per lo scambio di messaggi e dati e per condividere risorse di memoria e di calcolo | *La R.* = Internet **6** ⬡ Struttura organizzativa che da un centro si dirama in più punti: *r. di vendita*; *r. di spionaggio*.

reticolàto *s.m.* Struttura di protezione o recinzione formata da un intreccio o da un groviglio di filo spinato.

retribuìre *v.tr.* Compensare qlcu. per il lavoro svolto Ⓢ pagare: *r. un dipendente*.

retribuzióne *s.f.* Compenso spettante a chi svolge un lavoro per conto d'altri Ⓢ salario, stipendio, paga: *aumento della r.*

rètro *s.m.* Parte posteriore di qlco.

retrocèdere *v.intr.* [aus. *essere*] Far marcia indietro Ⓢ indietreggiare ◊ Nello sport, passare a una serie inferiore.

retromàrcia *s.f.* Marcia all'indietro di un autoveicolo e meccanismo che la comanda: *fare r.*; *innestare la r.*

retrotèrra *s.m.* Territorio che si trova alle spalle di una città o di una zona costiera.

rètta[1] *s.f. Dar r.* = dare ascolto, prestare attenzione; credere, prestare fiducia; seguire i consigli di qlcu.: *non devi dargli r.*

rètta[2] *s.f.* Somma che si paga per vitto e alloggio in collegi, pensioni ecc.

rètta[3] *s.f.* In geometria, la linea più breve che unisce due punti, prolungabile all'infinito nei due sensi: *r. parallele*.

rettangolàre *agg.* A forma di rettangolo.

rettàngolo *agg.* Si dice di figura geometrica che ha uno o più angoli retti ♦ *s.m.* Quadrilatero con quattro angoli retti e i lati opposti uguali.

rèttile *s.m.* Animale appartenente alla classe dei rettili.

rèttili *s.m.pl.* Classe di animali vertebrati a sangue freddo con corpo rivestito di squame; si muovono strisciando essendo privi di arti (serpenti) o avendo zampe molto corte (coccodrilli, tartarughe ecc.).

rettilìneo *s.m.* Tratto di strada diritto.

rètto *agg.* **1** Diritto, senza curve: *linea r.* ◊ *Angolo r.* = di 90° **2** ⬡ Onesto, leale: *persona r.* ♦ *s.m.* L'ultimo tratto dell'intestino crasso, fino all'ano.

rettóre *s.m.* Chi dirige una comunità, un collegio ◊ Direttore di un'università.

reumàtico *agg.* Provocato da reumatismo: *soffrire di dolori r.*

reumatìsmo *s.m.* Nome generico di varie malattie infiammatorie che colpiscono le ossa, le articolazioni, i muscoli e i nervi.

revisionàre *v.tr.* Sottoporre a revisione.

revisióne *s.f.* Esame, controllo di qlco. fatto allo scopo di individuare e correggere eventuali errori, difetti, deficienze: *r. di un motore*.

revocàre *v.tr.* Annullare, disdire quanto si era disposto precedentemente.

riacquistàre *v.tr.* **1** Acquistare di nuovo ciò che si era venduto **2** Recuperare ciò che si era perduto: *r. la libertà.*

rialzàto *agg.* Posto più in alto rispetto al livello del suolo: *marciapiedi r.*

riapertùra *s.f.* Ripresa dell'attività o dell'apertura al pubblico: *r. di un museo.*

riappropriàrsi *v.pr.* Riprendersi ciò di cui si era stati privati: *r. dei propri soldi.*

riaprìre *v.tr.* Aprire nuovamente al pubblico un luogo o ricominciare un'attività dopo un periodo di interruzione: *r. un museo*; *r. una trattativa* ♦ *v.intr.* [aus. *avere*] Riprendere l'attività: *oggi riapre la scuola.*

riassettàre *v.tr.* Rimettere in ordine, a posto: *r. la casa*; *r. i capelli.*

riassùmere *v.tr.* Esporre in breve, condensare in poche parole Ⓢ sintetizzare: *r. i fatti.*

riassùnto *s.m.* Esposizione sintetica, che riporta in breve solo gli elementi essenziali Ⓢ sintesi: *r. di un discorso.*

riattivàre *v.tr.* Rimettere in funzione, in attività: *r. una strada interrotta.*

riavére *v.tr.* Avere indietro, rientrare in possesso Ⓢ recuperare: *r. i propri soldi.*

ribàlta *s.f.* **1** Piano o sportello di un mobile incernierato orizzontalmente in modo da poter essere alzato o abbassato **2** Parte anteriore del palcoscenico Ⓢ proscenio: *chiamare gli attori alla r.*

ribaltàre *v.tr.* Capovolgere, rovesciare ♦

ribaltarsi *v.pr.* Capovolgersi, rovesciarsi.

ribàsso *s.m.* Diminuzione di prezzo, di valore.

ribellàrsi *v.pr.* **1** Insorgere, sollevarsi contro un'autorità, un potere: *il popolo si ribellò al dittatore* **2** Rifiutare di obbedi-

re, di sottomettersi Ⓢ opporsi, reagire: *r. al padre*; *r. al destino.*

ribèlle *agg.* e *s.m.f.* **1** Che, chi si ribella, si è ribellato a un potere costituito **2** Che, chi è insofferente di ogni autorità e costrizione: *gioventù r.*; *un carattere r.*

ribellióne *s.f.* **1** Insurrezione, rivolta **2** Deciso rifiuto a sottomettersi a un'autorità, a una costrizione: *r. alla disciplina.*

ribollìre *v.intr.* [aus. *avere*] Detto di liquido, agitarsi in superficie, formando bolle e schiuma; fermentare.

ribrézzo *s.m.* Senso di violenta repulsione fisica o morale Ⓢ disgusto, orrore, schifo: *avere r. del sangue, dei serpenti.*

ricadùta *s.f.* Ripresa di una malattia che sembrava ormai guarita.

ricamàre *v.tr.* Decorare un tessuto con ornamenti e figure usando l'ago e il filo.

ricambiàre *v.tr.* Contraccambiare: *r. una cortesia.*

ricàmbio *s.m.* Cambio, sostituzione.

ricàmo *s.m.* Ornamento eseguito su un tessuto con ago e filo: *fare un r.*

ricattàre *v.tr.* Costringere qlcu. a versare del denaro o a fare qlco. contro la sua volontà mediante delle minacce.

ricàtto *s.m.* Minaccia con cui si cerca di estorcere denaro a qlcu. o di costringerlo a fare una determinata cosa: *fare un r.*

ricavàre *v.tr.* Trarre, estrarre, ottenere qlco., spec. per mezzo di una lavorazione, di una trasformazione: *r. benzina dal petrolio* ◊ Trarre, ottenere: *r. una notizia dal giornale* ◊ Ottenere come ricavo Ⓢ guadagnare: *r. poco da una vendita.*

ricàvo *s.m.* La somma complessiva (*r. lordo*) o l'utile (*r. netto*) che si ottiene dalla vendita di beni e servizi.

ricchézza *s.f.* **1** La condizione di chi è ricco di beni materiali, di risorse economiche Ⓢ agiatezza ◊ ♧ Abbondanza di beni spirituali, di doti intellettuali: *r. di fantasia* **2** Risorsa naturale o bene culturale di cui è ricco un luogo: *le r. artistiche dell'Italia* **3** Abbondanza: *qui c'è r. d'acqua.*

rìccio[1] *agg.* Detto di capelli o peli avvolti su se stessi a formare piccoli anelli ♦ *s.m.* Ricciolo.

rìccio[2] *s.m.* **1** Piccolo mammifero ricoperto di aculei ◊ *R. di mare* = animale marino dal corpo rigido più o meno sferico ricoperto di sottili aculei **2** Il guscio esterno spinoso della castagna.

rìcco *agg.* **1** Che possiede denaro, beni e mezzi economici in abbondanza **2** Che ha grande abbondanza di qlco.: *minerale r. di ferro*; *un ragazzo r. di fantasia* **3** Lussuoso, sfarzoso, sontuoso: *un r. palazzo*; *un r. pranzo* ◊ Di grande valore Ⓢ prezioso: *un r. dono* ♦ *s.m.* Persona economicamente ricca.

ricérca *s.f.* **1** L'azione, l'attività del ricercare qlcu. o qlco.: *è alla r. di un lavoro* **2** Studio, indagine sistematica che ha lo scopo di approfondire le conoscenze relative a una disciplina o a un argomento: *r. storica, scientifica.*

ricercàre *v.tr.* Cercare con particolare impegno: *r. una persona scomparsa.*

ricètta *s.f.* **1** Prescrizione scritta del medico che indica le medicine da prendere e le relative dosi e modalità d'uso **2** Indicazione degli ingredienti necessari, delle dosi e del modo di usarli per preparare un cibo o una bevanda: *un libro di r.*

ricévere *v.tr.* **1** Prendere, avere o subire qlco. che viene dato o proviene da altri e di cui si è destinatari: *r. un regalo*; *r. uno schiaffo* **2** Accogliere qlcu. che arriva: *lo andai a r. alla stazione* ◊ Accogliere e fare entrare nella propria casa o nel proprio ufficio chi viene in visita o per un colloquio: *r. gli ospiti nel soggiorno* **3** Raccogliere, captare segnali radiofonici, televisivi ecc.: *r. una trasmissione.*

ricevùta *s.f.* Dichiarazione scritta con cui si attesta di aver ricevuto un oggetto o una determinata somma di denaro.

richiamàre *v.tr.* **1** Chiamare di nuovo **2** Chiamare indietro, far tornare **3** Far venire: *lo spettacolo richiamò un grosso pubblico* ◊ Attirare (anche ♧): *r. l'attenzione* **4** Rimproverare: *r. un allievo.*

richiàmo *s.m.* **1** Voce, suono, gesto che cerca di richiamare l'attenzione: *accorse al suo r.* **2** ♧ Forza di attrazione Ⓢ attrattiva, fascino: *il r. della natura.*

richièsta *s.f.* **1** Domanda per ottenere, per avere qlco.: *r. di aiuto, di denaro* ◊ Domanda scritta che chiede il rilascio di un documento **2** Il compenso o il prezzo che si chiede per qlco.: *una r. eccessiva.*

riciclàre *v.tr.* Recuperare e riutilizzare materiali e sostanze di scarto o di rifiuto.

ricominciàre *v.tr.* e *intr.* [aus. *essere* o *avere*] Cominciare di nuovo, da capo; riprendere dopo una pausa.

ricompènsa *s.f.* Ciò che si dà o riceve in cambio di un servizio, di un favore o come premio per un'azione o un comportamento meritevole Ⓢ compenso, premio.

ricompensàre *v.tr.* Contraccambiare con una ricompensa Ⓢ ripagare, premiare.

riconciliàre *v.tr.* Far tornare in buona armonia Ⓢ rappacificare ♦ **riconciliarsi** *v.pr.* Ritrovare l'accordo, l'armonia Ⓢ rappacificarsi: *r. dopo un litigio.*

riconoscènza *s.f.* Sentimento di gratitudine per il bene ricevuto.

riconóscere *v.tr.* **1** Individuare, identificare qlcu. o qlco. che già si conosce: *r. una persona, una scrittura* ◊ Identificare, individuare: *ha un documento per farsi r.?* **2** Ammettere, confessare: *r. i propri errori* **3** Accettare pubblicamente e ufficialmente come reale, valido, legittimo: *r. l'autorità di qlcu.*

riconosciménto *s.m.* **1** Identificazione: *segno di r.* **2** Accettazione pubblica, ufficiale: *chiede il r. dei suoi diritti* ◊ Ammissione: *r. dei propri errori.*

riconquistàre *v.tr.* Conquistare di nuovo, recuperare ciò che si era perduto.

ricopiàre *v.tr.* Trascrivere in bella copia.

ricoprìre *v.tr.* Coprire, rivestire: *r. le poltrone con una stoffa.*

ricordàre *v.tr.* **1** Aver presente nella memoria: *r. un fatto* **2** Richiamare alla memoria propria o di altri Ⓢ rammentare: *ti ricordo la tua promessa* ◊ Far venire in mente qlcu. o qlco. di simile: *nel viso ricorda sua madre* ♦ **ricordarsi** *v.pr.* Serbare il ricordo, tener presente, non dimenticare: *ricordati di avvisarmi.*

ricòrdo *s.m.* **1** Il ricordare, il ricordarsi ◊ Ciò che si ricorda; memoria di qlcu. o qlco. che è rimasta impressa nella mente: *vive di r.; lasciò un buon r. di sé* **2** Oggetto che serve a conservare o a rinnovare la memoria di qlcu. o qlco.: *un r. di famiglia; foto r.*

ricórrere *v.intr.* [aus. *essere*] Rivolgersi a qlcu. per ottenerne l'aiuto, il consiglio, l'intervento: *r. al medico; r. alla polizia* ◊ Servirsi di un certo mezzo per raggiungere uno scopo: *r. alle armi, all'inganno.*

ricórso *s.m.* Il ricorrere a qlcu. o a qlco. per raggiungere uno scopo: *fare r. a un medico, alle maniere forti.*

ricostituènte *agg.* Che serve a ridare

vigore a un organismo deperito: *cura r.*

ricòtta *s.f.* Latticino fresco, tenero, che si ottiene ricuocendo il siero rimasto del latte dopo che si è fatto il formaggio.

ricoveràre *v.tr.* Far entrare in un luogo di cura o di assistenza: *r. un vecchio in un ospizio* ♦ **ricoverarsi** *v.pr.* Entrare in un luogo di cura o di assistenza.

ricóvero *s.m.* Trasferimento di una persona in un luogo di cura o di assistenza: *r. in ospedale.*

ricrédersi *v.pr.* Cambiare opinione convincendosi di aver sbagliato.

ricuperàre o **recuperàre** *v.tr.* **1** Rientrare in possesso di qlco. che si era perduto: *r. la libertà, la vista* **2** Riportare a galla; mettere in salvo, al sicuro: *r. dei naufraghi* **3** Rimontare uno svantaggio, annullare un ritardo **4** Riutilizzare rifiuti o prodotti di scarto **5** ⚘ Inserire o reinserire nella società, nel mondo del lavoro chi si trova emarginato, in difficoltà: *r. gli handicappati.*

ricùpero o **recùpero** *s.m.* L'azione, l'operazione di ricuperare qlco. o qlcu. (anche ⚘): *r. del tempo perduto; r. degli handicappati.*

ricùrvo *agg.* Curvo, molto curvo.

ridàre *v.tr.* Dare di nuovo ◊ Restituire, rendere: *ridammi il libro che ti prestai.*

rìdere *v.intr.* [aus. *avere*] Manifestare allegria, divertimento (o anche ironia, sarcasmo, scherno) con una particolare contrazione dei muscoli della faccia e l'emissione più o meno forte di suoni brevi e ripetuti.

ridìcolo *agg.* Che fa ridere, che è motivo di derisione perché sciocco, goffo, grottesco o assurdo: *fare una figura r.*

ridùrre *v.tr.* **1** Far diventare: *la malattia lo ridusse uno scheletro* ◊ Far finire qlcu. o qlco. in condizioni peggiori: *r. qlcu. in miseria*; *r. un vaso in pezzi* **2** Diminuire: *r. i prezzi, la velocità* ♦ **ridursi** *v.pr.* **1** Venire a trovarsi in una condizione peggiore, negativa Ⓢ finire **2** Diminuire.

riduzióne *s.f.* Diminuzione ◊ Sconto.

riempire *v.tr.* **1** Rendere pieno Ⓢ colmare (anche ✿): *il tuo arrivo mi riempie di gioia* **2** Compilare moduli, schede ecc., scrivendo negli spazi in bianco.

rientràre *v.intr.* [aus. *essere*] **1** Ritornare nel luogo da cui si era usciti; ritornare nel proprio luogo o ambiente abituale, dopo esserne usciti o essersene allontanati: *r. a casa, al lavoro* ◊ ✿ Ritornare nella condizione o situazione in cui ci si trovava in precedenza: *r. in gioco*; *r. in possesso di qlco.* **2** Essere compreso, far parte: *questo lavoro non rientra nei tuoi compiti.*

riéntro *s.m.* Ritorno: *r. dalle vacanze.*

rifàre *v.tr.* **1** Fare di nuovo qlco. che prima era stato fatto male o in modo insoddisfacente: *r. un calcolo* ◊ Fare di nuovo una cosa che si era distrutta, deteriorata o era invecchiata o era stata perduta **2** Compiere di nuovo un'azione Ⓢ ripetere: *r. un esame* ♦ **rifarsi** *v.pr.* Riprendersi economicamente, recuperare le perdite.

riferiménto *s.m. Punto di r.* = ciò che si prende come base per orientarsi, per condurre una ricerca ecc.

riferìre *v.tr.* Dire, comunicare, riportare ad altri discorsi, notizie, fatti e sim.: *gli riferii l'accaduto* ♦ **riferirsi** *v.pr.* Essere in rapporto Ⓢ riguardare: *i dati si riferiscono alla situazione precedente.*

rifiutàre *v.tr.* **1** Non accettare Ⓢ respingere: *r. una proposta*; *r. il cibo* **2** Non concedere Ⓢ negare: *r. un favore* ◊ Non

acconsentire a fare qlco.: *r. di rispondere* ♦ **rifiutarsi** *v.pr.* Non volere decisamente fare o accettare o concedere qlco.

rifiùto *s.m.* **1** Non accettazione Ⓢ negazione, diniego: *rispose con un r. alla mia richiesta* **2** (spec. al *pl.*) Tutto ciò che viene scartato ed eliminato perché inutilizzabile o dannoso Ⓢ immondizia.

riflessióne *s.f.* **1** Fenomeno fisico per cui quando la luce o altra energia colpisce una superficie viene da questa rinviata indietro **2** ✿ Attenta considerazione e valutazione: *decisione che richiede r.* ◊ Considerazione, pensiero, osservazione: *mi espose le sue r.*

riflessìvo *agg.* In grammatica, detto di verbo in cui il soggetto compie e insieme subisce l'azione espressa dal verbo | *Pronomi r.* = quelli come *mi, ti, si* ecc., con cui si attua la forma riflessiva del verbo.

riflèsso[1] *s.m.* **1** Raggio luminoso rinviato da una superficie Ⓢ riverbero: *il r. del sole sul mare* ◊ Immagine riflessa: *vide nel fiume il r. degli alberi* **2** Reazione automatica, involontaria a uno stimolo: *prontezza di r.*

riflèsso[2] *agg.* Detto di luce o immagine che non giunge alla vista direttamente ma rinviata da una superficie riflettente.

riflèttere *v.tr.* Detto di superficie, rinviare, rimandare indietro raggi luminosi, suoni o immagini: *lo specchio rifletté la sua figura* ♦ *v.intr.* [aus. *avere*] Concentrare la mente su qlco., considerandolo con attenzione Ⓢ pensare, meditare, ragionare: *r. su un problema.*

riflettóre *s.m.* Apparecchio per illuminazione capace di proiettare un forte fascio di luce a distanza.

rifluìre *v.tr.* [aus. *essere*] Fluire, scorrere

all'indietro (detto di liquidi) Ⓢ ritirarsi.
riflùsso *s.m.* Flusso all'indietro, in senso contrario ◊ Periodo di circa sei ore durante il quale la marea si abbassa.
rifocillàrsi *v.pr.* Ristorarsi mangiando o bevendo.
rifórma *s.f.* Cambiamento, trasformazione di strutture, istituzioni e ordinamenti della società, allo scopo di migliorarli e adeguarli a nuove e diverse esigenze: *r. sociali*; *r. agraria, sanitaria, elettorale.*
riformàre *v.tr.* Trasformare, rinnovare per migliorare, per adeguare a nuove esigenze: *r. la società, la scuola.*
rifornimènto *s.m.* **1** L'operazione di rifornire o di rifornirsi: *fare r. di benzina* **2** (spec. al *pl.*) Provviste: *inviare r.*
rifornìre *v.tr.* Fornire di quanto è necessario: *r. di viveri* ♦ **rifornirsi** *v.pr.* Fare provvista di qlco.: *r. di denaro.*
rifugiàrsi *v.pr.* Cercare, trovare rifugio, riparo: *r. all'estero*; *r. sotto un porticato.*
rifùgio *s.m.* **1** Riparo, protezione: *offrire r. a un perseguitato* **2** Luogo che offre riparo, protezione: *r. antiaereo.*
rìga *s.f.* **1** Linea diritta tracciata o impressa su una superficie **2** Serie di parole scritte o stampate su una stessa linea orizzontale: *pagina di trenta r.* **3** Fila di persone allineate l'una a fianco dell'altra: *mettersi in r.* **4** Sottile stecca piatta, con bordo graduato in centimetri e millimetri, usata per tracciare linee diritte e per misurare.
rigettàre *v.tr.* Gettare indietro ◊ ♣ Respingere, rifiutare: *r. una domanda di asilo politico* ◊ Vomitare: *r. tutto il pasto.*
righèllo *s.m.* Piccola riga per tracciare linee diritte.
rìgido *agg.* **1** Che non si piega, non elastico Ⓢ duro: *materiale r.* ◊ Immobile; incapace di movimento: *stava r. sull'attenti* **2** Molto freddo: *clima r.* **3** ♣ Severo, inflessibile, rigoroso: *disciplina r.*
rigóglio *s.m.* Pieno sviluppo del fogliame o della fioritura di una pianta, di una vegetazione.
rigóre *s.m.* **1** Freddo intenso, clima rigido: *i r. dell'inverno* **2** Durezza, severità inflessibile: *r. di una pena* ◊ *(Calcio di) r.* = nel gioco del calcio, tiro di punizione inflitto a una squadra che ha commesso un fallo nella propria *area di r.*
rigoróso *agg.* **1** Che si comporta con rigore, con grande serietà e coerenza: *un insegnante r.* ◊ Fatto con scrupolo e precisione: *indagine r.* **2** Rigido e severo; che non ammette deroghe: *una dieta r.*
riguadagnàre *v.tr.* Recuperare, riacquistare ciò che si era perduto.
riguardàre *v.tr.* **1** Guardare di nuovo ◊ Controllare di nuovo: *r. i conti* **2** Concernere, interessare, essere di competenza: *sono cose che non ti riguardano* ♦ **riguardarsi** *v.pr.* Stare in guardia da mali e pericoli; aver cura della propria salute.
riguàrdo *s.m.* **1** Cura, attenzione, precauzione: *aver r. della salute*; *maneggiare con r.* ◊ Premura, cortesia; rispetto: *trattare qlcu. con r.* **2** Relazione, attinenza: *quel che dici non ha alcun r. col mio discorso* | *Nei r. di* = nei confronti di.
rilasciàre *v.tr.* **1** Rimettere in libertà: *r. un detenuto* **2** Dare, concedere: *r. un'intervista* ◊ Consegnare: *fatti r. la ricevuta.*
rilassamènto *s.m.* Distensione fisica o psichica: *esercizi di r. muscolare.*
rilassàrsi *v.pr.* Diventare meno teso, distendersi fisicamente o psichicamente: *cerca di rilassarti.*
rilegàre *v.tr.* Cucire assieme le pagine di

un libro, applicandovi una copertina.

rilevànte *agg.* Di non piccola entità o importanza Ⓢ considerevole, notevole, ingente: *una somma r.*; *perdite r.*

rilevazióne *s.f.* Indagine, raccolta di dati.

rilièvo *s.m.* **1** Sporgenza o risalto di qlco. rispetto al piano o allo sfondo di base: *decorazione in r.* **2** Parte che sporge o si innalza da una superficie: *un r. del terreno* ◊ Altura geografica; insieme delle montagne e delle colline di una regione **3** ✿ Importanza, rilevanza: *fatto di scarso r.* ◊ Risalto, evidenza: *dare r. a una notizia.*

riluttànte *agg.* Poco disposto, piuttosto contrario a fare qlco. Ⓢ restio.

rìma *s.f.* Uguaglianza di suono tra due o più parole nella parte finale a partire dalla vocale accentata: *amore fa r. con dolore.*

rimandàre *v.tr.* **1** Mandare di nuovo **2** Mandare indietro Ⓢ rinviare, restituire: *r. la lettera al mittente* ◊ Far tornare al luogo di provenienza: *r. qlcu. a casa* **3** Spostare a un tempo successivo Ⓢ rinviare, differire: *r. la partenza.*

rimanére *v.intr.* [aus. *essere*] **1** Fermarsi in un luogo, in un posto Ⓢ trattenersi, restare: *r. in casa* **2** Continuare a stare, a essere in una certa posizione, condizione, situazione Ⓢ restare, permanere: *r. seduti; r. in carica* **3** Venire a trovarsi in una certa condizione Ⓢ restare, divenire, ritrovarsi: *r. vedovo, cieco* **4** Avanzare, esserci ancora; mancare, restare: *rimane una ora alla partenza.*

rimbalzàre *v.intr.* [aus. *essere* e *avere*] Balzare, saltare, venire respinto indietro o in altra direzione dopo aver urtato qlco.: *la palla rimbalzò contro il muro.*

rimbombàre *v.intr.* [aus. *essere* o *avere*] Risuonare con un rumore cupo e fragoroso: *il tuono rimbombò in lontananza.*

rimborsàre *v.tr.* Restituire a qlcu. il denaro che ha speso per conto d'altri o che ha pagato per merci e servizi di cui non ha usufruito: *r. il prezzo del biglietto.*

rimbórso *s.m.* Restituzione di una spesa sostenuta per conto d'altri o per servizi non goduti.

rimediàre *v.intr.* [aus. *avere*] e *tr.* Porre rimedio a qlco.: *r. al male fatto* ♦ *v.tr.* Procurarsi in qualche modo ciò di cui si ha bisogno: *r. i soldi per il viaggio.*

rimèdio *s.m.* Mezzo, provvedimento capace di eliminare o limitare un male, un danno, un inconveniente, una situazione negativa: *porre r. a un errore; alla morte non c'è r.* ◊ Medicinale o cura in grado di combattere o guarire una malattia: *mi ha dato un r. per la tosse.*

riméssa *s.f.* **1** Nel calcio e in altri giochi di palla, rilancio in campo della palla dopo che è uscita: *r. laterale* **2** Locale, edificio adibito al deposito di veicoli.

riméttere *v.tr.* **1** Mettere di nuovo ◊ Riportare nello stato, nella situazione precedente: *r. la stanza in ordine* **2** Vomitare: *r. la cena* ♦ **rimettersi** *v.pr.* **1** Mettersi di nuovo: *r. in viaggio* **2** Tornare in buone condizioni fisiche Ⓢ ristabilirsi: *grazie alle cure si sta rimettendo.*

rimónta *s.f.* Recupero di uno svantaggio in una gara o in un campionato.

rimorchiàre *v.tr.* Trainare un natante o un veicolo agganciandolo a un altro.

rimòrchio *s.m.* **1** L'operazione di rimorchiare **2** Veicolo privo di motore trainato da un altro veicolo: *camion con r.*

rimòrso *s.m.* Tormento provocato dalla coscienza di aver agito male.

rimpàtrio *s.m.* Ritorno in patria.
rimpiàngere *v.tr.* Ricordare con desiderio, con nostalgia qlco. o qlcu. che non c'è più: *r. la giovinezza* ◊ Rammaricarsi di qlco.: *rimpianse di non essere partito.*
rimpiànto *s.m.* Ricordo nostalgico per qlcu. o qlco. che non c'è più, che si è perduto ◊ Rammarico.
rimpiazzàre *v.tr.* Sostituire una persona o una cosa con un'altra che ne prenda il posto: *r. un giocatore infortunato.*
rimproveràre *v.tr.* Riprendere, ammonire con parole di biasimo [S] sgridare ◊ Imputare a qlcu. una colpa [S] rinfacciare: *gli rimproverò la sua negligenza.*
rimpròvero *s.m.* Biasimo, ammonimento espresso con parole o con atti [S] sgridata, ammonizione, disapprovazione.
rimuòvere *v.tr.* Spostare, togliere di mezzo, levare via, allontanare ciò che ostacola, ingombra o rappresenta un fattore negativo (anche ♧).
rincaràre *v.intr.* [aus. *essere*] Diventare più caro: *è rincarata la carne.*
rincàro *s.m.* Aumento di prezzo, dei prezzi: *r. dei generi alimentari.*
rincasàre *v.tr.* Tornare a casa: *r. tardi.*
rinchiùdere *v.tr.* Chiudere dentro un luogo protetto o da cui non si possa uscire: *r. un prigioniero in cella.*
rincórrere *v.tr.* Inseguire correndo: *r. l'autobus* ♦ **rincorrersi** *v.pr.* Corrersi dietro l'un l'altro: *i bambini giocavano a r.*
rincórsa *s.f.* Breve corsa per acquistare lo slancio necessario per fare un salto o un lancio.
rincréscere *v.intr.* [aus. *essere*] Dispiacere: *mi rincresce di non poterti aiutare.*
rincuoràre *v.tr.* Infondere, ridare coraggio a chi è sfiduciato.
rinfacciàre *v.tr.* **1** Ricordare a qlcu. in modo umiliante quel che si è fatto per lui: *r. l'aiuto dato* **2** Ricordare e rimproverare a qlcu. le sue colpe e i suoi difetti.
rinforzàre *v.tr.* Rendere più forte, più resistente, più stabile.
rinfòrzo *s.m.* **1** Elemento che serve a rinforzare: *mettere un r. ai tacchi delle scarpe* **2** Sostegno, aiuto: *chiamare qlcu. di r.* ◊ (al *pl.*) Truppe inviate in appoggio e in aiuto di altre forze: *attesero l'arrivo dei r. per attaccare.*
rinfrancàre *v.tr.* Ridare coraggio, sicurezza: *la vittoria lo rinfrancò* ♦ **rinfrancarsi** *v.pr.* Riacquistare coraggio, sicurezza.
rinfrescàrsi *v.pr.* Ristorarsi con bevande fresche ◊ Ridare freschezza al corpo bagnandosi, quando si è accaldati o affaticati; ripulirsi, rimettersi in ordine.
rinfrésco *s.m.* Ricevimento in cui si offrono cibi leggeri e bevande varie: *dare un r.* ◊ (al *pl.*) I cibi e le bevande che vengono offerti in tale occasione.
ringhiàre *v.intr.* [aus. *avere*] Digrignare i denti mandando un brontolio minaccioso (detto spec. dei cani).
ringhièra *s.f.* Parapetto, per lo più metallico, posto lungo terrazze, balconi, scale, ballatoi ecc.: *appoggiarsi alla r.*
ringraziaménto *s.m.* Espressione di gratitudine: *biglietto di r.* ◊ (al *pl.*) Parole di gratitudine: *mi ha mandato i suoi r.*
ringraziàre *v.tr.* Esprimere la propria gratitudine; dire grazie.
rinnovàre *v.tr.* **1** Trasformare per rendere più adeguato alle nuove esigenze: *r. la scuola* ◊ Cambiare sostituendo il vecchio col nuovo: *r. il mobilio della casa* **2** Fare di nuovo qlco. [S] ripetere, riconfermare: *r. un contratto scaduto.*
rinnòvo *s.m.* Riconferma, proroga.

rinomàto *agg.* Molto noto e apprezzato Ⓢ celebre, famoso: *un artista r.*

rintanàrsi *v.pr.* **1** Rientrare, nascondersi nella tana **2** ⚘ Rinchiudersi, rifugiarsi.

rintócco *s.m.* Ciascuno dei suoni, dei tocchi staccati e ripetuti delle campane o di orologi che battono le ore.

rintracciàre *v.tr.* Trovare dopo una ricerca: *riuscì a r. l'amico scomparso.*

rinùncia *s.f.* **1** Il fatto, l'atto di rinunciare a qlco.: *firmò la r. all'eredità* **2** (spec. al *pl.*) Sacrificio, privazione.

rinunciàre *v.intr.* [aus. *avere*] Decidere di non volere avere, di non godere di qlco. a cui si ha diritto o che viene offerto: *r. a un'eredità, a un premio* ◊ Privarsi volontariamente di qlco., farne a meno: *r. a una vacanza per stare con l'amico* ◊ Decidere di non fare più qlco. che si stava per fare; abbandonare un proposito: *r. a un progetto.*

rinvenìre *v.intr.* [aus. *essere*] Riprendere i sensi dopo uno svenimento.

rinviàre *v.tr.* **1** Spedire indietro Ⓢ rispedire: *r. una lettera al mittente* **2** Spostare a una data successiva Ⓢ differire, rimandare: *r. una riunione.*

rinvìo *s.m.* Spostamento a una data successiva: *r. di una partita.*

riparàre *v.tr.* **1** Dare riparo Ⓢ proteggere, difendere: *la lana ripara dal freddo* **2** Rimettere in buono stato Ⓢ aggiustare, accomodare: *r. il tetto* ♦ **ripararsi** *v.pr.* Mettersi al riparo Ⓢ proteggersi, difendersi.

riparàto *agg.* Che è al riparo, in posizione protetta: *un luogo r. dai venti.*

riparazióne *s.f.* Lavoro fatto per riparare qlco. di rotto, guasto o difettoso: *è necessaria la r. del tetto.*

ripàro *s.m.* Protezione, difesa; mezzo con cui ripararsi: *trovò r. in una grotta* ◊ Luogo riparato: *mettersi al r. del vento.*

ripartìre¹ *v.intr.* [aus. *essere*] Partire da un luogo dopo una sosta ◊ Rimettersi in moto: *la macchina non riparte.*

ripartìre² *v.tr.* Dividere qlco. seguendo un certo criterio Ⓢ suddividere ◊ Distribuire qlco. tra più persone Ⓢ dividere.

ripassàre *v.tr.* **1** Attraversare di nuovo: *r. il confine* **2** Porgere, passare di nuovo qlco. a qlcu.: *r. la palla* **3** *R. la lezione, una materia* = rileggerla, ripeterla per fissarla bene nella memoria ♦ *v.intr.* [aus. *essere*] Passare di nuovo da un luogo Ⓢ ritornare: *r. per la stessa strada.*

ripàsso *s.m.* Ulteriore lettura e studio di un argomento già studiato allo scopo di imprimerlo meglio nella memoria.

ripetènte *agg.* e *s.m.* Detto di alunno che ripete un anno scolastico essendo stato bocciato.

ripètere *v.tr.* **1** Fare, effettuare di nuovo Ⓢ replicare **2** Dire di nuovo quanto si era già detto: *r. una domanda* ♦ **ripetersi** *v.pr.* Tornare a succedere, verificarsi di nuovo: *questi errori non devono più r.*

ripetitóre *s.m.* Stazione radiotelevisiva che ritrasmette i segnali che riceve da un'altra stazione.

ripetizióne *s.f.* **1** Nuova effettuazione di ciò che era già stato fatto Ⓢ replica: *r. di una gara* **2** Parola, frase o concetto che si ripetono in un discorso o in uno scritto **3** Lezione privata su una materia scolastica.

ripiàno *s.m.* Superficie piana orizzontale ◊ Elemento orizzontale di mobili, scaffali, mensole: *i r. della libreria.*

rìpido *agg.* Che è in forte pendenza.

ripiègo *s.m.* Soluzione provvisoria e non soddisfacente di un problema, di una difficoltà, cui si ricorre quando non si è in grado di trovare una soluzione migliore: *cercare un r., una soluzione di r.*

ripièno *s.m.* L'impasto o l'insieme di ingredienti con cui si farciscono alcuni cibi: *r. per i ravioli.*

ripórre *v.tr.* 1 Rimettere qlco. al posto dov'era prima 2 Mettere qlco. in un luogo adatto, dove sia ben riparato e custodito: *r. i soldi in cassaforte* 3 ✿ *R. in qlcu. la propria fiducia* = avere fiducia in lui.

riportàre *v.tr.* 1 Portare di nuovo ◊ Portare indietro Ⓢ ricondurre, restituire: *ti presto l'ombrello, domani me lo riporti* 2 Riferire; citare: *r. una notizia* 3 ✿ Ottenere, conseguire: *r. la vittoria* ◊ Subire: *r. una sconfitta, gravi danni.*

riposàre *v.intr.* [aus. *avere*] 1 Interrompere la fatica, fare una sosta, prendere riposo, recuperare le energie 2 Dormire ♦ **riposarsi** *v.pr.* Prendere riposo.

ripòso *s.m.* Cessazione o interruzione di un'attività, di una fatica per eliminare la stanchezza e recuperare le forze: *non ha un momento di r.* ◊ Dormita, sonno.

ripostìglio *s.m.* Piccolo locale in cui si ripongono oggetti vari d'uso quotidiano Ⓢ sgabuzzino.

riprèndere *v.tr.* 1 Prendere di nuovo (anche ✿): *r. possesso di qlco.* 2 Prendere indietro ciò che si era dato, prestato, venduto, lasciato ecc.: *r. il cappotto al guardaroba* ◊ Riportare via con sé: *vengo a r. il bambino* 3 Riacquistare, recuperare (anche ✿): *r. coraggio, fiducia* ◊ Raggiungere chi è avanti: *r. l'auto in fuga* 4 Ricominciare, continuare dopo un'interruzione: *r. il discorso* 5 Filmare o fotografare: *r. un paesaggio* ♦ *v.intr.* [aus. *avere*] Ricominciare: *riprese a piovere* ♦ **riprendersi**

v.pr. Recuperare le proprie normali forze e capacità, superare un momento di crisi: *r. da uno spavento.*

riprésa *s.f.* 1 Nuovo inizio di un'attività dopo un'interruzione: *r. del lavoro* 2 Recupero di buone o normali condizioni dopo un periodo critico Ⓢ miglioramento: *l'economia è in netta r.* 3 Negli autoveicoli, capacità di un motore di accelerare rapidamente: *auto con un'ottima r.* 4 Secondo tempo di una partita di calcio o di altri sport 5 Il riprendere immagini con la cinepresa o la telecamera; la scena che viene ripresa: *r. subacquea.*

ripristinàre *v.tr.* Rimettere in funzione, in uso o in vigore Ⓢ ristabilire (anche ✿): *la polizia riuscì a r. l'ordine.*

riprodùrre *v.tr.* Fare una o più copie da un originale: *r. una foto* ◊ Stampare, pubblicare: *r. mille copie di un libro* ♦ **riprodursi** *v.pr.* Generare individui della stessa specie.

riproduzióne *s.f.* 1 L'operazione e il modo di riprodurre qlco. ◊ Copia (spec. di un'opera d'arte) 2 L'atto e il processo con cui gli organismi viventi generano altri individui della stessa specie.

ripugnànza *s.f.* Sensazione di ribrezzo, di disgusto, di profonda avversione Ⓢ repulsione: *provare r. per qlcu.*

ripugnàre *v.intr.* [aus. *avere*] Suscitare disgusto, profonda avversione.

ripulìre *v.tr.* Pulire di nuovo ◊ Pulire a fondo: *r. il giardino dalle erbacce* ♦ **ripulirsi** *v.pr.* Lavarsi e mettersi in ordine.

risàia *s.f.* Terreno coltivato a riso.

risalìre *v.tr.* 1 Salire di nuovo: *r. le scale* 2 *R. un fiume* = navigare o camminare lungo la riva verso la sua sorgente ♦ *v.intr.* [aus. *essere*] 1 Salire di nuovo dopo essere disceso: *r. a cavallo* 2 Andare, arrivare con una indagine alle origini, alle cause di qlco.: *r. ai mandanti di un delitto* **3** ✧ Essere accaduto o essere stato fatto in un tempo più o meno lontano: *questo edificio risale al medioevo.*

risalìta *s.f.* L'azione di risalire.

risàlto *s.m.* Rilievo, spicco, evidenza per cui qlco. o qlcu. si stacca, si distingue dal fondo, da tutto il resto o da tutti gli altri.

risarciménto *s.m.* Compenso in denaro dovuto da chi ha arrecato un danno a chi lo ha subìto Ⓢ indennizzo.

risarcìre *v.tr.* Compensare con una somma di denaro o in altro modo un danno arrecato ad altri Ⓢ indennizzare.

risàta *s.f.* L'atto di ridere in modo rumoroso e prolungato: *fece una gran r.*

riscaldaménto *s.m.* L'operazione di riscaldare qlco. ◊ Impianto per riscaldare abitazioni ed edifici: *spegnere il r.*

riscaldàre *v.tr.* **1** Scaldare di nuovo **2** Rendere caldo Ⓢ scaldare: *il sole riscalda la terra* **3** ✧ Eccitare: *r. gli animi* ◆

riscaldarsi *v.pr.* **1** Scaldare il proprio corpo: *correre per r.* **2** Diventare caldo.

riscàtto *s.m.* Liberazione di qlcu. dietro pagamento di una somma ◊ Il prezzo richiesto per la liberazione: *pagare il r.*

rischiàre *v.tr.* Mettere in pericolo, a rischio: *r. la vita* ◊ Correre dei rischi: *è meglio non r.* ◊ Correre il pericolo di qlco.: *r. la morte*; *ha rischiato di cadere.*

rìschio *s.m.* Possibilità di subire un danno Ⓢ pericolo: *affrontare, evitare un r.*

rischióso *agg.* Che comporta dei rischi Ⓢ pericoloso: *un'impresa r.*

risciacquàre *v.tr.* Passare in acqua pulita ciò che si è già lavato per togliere ogni residuo di sapone, di detersivo ecc.

riscòssa *s.f.* Azione offensiva per riconquistare ciò che si è perduto; reazione per risollevarsi da una sconfitta, da una condizione di oppressione o di avvilimento.

riscuòtere *v.tr.* **1** Risvegliare qlcu. in modo brusco o improvviso: *r. dal sonno* **2** Ricevere, ritirare del denaro che si deve avere Ⓢ incassare: *r. lo stipendio* **3** ✧ Ottenere, conseguire: *r. un successo*; *una persona che r. la fiducia di tutti.*

risentiménto *s.m.* Irritazione, sdegno e malanimo verso qlcu. che ci ha offeso, ci ha fatto del male.

risèrbo *s.m.* Discrezione e prudenza nel contegno, nel parlare e nell'agire Ⓢ riservatezza: *vi chiedo il massimo r.*

risèrva *s.f.* **1** Quantità di qlco. che viene messa da parte per utilizzarla al momento opportuno Ⓢ scorta, provvista: *finire le r. di viveri* ◊ Nei veicoli a motore, quantità minima di carburante rimasta nel serbatoio che consente ancora un limitato tempo di funzionamento **2** Nello sport, atleta, giocatore che in una squadra sostituisce il titolare quando questi non può gareggiare **3** *R. di caccia, di pesca* = luogo in cui il diritto di caccia o di pesca è riservato solo a date persone.

riservàre *v.tr.* **1** Mettere da parte, conservare qlco. per qlcu. o per utilizzarlo al momento opportuno: *r. provviste per l'inverno* **2** Tenere, destinare qlco. solo per sé o per determinate persone: *r. a qlcu. il posto migliore* ◊ Prenotare: *r. un tavolo al ristorante.*

riservatézza *s.f.* Riserbo, discrezione.

riservàto *agg.* **1** Pieno di riserbo Ⓢ discreto, prudente **2** Che è destinato solo a qlcu. Ⓢ privato, prenotato: *parcheggio r.* ◊ Che ha carattere personale, confidenziale o di segretezza: *lettera r.*

risièdere *v.intr.* [aus. *avere*] Avere residenza, sede, dimora in un luogo [S] abitare: *la mia famiglia risiede a Roma.*

rìso[1] *s.m.* [pl.f. *le risa*] L'atto del ridere.

rìso[2] *s.m.* Pianta erbacea le cui spighe contengono frutti con semi (chicchi) commestibili ◊ I chicchi di questa pianta, come prodotto alimentare.

risolùto *agg.* Fermamente deciso ad agire in un certo modo: *è r. a non cedere* ◊ Fermo e deciso, sicuro ed energico: *un uomo r.*; *qui ci vuole un'azione r.*

risòlvere *v.tr.* Trovare la soluzione di qlco.: *r. un problema* ◊ Chiarire: *r. ogni dubbio* ◊ Portare a una conclusione positiva: *riuscì a r. una faccenda complicata* ♦ **risolversi** *v.pr.* **1** Andare a finire [S] concludersi: *tutto si è risolto bene* ◊ Guarire: *l'influenza si risolverà in pochi giorni* **2** Decidersi: *r. a partire.*

risòrgere *v.intr.* [aus. *essere*] **1** Sorgere di nuovo **2** Tornare in vita [S] risuscitare.

risórsa *s.f.* Mezzo, capacità cui si può fare ricorso per le normali necessità o per fronteggiare particolari bisogni e difficoltà ◊ Fonte di ricchezza, insieme di mezzi economici disponibili: *un paese privo di r. energetiche.*

risòtto *s.m.* Piatto di riso asciutto cotto nel brodo con condimenti vari.

risparmiàre *v.tr.* **1** Evitare o limitare il consumo, l'uso di qlco.: *r. l'olio, la luce* ◊ Tenere in serbo; non sprecare inutilmente: *r. le forze* ◊ Guadagnare (tempo o spazio): *r. un'ora* **2** Spendere in meno o di meno negli acquisti: *r. comprando all'ingrosso* ◊ Limitare le spese ◊ Mettere da parte, spendendo meno di quanto si guadagna: *non riesce a r. più di cento euro al mese.*

rispàrmio *s.m.* **1** Il risparmiare [S] economia, guadagno **2** Denaro, reddito risparmiato, messo da parte: *investire i propri r.*

rispedìre *v.tr.* Spedire, rimandare indietro: *r. un pacco al mittente.*

rispettàbile *agg.* Degno di rispetto [S] onesto, perbene: *una persona r.*

rispettàre *v.tr.* **1** Considerare e trattare con il dovuto rispetto: *r. i genitori, la religione* **2** Riconoscere i diritti degli altri e delle loro cose, la dignità e il valore di ciò che esprimono e fanno e perciò non offenderli o violarli in alcun modo: *r. il prossimo*; *r. i beni altrui* ◊ Astenersi dal maltrattare, dal rovinare, dallo sciupare: *r. gli animali, la natura* **3** Osservare, seguire scrupolosamente: *r. la legge.*

rispètto *s.m.* **1** Sentimento di stima e atteggiamento di deferenza verso persone e cose cui si riconosce un valore e un'importanza particolare: *r. per i genitori*; *parlare con r. della religione* **2** Atteggiamento di chi riconosce il valore, i diritti e le esigenze di persone, animali o cose e perciò evita di recar loro offesa o danno: *avere r. per i deboli, per la natura* **3** Osservanza: *r. della legge.*

rispettóso *agg.* Che ha o dimostra rispetto: *è r. della legge*; *un gesto r.*

risplèndere *v.intr.* Splendere, brillare.

rispóndere *v.intr.* [aus. *avere*] **1** Replicare con parole a quanto viene detto, scritto, chiesto o richiesto da altri: *r. a una lettera* **2** Replicare con un certo comportamento a parole, azioni e comportamenti altrui [S] reagire: *r. violentemente a un'aggressione* **3** Reagire a uno stimolo: *il malato rispose bene alle cure* **4** Avere o assumersi la responsabilità di qlco. o qlcu.: *i genitori rispondono dei danni provocati dai figli* ♦ *v.tr.* Dire o scrivere in risposta: *alla mia domanda non rispose una parola.*

rispósta *s.f.* **1** Il rispondere a comunicazioni, domande, richieste altrui ◊ Ciò che si risponde, il modo in cui si risponde: *mi ha dato una r. chiara* **2** Azione con cui si risponde ad azioni altrui ⓢ reazione: *la r. all'attacco fu immediata.*

ríssa *s.f.* Lite violenta, zuffa tra due o più persone, con scambio di ingiurie e percosse.

ristabilìre *v.tr.* Rimettere in vigore, ricostituire, ripristinare ciò che era stato soppresso o messo in crisi: *r. l'ordine* ♦ **ristabilirsi** *v.pr.* Rimettersi in salute.

ristàmpa *s.f.* Nuova stampa di qlco., identica alla prima stampa.

ristorànte *s.m.* Locale pubblico in cui si possono consumare pasti a pagamento.

ristoràrsi *v.pr.* Riprendere energia, spec. riposandosi o rifocillandosi: *r. con uno spuntino.*

ristòro *s.m.* Recupero di vigore, di benessere; sollievo fisico o spirituale: *trovare r. nel sonno, nella lettura.*

ristrutturàre *v.tr.* Riorganizzare diversamente: *r. un'azienda* ◊ *R. un edificio, un appartamento* = restaurarlo modificandone e migliorandone le strutture.

risultàto *s.m.* Conseguenza, effetto: *ecco il r. della tua negligenza* ◊ Esito: *il r. delle elezioni* | *Il r. di un'operazione aritmetica* = il numero che la risolve.

risuonàre *v.intr.* [aus. *essere* o *avere*] **1** Mandare un suono profondo e prolungato ⓢ echeggiare, rimbombare: *la sala risuonò di applausi* **2** Diffondersi con una eco: *un urlo risuonò nel silenzio.*

risurrezióne vedi **resurrezióne**.

risuscitàre vedi **resuscitàre**.

risvegliàre *v.tr.* **1** Svegliare di nuovo ◊

Svegliare **2** ⚛ Stimolare, suscitare: *la passeggiata gli risvegliò l'appetito* ◊ Far risorgere, riaccendere, riportare alla mente: *r. le illusioni, il desiderio.*

risvéglio *s.m.* Il risvegliarsi dal sonno.

risvòlto *s.m.* Lembo di un indumento ripiegato all'infuori: *i r. della giacca.*

ritagliàre *v.tr.* Tagliare via una parte, seguendone i contorni, da un foglio, da un tessuto: *r. una foto dal giornale.*

ritàglio *s.m.* Pezzo ritagliato: *r. di giornale* | ⚛ *R. di tempo* = breve periodo di tempo che resta libero dalle occupazioni principali: *leggo solo nei r. di tempo.*

ritardàre *v.intr.* [aus. *avere*] Tardare ad arrivare ♦ *v.tr.* Far procedere più lentamente ⓢ rallentare: *i soldati cercarono di r. l'avanzata nemica* ◊ Rimandare, differire: *r. la partenza.*

ritàrdo *s.m.* **1** Il fatto di arrivare o fare qlco. più tardi di quanto era previsto o stabilito ◊ Il periodo di tempo che passa oltre il tempo previsto o stabilito: *r. di un'ora* **2** Indugio: *bisogna agire senza r.*

ritégno *s.m.* Senso della misura, discrezione, riserbo e pudore che trattengono dal comportarsi in modo sfrontato.

ritenére *v.tr.* Credere, pensare: *ritengo che tu abbia torto* ◊ Giudicare, stimare: *r. qlcu. onesto.*

ritentàre *v.tr.* Tentare di nuovo: *r. la fuga.*

ritiràre *v.tr.* **1** Tirare indietro ⓢ ritrarre: *r. la mano* **2** Togliere, levare, riprendere: *r. i panni stesi* ◊ Togliere dalla circolazione: *r. le vecchie banconote* ◊ Prendere, farsi consegnare, riscuotere: *r. lo stipendio in banca* **3** ⚛ Dichiarare non più valido ciò che si era detto o fatto e rinunciare ad attuarlo: *r. le dimissioni* ♦ **ritirarsi** *v.pr.* **1** Indietreggiare, ripiegare: *le truppe furono costrette a r.* ◊ Appartarsi in un luogo solitario; andare a vivere in un posto isolato: *r. in campagna, in convento* **2** Abbandonare, lasciare un'attività: *r. dalla scuola, dalla vita politica* ◊ Rinunciare a partecipare o a condurre a termine un concorso, una gara.

ritìro *s.m.* **1** Il ritirare, il togliere, il riprendere qlco. che si era messo, dato o concesso: *r. del passaporto* ◊ Presa in consegna; riscossione: *r. dello stipendio* **2** Il ritirarsi da un'attività, da una gara e sim. Ⓢ abbandono, rinuncia.

rìtmo *s.m.* **1** Successione regolare nel tempo di suoni, movimenti, fenomeni Ⓢ cadenza: *il r. del tam-tam, del cuore, delle stagioni* ◊ Velocità, frequenza con cui si svolgono fatti, fenomeni, attività: *lavora a r. frenetico* **2** Cadenza particolare che caratterizza l'accompagnamento di una composizione musicale: *r. di valzer, di tango.*

rìto *s.m.* **1** Cerimonia religiosa che si svolge eseguendo un complesso di atti (gesti, parole, canti) prescritti da una norma: *r. nuziale, funebre* **2** Cerimonia: *sposarsi con r. civile.*

ritoccàre *v.tr.* Fare qualche modifica o correzione a qlco. per migliorarlo e perfezionarlo: *r. un disegno, un testo.*

ritócco *s.m.* Lieve aggiunta, modifica o correzione per rifinire o migliorare qlco.

ritornàre *v.intr.* [aus. *essere*] Tornare.

ritórno *s.m.* **1** Rientro al luogo di partenza **2** Ripresa di un'attività dopo una sosta: *r. al lavoro* ◊ Ricomparsa di un fenomeno: *r. della febbre.*

ritràrre *v.tr.* **1** Tirare indietro Ⓢ ritirare: *r. la mano* **2** Riprodurre, rappresentare con la pittura, il disegno, la fotografia ecc.: *r. un volto, un paesaggio.*

ritràtto *s.m.* Opera d'arte o fotografia che ritrae una persona (e in partic. il suo volto).

ritrovàre *v.tr.* **1** Trovare di nuovo, ancora **2** Trovare qlco. o qlcu. che si era smarrito, che era scomparso o si era perso di vista: *r. la strada*; *r. un vecchio amico* ◊ Trovare, scoprire in seguito a indagini, ricerche: *r. dei resti archeologici* ◊ ✿ Ricuperare, riacquistare: *r. la salute* ♦ **ritrovàrsi** *v.pr.* **1** Incontrarsi, vedersi di nuovo: *r. dopo tanti anni* **2** Capitare o trovarsi di nuovo in un luogo, per lo più senza volerlo o aspettarselo: *r. al punto di partenza* ◊ Venire a trovarsi in una certa condizione: *r. solo.*

ritròvo *s.m.* Locale pubblico che costituisce un luogo d'incontro: *quel bar è un r. di molti giovani.*

rìtto *agg.* Dritto, in piedi; in posizione eretta, verticale: *stare r. sulle gambe.*

riunióne *s.f.* Incontro di più persone in un luogo, per scopi vari.

riuscìre *v.intr.* [aus. *essere*] **1** Uscire di nuovo **2** Avere un certo esito o risultato: *la festa riuscì bene* ◊ Avere buon esito: *l'esperimento riuscì* **3** Raggiungere, conseguire un certo fine o risultato: *r. a convincere qlcu.* ◊ Essere capace, in grado di fare qlco.: *non r. ad alzarsi.*

riuscìta *s.f.* Esito, risultato: *buona, cattiva r.* ◊ Buon esito Ⓢ successo: *dubito molto della r. del suo tentativo.*

rìva *s.f.* La fascia di terra che delimita le acque del mare, di un lago, di un corso d'acqua Ⓢ litorale, sponda.

rivàle *agg. e s.m./f.* Che, chi compete o è in lotta con altri Ⓢ antagonista, concorrente: *sono r. in amore*; *due città r.*

rivalità *s.f.* Contrasto tra rivali; il sentimento, l'atteggiamento di coloro che sono rivali Ⓢ antagonismo.

rivelàre *v.tr.* Far conoscere ciò che non era ancora noto o ben conosciuto [S] confidare, svelare: *r. un segreto.*
rivéndere *v.tr.* Vendere ciò che si è comprato: *mi ha rivenduto la sua auto.*
rivendicàre *v.tr.* **1** Chiedere con forza ciò che spetta o a cui si ritiene di aver diritto [S] reclamare, pretendere: *r. aumenti salariali* **2** Dichiararsi autore di un'azione, attribuirla a sé: *un gruppo terrorista rivendicò l'attentato.*
rivéndita *s.f.* Negozio, spaccio che vende merci al minuto.
rivestiménto *s.m.* Materiale con cui si ricopre qlco. a scopo protettivo o decorativo [S] copertura.
rivestìre *v.tr.* Ricoprire, foderare qlco. a scopo protettivo o decorativo: *r. di piastrelle le pareti.*
rivìncita *s.f.* In giochi e sport, nuova partita o nuovo incontro in cui chi ha perso ha la possibilità di rifarsi.
rivìsta *s.f.* Pubblicazione periodica specializzata: *r. medica* ◊ Periodico illustrato di attualità [S] rotocalco.
rivòlgere *v.tr.* Volgere, dirigere, indirizzare: *r. lo sguardo altrove*; *r. la parola a qlcu.* ♦ **rivolgersi** *v.pr.* **1** Voltarsi in una certa direzione o verso qlcu. **2** Indirizzare il proprio discorso a qlcu. ◊ Ricorrere a qlcu. per informazioni, aiuto ecc.
rivòlta *s.f.* Violenta e improvvisa ribellione di massa [S] insurrezione.
rivoltèlla *s.f.* Pistola i cui proiettili sono inseriti in un tamburo rotante ◊ Pistola di qualsiasi tipo.
rivoltellàta *s.f.* Colpo di rivoltella.
rivoltóso *agg.* e *s.m.* Che, chi partecipa a una rivolta [S] ribelle, insorto.
rivoluzionàre *v.tr.* Trasformare, cambiare radicalmente: *r. la società.*
rivoluzionàrio *agg.* **1** Della rivoluzione; che vuole la rivoluzione, che lotta per realizzarla **2** ♧ Che attua o costituisce un profondo cambiamento, una radicale innovazione: *una scoperta r.* ♦ *s.m.* Chi promuove una rivoluzione o vi partecipa.
rivoluzióne *s.f.* **1** Cambiamento radicale e per lo più violento dell'ordine politico-sociale di un paese: *la r. francese, russa* **2** Trasformazione radicale dell'economia, della società e della tecnica per effetto di nuove scoperte e invenzioni: *r. industriale, tecnologica* **3** Movimento circolare di un corpo celeste intorno a un altro: *la r. della Terra intorno al Sole.*
rizzàre *v.tr.* Mettere ritto, alzare in posizione eretta: *r. un palo* ♦ **rizzarsi** *v.pr.* **1** Alzarsi in piedi; mettersi in posizione eretta: *r. a sedere* **2** Diventare ritto.
ròba *s.f.* **1** Qualsiasi oggetto o insieme di oggetti, di cose ◊ Cibi, bevande: *mangiare r. buona* ◊ Biancheria, abiti, indumenti: *r. da lavare* ◊ Merce: *r. usata* **2** Ciò che si possiede [S] beni, proprietà: *tutto questo è r. mia* **3** Cosa, fatto: *successe una r. incredibile* ◊ Faccenda, questione: *non è r. che ti riguardi.*
ròbot *s.m.invar.* Macchina automatica in grado di sostituire l'uomo in attività produttive ◊ Automa meccanico che imita l'aspetto e i movimenti dell'uomo.
robùsto *agg.* **1** Forte e ben piantato, vigoroso, muscoloso: *corporatura r.* **2** Solido, resistente: *un ponte r.*; *una fune r.*
ròccia *s.f.* Massa di minerali che costituisce la parte più dura e compatta della crosta terrestre: *strada scavata nella r.* ◊ Masso di pietra affiorante [S] rupe.
roccióso *agg.* Costituito da roccia: *strato r.* ◊ Pieno di rocce: *una zona r.*

ròco *agg.* Rauco: *voce r.* ◊ Detto di suono, basso e poco limpido.
rodàggio *s.m.* Periodo iniziale del funzionamento di un motore, di una macchina, durante il quale li si fa andare a velocità moderata.
ródere *v.tr.* Rosicchiare, consumare con i denti: *il tarlo rode il legno.*
roditóri *s.m.pl.* Gruppo di mammiferi dotati di denti incisivi molto sviluppati, atti a rodere: *i topi e i conigli sono r.*
rógna *s.f.* **1** Malattia della pelle detta anche *scabbia* **2** ♧ Cosa che costituisce un fastidio, una noia.
ràgo *s.m.* **1** Catasta di legna su cui bruciare i cadaveri o su cui, in passato, venivano arsi vivi alcuni condannati a morte **2** Incendio violento Ⓢ falò.
romàntico *agg.* Sentimentale, idealista, incline al sogno o alla malinconia ◊ Che ispira sentimenti amorosi, di tenerezza, di commozione: *una passeggiata r.*
romanzésco *agg.* **1** Che riguarda i romanzi: *letteratura r.* **2** ♧ Detto di fatti e vicende che sembrano tratti da un romanzo tanto sono strani, straordinari o avventurosi: *ha avuto una vita r.*
romanzière *s.m.* Scrittore di romanzi.
romànzo *s.m.* Opera narrativa di una certa ampiezza, che racconta vicende e avvenimenti tratti dalla realtà e dalla storia o puramente inventati.
rombàre *v.intr.* [aus. *avere*] Produrre un rumore forte, cupo e prolungato.
rómbo[1] *s.m.* Suono, rumore cupo e forte.
rómbo[2] *s.m.* Parallelogramma con tutti i lati uguali e gli angoli opposti uguali.
rómpere *v.tr.* **1** Spezzare; fare a pezzi Ⓢ spaccare, infrangere: *r. un bastone*; *r. un piatto* ◊ Guastare, mettere fuori uso: *r. un giocattolo* **2** ♧ Interrompere, metter fine, troncare: *r. i rapporti* ◊ Non rispettare, infrangere, violare: *r. la tregua, i patti* ♦ **rompersi** *v.pr.* Spezzarsi, spaccarsi, infrangersi ◊ Guastarsi: *si è rotto il frigo.*
rónda *s.f.* Pattuglia di militari che svolge un servizio e un giro di vigilanza.
róndine *s.f.* Uccello migratore con piumaggio nero sul dorso e bianco sul petto.
ronzàre *v.intr.* [aus. *avere*] Emettere un ronzio volando.
ronzìo *s.m.* Rumore sordo, vibrante e continuato caratteristico del volo di alcuni insetti ◊ Rumore analogo prodotto da motori lontani o proiettili che passano vicini.
ròsa *s.f.* Pianta a forma di arbusto o di cespuglio, con spine ricurve sul fusto e sui rami e, a seconda delle specie, fiori più o meno profumati di varia grandezza e colore ◊ Il fiore di questa pianta: *cogliere una r.* ♦ *s.m.* Colore intermedio tra il bianco e il rosso ♦ *agg.invar.* Di color rosa.
rosicchiàre *v.tr.* Rodere poco a poco con i denti.
rosmarìno *s.m.* Arbusto dalle foglie molto sottili e aromatiche, utilizzate in cucina per insaporire i cibi.
rosolàre *v.tr.* Cuocere a fuoco lento una vivanda finché prenda all'esterno un colore rossiccio: *r. l'arrosto, le patate.*
ròspo *s.m.* Animale anfibio simile alla rana, ma più grande e tozzo.
rossétto *s.m.* Cosmetico per tingere le labbra, per lo più in forma di bastoncino.
rósso *agg.* Che è del colore del sangue vivo, della brace, del rubino ♦ *s.m.* **1** Il colore rosso **2** Luce rossa nei semafori che indica l'obbligo di fermarsi: *fermarsi col r.*

rossóre *s.m.* Arrossamento improvviso del viso causato da vergogna, pudore, imbarazzo, rabbia, sdegno.

rosticcerìa *s.f.* Negozio in cui si preparano e si vendono cibi caldi, spec. arrosti e fritture.

rotàia *s.f.* Ciascuna delle due guide d'acciaio su cui scorrono le ruote di tram, treni ecc.

rotazióne *s.f.* **1** Movimento di un corpo intorno al proprio asse o a un punto fisso ◊ Movimento circolare del proprio corpo o di una sua parte: *r. della testa* **2** ⚗ Avvicendamento, alternanza: *r. dei turni.*

rotèlla *s.f.* Piccola ruota (spec. come parte di meccanismi e attrezzi vari).

rotocàlco *s.m.* Periodico illustrato.

rotolàre *v.intr.* [aus. *essere*] Muoversi girando su se stesso: *la palla rotola* ◊ Cadere girando su se stesso Ⓢ ruzzolare: *r. giù dalle scale* ♦ **rotolarsi** *v.pr.* Girarsi su se stesso stando disteso: *r. nell'erba.*

ròtolo *s.m.* Involto, pacchetto di forma cilindrica ◊ Materiale avvolto su se stesso in modo da formare un cilindro: *un r. di carta.*

rotónda *s.f.* Terrazza, piattaforma o costruzione di forma circolare.

rotóndo *agg.* Che ha una forma circolare o sferica.

róta *s.f.* Il percorso, la direzione lungo cui procede o deve procedere una nave o un aereo: *seguire la r. prestabilita.*

rottàme *s.m.* Frammento di cosa rotta ◊ Ammasso di pezzi rotti e inutilizzabili: *l'incidente ridusse la macchina a un r.*

rótto *agg.* Ridotto in pezzi, spaccato: *un vaso r.* ◊ Fratturato: *gamba r.* ◊ Non più funzionante Ⓢ guasto: *la radio è r.*

rottùra *s.f.* **1** Spaccatura; guasto: *r. di un*

vetro; *r. dello sterzo* ◊ Frattura: *r. di una gamba* **2** ⚗ Brusca interruzione di rapporti o trattative: *r. di un fidanzamento* ◊ Violazione di accordi: *r. della tregua.*

ròtula *s.f.* Osso anteriore del ginocchio, di forma appiattita e tondeggiante.

rovènte *agg.* Così infuocato da diventare rosso: *ferro, carbone r.* ◊ Che scotta Ⓢ caldissimo, cocente: *sole, sabbia r.*

rovesciàre *v.tr.* **1** Voltare sottosopra o dalla parte opposta al diritto Ⓢ rivoltare, capovolgere: *r. una barca* ◊ Far cadere: *r. una sedia* ◊ ⚗ Abbattere: *r. un governo* **2** Versare giù o fuori: *r. il vino sulla tovaglia* ♦ **rovesciarsi** *v.pr.* **1** Capovolgersi, ribaltarsi ◊ Cadere giù (di cosa che stava in piedi) **2** Versarsi fuori uscendo da un recipiente.

rovèscio *agg.* A *r., alla r.* = in modo inverso, contrario o opposto a quello giusto o normale ♦ *s.m.* **1** Lato opposto al dritto o a quello considerato principale: *il r. di una stoffa* **2** Nel tennis, colpo dato con la parte della racchetta corrispondente al dorso della mano **3** Acquazzone breve e violento.

rovìna *s.f.* **1** Crollo, distruzione o grave deterioramento **2** (spec. al *pl.*) Insieme di edifici crollati Ⓢ macerie: *le r. del terremoto* ◊ Avanzi di antiche costruzioni Ⓢ ruderi: *le r. di un tempio egizio* **3** ⚗ Sfacelo, fallimento, dissesto finanziario: *mandare in r. un'azienda.*

rovinàre *v.tr.* Danneggiare, guastare, compromettere gravemente: *il fumo rovina la salute* ◊ ⚗ Mandare in sfacelo, in fallimento, in miseria ♦ **rovinarsi** *v.pr.* **1** Procurarsi un danno irreparabile: *r. con il gioco* **2** Guastarsi, sciuparsi: *l'abito si rovinò.*

rózzo *agg.* **1** Grezzo, non lavorato: *pie-*

tra r. **2** ⚜ Non raffinato Ⓢ grossolano: *uomo r.* ◊ Sgarbato, maleducato: *modi r.*

rubàre *v.tr.* Prendere di nascosto o comunque illecitamente un bene altrui.

rubinétto *s.m.* Dispositivo che permette di aprire, chiudere e regolare il flusso di un liquido o di un gas in una tubazione azionando manualmente una chiavetta o una manopola.

rubrìca *s.f.* Quaderno, taccuino con i margini laterali a scaletta contrassegnati dalle lettere dell'alfabeto per facilitare la consultazione di nomi, indirizzi, appunti segnati in ordine alfabetico.

rùde *agg.* Duro e aspro di carattere; forte e risoluto nel comportamento o rozzo e brusco di modi ◊ Duro e faticoso.

rùdere *s.m.* (spec. al *pl.*) Resto, rovina di antiche costruzioni: *i r. di un castello.*

rùga *s.f.* Piega, grinza della pelle, spec. del viso: *volto coperto di rughe.*

rùggine *s.f.* Sostanza di colore brunorossastro che si forma per effetto dell'umidità sulla superficie del ferro e lo corrode e disgrega progressivamente.

ruggìto *s.m.* **1** Il verso caratteristico del leone **2** ⚜ Grido, urlo furioso: *r. di dolore* ◊ Fragore minaccioso di elementi infuriati: *il r. del mare in tempesta.*

rugiàda *s.f.* Goccioline d'acqua che di notte si depositano su oggetti al suolo per effetto della condensazione del vapore acqueo dovuta all'abbassamento della temperatura.

rugóso *agg.* Coperto di rughe: *volto r.*

rùllo *s.m.* **1** Suono ritmico del tamburo quando viene percosso con colpi forti e frequenti **2** Attrezzo o elemento di forma cilindrica che gira intorno al proprio asse.

rumóre *s.m.* Qualsiasi suono di carattere irregolare e non musicale, spec. se sgradevole e fastidioso.

rumoróso *agg.* Che fa molto rumore: *macchina r.* ◊ Pieno di rumori: *strada r.*

ruòlo *s.m.* La parte, il personaggio che un attore interpreta in un'opera teatrale, in un film ◊ Il compito assegnato in una squadra a ogni singolo giocatore: *gioca nel r. di portiere.*

ruòta *s.f.* **1** Organo a forma di cerchio o di disco, girevole sul proprio asse; applicato a veicoli ne consente il più efficace spostamento; come elemento di macchine e meccanismi ha la funzione di trasmettere il moto: *le r. del carro; le r. dentate di un ingranaggio* **2** Oggetto, elemento, movimento di forma circolare: *la r. del timone.*

ruotàre *v.intr.* [aus. *avere*] Girare intorno a un punto o intorno al proprio asse: *la Terra ruota intorno al Sole e su se stessa* ♦ *v.tr.* Far compiere un giro o un mezzo giro a qlco.: *r. il busto.*

rùpe *s.f.* Grande roccia dalle pareti scoscese: *una r. a picco sul mare.*

ruràle *agg.* Di campagna, delle campagne: *abita in un centro r.; la vita r.*

ruscèllo *s.m.* Piccolo e breve corso d'acqua.

rùspa *s.f.* Macchina per scavare il terreno e per spostare, sollevare, scaricare terra, detriti ecc.

russàre *v.intr.* [aus. *avere*] Respirare rumorosamente nel sonno.

rùvido *agg.* **1** Non liscio, non levigato: *pelle r.; tessuto r.* **2** ⚜ Rude, aspro, brusco, poco cortese: *un uomo r.; maniere r.*

ruzzolàre *v.intr.* [aus. *essere*] Cadere, precipitare rotolando: *r. giù per le scale.*

ruzzolóne *s.m.* Caduta che si fa rotolando Ⓢ capitombolo.

S

s *s.f.* o *m.* Diciassettesima lettera dell'alfabeto italiano; è una consonante. Può avere un suono sordo (*sano, fosso*) o sonoro (*caso, sgombro*); è detta *s impura* quando precede un'altra consonante.

sàbato *s.m.* Sesto giorno della settimana.

sàbbia *s.f.* Insieme di granelli minuti provenienti dalla disgregazione di rocce e minerali.

sabbióso *agg.* Costituito da sabbia: *spiaggia s.* ◊ Ricco di sabbia: *terreno s.*

sabotàggio *s.m.* Azione con cui si distruggono o danneggiano, per scopi politici o militari, edifici, impianti, macchinari, mezzi e linee di trasporto ecc.

sabotàre *v.tr.* **1** Distruggere o danneggiare, per scopi politici o militari, edifici, impianti, macchinari, mezzi e linee di trasporto, di comunicazione ecc. **2** ♧ Ostacolare con ogni mezzo: *s. un'iniziativa.*

sàcca *s.f.* Borsa di pelle o tessuto a forma di sacco, ampia e capace, usata per riporre e trasportare indumenti, biancheria, viveri e sim.

saccheggiàre *v.tr.* Devastare e depredare portando via tutto: *s. una città.*

sàcco *s.m.* **1** Recipiente di tela, carta o plastica, lungo e stretto, aperto in alto, usato per contenere e trasportare materiali in polvere, in grani o oggetti di piccole dimensioni: *s. per cemento, per riso*; *s. per la spazzatura* **2** *S. a pelo* = lungo sacco imbottito con materiale che trattiene il calore, usato per dormire in tenda o all'aperto **3** ♧ Gran quantità Ⓢ mucchio: *un s. di soldi.*

sacerdòte *s.m.* Chi celebra i riti di una religione ◊ Prete cattolico.

sacraménto *s.m.* Nel cristianesimo e in partic. nel cattolicesimo, rito istituito da Gesù per operare la salvezza dell'uomo.

sacrestìa vedi **sagrestìa**.

sacrificàre *v.tr.* **1** Nelle religioni pagane, offrire in dono alla divinità, uccidendoli, animali o esseri umani Ⓢ immolare **2** Rinunciare a qlco. per un ideale, per un dovere, per una necessità: *s. la vita per la libertà*; *s. le vacanze allo studio* ♦ **sacrificarsi** *v.pr.* **1** Offrire la propria vita in sacrificio: *s. per salvare un amico* **2** Sottoporsi a rinunce, disagi per il bene altrui, per un ideale o per uno scopo.

sacrifìcio *s.m.* **1** Offerta alla divinità, mediante un rito religioso, di una cosa, di una vittima animale o umana **2** Offerta o perdita della vita: *ogni guerra costa il s. di molte vite umane* **3** Privazione, rinuncia, disagio che si affronta volontariamente o si subisce per necessità: *fare s. per far studiare i figli.*

sacrilègio *s.m.* Offesa contro ciò che è sacro; profanazione, con atti o parole, di persone, cose o luoghi sacri.

sàcro *agg.* **1** Che appartiene o si riferisce alla divinità, alla religione: *luogo s.*; *cerimonia s.* | *S. Scrittura* = la Bibbia **2** ♧ Degno del più assoluto rispetto, onore e venerazione Ⓢ inviolabile, intoccabile: *ogni giuramento è s.*

sadìsmo *s.m.* **1** Perversione sessuale per cui una persona prova piacere erotico nell'infliggere sofferenze fisiche o morali **2** Crudeltà mentale per cui si prova piacere nel veder soffrire gli altri o nel tormentarli senza motivo.

saggézza *s.f.* Capacità di valutare, decidere e agire con giudizio, equilibrio e prudenza, seguendo la ragione e gli insegnamenti dell'esperienza: *agire con s.*

sàggio[1] *agg.* Dotato di saggezza; pieno di saggezza; che rivela saggezza ⓢ equilibrato, assennato, giudizioso, prudente ♦ *s.m.* Persona saggia.

sàggio[2] *s.m.* **1** Campione o esemplare di un prodotto: *s. farmaceutico* **2** Prova, dimostrazione delle proprie capacità: *dare un s. della propria bravura* **3** Scritto, studio critico su un particolare argomento: *leggere un s. di economia.*

sàgoma *s.f.* **1** Forma di legno o di cartone il cui profilo serve da modello per lavori vari (fare mobili, abiti, costruire navi, aerei ecc.) **2** Profilo, linea esterna: *vettura dalla s. aerodinamica.*

sàgra *s.f.* Festa popolare con fiera e mercato, dedicata al santo patrono o a prodotti locali: *s. del paese*; *s. dell'uva.*

sagràto *s.m.* Lo spazio consacrato davanti a una chiesa, spesso soprelevato rispetto al livello della strada.

sagrestìa o **sacrestìa** *s.f.* Locale annesso alla chiesa, in cui si custodiscono paramenti, arredi sacri, vesti liturgiche ecc.

sàla *s.f.* Ampio e spazioso locale in appartamenti privati o in edifici pubblici: *s. da pranzo*; *s. da ballo*; *s. operatoria.*

salàme *s.m.* Insaccato di carne di maiale tritata e condita con sale, pepe e aromi.

salàre *v.tr.* Condire un cibo con sale: *s. la minestra* ◊ Mettere sotto sale un alimento per conservarlo: *s. le acciughe.*

salàrio *s.m.* Paga, retribuzione di un lavoratore dipendente (spec. operaio).

salàto *agg.* Che contiene sale: *acqua s.* ◊ Condito con sale o con troppo sale: *pane s.*; *questa carne è s.* ◊ Conservato sotto sale: *acciughe s.*

saldàre *v.tr.* **1** Unire dei pezzi metallici mediante saldatura: *s. due tubi* ◊ Congiungere tra loro due o più elementi staccati: *s. un osso fratturato* **2** Pagare interamente ciò che si deve: *s. un conto.*

sàldo[1] *agg.* Stabile, fermo e sicuro; solido e resistente (anche ✿): *un s. appoggio*; *un'amicizia molto s.*

sàldo[2] *s.m.* **1** In un conto, in un bilancio, la differenza tra la somma delle entrate e quella delle uscite; si ha un *s. attivo* quando le entrate superano le uscite, *s. passivo* nel caso opposto **2** Somma residua da versare per estinguere un debito ◊ Pagamento completo di un debito: *versare una somma a s.* **3** (spec. al *pl.*) Avanzi di merci messe in vendita a basso prezzo: *i s. di fine stagione.*

sàle *s.m.* **1** Tipo di composto chimico che per lo più si presenta sotto forma di cristalli: *s. da cucina*; *s. da bagno* **2** Nel linguaggio corrente, il *sale da cucina*, estratto dalle acque del mare o dalle miniere di salgemma, usato per insaporire i cibi o per conservarli.

salièra *s.f.* Piccolo recipiente in cui si tiene il sale in tavola.

salìre *v.intr.* [aus. *essere*] **1** Andare verso l'alto, fino a un luogo più elevato: *s. per le scale*; *s. in cima a un monte* ◊ Montare sopra qlco.: *s. su una sedia*; *s. a cavallo, sul treno* ◊ Alzarsi, levarsi in aria: *dall'incendio salì una colonna di fumo* **2** ✿ Crescere, aumentare: *le salì la febbre* ♦ *v.tr.* Percorrere andando verso l'alto: *s. le scale*; *s. un monte.*

salìta *s.f.* **1** Il salire ⓢ ascesa: *strada in*

s. **2** Tratto di strada o di terreno che sale.

salìva *s.f.* Liquido prodotto da ghiandole poste nella bocca (*ghiandole salivari*).

sàlma *s.f.* Corpo di un persona defunta Ⓢ cadavere: *la s. fu rinchiusa nella bara.*

salòtto *s.m.* Locale di un appartamento adibito a soggiorno e luogo di ricevimento: *fece accomodare gli ospiti in s.*

sàlsa *s.f.* Condimento semiliquido di varia composizione per vivande calde e fredde: *s. di pomodoro, piccante, verde.*

salsìccia *s.f.* Carne suina tritata e insaccata con sale e aromi: *s. di cinghiale.*

saltàre *v.intr.* [aus. *essere* o *avere*] **1** Staccarsi di slancio dal suolo ricadendo nello stesso punto o in un punto diverso: *s. in alto, in lungo, oltre un ruscello* ◊ Lanciarsi giù o salire con un balzo: *s. in acqua*; *s. sull'autobus in corsa* **2** Esplodere: *s. in aria* ◊ ⌘ Essere annullato o rimandato: *salta l'incontro tra governo e sindacati* ♦ *v.tr.* **1** Superare, oltrepassare con un salto: *s. un ostacolo* **2** ⌘ Tralasciare, omettere: *s. una parola* | *S. il pasto* = non farlo.

sàlto *s.m.* **1** L'atto, il movimento del saltare Ⓢ balzo: *spiccare un s.* ◊ Specialità atletica e di altri sport, praticata in diverse forme: *s. in alto, in lungo, triplo* **2** ⌘ Rapida e breve visita in un luogo o da qlcu. Ⓢ scappata: *fare un s. a casa*; *domani faccio un s. a trovarti.*

saltuàrio *agg.* Che non ha carattere di continuità e regolarità nel tempo Ⓢ discontinuo, irregolare: *lavoro s.*; *visite s.*

sàlubre *agg.* Che giova alla salute Ⓢ sano, salutare: *aria, clima s.*; *vita s.*

salùme *s.m.* Qualunque prodotto di carne suina sottoposto a salatura o a stagionatura (prosciutto, pancetta, salame ecc.).

salumerìa *s.f.* Negozio in cui si vendono salumi e altri prodotti alimentari.

salumière *s.m.* Chi vende salumi.

salutàre *v.tr.* Rivolgersi a qlcu., quando lo si incontra o lo si lascia, con parole o gesti di cortesia, di rispetto, di affetto, di amicizia ecc. ♦ **salutarsi** *v.pr.* Scambiarsi saluti.

salùte *s.f.* **1** Stato di benessere, di efficienza dell'organismo: *conservarsi in s.* **2** Condizione in cui si trova l'organismo di una persona: *come va la s.?*

salùto *s.m.* L'atto del salutare; le parole o il gesto con cui ci si rivolge a qlcu. incontrandolo o lasciandolo: *ricambiare il s.* ◊ (spec. al *pl.*) Formula di cortesia, usata sia a voce, sia in cartoline e come chiusura di lettere: *distinti s.*

salvagènte *s.m.* Attrezzo galleggiante di forma e materiale vari, usato per mantenere a galla chi è caduto in acqua o per imparare a nuotare.

salvàre *v.tr.* Trarre fuori da un grave pericolo; in partic. sottrarre alla morte ◊ Preservare da danni e pericoli; sottrarre alla rovina, alla perdita, alla distruzione; mantenere integro: *s. una casa dalle fiamme*; *s. l'onore* ♦ **salvarsi** *v.pr.* Sottrarsi a un grave pericolo; scampare alla morte: *s. da un incendio*; *riuscì a s. a nuoto.*

salvatàggio *s.m.* Operazione, intervento per salvare persone e cose in pericolo.

sàlve *inter.* Espressione di saluto e di augurio: *s., come state?*

salvézza *s.f.* Il salvarsi, l'essere salvo, salvato Ⓢ scampo: *cercare una via di s.* ◊ La persona o la cosa che ha salvato o può salvare: *la fuga era l'unica s.*

sàlvia *s.f.* Pianta le cui foglie fortemente aromatiche sono usate come condimento in cucina: *ravioli al burro e s.*

salviétta *s.f.* Tovagliolo di cotone o più spesso di carta.

sàlvo *agg.* Che è scampato a un pericolo senza riportare danni ⓢ indenne, incolume, illeso: *tornò dalla guerra sano e s.* ◊ Fuori pericolo di morte: *se arrivano i soccorsi, siamo s.* ◊ *In s.* = al sicuro, fuori d'ogni pericolo: *mettersi in s.* ♦ *prep.* Tranne, eccetto: *ci sono tutti s. lui.*

sàndalo *s.m.* Calzatura leggera, costituita, nella parte superiore, da strisce di cuoio o altro materiale.

sàngue *s.m.* [solo *sing.*] Liquido organico di colore rosso che circola nelle arterie e nelle vene dell'uomo e dei vertebrati, trasportando l'ossigeno e gli elementi nutritivi nelle varie parti dell'organismo: *trasfusione di s.* | ⌘ *S. freddo* = perfetta padronanza dei propri nervi ◊ In molte espressioni indica ferimento, uccisione, morte, strage: *soffocare una rivolta nel s.* | *Pagare col s.* = rimetterci la vita.

sanguinàre *v.intr.* [aus. *avere*] Versare sangue: *s. dal naso.*

sanguinàrio *agg.* Che è portato per istinto a ferire e a uccidere; che non esita a spargere il sangue di molte persone.

sanguinóso *agg.* Che comporta grande spargimento di sangue ⓢ cruento: *una battaglia s.*

sanità *s.f.* Stato di buona salute: *s. fisica, mentale* | *Ministero della s.* = che ha il compito di tutelare la salute pubblica.

sanitàrio *agg.* Che concerne la sanità e l'igiene; che ha il compito di tutelare la salute pubblica: *assistenza s.*; *personale s.* | *Impianti s.* = impianti igienici, come lavabo, doccia, water ecc.

sàno *agg.* **1** Che è in buone condizioni di salute; non malato, non guasto: *una persona s.*; *denti s.* ◊ Che rivela buona salute: *colorito s.* **2** Che fa bene alla salute o comunque non la danneggia ⓢ salubre: *clima s.*; *fare una vita s.*

sànto *agg.* Nella religione cristiana, attributo di Dio: *lo Spirito S.* ◊ Che appartiene, si riferisce, è consacrato a Dio e alla religione: *acqua s.*; *il s. Natale* | *Il s. padre* = il papa ◊ Davanti a nome proprio indica chi è stato dichiarato dalla chiesa cattolica degno di culto e venerazione da parte dei fedeli; può indicare anche il giorno in cui se ne celebra la festa o una chiesa a lui intitolata ♦ *s.m.* Chi è stato dichiarato santo: *il s. patrono del paese.*

sapére *v.tr.* **1** Conoscere qlco. per averlo appreso mediante lo studio e l'applicazione: *s. una lingua* **2** Essere o venire a conoscenza, essere informato, avere notizia di qlco.; apprendere: *sai che ora è?*; *vuoi proprio s. la verità?* | *Far s.* = informare **3** Aver ben chiaro in mente; conoscere il modo per raggiungere un fine: *è uno che sa quello che vuole*; *so come convincerlo* ◊ Prevedere, poter prevedere: *lo sapevo che sarebbe andata a finire così* **4** Essere capace di fare qlco. o particolarmente abile in qlco.: *s. nuotare*; *ci sa fare con le donne* ♦ *v.intr.* [aus. *avere*] Avere un certo sapore o odore: *questo vino sa d'aceto*; *le lenzuola sanno di pulito* ♦ *s.m.* Il complesso delle conoscenze, delle nozioni che si possiedono o si possono possedere: *il s. umano.*

sapiènte *s.m.f.* Persona dotata di sapienza ⓢ saggio: *i s. dell'antichità.*

sapiènza *s.f.* Dote di chi possiede vaste cognizioni e una profonda conoscenza delle cose unita a saggezza.

sapóne *s.m.* Sostanza detergente confezionata in varie forme come prodotto per lavare e sgrassare.
saponétta *s.f.* Pezzo di sapone da toeletta.
sapóre *s.m.* La sensazione prodotta dalle sostanze sugli organi del gusto: *s. dolce, forte, aspro* ◊ La caratteristica sensazione prodotta da una data sostanza [S] gusto: *il s. del caffè, dell'aglio.*
saporìto *agg.* Ricco di sapore, che ha buon sapore [S] gustoso: *un piatto s.*
saracinésca *s.f.* Chiusura metallica di sicurezza, spec. per locali a piano terra, costituita da una lamiera o griglia snodabile che si avvolge su un rullo.
sarcàsmo *s.m.* Ironia aspra, amara e pungente che mira a demolire, a umiliare.
sarcàstico *agg.* Pieno di sarcasmo.
sardìna *s.f.* Piccolo pesce marino commestibile che vive in banchi.
sàrto *s.m.* Chi taglia e confeziona abiti su misura ◊ Chi crea modelli per una casa di moda [S] stilista.
sartorìa *s.f.* Laboratorio di sarto ◊ Casa di mode.
sassàta *s.f.* Colpo di sasso.
sàsso *s.m.* Piccolo frammento di roccia [S] pietra, ciottolo ◊ Masso, macigno.
sassóso *agg.* Pieno di sassi: *strada s.*
satèllite *s.m.* Corpo celeste che ruota intorno a un pianeta ◊ *S. artificiale* = apparecchio spaziale messo in orbita intorno a un corpo celeste, generalmente la Terra, per scopi scientifici, militari, meteorologici, di telecomunicazione ecc.
sàtira *s.f.* Descrizione che mette in ridicolo, per criticarli e denunciarli, determinati comportamenti, modi di vivere e di pensare, individui, gruppi, ambienti ecc.: *fare la s. del militarismo.*
sàturo *agg.* Che è pieno di qlco. al punto di non poterne assorbire più: *terreno s. d'acqua.*
sàuna *s.f.* Bagno di vapore molto caldo seguito da una doccia fredda ◊ Il locale attrezzato per fare tale bagno.
saziàre *v.tr.* Soddisfare la fame, l'appetito di qlcu.; rendere sazio.
sàzio *agg.* Che ha soddisfatto completamente la fame, l'appetito.
sbadàto *agg.* e *s.m.* Che, chi non bada a quello fa, agisce o parla senza riflettere [S] distratto, sventato.
sbadigliàre *v.intr.* [aus. *avere*] Fare uno sbadiglio, degli sbadigli.
sbadìglio *s.m.* Atto involontario consistente in un profondo respiro a bocca spalancata, provocato per lo più da sonno, fame o noia.
sbagliàre *v.tr.* **1** Compiere un'azione in modo errato, inesatto: *s. la mira, un calcolo* ◊ Seguire una linea d'azione errata; scegliere male: *s. tattica* **2** Scambiare, prendere una persona o una cosa per un'altra: *s. indirizzo* ♦ *v.intr.* [aus. *avere*] Commettere degli errori; agire, comportarsi in modo non giusto, non opportuno: *tutti possono s.* ◊ Fare qlco. in modo errato: *s. a scrivere* ♦ **sbagliarsi** *v.pr.* Essere in errore, ingannarsi nel giudicare.
sbagliàto *agg.* Erroneo, inesatto; errato, non giusto: *calcoli s.* ◊ Non adatto, inopportuno: *arrivi nel momento s.*
sbàglio *s.m.* **1** Errore, inesattezza: *s. di calcolo* ◊ Errore di valutazione ◊ Scambio di una persona o di una cosa per un'altra [S] equivoco, svista, disattenzione **2** Errore di comportamento, colpa.
sbalordìre *v.tr.* Impressionare, stupire profondamente: *la notizia ci sbalordì.*
sbàlzo *s.m.* Movimento rapido e im-

provviso Ⓢ sobbalzo, scossone ◊ ♧ Variazione improvvisa: *s. di temperatura.*

sbandàre *v.intr.* [aus. *avere*] Detto di veicoli a ruote, deviare dalla propria traiettoria di corsa.

sbaragliàre *v.tr.* Mettere in rotta, travolgere completamente forze nemiche ◊ Battere, sconfiggere duramente avversari sportivi o politici.

sbarazzàre *v.tr.* Liberare da ciò che ingombra: *s. una strada dalle macerie* ♦ **sbarazzarsi** *v.pr.* Liberarsi di ciò o di chi costituisce un peso, un fastidio.

sbarcàre *v.intr.* [aus. *essere*] Scendere a terra da una nave o da un altro mezzo di trasporto.

sbàrco *s.m.* Discesa a terra da un mezzo di trasporto.

sbàrra *s.f.* Asta, spranga metallica o di altro materiale.

sbarraménto *s.m.* Chiusura, blocco dell'accesso o del passaggio ◊ Barriera, ostacolo posto per impedire il passaggio o l'accesso: *uno s. di filo spinato.*

sbarràre *v.tr.* Chiudere con delle sbarre Ⓢ sprangare: *s. porte e finestre* ◊ Impedire, ostacolare il passaggio, l'accesso: *la strada era sbarrata da una frana*; *un uomo le sbarrò il passo.*

sbàttere *v.tr.* **1** Battere con forza e ripetutamente: *s. un tappeto* | *S. le ali, le palpebre* = aprirle e chiuderle più volte rapidamente **2** Urtare, far urtare con violenza: *non s. la porta!* ◊ Scagliare, gettare, buttare con violenza o senza alcun riguardo: *lo sbatté a terra con una spinta* ♦ *v.intr.* [aus. *avere*] Battere, urtare violentemente: *s. con la macchina contro un muro.*

sbèrla *s.f.* Schiaffo, ceffone.

sbiadìre *v.tr.* Far perdere il colore: *il sole sbiadisce i tessuti* ♦ *v.intr.* [aus. *essere*] e **sbiadirsi** *v.pr.* Perdere il colore; diventare meno vivo e intenso.

sbiadìto *agg.* Che ha perso il colore originario: *una camicia s.*

sbiancàre *v.tr.* Far diventare bianco ♦ *v.intr.* [aus. *essere*] e **sbiancarsi** *v.pr.* Diventare bianco ◊ Impallidire.

sbièco *agg.* Non diritto Ⓢ storto, obliquo: *un muro s.* | *Di s.* = obliquamente, di traverso.

sbigottìre *v.tr.* Turbare profondamente, lasciare attonito ♦ *v.intr.* [aus. *essere*] Rimanere attonito, profondamente turbato: *alle sue parole tutti sbigottirono.*

sbilanciàre *v.tr.* Far perdere l'equilibrio ♦ **sbilanciarsi** *v.pr.* Perdere l'equilibrio.

sbloccàre *v.tr.* Liberare da ciò che blocca (anche ♧): *s. un ascensore*; *s. la situazione.*

sboccàre *v.intr.* [aus. *essere*] Sfociare (detto di corsi d'acqua) ◊ Andare a finire come punto terminale (detto di strade, passaggi) ◊ Arrivare in un dato luogo dopo un percorso (detto di persone).

sbocciàre *v.intr.* [aus. *essere*] Aprirsi, schiudersi, detto di fiori e gemme.

sbócco *s.m.* Luogo, punto in cui sbocca, termina un corso d'acqua, una strada ecc. ◊ Uscita, apertura, comunicazione verso l'esterno: *strada senza s.*

sbòrnia *s.f.* Ubriacatura, sbronza.

sborsàre *v.tr.* Tirar fuori denaro Ⓢ spendere, pagare.

sbottonàre *v.tr.* Aprire un indumento facendo uscire dagli occhielli i bottoni che lo chiudono.

sbracciàrsi *v.pr.* Fare ampi gesti con le braccia, agitare le braccia.

sbranàre *v.tr.* Fare a pezzi, dilaniare con gli artigli e con i denti.

sbriciolàre *v.tr.* Ridurre in briciole ◊

Sgretolare, distruggere: *l'esplosione ha sbriciolato la casa* ♦ **sbriciolarsi** *v.pr.* Ridursi in briciole, in pezzetti minuti.

sbrigàre *v.tr.* Portare a termine Ⓢ concludere, risolvere: *ho un affare da s.* ♦ **sbrigarsi** *v.pr.* Far presto Ⓢ spicciarsi, affrettarsi: *sbrigati, che è tardi!*.

sbrónza *s.f.* Ubriacatura, sbornia.

sbrónzo *agg.* Ubriaco.

sbucàre *v.intr.* [aus. *essere*] Uscire, venire fuori da una buca, da un luogo chiuso, buio o comunque riparato dalla vista.

sbucciàre *v.tr.* Togliere la buccia Ⓢ pelare: *s. una patata.*

scacchièra *s.f.* Tavola quadrata di legno o altro materiale, suddivisa in 64 riquadri chiari e scuri alternati, su cui si gioca a scacchi o a dama.

scacciàre *v.tr.* Mandar via bruscamente Ⓢ cacciare.

scàcco *s.m.* **1** (al *pl.*) Gioco che si svolge su una scacchiera fra due giocatori che muovono a turno, secondo determinate regole, uno dei 16 pezzi di cui ciascuno dispone ◊ Ognuno dei pezzi di questo gioco ◊ Mossa del gioco con cui si minaccia il re o un altro pezzo importante dell'avversario **2** ♧ Insuccesso, grave sconfitta.

scadènte *agg.* Di scarso pregio, di non buona qualità Ⓢ mediocre, scarso, insufficiente: *un prodotto s.*; *un giocatore s.*

scadènza *s.f.* Termine di tempo in cui scade la durata, la validità di qlco. o entro il quale deve essere effettuato un pagamento, conclusa un'attività e sim.: *data di s. di un prodotto*; *la s. di un contratto*.

scadére *v.intr.* [aus. *essere*] Giungere al termine fissato di validità, di durata, di pagamento.

scaffàle *s.m.* Mobile o struttura a più ripiani su cui si ripongono libri, oggetti, merci ecc.: *gli s. dei supermarket.*

scàfo *s.m.* Struttura portante di un'imbarcazione, che ne permette il galleggiamento.

scàglia *s.f.* **1** Ognuna delle sottili lamelle che ricoprono la pelle dei pesci e di alcuni rettili Ⓢ squama **2** Frammento piatto e sottile di un materiale.

scagliàre *v.tr.* Lanciare, gettare con forza (anche ♧): *s. un sasso*; *s. un'accusa* ♦ **scagliarsi** *v.pr.* Gettarsi contro Ⓢ avventarsi: *s. contro il nemico.*

scàla *s.f.* **1** Struttura architettonica costituita da una serie di gradini, che permette di collegare i piani di un edificio e più in generale luoghi posti a un livello diverso **2** Attrezzo spostabile per salire e scendere a un livello diverso, formato da due montanti paralleli collegati da una serie di elementi trasversali che fungono da scalini **3** Rapporto tra le misure reali degli oggetti e quelle rappresentate su carte geografiche, disegni, plastici ecc.

scalàre *v.tr.* Salire, arrampicarsi in cima a qlco. con scale, corde o altri mezzi: *s. un muro, una montagna.*

scalàta *s.f.* Arrampicata; in partic. ascensione alpinistica di una certa difficoltà.

scaldabàgno *s.m.* Apparecchio per scaldare l'acqua per uso domestico.

scaldàre *v.tr.* Far diventare caldo o più caldo ♦ **scaldarsi** *v.pr.* **1** Procurarsi calore: *correre per s.* **2** Diventare caldo o più caldo: *la temperatura si è scaldata.*

scalfittùra *s.f.* Incisione, lesione o ferita leggera, superficiale Ⓢ graffio.

scalinàta *s.f.* Scala esterna di ampie dimensioni, spec. per accedere a edifici monumentali: *la s. della chiesa.*

scalìno *s.m.* Ognuno dei ripiani orizzontali di una scala, su cui poggiano i piedi Ⓢ gradino ◊ Gradino tra due ambienti o piani posti a livelli diversi.

scàlo *s.m.* **1** Zona di un porto, di un aeroporto o di una stazione ferroviaria dove stanno gli impianti e le attrezzature per l'imbarco e lo sbarco di merci e passeggeri ◊ Centro di traffico marittimo, aereo o ferroviario **2** Fermata intermedia in una località: *volo senza s.*

scalpèllo *s.m.* Utensile costituito da una sbarra d'acciaio con un'estremità tagliente, usato per lavorare il legno, la pietra o il metallo.

scalpóre *s.m.* Grande risonanza, clamore | *Fare, destare s.* = suscitare molti commenti, critiche, polemiche.

scaltrézza *s.f.* Astuzia, furbizia.

scàltro *agg.* Astuto, furbo, accorto.

scàlzo *agg.* Privo di scarpe e di calze.

scambiàre *v.tr.* **1** Prendere una persona o una cosa per un'altra, per errore o distrazione Ⓢ confondere **2** Dare, prendere una cosa in cambio di un'altra Ⓢ barattare ◊ Cambiare una banconota, una moneta con altre di taglio inferiore.

scàmbio *s.m.* **1** Atto con cui più persone si danno, si fanno o si dicono reciprocamente qlco. dello stesso genere Ⓢ contraccambio: *s. di doni, di auguri, di insulti* **2** Cessione di un bene in cambio di un altro Ⓢ baratto ◊ Compravendita, commercio **3** Confusione involontaria di una persona o di una cosa con un'altra Ⓢ sbaglio **4** Dispositivo che permette di far passare un convoglio ferroviario o un tram da un binario a un altro.

scampagnàta *s.f.* Gita in campagna.

scampàre *v.intr.* [aus. *essere*] Uscire salvo, illeso da un grave pericolo o rischio: *s. a un naufragio* ◊ *v.tr.* Evitare un male, un danno: *s. la morte, la prigione.*

scàmpo[1] *s.m.* Salvezza da un pericolo.

scàmpo[2] *s.m.* Crostaceo marino dalle carni pregiate, simile al gambero.

scàmpolo *s.m.* Avanzo di una pezza di tessuto: *s. venduti a prezzi ridotti.*

scandalizzàre *v.tr.* Turbare la coscienza, offendere la sensibilità, suscitare sdegno, indignazione ◊ **scandalizzarsi** *v.pr.* Restare o mostrarsi turbato, sdegnato, indignato per atti e comportamenti immorali, disonesti, sconvenienti o ritenuti tali.

scàndalo *s.m.* **1** Turbamento della coscienza, offesa del senso di pudore e di giustizia altrui, provocati da fatti, atti, comportamenti contrari alla morale, alla decenza, alla giustizia o che vengono ritenuti tali: *dare s. col proprio comportamento* ◊ Cosa vergognosa, che suscita sdegno **2** Fatto che suscita indignazione e vivaci reazioni nell'opinione pubblica.

scandalóso *agg.* Che dà scandalo, che è motivo di scandalo: *un comportamento s.*

scannàre *v.tr.* Uccidere un animale tagliandogli la gola Ⓢ sgozzare.

scansàre *v.tr.* **1** Scostare: *s. il tavolo dalla parete* **2** Schivare, evitare, sfuggire: *s. un colpo*; *s. una fatica* ◊ **scansarsi** *v.pr.* Farsi da parte Ⓢ scostarsi.

scantinàto *s.m.* Piano di un edificio situato sotto il livello del terreno.

scapaccióne *s.m.* Colpo dato a mano aperta sulla nuca, per punizione.

scàpito *s.m.* Danno, svantaggio.

scàpola *s.f.* Ciascuna delle due ossa piatte, di forma triangolare, situate nella parte superiore della schiena.

scàpolo *agg.* e *s.m.* Che, chi non è ammogliato Ⓢ celibe.

scappàre *v.intr.* [aus. *essere*] **1** Fuggire: *s. di casa* **2** Andare di corsa, correre via: *scappo in ufficio e torno* **3** Sfuggire: *lasciarsi s. un'occasione.*

scappàta *s.f.* Rapida e breve visita in un luogo o a qlcu. Ⓢ salto.

scarabocchiàre *v.tr.* Riempire di scarabocchi: *s. un foglio, un quaderno.*

scarabòcchio *s.m.* **1** Macchia d'inchiostro fatta scrivendo; parola mal scritta, illeggibile Ⓢ sgorbio **2** Disegno molto brutto, mal fatto.

scarafàggio *s.m.* Insetto dal corpo appiattito di colore scuro Ⓢ blatta.

scaraventàre *v.tr.* Gettare, scagliare con violenza: *s. qlcu. a terra* ◆ **scaraventarsi** *v.pr.* Gettarsi, lanciarsi con violenza, con impeto: *s. giù per le scale.*

scarceràre *v.tr.* Liberare, far uscire dal carcere: *lo scarcereranno domani.*

scardinàre *v.tr.* Togliere con la forza, divellere qlco. dai cardini: *s. una porta.*

scàrica *s.f.* **1** Sparo simultaneo di più armi da fuoco: *s. di fucileria* ◊ Serie di colpi sparati in rapida successione da un'arma Ⓢ raffica: *una s. di mitra* **2** S. *elettrica* = improvviso e violento passaggio di corrente attraverso il corpo.

scaricàre *v.tr.* **1** Togliere il carico da un mezzo di trasporto: *s. la merce dal camion* ◊ Liberare dal carico: *s. una nave* ◊ Deporre a terra un carico **2** Liberare dal contenuto Ⓢ svuotare: *s. una cisterna* | *S. un'arma* = toglierle il caricatore, le cartucce o spararne tutti i colpi ◊ Far esaurire la carica a un apparecchio elettrico: *s. la batteria* **3** Versare, riversare il proprio contenuto: *il canale scarica le sue acque in mare* ◊ ✄ Far ricadere su altri Ⓢ riversare: *s. su qlcu. la colpa* ◆ **scaricarsi** *v.pr.* **1** Togliersi un

peso di dosso **2** Sfogare la propria carica elettrica: *il fulmine si scaricò sul campanile* **3** Perdere, esaurire la carica (spec. elettrica): *le batterie si sono scaricate.*

scaricatóre *s.m.* Operaio addetto allo scarico e al carico delle merci.

scàrico[1] *agg.* Privo di carico, vuoto: *camion s.* ◊ Privo di carica: *batteria s.*

scàrico[2] *s.m.* **1** L'operazione di togliere il carico da un mezzo di trasporto **2** Il gettare, lo scaricare rifiuti; i rifiuti stessi scaricati: *divieto di s.; s. industriali* **3** Impianto, dispositivo, conduttura che convoglia, fa defluire o espelle all'esterno liquidi o gas: *valvola di s.; tubo di s.*

scàrno *agg.* Molto magro: *viso s.*

scàrpa *s.f.* Calzatura di vario tipo e materiale, che ricopre il piede fino alla caviglia o poco più su.

scarpóne *s.m.* Scarpa grossa e robusta, alta fin sopra la caviglia: *s. da sci.*

scarseggiàre *v.intr.* [aus. *avere*] Essere, divenire scarso, insufficiente: *i viveri scarseggiano* ◊ Avere qlco. in misura insufficiente: *s. di denaro.*

scarsézza *s.f.* Insufficienza, carenza, mancanza: *s. di denaro, d'ingegno.*

scarsità *s.f.* Scarsezza: *s. d'acqua.*

scàrso *agg.* **1** Insufficiente, inadeguato rispetto a quanto sarebbe necessario: *raccolto s. per la siccità; uomo di s. cultura* **2** Inferiore di poco alla misura cui ci si riferisce: *un chilo s.; tre chilometri s.*

scartàre[1] *v.tr.* **1** Togliere qlco. dalla carta in cui è avvolto: *s. un regalo* **2** Mettere da parte, gettar via, eliminare o respingere perché non buono, non utile, non idoneo ecc.: *s. le mele marce; s. una proposta; s. un candidato a un posto.*

scartàre[2] *v.tr.* Nel calcio, evitare e superare con la palla al piede un avversario mediante un rapido spostamento laterale ⓢ dribblare.

scàrto *s.m.* Eliminazione, esclusione di ciò che non serve, non è buono ◊ Cosa, parte scartata, da scartare.

scassàre *v.tr.* Rompere, guastare, rovinare ♦ **scassarsi** *v.pr.* Rompersi, rovinarsi.

scassinàre *v.tr.* Aprire con la forza porte, finestre, serrature, casseforti e sim.

scatenàrsi *v.pr.* Agire con sfrenata violenza ◊ Abbandonarsi a manifestazioni di sfrenata euforia e agitazione ◊ Scoppiare con violenza, con furia.

scàtola *s.f.* Contenitore con coperchio usato per contenere oggetti vari.

scatolàme *s.m.* Prodotti alimentari conservati in scatola.

scattàre *v.intr.* [aus. *essere*] 1 Detto di molle e congegni vari, liberarsi all'improvviso e rapidamente dallo stato di tensione in cui si trovavano: *far s. il grilletto* 2 Fare un movimento rapido e improvviso ⓢ balzare, slanciarsi: *s. sull'attenti* ◊ Aumentare di colpo la velocità in una corsa: *s. in vista del traguardo* ♦ *v.tr.* S. *una fotografia* = farla, azionando lo scatto dell'otturatore di una macchina fotografica.

scàtto *s.m.* 1 Movimento rapido e improvviso con cui una molla o un congegno si libera da uno stato di tensione: *lo s. di una trappola* ◊ Il rumore prodotto 2 Movimento rapido e deciso ⓢ balzo, slancio: *con uno s. si alzò in piedi* ◊ Accelerazione improvvisa e veloce della corsa 3 ⚙ Improvvisa manifestazione d'ira, di collera e sim. ⓢ scoppio, impeto: *s. di rabbia* 4 Unità di conteggio del costo delle tariffe telefoniche.

scaturìre *v.intr.* [aus. *essere*] Detto di liquidi, venir fuori ⓢ sgorgare.

scavalcàre *v.tr.* Passare al di là, al di sopra di un ostacolo: *s. un muro* ◊ Sorpassare chi si trovava più avanti: *s. i concorrenti*.

scavàre *v.tr.* Formare una cavità nel suolo: *s. una buca, una galleria* ◊ Rendere cavo: *s. un tronco d'albero*.

scavatrìce *s.f.* Macchina per scavare.

scàvo *s.m.* 1 L'operazione di scavare: *lo s. di un pozzo* 2 S. *archeologici* = le ricerche condotte in una zona per riportare alla luce resti archeologici; il luogo in cui sono stati ritrovati e sono visibili tali resti: *oggi abbiamo visitato gli s. di Pompei*.

scégliere *v.tr.* 1 Indicare, prendere, individuare tra varie cose, persone, possibilità ecc., quella che sembra la migliore, la più rispondente ai propri gusti o interessi: *s. una cravatta*; *s. gli amici* ◊ Preferire 2 Selezionare in un insieme la parte migliore separandola dal resto: *s. la frutta*.

scelleràto *agg.* Che ha commesso gravi delitti, azioni disumane ◊ Malvagio, crudele, infame: *un'azione s.*

scélta *s.f.* 1 Lo scegliere: *fare una s. sbagliata* ◊ Possibilità di scegliere ⓢ alternativa: *bisogna fare così, non c'è altra s.* 2 Raccolta di cose scelte ⓢ selezione.

scélto *agg.* 1 Che è frutto di una selezione ◊ Di prima qualità: *frutta s.* 2 Particolarmente addestrato e specializzato: *soldato, tiratore s.*

scemènza *s.f.* L'essere scemo ⓢ stupidità ◊ Stupidaggine, sciocchezza; cosa stupida, insulsa: *non dire s.!*

scémo *agg.* Che ha o rivela poco senno,

scarsa intelligenza [S] sciocco, stupido ◊ Insulso, privo di senso: *un film s.* ♦ *s.m.* Persona scema [S] stupido, cretino.

scèna *s.f.* **1** La parte del palcoscenico in cui si svolge l'azione degli attori **2** Il complesso delle strutture e degli elementi che raffigurano l'ambiente in cui si svolge l'azione di un'opera teatrale (o cinematografica, televisiva) ◊ Il luogo in cui si immagina che si svolga la vicenda teatrale **3** Momento particolare dello svolgimento dell'azione in un'opera teatrale, cinematografica o letteraria: *la s. della morte della protagonista* **4** Spettacolo naturale o fatto, situazione della vita reale che si offre alla vista: *assistere a una s. terribile.*

scenàta *s.f.* Violenta manifestazione di risentimento, d'ira, di rimprovero: *fare una s. a qlcu.* ◊ Litigio violento, con urla, accuse, insulti, minacce.

scéndere *v.intr.* [aus. *essere*] **1** Andare, muoversi verso il basso, da un luogo più alto a uno più basso ◊ Smontare: *s. da cavallo* ◊ Spostarsi da nord verso sud **2** ♧ Calare: *scende la notte* ◊ Diminuire, abbassarsi: *la febbre è scesa* ♦ *v.tr.* Percorrere andando verso il basso: *s. le scale.*

scèttico *agg.* Che dubita di tutto, non crede in niente o mostra incredulità e sfiducia in relazione a qlco. di particolare: *era s. sulle possibilità di successo.*

scèttro *s.m.* Bastone simbolo dell'autorità del sovrano.

schèda *s.f.* **1** Cartoncino su cui si registrano dati di vario genere e che viene inserito con altri in uno schedario secondo un ordine alfabetico, cronologico ecc., in modo da poterlo consultare con facilità e rapidità: *le s. di una biblioteca* ◊ *S. magnetica* = scheda magnetizzabile su cui si possono registrare dei dati **2** Foglio, modulo stampato da compilare per pratiche burocratiche, per raccogliere dati, esprimere valutazioni ecc. **3** In giornali e riviste, breve testo racchiuso in un riquadro che fornisce informazioni di chiarimento o approfondimento sull'argomento o il personaggio di cui si parla nel resto dell'articolo.

schedàre *v.tr.* Registrare su una scheda o in uno schedario i dati relativi a cose o persone: *s. i libri di una biblioteca.*

schéggia *s.f.* Frammento per lo più appuntito e tagliente staccatosi da un corpo solido: *una s. di legno, di vetro.*

schèletro *s.m.* Il complesso delle ossa che formano la struttura di sostegno del corpo umano e dei vertebrati.

schèma *s.m.* Modello, disegno che descrive e rappresenta solo gli elementi e gli aspetti essenziali di qlco.: *lo s. di un motore.*

schèrma *s.f.* Lo sport che si pratica con il fioretto, la sciabola o la spada.

schérmo *s.m.* **1** Riparo, difesa, protezione: *farsi s. con la mano* **2** Lastra o altro dispositivo adatto a impedire, limitare o modificare il passaggio di radiazioni luminose, termiche, nucleari ecc. **3** Superficie bianca rettangolare su cui si proiettano immagini cinematografiche o fotografiche ◊ Nei televisori e nei computer, la superficie su cui appaiono le immagini [S] video.

schernìre *v.tr.* Deridere in modo sprezzante e offensivo: *s. un avversario.*

scherzàre *v.intr.* [aus. *avere*] **1** Parlare, comportarsi, dire qlco. in modo non serio, ma solo per divertimento, per far ridere, per prendersi gioco di qlcu. o di qlco. **2** Giocare allegramente, divertirsi.

schérzo *s.m.* Lo scherzare ◊ Ciò che si fa o si dice per prendersi gioco di qlcu. Ⓢ burla: *fare uno s.*

scherzóso *agg.* **1** Che ama scherzare: *tipo s.* **2** Detto, fatto per scherzo: *gesto s.*

schiacciànte *agg.* Evidente, indiscutibile, nettissimo: *prove s.*; *una vittoria s.*

schiacciàre *v.tr.* Comprimere o pestare con forza qlco. fino ad appiattirlo, deformarlo o romperlo ◊ *S. la palla* = nel tennis, nel ping-pong, nella pallavolo e in altri sport, colpirla con forza dall'alto verso il basso ◊ Premere, pigiare: *s. un pulsante.*

schiacciàta *s.f.* Nel tennis, nel ping-pong e nella pallavolo, colpo violento dato alla palla dall'alto verso il basso.

schiaffeggiàre *v.tr.* Colpire con uno schiaffo, prendere a schiaffi.

schiàffo *s.m.* Colpo dato sulla guancia con la mano aperta.

schiamàzzo *s.m.* Strepito, chiasso di persone che gridano in modo fastidioso.

schiànto *s.m.* Rottura violenta e improvvisa ◊ Rumore secco e improvviso di qlco. che si rompe o scoppia con violenza: *si udì lo s. di un'esplosione.*

schiavitù *s.f.* **1** La condizione di schiavo **2** ✤ Condizione di chi è soggetto a rigidi vincoli o totalmente dipendente da vizi, abitudini e sim.: *la s. dell'alcol.*

schiàvo *agg.* e *s.m.* **1** Individuo non libero che appartiene a un padrone ed è privo di ogni diritto **2** Che, chi è totalmente sottomesso ad altri o si lascia dominare da qlco.: *essere s. della droga.*

schièna *s.f.* La parte posteriore del corpo umano, dalle spalle ai fianchi Ⓢ dorso.

schienàle *s.m.* La parte di un sedile a cui si appoggia la schiena Ⓢ spalliera.

schièra *s.f.* **1** Reparto di soldati disposti in linea sul fronte di combattimento **2** Gruppo, moltitudine di persone, animali o cose dello stesso tipo o categoria.

schieràre *v.tr.* Disporre in schiera: *s. le truppe* ◊ Disporre in un determinato ordine: *s. in campo i giocatori* ♦ **schierarsi** *v.pr.* **1** Disporsi in schiera, in un determinato ordine **2** ✤ Prendere posizione in favore di o contro qlcu. o qlco.

schiètto *agg.* **1** Puro, genuino, non mescolato con elementi diversi: *vino s.* **2** ✤ Sincero, franco, leale: *una persona s.*

schifézza *s.f.* Cosa che fa schifo.

schìfo *s.m.* **1** Senso di ripugnanza, di disgusto fisico o morale | ✤ *Fare s.* = essere molto brutto, mal fatto; dare prestazioni molto scadenti **2** Cosa disgustosa.

schifóso *agg.* Che fa schifo Ⓢ disgustoso ◊ ✤ Pessimo, bruttissimo, mal fatto, molto scadente: *un film s.*

schiùdere *v.tr.* Aprire leggermente, in parte: *s. la finestra*; *s. le labbra.*

schiùma *s.f.* Massa di piccole bolle d'aria che si forma alla superficie di un liquido violentemente agitato, in ebollizione o a pressione: *s. delle onde, della birra.*

schiumóso *agg.* Che fa schiuma: *sapone s.* ◊ Pieno di schiuma: *un liquido s.*

schivàre *v.tr.* Evitare, scansare: *s. un pugno, un ostacolo, un pericolo.*

schizzàre *v.tr.* Gettare schizzi di un liquido ◊ Macchiare con schizzi: *s. il vestito di sugo* ♦ *v.intr.* [aus. *essere*] **1** Uscir fuori con getto impetuoso, detto di liquido **2** Balzare, saltar fuori, scappar via di scatto: *la lepre schizzò da un cespuglio.*

schìzzo *s.m.* **1** Spruzzo, getto sottile e violento di acqua o altro liquido; la macchia da esso prodotta **2** Balzo, salto improvviso.

sci *s.m.invar.* **1** Ciascuno dei due attrezzi per scivolare sulla neve costituiti da lunghe assicelle di legno, metallo o plastica **2** Lo sport che si pratica con gli sci.

scìa *s.f.* Traccia spumeggiante che un'imbarcazione lascia sull'acqua dietro di sé ◊ Traccia di fumo, vapore, odore, luce ecc. lasciata nell'aria dal passaggio di cose o persone.

sciacàllo *s.m.* **1** Mammifero carnivoro simile al lupo **2** ⚘ Individuo ignobile che sfrutta le disgrazie altrui; in partic., chi va a rubare in case e luoghi abbandonati in seguito a bombardamenti o a disastri naturali.

sciacquàre *v.tr.* Lavare in acqua una cosa già lavata, spec. per eliminare i residui di sapone o detersivo: *s. i piatti.*

sciacquóne *s.m.* Impianto per scaricare a comando l'acqua nel water.

sciagùra *s.f.* Grave disgrazia ⓢ disastro, calamità ◊ Sventura.

sciàlbo *agg.* Pallido, smorto, sbiadito.

sciàlle *s.m.* Indumento per proteggere le spalle, costituito da un quadrato o da un triangolo di tessuto o di maglia.

scialùppa *s.f.* Imbarcazione a remi o a motore usata dalle navi per i collegamenti con la terra o per operazioni di salvataggio.

sciàre *v.intr.* [aus. *avere*] Procedere con gli sci sulla neve o sull'acqua: *saper s.* ◊ Praticare lo sport dello sci: *gli piace s.*

sciàrpa *s.f.* Fascia di tessuto che si porta intorno al collo per ripararsi dal freddo o per ornamento: *s. di lana, di seta.*

sciatóre *s.m.* Persona che scia; chi pratica lo sport dello sci.

sciàtto *agg.* Trascurato, trasandato nel vestire o nell'attività che svolge ◊ Fatto senza cura, impegno e precisione.

scientìfico *agg.* Che tratta di scienza, di scienze: *rivista s.* ◊ Fondato sui principi e sui metodi della scienza: *ricerca s.* ◊ Che ha per oggetto le scienze naturali, la fisica, la matematica: *liceo s.*

sciènza *s.f.* **1** Insieme di studi rigorosi, di ricerche e conoscenze sistematiche intorno alla realtà e ai suoi diversi aspetti e settori **2** (al *pl.*) Insieme di discipline relative a un determinato settore: *s. storiche, economiche, fisiche* | *S. umane =* quelle che studiano l'uomo e la società, come la psicologia, la sociologia, l'antropologia, la storia ecc. | *S. naturali =* quelle che studiano la natura, e in partic. la zoologia e la botanica.

scienziàto *s.m.* Chi si occupa di ricerche e studi scientifici.

scìmmia *s.f.* Nome comune dei mammiferi più simili all'uomo che vivono in numerose specie soprattutto nelle foreste tropicali.

scintìlla *s.f.* Minuto frammento di materia incandescente che sprizza da pietre o metalli percossi o sfregati o da legna e carboni ardenti ◊ Sprazzo luminoso provocato da una scarica elettrica.

scintillàre *v.intr.* [aus. *avere*] Risplendere di sprazzi di luce sim. a scintille ◊ ⚘ Luccicare, sfavillare, brillare.

scioccàre *v.tr.* Provocare uno shock, una forte scossa emotiva ⓢ sconvolgere.

sciocchézza *s.f.* **1** Stupidità ◊ Azione, frase da sciocco o inconsulta ⓢ stupidaggine: *dire una s.* **2** Cosa da nulla ⓢ inezia: *litigare per una s.*

sciòcco *agg.* Che ha o denota scarsa intelligenza e perspicacia ⓢ stupido.

sciògliere *v.tr.* **1** Disfare ciò che è annodato, legato, avvolto, intrecciato ◊ Liberare una persona o un animale da ciò che li lega: *s. il cane dalla catena* **2** Far diventare liquido [S] liquefare, fondere: *s. lo zucchero nell'acqua* **3** ♧ Annullare, far cessare un rapporto, un'unione, un'organizzazione: *s. un matrimonio, un partito* ♦ **sciogliersi** *v.pr.* **1** Liberarsi da ciò che tiene legato ◊ Slacciarsi, slegarsi **2** Liquefarsi, fondersi.

scioltézza *s.f.* Agilità nei movimenti.

sciòlto *agg.* **1** Non legato, libero da legami: *capelli s.* ◊ ♧ Agile; spedito, disinvolto: *è s. nei movimenti*; *ha la lingua s.* **2** Liquefatto, fuso: *neve s.*

scioperàre *v.intr.* [aus. *avere*] Fare sciopero: *gli operai hanno scioperato.*

sciòpero *s.m.* Astensione collettiva dal lavoro da parte di lavoratori dipendenti per ottenere dati miglioramenti o per obiettivi più generali di carattere politico o sociale | *S. della fame* = astensione volontaria dal cibo in segno di protesta.

scippàre *v.tr.* Derubare, rubare con uno scippo.

scìppo *s.m.* Furto compiuto per la strada strappando un oggetto di mano o di dosso alla persona che lo porta e fuggendo poi di corsa.

sciròppo *s.m.* Soluzione concentrata di zucchero in acqua o in succhi di frutta, usata per conservare la frutta fresca o come base di liquori e bibite dolci o di preparati medicinali.

scissióne *s.f.* Separazione, divisione di un ente unitario in due o più parti: *la s. di un partito.*

sciupàre *v.tr.* **1** Ridurre in cattivo stato [S] guastare, rovinare, danneggiare **2** Sprecare: *s. un'occasione* ♦ **sciuparsi** *v.pr.* Rovinarsi, deteriorarsi.

scivolàre *v.intr.* [aus. *essere*] **1** Spostarsi, scorrere agevolmente e leggermente su una superficie liscia **2** Sdrucciolare cadendo a terra: *s. sul ghiaccio* **3** Sfuggire alla presa: *il sapone gli scivolò di mano.*

scivolàta *s.f.* Caduta fatta scivolando.

scìvolo *s.m.* In parchi e piscine, piano inclinato su cui bambini e ragazzi si lasciano scivolare fino a cadere sulla sabbia o in acqua.

scivolóso *agg.* **1** Su cui si scivola facilmente [S] sdrucciolevole: *asfalto s.* **2** Che scivola di mano, sfugge alla presa facilmente [S] viscido: *una bottiglia s.*

scocciàre *v.tr.* Infastidire, annoiare [S] seccare: *smettila di scocciarmi!* ♦ **scocciarsi** *v.pr.* Stancarsi, seccarsi [S] stufarsi: *si è scocciato di aspettare.*

scocciatóre *s.m.* Persona che scoccia [S] seccatore: *liberami da quello s.!*

scocciatùra *s.f.* Seccatura, fastidio, noia.

scodèlla *s.f.* **1** Piatto fondo per minestre **2** Tazza a coppa, senza manico [S] ciotola.

scoglièra *s.f.* Serie di scogli ravvicinati.

scòglio *s.m.* Roccia che emerge o affiora dalla superficie del mare, di un lago o di un fiume.

scoiàttolo *s.m.* Piccolo roditore con coda lunga e folta, che vive sugli alberi.

scolapiàtti *s.m.* Mobiletto o arnese da cucina in cui si mettono a scolare i piatti appena lavati.

scolàre *v.tr.* **1** Vuotare completamente un recipiente del liquido che contiene ◊ Far sgocciolare da vivande e verdure l'acqua in cui sono state cotte o lavate: *s. la pasta* **2** ♧ Bere fino all'ultima goccia: *s. un fiasco di vino* ♦ *v.intr.* [aus. *essere*] Detto di oggetto lavato o bagnato, perdere poco a poco il liquido che contiene o ha in superficie [S] sgocciolare: *mettere i piatti a s.*

scolàro *s.m.* Chi frequenta una scuola [S] alunno.

scolàstico *agg.* Di scuola, che riguarda la scuola: *aula s.*; *problemi s.*

scollàto *agg.* Detto di indumento, spec. femminile, aperto sul collo, sul petto (o anche sulla schiena) e di chi lo indossa.

scollatùra *s.f.* Apertura sul collo, sul petto o anche sulla schiena di un indumento femminile.

scólo *s.m.* Deflusso di liquidi.

scolorìre *v.tr.* Far perdere il colore ♦ *v.intr.* [aus. *essere*] e **scolorirsi** *v.pr.* Perdere il colore [S] sbiadire.

scolpìre *v.tr.* Lavorare con lo scalpello o con altri strumenti un materiale duro per ricavarne figure o incidervi segni: *s. una lapide* ◊ Realizzare un'opera di scultura; raffigurare con la scultura: *s. un Cristo di legno.*

scombussolaménto *s.m.* Sconvolgimento, scompiglio, turbamento.

scombussolàre *v.tr.* Sconvolgere, frastornare, confondere: *la notizia lo scombussolò*; *s. le idee* ◊ Mandare all'aria: *il suo arrivo scombussolò i nostri piani.*

scomméssa *s.f.* **1** Accordo, patto per cui due o più persone che fanno previsioni o affermazioni diverse si impegnano a pagare una certa somma o a dare od offrire qlco. alla persona la cui previsione o affermazione risulterà esatta **2** Puntata di una somma sull'esito di gare e incontri sportivi: *fare una s. su un cavallo.*

scomméttere *v.tr.* **1** Fare una scommessa ◊ Puntare somme di denaro al gioco: *s. su un cavallo* **2** Essere sicuro di qlco.: *scommetto che non lo sai.*

scomodàre *v.tr.* Arrecare disturbo, fastidio, perdita di tempo [S] incomodare, disturbare ♦ **scomodarsi** *v.pr.* (spec. in frasi di cortesia) Prendersi il disturbo di fare qlco. [S] incomodarsi, disturbarsi.

scòmodo *agg.* Non comodo, non confortevole: *viaggio, letto s.* ◊ Che comporta fatica, difficoltà [S] disagevole: *un posto s. da raggiungere* ◊ Che non si sente comodo, a proprio agio (detto di persona): *su questa sedia si sta scomodi.*

scomparìre *v.intr.* [aus. *essere*] Sparire, non essere più visibile, non esserci più.

scompàrsa *s.f.* **1** Il fatto di scomparire, di non esserci più [S] sparizione **2** Morte.

scompàrso *s.m.* Persona defunta.

scompartiménto *s.m.* Ognuna delle parti in cui è suddiviso uno spazio, in partic. una carrozza ferroviaria.

scompàrto *s.m.* Ognuna delle parti in cui è suddiviso uno spazio disponibile.

scompigliàre *v.tr.* Mettere in disordine.

scompìglio *s.m.* Disordine, confusione, trambusto: *portare s. in una casa.*

sconcertàre *v.tr.* Turbare, lasciare disorientato, perplesso: *la notizia sconcertò tutti.*

scóncio *agg.* Indecente, osceno: *atti s.* ♦ *s.m.* Cosa disgustosa, indecente, vergognosa ◊ Cosa orribile.

sconfiggere *v.tr.* **1** Vincere in battaglia, in una guerra ◊ Battere in una competizione **2** ♧ Eliminare qlco. di negativo [S] debellare: *s. il cancro, la corruzione.*

sconfinàto *agg.* Che sembra non avere limiti [S] vastissimo, immenso.

sconfitta *s.f.* **1** Disfatta di un esercito in battaglia, in una guerra ◊ Insuccesso in una competizione sportiva, politica o di altro tipo **2** ♧ Eliminazione di una malattia, di un male sociale: *la s. del cancro.*

sconfortàre *v.tr.* Demoralizzare, avvilire, scoraggiare.

sconfòrto *s.m.* Stato di avvilimento e

abbattimento morale Ⓢ depressione, scoraggiamento: *farsi prendere dallo s.*

scongelàre *v.tr.* Riportare a temperatura ambiente cibi congelati o surgelati.

scongiuràre *v.tr.* **1** Pregare, supplicare ardentemente **2** Evitare: *s. un pericolo.*

sconosciùto *agg.* Non ancora conosciuto Ⓢ ignoto ◊ Non ancora individuato, identificato: *un virus s.* ◊ Che non ha alcuna notorietà: *un attore s.* ♦ *s.m.* Persona di cui non si conosce l'identità.

sconsigliàre *v.tr.* Non consigliare qlco.: *ti sconsiglio quell'albergo* ◊ Consigliare di non fare qlco.: *lo sconsigliai dall'accettare quell'incarico.*

scontàre *v.tr.* **1** Fare uno sconto sul prezzo Ⓢ detrarre **2** Espiare la pena per un reato: *s. due anni di carcere.*

scontàto *agg.* **1** Ribassato: *prezzi s.* **2** Dato per certo, previsto già in precedenza Ⓢ prevedibile: *un risultato s.*

scontentàre *v.tr.* Lasciare insoddisfatto, rendere scontento: *s. un cliente.*

scontènto *agg.* Non contento Ⓢ insoddisfatto ♦ *s.m.* Stato d'insoddisfazione, d'irritazione Ⓢ malcontento.

scónto *s.m.* Riduzione, ribasso sul prezzo normale di vendita.

scontràrsi *v.pr.* **1** Andare a urtare con violenza contro qlco. o l'uno contro l'altro **2** Affrontarsi in battaglia, venire a combattimento **3** ✂ Venire in contrasto di idee, di interessi.

scontrìno *s.m.* Biglietto di ricevuta che comprova un pagamento.

scóntro *s.m.* **1** Urto, cozzo violento tra veicoli **2** Battaglia, combattimento, zuffa **3** ✂ Acceso contrasto di idee, di interessi; violenta discussione.

sconvolgènte *agg.* Che colpisce, turba profondamente: *una notizia s.*

sconvòlgere *v.tr.* **1** Gettare nel caos **2** ✂ Turbare profondamente.

scópa *s.f.* Arnese per spazzare il pavimento.

scopàre *v.tr.* Spazzare con la scopa.

scoperchiàre *v.tr.* Levare il coperchio o portare via la copertura di qlco.

scopèrta *s.f.* Ritrovamento, conoscenza di ciò che prima era ignoto: *la s. dell'America; la s. della verità* ◊ Identificazione: *arrivare alla s. del colpevole.*

scopèrto *agg.* Privo di copertura, di riparo, di tetto ◊ Non coperto o poco riparato da indumenti o coperte: *dormire s.*

scòpo *s.m.* Obiettivo che si vuole raggiungere Ⓢ fine, intento ◊ Persona o cosa che costituisce il fine di ciò che uno fa.

scoppiàre *v.intr.* [aus. *essere*] **1** Rompersi all'improvviso, con violenza e per lo più con fragore, per effetto di eccessiva pressione interna: *è scoppiato un pneumatico* ◊ Esplodere: *scoppiò una bomba* **2** ✂ Prorompere: *s. in lacrime* ◊ Non poterne più, non poter più resistere: *s. dalla rabbia, dal caldo* **3** ✂ Manifestarsi, insorgere all'improvviso e con violenza: *scoppiò la guerra.*

scòppio *s.m.* **1** Rottura improvvisa, violenta e per lo più fragorosa: *lo s. di una tubatura* ◊ Esplosione: *s. di una bomba* ◊ Rumore prodotto da uno scoppio **2** ✂ Improvvisa e violenta manifestazione di un evento grave, pericoloso: *s. della guerra, di un incendio.*

scoprìre *v.tr.* **1** Togliere a una cosa ciò che la copre: *s. una bara* ◊ Togliere, sollevare gli indumenti che riparano il corpo o una sua parte: *s. le braccia* **2** Arrivare a conoscere, trovare ciò che prima era sconosciuto, ignoto: *s. un tesoro; s. la verità* ◊ Individuare, identificare: *s. il* *colpevole* ♦ **scoprirsi** *v.pr.* Togliersi o diminuire gli indumenti, le coperte che riparano il corpo.

scopritóre *s.m.* Chi scopre, trova, fa conoscere cose, luoghi, fatti prima ignoti.

scoraggiàre *v.tr.* Togliere il coraggio, la fiducia in sé, la forza d'animo Ⓢ avvilire, demoralizzare: *l'insuccesso lo scoraggiò* ♦ **scoraggiarsi** *v.pr.* Perdersi d'animo Ⓢ abbattersi, demoralizzarsi.

scorciatóia *s.f.* Sentiero, strada secondaria che unisce due luoghi con un percorso più breve rispetto alla strada principale: *prendere una s.*

scordàre *v.tr.* e **scordarsi** *v.pr.* Dimenticare, dimenticarsi: *s. un indirizzo.*

scòrgere *v.tr.* **1** Vedere, riuscire a vedere: *scorse una luce in lontananza* **2** ♣ Accorgersi di qlco.: *s. un pericolo.*

scòria *s.f.* Prodotto di scarto della lavorazione di un metallo | *S. radioattive* = materiali di rifiuto prodotti da un reattore nucleare ◊ Parte degli alimenti che non viene assimilata dall'organismo.

scorpacciàta *s.f.* Grande mangiata, fino a non poterne più.

scórrere *v.intr.* [aus. *essere*] **1** Muoversi lungo un percorso tracciato, dentro un condotto, su una superficie: *il sangue scorre nelle vene* ◊ Procedere agevolmente: *oggi il traffico non scorre* **2** Trascorrere, passare: *le ore scorrevano rapide* ♦ *v.tr.* Percorrere rapidamente con lo sguardo, leggere in fretta: *s. un elenco, un giornale.*

scorrètto *agg.* **1** Che contiene errori, inesattezze: *tema s.* **2** Che viola le regole di educazione, di rispetto, di onestà e di lealtà: *comportamento s.* ◊ Falloso.

scorrévole *agg.* **1** Che scorre, può scorrere: *porta s.* **2** Che scorre, procede facilmente, in modo fluido: *oggi il traffico è s.*

scórso *agg.* Passato, trascorso: *l'anno s.*

scòrta *s.f.* **1** L'azione e il compito di scortare: *pattuglia di s.* ◊ La persona o le persone e i mezzi che hanno il compito di scortare **2** Provvista o dotazione di qlco. da utilizzare per impieghi futuri o in caso di necessità: *fare s. di legna*; *ruota di s.*

scortàre *v.tr.* Accompagnare per sorvegliare, proteggere o in segno di onore.

scortése *agg.* Che manca di cortesia, poco gentile Ⓢ sgarbato.

scortesìa *s.f.* Mancanza di cortesia ◊ Atto, parola scortese.

scòrza *s.f.* La parte più esterna della corteccia degli alberi ◊ Buccia spessa di alcuni frutti: *s. di limone.*

scoscéso *agg.* Che è in forte pendenza Ⓢ ripido, erto: *un monte, un pendio s.*

scòssa *s.f.* Movimento, sussulto improvviso e violento: *s. di terremoto* ◊ Sensazione che si prova quando si è colpiti da una scarica elettrica.

scostàre *v.tr.* Allontanare una cosa o una persona da un'altra a cui era vicina: *s. il tavolo dal muro* ♦ **scostarsi** *v.pr.* Allontanarsi, spostarsi: *s. dal muro.*

scottàre *v.tr.* **1** Causare una bruciatura, un'ustione **2** Dare una rapida cottura a una vivanda ♦ *v.intr.* [aus. *avere*] Emanare molto calore, tanto da poter provocare ustioni: *oggi il sole scotta* ◊ Essere molto, troppo caldo: *s. per la febbre* ♦ **scottarsi** *v.pr.* Prodursi un'ustione, una bruciatura: *s. con l'olio bollente.*

scottatùra *s.f.* Bruciatura, ustione.

scòtto *agg.* Troppo cotto.

scovàre *v.tr.* Riuscire a trovare, rintracciare, scoprire qlcu. o qlco. nascosto o molto difficile da trovare.

scremàto *agg.* A cui è stata tolta la crema, la parte grassa: *comprare del latte s.*

screpolàrsi *v.pr.* Rompersi in superficie in piccole crepe, in fessure sottili.

screpolatùra *s.f.* Crepa sottile e superficiale (nella pelle, in un muro, in un quadro ecc.).

scricchiolàre *v.intr.* [aus. *avere*] Produrre una serie di rumori secchi e leggeri.

scrìtta *s.f.* Parola o frase scritta su un muro, su un cartello, su un manifesto, su un'insegna e sim.

scrìtto *s.m.* Testo scritto ◊ Nella scuola, prova scritta, esame scritto ◊ Opera letteraria, saggio, articolo ecc.

scrittóio *s.m.* Tavolo per scrivere Ⓢ scrivania.

scrittóre *s.m.* Chi scrive opere letterarie.

scrittùra *s.f.* Lo scrivere ◊ La tecnica e il sistema di scrivere: *s. fonetica, ideografica* ◊ Modo di scrivere: *s. a mano, a macchina* ◊ Calligrafia: *ha una s. illeggibile.*

scrivanìa *s.f.* Mobile per scrivere, costituito in genere da un tavolo con uno o più cassetti.

scrìvere *v.tr.* **1** Tracciare i segni grafici che rappresentano parole, numeri o suoni **2** Esprimere parole, pensieri, sentimenti per mezzo della scrittura; redigere un testo: *s. una lettera, un articolo* ◊ Comporre opere letterarie, scientifiche, musicali: *s. un romanzo, una sinfonia.*

scrollàre *v.tr.* Scuotere energicamente.

scrosciàre *v.intr.* [aus. *avere* e *essere*] **1** Detto di acque, cadere impetuosamente facendo un rumore forte e continuato **2** ♧ Susseguirsi con rapidità producendo un rumore simile a quello delle acque scroscianti: *scrosciarono gli applausi.*

scrùpolo *s.m.* **1** Dubbio, esitazione, inquietudine derivanti dal timore di agire o aver agito male, in modo disonesto ◊ Preoccupazione di far cosa inopportuna **2** Cura, diligenza estrema nel fare qlco.: *un impiegato che lavora con s.*

scrupolóso *agg.* Che agisce con diligenza, coscienza, senso di responsabilità ◊ Svolto con cura, diligenza, precisione Ⓢ meticoloso: *fare un' indagine s.*

scrutàre *v.tr.* Guardare, esaminare con attenzione per cercare di vedere o di capire qlco.: *s. qlcu. in viso.*

scrutìnio *s.m.* **1** Il controllo e il conteggio dei voti espressi in un'elezione Ⓢ spoglio **2** Valutazione del profitto degli alunni effettuata dalla commissione degli insegnanti alla fine di un quadrimestre o dell'anno scolastico.

scucìre *v.tr.* Disfare la cucitura ♦ **scucirsi** *v.pr.* Perdere la cucitura.

scùdo *s.m.* Arma da difesa costituita da una piastra di forma e materiali vari che si imbraccia per difendere il corpo dai colpi nemici ◊ ♧ Riparo, schermo: *le fece s. col proprio corpo.*

sculacciàre *v.tr.* Picchiare sul sedere con la mano aperta: *s. un bambino.*

sculacciàta *s.f.* Colpo dato sul sedere con la mano aperta.

scultóre *s.m.* Chi scolpisce, chi esercita l'arte della scultura.

scultùra *s.f.* **1** L'arte, la tecnica e l'attività di scolpire **2** Opera scolpita.

scuoiàre *v.tr.* Togliere la pelle a un animale morto: *s. un serpente.*

scuòla *s.f.* **1** Istituzione che ha il compito di educare e preparare le nuove generazioni attraverso l'insegnamento e l'apprendimento sistematico di un programma di studi: *s. primaria, secondaria* **2** Corso di insegnamento di una disciplina, di una tecnica, di una pratica particolare: *s. di lingue, di danza, di sci* **3** Attività scolastica, lezioni scolastiche: *fare quattro ore di s.* ◊ Sede in cui si svolge l'attività scolastica; edificio scolastico.

scuòtere *v.tr.* **1** Agitare, sbattere con forza in qua e in là, in su e in giù: *il vento scuoteva i rami* **2** Far cadere giù scrollando o battendo con forza: *s. la polvere dal tappeto* ◆ **scuotersi** *v.pr.* Sobbalzare o svegliarsi bruscamente: *a quel rumore si scosse.*

scùro *agg.* **1** Privo di luce, poco illuminato ⓢ buio: *notte s.* **2** Di colore non chiaro, tendente al nero: *occhi s.* ◆ *s.m.* **1** Buio, oscurità **2** Colore scuro: *vestire di s.* **3** Imposta di legno all'interno di finestre e portefinestre, che si chiude per oscurare del tutto le stanze.

scùsa *s.f.* **1** Perdono che si chiede per aver commesso una colpa, una mancanza, un errore (o come formula di cortesia) **2** Giustificazione, attenuante: *non c'è s. per un tale comportamento* **3** Pretesto, finta ragione: *trova sempre una s. per non lavorare.*

scusàre *v.tr.* **1** Giustificare, discolpare: *è sempre pronta a s. il figlio* **2** Perdonare (spec. in formule di cortesia): *scusi, sa l'ora?* ◆ **scusarsi** *v.pr.* Giustificarsi ◊ Chiedere perdono, esprimere il proprio rincrescimento: *mi scuso per il ritardo.*

sdégno *s.m.* Risentimento e indignazione provocati da atti o parole che offendono gravemente il senso morale.

sdraiàre *v.tr.* Mettere a giacere ⓢ stendere, coricare ◆ **sdraiarsi** *v.pr.* Mettersi a giacere ⓢ stendersi: *s. sull'erba.*

sdràio *s.m. Sedia a s.* = sedia costruita in modo che ci si possa sdraiare ◆ *s.f.invar.* Sedia a sdraio.

sdrucciolàre *v.intr.* [aus. *essere*] Scivolare (cadendo o rischiando di cadere) su una superficie liscia o viscida.

sdrucciolévole *agg.* Su cui è facile sdrucciolare ⓢ scivoloso: *terreno s.*

sé¹ *congz.* **1** Nel caso che, qualora: *se piove, resto a casa* **2** Introduce frasi interrogative o dubitative indirette: *non so se sia una buona idea* **3** *Se no* = altrimenti: *sbrigati, se no perdiamo il treno* ◊ *Come se* = quasi che: *mi guardava come se non mi vedesse.*

sé² *pron.pers.* Si usa al posto della forma *si* quando è seguito dai pronomi *lo, la, li, le, ne.*

sé *pron.pers.* [seguito da *stesso* può essere scritto senza accento] Forma riflessiva del pronome personale di terza persona singolare e plurale, che si usa, al posto di *lui, lei, loro*, quando si riferisce al soggetto della frase nei vari complementi retti da preposizione: *prese con sé l'ombrello* | *Da sé* = da solo, senza l'aiuto di altri.

sebbène *congz.* Benché, quantunque.

sécca *s.f.* **1** Tratto di mare poco profondo rispetto alla zona circostante **2** Mancanza o scarsità d'acqua: *fiume in s.*

seccàre *v.tr.* **1** Far diventare secco, asciutto, privo d'acqua: *s. i funghi al sole* **2** ⚘ Infastidire, annoiare ◆ *v.intr.* [aus. *essere*] **1** Diventare secco **2** Procurare noia, fastidio, disturbo: *mi secca dover uscire stasera* ◆ **seccarsi** *v.pr.* **1** Diventare secco ⓢ inaridirsi, prosciugarsi **2** ⚘ Annoiarsi, stancarsi, infastidirsi ⓢ stufarsi, scocciarsi: *si seccò di aspettare.*

seccatóre *s.m.* Persona importuna e fastidiosa ⓢ scocciatore, rompiscatole.

seccatùra *s.f.* Fastidio, noia, perdita di tempo.

sécchio *s.m.* Recipiente di vario materiale, a forma di cono tronco o di cilindro, munito di manico semicircolare, usato per contenere liquidi o altri materiali: *s. per l'acqua, per la spazzatura.*

sécco *agg.* **1** Privo d'acqua o d'umidità Ⓢ asciutto, arido: *torrente s.; clima s.* ◊ Essiccato, disseccato: *frutti, fiori s.* **2** ✣ Rapido, netto; deciso, brusco: *colpo s.; oppose un s. rifiuto* ♦ *s.m.* **1** Luogo asciutto: *tirare in s. una barca* **2** Siccità ◊ *Lavaggio, lavatura a s.* = senz'acqua, con sostanze chimiche.

secèrnere *v.tr.* Produrre ed emettere particolari sostanze organiche.

secolàre *agg.* Che ha uno o più secoli: *alberi s.* ◊ Che dura da secoli: *usanze s.*

sècolo *s.m.* **1** Periodo di tempo di cento anni **2** Periodo storico Ⓢ epoca, età: *il s. delle grandi scoperte geografiche.*

secónda *s.f.* **1** Seconda classe di una scuola ◊ Seconda classe di un mezzo di trasporto **2** Seconda marcia del cambio di un veicolo a motore **3** *A s. di* = secondo, in rapporto a: *decidere a s. dei casi.*

secóndo[1] *agg.num.ord.* **1** Che occupa il posto numero due in una serie, in una graduatoria | *Minuto s.* = sessantesima parte di un minuto primo **2** Altro, nuovo: *ti do una s. possibilità* | *S. fine* = scopo nascosto, diverso da quello dichiarato **3** Inferiore per importanza, valore, pregio: *merce di s. qualità* | *Di s. mano* = detto di oggetto che si compra già usato ♦ *s.m.* **1** Unità di misura del tempo pari a un sessantesimo del minuto primo **2** La persona o la cosa che viene al secondo posto in un ordine, in una graduatoria **3** Secondo piatto di un pranzo.

secóndo[2] *prep.* **1** Nel modo richiesto, prescritto da; conformemente a: *agire s.*

giustizia **2** Stando a: *s. il mio parere, sbagli* | *S. me, s. lui, s. loro* ecc. = stando a come la penso io, stando a quel che pensano, dicono lui, loro ecc. **3** In rapporto a, in proporzione a: *spendere s. le proprie possibilità* **4** In dipendenza di, in base a: *deciderò s. le circostanze.*

secrezióne *s.f.* Produzione ed emissione di particolari sostanze da parte di cellule e ghiandole di un organismo animale o vegetale: *s. del sudore.*

sèdano *s.m.* Pianta erbacea coltivata come ortaggio.

sedàre *v.tr.* Calmare, placare: *s. il dolore* ◊ Reprimere, domare: *s. una rivolta.*

sedatìvo *agg.* e *s.m.* Farmaco che serve a calmare il dolore o stati di ansietà ed eccitazione nervosa.

sède *s.f.* **1** Luogo di residenza Ⓢ dimora, domicilio ◊ Città, luogo, edificio in cui svolge la sua attività un ente, un ufficio, una persona ecc.: *Roma è la s. del governo* **2** Luogo in cui è normalmente situato qlco. | *S. stradale* = carreggiata.

sedentàrio *agg.* **1** Che comporta poco movimento o attività fisica: *vita s.* **2** Che fa poco moto, che non ama muoversi, viaggiare: *un tipo s.* ◊ *Popolazioni s.* = che hanno una sede stabile, non nomadi.

sedére[1] *v.intr.* [aus. *essere*] Stare o mettersi appoggiato sopra qlco. con la parte posteriore e inferiore del corpo ♦ **sedersi** *v.pr.* Mettersi a sedere.

sedére[2] *s.m.* La parte posteriore del corpo, in fondo alla schiena.

sèdia *s.f.* Sedile formato da un piano poggiante in genere su quattro gambe e da una spalliera Ⓢ seggiola.

sedìle *s.m.* Qualsiasi struttura, elemento o posto per sedersi.

seducènte *agg.* Affascinante, attraente.

sedùrre *v.tr.* **1** Indurre una persona all'atto sessuale con false promesse e lusinghe **2** Far innamorare: *lo sedusse con la sua bellezza* ◊ Affascinare: *ha un sorriso che seduce* ◊ Attrarre, allettare: *l'idea di un viaggio lo seduceva.*

sedùta *s.f.* Riunione di un organo collegiale o di un gruppo di persone per discutere e deliberare [S] assemblea, sessione.

séga *s.f.* Attrezzo o macchina per tagliare legno, metallo e altri materiali duri, il cui elemento fondamentale è costituito da una lama, da un nastro o da un disco d'acciaio dentati.

ségale *s.f.* Pianta erbacea simile al grano, da cui si ricava una farina scura usata per fare un tipo di pane.

segàre *v.tr.* Tagliare con la sega.

segatùra *s.f.* **1** L'operazione di segare **2** Materiale minuto che si produce come residuo segando il legno.

sèggio *s.m.* **1** Sedile destinato a sovrani, alti personaggi, parlamentari ecc.: *s. papale* **2** Ciascuno dei posti in un organo elettivo che un partito ottiene in un'elezione **3** *S. (elettorale)* = la sede in cui si svolgono le votazioni e lo scrutinio dei voti; la commissione che cura lo svolgimento di tali operazioni.

sèggiola *s.f.* Sedia.

seggiolóne *s.m.* Alto sedile su cui si fanno mangiare i bambini piccoli.

segménto *s.m.* **1** In geometria, tratto di una retta compreso tra due punti **2** Parte di un corpo, di un organo, di un oggetto, compresa tra due estremi.

segnalàre *v.tr.* **1** Indicare, comunicare, avvertire per mezzo di segnali: *s. il sorpasso* ◊ Annunciare, dar notizia: *non si segnalano incidenti* **2** Indicare, proporre all'attenzione: *s. un libro* ♦ **segnalarsi** *v.pr.* Mettersi in luce, distinguersi: *si è segnalato per le sue notevoli capacità.*

segnàle *s.m.* **1** Segno convenzionale o convenuto per comunicare un avvertimento, una notizia, un ordine: *dare il s. di partenza, d'attacco* | *S. stradali* = cartelli, disegni, simboli, luci che regolano la circolazione stradale **2** Dispositivo che serve a dare segnali: *s. di allarme.*

segnalètica *s.f.* Complesso di segnali.

segnàre *v.tr.* **1** Notare, indicare, marcare con uno o più segni: *s. gli errori con una matita rossa* **2** Annotare, registrare: *s. le spese* **3** Indicare: *l'orologio segna le due* **4** Nel calcio e in altri giochi, realizzare un punto: *s. un gol.*

segnatùra *s.f.* Nel calcio e in altri giochi, punto o complesso dei punti segnati in una partita.

ségno *s.m.* **1** Ciò che è indizio, presagio o manifestazione, dimostrazione di qlco.: *il pubblico dava s. d'impazienza* **2** Gesto, cenno con cui si comunica qlco. ad altri: *fare un s. di saluto* **3** Traccia, impronta visibile: *i s. dei passi sulla sabbia* ◊ Elemento visibile che serve a distinguere: *portare un s. di riconoscimento* **4** Qualsiasi figura o espressione grafica che si usa convenzionalmente per rappresentare qlco. [S] simbolo: *la colomba è s. di pace* **5** Linea, tacca o altro segnale che serve a indicare un limite o un punto di riferimento | *Tenere, perdere il s.* = il punto a cui si è arrivati leggendo **6** Bersaglio: *tiro a s.*

segregàre *v.tr.* Isolare, tenere lontano dagli altri, impedendo ogni contatto.

segretàrio *s.m.* **1** Collaboratore diretto di un dirigente, di un professionista, di un alto funzionario, che lo assiste nella sua attività svolgendo mansioni esecutive di fiducia ◊ Impiegato o funzionario addetto a un ufficio in un ente pubblico o privato: *il s. comunale* **2** Chi dirige l'attività di un'organizzazione, di un ente e sim.: *il s. generale dell'ONU.*

segreterìa *s.f.* L'ufficio del segretario e l'insieme delle persone che vi lavorano.

segréto[1] *agg.* **1** Che è fatto di nascosto, che va tenuto nascosto agli altri: *un accordo s.* **2** Conosciuto solo da pochi: *un passaggio s.*

segréto[2] *s.m.* Cosa che qlcu. tiene celata nel suo animo senza rivelarla a nessuno ◊ Ciò che ha carattere riservato, è conosciuto solo da pochi e non si deve divulgare: *tradire un s.*

seguàce *s.m.f.* Chi segue una religione, una dottrina, un maestro ecc.

seguènte *agg.* Che viene subito dopo Ⓢ successivo: *giorno s.; pagina s.*

seguìre *v.tr.* **1** Andare, venire dietro a qlcu. o qlco.: *lo seguì per le scale* **2** ✿ Accompagnare, tenere dietro con lo sguardo, l'udito, la mente, l'attenzione: *non riesco a s. il tuo ragionamento* ◊ Guardare, assistere: *s. la partita in televisione* | *S. un corso* = frequentarlo ◊ Interessarsi, tenersi al corrente di qlco.: *s. la politica* **3** ✿ Attenersi: *s. le prescrizioni del medico* ◊ Imitare: *s. l'esempio di qlcu.* **4** Procedere lungo una determinata direzione: *s. la rotta* ♦ *v.tr.* e *v.intr.* [aus. *essere*] Venire subito dopo nel tempo, in una successione, in una graduatoria: *all'esplosione seguì un boato* ♦ *v.intr.* **1** Venire come conseguenza Ⓢ derivare: *da quelle parole seguì una lite* **2** Continuare: *l'articolo segue alla pagina successiva.*

seguitàre *v.tr.* e *v.intr.* [aus. *essere* e *avere*] Continuare, proseguire.

séguito *s.m.* **1** Insieme di persone che accompagnano, scortano un personaggio importante **2** Serie, sequela: *un s. di disgrazie* **3** Continuazione, proseguimento: *domani ti racconto il s.* | *Di s.* = senza interruzione | *In s.* = successivamente, dopo ◊ Conseguenza: *è morto in s. a un incidente.*

selezionàre *v.tr.* Scegliere in un gruppo gli elementi migliori o più adatti.

selezióne *s.f.* Scelta degli elementi migliori o più adatti per un dato scopo.

sèlla *s.f.* **1** Arnese di cuoio che si fissa al dorso di cavalli, asini e muli per poter cavalcare più comodamente **2** Sellino.

sellìno *s.m.* Sedile, per lo più molleggiato, di biciclette e motociclette.

sélva *s.f.* Bosco fitto, intricato ed esteso Ⓢ foresta.

selvaggìna *s.f.* L'insieme degli animali selvatici che l'uomo caccia per cibarsi delle loro carni: *una zona ricca di s.*

selvàggio *agg.* **1** Privo di coltivazioni, disabitato, inospitale: *una zona s.* ◊ Costituito da una vegetazione fitta e spontanea: *un bosco s.* **2** Primitivo, arretrato rispetto allo sviluppo della civiltà: *tribù s.* ♦ *s.m.* Chi vive in condizioni di vita primitive, lontano dalla civiltà moderna.

selvàtico *agg.* Spontaneo, non coltivato: *erbe s.* ◊ Che cresce e vive in libertà; non addomesticato: *coniglio s.*

semàforo *s.m.* Apparecchio che regola con segnalazioni luminose il traffico stradale o ferroviario.

sembràre *v.intr.* [aus. *essere*] Avere l'aspetto o l'apparenza di qlco. di diverso da quel che è Ⓢ parere: *quei fiori nel quadro sembrano veri* ◊ Dare una certa impressione Ⓢ parere: *mi sembri stanco.*

séme *s.m.* **1** Parte del frutto contenente

l'embrione da cui può nascere una nuova pianta **2** Sperma **3** ✿ Origine, causa originaria: *estirpare il s. della violenza.*

seménte *s.f.* I semi destinati alla semina.

semèstre *s.m.* Periodo di tempo di sei mesi.

semicérchio *s.m.* Mezzo cerchio.

semifinàle *s.f.* Ultima gara eliminatoria di una competizione sportiva, i cui vincitori sono ammessi alla finale.

sémina *s.f.* L'operazione, il lavoro di seminare: *il tempo della s. del grano.*

seminàre *v.tr.* Spargere la semente di una pianta sul terreno: *s. il mais.*

seminterràto *s.m.* Piano di un edificio che si trova in parte sotto il livello del suolo o della strada: *abitare in un s.*

seminùdo *agg.* Mezzo nudo, quasi nudo.

semmài o **se mai** *congz.* **1** Qualora, nel caso che **2** Tutt'al più, piuttosto.

sémola *s.f.* Farina di grano duro macinata a grani grossi, usata spec. per la fabbricazione delle paste alimentari.

semolìno *s.m.* Farina di grano con granelli più piccoli di quelli della semola.

sémplice *agg.* **1** Formato da un solo elemento **2** Privo di difficoltà, non complesso Ⓢ facile, elementare: *un problema s.* **3** Privo di ornamenti eccessivi, di ricercatezza, di raffinatezza: *un arredamento s.; fare una vita s.* ◊ Modesto, alla buona, spontaneo: *gente s.* **4** Preposto a un sostantivo significa «soltanto, nient'altro che»: *la mia è una s. ipotesi* **5** *Soldato s.* = che non ha alcun grado.

semplicità *s.f.* **1** L'essere semplice, facile, non complesso **2** Sobrietà, naturalezza, mancanza di artifici: *vestire con s.*

semplificàre *v.tr.* Rendere più semplice, più facile: *s. un lavoro.*

sèmpre *avv.* **1** In ogni tempo, per tutta la vita: *cose s. successe; ti amerò (per) s.* ◊ Continuamente, in ogni momento, in ogni occasione: *è s. allegro* ◊ Tutte le volte: *quando vado al bar lo incontro s.* **2** Tuttora, ancora: *la situazione resta s. grave* **3** A ogni momento, man mano: *va s. peggio.*

semprevérde *agg.* e *s.m.f.* Detto di pianta che conserva le foglie verdi per tutto l'anno: *il pino è una pianta s.*

sènape *s.f.* **1** Pianta erbacea i cui semi sono impiegati in medicina e in culinaria **2** Salsa piccante di farina ricavata dai semi di senape: *salsicce con la s.*

senàto *s.m.* Uno dei due rami del parlamento in Italia e in altri stati.

senatóre *s.m.* Membro del senato.

senìle *agg.* Di vecchio: *età s.* ◊ Proprio dei vecchi e della vecchiaia: *malattia s.*

sénno *s.m.* Capacità di giudicare e agire con saggezza, prudenza, giudizio | *Uscire di s.* = impazzire.

sennò o **se no** *avv.* Altrimenti, in caso contrario: *sbrigati, se no faremo tardi!*

séno *s.m.* **1** Petto ◊ Petto femminile o singola mammella della donna **2** Utero, ventre materno: *portare un figlio in s.* **3** ✿ Animo, cuore, intimo: *nutriva in s. propositi di vendetta.*

sensàto *agg.* Che ha o denota buon senso: *una ragazza s.; una proposta s.*

sensazionàle *agg.* Che suscita grande impressione, interesse, stupore Ⓢ clamoroso, straordinario: *una notizia s.*

sensazióne *s.f.* **1** Impressione prodotta sui sensi da uno stimolo esterno o interno: *sentire una s. di freddo* **2** Impressione intima, stato d'animo: *provò una s. di paura* ◊ Presentimento: *ho la s. che stia per accadere qlco. di grave.*

sensìbile *agg.* **1** Che è chiaramente percepibile, si manifesta in modo evidente Ⓢ notevole, rilevante: *fare s. progressi* **2** Che è capace di percepire stimoli: *l'occhio è s. alla luce* **3** ⚘ Detto di persona, che sente in modo particolarmente intenso le emozioni, i sentimenti, le situazioni che vive: *è un ragazzo s.*

sensibilità *s.f.* **1** Capacità di ricevere impressioni attraverso i sensi: *s. alla luce* **2** Capacità di sentire vivamente emozioni, affetti, sentimenti o di avvertire e comprendere determinati aspetti e problemi della realtà: *s. d'animo; s. sociale.*

sènso *s.m.* **1** Facoltà di percepire sensazioni prodotte da stimoli esterni: *i cinque s. sono la vista, l'udito, l'olfatto, il gusto, il tatto | Perdere, riprendere i s.* = svenire, rinvenire **2** Sensazione, percezione fisica: *avvertire un s. di nausea | Far s.* = provocare repulsione, disgusto ◊ Sentimento, stato d'animo: *provare un s. di pietà* **3** Capacità di sentire, distinguere, valutare qlco.: *avere s. dell'orientamento | Buon s.* = saggezza, ragionevolezza, equilibrio **4** Significato: *usare una parola in s. figurato* ◊ Contenuto logico, ragionevolezza: *discorsi senza s.* **5** Direzione, verso: *nel s. della lunghezza; andare in s. opposto.*

sentènza *s.f.* Giudizio, decisione emessi da un giudice a conclusione di un processo: *s. di condanna, di assoluzione.*

sentièro *s.m.* Strada stretta con fondo di terra tracciata per boschi e prati in zone di campagna e di montagna Ⓢ viottolo.

sentimentàle *agg.* **1** Che riguarda i sentimenti, spec. amorosi: *vita s.* **2** Che prova sentimenti e affetti teneri, gentili, malinconici, talvolta anche in modo esagerato o sdolcinato: *un giovane s.* ◊ Che

esprime, rivela o suscita sentimenti di questo tipo: *discorsi s.; un film s.*

sentiménto *s.m.* **1** Particolare stato d'animo, impulso di natura affettiva; ciò che si sente nell'animo: *s. di amore, di gioia; manifestare i propri s.* **2** Capacità di sentire, di avere coscienza di qlco.: *possedere il s. del dovere.*

sentinèlla *s.f.* Soldato armato in servizio di guardia e di sorveglianza.

sentìre *v.tr.* **1** Avvertire, percepire, provare qlco. con l'olfatto, il gusto, il tatto: *s. un odore* **2** Percepire con l'udito Ⓢ udire: *s. un rumore* ◊ Ascoltare: *s. un concerto* ◊ Prestare attenzione, ascolto, dar retta: *senti bene quello che ti dico* ◊ Informarsi: *senti se ha bisogno di qlco.* ◊ Consultare: *sarà meglio s. il medico* ◊ Sapere, venire a sapere, apprendere: *vorrei s. il tuo parere* **3** Avvertire una particolare sensazione fisica: *s. caldo, freddo, fame* **4** Essere sensibile a qlco., avvertirne le conseguenze: *non sentiva la fatica* **5** Provare uno stato d'animo, un sentimento: *s. simpatia per qlcu.; s. un rimorso* **6** Avere coscienza, essere consapevole di qlco.: *sento di aver fatto male a trattarlo così* ◊ Soffrire: *s. la mancanza di un amico* ◊ Intuire, presentire: *me la sentivo che finiva male* ♦ **sentirsi** *v.pr.* **1** Provare una data sensazione fisica: *s. bene, male; s. svenire* **2** Provare un determinato stato d'animo: *s. felice* ◊ Avere la sensazione o la coscienza di essere in una certa condizione: *s. vecchio.*

sènza *prep.* Privo di, sprovvisto di: *restare s. soldi* ◊ Escludendo, con assenza di: *lo uccisero s. pietà* ♦ *congz.* Seguita da un verbo, indica che l'azione espressa dal verbo non si realizza: *partì s. salutare.*

senzatétto *s.m.f.invar.* Chi non ha una casa dove abitare.
separàre *v.tr.* Allontanare, dividere, tenere divise persone o cose unite, mescolate o vicine tra loro ♦ **separarsi** *v.pr.* Dividersi, allontanarsi, lasciarsi (ponendo fine a un incontro, a un rapporto, a una convivenza).
separazióne *s.f.* Divisione di una cosa da un'altra ◊ Distacco, allontanamento.
sepólcro *s.m.* Monumento funebre, per lo più dedicato a un personaggio illustre.
sepoltùra *s.f.* **1** L'azione di seppellire un defunto ◊ Cerimonia funebre **2** Tomba, sepolcro.
seppellìre *v.tr.* **1** Deporre nella tomba: *s. i morti* **2** Sotterrare: *s. un tesoro* ◊ Ricoprire interamente: *il paese fu sepolto da una valanga.*
séppia *s.f.* Mollusco commestibile con dieci tentacoli, che emette un liquido nerastro (*inchiostro di s.*) per nascondersi alla vista quando è attaccato.
seppùre o **se pure** *congz.* Anche se.
sequèla *s.f.* Serie, successione ininterrotta di fatti o cose per lo più sgradevoli.
sequènza *s.f.* Serie ordinata di elementi che si susseguono.
sequestràre *v.tr.* **1** Porre sotto sequestro, togliere dalla circolazione (da parte dell'autorità giudiziaria): *s. i beni di un boss mafioso* **2** Privare illegalmente una persona della sua libertà [S] rapire.
sequèstro *s.m.* **1** Provvedimento con cui l'autorità giudiziaria toglie a una persona il possesso di determinati beni **2** *S. di persona* = reato commesso da chi priva illegalmente una persona della sua libertà personale (a scopo di estorsione, di violenza, di minaccia) [S] rapimento.
séra *s.f.* **1** Parte finale del giorno, compresa tra il tramonto e l'inizio della notte **2** Periodo di tempo che va dall'ora di cena a quella in cui ci si corica.
seràle *agg.* Della sera: *le ore s.* ◊ Che si svolge, si tiene di sera: *scuola s.*
seràta *s.f.* Sera, spec. in riferimento alla sua durata, al tempo che fa e a ciò che vi accade: *una s. piovosa.*
serbàre *v.tr.* **1** Mettere, tenere da parte qlco. perché potrà essere utile in seguito **2** Conservare, mantenere: *s. un segreto.*
serbatóio *s.m.* Recipiente, contenitore per liquidi o gas.
sèrbo *s.m.* Il serbare | *Avere, tenere in s.* = avere, tenere da parte [S] conservare.
serenità *s.f.* **1** Assenza di nubi nel cielo [S] limpidezza, trasparenza **2** ♣ Assenza di preoccupazioni, ansie, turbamenti; tranquillità d'animo.
seréno *agg.* **1** Limpido, senza nubi o foschia: *cielo s.* **2** ♣ Non turbato da preoccupazioni, ansie, affanni [S] tranquillo: *animo s.* ♦ *s.m.* Cielo sereno, bel tempo: *sta tornando il s.*
sergènte *s.m.* Il grado più basso dei sottufficiali; il militare che ha questo grado.
sèrie *s.f.* **1** Successione continua di persone, cose o fatti dello stesso genere: *una s. di dati* ◊ Insieme di elementi con caratteristiche sim.: *una nuova s. di prodotti di bellezza* | *Produzione in s.* = produzione industriale di grandi quantità dello stesso prodotto e secondo lo stesso modello **2** Nello sport, ognuno dei raggruppamenti in cui vengono suddivisi, in base al loro valore, atleti e squadre.
serietà *s.f.* Comportamento, atteggiamento corretto, coscienzioso, degno di fiducia.
sèrio *agg.* **1** Che ha o dimostra senso di responsabilità, coscienziosità e corret-

tezza ed è perciò degno di fiducia: *persona, ditta s.* **2** Severo, accigliato, preoccupato: *fece una faccia s.* ◊ Non scherzoso: *parlare in tono s.* **3** Grave, preoccupante: *le condizioni del malato sono s.* ♦ *s.m.* Tono serio | *Fare sul s.* = non scherzare; fare ciò che si dice, essere decisi nella propria azione.

sermóne *s.m.* Discorso su argomenti di religione Ⓢ predica.

sèrpe *s.f.* Serpente, biscia.

serpènte *s.m.* Nome generico dei rettili dal corpo cilindrico allungato e ricoperto di squame, privi di zampe e che si muovono strisciando sul terreno.

serpentìna *s.f.* **1** Linea sinuosa; serie di curve **2** Piccolo tubo a spirale entro cui circola un liquido o un gas da raffreddare o riscaldare rapidamente.

sèrra *s.f.* Ambiente chiuso da vetrate o da materiali plastici trasparenti in cui si coltivano o tengono a riparo piante e fiori che richiedono condizioni climatiche particolari.

serraménto *s.m.* Qualsiasi struttura mobile per chiudere porte, finestre o altre aperture di edifici e ambienti.

serrànda *s.f.* Chiusura a saracinesca, spec. di negozi e box: *abbassare la s.*

serràre *v.tr.* **1** Chiudere, sbarrare: *s. l'uscio* **2** Chiudere stringendo, stringere con forza: *s. i pugni*; *s. un bullone.*

serratùra *s.f.* Congegno meccanico, in genere azionato da una chiave, per chiudere porte, cancelli, cassetti ecc.

servìre *v.tr.* **1** Essere asservito ad altri ed eseguirne i voleri: *s. i potenti* **2** Prestare la propria opera in favore di qlco.: *s. la patria come soldato* **3** Portare in tavola i cibi e le bevande e offrirli ai commensali: *s. il pranzo, il caffè* **4** Soddisfare le richieste dei clienti: *finisco di s. la signora e poi servo lei* **5** Soddisfare le esigenze di una determinata zona con un dato servizio pubblico: *la metropolitana servirà anche la periferia* ♦ *v.intr.* [aus. *essere*] **1** Giovare, essere utile: *lamentarsi non serve* ◊ Avere una data funzione: *questa chiave serve ad aprire la porta* **2** Occorrere: *gli serve il tuo aiuto* ♦ **servirsi** *v.pr.* **1** Usare, adoperare: *s. di un esempio* **2** Prendere liberamente ciò che viene offerto o è in vendita.

servitóre *s.m.* **1** Chi presta servizio in case private (ma oggi si dice piuttosto *domestico* o *cameriere*) **2** Chi serve con devozione qlcu. o qlco.: *un s. dello stato.*

servitù *s.f.* **1** Schiavitù, soggezione totale: *popolo ridotto in s.* **2** L'insieme dei domestici, delle persone di servizio.

servìzio *s.m.* **1** Attività lavorativa alle dipendenze di un ente pubblico o privato: *essere in s. al ministero* ◊ Attività svolta in un corpo delle forze armate: *fare il s. militare* ◊ *Essere in, di servizio* = in orario di lavoro | *Fuori s.* = nelle ore libere; detto anche di impianto fuori uso: *ascensore fuori s.* **2** Lavoro domestico svolto in case private: *donna di s.* ◊ Le prestazioni di un cameriere in ristoranti e sim.; il relativo costo: *nel conto è compreso anche il s.* **3** *Essere al s. di* = essere a completa disposizione di qlcu. o qlco., operare per il loro esclusivo interesse: *la polizia è al s. dei cittadini* **4** *S. (pubblico)* = qualsiasi attività, organizzazione, struttura che fornisce una prestazione diretta a soddisfare un'esigenza della collettività; la prestazione stessa così fornita: *il s. postale, aereo* ◊ *Il settore dei s.* = il settore terziario, cioè l'insieme delle attività economiche come il commercio, i trasporti, la scuola, le telecomunicazioni ecc. **5** Serie completa di oggetti d'uso (spec. per la tavola): *un s. di piatti, di bicchieri* ◊ *S. (igienici)* = gli impianti per l'igiene personale e i bisogni fisiologici **6** *Area, stazione di s.* = spiazzo lungo strade e autostrade dotato di attrezzature per il rifornimento e l'assistenza agli autoveicoli.

sèrvo *s.m.* **1** Domestico, cameriere in una casa privata; è un termine che oggi si usa solo in espressioni polemiche **2** Chi è in stato di servitù ⓢ schiavo.

sessióne *s.f.* Serie di sedute periodiche di un'assemblea, di una commissione e sim.; ogni periodo di tempo in cui si svolgono tali sedute.

sèsso *s.m.* **1** Il complesso delle caratteristiche che distinguono in una stessa specie i maschi dalle femmine ◊ Il complesso degli individui che appartengono a ciascuno dei due tipi sessuali: *i rapporti tra i s.* **2** L'insieme dei fenomeni e dei problemi legati all'attività e alla sfera sessuale ◊ L'attività sessuale: *pensa sempre al s.* **3** Gli organi genitali.

sessuàle *agg.* Del sesso, che riguarda il sesso e la sua sfera: *organi s.; rapporti s.*

séta *s.f.* Fibra tessile ricavata dai filamenti con cui il baco da seta costruisce il suo bozzolo.

setacciàre *v.tr.* Passare al setaccio.

setàccio *s.m.* Arnese costituito da una rete tesa su un telaio circolare, usato per separare la parte più fine di una sostanza dalla parte più grossa.

séte *s.f.* **1** Necessità, desiderio di bere ◊ Bisogno di acqua: *queste piante hanno s.* **2** ✿ Desiderio ardente, brama, avidità: *s. di potere, di ricchezza.*

sétola *s.f.* Pelo duro e rigido del dorso di maiali e cinghiali o della coda dei cavalli, usato per fabbricare spazzole e pennelli.

sètta *s.f.* Gruppo di persone che seguono una dottrina religiosa o politica che si distacca e dissente da quella dominante.

settentrionàle *agg.* **1** Del settentrione, del nord: *America s.* ◊ Che proviene da nord: *venti s.* **2** Proprio delle regioni e dei popoli del nord di un paese: *usanze s.* ♦ *s.m.f.* Chi è nato nel settentrione di un paese ◊ Chi è nativo dell'Italia settentrionale: *sposare un s.*

settentrióne *s.m.* **1** Nord **2** L'insieme delle regioni situate nella parte a nord di un paese ◊ L'Italia del nord: *vive nel s.*

settimàna *s.f.* Periodo di sette giorni, dal lunedì alla domenica successiva ◊ Periodo di sette giorni: *tra un paio di s.*

settimanàle *agg.* Di una settimana, della settimana: *orario s.* ◊ Che avviene, si effettua, si pubblica ogni settimana: *riunioni s.* ♦ *s.m.* Periodico che esce ogni sette giorni: *un s. illustrato.*

settóre *s.m.* **1** *S. circolare* = parte di cerchio compresa tra due raggi **2** Spazio, zona a forma di settore circolare: *i s. di un anfiteatro* ◊ Spazio, zona in qualche modo delimitata: *il s. di destra del campo di gioco* **3** ✿ Campo, ramo particolare di attività: *il s. agricolo, industriale.*

severità *s.f.* Rigore, rigidità, mancanza di ogni indulgenza.

sevèro *agg.* **1** Rigoroso, intransigente, duro, alieno da ogni indulgenza: *padre s.; una s. disciplina* **2** Ingente, rilevante, grave: *subire s. perdite.*

sezióne *s.f.* **1** In geometria e in disegno, la figura che si ottiene tagliando o immaginando di tagliare con un piano un solido, un corpo, un oggetto ecc.:

disegnare un edificio in s. verticale **2** Ciascuna delle parti in cui è diviso e si articola un complesso unitario e spec. un ente, un'organizzazione.

sfacciàto *agg.* Che manca di pudore, di rispetto Ⓢ impudente, sfrontato.

sfacèlo *s.m.* Grave decadimento fisico: *un corpo in s.* ◊ Rovina, dissoluzione.

sfaldàrsi *v.pr.* **1** Dividersi, rompersi in lamine sottili, in falde **2** ⚬ Disgregarsi.

sfamàre *v.tr.* Togliere la fame Ⓢ saziare ◆ **sfamarsi** *v.pr.* Levarsi la fame.

sfasciàre[1] *v.tr.* Rompere completamente, fare a pezzi, distruggere: *s. una sedia* ◆ **sfasciarsi** *v.pr.* Rompersi, fracassarsi.

sfasciàre[2] *v.tr.* Liberare dalle fasce, togliere la fasciatura: *s. una ferita.*

sfavóre *s.m.* Svantaggio, danno.

sfavorévole *agg.* Non favorevole Ⓢ avverso, contrario; negativo: *momento s.*; *dare un giudizio, un parere s.*

sfavorìre *v.tr.* Svantaggiare.

sfèra *s.f.* **1** Figura geometrica solida la cui superficie curva ha in ogni punto la stessa distanza da un punto interno, detto *centro* **2** Corpo, oggetto di forma sferica Ⓢ globo, palla **3** ⚬ Ambito, campo, settore: *s. di competenza*; *s. sessuale.*

sfèrico *agg.* **1** Di sfera: *forma s.* **2** Che ha la forma di una sfera: *un oggetto s.*

sfèrza *s.f.* Frusta.

sferzànte *agg.* Che colpisce con violenza, come una sferza: *una pioggia s.*

sfiancàre *v.tr.* Affaticare eccessivamente, togliendo ogni forza Ⓢ stremare, spossare, sfinire.

sfiatatóio *s.m.* Apertura praticata in tubazioni e ambienti chiusi per far uscire all'esterno aria, gas, vapori.

sfibrànte *agg.* Che logora le forze o i nervi Ⓢ spossante, snervante: *lavoro s.*

sfìda *s.f.* Invito a battersi in duello o a misurarsi in una competizione: *lanciare una s.*

sfidàre *v.tr.* **1** Invitare un avversario a battersi in uno scontro o a misurarsi in una gara **2** Invitare polemicamente qlcu. a fare qlco. che si ritiene impossibile o molto difficile: *ti sfido a dimostrarmi il contrario* **3** ⚬ Affrontare con coraggio o temerarietà un grave rischio: *s. la morte.*

sfidùcia *s.f.* Mancanza di fiducia.

sfilàre[1] *v.tr.* Tirar fuori ciò che è infilato: *s. il filo dall'ago* ◊ Togliere di dosso: *s. le scarpe.*

sfilàre[2] *v.intr.* [aus. *essere* o *avere*] Procedere, passare in fila o inquadrati in file ordinate: *s. tra due ali di folla.*

sfilàta *s.f.* Passaggio di persone o mezzi che procedono in fila | *S. di moda* = presentazione di nuovi modelli da parte di indossatori o indossatrici.

sfinìre *v.tr.* Lasciare senza forze Ⓢ spossare, prostrare: *il digiuno lo ha sfinito.*

sfinìto *agg.* Molto stanco, senza forze Ⓢ spossato, stremato, esausto, prostrato.

sfioràre *v.tr.* Toccare leggermente passando vicino; arrivare quasi a toccare Ⓢ rasentare: *l'aereo sfiorò la cima degli alberi* ◊ ⚬ Giungere molto vicino al conseguimento di qlco.: *s. la vittoria.*

sfiorìre *v.intr.* [aus. *essere*] Perdere i petali, appassire.

sfìtto *agg.* Non affittato, libero: *casa s.*

sfocàto *agg.* Non nitido, confuso.

sfogàre *v.tr.* Manifestare apertamente sentimenti o stati d'animo in precedenza repressi o contenuti: *s. la rabbia* ◆ **sfogarsi** *v.pr.* Scaricare la tensione interiore di un sentimento, di uno stato d'animo: *lascia che pianga, che si sfoghi* ◊ Alleggerirsi delle proprie pene, ansie ecc. confidandole a qlcu. | *S. su qlcu.* = far ricadere su di lui il proprio malumore ◊ Soddisfare una voglia, un impulso: *i ragazzi si sfogavano a correre.*

sfoggiàre *v.tr.* Mostrare, esibire con compiacimento qlco. di bello, di elegante che si indossa o si possiede.

sfòglia *s.f.* 1 Lamina sottile 2 Strato sottile di pasta all'uovo.

sfogliàre *v.tr.* Voltare rapidamente le pagine di una pubblicazione, dando un'occhiata qua e là, senza soffermarsi.

sfógo *s.m.* 1 Fuoriuscita di gas o liquidi da un recipiente o da un ambiente; apertura, passaggio che consente la fuoriuscita: *valvola di s.* 2 ⚘ Libera manifestazione di sentimenti e stati d'animo che non si riesce più a reprimere dentro di sé: *dare s. alla rabbia.*

sfollàre *v.intr.* [aus. *essere* o *avere*] Andarsene via da un luogo in cui si era riuniti in massa: *il pubblico cominciò a s. dallo stadio.*

sfondàre *v.tr.* 1 Rompere, far cedere il fondo di qlco.: *s. una cassa* 2 Schiantare, abbattere con urto violento un ostacolo, aprendovi un varco: *s. una porta.*

sfóndo *s.m.* La parte che in un dipinto, in un disegno, in una fotografia appare dietro alle figure in primo piano ◊ La parte del campo visivo più lontana rispetto a chi guarda: *la torre si erge sullo s. del mare.*

sfortùna *s.f.* Mancanza di fortuna, sorte avversa ◊ Circostanza sfavorevole: *che s. non averlo saputo prima!*

sfortunàto *agg.* Che ha sfortuna, perseguitato dalla sfortuna ◊ Che non ha avuto buon esito, successo: *un tentativo s.* ◊ Sfavorevole, malaugurato, disgraziato.

sforzàre *v.tr.* 1 Sottoporre a uno sforzo, per lo più eccessivo: *s. il motore* 2 Costringere: *se non vuole, non lo s.* ♦ **sforzarsi** *v.pr.* Fare ogni sforzo, impegnarsi in ogni modo.

sfòrzo *s.m.* Impiego superiore al normale delle forze fisiche o psichiche: *s. muscolare, di volontà* ◊ Intenso impegno per ottenere un risultato: *ho fatto ogni s. per convincerlo.*

sfracellàrsi *v.pr.* Fracassarsi, ridursi a una massa informe: *l'auto andò a s. in un burrone.*

sfrattàre *v.tr.* Intimare a un inquilino, da parte del proprietario, di lasciare l'immobile che occupa.

sfràtto *s.m.* Intimazione a un inquilino di lasciare l'immobile che ha in affitto.

sfregiàre *v.tr.* Deturpare, rovinare con uno sfregio, con sfregi: *s. un quadro.*

sfrégio *s.m.* Taglio, ferita, bruciatura o cicatrice che deturpa il viso ◊ Taglio, graffio, macchia ecc. fatti per deturpare e rovinare un'opera d'arte, un oggetto.

sfrenàto *agg.* Non frenato, più veloce possibile: *corsa s.* ◊ ⚘ Privo di ogni moderazione, senza limiti Ⓢ smodato, eccessivo: *una s. ambizione*; *un lusso s.*

sfrontàto *agg.* e *s.m.* Che, chi mostra di non provare vergogna nel fare e nel dire cose di cui ci si dovrebbe vergognare Ⓢ impudente, sfacciato.

sfruttaménto *s.m.* 1 Attività rivolta a ricavare il massimo rendimento da qlco.: *lo s. di una miniera* 2 Trattamento ingiusto riservato ai dipendenti da parte di chi li paga poco e trae da essi un profitto eccessivo.

sfruttàre *v.tr.* 1 Far rendere al massimo un bene naturale: *s. un terreno* ◊ Utilizzare pienamente o a proprio vantaggio: *s. un'occasione* 2 ⚘ Trarre un profitto eccessivo dal lavoro altrui retribuendolo meno del giusto: *s. i dipendenti* ◊ Approfittare senza scrupoli: *s. l'ingenuità altrui.*

sfruttatóre *s.m.* Chi sfrutta gli altri.

sfuggìre *v.intr.* [aus. *essere*] **1** Sottrarsi a qlcu. o a qlco., fuggendo o evitandolo: *s. agli inseguitori; s. alla morte* **2** Cadere, scappare inavvertitamente: *il piatto gli sfuggì di mano* **3** Passare inosservato, inavvertito: *è uno a cui non sfugge nulla* ◊ Non venire in mente: *in questo momento mi sfugge il suo nome* ♦ *v.tr.* Evitare: *s. un pericolo.*

sfuggìta *s.f.* Scappata, visita rapida | *Di s.* = per un breve momento, in fretta.

sfumatùra *s.f.* **1** Tonalità di uno stesso colore **2** ✂ Differenza lieve: *tra queste due parole c'è una s. di significato.*

sfùso *agg.* Detto di merce che si vende non confezionata in pacchetti, bottiglie ecc.: *caramelle s.; vino s.*

sgabèllo *s.m.* Piccolo e basso sedile senza spalliera e braccioli, usato anche per appoggiarvi i piedi.

sgabuzzìno *s.m.* Stanzino, per lo più senza finestre, che si usa come ripostiglio.

sgambétto *s.m.* Mossa con cui si fa cadere qlcu. che sta camminando o correndo, mettendogli un piede o una gamba tra le gambe.

sganciàre *v.tr.* Liberare, staccare dal gancio, dai ganci: *s. un rimorchio* | *S. una bomba* = lanciarla da un aereo sull'obiettivo.

sgarbàto *agg.* Poco garbato, poco gentile Ⓢ scortese: *una risposta s.*

sgàrbo *s.m.* Atto, parola, comportamento sgarbato, villano o anche gravemente offensivo: *gli farò pagare questo s.*

sgobbàre *v.intr.* [aus. *avere*] Lavorare, studiare con grande impegno, fatica e sacrificio: *se vuoi farcela devi s.!*

sgocciolàre *v.tr.* Far cadere giù a gocce: *s. l'acqua sul pavimento* ♦ *v.intr.* **1** [aus. *essere*] Cadere a gocce: *l'acqua sgocciola dal tetto* **2** [aus. *avere*] Perdere gocce: *il rubinetto sgocciola* ◊ Scolare fino all'ultima goccia: *mettere i piatti a sgocciolare.*

sgocciolìo *s.m.* Continua caduta o fuoriuscita di gocce; il rumore che produce.

sgolàrsi *v.pr.* Affaticarsi la gola parlando, gridando o cantando ad alta voce o a lungo: *s. a chiamare qlcu.*

sgómbero *s.m.* Liberazione di un luogo da ciò che lo ingombra: *s. della strada dalle macerie* ◊ Allontanamento, spostamento di cose o persone da un luogo.

sgombràre o **sgomberàre** *v.tr.* Liberare, vuotare un luogo dalle persone o dalle cose che lo ingombrano, lo occupano: *s. la strada dalla neve; il giudice fece s. l'aula* ◊ Allontanare, portar via da un luogo le persone o le cose che lo ingombrano, lo occupano: *s. gli occupanti dal palazzo* ♦ *v.intr.* [aus. *avere*] Andarsene, allontanarsi da un luogo.

sgómbro *agg.* Libero, vuoto, non ingombro: *cielo s. di nubi.*

sgomentàre *v.tr.* Gettare nello sgomento ♦ **sgomentarsi** *v.pr.* Provare sgomento.

sgoménto *s.m.* Stato di grave turbamento e abbattimento pieno di angoscia e spavento, che lascia incapaci di reagire.

sgominàre *v.tr.* Sconfiggere duramente, mettere in fuga Ⓢ sbaragliare.

sgonfiàre *v.tr.* Far uscire da un contenitore elastico l'aria di cui era gonfio: *s. un salvagente* ♦ **sgonfiarsi** *v.pr.* Perdere l'aria contenuta Ⓢ afflosciarsi ◊ Perdere il gonfiore: *l'ascesso si sta sgonfiando*.

sgónfio *agg.* Privo di aria o poco gonfio ◊ Privo di gonfiore: *la caviglia è già s.*

sgòrbio *s.m.* Macchia d'inchiostro Ⓢ scarabocchio ◊ Parola illeggibile ◊ Scritto, disegno brutto, mal fatto.

sgorgàre *v.intr.* [aus. *essere*] Detto di liquidi, uscir fuori con forza e in abbondanza: *l'acqua sgorgava dal tubo*.

sgozzàre *v.tr.* Uccidere tagliando la gola Ⓢ scannare: *s. un agnello*.

sgradévole *agg.* Che non si gradisce, poco gradevole Ⓢ spiacevole, fastidioso.

sgradìto *agg.* Non gradito Ⓢ spiacevole, sgradevole, fastidioso: *una s. sorpresa*.

sgretolàre *v.tr.* Ridurre in piccoli pezzi, in frammenti Ⓢ frantumare ♦ **sgretolarsi** *v.pr.* Rompersi in pezzi, digregarsi.

sgridàre *v.tr.* Rimproverare duramente.

sgridàta *s.f.* Severo rimprovero a voce alta: *si è preso una s. per il ritardo*.

sgualcìre *v.tr.* Sciupare facendo prendere delle brutte pieghe Ⓢ spiegazzare.

sguàrdo *s.m.* 1 L'atto del guardare ◊ Occhi: *sollevò lo s. su di me* ◊ Occhiata: *dare uno s. al giornale* ◊ Modo di guardare che esprime un sentimento: *uno s. d'amore* 2 Vista: *fin dove arriva lo s.*

sgusciàre[1] *v.tr.* Togliere dal guscio.

sgusciàre[2] *v.intr.* [aus. *essere*] Scivolare via, sfuggire alla presa: *s. tra le mani*.

si *pron.pers.* 1 Forma del pronome personale *sé* usata come complemento oggetto nei verbi riflessivi e riflessivi reciproci 2 [è sostituito da *se* davanti a *la, lo, li, le* e *ne*] Si usa nella coniugazione dei verbi intransitivi pronominali ◊ A sé: *si è comprato un'auto nuova* 3 Serve a dare valore impersonale a un verbo 4 Serve a dare valore passivo a un verbo.

sì *avv.* 1 Esprime una risposta affermativa 2 Davvero, proprio: *questa sì che è bella!* ♦ *s.m.* Risposta affermativa Ⓢ assenso ◊ (spec. al *pl.*) Voto favorevole: *i sì sono stati più numerosi dei no*.

sìa *congz.* È usata sempre in correlazione con *sia, che, come, o* ed equivale a «tanto… quanto», «non solo… ma anche», «così… come».

sìbilo *s.m.* Fischio acuto, sottile e continuato: *il s. del vento, di una freccia*.

sicché *congz.* 1 E perciò, e quindi ◊ Così che, per questo 2 Dunque, allora.

siccità *s.f.* Mancanza o scarsezza di piogge per un lungo periodo di tempo.

siccóme *congz.* Poiché, dato che.

sicùra *s.f.* Congegno di sicurezza che blocca il meccanismo di sparo delle armi da fuoco o il meccanismo di apertura e chiusura di porte, sportelli e sim.

sicurézza *s.f.* 1 Assenza o prevenzione di rischi e pericoli 2 Condizione di chi è sicuro di sé Ⓢ padronanza, abilità, perizia: *acquistare s. nella guida* 3 Certezza: *ho la s. di non essermi sbagliato*.

sicùro *agg.* 1 Che non presenta pericoli, che è al riparo da rischi o imprevisti: *fare un viaggio s.* 2 Privo di qualsiasi timore, fiducioso di non correre pericoli: *vicino a te mi sento s.* 3 Che non ha dubbi riguardo a qlco. Ⓢ certo, convinto: *sono s. che ce la farà* ◊ Di cui non si può dubitare: *una notizia s.* ◊ Fidato: *un amico s.* 4 Che dimostra grande abilità e padronanza: *un guidatore s.* | *S. di sé* = fiducioso in se stesso, nelle proprie capacità ♦ *s.m.* Luogo o condizione al riparo da rischi e pericoli: *qui siamo al s.*

sièpe *s.f.* Fitta fila di arbusti o altre piante, piantata per delimitare, recingere o riparare campi, orti, giardini o come ornamento di viali e strade.

sièro *s.m.* **1** Liquido giallognolo costituito dalla parte acquosa del latte che resta come residuo della fabbricazione del formaggio **2** Parte liquida del sangue che si separa da quella solida dopo la coagulazione ◊ Siero tratto dal sangue di animali immunizzati contro certe malattie e utilizzato come vaccino contro le medesime: *s. antitetanico.*

sifóne *s.m.* Tubo a forma di U usato nelle tubazioni di scarico degli impianti igienici.

sigarétta *s.f.* Piccolo cilindro di carta sottile riempito di tabacco da fumo.

sìgaro *s.m.* Rotolo di foglie di tabacco da fumo, confezionato in modo da formare un cilindro o un fuso.

sigillàre *v.tr.* Chiudere ermeticamente un contenitore: *s. un barattolo.*

sigìllo *s.m.* **1** Dischetto di piombo o di plastica, fascetta o altro contrassegno applicati su pacchi e imballaggi a garanzia dell'integrità del loro contenuto **2** Qualsiasi mezzo di chiusura ermetica (tappo, coperchio ecc.).

sìgla *s.f.* **1** Abbreviazione formata dalle lettere iniziali dei nomi di associazioni, enti, stati, città, ditte ecc. ◊ Firma abbreviata in genere composta dalle iniziali di nome e cognome **2** Breve motivo musicale che introduce o conclude una trasmissione radiotelevisiva o la diffusione di comunicati pubblicitari.

significàre *v.tr.* **1** Avere come significato, voler dire ◊ Essere segno, segnale, simbolo di qlco.: *il verde significa speranza* **2** Avere importanza, valore: *ottenere quel posto per lui significa molto.*

significàto *s.m.* **1** Ciò che qlco. esprime, comunica, vuol dire Ⓢ senso: *il s. di una parola, di un'occhiata, di un cenno* **2** Ⓢ Importanza, valore: *quel dono ha avuto per lei un grande s.*

signóra *s.f.* **1** Appellativo e titolo di riguardo con cui ci si rivolge o ci si riferisce a una donna sposata (o anche solo non più giovane) e che si premette al nome, al cognome e all'eventuale titolo **2** Donna in genere: *parrucchiere per s.* **3** Donna ricca, benestante: *fare una vita da s.* ◊ Donna molto educata, gentile nei modi e raffinata nei gusti: *si vede che è una vera s.!*

signóre *s.m.* **1** Appellativo e titolo di riguardo con cui ci si rivolge o ci si riferisce a un uomo adulto e che si premette al nome, al cognome e all'eventuale titolo **2** Uomo **3** Uomo ricco, benestante **4** Uomo che mostra grande educazione, generosità, gentilezza: *comportarsi da s.* **5** (con l'iniziale maiuscola) Dio, Gesù Cristo.

signorìna *s.f.* **1** Appellativo e titolo di riguardo con cui ci si rivolge o ci si riferisce a una donna non sposata e che si premette al nome, al cognome e all'eventuale titolo **2** Donna giovane non ancora sposata.

silènzio *s.m.* **1** Assenza di rumori, di suoni, di voci **2** Lo stare zitti; lo smettere di parlare, cantare, suonare, far rumore: *lo ascoltarono in s.* **3** Il non parlare su un dato argomento.

silenzióso *agg.* **1** Che sta in silenzio o parla poco Ⓢ taciturno **2** Privo di rumori Ⓢ quieto, tranquillo: *una zona s.* **3** Che non fa rumore o ne fa poco: *passi s.*

sìllaba *s.f.* Lettera o gruppo di lettere che si pronunciano con una sola emissione di voce e costituiscono perciò l'unità minima in cui può essere suddivisa una parola; la sillaba può essere formata da una vocale o da un dittongo, soli o accompagnati da una o più consonanti.

sillabàre *v.tr.* Dividere le parole in sillabe, come esercizio scolastico ◊ Pronunciare le parole staccando nettamente le sillabe.

simboleggiàre *v.tr.* Rappresentare, esprimere in modo simbolico.

simbòlico *agg.* Che costituisce un simbolo, ha natura di simbolo: *figura s.* ◊ Che ha valore e importanza non tanto in sé quanto per ciò che rappresenta: *dono s.*

sìmbolo *s.m.* **1** Oggetto, elemento, animale o personaggio che viene scelto a rappresentare un'idea, un concetto: *la croce è il s. del cristianesimo* **2** Segno grafico convenzionale usato per rappresentare sinteticamente qlco.

sìmile *agg.* Che presenta notevoli analogie e somiglianze con un'altra o con altre cose o persone [S] analogo, somigliante: *avere gusti s.* ♦ *s.m. I propri s.* = gli altri uomini, il prossimo.

simmetrìa *s.f.* Corrispondenza perfetta (di posizione, forma, dimensione) degli elementi di un insieme collocati da parti opposte rispetto a un punto, un asse o un piano che lo divide in due parti uguali.

simpatìa *s.f.* Sentimento di attrazione istintiva verso una persona ◊ Disposizione d'animo favorevole nei confronti di qlco.: *guardare con s. a un'iniziativa* ◊ Qualità di chi è simpatico.

simpàtico *agg.* Che ispira simpatia, piace a tutti ◊ Gradevole, piacevole.

simpatizzàre *v.intr.* [aus. *avere*] **1** Provare reciproca simpatia ◊ Fare amicizia, entrare in buoni rapporti con qlcu.: *s. con i nuovi colleghi* **2** Essere favorevole a un partito, a un movimento, a un club sportivo, a un'ideologia ecc.

simulàre *v.tr.* Cercare di far credere qlco. che non esiste, non è vero [S] fingere: *s. una malattia.*

simulatóre *s.m.* Chi simula, finge [S] bugiardo, impostore.

simulazióne *s.f.* Finzione.

simultàneo *agg.* Che avviene nello stesso preciso momento: *due spari s.*

sincerità *s.f.* Il fatto di essere sincero ◊ Franchezza, schiettezza.

sincèro *agg.* Che dice quello che veramente pensa e sente [S] schietto, franco ◊ Che sente effettivamente quello che manifesta: *un amico s.* ◊ Che riflette quanto effettivamente uno pensa e sente; non simulato: *parole s.*

sinché *congz.* Finché.

sindacàle *agg.* Del sindacato, dei sindacati: *lotta, attività s.*

sindacalìsta *s.m.f.* Rappresentante, funzionario di un'organizzazione sindacale.

sindacàto *s.m.* Associazione di lavoratori, costituita per tutelarne i diritti e gli interessi.

sìndaco *s.m.* Capo dell'amministrazione di un comune, eletto dai cittadini.

sinfonìa *s.f.* Composizione musicale per orchestra: *le nove s. di Beethoven.*

singhiozzàre *v.intr.* [aus. *avere*] **1** Piangere convulsamente, a singhiozzi **2** Avere il singhiozzo.

singhiózzo *s.m.* Contrazione improvvisa e frequente di un muscolo della gola, accompagnata da un suono caratteristico [S] singulto ◊ Pianto convulso con singulti: *scoppiare in s.*

singolàre *agg.* Unico nel suo genere [S] particolare, caratteristico ◊ Fuori del comune [S] strano: *un fatto s.* ♦ *agg.* e *s.m.* Detto di forma grammaticale che indica una sola cosa o una sola persona.

sìngolo *agg.* **1** Considerato da solo, separatamente dagli altri **2** Uno solo, unico: *copia s.* ◊ Per una sola persona: *camera s.* ♦ *s.m.* Individuo singolo.

sinìstra *s.f.* **1** La mano sinistra ◊ Il lato, la direzione che corrisponde alla mano sinistra: *girare a s.* **2** Le forze politiche progressiste e radicali ◊ L'ala più radicale di un partito, di un movimento.

sinìstro *agg.* Che sta, nel corpo umano o animale, dalla parte del cuore: *occhio s.* ◊ Che si trova a sinistra dal punto di vista di chi osserva: *si fermò sul lato s. della strada* ♦ *s.m.* Incidente, disastro, disgrazia: *morire in un s.*

sìno vedi **fìno**.

sinònimo *agg.* e *s.m.* Vocabolo che ha sostanzialmente lo stesso significato di un altro (per es. *faccia* e *viso*).

sinóra vedi **finóra**.

sintàssi *s.f.* L'insieme delle norme che, in una data lingua, regolano le relazioni grammaticali tra le parole di una frase e tra le frasi di un periodo.

sìntesi *s.f.* Esposizione riassuntiva Ⓢ compendio, riassunto.

sintètico *agg.* **1** Breve e limitato all'essenziale Ⓢ conciso, riassuntivo **2** Ottenuto artificialmente mediante sintesi chimica: *fibre tessili s.*

sintetizzàre *v.tr.* Esporre in modo sintetico Ⓢ riassumere: *s. la situazione.*

sìntomo *s.m.* **1** Fenomeno, segno caratteristico con cui si manifesta una malattia: *avvertire i s. dell'influenza* **2** ⚘ Segno evidente di qlco. Ⓢ indizio, segnale.

sintonìa *s.f.* Nelle telecomunicazioni, accordo tra la frequenza d'onda di un ricevitore e quella di una stazione trasmittente radiotelevisiva.

sintonizzàre *v.tr.* Mettere in sintonia ♦

sintonizzàrsi *v.pr.* Porre in sintonia il proprio apparecchio con una stazione radio o un canale televisivo.

sinuóso *agg.* Caratterizzato da curve frequenti, da continue sporgenze e rientranze: *fiume dal corso s.*; *una costa s.*

sipàrio *s.m.* Pesante tendaggio o telone che, nei teatri, nasconde il palcoscenico al pubblico della sala all'inizio, alla fine e negli intervalli della rappresentazione.

sirèna[1] *s.f.* Creatura favolosa della mitologia greco-romana, con l'aspetto di fanciulla nella parte superiore del corpo e di pesce in quella inferiore.

sirèna[2] *s.f.* Apparecchio che produce segnali acustici forti e prolungati.

sirìnga *s.f.* Strumento per iniettare liquidi medicinali nell'organismo o per estrarne sangue o altri liquidi; è costituito da un cilindro con stantuffo in cui è inserito un ago forato.

sìsma *s.m.* Terremoto.

sìsmico *agg.* Di terremoto Ⓢ tellurico | *Zona s.* = soggetta a frequenti terremoti.

sistèma *s.m.* **1** Insieme di elementi tra loro collegati in modo da costituire un complesso organico: *s. montuoso* | *S. solare* = l'insieme costituito dal Sole e dai corpi celesti che gravitano intorno ad esso ◊ Negli organismi viventi, il complesso degli organi che svolgono una determinata funzione Ⓢ apparato: *s. nervoso* ◊ Tipo di organizzazione economica, sociale e politica di uno stato Ⓢ regime: *s. capitalista, socialista* **2** Metodo adottato nello svolgere un'attività o per conseguire uno scopo: *un s. razionale di coltivazione* ◊ Modo, maniera di vivere, di agire, di comportarsi: *avere un s. di vita sano.*

sistemàre *v.tr.* **1** Mettere in ordine, mettere al proprio posto: *s. i libri* ◊ ♣ Risolvere, definire: *s. una faccenda* **2** Dare un alloggio a qlcu.: *s. i profughi in un albergo.*

sistemazióne *s.f.* **1** Modo in cui si sistema qlco. Ⓢ assetto, disposizione: *cambiare la s. dei mobili* **2** Alloggio: *cercare una s. per la notte* ◊ Posto di lavoro.

sìto *agg.* Situato ♦ *s.m.* **1** Luogo, località: *s. archeologico* **2** In Internet, luogo virtuale in cui un utente offre informazioni e servizi agli altri utenti della Rete.

situàre *v.tr.* Porre, collocare in un luogo.

situazióne *s.f.* Stato, condizione in cui si trova qlcu. o qlco. ◊ Circostanza o complesso di circostanze.

slacciàre *v.tr.* Sciogliere, liberare da ciò che tiene allacciato: *s. la camicia.*

slanciàto *agg.* Alto e snello: *un fisico s.* ◊ Proteso verso l'alto: *una torre s.*

slàncio *s.m.* **1** Balzo rapido e deciso | *Prendere lo s.* = la rincorsa **2** ♣ Impulso improvviso e irrefrenabile dell'animo: *uno s. di bontà, d'affetto.*

slàrgo *s.m.* Punto in cui una strada, un terreno si allargano.

slavìna *s.f.* Frana, valanga di neve.

sleàle *agg.* Non leale: *un avversario s.*

slealtà *s.f.* Mancanza di lealtà: *agire con s.* ◊ Azione sleale: *commettere una s.*

slegàre *v.tr.* Sciogliere, liberare dai legami: *s. un prigioniero* ◊ Disfare un legame: *s. un nodo* ♦ **slegarsi** *v.pr.* Sciogliersi dai legami.

slip *s.m.invar.* Mutandine molto corte e aderenti, usate come biancheria intima e come costume da bagno.

slìtta *s.f.* Veicolo con pattini al posto delle ruote, adatto per spostarsi su neve e ghiaccio e trainato da animali.

slittàre *v.intr.* [aus. *avere* e *essere*] Sci-

volare su una superficie sdrucciolevole ◊ Detto delle ruote di un veicolo, girare a vuoto senza riuscire a far presa sul terreno.

slògan *s.m.invar.* Breve frase che colpisce l'immaginazione, usata a scopo pubblicitario o propagandistico.

slogatùra *s.f.* Distorsione di un'articolazione (polso, caviglia, spalla ecc.).

sloggiàre *v.tr.* Cacciare, mandar via da un alloggio, da un luogo, da un posto: *s. qlcu. di casa* ♦ *v.intr.* [aus. *avere*] Andarsene, sgombrare da un alloggio, da un luogo, da un posto.

smacchiàre *v.tr.* Pulire dalle macchie.

smagliatùra *s.f.* Strappo, rottura nelle maglie di un tessuto: *s. a una calza.*

smaltìre *v.tr.* **1** Digerire: *un pranzo pesante da s.* ◊ ♣ Far passare, superare: *s. la sbornia, la rabbia* **2** Far defluire, eliminare acque di scolo, immondizie ecc. | ♣ *S. il traffico* = farlo defluire.

smàlto *s.m.* **1** Sostanza vetrosa usata per rivestire e decorare oggetti metallici e di ceramica **2** *S. per unghie* = cosmetico per colorare le unghie **3** *S. dei denti* = lo strato esterno, duro, bianco e lucente.

smània *s.f.* **1** Stato d'agitazione, d'irrequietezza, d'insofferenza **2** ♣ Desiderio intenso, irrefrenabile: *s. di viaggiare.*

smantellàre *v.tr.* Demolire: *s. una nave.*

smarriménto *s.m.* **1** Perdita di qlco. **2** ♣ Stato di momentaneo disorientamento, di sconcerto, di sbigottimento, di incertezza su cosa fare o dire.

smarrìre *v.tr.* Non trovare più, non riuscire a ritrovare qlco. Ⓢ perdere: *ha smarrito il portafoglio* ♦ **smarrirsi** *v.pr.* **1** Non ritrovare più la strada Ⓢ perdersi: *s. nel bosco* **2** ♣ Restare disorientato, confuso, perdersi d'animo.

smarrìto *agg.* **1** Perduto **2** ❀ Disorientato, confuso, sbigottito: *sguardo s.*

smentìre *v.tr.* Dichiarare o dimostrare non vero quanto è stato detto da qlcu.: *il ministro ha smentito la notizia delle sue dimissioni* ◊ Dichiarare o dimostrare che qlcu. ha detto cose non vere, inesatte Ⓢ contraddire: *il testimone smentì l'imputato.*

smentìta *s.f.* Dichiarazione che nega la verità di una notizia, di un'affermazione.

smeràldo *s.m.* Pietra preziosa di colore verde intenso e brillante.

sméttere *v.tr.* e *v.intr.* [aus. *avere*] Interrompere, cessare di fare ciò che si sta facendo: *s. gli studi; s. di fumare.*

smisuràto *agg.* Che supera ogni misura, che è senza limiti Ⓢ enorme, grandissimo, immenso (anche ❀).

smòg *s.m.invar.* Massa di nebbia mista a fumi e ad altre sostanze inquinanti che ristagna spesso sulle grandi città e sulle zone industriali.

smontàre *v.tr.* Scomporre un meccanismo, una struttura nei vari pezzi che li compongono: *s. un motore, una libreria* ♦ *v.intr.* [aus. *essere*] **1** Scendere giù da un mezzo di trasporto: *s. dal tram* **2** Terminare il proprio turno di lavoro, di servizio: *s. di guardia.*

smòrfia *s.f.* Contrazione del viso che esprime una sensazione spiacevole o un sentimento ostile.

smòrto *agg.* **1** Pallido, livido **2** Privo di luminosità Ⓢ sbiadito, spento: *luce s.*

smorzàre *v.tr.* **1** Attenuare, attutire (anche ❀): *s. i rumori; s. l'entusiasmo* **2** Spegnere: *s. il fuoco* ♦ **smorzarsi** *v.pr.* Attenuarsi, spegnersi (anche ❀).

smottaménto *s.m.* Lenta frana di un terreno in pendenza imbevuto d'acqua.

snèllo *agg.* Sottile e slanciato.

snervànte *agg.* Che snerva Ⓢ spossante, estenuante: *un caldo, un'attesa s.*

snervàre *v.tr.* Logorare i nervi, fiaccare le energie fisiche e morali Ⓢ spossare.

snodàbile *agg.* Pieghevole, articolabile per mezzo di snodi.

snòdo *s.m.* Giuntura sferica tra due elementi rigidi che consente a questi dei movimenti di rotazione.

soàve *agg.* Che dà una piacevole sensazione di delicata dolcezza: *una musica s.*

sobbalzàre *v.intr.* [aus. *avere*] **1** Procedere con continui sobbalzi **2** Avere un sussulto Ⓢ trasalire: *s. dalla sorpresa.*

sobbàlzo *s.m.* Scossa, movimento improvviso verso l'alto di un veicolo: *l'autobus incontrò una buca ed ebbe un s.* ◊ Movimento improvviso del corpo, dovuto a sorpresa o paura Ⓢ sussulto.

sobbórgo *s.m.* Piccolo centro abitato situato negli immediati dintorni di una città; anche, quartiere periferico di una città.

sòbrio *agg.* **1** Moderato, lontano da ogni eccesso nel mangiare, nel bere, nel vivere: *fare una vita s.* **2** ❀ Semplice, essenziale: *vestire in modo s.* **3** Che non ha bevuto alcolici o non è in preda agli effetti dell'alcol.

socchiùdere *v.tr.* Chiudere non completamente, lasciando uno spiraglio.

soccórrere *v.tr.* Aiutare, prestare soccorso, assistenza a qlcu.: *s. un ferito.*

soccórso *s.m.* **1** Intervento in aiuto di chi si trova in grave stato di pericolo o di bisogno. **2** (spec. al *pl.*) Aiuti, rifornimenti, rinforzi: *chiedere l'invio di s.*

sociàle *agg.* Che riguarda la società umana e i rapporti tra individui e gruppi al suo interno: *problemi s.; giustizia s.* ◊

Che è rivolto al miglioramento delle condizioni di vita dei cittadini meno abbienti: *riforme s.* ◊ Che riguarda i rapporti tra le persone all'interno dell'ambiente in cui si vive: *obblighi s.*

socialìsmo *s.m.* Teoria e movimento politico che si propone, in forme più o meno radicali, di realizzare la giustizia sociale e l'uguaglianza di tutti i cittadini.

socialìsta *agg.* Che si ispira ai principi del socialismo: *partito s.* ♦ *s.m.f.* Chi appartiene a un partito socialista.

società *s.f.* **1** La comunità in cui ogni individuo entra nascendo, retta da leggi, istituzioni e consuetudini comuni ◊ L'insieme di tutti gli uomini che vivono in un dato territorio, in una data epoca e secondo determinate forme di vita, di lavoro, di organizzazione politica, di relazioni tra gli individui ecc.: *la s. italiana, americana*; *s. schiavista, feudale, capitalista, comunista*; *la s. contadina, urbana* **2** Associazione: *s. sportiva, culturale* **3** Impresa, azienda: *s. di trasporti* ◊ Unione tra due o più persone per scopi economici: *fare un affare in s. con qlcu.*

sociévole *agg.* Che ama la compagnia, che fa facilmente amicizia.

sòcio *s.m.* **1** Chi fa parte di una società costituita per fini economici: *ripartire gli utili tra i s.* **2** Membro di un'associazione, di un circolo e sim.

soddisfacènte *agg.* Che soddisfa, adeguato, abbastanza positivo: *risultati s.*

soddisfàre *v.tr.* Accontentare, appagare: *s. un cliente*; *s. un desiderio* ◊ Piacere, essere gradito: *lo spettacolo soddisfò il pubblico.*

soddisfàtto *agg.* Contento, completamente appagato: *sono s. del risultato.*

soddisfazióne *s.f.* **1** Il soddisfare Ⓢ appagamento: *s. di un desiderio* **2** Contentezza, gioia, piacere: *non nascose la sua s.* ◊ Gusto, divertimento.

sòdio *s.m.* Elemento chimico presente in natura nelle acque marine e negli organismi animali e vegetali.

sòdo *agg.* Compatto, consistente, relativamente duro al tatto ♦ *avv.* *Lavorare s.* = intensamente | *Dormire s.* = profondamente.

sofà *s.m.* Divano.

sofferènza *s.f.* Dolore, pena.

soffermàrsi *v.pr.* Fermarsi brevemente a fare qlco.: *si soffermò a guardare.*

soffiàre *v.tr.* Mandare fuori con forza l'aria dalla bocca, dal naso o con un attrezzo ♦ *v.intr.* [aus. *avere*] **1** Espellere con forza l'aria dalla bocca socchiusa **2** Spirare: *la tramontana soffia da nord.*

sòffice *agg.* Che cede facilmente alla pressione Ⓢ morbido: *un letto s.*

sóffio *s.m.* Emissione di aria dalla bocca | ♧ *D'un s.* = di pochissimo: *vincere di un s.* ◊ *S. di vento* = alito di vento.

soffitta *s.f.* Vano di un edificio compreso tra la copertura dell'ultimo piano e il tetto, usato per lo più come ripostiglio.

soffitto *s.m.* La superficie inferiore della copertura di un ambiente.

soffocaménto *s.m.* Impossibilità di respirare Ⓢ asfissia: *morire per s.*

soffocàre *v.tr.* **1** Impedire il respiro a qlcu., anche fino a ucciderlo ◊ Rendere difficile la respirazione: *questo caldo mi soffoca* ◊ *S. le fiamme* = spegnerle **2** ♧ Reprimere: *s. una rivolta* | *S. uno scandalo* = fare in modo che non si venga a sapere ♦ *v.intr.* [aus. *essere*] Morire per mancanza di respiro ◊ Far fatica a respirare: *fa un caldo che si soffoca.*

soffrìre *v.tr.* **1** Provare, subire dolori, privazioni e disagi [S] patire: *s. la fame* ◊ Essere particolarmente sensibile a qlco., risentirne negativamente: *s. il mal di mare* **2** Sopportare: *non posso s. le persone maleducate* ♦ *v.intr.* [aus. *avere*] **1** Patire sofferenze fisiche o morali: *s. di solitudine* **2** Essere soggetto a un disturbo, a malattie di un organo: *s. di cuore.*

soffùso *agg.* Diffuso in modo tenue e uniforme: *luce s.*

sofisticàto *agg.* **1** Adulterato, non genuino: *vino s.* **2** Estremamente perfezionato dal punto di vista tecnologico, delle prestazioni, dei metodi ecc.

soggettìvo *agg.* Che è di carattere individuale, personale; che dipende dal particolare modo di pensare e di sentire di un individuo: *impressioni s.*

soggètto[1] *agg.* **1** Sottoposto: *tutti sono s. alla legge* **2** Esposto a danni, a pericoli: *zona s. a terremoti* ◊ Che soffre facilmente di certi disturbi o malattie.

soggètto[2] *s.m.* **1** Argomento, tema, trama: *il s. di un film* **2** In grammatica, la persona, l'animale o la cosa che compie l'azione o si trova nella condizione espressa dal verbo **3** Individuo, persona, tipo: *è un cattivo s.*

soggezióne *s.f.* Senso di imbarazzo, di timidezza e di timore ispirato da persone o situazioni di fronte alle quali ci si sente inferiori o inadeguati.

soggiornàre *v.intr.* [aus. *avere*] Stare, dimorare per un certo periodo di tempo in un luogo.

soggiórno *s.m.* **1** Permanenza per un certo periodo in un luogo diverso da quello in cui si risiede abitualmente **2** L'ambiente di una casa, in genere il più spazioso, in cui si passano normalmente le ore della giornata [S] sala.

sòglia *s.f.* **1** Parte inferiore del vano di una porta ◊ Porta, ingresso, entrata: *varcare la s. di casa* **2** ♧ Inizio, principio.

sògliola *s.f.* Pesce marino dalle carni pregiate e dal corpo ovale appiattito.

sognàre *v.tr.* e *v.intr.* [aus. *avere*] e **sognarsi** *v.pr.* **1** Vedere, immaginare in sogno: *s. di volare* ◊ Fare un sogno, dei sogni **2** ♧ Desiderare ardentemente qlco. raffigurandoselo nella fantasia [S] vagheggiare, fantasticare: *sogna di sposarsi presto* **3** ♧ Immaginare, prevedere qlco. di impensabile: *non potevo sognarmelo!*

sógno *s.m.* **1** Insieme di immagini, sensazioni e pensieri più o meno coerenti che si presentano in successione durante il sonno **2** ♧ Speranza, desiderio, ambizione che accende la fantasia: *il suo s. è di fare l'attore* ◊ Fantasia lontana dalla realtà, dolce ma vana illusione: *la felicità non è che un s.* **3** ♧ Persona o cosa molto bella: *quella casa è un s.*

sòia *s.f.* Pianta erbacea simile al fagiolo, coltivata per foraggio, per alimentazione e per i semi dai quali si ricavano un olio e una farina.

solàio *s.m.* **1** Soffitta **2** Struttura orizzontale che separa i piani di un edificio, facendo da sostegno del piano superiore e da copertura di quello inferiore.

solàre *agg.* Del Sole | *Ora s.* = quella calcolata in base alla posizione del sole rispetto al fuso orario di un luogo ◊ Che trasforma l'energia fornita dal sole in energia termica o elettrica: *pannello s.*

sólco *s.m.* **1** Fenditura scavata nel terreno con l'aratro o altro attrezzo ◊ Incavo lungo e profondo o incisione lunga e sottile su una superficie: *i s. delle rughe sulla fronte* **2** ♧ Traccia, scia.

soldàto *s.m.* Chi presta servizio armato in un esercito Ⓢ militare ◊ Militare senza alcun grado.

sòldo *s.m.* Minima quantità di denaro: *restare senza un s.* ◊ (al *pl.*) Denaro, quattrini: *è pieno di s.*

sóle *s.m.* **1** La stella a noi più vicina, attorno alla quale girano la Terra e gli altri pianeti e corpi celesti che formano il sistema solare: *eclissi di S.; raggi di s.* **2** La luce e il calore solare: *prendere il s.*

soleggiàto *agg.* Ben esposto al sole, pieno di sole: *una stanza s.*

solènne *agg.* **1** Che viene celebrato o compiuto con apparato grandioso o comunque nelle forme riservate alle occasioni di particolare importanza e gravità: *una cerimonia s.* **2** Grave e serio: *parlare in tono s.*

solére *v.intr.* Essere solito, avere l'abitudine di fare qlco.: *suole passeggiare dopo pranzo.*

solidàle *agg.* Che è unito con altri, pronto a sostenerli e a condividerne azioni, difficoltà e responsabilità.

solidarietà *s.f.* Sentimento di fratellanza e impegno di aiuto reciproco, che unisce gli uomini in quanto tali o i componenti di una comunità ◊ Sostegno materiale e morale con cui si esprime ad altri di condividerne sentimenti, dolori, difficoltà e responsabilità.

solidificàre *v.intr.* [aus. *essere*] e **solidificarsi** *v.pr.* Passare dallo stato liquido a quello solido.

sòlido *agg.* **1** Si dice di stato della materia caratterizzato da compattezza e durezza maggiori rispetto allo stato liquido | *Sostanza s., corpo s.* = che è allo stato solido **2** In geometria, detto di qualsiasi figura a tre dimensioni **3** Ben saldo, stabile, resistente: *una costruzione s.* ◊ Forte, robusto: *una s. corporatura* ♦ *s.m.* **1** Corpo solido **2** Figura a tre dimensioni.

solìsta *agg.* e *s.m.f.* Detto di cantante o strumentista a cui è affidata, in un'esecuzione musicale, la parte per una sola voce o un solo strumento.

solitàrio *agg.* **1** Che ama star solo, preferisce vivere in solitudine ◊ Che è solo, isolato: *una casa s.* **2** Non frequentato, deserto (detto di luogo) ♦ *s.m.* Gioco di carte che si fa da soli.

sòlito *agg.* Che è lo stesso delle altre volte, di sempre Ⓢ consueto, abituale: *fare i s. discorsi* ◊ *Essere s.* = avere l'abitudine Ⓢ solere: *è s. rincasare tardi* ♦ *s.m.* Ciò che avviene o si fa normalmente: *oggi è più caldo del s.*

solitùdine *s.f.* La condizione di chi è solo, vive da solo: *soffrire di s.*

sollecitàre *v.tr.* Richiedere che sia fatto al più presto quanto si è chiesto o si attende: *s. una risposta, un pagamento.*

sollécito *agg.* Che agisce senza indugio, che fa con prontezza e diligenza il proprio dovere ◊ Pronto, rapido.

solleóne *s.m.* Grande calura del pieno dell'estate.

sollético *s.m.* Sensazione per lo più spiacevole provocata dal sentirsi sfiorare certe parti del corpo.

sollevàre *v.tr.* **1** Spostare, levare verso l'alto Ⓢ alzare: *s. un peso; s. la testa* **2** ⚘ Far uscire da una condizione penosa; porre in una condizione migliore: *s. qlcu. dalla miseria* ♦ **sollevarsi** *v.pr.* **1** Levarsi verso l'alto Ⓢ levarsi, alzarsi **2** ⚘ Insorgere, ribellarsi.

sollièvo *s.m.* Alleviamento di una pena fisica o morale o liberazione da essa Ⓢ

conforto: *cercò all'ombra s. dal caldo.*
sólo *agg.* **1** Senza compagnia, senza nessuno vicino, insieme: *vive da s.*; *sentirsi s.* ◊ Senza l'intervento, l'aiuto di altri: *fece tutto da s.* **2** Soltanto, esclusivamente: *spettacolo per s. adulti* ◊ Solamente: *resto per s. tre giorni* **3** Unico: *lo vide una volta s.* ♦ *avv.* Soltanto, solamente ♦ *s.m.* L'unica persona: *è il s. che può aiutarmi.*
soltànto *avv.* Solamente, unicamente.
solùbile *agg.* Si dice di sostanza che si può sciogliere in un'altra.
soluzióne *s.f.* **1** Miscela che si ottiene sciogliendo una sostanza in un liquido **2** Il risolvere qlco., il modo in cui è risolto e il risultato che si ottiene: *trovare la s. di un problema* ◊ Superamento di una situazione difficile; modo in cui la si supera.
solvènte *s.m.* Sostanza liquida che ha la capacità di sciogliere altre sostanze.
somàro *s.m.* Asino.
somàtico *agg.* Relativo al corpo [S] fisico | *Caratteri, tratti s.* = caratteristiche fisiche di un individuo o di una razza.
somigliànza *s.f.* Il fatto di somigliare, di somigliarsi: *la s. di un ritratto.*
somigliàre *v.intr.* [aus. *avere* o *essere*] Essere simile a qlcu. o a qlco. nell'aspetto o per altre caratteristiche ♦ **somigliarsi** *v.pr.* Essere simili.
sómma *s.f.* **1** Il risultato dell'addizione; l'addizione stessa **2** Quantità di denaro.
sommàre *v.tr.* Fare la somma [S] addizionare ◊ Aggiungere, mettere insieme.
sommàrio *s.m.* **1** Libro che espone in modo sintetico una materia [S] compendio: *un s. di storia dell'arte* **2** Breve riassunto degli argomenti trattati in un'opera ◊ Indice degli articoli di una rivista ◊ Nei giornali, breve sintesi, posta sotto il titolo, del contenuto di un articolo.
sommèrgere *v.tr.* Coprire completamente di acqua ◊ Mandare a fondo, affondare: *le onde sommersero la barca.*
sommergìbile *s.m.* Mezzo navale che può navigare sia in superficie sia sott'acqua.
somministràre *v.tr.* Dare, distribuire qlco. ad altri: *s. la medicina a un malato.*
sommità *s.f.* Il punto più alto, la cima, la vetta: *la s. di un monte.*
sommòssa *s.f.* Rivolta, tumulto popolare.
sommozzatóre *s.m.* Nuotatore subacqueo, spec. se addestrato a eseguire operazioni sott'acqua.
sonàglio *s.m.* Piccola sfera cava di metallo contenente una pallina che sbattendo contro le pareti produce un caratteristico tintinnio.
sónda *s.f.* Nome di vari strumenti e dispositivi usati per effettuare esplorazioni, rilevamenti, interventi di carattere tecnico e scientifico.
sondàggio *s.m.* Indagine, inchiesta per conoscere qlco.: *s. statistici, di mercato.*
sonnàmbulo *agg.* e *s.m.* Detto di chi, durante il sonno, si alza, cammina e compie atti automatici dei quali non conserva il ricordo al risveglio.
sonnellìno *s.m.* Dormita breve, spec. quella che si fa nel pomeriggio.
sonnìfero *s.m.* Farmaco che induce al sonno.
sónno *s.m.* Stato di riposo dell'organismo in cui sono sospese le attività fisiche e psichiche coscienti e volontarie ◊ Bisogno, voglia di dormire: *avere s.*
sonnolènza *s.f.* Stato di torpore indotto dal bisogno di dormire o da altre cause.

sonòro *agg.* Che produce, trasmette o riflette suoni: *segnale s.*; *onde s.*

sopóre *s.m.* Stato di dormiveglia simile al sonno, ma senza la perdita totale della coscienza.

soppàlco *s.m.* Struttura che suddivide orizzontalmente un ambiente di una certa altezza in modo da ricavare un locale supplementare sotto il soffitto.

soppiantàre *v.tr.* Prendere il posto di un altro, spec. con mezzi sleali.

soppiàtto *agg. Di s.* = di nascosto.

sopportàre *v.tr.* **1** Reggere, sostenere un peso ◊ ✿ Sostenere un onere, subire un danno economico: *s. spese ingenti* **2** ✿ Patire, soffrire: *ha dovuto s. molte umiliazioni* **3** ✿ Resistere più o meno facilmente a condizioni e situazioni avverse, disagevoli o penose Ⓢ tollerare: *s. bene il caldo.*

soppressióne *s.f.* Eliminazione, abolizione di qlco.: *s. di una tassa* ◊ Eliminazione fisica di qlcu. Ⓢ uccisione.

sopprìmere *v.tr.* Eliminare, abolire qlco.: *s. una frase da un testo* ◊ Eliminare fisicamente Ⓢ uccidere.

sópra *avv.* In posizione più elevata ◊ Nella parte superiore ◊ Al piano superiore ♦ *prep.* **1** In posizione più elevata rispetto a ciò che fa da appoggio e sostegno: *il libro è s. il tavolo* **2** In posizione più elevata rispetto ad altro, ma non a diretto contatto: *l'aereo vola s. la città* ◊ ✿ Indica superiorità, dominio, controllo, protezione e sim.: *regnare s. un popolo* **3** Addosso (anche ✿): *la responsabilità cadde s. di lui* **4** Oltre (un dato limite, livello, valore): *temperatura s. lo zero* ◊ Più a nord di: *i paesi s. l'equatore* ◊ Più di: *s. ogni cosa* ♦ *agg. invar.* Superiore: *al piano di s.*

sopràbito *s.m.* Cappotto leggero per la mezza stagione.

sopraccìglio *s.m.* Ognuno dei due archi di peli al di sopra degli occhi.

sopraggiùngere *v.intr.* [aus. *essere*] Giungere in un luogo dove già c'erano altri, spec. all'improvviso.

soprammòbile *s.m.* Piccolo oggetto che si pone per ornamento sopra un mobile.

soprannaturàle *agg.* Che supera i limiti di natura; che appartiene al mondo divino: *fenomeni, forze s.*

soprannóme *s.m.* Nome, diverso dal cognome e dal nome proprio, con cui viene chiamata una persona in un dato ambiente Ⓢ nomignolo.

soprattùtto *avv.* Più di ogni altra cosa, prima di tutto; in modo particolare.

sopravvalutàre *v.tr.* Valutare qlcu. o qlco. più di quanto realmente valga, meriti, sia importante: *s. un avversario.*

sopravvènto *s.m.* Vantaggio, prevalenza, predominio.

sopravvissùto *agg.* e *s.m.* Che, chi è rimasto in vita dopo la morte di altri Ⓢ superstite.

sopravvìvere *v.intr.* [aus. *essere*] Restare in vita dopo la morte di altri: *s. ai figli* ◊ Rimanere in vita scampando a un rischio: *s. a un naufragio.*

soprùso *s.m.* Atto di prepotenza compiuto abusando del proprio potere o della propria forza.

soqquàdro *s.m.* Scompiglio, gran disordine: *trovò la casa messa a s. dai ladri.*

sorbétto *s.m.* Gelato, granita, per lo più a base di succhi di frutta.

sórcio *s.m.* Topo.

sordità *s.f.* Mancanza o perdita totale o parziale dell'udito: *è affetto da s.*

sórdo *agg.* **1** Privo del tutto o in parte dell'udito **2** ✂ Che non presta ascolto, attenzione Ⓢ insensibile, indifferente: *rimase s. alle mie richieste* ◆ *s.m.* Persona sorda.

sordomùto *agg. e s.m.* Che, chi è sordo e muto.

sorèlla *s.f.* Ogni figlio di sesso femminile rispetto agli altri figli degli stessi genitori.

sorellàstra *s.f.* Chi è sorella da parte di uno solo dei genitori.

sorgènte *s.f.* **1** Acqua che sgorga dal sottosuolo Ⓢ fonte ◊ Luogo in cui nasce un corso d'acqua **2** Ciò che emette luce, calore, onde ecc. ◊ Ciò che ha la capacità di produrre energia Ⓢ fonte.

sórgere *v.intr.* [aus. *essere*] **1** Apparire all'orizzonte (detto di astri) Ⓢ levarsi **2** Essere situato in posizione elevata: *il castello sorge su una collina* ◊ Venire edificato: *qui sorgerà un grattacielo* **3** ✂ Avere inizio Ⓢ nascere: *l'incendio è sorto dal magazzino*.

sorpassàre *v.tr.* Superare, oltrepassare ◊ Superare un altro veicolo.

sorpassàto *agg.* Non più attuale, ormai superato, antiquato: *mentalità s.*

sorpàsso *s.m.* Manovra con cui si supera un altro veicolo che procede nello stesso senso: *qui c'è divieto di s.*

sorprendènte *agg.* Che desta sorpresa, stupore ◊ Straordinario.

sorprèndere *v.tr.* **1** Cogliere all'improvviso, inaspettatamente: *la morte lo sorprese nel sonno* ◊ Cogliere qlcu. sul fatto: *s. qlcu. a rubare* **2** Meravigliare, stupire: *la cosa mi sorprende* ◆ **sorprendersi** *v.pr.* Meravigliarsi, stupirsi.

sorprésa *s.f.* **1** Azione improvvisa che coglie altri impreparati: *sfruttare il van-*

taggio della s. **2** Fatto inaspettato che sorprende, lascia stupiti: *che s. trovarti qui!* **3** Meraviglia, stupore: *mi guardò con aria di s.*

sorpréso *agg.* Meravigliato, stupito.

sorrèggere *v.tr.* **1** Sostenere, reggere dal di sotto: *sorresse l'amico che stava per cadere* **2** ✂ Aiutare, sostenere moralmente: *lo sorreggeva una speranza.*

sorrìdere *v.intr.* [aus. *avere*] Ridere leggermente e silenziosamente, con un lieve movimento della bocca e degli occhi.

sorrìso *s.m.* Riso appena accennato con un lieve movimento della bocca e degli occhi: *s. affettuoso, malinconico, ironico.*

sorsàta *s.f.* Quantità di liquido che si beve in un sorso.

sorseggiàre *v.tr.* Bere a piccoli sorsi.

sórso *s.m.* **1** Quantità di liquido che si inghiotte in una sola volta **2** Piccola quantità di una bevanda.

sòrta *s.f.* Specie, genere, tipo.

sòrte *s.f.* **1** Forza superiore e misteriosa che si immagina regoli le vicende umane indipendentemente dalla nostra volontà Ⓢ destino, fortuna: *sperare nella buona s.* **2** Ciò che il destino, la vita hanno riservato o riserveranno a qlcu.: *rassegnarsi alla propria s.* ◊ Esito, risultato: *s. negativa* **3** Combinazione, caso: *si trovava per s. a passare di lì* | *Fare, tirare, estrarre a s.* = decidere, scegliere affidandosi al caso, con un sorteggio.

sorteggiàre *v.tr.* Scegliere, assegnare mediante sorteggio: *s. i vincitori.*

sortéggio *s.m.* Metodo e operazione di scelta fondati sul caso Ⓢ estrazione a sorte: *decidere per s. l'ordine di partenza.*

sorveglIànza *s.f.* Attività di controllo e vigilanza su cose e persone.

sorvegliàre *v.tr.* Tenere d'occhio, sotto

attento controllo qlcu. o qlco., come misura di sicurezza e prevenzione o per assicurare il normale svolgimento di un'attività, di una situazione ecc.

sòsia *s.m.f.invar.* Persona così somigliante a un'altra da poter essere scambiata per essa.

sospèndere *v.tr.* **1** Attaccare qlco. in alto in modo che penda all'ingiù: *s. un lampadario al soffitto* **2** ✂ Interrompere temporaneamente: *s. le ricerche, i lavori* **3** ✂ Allontanare temporaneamente qlcu. da un incarico, da un'attività, spec. per punizione: *s. un alunno (dalle lezioni).*

sospensióne *s.f.* **1** Interruzione temporanea: *s. di una partita* **2** Provvedimento disciplinare con il quale si allontana temporaneamente una persona da un'attività **3** Nei veicoli, organo meccanico che collega elasticamente le ruote al telaio in modo da ridurre gli urti e le vibrazioni.

sospéso *agg.* **1** Attaccato in alto Ⓢ appeso, pendente: *restare s. nel vuoto* **2** Interrotto provvisoriamente, rinviato: *gara s. per nebbia.*

sospettàre *v.tr.* **1** Ritenere qlcu. colpevole di qlco. in base a indizi e supposizioni: *s. qlcu. di furto* ◊ Temere in base a indizi che vi sia qlco. di grave o di pericoloso nascosto sotto apparenze diverse: *s. un imbroglio* **2** Immaginare, credere, supporre: *non sospettavo che fossi così bravo* ♦ *v.intr.* [aus. *avere*] **1** Nutrire dei sospetti sulla colpevolezza di qlcu.: *la polizia sospetta del marito* **2** Diffidare: *s. di tutti, di tutto.*

sospètto[1] *agg.* Che desta diffidenza, dubbi, timori: *il suo è un comportamento s.* ♦ *agg.* e *s.m.* Che, chi è sospettato o sospettabile di qlco.

sospètto[2] *s.m.* **1** Dubbio, supposizione che una persona sia responsabile o capace di un reato, di una cattiva azione ◊ Dubbio, supposizione che un fatto, un comportamento nasconda qlco. di grave o di pericoloso: *il suo atteggiamento desta s.* ◊ Diffidenza: *guardare a qlcu. con s.* **2** Timore, dubbio angoscioso: *ha il s. di avere un cancro.*

sospettóso *agg.* Che tende a sospettare, a non fidarsi Ⓢ diffidente: *ha un carattere s.*

sospiràre *v.intr.* [aus. *avere*] Fare dei sospiri, in segno di pena, di malinconia, di rimpianto ♦ *v.tr.* Attendere con ansia: *s. una vacanza.*

sospiro *s.m.* Inspirazione profonda seguita da un'espirazione, che esprime uno stato d'animo, un sentimento.

sòsta *s.f.* **1** Fermata, permanenza per lo più breve in un luogo **2** Interruzione, pausa: *lavorare senza s.; fare una s.*

sostantìvo *s.m.* In grammatica, ogni parola che serve a indicare persone, animali, cose concrete o astratte Ⓢ nome.

sostànza *s.f.* **1** Materia: *s. solide, liquide, gassose* ◊ Materiale, prodotto: *s. chimiche, alimentari, tossiche* **2** Parte essenziale di qlco.: *andare alla s. di un problema* **3** (spec. al *pl.*) Patrimonio, ricchezze, beni: *dilapidare le proprie s.*

sostanziàle *agg.* Essenziale, fondamentale: *tra le due cose c'è una differenza s.*

sostanzióso *agg.* Ricco di potere nutritivo: *un cibo, un pasto s.*

sostàre *v.intr.* [aus. *avere*] Fermarsi in un luogo per breve tempo: *s. per riposarsi* ◊ Parcheggiare: *qui non si può s.*

sostégno *s.m.* **1** Tutto ciò che ha la funzione di sostenere, di tenere su: *muro di s.* ◊ ✂ Aiuto, appoggio: *chiese il mio s.*

2 ⚐ Persona o cosa che aiuta, sorregge economicamente o moralmente.

sostenére *v.tr.* **1** Reggere, sorreggere, tenere su **2** ⚐ Sopportare, affrontare un onere, un impegno: *s. molte spese* | *S. una parte* = interpretarla **3** ⚐ Aiutare, soccorrere, difendere: *s. un amico in difficoltà* ◊ Appoggiare: *s. un partito* **4** ⚐ Affermare con decisione: *s. una tesi* ♦ **sostenersi** *v.pr.* **1** Tenersi dritto, in piedi Ⓢ reggersi, sorreggersi **2** ⚐ Mantenersi in forze: *mangiare per s.*

sostenitóre *s.m.* Chi sostiene, favorisce, appoggia qlco. o qlcu.

sostentaménto *s.m.* Quanto è necessario per nutrirsi, per vivere Ⓢ mantenimento: *non ha mezzi di s.*

sostituìre *v.tr.* **1** Mettere al posto di una persona o di una cosa un'altra persona o cosa Ⓢ cambiare: *s. una ruota bucata* **2** Prendere il posto di un'altra persona o cosa Ⓢ rimpiazzare: *s. un collega.*

sostituzióne *s.f.* Cambiamento di una persona o di una cosa con un'altra che ne prende il posto.

sottacéto *agg.invar.* Conservato nell'aceto: *peperoni s.* ♦ *s.m.* (spec. al *pl.*) Verdura conservata sottaceto.

sottàna *s.f.* Gonna.

sotterfùgio *s.m.* Espediente, modo d'agire basato sull'astuzia e sull'inganno.

sotterràneo *agg.* Che sta sotto terra o sotto il livello della strada: *ferrovia s.* ♦ *s.m.* Locale o complesso di locali situati al di sotto del livello del terreno.

sotterràre *v.tr.* Mettere, nascondere sotto terra: *s. i semi* ◊ Seppellire: *s. i morti.*

sottigliézza *s.f.* Qualità di ciò che è sottile ◊ ⚐ Acutezza, finezza.

sottìle *agg.* **1** Che ha uno spessore piuttosto limitato: *filo, foglio s.* ◊ Snello,

slanciato: *collo s.* **2** ⚐ Fine, acuto, penetrante: *ingegno s.* ◊ Molto fine, acuto e abile: *se la cavò con una s. astuzia.*

sottintéso *s.m.* Concetto, pensiero non espresso esplicitamente ma intuibile dal contesto.

sótto *avv.* In posizione più bassa, nella parte o al piano inferiore ♦ *prep.* **1** In posizione inferiore rispetto a ciò con cui è a contatto: *tenere un cuscino s. la testa* ◊ Nella parte inferiore di qlco.: *ha male s. i piedi* **2** In posizione inferiore rispetto a ciò che sta sopra (ma non a contatto): *passare s. un ponte* **3** Indica qlco. che scende dall'alto e di cui viene subita l'azione: *stare s. la pioggia* **4** Più in basso di, meno di (un dato livello, limite, quantità ecc.): *temperatura s. lo zero* ◊ Più a sud di: *i paesi s. l'equatore* ♦ *agg.invar.* Inferiore: *abita al piano s.*

sottobòsco *s.m.* L'insieme delle erbe e degli arbusti che crescono nei boschi sotto gli alberi di alto fusto.

sottòcchio *avv.* Davanti agli occhi.

sottocòsto o **sotto costo** *avv.* A un prezzo inferiore a quello di costo.

sottolineàre *v.tr.* Tracciare una linea sotto una parola o una frase, per metterla in evidenza o per altri scopi.

sottomàno *avv.* A portata di mano.

sottomarìno *agg.* Che sta sotto la superficie del mare ♦ *s.m.* Mezzo navale da guerra costruito per navigare esclusivamente o prevalentemente in immersione.

sottométtere *v.tr.* Ridurre sotto il proprio dominio Ⓢ assoggettare: *s. un popolo* ♦ **sottomettersi** *v.pr.* Piegarsi al dominio, al volere altrui.

sottopassàggio *s.m.* Passaggio sotterraneo che consente a pedoni e veicoli di passare sotto strade, piazze, binari.

sottopórre *v.tr.* **1** Costringere ad affrontare o a subire qlco. di gravoso, rischioso, difficile, spiacevole: *s. il fisico a uno sforzo*; *s. qlcu. a un interrogatorio* **2** Presentare, proporre all'esame, al giudizio: *s. una legge all'approvazione del parlamento* ♦ **sottoporsi** *v.pr.* Affrontare, assoggettarsi a qlco.: *s. a un'operazione.*
sottoscrìtto *agg.* e *s.m.* Termine con cui indica se stesso chi compila e firma una domanda, un documento.
sottoscrìvere *v.tr.* **1** Mettere la propria firma sotto un documento: *s. un contratto* **2** Aderire a un'iniziativa versando una determinata somma.
sottoscrizióne *s.f.* Raccolta di firme o di contributi in denaro a favore di un'iniziativa.
sottostànte *agg.* Che sta sotto, situato più in basso.
sottostàre *v.intr.* [aus. *essere*] Essere subordinato, soggetto a qlcu. o a qlco.
sottosuòlo *s.m.* Lo strato del terreno al di sotto della superficie del suolo.
sottosviluppàto *agg.* Detto di paese o regione che ha un basso livello di sviluppo economico.
sottosvilùppo *s.m.* Condizione di povertà e di arretratezza economica in cui si trova un paese o una regione.
sottotèrra o **sotto terra** *avv.* Sotto la superficie del suolo: *nascondere qlco. s.*
sottotétto *s.m.* Locale situato immediatamente al di sotto del tetto e usato per lo più come ripostiglio.
sottotìtolo *s.m.* **1** Titolo secondario scritto più in piccolo sotto il titolo principale di un libro o di un articolo di giornale; nei giornali, anche ognuno dei piccoli titoli che dividono il testo di un articolo **2** (spec. al *pl.*) Didascalia scritta sul bordo inferiore delle immagini cinematografiche, spec. per tradurre i dialoghi di un film in lingua straniera.
sottovalutàre *v.tr.* Valutare qlcu. o qlco. meno di quanto realmente valga, sia importante: *s. un avversario, un rischio.*
sottovèste *s.f.* Indumento femminile leggero, senza maniche, che s'indossa sotto l'abito.
sottovóce *avv.* A voce bassa: *parla s.!*
sottovuòto *avv.* e *agg.invar.* (In un contenitore) da cui è stata estratta l'aria: *cibi conservati s.*; *caffè in confezione s.*
sottràrre *v.tr.* **1** Portar via qlco. ad altri con l'astuzia o con l'inganno Ⓢ rubare **2** Eseguire una sottrazione.
sottrazióne *s.f.* Operazione aritmetica con la quale si toglie un numero da un altro ricavando come risultato la differenza tra i due numeri.
sottufficiàle *s.m.* Militare di grado inferiore a quello degli ufficiali, comprendente i gradi di sergente, sergente maggiore e maresciallo.
sovènte *avv.* Spesso, di frequente.
sovrabbondànza *s.f.* Grande abbondanza, quantità superiore al fabbisogno.
sovraccàrico *s.m.* Carico eccessivo, superiore al normale.
sovranità *s.f.* Potere sovrano, autorità suprema: *la s. appartiene al popolo.*
sovràno *agg.* Che ha ed esercita un potere pieno e indipendente, senza altra autorità al disopra: *l'Italia è uno stato s.* ♦ *s.m.* Capo di uno stato monarchico Ⓢ re, monarca | *I s.* = il re e la regina.
sovrappopolàto *agg.* Eccessivamente popolato: *zone s.*
sovrappórre *v.tr.* Porre una cosa sopra un'altra, spec. in modo da farle combaciare: *s. una velina a un disegno.*

sovrastàre *v.tr.* e *v.intr.* [aus. *essere*] **1** Stare sopra **2** ⊛ Essere imminente, incombere su qlcu.: *non si accorse del pericolo che lo* (o *gli*) *sovrastava*.

sovrumàno *agg.* Che supera le normali capacità umane Ⓢ straordinario, enorme.

sovvenzionàre *v.tr.* Aiutare con una sovvenzione Ⓢ finanziare.

sovvenzióne *s.f.* Aiuto, contributo finanziario Ⓢ finanziamento, sussidio.

sovversìvo *agg.* e *s.m.* Che, chi mira a sovvertire l'ordinamento politico-sociale esistente: *attività, propaganda s.*

sovvertìre *v.tr.* Rovesciare, sconvolgere radicalmente, distruggere (un ordinamento politico, determinate tradizioni e istituzioni ecc.).

sózzo *agg.* Sudicio, sporco da far ribrezzo Ⓢ lurido.

sozzùra *s.f.* Sporcizia, roba sporca.

spaccàre *v.tr.* Rompere, spezzare in due o più parti, spec. con colpi violenti: *s. la legna con l'accetta* ♦ **spaccarsi** *v.pr.* Rompersi, spezzarsi, fendersi.

spaccatùra *s.f.* **1** Rottura, fenditura, crepa, screpolatura **2** ⊛ Profondo dissenso, contrasto ◊ Rottura di rapporti.

spacciàre *v.tr.* Vendere, mettere in circolazione in modo illecito: *s. droga* ◊ Far passare una persona o una cosa per un'altra ♦ **spacciarsi** *v.pr.* Dare a credere di essere quello che non si è.

spacciatóre *s.m.* Chi spaccia cose false, illecite o di provenienza illecita.

spàccio *s.m.* **1** Vendita, messa in circolazione di cose false o illecite: *s. di droga, di banconote false* **2** Vendita al pubblico **3** Negozio, bottega.

spàcco *s.m.* **1** Rottura, strappo, taglio **2** Apertura verticale praticata in un capo di vestiario per ornamento o per agevo-

lare i movimenti: *giacca, gonna con gli s.*

spàda *s.f.* Arma bianca costituita da una lama dritta e appuntita, a uno o due tagli.

spaesàto *agg.* Che si sente a disagio, disorientato, smarrito per il fatto di trovarsi in un ambiente, in un luogo nuovo ed estraneo.

spaghétto *s.m.* Tipo di pasta alimentare lunga e sottile, per minestra asciutta.

spàgo *s.m.* Corda sottile.

spaiàto *agg.* Detto di oggetto separato da quello uguale con cui formava un paio.

spalancàre *v.tr.* Aprire completamente: *s. la finestra*; *s. gli occhi, la bocca.*

spalàre *v.tr.* Togliere, rimuovere con la pala: *s. la neve.*

spàlla *s.f.* **1** La parte del corpo umano che va dall'estremità superiore del braccio alla base del collo ◊ (al *pl.*) Schiena, parte superiore della schiena: *tenere le s. curve* | *Colpire alle s.* = da dietro; ⊛ *a tradimento* **2** La parte di un indumento che copre le spalle: *giacca con s. imbottite* **3** ⊛ Aiutante, collaboratore di qlcu.

spallàta *s.f.* Urto dato con la spalla.

spalleggiàre *v.tr.* Appoggiare, sostenere, proteggere qlcu. ♦ **spalleggiarsi** *v.pr.* Darsi man forte, sostenersi a vicenda.

spallétta *s.f.* Parapetto, sponda di un ponte.

spallièra *s.f.* **1** La parte di un sedile che serve di appoggio alla schiena Ⓢ schienale **2** Ciascuna delle sponde verticali che chiudono un letto alla testa e ai piedi.

spallìna *s.f.* Sottile striscia di tessuto che sostiene sottovesti, reggiseni e altri indumenti femminili.

spalmàre *v.tr.* Stendere su una superficie una sostanza oleosa o pastosa.

spàndere *v.tr.* **1** Spargere e distendere uniformemente qlco. su una superficie:

s. la cera sul pavimento ◊ Versare, spargere: *s. il vino sulla tavola* **2** Diffondere: *la lampada spandeva una luce fioca.*

spànna *s.f.* Misura corrispondente alla distanza tra la punta del pollice e quella del mignolo quando la mano è aperta e distesa ◊ Distanza, altezza, lunghezza molto piccola.

spappolàre *v.tr.* Ridurre a una poltiglia, a una massa informe ♦ **spappolarsi** *v.pr.* Ridursi in poltiglia.

sparàre *v.tr.* e *v.intr.* [aus. *avere*] **1** Far partire uno o più colpi azionando un'arma da fuoco ◊ Tirare con un'arma da fuoco: *saper s. bene, male* **2** Tirare con violenza: *s. calci.*

sparatòria *s.f.* Serie di spari in rapida successione; scambio di colpi d'arma da fuoco: *fu ferito in una s.*

sparecchiàre *v.tr.* Togliere dalla tavola a fine pasto stoviglie, posate, tovaglia ecc.

sparéggio *s.m.* Partita, incontro supplementare per stabilire il vincitore tra due giocatori o squadre che hanno concluso alla pari le gare precedenti.

spàrgere *v.tr.* **1** Gettare qua e là, in più punti diversi: *s. il seme nei solchi* **2** Versare intorno: *s. il vino sulla tovaglia* | *S. sangue* = uccidere o ferire **3** Diffondere: *s. false notizie* ♦ **spargersi** *v.pr.* **1** Riversarsi, sparpagliarsi: *la folla si sparse per la piazza* **2** Diffondersi: *la voce si sparse.*

spargimènto *s.m. S. di sangue* = il fatto che vi siano morti o feriti come conseguenza di atti e scontri violenti.

sparìre *v.intr.* [aus. *essere*] **1** Sottrarsi alla vista Ⓢ dileguarsi, scomparire **2** Non esserci, non esistere più: *usanze che vanno sparendo* **3** Non trovarsi più; essere irreperibile: *un prodotto che è sparito dal mercato.*

sparizióne *s.f.* Scomparsa improvvisa di qlco. o di qlcu.

sparlàre *v.intr.* [aus. *avere*] Parlare male di qlcu.: *si diverte a s. di tutti.*

spàro *s.m.* Esplosione di un colpo di arma da fuoco e rumore che produce.

sparpagliàre *v.tr.* Spargere qua e là, senza ordine ♦ **sparpagliarsi** *v.pr.* Spargersi, disperdersi qua e là.

spàrso *agg.* Messo, disposto qua e là senza un ordine Ⓢ sparpagliato ◊ Non raccolto Ⓢ sciolto: *capelli s. sulle spalle.*

spartìre *v.tr.* Dividere qlco. distribuendo a ciascuno la sua parte: *s. il bottino.*

spartitràffico *s.m.invar.* Banchina o altra struttura che serve a dividere le correnti del traffico stradale.

spàsimo *s.m.* **1** Dolore fisico molto acuto, lancinante **2** ⌗ Pena, tormento angoscioso: *gli s. della gelosia.*

spàsmo *s.m.* Contrazione involontaria di un muscolo, di origine morbosa.

spasmòdico *agg.* Che dà spasimi Ⓢ acuto, lancinante: *dolore s.* ◊ ⌗ Angoscioso, affannoso: *attesa s.*

spassàrsi *v.pr.* Divertirsi.

spàsso *s.m.* **1** Divertimento, svago ◊ ⌗ Persona o cosa divertente: *quel film è uno s.* **2** *A s.* = a passeggio, a fare una breve passeggiata: *uscire a s.* | ⌗ *Essere a s.* = essere disoccupato, senza lavoro.

spassóso *agg.* Divertente: *film s.*

spàtola *s.f.* Arnese per manipolare e spalmare sostanze pastose, costituito da una lamina metallica con manico o da una stecca appiattita e allargata a un'estremità: *s. da pittore*; *s. per stuccare.*

spavàldo *agg.* Che ha o ostenta una sicurezza di sé eccessiva, temeraria, sfrontata Ⓢ baldanzoso: *un ragazzo s.*

spaventapàsseri *s.m.invar.* Fantoccio

che viene messo in mezzo ai campi per spaventare e tenere lontani gli uccelli.
spaventàre *v.tr.* Incutere spavento, terrore [S] impaurire ◊ Preoccupare, impensierire: *l'idea di un viaggio così lungo lo spaventa* ♦ **spaventarsi** *v.pr.* Essere preso da spavento [S] impaurirsi.
spavènto *s.m.* Paura intensa e improvvisa provocata da un pericolo inatteso o da una sensazione di pericolo.
spaventóso *agg.* Che incute spavento [S] pauroso: *una tempesta s.* ◊ Che impressiona profondamente per la sua gravità [S] terribile: *una sciagura s.*
spazientìrsi *v.pr.* Perdere la pazienza [S] irritarsi: *perché ti spazientisci per nulla?*
spàzio *s.m.* **1** In astronomia, l'ambiente esterno all'atmosfera terrestre in cui sono e si muovono i corpi celesti **2** Nel linguaggio corrente, estensione più o meno limitata, vuota o occupata da oggetti o persone: *quel tavolo occupa troppo s.* ◊ Spazio vuoto, intervallo, distanza: *lo s. tra due file di sedie* **3** Periodo, estensione di tempo: *nello s. di un'ora.*
spazióso *agg.* Che ha molto spazio [S] ampio, vasto: *un locale s.*
spazzàre *v.tr.* **1** Pulire con la scopa o altro arnese: *s. le strade* ◊ Ripulire **2** Levare via con la scopa o altro arnese: *s. la neve* ◊ Portare via: *il vento spazzò le nubi* ◊ ♧ Distruggere, eliminare completamente: *la frana spazzò via il paese.*
spazzatùra *s.f.* Immondizia, rifiuti.
spàzzola *s.f.* Arnese di materiale vario su cui sono infissi peli animali o fili di saggina, di metallo o di plastica; secondo il tipo si usa per togliere la polvere, pulire, lucidare, ravviare i capelli ecc.
spazzolàre *v.tr.* Pulire, lucidare con la spazzola: *s. un vestito, le scarpe.*
spazzolìno *s.m.* Piccola spazzola per usi vari: *s. da denti, per le unghie.*
specchiàrsi *v.pr.* Guardarsi allo specchio o in un'altra superficie che riflette le immagini.
spècchio *s.m.* Superficie che riflette i raggi luminosi e le immagini, in genere costituita da una lastra di vetro con la faccia posteriore metallizzata ◊ *S. d'acqua* = tratto di mare o di lago.
speciàle *agg.* **1** Che ha un carattere, una funzione, una destinazione particolare; fatto apposta per qlco.; non ordinario, non comune: *treni s.*; *un materiale s.* **2** Eccellente, ottimo, scelto: *un vino s.*
specialìsta *s.m.f.* Chi ha una particolare competenza in un dato campo ◊ Medico specializzato in un dato ramo della medicina: *consultare uno s.*
specialità *s.f.* **1** Campo, attività in cui si è particolarmente abili e competenti **2** Prodotto o piatto caratteristico o esclusivo di una zona, di una ditta.
specializzàrsi *v.pr.* Conseguire una specializzazione; dedicarsi a un particolare settore di attività.
specializzazióne *s.f.* Acquisizione o possesso di una particolare preparazione e competenza in un determinato settore di studio o di attività.
spècie *s.f.invar.* **1** Gruppo di animali o di piante che hanno caratteristiche comuni e che, incrociandosi, generano individui fecondi **2** Tipo, genere, qualità, sorta: *prodotti di ogni s.*
specificàre *v.tr.* Indicare con precisione [S] precisare: *s. l'ora dell'arrivo.*
specìfico *agg.* **1** Particolare, determinato: *caso s.* **2** *Peso s.* = rapporto tra il peso di un corpo e il suo volume.
speculàre *v.intr.* [aus. *avere*] **1** Fare spe-

culazioni finanziarie o commerciali **2** Trarre un vantaggio personale sfruttando senza scrupoli una situazione a sé favorevole: *s. sulle disgrazie degli altri.*
speculazióne *s.f.* Operazione commerciale o finanziaria intesa a conseguire un forte guadagno comprando e vendendo nel momento ritenuto più favorevole in base alle previsioni dell'andamento del mercato: *s. edilizie.*
spedìre *v.tr.* **1** Inviare qlco. tramite la posta o trasporti di altro genere **2** Mandare una persona in un luogo o da qlcu. con un determinato incarico.
spedìto *agg.* Svelto, rapido: *passo s.*
spedizióne *s.f.* **1** L'azione, l'attività di spedire Ⓢ invio: **2** Viaggio di più persone in un dato luogo, a scopo di ricerca, di studio, di soccorso o per compiere un'impresa militare: *organizzare una s. al Polo.*
spègnere *v.tr.* Far cessare di ardere, di bruciare: *s. il fuoco* ◊ Interrompere il funzionamento di un apparecchio, di un dispositivo: *s. la radio, il gas* ♦ **spegnersi** *v.pr.* **1** Cessare di ardere ◊ Smettere di funzionare **2** ♧ Morire: *si è spento serenamente.*
spelàrsi *v.pr.* Perdere il pelo.
spellàre *v.tr.* Levare la pelle a un animale ucciso: *s. un coniglio.*
spèndere *v.tr.* **1** Dare, impiegare del denaro in pagamento di acquisti, servizi, prestazioni: *s. per vestirsi, per l'affitto* **2** ♧ Impiegare, consumare: *s. le proprie energie* ◊ Sprecare: *non s. il fiato con lui.*
spennàre *v.tr.* Privare delle penne: *s. un pollo.*
spensieràto *agg.* Privo di preoccupazioni, di pensieri tristi o fastidiosi Ⓢ sereno.
spènto *agg.* Che non è acceso, non è in funzione: *un fuoco s.*; *la radio è s.*
sperànza *s.f.* **1** Attesa fiduciosa di un futuro positivo e, in partic., che si realizzi una cosa che si desidera: *s. nella vittoria* ◊ Possibilità effettiva che si realizzi quanto si desidera: *non c'è nessuna s. di salvezza* **2** Cosa o persona in cui si confida per migliorare la propria situazione: *il figlio è la sua unica s.*
speranzóso *agg.* Pieno di speranza Ⓢ fiducioso: *sono s. nel futuro.*
speràre *v.tr.* Nutrire speranza, augurarsi che si realizzi o si sia realizzato ciò che si desidera: *s. di guarire* ♦ *v.intr.* [aus. *avere*] Nutrire speranza, confidare in qlco. o in qlcu.: *s. nella vittoria*; *s. in Dio.*
sperdùto *agg.* **1** Isolato, lontano dai grandi centri abitati: *un paesino s.* **2** Disorientato, spaesato: *sentirsi s.*
sperimentàle *agg.* **1** Basato sull'esperienza, su esperimenti: *metodo s.* **2** Che ricerca, sperimenta nuove vie e nuovi metodi in un dato campo: *scuola s.*
sperimentàre *v.tr.* **1** Sottoporre qlco. a prove, verifiche e controlli per accertarne le caratteristiche: *s. un nuovo farmaco* **2** ♧ Fare esperienza diretta di qlco. Ⓢ provare: *s. la fame.*
spèrma *s.m.* Liquido organico, contenente gli spermatozoi, prodotto dall'apparato genitale maschile.
spermatozòo *s.m.* Cellula maschile, contenuta nello sperma, che ha la funzione di fecondare l'uovo femminile.
sperperàre *v.tr.* **1** Spendere, consumare senza criterio Ⓢ dilapidare **2** Impiegare malamente Ⓢ sprecare: *s. le forze.*
spèrpero *s.m.* Consumo eccessivo Ⓢ spreco: *s. di denaro, di energie.*
spésa *s.f.* **1** Lo spendere del denaro per

acquisti e pagamenti di vario genere ◊ La somma di denaro che si spende o si deve spendere: *una s. eccessiva* **2** Acquisto abituale dei generi alimentari e di prima necessità per la famiglia: *fare la s.*

spésso *agg.* **1** Denso, fitto: *nebbia s.* **2** Che ha un dato spessore: *lamiera s. un millimetro* ◊ Di notevole spessore: *una s. lastra di ghiaccio* **3** Frequente: *s. volte* ♦ *avv.* Molte volte, di frequente.

spessóre *s.m.* Distanza tra le due superfici opposte più ampie di un corpo Ⓢ grossezza: *lo s. di un muro.*

spettacolàre *agg.* Che colpisce, emoziona, entusiasma chi vi assiste: *una partita s.*

spettàcolo *s.m.* **1** Rappresentazione di tipo artistico o ricreativo o manifestazione sportiva che ha luogo davanti a un pubblico **2** Visione, vista, scena che colpisce profondamente in senso positivo o negativo: *il grandioso s. delle Alpi.*

spettàre *v.intr.* [aus. *essere*] Rientrare nei compiti, nei doveri, nei diritti di qlcu. Ⓢ competere, toccare: *l'educazione dei figli spetta ai genitori* ◊ Essere dovuto per diritto: *gli spetta una ricompensa.*

spettatóre *s.m.* **1** Chi assiste a uno spettacolo **2** Chi è presente a un fatto, a un avvenimento Ⓢ testimone.

spettinàre *v.tr.* Mettere in disordine i capelli.

spèttro *s.m.* **1** Immagine di una persona morta che appare ai vivi Ⓢ fantasma **2** ⚘ Minaccia che incombe: *lo s. della guerra.*

spèzie *s.f.invar.* (spec. al *pl.*) Aroma che si usa per condire e insaporire i cibi.

spezzàre *v.tr.* Dividere, rompere in due o più pezzi ♦ **spezzarsi** *v.pr.* Rompersi.

spìa *s.f.* **1** Chi, per malevolenza o per compenso, riferisce di nascosto a qlcu.

notizie e fatti riguardanti altre persone e che possono causare a queste un danno, una punizione Ⓢ delatore ◊ Agente segreto di uno stato straniero **2** Dispositivo luminoso o acustico che segnala qlco.

spiacènte *agg.* Dispiaciuto, rammaricato: *sono s. di non poterla aiutare.*

spiacére *v.intr.* [aus. *essere*] Causare dispiacere, rammarico Ⓢ rincrescere.

spiacévole *agg.* Che causa dispiacere o fastidio Ⓢ sgradito, increscioso.

spiàggia *s.f.* Tratto di costa pianeggiante ricoperto di sabbia, di ghiaia o di ciottoli; in partic. tratto di litorale frequentato dai bagnanti.

spianàre *v.tr.* **1** Rendere piano, pianeggiante: *s. un terreno* **2** S. *il fucile, la pistola, il mitra* = puntarli contro qlcu.

spiàre *v.tr.* Guardare, osservare di nascosto ciò che altri fanno.

spiàzzo *s.m.* Terreno libero e piano di una certa ampiezza: *uno s. nel bosco.*

spiccàre *v.intr.* [aus. *avere*] Risaltare, distinguersi nettamente.

spìcchio *s.m.* Ciascuna delle parti in cui è diviso all'interno il frutto degli agrumi o il bulbo dell'aglio ◊ Pezzo di qlco. tagliato a forma di spicchio: *s. di torta.*

spicciàrsi *v.pr.* Sbrigarsi, fare in fretta.

spìcciolo *agg.* e *s.m.* Detto di denaro in piccoli tagli, in monete.

spiedìno *s.m.* Piccolo spiedo su cui sono infilzati pezzetti di carne o di pesce misti a verdure e arrostiti alla griglia.

spièdo *s.m.* Asta di ferro su cui si infilano carni e cibi vari da arrostire alla fiamma.

spiegàre *v.tr.* **1** Rendere comprensibile, chiarire, far comprendere ciò che per altri è incomprensibile, difficile da capire: *s. il significato di una parola* ◊ Esporre, illustrare un argomento in modo da farlo conoscere e capire: *s. una poesia* ◊ Insegnare, indicare: *gli ho spiegato la strada per la stazione* **2** Distendere ciò che era ripiegato: *s. la tovaglia* ♦ **spiegarsi** *v.pr.* **1** Esprimersi chiaramente, farsi capire **2** Avere un chiarimento con qlcu. **3** Diventare chiaro, comprensibile: *ora si spiega come ha fatto a fuggire.*

spiegazióne *s.f.* **1** L'atto di spiegare, chiarire, illustrare qlco.: *s. di un teorema* **2** Ciò che serve a chiarire qlco. o ne costituisce la soluzione: *trovare la s. di un fenomeno* **3** Giustificazione: *non ha dato una s. del suo comportamento.*

spietàto *agg.* Crudele, disumano: *una vendetta s.*

spìffero *s.m.* Soffio di vento, d'aria che proviene da una fessura: *questa casa è piena di spifferi.*

spìga *s.f.* Infiorescenza formata da fiori senza peduncolo disposti lungo uno stelo.

spigliàto *agg.* Disinvolto, sicuro di sé.

spìgolo *s.m.* La parte d'angolo, la linea d'incontro di due pareti, di due facce di un oggetto: *lo s. del tavolo, del muro.*

spìlla *s.f.* Gioiello provvisto di uno spillo per fissarlo sugli indumenti come ornamento: *s. da cravatta.*

spìllo *s.m.* Sottile asticciola d'acciaio appuntita a un'estremità e terminante con una capocchia dall'altra | *S. da balia, di sicurezza* = spillo doppio a molla, con un fermaglio che assicura la chiusura e copre la punta.

spìna *s.f.* **1** Aculeo legnoso che sporge dal fusto, dai rami o dalle foglie di alcune piante ◊ (al *pl.*) Piante, rami spinosi: *finire in mezzo alle s.* **2** Ognuno degli aculei che ricoprono il corpo del riccio e dell'istrice **3** *S. dorsale* = colonna vertebrale ◊ La lisca del pesce, sia come spina dorsale sia come singolo aculeo dello scheletro **4** *S. (elettrica)* = dispositivo che si inserisce nella presa di corrente per stabilire il collegamento elettrico.

spinàcio *s.m.* Pianta erbacea coltivata come ortaggio per le foglie color verde scuro che si mangiano per lo più cotte.

spinàto *agg. Filo s.* = filo di ferro munito di punte, usato per recinzioni e reticolati.

spìngere *v.tr.* **1** Esercitare su qlco. o qlcu. una pressione, una forza capace di muoverlo o spostarlo ◊ Premere: *s. il pulsante* **2** ☙ Indurre: *s. qlcu. al suicidio* ◊ Incitare, stimolare: *s. il figlio a continuare gli studi* ♦ *v.intr.* [aus. *avere*] Dare spinte, fare ressa.

spinóso *agg.* Pieno di spine: *un ramo s.*

spìnta *s.f.* Pressione, forza o urto capace di provocare un movimento o uno spostamento ◊ Impulso, slancio: *darsi una s. verso l'alto.*

spintóne *s.m.* Spinta violenta data urtando con le spalle.

spionàggio *s.m.* Attività clandestina svolta da uno stato e dai suoi agenti allo scopo di venire in possesso di informazioni segrete riguardanti un altro stato.

spioncino *s.m.* Piccola apertura o foro praticati in una porta per poter vedere dall'altra parte senza doverla aprire.

spiràglio *s.m.* Stretta apertura attraverso cui passano l'aria e la luce.

spiràle *s.f.* **1** Linea curva piana che gira intorno a un punto allontanandosi sempre più da esso **2** Oggetto, struttura, percorso a forma di spirale o di elica: *s. di fumo; salire a s.*

spiràre[1] *v.intr.* [aus. *avere*] Soffiare, detto di venti: *spirava una brezza leggera.*

spiràre[2] *v.intr.* [aus. *essere*] Esalare l'ultimo respiro ⓢ morire.

spìrito *s.m.* **1** La parte non materiale dell'uomo e dell'esperienza umana, che si manifesta come pensiero, sentimento e volontà **2** Nelle religioni, l'anima individuale, spec. in quanto sopravvive al corpo ◊ Essere soprannaturale, privo di corpo ◊ In mitologie e credenze primitive, potenza che anima una realtà naturale o esercita un influsso: *gli s. dei boschi* ◊ Fantasma, spettro **3** Animo, stato d'animo, disposizione d'animo: *fare qlco. con s. di sacrificio* | *S. di corpo* = senso di solidarietà che lega gli appartenenti a un gruppo, a una categoria ◊ Capacità o tendenza soggettiva: *avere s. pratico* **4** Senso dell'umorismo: *mancare di s.* | *Battuta di s.* = frase spiritosa.

spiritóso *agg.* Ricco, pieno di spirito, di arguzia, di senso dell'umorismo.

spirituàle *agg.* Dello spirito, che si riferisce allo spirito: *valori s.*

splèndere *v.intr.* Mandare una luce intensa e viva Ⓢ brillare, risplendere (anche ✛): *oggi splende un bel sole*; *i suoi occhi splendevano di gioia*.

splèndido *agg.* **1** Che splende intensamente; molto luminoso **2** ✛ Meraviglioso, stupendo: *uno s. film* ◊ Ottimo, eccezionale: *uno s. successo*.

splendóre *s.m.* Luce viva e intensa: *lo s. del sole*.

spogliàre *v.tr.* **1** Togliere i vestiti di dosso Ⓢ svestire **2** ✛ Privare qlcu. di qlco., spec. con la violenza Ⓢ derubare ♦ **spogliarsi** *v.pr.* **1** Togliersi gli indumenti di dosso Ⓢ svestirsi **2** ✛ Privarsi volontariamente di ciò che si possiede: *s. dei propri averi*.

spogliatóio *s.m.* Locale in cui ci si spoglia, ci si cambia d'abito e si depositano gli indumenti.

spolveràre *v.tr.* Ripulire dalla polvere.

spónda *s.f.* **1** Riva **2** Limite esterno, bordo laterale, talora rialzato, di qlco.: *s. del letto* ◊ Parapetto: *la s. del ponte*.

spontàneo *agg.* **1** Che è fatto per libera decisione, di propria iniziativa, senza alcuna costrizione Ⓢ volontario: *offerta s.* ◊ Che nasce naturalmente dall'animo: *un sentimento s.* **2** Che si comporta in modo naturale e sincero: *una persona s.* **3** Che cresce o avviene naturalmente, senza l'intervento dell'uomo: *vegetazione s.*

spopolàrsi *v.pr.* Diventare meno popolato: *ad agosto le città si spopolano.*

spòra *s.f.* Cellula riproduttiva di alcuni tipi di piante (per es. funghi, felci).

sporcàre *v.tr.* **1** Insudiciare, imbrattare, macchiare **2** ✛ Macchiare moralmente, disonorare: *s. la propria reputazione* ♦ **sporcarsi** *v.pr.* **1** Insudiciarsi, imbrattarsi **2** ✛ Macchiare la propria reputazione; abbassarsi moralmente.

sporcìzia *s.f.* Sudiciume ◊ Roba sporca.

spòrco *agg.* **1** Non pulito Ⓢ sudicio | ✛ *Avere la coscienza s.* = avere fatto qlco. di male ed esserne consapevole ◊ Imbrattato, macchiato **2** ✛ Disonesto, immorale, turpe: *affari s.*; *uno s. individuo* ◊ Volgare, osceno: *barzellette s.* ♦ *s.m.* Sporcizia, sudiciume: *vivere nello s.*

sporgènza *s.f.* Cosa, parte che sporge, viene in fuori: *una s. della roccia.*

spòrgere *v.tr.* Metter fuori Ⓢ protendere: *s. la testa dal finestrino* ♦ *v.intr.* [aus. *essere*] Venire in fuori: *lo scoglio sporgeva dall'acqua* ♦ **sporgersi** *v.pr.* Protendersi in fuori: *s. dal davanzale.*

spòrt *s.m.invar.* L'insieme degli esercizi fisici e delle gare, individuali o di gruppo, che si fanno per migliorare la forza e l'agilità del corpo o per semplice svago o anche come attività professionale.

sportèllo *s.m.* **1** Anta girevole su cerniere che serve ad aprire e a chiudere un vano: *s. del forno* ◊ Porta di automezzi, carrozze ferroviarie e altri veicoli **2** In alcuni uffici, apertura in una parete attraverso la quale gli impiegati comunicano col pubblico: *gli s. di una banca.*

sportìvo *agg.* **1** Di sport, che serve per lo sport, riguarda lo sport, si occupa di sport **2** Che pratica degli sport **3** Che si comporta con la lealtà e la correttezza proprie dello sport; che sa accettare serenamente anche le sconfitte: *spirito s.* **4** Detto di capo di vestiario pratico, comodo, giovanile: *giacca s.* ♦ *s.m.* Chi pratica lo sport o ne è appassionato.

spòsa *s.f.* **1** La donna nel giorno delle nozze **2** Moglie: *gli diede in s. la figlia.*

sposalìzio *s.m.* Cerimonia nuziale.

sposàre *v.tr.* **1** Prendere in moglie o prendere per marito **2** Unire in matrimonio: *li sposò il parroco* **3** ✂ *S. un'idea, una causa* = farla propria, sostenerla ♦ **sposarsi** *v.pr.* Unirsi in matrimonio ◊ Celebrare le nozze.

sposàto *agg. e s.m.* Che, chi si è unito in matrimonio Ⓢ coniugato.

spòso *s.m.* **1** L'uomo nel giorno delle nozze **2** Marito | *Promesso s.* = fidanzato **3** (al *pl.*) L'uomo e la donna nel giorno delle nozze: *festeggiare gli s.* ◊ Marito e moglie, spec. se sposati da poco.

spossànte *agg.* Che toglie forza, energia Ⓢ estenuante: *viaggio s.*; *lavoro s.*

spostaménto *s.m.* Trasferimento da un luogo a un altro | *S. d'aria* = movimento violento di una massa d'aria provocato da un'esplosione ◊ Rinvio o anticipazione di qlco. da un tempo a un altro.

spostàre *v.tr.* **1** Rimuovere qlco. da dove si trova; trasferire qlco. o qlcu. da un posto a un altro ◊ Cambiare posizione a qlco.: *s. la testa* **2** Cambiare di orario, di data Ⓢ rimandare (o anche anticipare): *s. l'ora della partenza* ♦ **spostarsi** *v.pr.* Muoversi dal posto in cui si è ◊ Cambiare di posto, di posizione ◊ Trasferirsi da un luogo a un altro.

sprànga *s.f.* Sbarra di legno o di ferro.

sprangàre *v.tr.* Chiudere con una spranga Ⓢ sbarrare: *s. la porta.*

spràzzo *s.m.* Raggio di luce improvviso e fuggevole: *s. di sole.*

sprecàre *v.tr.* Usare, consumare senza criterio, malamente o inutilmente: *s. i soldi*; *s. il proprio tempo*; *s. un'occasione.*

sprèco *s.m.* Consumo eccessivo, inutile.

spregévole *agg.* Meritevole di disprezzo Ⓢ ignobile: *un individuo s.*

spregiatìvo *agg.* Che esprime disprezzo: *nomignolo s.* ♦ *s.m.* In grammatica, forma di un aggettivo o di un sostantivo alterata in senso negativo da suffissi come *–accio, –ume, –aglia, –astro.*

sprèmere *v.tr.* Schiacciare con forza qlco. per farne uscire il liquido contenuto: *s. un'arancia.*

spremùta *s.f.* Bevanda ottenuta spremendo un frutto sugoso.

sprizzàre *v.intr.* [aus. *essere*] Detto di liquido, uscir fuori con impeto da un'apertura Ⓢ scaturire, zampillare ♦ *v.tr.* Emettere con forza un liquido: *la ferita sprizzava sangue.*

sprofondàre *v.intr.* [aus. *essere*] **1** Crollare rovinosamente: *il tetto sprofondò sotto il peso della neve* ◊ Cedere formando una voragine: *il terreno sprofondò sotto i nostri piedi* **2** Affondare in qlco. di cedevole: *s. nella neve.*

sproporzionàto *agg.* Che non è in proporzione con altri elementi ◊ Esagerato, eccessivo: *chiedere una cifra s.*

sprovvìsto *agg.* **1** Che manca di qlco. Ⓢ sfornito, privo **2** *Alla s.* = di sorpresa: *la domanda mi ha colto alla s.*

spruzzàre *v.tr.* **1** Gettare, spargere un liquido a spruzzi **2** Imbrattare con spruzzi di un liquido.

sprùzzo *s.m.* Getto di un liquido in forma di piccoli schizzi o di gocce minute.

spudoràto *agg. e s.m.* Che, chi è privo di ogni pudore, di ogni senso della vergogna o del limite Ⓢ impudente, svergognato, sfacciato, sfrontato.

spùgna *s.f.* **1** Animale acquatico il cui corpo è formato da un complesso di pori e canali attraverso cui circola l'acqua **2** Oggetto d'uso costituito dallo scheletro di alcune specie di spugne, elastico, poroso e capace di assorbire notevoli quantità di liquidi **3** Tessuto di cotone molto morbido e assorbente, usato spec. per asciugamani e accappatoi.

spugnóso *agg.* Che ha l'aspetto e le caratteristiche della spugna: *tessuto s.*

spùma *s.f.* **1** Schiuma: *la s. delle onde* **2** Tipo di bibita analcolica gassata.

spumànte *s.m.* Vino frizzante, per lo più bianco, che fa molta spuma.

spuntàre *v.tr.* Rompere la punta: *s. una matita* ♦ *v.intr.* [aus. *essere*] Venir fuori con la punta, sporgere un po' in fuori: *sta spuntando l'erba* ◊ Cominciare ad apparire Ⓢ nascere, sorgere: *spuntò il sole* ◊ Apparire, venir fuori all'improvviso: *s. da un cespuglio.*

spuntìno *s.m.* Pasto rapido e leggero.

sputàre *v.intr.* [aus. *avere*] Espellere, lanciar fuori dalla bocca saliva, catarro o altro ♦ *v.tr.* Espellere, buttar fuori qlco.

dalla bocca: *s. i noccioli delle ciliege.*

spùto *s.m.* Saliva, catarro o altro espulsi dalla bocca.

squàdra[1] *s.f.* Strumento a forma di triangolo rettangolo usato per disegnare angoli retti e segmenti perpendicolari a una retta data.

squàdra[2] *s.f.* **1** Gruppo di persone addette allo stesso lavoro o riunite per uno stesso fine: *s. di soccorso* **2** Gruppo di atleti che gareggiano collettivamente (*sport di s.*) o individualmente per conto di una stessa società sportiva, di una nazione ecc.

squagliàre *v.tr.* Far sciogliere, liquefare: *il sole ha squagliato la neve* ♦ **squagliarsi** *v.pr.* Sciogliersi, liquefarsi: *il gelato si squagliò.*

squalìfica *s.f.* Esclusione di un atleta o di una squadra da una o più gare o per un dato periodo di tempo, come provvedimento disciplinare per gravi scorrettezze e infrazioni del regolamento.

squalificàre *v.tr.* Punire con la squalifica: *s. un atleta.*

squàllido *agg.* **1** Misero e triste, desolato e deprimente: *una casa s.*; *vivere nella più s. miseria* **2** Moralmente misero Ⓢ abietto, sordido: *uno s. individuo.*

squallóre *s.m.* Stato di desolato abbandono, di penosa miseria, di tristezza.

squàlo *s.m.* Nome di vari pesci di grosse dimensioni, con bocca munita di denti aguzzi Ⓢ pescecane.

squàma *s.f.* Ciascuna delle lamelle che ricoprono la pelle di alcuni vertebrati, e in partic. dei rettili e dei pesci Ⓢ scaglia.

squamàre *v.tr.* Togliere le squame.

squarciàre *v.tr.* Rompere, aprire, lacerare con violenza: *l'esplosione gli squarciò il ventre.*

squàrcio *s.m.* Lacerazione, apertura ampia e profonda.

squartàre *v.tr.* Tagliare in grossi pezzi un animale macellato: *s. un bue.*

squassàre *v.tr.* Scuotere con violenza.

squilìbrio *s.m.* **1** Mancanza di equilibrio Ⓢ sproporzione, divario **2** Alterazione dell'equilibrio mentale.

squillàre *v.intr.* [aus. *avere* o *essere*] Emettere un suono acuto, forte e di breve durata: *squillarono le trombe*.

squìllo *s.m.* Suono forte, acuto e di breve durata, caratteristico di trombe, campanelli e suonerie.

squisìto *agg.* Eccellente, prelibato: *un piatto s.*

sradicàre *v.tr.* Strappare una pianta dal terreno con le sue radici.

srotolàre *v.tr.* Distendere, disfare ciò che era arrotolato: *s. un tappeto.*

stàbile *agg.* **1** Che non si muove, non oscilla Ⓢ saldo, fermo, fisso **2** Non provvisorio Ⓢ fisso, permanente, duraturo: *lavoro s.* ◊ Che tende a non subire variazioni Ⓢ costante, durevole: *tempo s.*; *una pace s.* ♦ *s.m.* Edificio.

stabiliménto *s.m.* Edificio o complesso di edifici e impianti destinati ad attività industriali ◊ Costruzione o insieme di costruzioni e attrezzature destinate a un servizio di pubblica utilità: *s. termale.*

stabilìre *v.tr.* **1** Fissare in modo stabile: *s. la propria dimora in un luogo* **2** Fissare: *s. il prezzo d'acquisto* ◊ Decidere: *stabilì di partire* ♦ **stabilirsi** *v.pr.* Prendere stabile dimora in un luogo.

staccàre *v.tr.* **1** Levare via, separare ciò che è attaccato o congiunto: *s. un quadro dal muro* **2** Separare, allontanare (anche ♧): *s. una madre dai figli* ♦ **staccarsi** *v.pr.* **1** Allontanarsi, separarsi (anche ♧): *s. dalla famiglia* **2** Venir via, cadere da sé: *s'è staccato un bottone.*

stàdio *s.m.* **1** Impianto sportivo costituito da un campo attrezzato per lo svolgimento di gare all'aperto, circondato da una serie di gradinate per accogliere gli spettatori **2** ♧ Fase, periodo di un processo: *lo s. iniziale di una malattia.*

staffétta *s.f.* Gara a squadre di corsa, di nuoto, di sci o di altri sport su un percorso diviso in frazioni, ciascuna delle quali viene percorsa da un componente di ogni squadra.

stagionàle *agg.* Proprio di una stagione ◊ Che dura solo una stagione.

stagionàre *v.tr.* Conservare un prodotto o un materiale in date condizioni ambientali per il tempo necessario a fargli acquistare particolari qualità: *s. il vino, il legno.*

stagióne *s.f.* **1** Ciascuno dei quattro periodi in cui gli equinozi e i solstizi dividono l'anno solare ◊ Periodo dell'anno caratterizzato da particolari condizioni climatiche e meteorologiche: *la s. delle piogge* **2** Periodo dell'anno in cui maturano determinati frutti o si svolgono determinati lavori agricoli: *la s. dell'uva*; *la s. della semina* ◊ Periodo dell'anno in cui si svolge una determinata attività, un ciclo di spettacoli, di gare ecc.: *s. di caccia, di pesca*; *la s. turistica, balneare*; *la s. lirica.*

stagnànte *agg.* Che ristagna: *acqua s.*

stàgno[1] *s.m.* Metallo di colore bianco argenteo, molto malleabile e resistente alla corrosione, usato per leghe, per saldature e per rivestire altri metalli.

stàgno[2] *s.m.* Distesa d'acqua stagnante, poco profonda e in genere poco estesa.

stagnòla *s.f.* Foglio sottilissimo di stagno o di altro metallo, usato per avvolgere e proteggere prodotti spec. alimentari.

stàlla *s.f.* Edificio o locale destinato al ricovero di animali domestici, spec. bovini ed equini.

stamàni *avv.* Stamattina.

stamattìna *avv.* Questa mattina.

stàmpa *s.f.* 1 Tecnica che permette di riprodurre uno scritto, un disegno ecc. in un numero illimitato di copie uguali ◊ L'operazione di riproduzione mediante tale tecnica: *la s. di un libro* 2 L'insieme delle pubblicazioni giornalistiche: *s. quotidiana, periodica* ◊ I giornalisti: *invitare la s. a una conferenza.*

stampànte *s.f.* Macchina collegata a un computer, che può stampare su carta i dati che questo le invia.

stampàre *v.tr.* 1 Riprodurre con il procedimento della stampa: *s. un libro, un giornale* ◊ Pubblicare 2 Imprimere scritte, disegni, colori su un supporto diverso dalla carta: *s. un tessuto.*

stampatèllo *agg.* e *s.m.* Detto di un carattere di scrittura a mano con lettere staccate che imitano quelle della stampa.

stampèlla *s.f.* Apparecchio a cui si appoggiano per camminare persone malate, ferite o amputate a una gamba: *il ferito si reggeva sulle s.*

stàmpo *s.m.* Arnese da cucina in cui si versano sostanze liquide e semiliquide che, indurendosi, ne acquistano la forma ◊ Arnese per la produzione industriale di oggetti in serie: *s. per mattoni.*

stancàre *v.tr.* 1 Affaticare, indebolire: *fa un lavoro che stanca* 2 Annoiare, infastidire: *s. tutti con le proprie chiacchiere* ♦ **stancarsi** *v.pr.* 1 Affaticarsi 2 Annoiarsi, essere stufo: *si stancò di aspettare.*

stanchézza *s.f.* La condizione di chi è

stanco Ⓢ debolezza, affaticamento: *non si reggeva più in piedi per la s.*

stànco *agg.* 1 Affaticato, indebolito nelle forze e perciò bisognoso di riposo 2 Che non ha più l'energia, il desiderio, l'interesse per qlco. Ⓢ stufo: *è s. di quella vita* ◊ Che non ce la fa più a sopportare qlco. Ⓢ stufo: *sono s. delle sue bugie.*

stàndard *s.m.invar.* Livello, grado, tenore: *s. di vita* ♦ *agg.invar.* Conforme al modello, al tipo che costituisce la norma Ⓢ unificato: *prodotti s.; formato s.*

stanòtte *avv.* Questa notte (quella in corso o quella passata o quella che sta per venire).

stantùffo *s.m.* Organo meccanico che scorre avanti e indietro dentro un cilindro ricevendo la spinta dal fluido in esso contenuto oppure comprimendo o aspirando il fluido stesso.

stànza *s.f.* Ciascuno degli ambienti interni di un edificio, per uso di abitazione o di ufficio Ⓢ locale, camera.

stappàre *v.tr.* Togliere il tappo a qlco.

stàre *v.intr.* [aus. *essere*] 1 Restare dove si è, senza muoversi o spostarsi: *stai lì!* ◊ Restare, trattenersi in un determinato luogo: *s. in casa tutto il giorno* ◊ Restare in una data situazione, condizione, in un dato atteggiamento, stato d'animo ecc.: *s. al sole; s. in ansia* ◊ Restare in una data posizione: *s. in piedi, seduto* 2 Essere, trovarsi in un determinato luogo, in una data situazione, condizione, posizione ecc.: *qui sto comodo* ◊ Trovarsi, essere posto, situato (detto di cose): *la chiave sta nel cassetto* 3 Abitare, risiedere: *dove stai di casa?* ◊ Vivere: *tornò a s. con i genitori* 4 Essere: *le cose stanno così* 5 Spettare, toccare: *non sta a te decidere* 6 Seguito da un gerundio indica un'azione nella continuità del suo svolgimento: *sto leggendo* ◊ Seguito da *per* e l'infinito equivale a «essere sul punto di»: *sta per piovere* **7** *Starci* = essere d'accordo, accettare: *chi ci sta a fare un bagno?*

starnutìre o **sternutìre** *v.intr.* [aus. *avere*] Fare uno starnuto, degli starnuti.

starnùto o **sternùto** *s.m.* Atto respiratorio involontario, causato da stimoli che irritano la mucosa nasale e consistente in una brusca e rumorosa espirazione preceduta da una profonda inspirazione.

staséra *avv.* Questa sera.

stàsi *s.f.* Arresto o rallentamento temporaneo di un'attività, di un fenomeno.

statàle *agg.* Dello stato ◊ Gestito dallo stato: *scuole s.* ◊ Dipendente dallo stato.

statìstica *s.f.* Raccolta sistematica e ordinata di dati relativi a un fenomeno collettivo: *le s. sulla disoccupazione.*

stàto *s.m.* **1** Condizione, situazione in cui sono, si trovano sotto diversi aspetti persone, animali, cose, enti, collettività ecc.: *s. di salute*; *animali allo s. brado* **2** La condizione anagrafica o giuridica di un individuo nella società e il documento ufficiale che la certifica: *lo s. civile di un cittadino* **3** In fisica, ciascuno dei tre modi in cui le molecole di una sostanza possono trovarsi associate: *s. solido, liquido, gassoso* **4** Istituzione giuridica e politica che esercita la sovranità su un territorio come espressione collettiva e organizzata della popolazione che su quel territorio vive Ⓢ nazione, paese: *s. repubblicano, monarchico* ◊ Il territorio di uno stato: *invadere uno s.*

stàtua *s.f.* Opera di scultura a tutto tondo che rappresenta figure umane o animali (o anche un'idea personificata).

statùra *s.f.* Altezza di un individuo in posizione eretta.

statùto *s.m.* Complesso di norme che regolano l'attività di enti, associazioni, società.

stavòlta *avv.* Questa volta.

stazionàrio *agg.* Che resta invariato, non presenta cambiamenti notevoli.

stazióne *s.f.* **1** L'edificio e il complesso d'impianti per le operazioni di arrivo e partenza di passeggeri e merci che viaggiano su mezzi pubblici: *s. ferroviaria, marittima, aerea* ◊ Stazione ferroviaria: *abita vicino alla s.* **2** Impianto, emittente per telecomunicazioni: *s. radiofonica, televisiva* **3** Località dotata del clima favorevole e delle attrezzature per soggiorni di villeggiatura o di cura: *s. balneari, termali* **4** Posizione del corpo umano: *s. eretta, supina.*

stàzza *s.f.* Capacità interna di carico di una nave mercantile.

stécca *s.f.* **1** Asticella lunga e sottile, di forma e materiale diverso a seconda degli usi **2** Confezione contenente dieci o venti pacchetti di sigarette **3** ♣ Nota stonata: *il cantante ha fatto una s.*

steccàto *s.m.* Recinzione, riparo o divisorio fatti con tavole o pali di legno infissi nel terreno.

stecchìno *s.m.* Stuzzicadenti.

stécco *s.m.* Ramoscello secco, senza foglie ◊ Bastoncino sottile e appuntito.

stèle *s.f.* Lastra di pietra o di marmo, recante iscrizioni o immagini in rilievo, infissa nel terreno in posizione verticale.

stélla *s.f.* **1** Corpo celeste che splende di luce propria essendo costituito da materia incandescente | *S. cadenti* = meteore **2** Emblema, distintivo, decorazione a forma di stella: *la s. dello sceriffo* ◊ Sim-

bolo usato per indicare la categoria o la qualità di alberghi e ristoranti: *albergo a quattro s.* **3** *S. di mare* = animale invertebrato marino dal corpo a forma di stella con cinque o più bracci.
stellàto *agg.* Pieno, cosparso di stelle.
stèlo *s.m.* Fusto delle piante erbacee; gambo dei fiori: *uno s. di grano.*
stèmma *s.m.* Emblema con figure e simboli che costituisce il contrassegno di famiglie nobili, città, stati, enti ecc.
stèndere *v.tr.* **1** Distendere, allungare: *s. le gambe* ◊ Distendere, svolgere, mettere all'aria: *s. un tappeto*; *s. i panni al sole* **2** Mettere a giacere Ⓢ sdraiare: *s. il ferito sulla barella* ◊ Atterrare, abbattere, ammazzare: *s. l'avversario con un pugno* **3** Spalmare: *s. la vernice col pennello* **4** Mettere per iscritto Ⓢ scrivere: *s. un contratto* ♦ **stendersi** *v.pr.* **1** Mettersi disteso Ⓢ sdraiarsi **2** Estendersi nello spazio: *la pianura si stende dalle colline al mare.*
stentàre *v.intr.* [aus. *avere*] Avere grande difficoltà a fare qlco.
stentàto *agg.* **1** Ottenuto a stento, con grande difficoltà: *vittoria s.* ◊ Privo di sicurezza, incerto: *parla un italiano s.* **2** Pieno di stenti e fatiche: *fare una vita s.*
stènto *s.m.* **1** (al *pl.*) Sofferenze, privazioni: *vita piena di s.* **2** *A s.* = con difficoltà, a malapena: *cammina a s.*
stéppa *s.f.* Vasta pianura ricoperta solo di erbe e pochi arbusti, caratteristica delle regioni continentali aride o poco piovose.
stèrco *s.m.* Escrementi degli animali.
stèrile *agg.* **1** Incapace di generare, di riprodursi Ⓢ infecondo ◊ Che non dà frutti Ⓢ improduttivo: *terreno s.* ◊ ♧ Che non produce alcun risultato Ⓢ infruttuoso, inutile: *chiacchiere s.* **2** Privo di germi Ⓢ sterilizzato: *siringa s.*
sterilizzàre *v.tr.* **1** Rendere sterile, incapace di procreare **2** Privare dei germi, dei microbi: *s. il latte.*
sterminàre *v.tr.* Uccidere, eliminare completamente Ⓢ annientare.
sterminàto *agg.* Immenso, smisurato.
stermìnio *s.m.* Annientamento, strage totale.
stèrno *s.m.* Osso piatto situato nella parte anteriore del torace.
sternutìre vedi **starnutìre**.
sternùto vedi **starnùto**.
stèrpo *s.m.* Arbusto spinoso; ramo secco.
sterràto *agg.* *Strada s.* = non asfaltata.
sterzàre *v.intr.* [aus. *avere*] Azionare lo sterzo per cambiare la direzione di marcia di un veicolo ◊ Cambiare direzione.
stèrzo *s.m.* Meccanismo che permette di cambiare la direzione di marcia di un veicolo agendo sulle ruote anteriori ◊ Volante di un autoveicolo.
stésso *agg.* **1** Identico, medesimo: *dice sempre le s. cose* ◊ Uguale: *hanno la s. età* **2** Proprio: *lo vidi coi miei s. occhi* ◊ Persino, anche: *i suoi s. avversari lo rispettano* ♦ *pron.* **1** La medesima persona: *c'erano gli s. dell'ultima volta* **2** La medesima cosa: *a me è successo lo s.*
stìle *s.m.* **1** Modo di esprimersi, particolare forma espressiva che caratterizza un autore, un artista, un'opera, un genere: *lo s. di Raffaello, di Mozart* ◊ Il complesso di caratteristiche proprie dell'architettura, della pittura, della scultura di un'epoca: *palazzo di s. barocco* **2** Nello sport, modo di giocare, di eseguire un esercizio o una specialità: *s. di salto in alto* **3** Signorilità, eleganza: *vestire con s.*
stìlla *s.f.* Goccia.

stìma *s.f.* **1** Opinione favorevole, considerazione positiva di una persona e delle sue capacità **2** Valutazione del valore economico di qlco.: *fare la s. di una casa* **3** Valutazione soggettiva o approssimativa di grandezze o fenomeni.

stimàre *v.tr.* **1** Avere stima di qlcu., tenerlo in grande considerazione Ⓢ apprezzare **2** Valutare il valore di qlco. ◊ Valutare, calcolare: *s. a occhio la distanza.*

stimolàre *v.tr.* **1** Incitare, esortare, spingere **2** Eccitare, provocare una reazione o una sensazione dell'organismo: *il moto stimola l'appetito.*

stìmolo *s.m.* **1** Incitamento, spinta: *lo s. dell'ambizione* **2** Bisogno di soddisfare una necessità fisiologica: *lo s. della sete* **3** Fattore capace di provocare una reazione fisica o psichica: *s. visivi, nervosi.*

stipàre *v.tr.* Ammassare una quantità di cose o di persone in uno spazio ristretto.

stipèndio *s.m.* Retribuzione del lavoro subordinato degli impiegati.

stìpite *s.m.* Ciascuno dei due elementi verticali che delimitano lateralmente il vano di una porta o di una finestra.

stipulàre *v.tr.* Concludere formalmente, redigere per iscritto: *s. un accordo.*

stiràre *v.tr.* **1** Togliere le pieghe da un tessuto passandovi sopra il ferro da stiro **2** *S. le braccia, le gambe* = stenderle il più possibile ♦ **stirarsi** *v.pr.* Distendere le membra intorpidite Ⓢ sgranchirsi.

stìro *s.m. Da s.* = che serve per stirare i panni: *ferro da s.*; *tavolo da s.*

stìrpe *s.f.* Origine, discendenza di un individuo, di una famiglia: *è di nobile s.*

stitichézza *s.f.* Difficoltà nell'evacuare le feci, nell'andare di corpo.

stìtico *agg.* Che soffre di stitichezza.

stìva *s.f.* Locale della nave, situato al di sotto del ponte, nella parte più bassa dello scafo, destinato ad accogliere il carico.

stivàle *s.m.* Calzatura di cuoio o di gomma che arriva sino al ginocchio o alla coscia.

stivàre *v.tr.* Caricare e sistemare le merci nella stiva di una nave (o anche su aerei).

stìzza *s.f.* Irritazione acuta ma di breve durata Ⓢ rabbia: *ebbe un gesto di s.*

stòffa *s.f.* Tessuto: *s. di cotone, di lana.*

stoìno o **stuoìno** *s.m.* Zerbino.

stólto *agg.* e *s.m.* Che, chi dimostra scarsa intelligenza e capacità di giudizio Ⓢ sciocco, stupido.

stomacàre *v.tr.* Nauseare, disgustare.

stòmaco *s.m.* Organo dell'apparato digerente, a forma di sacco, posto tra l'esofago e l'intestino ◊ Pancia, ventre.

stonàre *v.tr.* Eseguire una o più note fuori tono, cantando o suonando ♦ *v.intr.* [aus. *avere*] Non essere in armonia: *quel mobile stona con l'ambiente.*

stonàto *agg.* Che stona, non intonato, poco intonato: *cantante s.*

stòp *s.m.invar.* Segnale stradale che impone ai veicoli di arrestarsi prima di attraversare l'incrocio con un'altra strada.

stoppàre *v.tr.* Fermare, bloccare.

stòrcere *v.tr.* Piegare con forza, malamente: *mi ha storto un braccio* | *S. la bocca, il naso* = fare una smorfia di disapprovazione, di scontento o di disgusto.

stordiménto *s.m.* Stato di intontimento.

stòria *s.f.* **1** Lo svolgimento delle vicende umane nel corso del tempo; lo studio, la ricostruzione e la narrazione di tali vicende ◊ Studio ed esposizione di un dato aspetto della realtà o settore di attività considerato nel suo svolgimento e nella sua evoluzione: *s. delle religioni,* *della scienza, dell'arte* ◊ Materia d'insegnamento scolastico: *professore di s.* **2** Serie di vicende personali: *gli raccontò la s. della sua vita* **3** Narrazione di fatti veri o inventati Ⓢ racconto: *mi fece la s. del suo viaggio* ◊ Favola **4** Faccenda, questione: *non parliamo più di questa s.*

stòrico *agg.* **1** Della storia: *lo sviluppo s.* ◊ Che ha per oggetto la storia: *ricerche s.* **2** Realmente esistito o accaduto: *un personaggio s.*; *fatti s.* **3** Che risale a epoche passate: *il centro s. di una città* **4** Degno di essere ricordato Ⓢ memorabile: *una giornata s.* ♦ *s.m.* Studioso di storia, scrittore di opere storiche.

stòrpio *agg.* e *s.m.* Che, chi è deforme, minorato nelle braccia o nelle gambe.

stòrto *agg.* **1** Non diritto **2** Non ben allineato rispetto a un punto di riferimento: *quel quadro è s.* **3** ⚘ Sfavorevole: *oggi ho avuto una giornata s.*

stovìglia *s.f.* (spec. al *pl.*) Nome generico dei piatti e del vasellame per la tavola e la cucina.

stràbico *agg.* Affetto da strabismo.

strabiliàre *v.tr.* Stupire, sbalordire grandemente.

strabìsmo *s.m.* Difetto della vista per cui uno o ambedue gli occhi non guardano nella stessa direzione, ma deviano verso l'interno o l'esterno.

stracàrico *agg.* Molto, troppo carico.

stracciàre *v.tr.* Fare a pezzi, lacerare un oggetto di carta o di stoffa.

stràccio *s.m.* **1** Pezzo di stoffa impiegato in casa per spolverare e pulire **2** (al *pl.*) Indumenti stracciati, logori: *va in giro vestito di stracci.*

stracòtto *agg.* Troppo cotto ♦ *s.m.* Pezzo di carne di manzo cotto a lungo in casseruola con condimenti vari.

stràda *s.f.* **1** Striscia di terreno spianata e per lo più lastricata o asfaltata, che serve da via di comunicazione | *S. ferrata* = ferrovia **2** Percorso, tragitto, cammino: *sbagliare s.*; *fermarsi a metà s.* **3** Passaggio, varco: *farsi s. tra la folla* **4** ⚘ Modo, mezzo, metodo per conseguire un fine: *tentò ogni s. per aiutarlo.*

stradàle *agg.* Della strada, delle strade ◊ Che avviene sulle strade: *incidente s.*

stràge *s.f.* Uccisione o morte violenta di un gran numero di persone o animali.

stràmbo *agg.* Stravagante, strano, bizzarro: *un tipo s.*; *idee s.*

strangolàre *v.tr.* Uccidere qlcu. stringendogli con forza la gola fino a soffocarlo Ⓢ strozzare ◊ Stringere al collo tanto da rendere difficoltoso il respiro.

stranièro *agg.* Di un altro paese, di uno stato estero: *imparare una lingua s.* ♦ *s.m.* Cittadino di un altro paese.

stràno *agg.* Che è diverso dal consueto, dal normale, insolito, e che perciò, a seconda dei casi, desta stupore, curiosità, preoccupazione, perplessità, sospetto.

straordinàrio *agg.* **1** Che è fuori dell'ordinario, della consuetudine: *un fatto s.* | *Lavoro s.* = fatto oltre l'orario normale **2** Grandissimo, eccezionale: *un successo s.* ♦ *s.m.* Lavoro straordinario.

strapiómbo *s.m.* Parete rocciosa molto ripida | *A s.* = a picco: *roccia a s. sul mare.*

strappàre *v.tr.* **1** Togliere staccando o portando via con forza: *il ladro le strappò la borsa* **2** Stracciare, lacerare: *s. un foglio.*

stràppo *s.m.* **1** L'atto di strappar via **2** Squarcio, lacerazione: *hai uno s. nei calzoni* | *S. muscolare* = lacerazione, stiramento di muscoli.

strapuntìno *s.m.* Sedile pieghevole o ribaltabile per usi di emergenza nei mezzi di trasporto pubblici.

straripàre *v.intr.* [aus. *avere* o *essere*] Traboccare, uscir fuori dalle rive, dagli argini (detto di fiumi).

stratagèmma *s.m.* Espediente astuto e ben congegnato per trarre in inganno il nemico, per cavarsi d'impaccio, per raggiungere un fine.

strategìa *s.f.* **1** Modo di impostare e condurre le operazioni militari in una determinata guerra, campagna o battaglia **2** ♧ Abilità nel raggiungere uno scopo.

stràto *s.m.* **1** Quantità di materia omogenea distesa in modo più o meno uniforme su una superficie: *s. di polvere* **2** In geologia, ciascuna delle fasce di terreno costituite da rocce omogenee e sovrapposte le une alle altre **3** ♧ Categoria, ceto sociale: *gli s. più poveri della popolazione.*

strattóne *s.m.* Movimento brusco e violento con cui si cerca di liberarsi di qlcu. o di qlco. o di tirarlo a sé.

stravagànte *agg.* Fuori del comune, strano Ⓢ bizzarro, originale, eccentrico.

stravòlto *agg.* Sconvolto, profondamente alterato o turbato: *era s. in viso.*

straziàre *v.tr.* **1** Ferire, mutilare, dilaniare atrocemente **2** Affliggere con atroci dolori e tormenti fisici o morali.

stràzio *s.m.* Atroce dolore e tormento, fisico o morale ◊ ♧ Penosa impressione, noia e fastidio molto forte.

strèga *s.f.* **1** Donna che, secondo credenze popolari del passato, era dotata di poteri malefici che le derivavano dai suoi rapporti col demonio **2** ♧ Donna perfida e maligna ◊ Donna molto brutta e vecchia.

stregóne *s.m.* Presso molti popoli primitivi, individuo dotato di facoltà considerate soprannaturali, che svolge funzioni di indovino e guaritore.

stregonerìa *s.f.* L'attività di chi pratica la magia e compie malefici ◊ Maleficio, incantesimo: *fare una s.*

stremàre *v.tr.* Ridurre all'estremo delle forze Ⓢ sfinire, spossare.

strènna *s.f.* Dono che si fa in occasione delle più importanti festività dell'anno.

strèpito *s.m.* Rumore molto forte, continuato e confuso Ⓢ frastuono, chiasso, baccano: *lo s. del treno.*

strepitóso *agg.* **1** Molto rumoroso Ⓢ fragoroso: *applausi s.* **2** ♧ Clamoroso, eccezionale: *vittoria s.*; *successo s.*

stress *s.m.invar.* Tensione nervosa, logorio psicofisico.

strétta *s.f.* Atto dello stringere o del venire stretto | ♧ *S. al cuore, allo stomaco, alla gola* = dolore o senso di oppressione acuto causati da un improvviso turbamento.

strétto[1] *agg.* **1** Che ha una larghezza o un'ampiezza molto limitata: *una strada s.* ◊ Detto di indumento, molto attillato o che stringe il corpo perché di taglia inferiore al giusto **2** Premuto, serrato con forza: *fare un nodo s.* **3** Molto vicino, accostato: *tenersi s. al muro.*

strétto[2] *s.m.* Braccio di mare che separa due terre vicine e mette in comunicazione due mari: *s. di Messina, di Gibilterra.*

strettóia *s.f.* Punto in cui una strada si restringe.

strìdulo *agg.* Che ha un suono acuto e aspro: *voce s.*; *il canto s. delle cicale.*

strillàre *v.intr.* [aus. *avere*] Gridare forte, con voce molto acuta ◊ Parlare a voce molto alta.

strìllo *s.m.* Grido, urlo molto acuto.

strìnga *s.f.* Cordoncino, nastro per allacciare scarpe, busti o altri capi di vestiario.

strìngere *v.tr.* **1** Avvicinare tra loro due o più cose o parti di una stessa cosa in modo che siano serrate o che serrino maggiormente: *s. le tenaglie*; *s. un nodo*; *s. le labbra* **2** Premere, serrare: *s. la mano a qlcu.* ◊ Impugnare: *s. tra le mani una pistola* ◊ Premere contro di sé, tenere stretto a sé: *s. un bimbo al petto* **3** Ridurre le misure di un indumento: *s. un vestito alla vita* ♦ **stringersi** *v.pr.* **1** Accostarsi molto a qlco. o a qlcu.: *s. al muro* ◊ Serrarsi di più l'un l'altro **2** Diventare più stretto Ⓢ restringersi.

strìscia *s.f.* **1** Pezzo lungo e stretto di materiale vario **2** Segno, traccia o porzione di spazio lunghi e stretti: *maglietta a s.*; *s. pedonali.*

strisciàre *v.intr.* [aus. *avere*] **1** Muoversi su una superficie aderendovi col corpo, sfiorandola o sfregandola: *i rettili strisciano* **2** Sfregare contro qlco.: *s. contro il muro con il parafango* ♦ *v.tr.* Muovere qlco. senza sollevarlo da terra: *s. i piedi sul pavimento.*

striscióne *s.m.* Grossa striscia di tela o di altro materiale pieghevole, con scritte e disegni, che viene appesa sopra strade, in piazze o viene innalzata in manifestazioni e cortei: *s. pubblicitari*; *s. d'arrivo.*

strizzàre *v.tr.* Stringere con forza qlco. per farne uscire il liquido che contiene.

strofinàccio *s.m.* Straccio, panno per pulire, spolverare, lucidare strofinando.

strofinàre *v.tr.* Passare ripetutamente qlco. sopra una superficie, spec. per pulirla, lucidarla o asciugarla Ⓢ fregare.

stroncàre *v.tr.* **1** Troncare con violenza, spezzare (anche ♧): *la sua vita fu stroncata da un incidente* **2** ♧ Far cessare, reprimere in modo rapido e deciso: *s. una rivolta* .

strozzàre *v.tr.* **1** Uccidere qlcu. stringendogli con forza la gola fino a soffocarlo Ⓢ strangolare **2** Stringere al collo tanto da render difficoltoso il respiro.

strozzatùra *s.f.* Punto in cui una conduttura, un recipiente, una strada ecc. si restringono notevolmente.

strumentalizzàre *v.tr.* Usare, sfruttare qlco. o qlcu. come strumento per i propri scopi: *s. una vicenda a fini politici.*

strumentazióne *s.f.* L'insieme degli strumenti di controllo di cui è dotato un veicolo, un macchinario, un impianto.

struménto *s.m.* Arnese, congegno, apparecchio che serve per svolgere una data attività o compiere date operazioni: *gli s. del fabbro, del chirurgo*; *s. musicali.*

struttùra *s.f.* **1** Insieme organico di elementi tra loro collegati e interdipendenti ◊ Modo in cui tali elementi sono disposti e organizzati in un determinato insieme: *la s. del corpo umano*; *la s. dell'atomo* **2** L'insieme degli elementi che costituiscono l'ossatura di qlco.: *la s. di un aereo* **3** Area, edificio, impianto o complesso di aree, locali, edifici, impianti ecc. attrezzati per svolgere particolari attività: *s. scolastiche, ospedaliere, sportive.*

stuccàre *v.tr.* Ricoprire, riempire, fissare con lo stucco: *s. un buco, un vetro.*

stùcco *s.m.* Materiale pastoso a base di gesso, calce e altre sostanze, usato per rivestire e rifinire superfici, tappare buchi e screpolature, fare decorazioni, cornici ecc. | ♧ *Rimanere di s.* = restare sbalordito, stupefatto.

studènte *s.m.* Giovane che frequenta un corso di studi, una scuola secondaria o un'università.

studentésco *agg.* Degli studenti.

studiàre *v.tr.* **1** Applicarsi con metodo per imparare o conoscere più a fondo una disciplina, un'arte, un argomento **2** Esaminare, indagare, osservare attentamente: *s. le cause di un fenomeno*; *s. l'avversario* ◊ Cercare, escogitare: *s. un sistema per guadagnare di più* ♦ *v.intr.* [aus. *avere*] Applicarsi nello studio: *non ha voglia di s.* ◊ Seguire un regolare corso di studi: *s. al liceo, all'università.*

stùdio *s.m.* **1** Applicazione della mente allo scopo di imparare, conoscere qlco. **2** (al *pl.*) L'attività di chi segue dei corsi regolari d'istruzione: *finire gli s.* **3** Indagine, ricerca **4** Stanza destinata allo studio, alla lettura, al lavoro intellettuale ◊ Stanza o insieme di stanze in cui un professionista o un artista svolgono la loro attività: *s. legale, fotografico, del dentista* ◊ Insieme di ambienti attrezzati per realizzare trasmissioni radiotelevisive o riprese cinematografiche: *trasmettere dagli s. di Milano.*

studióso *agg.* Che studia con diligenza e buona volontà: *un alunno s.* ♦ *s.m.* Persona che si dedica allo studio di un particolare settore o argomento.

stùfa *s.f.* Apparecchio per il riscaldamento di ambienti domestici.

stufàre *v.tr.* Stancare, annoiare, seccare, infastidire ♦ **stufarsi** *v.pr.* Stancarsi, annoiarsi: *mi sono stufato di ascoltarti.*

stùfo *agg.* Stanco, annoiato.

stuòia *s.f.* Tessuto di materiali vegetali intrecciati, usato come tappeto, riparo, rivestimento, tettoia ecc.

stuoìno vedi **stoìno**.

stupefacènte *agg.* Sbalorditivo, sorprendente ♦ *agg.* e *s.m.* Detto di sostanza che agisce sul sistema nervoso provocando uno stato di torpore o di eccitazione e il cui uso prolungato produce assuefazione e gravi danni psichici e fisici.

stupefàre *v.tr.* Riempire di stupore Ⓢ stupire, meravigliare.

stupefàtto *agg.* Pieno di stupore Ⓢ sbalordito.

stupèndo *agg.* Meraviglioso, bellissimo, splendido: *una giornata s.*

stupidàggine *s.f.* Atto, comportamento, discorso stupido Ⓢ sciocchezza.

stupidità *s.f.* L'essere stupido.

stùpido *agg.* Che ha o dimostra scarsa intelligenza Ⓢ sciocco, imbecille ♦ *s.m.* Persona stupida: *comportarsi da s.*

stupìre *v.tr.* Riempire di stupore Ⓢ meravigliare ♦ *v.intr.* [aus. *essere*] e **stupirsi** *v.pr.* Restare sorpreso Ⓢ meravigliarsi: *tutti (si) stupirono a quel gesto.*

stupìto *agg.* Pieno di stupore Ⓢ meravigliato.

stupóre *s.m.* Grande meraviglia e sorpresa, che lascia attoniti.

stupràre *v.tr.* Violentare sessualmente una donna.

stùpro *s.m.* Atto sessuale imposto con la violenza Ⓢ violenza carnale.

sturàre *v.tr.* Togliere il tappo a un recipiente Ⓢ stappare ◊ Liberare una conduttura da ciò che la ostruisce.

stuzzicadènti *s.m.invar.* Stecchino di legno o altro materiale che si usa per togliere i frammenti di cibo rimasti tra i denti.

su *avv.* **1** In alto, verso l'alto ◊ Al piano superiore **2** Sopra: *appoggialo lì su* ◊ Addosso, indosso: *mettiti su un maglione* **3** Si usa per esprimere un'esortazione, un comando e sim.: *su, sbrigatevi!* ♦ *prep.* **1** Sopra (anche ♧): *casa sul mare*; *vegliare sui figli* ◊ Verso, contro: *i soldati spararono sulla folla* **2** Intorno a, a proposito di: *discutere sulla situazione* **3** Intorno a, circa: *ci vedremo sul tardi*; *un uomo sui trent'anni* **4** Esprime modo o maniera: *parlare sul serio*; *abito su misura.*

subàcqueo *agg.* Che sta, si svolge, opera sott'acqua ♦ *s.m.* Chi effettua immersioni sott'acqua Ⓢ sommozzatore.

subaltèrno *agg.* e *s.m.* Che, chi è subordinato ad altri in un'organizzazione gerarchica: *un impiegato s.*

subbùglio *s.m.* Agitazione, scompiglio, trambusto.

subìre *v.tr.* Sopportare, ricevere, essere sottoposto a qlco. di negativo o comunque di non piacevole: *s. un torto.*

sùbito *avv.* Immediatamente, senza indugiare ◊ In brevissimo tempo.

sublìme *agg.* Che si eleva al più alto livello spirituale e artistico Ⓢ eccelso.

subordinàto *agg.* e *s.m.* Dipendente, subalterno: *lavoro s.*; *tratta bene i suoi s.*

succèdere *v.intr.* [aus. *essere*] Accadere, avvenire, verificarsi: *è successa una disgrazia* ♦ **succedersi** *v.pr.* Susseguirsi, venire uno dopo l'altro: *gli eventi si succedevano rapidi.*

successìvo *agg.* Che viene subito dopo nel tempo o nello spazio Ⓢ seguente.

succèsso *s.m.* Esito favorevole, buona riuscita; affermazione, vittoria: *il s. di un'impresa*; *s. elettorale* ◊ Accoglienza, giudizio favorevole; apprezzamento, gradimento generale: *film di s.* ◊ Notorietà, fama: *raggiunse il s. in poco tempo.*

succhiàre *v.tr.* Far entrare nella propria bocca un liquido aspirandolo a labbra strette ◊ Tenere in bocca qlco. per aspirarne il liquido che contiene o per farla sciogliere lentamente: *s. una caramella.*

sùcco *s.m.* **1** Il liquido contenuto in frutti e ortaggi e la bibita che se ne ricava spremendoli: *s. di pomodoro, di pesca* **2** Liquido prodotto da alcune ghiandole dell'organismo: *s. gastrico.*

succóso *agg.* Ricco di succo: *frutto s.*

succursàle *s.f.* Sede secondaria, sezione distaccata di un'azienda, di un ente e sim. Ⓢ filiale: *la s. di una banca.*

sud *s.m.* **1** Uno dei quattro punti cardinali, quello opposto al nord e nella cui direzione si scorge il sole a metà del giorno Ⓢ mezzogiorno ◊ Punto situato più a sud di un altro: *Napoli è a sud di Roma* **2** Parte meridionale di un territorio Ⓢ meridione: *il sud dell'Italia.*

sudàre *v.intr.* [aus. *avere*] Emettere sudore: *s. per il caldo.*

sùddito *s.m.* Chi è soggetto a un sovrano; cittadino di uno stato monarchico.

suddivìdere *v.tr.* Dividere ulteriormente ciò che era già stato diviso ◊ Dividere, ripartire: *s. il guadagno tra i soci.*

sùdicio *agg.* Sporco, lurido.

sudiciùme *s.m.* Sporcizia.

sudóre *s.m.* Liquido incolore prodotto da particolari ghiandole ed espulso attraverso i pori della pelle, spec. come reazione al caldo e alla fatica.

sufficiènte *agg.* Che basta al bisogno; che è adeguato a una necessità o a uno scopo.

sufficiènza *s.f.* Quantità sufficiente al bisogno: *abbiamo da mangiare a s.*

suggeriménto *s.m.* Consiglio, indicazione: *non ha seguito i miei s.*

suggerìre *v.tr.* **1** Dire, ricordare a qlcu., spec. a bassa voce, quello che deve dire o rispondere: *s. la risposta al compagno* **2** Consigliare: *gli suggerì di rivolgersi a un medico.*

sùghero *s.m.* Corteccia di un particolare tipo di quercia; materiale ricavato da tale corteccia; oggetto di tale materiale.

sùgo *s.m.* **1** Succo **2** Il liquido denso e saporito prodotto dalla carne durante la cottura **3** Condimento per vivande a base di vari ingredienti: *s. al pomodoro.*

sugóso *agg.* Ricco di sugo Ⓢ succoso.

suicìda *s.m.f.* Chi uccide se stesso.

suicidàrsi *v.pr.* Uccidersi, togliersi volontariamente la vita.

suicìdio *s.m.* Uccisione di se stesso.

suìno *agg.* Di maiale ◆ *s.m.* Maiale.

sùnto *s.m.* Riassunto.

sùo *agg.poss. di terza pers.sing.* **1** Che appartiene a lui (a lei): *la sua casa* ◊ Che si riferisce a lui (a lei); che riguarda lui (lei), proviene da lui (da lei) o è fatto da lui (da lei): *i suoi consigli* ◊ Che ha con lui (con lei) una relazione di parentela, di amicizia, di lavoro ecc.: *sua madre*; *il suo medico* **2** Che gli (le) è abituale, consueto: *oggi non ha fatto il suo sonnellino* ◆ *pron.poss. di terza pers.sing.* Ha gli stessi usi e significati dell'aggettivo (ed è sempre preceduto dall'articolo determinativo).

suòcera *s.f.* La madre della moglie o del marito, rispetto all'altro coniuge.

suòcero *s.m.* Il padre della moglie o del marito, rispetto all'altro coniuge.

suòla *s.f.* La parte della scarpa che poggia a terra: *s. di cuoio, di gomma.*

suolàre *v.tr.* Mettere la suola alle scarpe.

suòlo *s.m.* La superficie del terreno | *Radere al s.* = abbattere completamente ◊ Terreno: *s. pubblico, edificabile.*

suonàre *v.tr.* **1** Far emettere dei suoni a uno strumento musicale (anche come attività e capacità personale) o a un dispositivo sonoro: *s. bene il flauto*; *s. il clacson* **2** Eseguire con strumenti dei brani musicali: *s. un pezzo di Chopin* **3** Annunciare, segnalare con il proprio suono: *la sirena suonò l'allarme* ◆ *v.intr.* **1** [aus. *avere*] Produrre, emettere un suono, dei suoni: *il campanello suonò* **2** [aus. *avere*] Esibirsi in esecuzioni musicali: *s. in un locale notturno* **3** aus. [*essere*] Essere annunciato da un suono: *suonò l'allarme.*

suonerìa *s.f.* Apparecchio, congegno di segnalazione acustica.

suòno *s.m.* Vibrazione prodotta da una sorgente sonora (cioè da un corpo che vibra), che si propaga nell'aria (o in un mezzo liquido o solido) ed è percepibile dal nostro udito.

suòra *s.f.* Appartenente a un ordine religioso femminile Ⓢ monaca.

superalcòlico *agg.* e *s.m.* Si dice di bevanda ad alta gradazione alcolica.

superàre *v.tr.* **1** Essere superiore per dimensioni o quantità: *s. tutti in altezza* ◊ Essere, risultare superiore ad altri per doti o capacità Ⓢ battere, vincere: *s. tutti gli avversari* **2** Andare oltre Ⓢ oltrepassare, sorpassare (anche ✜): *s. il confine*; *s. ogni limite* **3** Affrontare e sostenere con successo qlco.: *s. una prova* ◊ Uscire positivamente da una situazione, da una fase negativa: *s. una malattia.*

superàto *agg.* Non più valido, non più attuale.

supèrbia *s.f.* Opinione eccessiva di sé e delle proprie capacità manifestata con atteggiamenti di altezzosa superiorità e sicurezza.

supèrbo *agg.* **1** Che dimostra superbia;

pieno di superbia **2** Fiero, orgoglioso di qlcu. o di qlco.: *è s. dei suoi figli.*

superficiàle *agg.* **1** Che costituisce la superficie, è alla superficie; poco profondo: *strato s. del terreno*; *ferita s.* **2** ✿ Detto di persona, che si ferma all'aspetto esteriore delle cose, non sa o non vuole esaminarle a fondo ◊ Non profondo, generico: *ha una conoscenza s. della materia.*

superficie *s.f.* **1** Parte esterna, strato esterno di qlco.: *la s. della Terra, del mare* ◊ In partic., parte esterna del terreno o di una distesa d'acqua: *il sommergibile navigava in s.* **2** Area; estensione: *calcolare la s. di un quadrato.*

supèrfluo *agg.* Di cui si può fare a meno, non strettamente necessario: *spese s.*

superióre *agg.* **1** Che sta sopra, più in alto: *gli arti s.* **2** Maggiore per dimensioni, numero, quantità ecc. Ⓢ più elevato: *statura s. alla media*; *grado s.* ◊ Che ha maggior pregio, maggiori qualità, doti, capacità rispetto ad altri: *si sente s. a tutti* ◊ Più elevato di grado o di livello ◊ Che va oltre o è al di sopra di qlco.: *risultato s. alle aspettative* ♦ *s.m.* Chi, in una gerarchia, occupa un grado più elevato.

superlatìvo *s.m.* Forma grammaticale che esprime il livello più alto della qualità indicata da un aggettivo o da un avverbio, sia in senso assoluto (*s. assoluto*: per es. «*bravissimo*»), sia in confronto ad altri (*s. relativo*: per es. «*il più bravo* della sua classe»).

supermercàto *s.m.* Grande negozio in cui si vendono prodotti di largo consumo e in cui i clienti si servono da sé, pagando all'uscita.

supèrstite *agg.* e *s.m.f.* Che, chi è sopravvissuto ad altri o è scampato a una sciagura collettiva.

superstizióne *s.f.* Credenza o pratica irrazionale, che attribuisce a determinati fatti, atti o gesti il potere misterioso di provocare determinate conseguenze, per lo più negative.

superstizióso *agg.* **1** Che crede alle superstizioni **2** Che ha carattere di superstizione: *credenze s.*; *paura s.*

supìno *agg.* Disteso sulla schiena, con il viso rivolto all'insù: *dormire s.*

suppellèttile *s.f.* Qualsiasi oggetto che fa parte dell'arredamento di una casa, di un ufficio, di una scuola ecc.

suppergiù *avv.* All'incirca, pressappoco.

supplementàre *agg.* Che costituisce un'aggiunta al normale: *razione s. di cibo* | *Tempi s.* = prolungamento di una partita finita in parità, quando è necessario arrivare alla vittoria di una squadra.

suppleménto *s.m.* Aggiunta al normale che serve per completare qlco., per rispondere a particolari necessità ◊ Somma in più che si paga per usufruire di un servizio non compreso nel prezzo base.

supplènte *agg.* e *s.m.f.* Che, chi sostituisce un insegnante o un funzionario temporaneamente assente dal lavoro.

supplicàre *v.tr.* Pregare, chiedere umilmente e con fervore Ⓢ implorare, scongiurare: *perdonami, te ne supplico!*

supplìzio *s.m.* **1** Pena corporale molto crudele Ⓢ tortura ◊ Pena capitale **2** ✿ Sofferenza fisica o morale insopportabile Ⓢ tormento, strazio.

suppórre *v.tr.* Ammettere, immaginare come ipotesi, come congettura ◊ Presumere, immaginare.

suppòrto *s.m.* Elemento che serve da sostegno, da appoggio, da base a qlco.

supposizióne *s.f.* Ipotesi, congettura.

suppósta *s.f.* Prodotto medicinale solido che si introduce nel corpo per via anale.

suprèmo *agg.* Che è il più alto, il più elevato per grado, valore, importanza Ⓢ sommo, massimo.

surgelàre *v.tr.* Congelare a bassissima temperatura: *s. la carne, il pesce.*

surgelàto *agg.* e *s.m.* Detto di prodotto alimentare congelato e conservato a bassissima temperatura.

surrogàto *s.m.* Prodotto alimentare di minor pregio che può essere usato per sostituirne un altro.

suscitàre *v.tr.* Provocare, destare, far nascere: *s. proteste*; *s. uno scandalo.*

susìna *s.f.* Il frutto del susino Ⓢ prugna.

susìno *s.m.* Albero con frutti dolci e succosi, chiamato anche *prugno.*

susseguìrsi *v.pr.* Venire uno dopo l'altro Ⓢ succedersi.

sussìdio *s.m.* Aiuto, sostegno ◊ Aiuto in denaro: *s. di disoccupazione.*

sussistènza *s.f.* Ciò che è necessario per vivere: *non avere mezzi di s.*

sussultàre *v.intr.* [aus. *avere*] **1** Fare un brusco movimento involontario Ⓢ sobbalzare, trasalire **2** Muoversi bruscamente, spec. su e giù: *la terra sussultava per le scosse del terremoto.*

sussùlto *s.m.* Sobbalzo provocato da un'improvvisa emozione ◊ Movimento brusco, spec. dal basso verso l'alto Ⓢ scossa.

sussurràre *v.tr.* Dire qlco. a voce molto bassa Ⓢ bisbigliare.

sussùrro *s.m.* Rumore, suono leggero, continuo e indistinto.

svagàrsi *v.pr.* Distrarsi, divertirsi.

svàgo *s.m.* Distrazione e riposo da impegni e occupazioni: *prendersi un po' di s.* ◊ Divertimento, passatempo.

svaligiàre *v.tr.* Rubare da un luogo chiuso tutto quanto c'è di valore.

svalutazióne *s.f.* Diminuzione del valore di una moneta in rapporto a quelle estere o anche diminuzione del suo potere d'acquisto a causa dell'inflazione.

svanìre *v.intr.* [aus. *essere*] Dissolversi, dileguarsi, scomparire (anche ✿): *la nebbia svanì; è svanita ogni speranza.*

svantàggio *s.m.* **1** Condizione sfavorevole, di inferiorità rispetto ad altri ◊ Danno **2** In gare e classifiche sportive, distacco da chi è in posizione migliore.

svantaggióso *agg.* Sfavorevole.

svariàto *agg.* Vario, diverso: *s. colori* ◊ (al *pl.*) Molti, numerosi: *s. volte.*

svéglia *s.f.* **1** L'azione di svegliare qlcu.: *dare la s.* ◊ L'ora a cui ci si deve svegliare: *domani la s. è alle cinque* **2** Orologio munito di una soneria che suona all'ora su cui è regolata: *caricare la s.*

svegliàre *v.tr.* Destare dal sonno: *lo svegliò un rumore* ♦ **svegliarsi** *v.pr.* Smettere di dormire Ⓢ destarsi.

svéglio *agg.* Che non dorme Ⓢ desto.

svelàre *v.tr.* Rivelare: *s. un segreto* ◊ Scoprire: *s. un mistero.*

sveltézza *s.f.* Prontezza, rapidità, velocità.

svèlto *agg.* Pronto, rapido nell'agire: *è s. nel lavoro* ◊ Veloce, spedito: *passo s.*

svéndita *s.f.* Vendita a prezzi inferiori al normale: *s. per chiusura del negozio.*

sveniménto *s.m.* Momentanea perdita dei sensi, della coscienza.

svenìre *v.intr.* [aus. *essere*] Perdere momentaneamente i sensi.

sventàre *v.tr.* Far fallire, impedire che si realizzi qlco. di dannoso o pericoloso: *s.*

una rapina, un attentato, una congiura.

sventàto *agg.* Che agisce senza riflettere, senza la necessaria prudenza e attenzione Ⓢ sconsiderato, sbadato.

sventolàre *v.tr.* Muovere, agitare nell'aria qlco. che si tiene in mano: *s. una bandiera* ♦ *v.intr.* [aus. *avere*] Muoversi, agitarsi al vento.

sventùra *s.f.* **1** Mala sorte, sfortuna **2** Grave avversità, disgrazia, sciagura.

sventuràto *agg.* **1** Perseguitato dalla sventura, colpito da una sventura **2** Che è causa di sventura Ⓢ disgraziato: *maledico il giorno s. in cui l'ho incontrato.*

svergognàre *v.tr.* Ricoprire di vergogna qlcu., rivelando le sue colpe, smascherando le sue malefatte.

svestìre *v.tr.* Togliere le vesti di dosso a qlcu. Ⓢ spogliare ♦ **svestirsi** *v.pr.* Togliersi le vesti di dosso.

svezzaménto *s.m.* Passaggio graduale di un bambino da un'alimentazione esclusivamente a base di latte a una più varia e ricca.

svignàrsela *v.pr.* [aus. *essere*] Allontanarsi in fretta, di nascosto da un luogo; andarsene alla chetichella.

sviluppàre *v.tr.* **1** Svolgere, trattare in modo più ampio ed esauriente: *s. un argomento* **2** Far crescere, incrementare, potenziare: *esercizio per s. i muscoli*; *s. il turismo* **3** Produrre, suscitare: *una scintilla può s. un incendio* ♦ **svilupparsi** *v.pr.* **1** (detto di organismi viventi) Crescere fino a raggiungere la forma adulta ◊ Raggiungere la pubertà **2** Aumentare, ampliarsi, progredire: *una città, una tecnica che si sta sviluppando rapidamente* **3** Prodursi, diffondersi: *biso-*

gna impedire che l'infezione si sviluppi.

svilùppo *s.m.* **1** Crescita, espansione, progresso: *s. economico, tecnologico, culturale* **2** Processo di crescita e di maturazione di un organismo, di un individuo: *lo s. fisico di un bambino* | *L'età dello s.* = la pubertà.

svincolàrsi *v.tr.* Liberarsi da qlco. che trattiene, impedisce la libertà di movimento: *s. dalla stretta di qlcu.*

svìncolo *s.m.* Strada che collega una autostrada con un'altra o con le strade ordinarie.

svìsta *s.f.* Errore dovuto a distrazione o fretta.

svitàre *v.tr.* Girare una vite o un oggetto avvitato in modo da allentarlo o da toglierlo: *s. un bullone, una lampadina.*

svogliàto *agg.* Che ha poca voglia di far qlco., di applicarsi in ciò che fa Ⓢ indolente, abulico: *uno studente s.*

svòlgere *v.tr.* **1** Distendere, aprire ciò che è avvolto o chiuso: *s. un gomitolo, un pacco* **2** ✥ Esporre, trattare per esteso, in modo esauriente: *s. un argomento* **3** ✥ Esercitare, compiere, fare: *s. la professione di medico*; *s. i propri compiti* ♦ **svolgersi** *v.pr.* **1** Distendersi, srotolarsi **2** Avvenire, accadere, realizzarsi: *come si sono svolti i fatti?*

svòlta *s.f.* **1** Cambiamento di direzione: *divieto di s.* ◊ Punto in cui una strada cambia direzione Ⓢ curva **2** ✥ Cambiamento radicale: *s. storica, politica.*

svoltàre *v.intr.* [aus. *avere*] Cambiare direzione Ⓢ curvare, girare: *s. a destra.*

svuotàre *v.tr.* Vuotare completamente; privare di tutto il contenuto: *s. una vasca*; *i ladri gli hanno svuotato la casa.*

T

t *s.f.* o *m.* Diciottesima lettera dell'alfabeto italiano; è una consonante.
tabaccàio *s.m.* Gestore di una tabaccheria.
tabaccherìa *s.f.* Negozio in cui si vendono tabacchi, francobolli e altri generi di monopolio.
tabàcco *s.m.* **1** Pianta erbacea con grandi foglie **2** Il prodotto ottenuto essiccando e lavorando le foglie di tabacco: *t. da fumo.*
tabèlla *s.f.* Prospetto, quadro, elenco contenente dati e indicazioni di vario genere: *t. dei prezzi, degli orari.*
tabellóne *s.m.* Tavola usata per le affissioni: *t. elettorali* ◊ Grande tabella, cartellone murale che riporta informazioni varie: *t. pubblicitario.*
tabù *s.m.* In diverse religioni, divieto di fare certe cose o pronunciare determinate parole; ciò che è proibito da tale divieto.
tabulàto *s.m.* Prospetto stampato dalla stampante di un computer.
tàcca *s.f.* Piccola incisione a forma di V praticata sulla superficie di un oggetto.
tacchìno *s.m.* Grosso uccello da cortile allevato per le sue carni.
tàcco *s.m.* Rialzo fissato sotto la suola della scarpa in corrispondenza del calcagno: *t. bassi, alti, a spillo.*
taccuìno *s.m.* Quadernetto per prendere appunti Ⓢ notes.
tacére *v.intr.* [aus. *avere*] **1** Non dire nulla, stare zitto: *l'imputato tacque*; *non sa t.* ◊ ♧ Non dare notizia, non fare parola di qlco.: *i giornali tacquero sull'argomento* **2** Smettere di parlare, fare silenzio: *tacete un momento* ♦ *v.tr.* Non dire, non rivelare, omettere qlco.: *confessò il furto ma tacque i nomi dei complici.*
tacitùrno *agg.* Che non parla o abitualmente parla poco: *è un tipo t.*
tafferùglio *s.m.* Rissa tra numerose persone che si azzuffano in modo confuso e rumoroso: *t. tra tifosi.*
tàglia *s.f.* **1** Struttura fisica di una persona Ⓢ corporatura: *uomo di t. robusta* ◊ Misura di abiti e indumenti: *giacca di t. 48* **2** Premio in denaro promesso a chi faccia catturare un ricercato.
tagliàndo *s.m.* Parte staccabile di un biglietto, di una tessera, di una bolletta ecc. Ⓢ talloncino, scontrino.
tagliàre *v.tr.* **1** Dividere qlco. in più parti o staccarne una o più parti dal resto o accorciarlo per mezzo di uno strumento affilato: *t. il salame*; *t. i rami di un albero*; *t. le unghie* **2** Fare un taglio, un'incisione su qlco.: *nel farsi la barba si tagliò la guancia* **3** ♧ Abbreviare, ridurre: *t. un articolo*; *t. le spese* ◊ Eliminare, togliere: *t. una scena da un film* **4** Intersecare, attraversare: *in quel punto la strada taglia la linea ferroviaria* ♦ *v.intr.* [aus. *avere*] Essere tagliente, ben affilato: *un rasoio che taglia bene* ♦ **tagliarsi** *v.pr.* Prodursi un taglio sul corpo, ferirsi.
tagliatèlla *s.f.* Tipo di pasta alimentare tagliata in strisce sottili: *t. al ragù.*
tagliènte *agg.* Che taglia bene Ⓢ affilato: *una lama t.*
taglière *s.m.* Asse di legno duro su cui si

tagliano, affettano o triturano i cibi e i vari ingredienti di cucina.

tàglio *s.m.* **1** L'operazione, l'azione di tagliare qlco.: *t. dei capelli, del fieno* ◊ ⌘ Eliminazione di una parte di un discorso, di uno scritto, di un'opera: *il film uscì con molti t.* **2** Apertura, incisione o ferita prodotta da oggetti taglienti: *farsi un t. sulla guancia* **3** Maniera in cui vengono tagliati i capelli o i capi di vestiario Ⓢ linea: *giacca di t. sportivo* **4** Parte tagliente, affilata di una lama: *il t. delle forbici* **5** Dimensione, formato; valore: *banconote di grosso t.*

tagliòla *s.f.* Trappola per animali costituita da una morsa d'acciaio che si chiude a scatto: *la volpe fu presa nella t.*

tàlco *s.m.* Polvere bianca minerale, usata spec. per l'igiene della pelle.

tàle *agg.* **1** Di questa, di quella specie Ⓢ del genere, simile: *non posso credere a t. sciocchezze* | *T. (e) quale* = identico ◊ Così grande: *c'è un t. rumore che non si sente niente* **2** Questo: *forse non vuole venire, in tal caso non insistere* ♦ *pron.* **1** La persona, quella persona (già menzionata o comunque nota): *è venuto il t. che aspettavi* **2** Una persona indeterminata Ⓢ un tizio: *c'è di là un t. che ti aspetta.*

talènto *s.m.* Ingegno, genialità; notevole capacità in un'attività che deriva da un'inclinazione naturale: *un pittore di t.*

tallóne *s.m.* Parte posteriore e inferiore del piede Ⓢ calcagno.

talménte *avv.* Tanto, così, a tal punto.

talóra *avv.* Talvolta, a volte.

talùno *agg.indef.* (solo al *pl.*) Alcuni, certi ♦ *pron.indef.* Qualcuno.

talvòlta *avv.* Qualche volta, a volte.

tambùro *s.m.* Strumento musicale a percussione costituito da una cassa cilindrica chiusa alle basi da membrane di pelle che si percuotono con le mani o con apposite bacchette.

tamponaménto *s.m.* Urto di un veicolo contro la parte posteriore di un altro che lo precede.

tamponàre *v.tr.* **1** Chiudere, otturare con un tampone o qualche altro mezzo: *t. una ferita*; *t. una falla* **2** Investire, urtare un veicolo nella parte posteriore.

tampóne *s.m.* Batuffolo di cotone o di garza che si usa per medicare ferite e arrestare emorragie.

tàna *s.f.* Cavità naturale o scavata che serve da rifugio agli animali selvatici.

tànfo *s.m.* Cattivo odore, puzzo intenso, spec. di muffa o di chiuso.

tangènte *s.f.* Somma di denaro pagata, percepita o pretesa in cambio di favori illeciti Ⓢ bustarella.

tangenziàle *s.f.* Strada di scorrimento veloce intorno a un centro urbano.

tànica *s.f.* Recipiente trasportabile per liquidi, a forma di parallelepipedo e in genere di plastica.

tànto¹ *agg.indef.* **1** In così grande quantità o misura; così grande, così numeroso, così lungo, forte, intenso ecc.: *ha fatto t. strada per niente* **2** Molto, in gran quantità, in gran numero: *in piazza c'era t. gente*; *t. saluti!* ◊ Troppo, eccessivo: *questa pasta mi sembra t. per tre persone* ♦ *pron.indef.* Molto: *con lui ci vuole pazienza e io ne ho t.* ◊ (al *pl.*) Molte persone: *spero che saremo in t.*

tànto² *avv.* **1** A tal punto, in tal modo, in tal misura: *perché te la prendi t.?* **2** Molto: *desidero t. rivederti* **3** Altrettanto, nella stessa misura (in correlazione con *quanto*): *è t. buona quanto bella* ♦ *congz.*

Comunque, in ogni caso: *non prenderte-la, t. non serve a niente.*

tàppa *s.f.* **1** Sosta, fermata intermedia durante un viaggio, una marcia o un'escursione **2** Tratto di percorso compreso tra due soste successive: *dividere un viaggio in tre t.* ◊ In un giro ciclistico o motoristico, la frazione di percorso da coprire giornalmente: *vincere una t.*

tappàre *v.tr.* Chiudere con un tappo Ⓢ turare: *t. una bottiglia* ◊ Chiudere un'apertura in modo da non lasciare spiragli o fessure: *t. una falla.*

tapparèlla *s.f.* Persiana avvolgibile.

tappéto *s.m.* Tessuto, per lo più rettangolare e di grosso spessore, eseguito con una tecnica particolare e usato nell'arredamento soprattutto per coprire i pavimenti.

tappezzàre *v.tr.* Rivestire pareti o altro con carta da parati, stoffe, tappeti ecc.

tappezzerìa *s.f.* Carta o tessuto con cui si rivestono pareti o mobili: *rifare la t.*

tàppo *s.m.* Oggetto che si applica alla bocca di un recipiente per chiuderlo ◊ Qualsiasi elemento che serva a chiudere un recipiente o otturi un condotto.

tàra *s.f.* Peso del recipiente o dell'imballaggio di una merce, che si deve detrarre dal peso lordo per avere il peso netto.

taràre *v.tr.* Regolare e graduare un apparecchio o uno strumento di misura per assicurarne la precisione: *t. una bilancia.*

tardàre *v.intr.* [aus. *avere*] Arrivare con ritardo, fare qlco. con ritardo rispetto al tempo previsto, stabilito o necessario.

tàrdi *avv.* **1** A ora tarda, dopo il tempo consueto o normale: *svegliarsi t.* **2** Dopo il tempo stabilito, utile o opportuno Ⓢ in ritardo: *se non ti sbrighi arriverai t.* **3**

Più t. = poi, in seguito: *vediamoci più t.*

tardìvo *agg.* **1** Che giunge, spunta, matura tardi rispetto alla norma: *frutti t.* **2** Che giunge troppo tardi per essere efficace: *soccorsi t.; scuse t.*

tàrdo *agg.* **1** Lento, pigro ◊ ⚓ Poco sveglio e pronto: *t. di riflessi* **2** Avanzato nel tempo Ⓢ inoltrato: *morire in t. età.*

tàrga *s.f.* Lastra o placca di metallo o di altro materiale su cui sono scritti nomi, numeri e altre indicazioni: *t. stradali; t. (di circolazione).*

targhétta *s.f.* Piccola targa o cartellino, per lo più con l'indicazione del nome e dell'indirizzo.

tarìffa *s.f.* Prezzo di un servizio, di una prestazione o di una merce, fissato d'autorità da un ente pubblico o da categorie professionali: *t. postali; le t. dei medici.*

tarlàto *agg.* Danneggiato, roso dai tarli o dalle tarme: *un mobile, un tessuto t.*

tàrlo *s.m.* Insetto le cui larve rodono il legno scavandovi gallerie.

tàrma *s.f.* Piccolo insetto le cui larve rodono e danneggiano tessuti di lana, tappeti, pellicce.

tàrtaro *s.m.* Deposito calcareo che si forma intorno ai denti sopra le gengive.

tartarùga *s.f.* Rettile terrestre e marino con il corpo protetto da una robusta corazza ossea.

tartìna *s.f.* Crostino o fettina di pane imburrata e guarnita con vari ingredienti.

tàsca *s.f.* **1** Specie di sacchetto cucito all'esterno o all'interno dei vestiti, nel quale si tengono piccoli oggetti d'uso personale **2** Scomparto interno o esterno di borse, valigie, zaini, portafogli.

tascàbile *agg.* Di dimensioni così ridotte che si può tenere in tasca: *libro t.*

taschìno *s.m.* Piccola tasca posta sul

petto delle giacche o dei gilet da uomo.

tàssa *s.f.* **1** Somma che si deve pagare allo stato o ad altro ente pubblico in cambio di certi servizi: *t. sui rifiuti* **2** Nel linguaggio corrente, imposta: *pagare le t.*

tassàmetro *s.m.* Nei taxi, apparecchio contatore che calcola l'importo dovuto dal cliente in base al percorso e al tempo impiegato.

tassàre *v.tr.* Sottoporre al pagamento di una tassa o di un'imposta: *t. una lettera.*

tassèllo *s.m.* Piccolo pezzo di legno, pietra o altro materiale che si inserisce in pareti, mobili e strutture varie per restaurare una parte danneggiata, eliminare un'imperfezione, turare un foro o come ornamento ◊ Blocchetto di legno che viene murato in una parete per applicarvi chiodi, viti, ganci.

tassì *s.m.* Taxi.

tàsso *s.m.* Percentuale che misura la variazione di una grandezza nel tempo o il rapporto di due grandezze tra di loro | *T. di interesse* = l'interesse percentuale che si paga sul denaro preso in prestito per un certo periodo di tempo ◊ Quantità percentuale: *il t. di zucchero nel sangue.*

tastàre *v.tr.* Toccare leggermente più volte e in più punti, per trovare, riconoscere, controllare qlco. al tatto.

tastièra *s.f.* **1** La serie dei tasti allineati di strumenti come il pianoforte, l'organo, la fisarmonica e sim. **2** La serie dei tasti di una macchina da scrivere, di una calcolatrice, di un computer, di un telefono e sim.

tàsto *s.m.* **1** Negli strumenti come il pianoforte, l'organo, la fisarmonica ecc., ciascuna delle leve bianche o nere che azionano il meccanismo che provoca il suono **2** Piccola leva o pulsante su cui si preme con il dito per imprimere un comando nelle macchine da scrivere, nelle calcolatrici, nei computer, negli apparecchi telefonici a tastiera ecc.

tàttica *s.f.* Modo di agire e di comportarsi che si adotta e si ritiene più utile per raggiungere uno scopo: *t. di gioco.*

tàttile *agg.* Del tatto: *sensazione t.*

tàtto *s.m.* **1** Senso che permette di conoscere mediante il contatto con la pelle alcune caratteristiche fisiche degli oggetti (forma, dimensioni, consistenza, temperatura): *stoffa morbida al t.* **2** ♧ Delicatezza, prudenza, senso dell'opportunità nel parlare, nell'agire, nel trattare con gli altri: *devi usare più t. con lui.*

tàvola *s.f.* **1** Asse di legno lunga e stretta, di forma rettangolare **2** Piano di legno o di altro materiale, di limitato spessore, utilizzato per vari usi: *t. da stiro* **3** Mobile per vari usi costituito da un piano orizzontale di legno o altro materiale, sostenuto per lo più da quattro gambe Ⓢ tavolo; in partic., quello a cui ci si siede per mangiare: *servire in t.* | *T. calda, fredda* = locale pubblico in cui si servono vivande calde (o fredde) in genere da consumare al banco **4** Illustrazione, disegno che occupa un'intera pagina di un libro: *t. a colori* **5** Tabella, prospetto: *t. pitagorica.*

tavolétta *s.f.* Confezione rettangolare di prodotti alimentari o farmaceutici.

tavolìno *s.m.* Tavolo di piccole dimensioni: *i t. di un bar* ◊ In partic., tavolo usato per scrivere, studiare, lavorare.

tàvolo *s.m.* Mobile per vari usi costituito da un piano orizzontale sostenuto per lo più da quattro gambe Ⓢ tavola.

tàxi *s.m.invar.* Automobile per il trasporto pubblico, dotata di tassametro.

tàzza *s.f.* Piccolo recipiente di ceramica o altro materiale, a bocca rotonda, per lo più con un manico: *t. da tè* ◊ La quantità di liquido contenuta in una tazza.

té *pron.pers.* **1** Si usa al posto di *tu* nei complementi indiretti: *vengo con te* ◊ Si usa come complemento oggetto e complemento di termine al posto di *ti* quando gli si vuole dare particolare rilievo: *cercava proprio te* **2** Si usa come soggetto nelle esclamazioni e nelle comparazioni dopo *come* e *quanto*: *beato te!*

tè *s.m.* **1** Arbusto sempreverde originario dell'Asia sud-orientale, coltivato per le sue foglie **2** Le foglie disseccate e triturate di tale arbusto: *una bustina di tè* ◊ La bevanda che si ottiene da queste foglie secche: *bere una tazza di tè.*

teatràle *agg.* Di, del teatro.

teàtro *s.m.* **1** Edificio costruito e attrezzato per la rappresentazione di opere drammatiche, liriche e di altri tipi di spettacolo **2** L'attività artistica teatrale: *fare del t.* ◊ Spettacolo teatrale **3** Il complesso delle opere teatrali di un'epoca, di un paese, di un autore: *il t. classico*; *il t. di Goldoni* **4** ♧ Luogo in cui si svolge o si è svolto un fatto di rilievo: *il t. di una rapina, di una battaglia.*

tècnica *s.f.* **1** L'insieme delle regole pratiche da seguire e delle abilità necessarie nell'esercizio di un'attività: *t. chirurgica, militare, pittorica* **2** Metodo con cui viene eseguito un lavoro Ⓢ procedimento: *una nuova t. di costruzione dei ponti* ◊ Nel linguaggio comune, metodo, sistema **3** Applicazione delle scoperte scientifiche a scopi pratici come attività umana di invenzione e fabbricazione di oggetti e strumenti sempre più perfezionati: *i progressi della t.*

tècnico *agg.* **1** Proprio, specifico di un'attività particolare: *linguaggio t.* **2** Che riguarda la tecnica, l'applicazione e l'esecuzione pratica di un lavoro, di un'arte: *abilità t.* ♦ *s.m.* Chi è esperto, specializzato e competente in un determinato settore: *chiedere il parere di un t.*

tecnologìa *s.f.* L'insieme dei mezzi e dei procedimenti tecnici utilizzati nelle varie produzioni industriali.

tèdio *s.m.* Senso di fastidio, di noia opprimente: *il t. delle giornate di pioggia.*

tegàme *s.m.* Recipiente da cucina tondo e basso, con uno o due manici.

tegamìno *s.m.* Piccolo tegame, usato spec. per cuocere uova.

téglia *s.f.* Largo recipiente con bordi molto bassi, rotondo o rettangolare, usato per cuocere dolci o pietanze in forno.

tégola *s.f.* Elemento di terracotta di forma varia usato per la copertura dei tetti.

teièra *s.f.* Recipiente con manico e beccuccio in cui si prepara e serve il tè.

téla *s.f.* **1** Tipo di tessuto compatto e uniforme: *t. di cotone, di lino* **2** Dipinto eseguito su tela Ⓢ quadro.

telàio *s.m.* **1** Macchina per tessere, che produce il tessuto intrecciando i fili dell'ordito con quelli della trama: *t. a mano, meccanico* **2** Struttura rigida, per lo più rettangolare o quadrata, che serve da supporto di specchi, lastre di vetro, tele da dipingere, porte, finestre ecc. ◊ Struttura portante di una macchina, formata da pezzi metallici saldati tra loro.

telecàmera *s.f.* Apparecchio per la ripresa di immagini da trasmettere in televisione.

telecomandàre *v.tr.* Comandare a distanza mezzi mobili, dispositivi, congegni ecc.

telecomàndo *s.m.* Dispositivo elettronico per il comando a distanza di un apparecchio: *il t. del televisore.*

telecomunicazióne *s.f.* Trasmissione a distanza di parole, suoni o immagini per mezzo del telefono, del telegrafo, della radio, della televisione ecc.

telecrònaca *s.f.* Ripresa e trasmissione per televisione di un avvenimento, accompagnata dal commento di un cronista: *la t. di una partita.*

telefèrica *s.f.* Impianto per il trasporto di materiali su vagoncini sospesi a una fune d'acciaio tesa tra due stazioni poste a notevole dislivello tra loro.

telefilm *s.m.invar.* Film di breve durata trasmesso per televisione.

telefonàre *v.intr.* [aus. *avere*] Parlare al telefono: *non disturbarlo mentre sta telefonando* ◊ Chiamare per telefono: *t. a un amico* ♦ *v.tr.* Comunicare qlco. per telefono: *ha telefonato che non verrà.*

telefonàta *s.f.* Chiamata, comunicazione telefonica ◊ Conversazione telefonica.

telefònico *agg.* Del telefono ◊ Effettuato per mezzo del telefono: *chiamata t.*

telefonìsta *s.m.f.* Impiegato addetto ai servizi telefonici nelle centrali di una rete o nei centralini di uffici, alberghi ecc.

telèfono *s.m.* **1** Sistema di trasmissione a distanza della voce e di altri segnali attraverso cavi e fili che collegano una serie di impianti e apparecchi o mediante onde radio **2** Apparecchio telefonico: *numero di t.* **3** Servizio telefonico: *la bolletta del t.*

telegiornàle *s.m.* Notiziario trasmesso per televisione, con resoconti e servizi filmati sugli avvenimenti del giorno.

telegrafàre *v.tr.* e *v.intr.* [aus. *avere*] Comunicare per mezzo del telegrafo.

telègrafo *s.m.* Apparecchio per trasmettere messaggi a distanza utilizzando dei segni convenzionali.

telegràmma *s.m.* Messaggio trasmesso attraverso il telegrafo: *t. di auguri.*

telepatìa *s.f.* Fenomeno per cui una persona avverte quel che pensa o sente un'altra persona senza avere alcuna comunicazione con questa.

teleromànzo *s.m.* Romanzo sceneggiato in più puntate trasmesso in televisione.

teleschérmo *s.m.* **1** Schermo dell'apparecchio televisivo **2** Televisione.

telescòpio *s.m.* Cannocchiale a forte ingrandimento per osservare oggetti molto distanti e, in partic., corpi celesti.

teleselezióne *s.f.* Servizio telefonico automatico per effettuare chiamate interurbane e internazionali componendo un determinato prefisso prima del numero dell'apparecchio da chiamare.

televisióne *s.f.* **1** Sistema di trasmissione a distanza di immagini, attraverso onde radio o via cavo: *l'invenzione della t.* **2** Stazione televisiva ◊ Azienda che gestisce impianti di trasmissione televisiva e realizza i diversi programmi: *la t. pubblica, privata* **3** I programmi trasmessi per televisione: *guarda spesso la t.* **4** Televisore: *accendere, spegnere la t.*

televisìvo *agg.* Della televisione.

televisóre *s.m.* Apparecchio che riceve le trasmissioni televisive: *t. a colori.*

télo *s.m.* Pezzo di tela o di altro tessuto, per lo più rettangolare.

tèma *s.m.* **1** Argomento, soggetto di un discorso o di uno scritto **2** Argomento da svolgere per scritto come esercitazione scolastica: *t. d'italiano* ◊ Il tema svolto ⓢ componimento: *consegnare il t.*

temeràrio *agg.* **1** Che affronta i pericoli

senza riflettere, per audacia o sconsideratezza: *un pilota t.* **2** Detto di atto o comportamento, imprudente e troppo rischioso: *un'impresa t.*

temére *v.tr.* **1** Avere paura di qlcu. o qlco.; avere timore che qlco. avvenga o non avvenga: *t. un avversario*; *t. la morte*; *t. di non farcela* **2** Risentire negativamente di qlco. Ⓢ patire, soffrire: *pianta che teme il freddo* ◆ *v.intr.* [aus. *avere*] Essere preoccupato, preoccuparsi: *andrà tutto bene, non t.*

temperamatìte *s.m.invar.* Arnese per fare la punta alle matite.

temperaménto *s.m.* Complesso delle caratteristiche psichiche di un individuo, che ne determinano il comportamento e le attitudini Ⓢ carattere, indole.

temperàto *agg.* Moderato, non eccessivo, mite (riferito alla temperatura o al clima): *un inverno t.* | *Zone t.* = in geografia, le fasce della terra comprese tra i tropici e i circoli polari.

temperatùra *s.f.* **1** Grado di calore di un corpo o di un ambiente **2** Grado di calore dell'atmosfera in una determinata zona: *t. in aumento al sud* **3** Grado di calore del corpo umano: *misurare la t. a un malato.*

temperìno *s.m.* Coltellino tascabile con una o due lame ripiegabili nel manico.

tempèsta *s.f.* Violenta perturbazione atmosferica con forte vento e pioggia Ⓢ bufera, burrasca.

tempestìvo *agg.* Che avviene, è fatto o agisce nel momento opportuno, in tempo utile: *intervento, aiuto t.*

tempestóso *agg.* Agitato dalla tempesta o che minaccia tempesta: *mare t.*; *cielo t.*

tèmpia *s.f.* Ciascuna delle due regioni del capo situate ai lati della fronte.

tèmpio *s.m.* Edificio destinato al culto religioso: *gli antichi t. greci.*

tempìsmo *s.m.* Capacità di agire, di intervenire nel momento giusto, più opportuno.

tèmpo *s.m.* **1** Successione ininterrotta di istanti entro cui si svolge il corso degli eventi e avviene ogni nostra esperienza: *il passare del t.* ◊ Questa stessa successione di istanti in quanto viene suddivisa in modo indefinito o secondo un sistema di misura: *periodo, intervallo di t.*; *l'orologio misura il t.* **2** Periodo di tempo di durata più o meno lunga e definita: *lo conosco da t.* **3** Spazio di tempo previsto, impiegato o occorrente per compiere un'azione, un lavoro o perché qlco. sia terminato: *quanto t. ci metterai?*; *il t. di cottura del pane* ◊ Spazio di tempo che nel corso della giornata o della vita viene dedicato a un'attività o a uno scopo: *il t. del lavoro, dello studio, dello svago* **4** Epoca, età storica o della vita: *i t. moderni, antichi*; *il t. dell'infanzia* ◊ Periodo particolare della vita di una società: *viviamo in t. difficili* ◊ Periodo dell'anno caratterizzato da determinate attività, usanze, ricorrenze, fenomeni naturali: *il t. delle vacanze*; *il t. della semina* **5** Momento adatto, opportuno: *è t. di partire* **6** Tempo impiegato a coprire la distanza di una gara di corsa: *ottenere il miglior t.* ◊ Nel calcio, nella pallacanestro e in altri sport, il tempo fissato alla durata di un incontro e ciascuna delle parti uguali in cui tale tempo è suddiviso: *segnare un gol nel secondo t.* **7** Parte di uno spettacolo cinematografico, teatrale, televisivo: *il primo t. del film* **8** Grado di velocità con cui si deve eseguire un pezzo musicale; ritmo di una musica, di una danza: *a t. di valzer*; *battere il t. con la mano* **9** In grammatica, forma del verbo che indica il momento e la durata dell'azione espressa dal verbo **10** L'insieme delle condizioni meteorologiche che in un dato momento caratterizzano una certa zona: *t. bello, brutto, piovoso*; *previsioni del t.*

temporàle *s.m.* Breve ma violenta perturbazione atmosferica, con raffiche di vento, pioggia o grandine, lampi e tuoni.

temporàneo *agg.* Che dura per un periodo di tempo limitato, che non è definitivo ⓢ provvisorio, momentaneo.

tenàce *agg.* Fermo nei propositi, deciso e ostinato nel perseguire un fine: *uomo t.* ◊ Saldo, costante e durevole: *volontà t.*

tenàcia *s.f.* Fermezza di volontà, risolutezza e perseveranza nell'agire: *affronta con t. ogni prova*; *studia, lavora con t.*

tenàglia *s.f.* (spec. al *pl.*) Attrezzo formato da due leve incrociate ruotanti su un perno e incurvate a ganascia a un'estremità, usato per afferrare, stringere, strappare o tranciare.

tènda *s.f.* **1** Telo che si stende sopra o davanti a qlco. per nasconderlo o per ripararlo; in partic., telo che si lascia pendere davanti a porte e finestre per riparare dalla vista e dal sole ◊ Telo pesante montato sopra balconi o vetrine di negozi per difendere dal sole e dalle intemperie **2** Riparo smontabile e trasportabile, costituito da teli impermeabili sostenuti da pali, usato da popolazioni nomadi come abitazione e da soldati e campeggiatori come ricovero temporaneo.

tendènza *s.f.* **1** Disposizione naturale, propensione verso qlco. ⓢ inclinazione, attitudine **2** Orientamento diffuso verso un certo comportamento: *oggi c'è la t. a sposarsi tardi* **3** Attitudine di una cosa a modificarsi in un certo modo; direzione in cui si evolve un fenomeno: *il tempo ha t. a migliorare*; *le t. della moda.*

tèndere *v.tr.* **1** Distendere qlco. tirando in modo da allungarlo o allargarlo al massimo: *t. una corda, un elastico* **2** Allungare, distendere, protendere, porgere: *t. le braccia al cielo*; *t. la mano* ♦ *v.intr.* [aus. *avere*] **1** Dirigersi verso una certa direzione: *l'aria calda tende verso l'alto* **2** ✿ Mirare, aspirare a uno scopo; cercare di ottenere qlco.: *t. al successo* **3** Avviarsi, evolversi verso un determinato cambiamento: *il tempo tende al bello* ◊ Avere tendenza a determinate variazioni: *stoffa che tende a scolorire* ♦ **tendersi** *v.pr.* Entrare in tensione, contrarsi: *i suoi muscoli si tesero nello sforzo.*

tèndine *s.m.* Ciascuno dei cordoni di tessuto fibroso che saldano i muscoli alle ossa.

tendóne *s.m.* **1** Telo di tessuto resistente usato per ricoprire carri, camion, merci ecc. **2** Grande tenda, sorretta da robuste impalcature, sotto la quale si svolgono spettacoli e altre manifestazioni.

tendòpoli *s.f.* Accampamento di molte tende; in partic., complesso di tende per abitazione e per servizi allestito per ospitare persone rimaste senza tetto per guerre o calamità naturali.

tènebra *s.f.* (spec. al *pl.*) Oscurità, buio totale: *le t. della notte.*

tenènte *s.m.* Nell'esercito e nell'aeronautica, ufficiale di grado inferiore a quello di capitano.

tenére *v.tr.* **1** Stringere, afferrare, reggere qlco. o qlcu. in modo che resti fermo, non cada o non sfugga: *t. in mano un coltello*; *t. un bimbo in braccio* **2** Mantenere, far restare qlco. o qlcu. in una determinata posizione o condizione: *t. gli occhi bassi*; *t. qlcu. in prigione* ◊ Conservare qlco. in un certo posto o in una certa condizione: *t. i soldi in banca, al sicuro* **3** Prendere, conservare per sé qlco.: *tieni pure questo libro* ◊ Occupare, conservare per altri: *ti tengo io il posto* **4** Contenere: *la damigiana tiene trenta litri* **5** Procedere seguendo una certa direzione ⓢ mantenere: *t. la destra*; *t. la rotta* **6** Organizzare, fare: *t. un'assemblea*; *t. un discorso* **7** Gestire, amministrare qlco.: *t. un bar*; *t. i conti* ♦ *v.intr.* [aus. *avere*] **1** Resistere, reggere: *la corda non tiene* ◊ Non far uscire un liquido o un gas: *il tappo tiene* **2** Procedere, andare in una direzione: *t. a destra* **3** Parteggiare; fare il tifo: *t. per il più debole* **4** Dare importanza, essere molto interessato a qlcu. o a qlco.; avere a cuore: *è un amico a cui tengo molto* ♦ **tenersi** *v.pr.* **1** Aggrapparsi, reggersi: *t. alla corda per non cadere* **2** Restare, mantenersi in una data posizione o condizione: *t. a distanza*; *t. al corrente* ◊ Procedere seguendo una data direzione: *t. sulla destra*.

tenerézza *s.f.* Sentimento di affetto delicato, di dolce commozione.

tènero *agg.* **1** Non duro, che si scalfisce, si piega, si lavora con facilità: *legno, metallo t.* ◊ Morbido, molle, cedevole: *l'argilla è t.* **2** Delicato, in quanto nato da poco: *un t. germoglio* | ✿ *T. età* = prima infanzia **3** ✿ Facile ad affezionarsi e a commuoversi: *è di animo t.* ◊ Affettuoso, dolce e premuroso: *una t. madre*.

tènnis *s.m.invar.* Gioco tra due o quattro giocatori che si rimandano con una racchetta una pallina oltre la rete che divide in due un campo rettangolare.

tennìsta *s.m.f.* Giocatore di tennis.

tenóre *s.m.* **1** *T. di vita* = modo di vivere: *un t. di vita dispendioso* **2** Cantante maschio che ha la voce dal tono più alto e più acuto.

tensióne *s.f.* **1** Il fatto di essere teso: *cavo in t.* **2** ✿ Stato emotivo di ansia, di eccitazione nervosa: *la t. dell'attesa* **3** ✿ Situazione di ostilità, di contrasto più o meno latente tra due o più persone, gruppi, paesi: *c'è t. tra i due fratelli*.

tentàcolo *s.m.* Ciascuna delle lunghe appendici mobili presenti sul corpo di alcuni animali, che servono per afferrare e per spostarsi: *i t. del polpo*.

tentàre *v.tr.* Provare, sperimentare o cercare di mettere in atto qlco.: *t. una nuova cura*; *t. di fuggire*.

tentatìvo *s.m.* Atto con cui si cerca di realizzare un intento, prova per riuscire in qlco.: *t. di evasione*; *ogni t. fu vano*.

tentazióne *s.f.* Impulso a fare qlco. che alletta ma che è moralmente riprovevole: *resistere alle t.*

tènue *agg.* **1** Debole, poco intenso: *suono t.*; *luce t.* **2** ✿ Esile, esiguo, lieve, poco consistente: *una t. speranza*.

tenùta *s.f.* **1** Capacità di mantenere una data condizione, un dato livello, di resistere | *T. di strada* = capacità di un autoveicolo di seguire la direzione voluta senza sbandare ◊ Capacità di un recipiente o di una chiusura di impedire la fuoriuscita di liquidi, gas o vapori: *la t. di un tappo* **2** Capacità di un recipiente: *il serbatoio ha una t. di 500 litri* **3** Vasta proprietà terriera **4** Abbigliamento specifico per particolari attività o circostanze: *t. da lavoro*.

teorèma *s.m.* In matematica, affermazione, tesi la cui verità può essere dimostrata per via logica: *il t. di Pitagora.*

teorìa *s.f.* **1** Insieme sistematico di tesi con cui si definiscono i principi generali di una scienza, di una disciplina, di un'arte: *t. fisiche, filosofiche, estetiche* **2** Insieme di norme su cui si fonda un'attività pratica: *esame di t. per prendere la patente.*

teòrico *agg.* Di teoria, che riguarda la teoria: *manuale t.* ◊ Che prescinde dalla pratica [S] astratto: *dal punto di vista t.*

tepóre *s.m.* Calore lieve e gradevole.

teppìsta *s.m.f.* Persona, spec. giovane, che compie atti vandalici e di violenza.

terapèutico *agg.* Di terapia [S] curativo.

terapìa *s.f.* Cura, metodo di cura di una malattia: *il medico le prescrisse la t.*

tergicristàllo *s.m.* Dispositivo costituito da una o due spazzole di gomma che scorrono sul parabrezza degli autoveicoli per tenere pulito il vetro da pioggia, neve o polvere.

termàle *agg. Acque t.* = che sgorgano da sorgenti con una temperatura naturale superiore ai 20° C.

tèrme *s.f.pl.* Complesso di edifici attrezzati per praticare cure a base di acque calde o contenenti particolari sali minerali.

tèrmico *agg.* Di calore; relativo al calore o alla temperatura: *energia t.*

terminàre *v.tr.* Portare a termine qlco. [S] finire, ultimare, concludere: *t. gli studi* ♦ *v.intr.* [aus. *essere*] Giungere al termine [S] finire, concludersi: *la partita sta per t.* ◊ Andare a finire, sboccare in qualche luogo: *il sentiero termina in una radura* ◊ Finire, concludersi in un dato modo: *parole che terminano in «a».*

tèrmine *s.m.* **1** Punto estremo, ultima parte di qlco. [S] fine, conclusione: *al t. della strada, del viaggio* **2** Limite estremo di tempo entro il quale si può o si deve fare qlco. [S] scadenza: *il t. per l'iscrizione alla scuola sta per scadere* **3** Vocabolo, parola, espressione: *usare un t. tecnico*; *mi parlò in t. offensivi.*

termòmetro *s.m.* Strumento per misurare la temperatura.

termosifóne *s.m.* Sistema di riscaldamento di ambienti mediante circolazione di acqua calda che da una caldaia centrale arriva ai singoli radiatori attraverso una rete di tubi ◊ Nel linguaggio comune, radiatore, calorifero.

termòstato *s.m.* Apparecchio che serve a mantenere costante la temperatura in un ambiente.

tèrra *s.f.* **1** Il pianeta in cui viviamo (si scrive con l'iniziale maiuscola nel significato astronomico) ◊ Il globo terrestre, considerato come spazio geografico, come ambiente naturale o come sede della vita terrena dell'uomo [S] mondo: *esplorare tutta la t.* **2** Parte emersa della superficie terrestre: *trasporti via t.* **3** Suolo, terreno, pavimento: *la t. tremò per alcuni secondi*; *posare un pacco per t.* **4** Territorio, regione, paese: *t. polari*; *trovarsi in t. straniera* **5** Il materiale friabile che costituisce lo strato superficiale della crosta terrestre e contiene gli elementi nutritivi necessari alla crescita delle piante: *sporcarsi le scarpe di t.* ◊ Tale materiale considerato in rapporto al suo sfruttamento agricolo [S] terreno: *t. fertile*; *lavorare la t.* ◊ Campagna, agricoltura: *i prodotti della t.*

terracòtta *s.f.* Argilla cotta al forno, usata per la fabbricazione di materiali edilizi, vasellame, oggetti vari: *vasi di t.*

terraférma *s.f.* Terra che emerge dal mare: *sbarcare sulla t.*

terràzza *s.f.* Ripiano di copertura di un edificio, in genere praticabile e recintato con un parapetto ◊ Terrazzo, balcone (specie se ampio).

terràzzo *s.m.* Ripiano scoperto, sporgente o rientrante dal muro esterno di un edificio, accessibile da un appartamento attraverso porte-finestre; ampio balcone ◊ Terrazza.

terremotàto *agg.* Colpito, danneggiato da un terremoto: *zona t.* ♦ *s.m.* Abitante di una zona colpita dal terremoto.

terremòto *s.m.* Serie di più o meno rapide e violente scosse della crosta terrestre, causate da fenomeni che avvengono al suo interno Ⓢ sisma.

terréno[1] *agg.* *Piano t.* = situato al livello del suolo, della strada.

terréno[2] *s.m.* **1** Zona della superficie terrestre con particolari caratteristiche: *t. pianeggiante, montuoso, paludoso* ◊ In senso generico, suolo, terra: *cedimento del t.* **2** Pezzo di terra coltivata o coltivabile Ⓢ campo, podere, fondo: *possiede molti t.* **3** Area destinata a uso edilizio: *t. fabbricabile* **4** *T. di gioco* = campo di gioco **5** ⚘ Settore, materia, argomento.

terrèstre *agg.* **1** Della Terra come pianeta: *crosta t.* **2** Che vive, opera o si svolge sulla terraferma; di terra: *flora, fauna t.*

terrìbile *agg.* **1** Che incute terrore, spavento, che provoca angoscia Ⓢ spaventoso, orrendo: *mostro t.* **2** Crudele, spietato, molto severo: *padre t.* **3** Tremendo, enorme, insopportabile: *caldo, fatica t.*

terrificànte *agg.* Che incute terrore Ⓢ orribile, spaventoso, raccapricciante.

territòrio *s.m.* **1** Estensione piuttosto vasta di terreno con determinate caratteristiche: *t. montuoso, pianeggiante* **2** Zona sottoposta a un'unica amministrazione: *t. nazionale, comunale.*

terróre *s.m.* Forte spavento, grande e incontrollata paura: *avere t. del buio.*

terrorìsmo *s.m.* Metodo di lotta politica basato su atti di violenza.

terrorìsta *s.m.f.* Chi compie atti di terrorismo o appartiene a gruppi che li compiono.

terrorizzàre *v.tr.* Incutere terrore; tenere in uno stato di terrore.

tèrso *agg.* Pulito, limpido: *cielo t.*

terziàrio *agg.* e *s.m.* Detto del settore dei servizi e di tutte le attività che non fanno parte dell'agricoltura e dell'industria.

tèschio *s.m.* Insieme delle ossa della testa; in partic., cranio di uno scheletro.

tèsi *s.f.* Affermazione, opinione, idea, teoria la cui validità viene sostenuta con determinati argomenti: *confutare una t.* ◊ *T. di laurea* = lavoro scritto su un argomento che uno studente presenta e discute all'esame di laurea.

téso *agg.* **1** Che è in tensione Ⓢ tirato: *corda t.* ◊ Disteso, non piegato: *tenere la gamba t.* ◊ ⚘ Che è in uno stato di tensione psicologica, di ansia: *prima del colloquio era molto t.* | *Rapporti t.* = difficili, al limite della rottura **2** Proteso in avanti: *teneva la mano t.* ◊ Indirizzato, rivolto a uno scopo: *sforzi t. al successo.*

tesòro *s.m.* **1** Grande quantità di denaro, oro, gemme, oggetti preziosi: *sotterrare un t.* **2** ⚘ Ricchezza naturale: *i t. del sottosuolo* ◊ Cosa molto preziosa, di grande importanza: *t. artistici* **3** ⚘ Persona che si ama molto o che desta grande simpatia e ammirazione per la sua bontà, gentilezza, serietà, disponibilità ad aiutare: *ha un t. di marito.*

tèssera *s.f.* Cartoncino rettangolare con i dati anagrafici e spesso anche la fotografia della persona a cui è intestato; serve come documento di riconoscimento o di appartenenza a un'associazione, a un partito, a una categoria o per conferire al suo proprietario particolari diritti: *t. di socio*; *t. d'abbonamento al tram.*

tèssere *v.tr.* Intrecciare al telaio i fili dell'ordito con quelli della trama per ottenere un tessuto: *t. una tovaglia.*

tesserìno *s.m.* Tessera di riconoscimento o d'abbonamento: *t. dell'autobus.*

tèssile *agg.* Che riguarda la tessitura e i tessuti: *industria t.*; *operaio t.* | *Fibre t.* = quelle adatte a essere tessute.

tessitùra *s.f.* L'operazione e il modo del tessere: *t. a mano, a macchina.*

tessùto *s.m.* **1** Prodotto della tessitura: *un t. di cotone, di lana* **2** In biologia, insieme di cellule di natura e funzione analoga: *t. muscolare, osseo, nervoso.*

test *s.m.invar.* **1** Serie di domande che servono a valutare le caratteristiche psicologiche, l'intelligenza, le attitudini, le reazioni di uno o più individui: *sottoporsi a un t.* **2** In prove d'esame, quesito seguito da una serie di risposte, una sola delle quali è esatta **3** Esperimento, prova: *vietare i t. nucleari.*

tèsta *s.f.* **1** Parte superiore del corpo umano (e anteriore nel corpo degli animali) che contiene il cervello e i principali organi di senso Ⓢ capo: *girare la t.* ◊ Nell'uomo, la parte superiore del capo, rivestita dei capelli: *lavarsi la t.* **2** ♧ Mente: *adoperare la t.* | *Perdere la t.* = perdere il controllo di sé **3** Persona, individuo: *ci tocca una fetta a t.* **4** Estremità per lo più arrotondata di un oggetto di forma lineare: *t. di un chiodo* ◊ Parte superiore o anteriore di qlco.: *t. di un missile*; *t. di un treno* **5** ♧ Parte iniziale, più avanzata di una fila, di una massa di persone in movimento: *la t. di un corteo* ◊ Prima posizione in una gara o in una classifica: *passare in t.*

testaménto *s.m.* **1** Documento scritto con cui una persona stabilisce a chi dovranno andare i propri beni dopo la sua morte **2** *Antico, Vecchio T.* = la parte della Bibbia anteriore all'insegnamento di Gesù Cristo | *Nuovo T.* = la parte della Bibbia contenente l'insegnamento di Gesù Cristo (i Vangeli) e degli apostoli.

testàrdo *agg.* e *s.m.* Detto di chi si ostina in un'idea o in un proposito, senza piegarsi alla realtà o senza accettare i consigli altrui Ⓢ cocciuto, ostinato.

testàta *s.f.* **1** Parte estrema, superiore o anteriore di qlco.: *missili a t. nucleare* **2** Parte superiore della prima pagina di un giornale, dove compaiono il nome, la data, il prezzo e altre indicazioni **3** Colpo dato o battuto con la testa.

tèste *s.m.f.* Testimone in un processo.

testìcolo *s.m.* Ciascuna delle due ghiandole sessuali maschili.

testimòne *s.m.f.* **1** Chi assiste o ha assistito a un fatto; chi è in grado di attestare qlco. avendone conoscenza diretta: *essere t. di una rapina* **2** Persona chiamata a deporre davanti a un magistrato intorno a fatti dei quali è a diretta conoscenza Ⓢ teste: *interrogare i t.* ◊ Persona che assiste alla stesura di un atto pubblico e lo sottoscrive attestandone la validità: *fare da t. alle nozze.*

testimoniànza *s.f.* Dichiarazione di un testimone.

testimoniàre *v.tr.* **1** Dichiarare qlco. come testimone **2** Costituire una prova, un documento di qlco.: *parole che testimoniano la sua buona fede.*

tèsto *s.m.* **1** L'insieme delle parole che costituiscono il contenuto di uno scritto: *il t. di una lettera, di una legge, di una canzone* **2** Libro di t. = volume adottato come guida per l'insegnamento.

tètano *s.m.* Malattia infettiva, spesso mortale, provocata da un bacillo che penetra attraverso ferite non disinfettate.

tètro *agg.* **1** Buio, oscuro, squallido al punto di dare un senso di oppressione e di paura: *un ambiente t.* **2** ⚭ Cupo, triste, malinconico, funereo: *umore t.*

tétto *s.m.* **1** Copertura di un edificio: *t. di paglia, di frasche, di tegole* **2** Copertura di un veicolo: *t. apribile* **3** ⚭ Limite massimo, livello oltre il quale non si può andare: *fissare il t. delle spese.*

tettóia *s.f.* Copertura di spazi aperti sorretta da pilastri, colonne o pali.

ti *pron.pers.* Te ◊ A te ◊ Si usa nella coniugazione dei verbi pronominali: *ti sei lavato?*

ticchettìo *s.m.* Rumore prodotto da battiti secchi e leggeri che si ripetono con rapida frequenza: *il t. dell'orologio.*

ticket [inglese] *s.m.invar.* Quota percentuale del costo di medicinali, visite mediche, analisi ecc., che lo stato fa pagare al cittadino come contributo alle spese del servizio sanitario.

tièpido *agg.* Moderatamente caldo; di temperatura mite: *clima t.*

tifàre *v.intr.* [aus. *avere*] Fare il tifo.

tìfo *s.m.* **1** Malattia infettiva e contagiosa che colpisce soprattutto l'intestino **2** ⚭ Sostegno appassionato e spesso fanatico manifestato a una squadra sportiva, a un atleta o anche a un personaggio pubblico.

tifóso *agg.* e *s.m.* Che, chi fa il tifo per una squadra, per un atleta, per un personaggio pubblico ecc.

tìgre *s.f.* Grosso felino carnivoro asiatico dal corpo snello e agile rivestito di un mantello giallo a strisce nere trasversali.

timbràre *v.tr.* Bollare, contrassegnare con un timbro: *t. la corrispondenza.*

tìmbro *s.m.* Strumento per imprimere bolli, cifre, scritte: *t. a inchiostro, a secco* ◊ Marchio, bollo impresso con tale strumento: *lettera senza t.*

timidézza *s.f.* Carattere timido, insicuro; comportamento timido, impacciato.

tìmido *agg.* **1** Che prova timore, soggezione di fronte agli altri o si mostra impacciato, insicuro, troppo riservato in una situazione, per timore di sbagliare, di far brutta figura: *un ragazzo t.* **2** Che esprime o rivela timidezza, insicurezza, indecisione: *un t. sorriso*; *un t. tentativo di reazione* ♦ *s.m.* Persona timida.

timóne *s.m.* Organo che serve a mantenere o a cambiare la rotta di un'imbarcazione, costituito da una pala fissata verticalmente a poppa e comandato da una barra o da altri meccanismi.

timonière *s.m.* Chi, in una nave o in un'imbarcazione, è addetto alla manovra del timone.

timóre *s.m.* Preoccupazione, ansia, paura che si prova di fronte a qlco. che si teme o al pensiero che possa capitare qlco. di dannoso o di spiacevole: *il t. degli esami*; *t. di ammalarsi* ◊ Preoccupazione di fare cosa ad altri sgradita: *avevo t. di disturbarvi.*

timoróso *agg.* Pieno di timore.

tinèllo *s.m.* Piccola stanza da pranzo, per lo più adiacente alla cucina.

tìngere *v.tr.* Dare a qlco. un colore diverso da quello originario: *t. una stoffa*; *t. i capelli*.

tìnta *s.f.* Colore assunto da un oggetto in seguito a tintura ◊ Colore naturale: *ha una bella t. di capelli* ◊ Colore, tono di colore: *t. chiara, scura*.

tinteggiàre *v.tr.* Colorare, pitturare, dare la tinta, spec. a pareti e infissi.

tintorìa *s.f.* **1** Stabilimento o laboratorio in cui si tingono tessuti, filati, pelli ecc. **2** Negozio, laboratorio in cui si smacchiano, si lavano a secco e si stirano indumenti, coperte ecc.

tìpico *agg.* Caratteristico, proprio di qlcu. o qlco.: *è il suo modo t. di comportarsi*; *i sintomi t. dell'influenza*.

tìpo *s.m.* **1** Esemplare caratteristico di un certo genere di persone: *è il t. classico dello sportivo* ◊ Modello caratteristico di una serie di oggetti: *t. di automobile* **2** Genere, specie, qualità: *lavorazione di t. artigianale*; *che t. di gente frequenti?* **3** Persona sconosciuta ⓢ tizio, tale: *c'è un t. che ti cerca* ◊ Persona con particolari caratteristiche: *è un t. allegro* ♦ *agg.invar.* Che costituisce il tipo medio, più comune e quindi può essere preso come esempio, come modello ⓢ medio, tipico: *domanda t.*; *famiglia t.*

tipografìa *s.f.* Stabilimento in cui si stampano libri, riviste, opuscoli ecc.

tirannìa *s.f.* Governo dispotico ⓢ dittatura ◊ Autorità prepotente, oppressiva.

tirànno *s.m.* Sovrano o capo di stato che esercita il suo potere in modo dispotico e violento ◊ Persona che abusa della propria autorità per imporre con prepotenza la propria volontà agli altri.

tiràre *v.tr.* **1** Esercitare una trazione su un oggetto in modo da tenderlo, distenderlo, allungarlo: *t. una corda, una molla* ◊ Spostare, far muovere verso di sé esercitando una trazione: *t. il cassetto* ◊ Trainare, trascinare: *t. la barca a riva* ◊ Aspirare, succhiare: *t. una boccata di fumo* **2** Gettare, lanciare, scagliare qlco.: *t. una pietra*; *t. (la palla) in porta* ◊ Sparare: *t. una fucilata* **3** Stampare: *t. mille copie di un libro* **4** ⚘ Ricavare, trarre, dedurre: *t. le conclusioni* **5** Spostare qlco. da un certo posto: *t. il tavolo più in là* ◊ *T. fuori* = estrarre, far uscire ◊ *T. giù* = abbassare ◊ *T. su* = sollevare ◊ *T. via* = togliere ♦ *v.intr.* [*aus. avere*] **1** Procedere, andare, proseguire: *t. diritto*; *fa fatica a t. avanti* **2** Soffiare: *tirava la tramontana* **3** Usare un'arma che scaglia proiettili: *t. con l'arco, con la pistola* ♦ **tiràrsi** *v.pr.* Spostarsi: *t. da parte*.

tiratóre *s.m.* Chi tira, chi è abile nel tirare con armi da fuoco.

tìro *s.m.* **1** Atto del tirare ⓢ trazione **2** Lancio di un oggetto lontano da sé; nei giochi con la palla, lancio della palla: *t. di un sasso*; *t. in porta* ◊ Lancio di proiettili con un'arma da fuoco o da getto: *t. con l'arco, con la pistola* **3** Boccata di sigaretta, di sigaro, di pipa: *fare un t.*

tirocìnio *s.m.* Periodo di preparazione e di addestramento pratico all'esercizio di un mestiere o di una professione.

tisàna *s.f.* Infuso o decotto di erbe.

titolàre *agg. e s.m.f.* Che, chi esercita una funzione in seguito a una nomina stabile e regolare: *professore t.*; *il t. di un ufficio* ◊ Nel linguaggio sportivo, detto di atleta che fa parte stabilmente della formazione ufficiale della squadra: *portiere t.* ♦ *s.m.f.* Persona al cui nome è intestato qlco.: *il t. di una proprietà* ◊ Nel linguaggio comune, proprietario di qlco.: *il t. di un negozio.*

tìtolo *s.m.* **1** Nome, parola o frase che indica più o meno esplicitamente il contenuto, l'argomento di un testo scritto o di un'opera: *il t. di un libro, di una poesia, di un film* **2** Qualifica che spetta di diritto a una persona per il suo grado, per la sua carica, per gli studi compiuti o per altro motivo: *t. nobiliari, professionali*; *il suo t. di studio è la laurea in medicina* **3** Documento che conferisce e comprova un determinato diritto: *t. di proprietà* ◊ Nel linguaggio finanziario, azione, obbligazione: *comprare dei t. in borsa.*

tìzio *s.m.* Persona qualsiasi ◊ Persona di cui non si sa o non interessa specificare il nome: *hai parlato con quel t.?*

tizzóne *s.m.* Pezzo di legno o di carbone ardente o già bruciato.

toccànte *agg.* Che tocca il cuore Ⓢ commovente: *parole t.*; *una scena t.*

toccàre *v.tr.* **1** Venire a contatto con qlco. o qlcu., sfiorandolo o premendolo con la mano o anche con un'altra parte del corpo (o con un oggetto che si tiene in mano) **2** Essere a contatto con qlco.: *il letto tocca il muro* ◊ Arrivare fino a qlco. Ⓢ raggiungere: *in piedi tocco il soffitto* **3** ♧ Riguardare, interessare: *è un problema che mi tocca da vicino* **4** ♧ Trattare, affrontare brevemente: *t. diversi argomenti* ⧫ *v.intr.* [aus. *essere*] **1** Accadere, capitare in sorte: *gli è toccata una grossa disgrazia* **2** Dovere, essere costretto a fare qlco.: *tocca a te chiedere scusa* **3** Spettare (per diritto o per dovere o come turno): *a chi tocca dare le carte?* ⧫ **toccarsi** *v.pr.* Essere, venire a contatto l'uno con l'altro, sfiorarsi.

tócco *s.m.* **1** Il toccare rapidamente, con una leggera pressione: *al minimo t. crolla tutto* **2** Nello sport, colpo leggero dato alla palla o al pallone; nel calcio, modo di colpire la palla **3** Colpo battuto su qlco.: *sentì dei t. alla porta.*

tògliere *v.tr.* **1** Levare qlcu. o qlco. da dove si trova, spostandolo, portandolo via o eliminandolo: *t. i figli da una scuola, una macchia dal vestito*; *t. un dente* ◊ Levare di dosso: *togliersi le scarpe* ◊ Eliminare, abolire: *t. una tassa* ◊ Far passare, far perdere: *lo spuntino gli tolse la fame* **2** Privare di qlcu. o di qlco. Ⓢ portar via: *t. i figli a una madre* **3** Sottrarre, detrarre: *t. le spese dal conto* **4** Liberare da qlco.: *t. qlcu. dai guai.*

tollerànza *s.f.* **1** Capacità fisica di resistere senza danno a qlco.: *t. al freddo* **2** Disposizione ad accettare e rispettare idee e comportamenti diversi dai propri: *t. politica, religiosa* ◊ Atteggiamento comprensivo, indulgenza: *mostrare t. per i difetti altrui.*

tolleràre *v.tr.* **1** Sopportare di buon grado, con pazienza qlco. o qlcu. di spiacevole, di pesante: *non posso t. l'ingiustizia* ◊ Avere la capacità fisica di resistere senza danno a qlco.: *t. bene il freddo, l'alcol* **2** Accettare e rispettare le idee e i comportamenti diversi dai propri: *non sa t. le critiche* ◊ Mostrare comprensione, indulgenza: *t. i difetti altrui.*

tómba *s.f.* Luogo di sepoltura di una o più salme: *fu sepolto nella t. di famiglia.*

tombìno *s.m.* **1** Coperchio di chiusura dei pozzetti delle fogne **2** Nelle strade, pozzetto o canaletto per lo scolo delle acque piovane.

tómbola *s.f.* Gioco basato sull'estrazione a sorte di numeri da 1 a 90.

tònaca *s.f.* Ampia veste con maniche larghe e lunga fino ai piedi indossata dai frati e dalle monache; anche, la veste nera dei preti.

tóndo *agg.* **1** Di forma circolare o sferica Ⓢ rotondo | *Parentesi t.* = quelle formate da un tratto di linea curva **2** *Numero t.*, *cifra t.* = senza decimali, terminante con uno zero ♦ *s.m.* Circonferenza, cerchio: *girare in t.*

tònico *agg. Accento t.* = quello che in una parola cade sulla sillaba su cui si posa maggiormente la voce.

tonnellàta *s.f.* Misura di peso equivalente a mille chilogrammi.

tónno *s.m.* Grosso pesce marino che vive in branchi e ha carni saporite ◊ La sua carne, fresca o conservata.

tòno *s.m.* **1** Livello di elevazione, intensità della voce o di un suono: *alzare il t. di voce* **2** Particolare intonazione della voce che esprime lo stato d'animo o l'atteggiamento di chi parla: *t. minaccioso, di sfida* **3** Grado di luminosità e intensità di un colore: *t. chiari, scuri; t. caldi, freddi.*

tonsìlla *s.f.* (spec. al *pl.*) Ciascuna delle due ghiandole situate in fondo alla bocca, la cui principale funzione è quella di difendere l'organismo dalle infezioni.

tónto *agg.* Ottuso di mente, stupido.

tòpo *s.m.* Nome comune di varie specie di piccoli mammiferi roditori con pelo corto, muso appuntito e lunga coda.

tòppa *s.f.* **1** Buco della serratura **2** Pezzo di stoffa, di cuoio o di gomma che si applica su strappi o buchi di abiti, lenzuola, scarpe, borse ecc. Ⓢ rattoppo.

toràce *s.m.* Parte superiore del tronco, tra il collo e l'addome, che contiene il cuore e i polmoni.

tórbido *agg.* Poco limpido, poco trasparente: *acqua t.*

tòrcere *v.tr.* Avvolgere una cosa su se stessa o più cose tra loro con un movimento a spirale: *t. i panni.*

torchiàre *v.tr.* Spremere con il torchio: *t. le olive.*

tòrchio *s.m.* Macchina per comprimere e spremere olive, uva e sim.

tòrcia *s.f.* Fiaccola formata da fili di canapa e stoppa ritorti e impregnati di resina o altre sostanze infiammabili, o anche da un ramo resinoso | *T. elettrica* = lampada portatile a pile.

torménta *s.f.* Bufera di neve sollevata in turbini dal vento.

tormentàre *v.tr.* **1** Infliggere tormenti, causare forti dolori fisici: *t. i prigionieri* **2** Angosciare, affliggere: *mi tormenta un dubbio* ◊ Molestare, infastidire: *non mi t. con le tue continue domande!* ♦ **tormentarsi** *v.pr.* Affliggersi, angosciarsi.

torménto *s.m.* **1** Dolore fisico intenso e continuato; acuta sofferenza: *il t. della sete* **2** Dolore intimo molto intenso e assillante: *i t. della gelosia.*

tornàre *v.intr.* [aus. *essere*] **1** Rientrare nel luogo dal quale si era partiti o ci si era allontanati Ⓢ ritornare: *t. a casa* ◊ Riprendere una relazione, un'attività dopo un periodo più o meno lungo di distacco: *t. dalla moglie; t. al lavoro* **2** Andare, venire nuovamente: *spero che tornerai presto a trovarmi* ◊ Detto di cose, venire di nuovo Ⓢ ripresentarsi, ricomparire: *è tornata la primavera*; *gli tornò la febbre* ◊ ⚛ Ridiventare: *potessi t. giovane!* **3** ⚛ Essere, risultare esatto, giusto, logico o convincente: *i conti tornano*; *c'è qlco. che non torna in questa storia.*

tornèo *s.m.* Serie di incontri a eliminazione tra squadre o singoli atleti o giocatori.

tórnio *s.m.* Macchina utensile per la lavorazione dei metalli e del legno.

tòro *s.m.* Maschio adulto dei bovini destinato alla riproduzione.

torpóre *s.m.* Stato di stordimento, di sonnolenza, di diminuzione della prontezza di riflessi: *t. causato dalla febbre.*

tórre *s.f.* Costruzione sviluppata in altezza, isolata o unita a un altro edificio, eretta a scopo di difesa, come luogo di vedetta o anche con funzione di campanile ◊ Costruzione a struttura verticale che ricorda la forma della torre.

torrènte *s.m.* Corso d'acqua caratterizzato da notevole pendenza e da grandi variazioni di portata a seconda delle stagioni.

tòrrido *agg.* Molto caldo: *clima t.* | *Zona t.* = la zona della Terra compresa tra i due tropici.

tórso *s.m.* Parte del corpo umano tra il collo e la cintola Ⓢ busto: *stare a t. nudo.*

tórsolo *s.m.* Parte centrale della mela e della pera contenente i semi.

tórta *s.f.* Dolce di vario tipo, cotto al forno, in genere di forma rotonda; anche vivanda simile, ma salata.

tòrto *s.m.* **1** Azione ingiusta Ⓢ ingiustizia: *fare, ricevere un t.* **2** Colpa, errore: *il tuo t. è stato di non dargli retta.*

tortùra *s.f.* Tormento fisico inflitto a una persona per estorcergli confessioni o per punizione, per vendetta o per pura crudeltà.

torturàre *v.tr.* **1** Sottoporre alla tortura: *t. un prigioniero* **2** ♧ Affliggere, tormentare, procurare forte fastidio: *queste scarpe mi torturano i piedi.*

tosàre *v.tr.* Tagliare il pelo a un animale: *t. il cane.*

tósse *s.f.* Atto di violenta e rumorosa espirazione, spesso ripetuto in una serie di colpi, causato da irritazione delle vie respiratorie: *colpo di t.* ◊ La condizione di chi tossisce spesso: *avere la t.*

tòssico *agg.* Che provoca intossicazione Ⓢ velenoso, nocivo: *gas t.*

tossicodipendènte *s.m.f.* Persona che si è assuefatta all'uso di una droga e non ne può più fare a meno Ⓢ drogato.

tossìna *s.f.* Sostanza organica tossica prodotta da batteri, da vegetali o da animali.

tossìre *v.intr.* [aus. *avere*] Emettere uno o più colpi di tosse: *t. tutta la notte.*

tostapàne *s.m.invar.* Elettrodomestico usato per abbrustolire le fette di pane.

tostàre *v.tr.* Abbrustolire con procedimenti vari chicchi di caffè, d'orzo e sim. ◊ Abbrustolire pane, focacce e sim. per renderli croccanti.

totàle *agg.* Completo, assoluto: *eclissi t. di luna*; *il silenzio era t.* ◊ Complessivo, globale: *calcolare la spesa t.* ♦ *s.m.* Risultato di un'addizione Ⓢ somma.

tovàglia *s.f.* Drappo di tessuto, telo di plastica o di carta che si stende sulla tavola per apparecchiare o anche come ornamento.

tovagliòlo *s.m.* Piccolo quadrato di stoffa o di carta che si usa per pulirsi la bocca e per evitare di sporcarsi gli abiti mentre si mangia.

tòzzo[1] *agg.* Più largo e grosso che alto; poco slanciato Ⓢ massiccio, pesante.

tòzzo[2] *s.m.* Pezzo di pane, per lo più raffermo.

tra o **fra** *prep.* **1** In mezzo a (anche ♧): *si nascose tra i cespugli*; *stare tra la vita* *e la morte* ◊ In compagnia di: *stare tra amici* ◊ Indica l'intervallo di tempo entro cui avviene qlco.: *arrivo tra le sette e le otto* **2** Indica la distanza che separa da un luogo o il tempo che deve trascorrere prima che avvenga qlco.: *tra cento metri c'è casa mia; partirò tra due ore* **3** Indica una quantità approssimativa (di spazio, tempo, peso ecc.) intermedia tra due valori: *dista tra gli otto e i dieci chilometri* **4** Indica relazione: *si assomigliano tra loro.*

traballàre *v.intr.* [aus. *avere*] Non reggersi in equilibrio, essere malfermo, non poggiare bene a terra Ⓢ barcollare, vacillare: *questo tavolo traballa.*

trabìccolo *s.m.* Oggetto e spec. veicolo vecchio, mal ridotto e traballante.

traboccàre *v.intr.* [aus. *avere* quando il soggetto è il recipiente; aus. *essere* quando il soggetto è il liquido o altro contenuto] **1** Uscire dai bordi di un recipiente troppo pieno: *l'acqua è traboccata dalla vasca* **2** Detto di recipiente, essere così pieno da versare al di fuori il proprio contenuto: *la vasca trabocca.*

tràccia *s.f.* **1** Segno lasciato sul terreno da un oggetto trascinato o dal passaggio di un veicolo, di un animale, di una persona Ⓢ orma, impronta, solco: *le t. degli sci sulla neve* **2** Segno, indizio per lo più minimo di qlco.: *sui pantaloni c'erano t. di sangue* ◊ Segno, indizio di un fatto avvenuto: *cancellare le t. del delitto* **3** Scanalatura ricavata nelle pareti di una casa per farvi passare tubi e fili elettrici.

tracciàre *v.tr.* Segnare su una carta il percorso di un'opera da realizzare o di un viaggio: *t. una strada*; *t. la rotta di una nave* ◊ Disegnare: *t. una linea.*

tracciàto *s.m.* **1** Rappresentazione grafica del percorso di una strada, di una ferrovia **2** Diagramma disegnato da uno strumento di misurazione.

trachèa *s.f.* Parte dell'apparato respiratorio, a forma di tubo, che collega la laringe con i bronchi.

tradiménto *s.m.* Violazione di un dovere o di un obbligo di fedeltà e lealtà: *accusare un generale di t.*; *il t. della parola data* | *A t.* = con l'inganno; all'improvviso, quando meno uno se l'aspetta: *lo colpì a t.*; *gli ha fatto una domanda a t.*

tradìre *v.tr.* **1** Ingannare slealmente qlcu. e la sua fiducia, violare un patto, venir meno a un dovere, a un impegno: *t. la moglie*; *t. un ideale* **2** Rivelare ciò che doveva restare nascosto: *t. un segreto* ◆

tradirsi *v.pr.* Farsi scoprire incautamente, rivelare involontariamente i propri pensieri, sentimenti e intenzioni.

traditóre *s.m.* Chi tradisce.

tradizionàle *agg.* Che appartiene alla tradizione, tipico di una tradizione: *costumi t.* ◊ Rispettoso della tradizione, fondato sulla tradizione: *un'opinione t.*

tradizióne *s.f.* Trasmissione nel tempo, da una generazione all'altra, di notizie, memorie, usi e consuetudini: *per t. a Pasqua si mangia l'agnello* ◊ Complesso di valori, usi e consuetudini trasmessi dalle generazioni passate: *studiare le t. popolari.*

tradùrre *v.tr.* Volgere da una lingua a un'altra il testo di un discorso o di uno scritto, una parola, una frase ecc.

traduzióne *s.f.* L'operazione e l'attività di tradurre ◊ Il testo tradotto e il modo in cui è tradotto: *t. fedele al testo originale.*

trafficànte *s.m.f.* Chi svolge traffici illeciti: *la polizia arrestò un t. di droga.*

trafficàre *v.intr.* [aus. *avere*] Commerciare in qlco.: *t. in bestiame* ◊ Svolgere traffici illeciti: *t. in droga.*

tràffico *s.m.* **1** Commercio, spec. illecito: *t. di droga* **2** Movimento di mezzi di trasporto, di passeggeri e di merci trasportate: *t. ferroviario, aereo, marittimo* ◊ Movimento dei veicoli in una strada o in una città **3** *T. postale, telefonico* = l'insieme dei messaggi trasmessi attraverso la posta, il telefono.

traforàre *v.tr.* Forare da parte a parte; forare in profondità: *t. una montagna.*

trafóro *s.m.* Scavo di una galleria in una montagna ◊ Galleria, tunnel: *il t. del Sempione.*

tragèdia *s.f.* **1** Opera teatrale drammatica che rappresenta personaggi alle prese con situazioni terribili, dalle quali finiscono schiacciati **2** Avvenimento tragico, luttuoso, doloroso Ⓢ sciagura.

traghettàre *v.tr.* Trasportare con un'imbarcazione da una sponda all'altra di un mare, di un lago, di un corso d'acqua.

traghétto *s.m.* **1** Trasporto di persone e cose da una sponda all'altra di un tratto di mare, di un lago, di un corso d'acqua **2** Nave attrezzata per traghettare passeggeri, autoveicoli e a volte anche convogli ferroviari.

tràgico *agg.* **1** Di tragedie, relativo alla tragedia teatrale: *attore t.* **2** Estremamente grave e doloroso Ⓢ luttuoso: *le t. vicende di una famiglia* ◊ Che ha conseguenze mortali: *un t. incidente.*

tragìtto *s.m.* Percorso, cammino, viaggio tra due luoghi: *il t. da qui alla stazione è molto breve.*

traguàrdo *s.m.* Punto e linea d'arrivo di una gara di corsa.

traiettòria *s.f.* Linea tracciata nello spazio da un corpo in movimento: *t. rettilinea, circolare.*

trainàre *v.tr.* Tirare, trascinare un carico o un veicolo Ⓢ rimorchiare.

tralasciàre *v.tr.* **1** Lasciare a metà, interrompere una cosa cominciata: *t. gli studi* **2** Omettere, trascurare o dimenticare di dire o fare qlco.: *t. i particolari.*

tralìccio *s.m.* Struttura verticale formata da elementi metallici intrecciati, usata per il sostegno delle linee elettriche ad alta tensione.

tram *s.m.* Veicolo a trazione elettrica su rotaie, usato come mezzo di trasporto pubblico nelle città.

tràma *s.f.* **1** La serie dei fili che, intrecciati ad angolo retto con i fili dell'ordito, formano il tessuto **2** ♧ L'intreccio delle vicende di una narrazione.

trambùsto *s.m.* Confusione, agitazione disordinata e rumorosa: *nel t. della folla lo perse di vista.*

tramezzìno *s.m.* Panino imbottito formato da due fette di pane a cassetta di forma triangolare.

tramèzzo *s.m.* Sottile parete in muratura, legno o altro, che divide due ambienti o un locale in due parti.

tràmite *prep.* Per mezzo di: *lo conobbi t. mia moglie*; *rispondere t. telefono.*

tramontàre *v.intr.* [aus. *essere*] Detto di corpi celesti, scomparire sotto la linea dell'orizzonte: *il sole stava tramontando.*

tramónto *s.m.* Scomparsa di un astro sotto la linea dell'orizzonte ◊ In partic., il calare del sole, il momento che precede o segue di poco la sua scomparsa e l'insieme dei fenomeni luminosi che accompagnano questo momento: *s'incontrarono al t.*; *un t. rosso fuoco.*

trampolìno *s.m.* Pedana, piattaforma o

altro impianto da cui, in alcuni sport, l'atleta prende lo slancio per il salto.

tràncio *s.m.* Fetta di una vivanda.

tranèllo *s.m.* Insidia, trappola, trabocchetto: *cadere in un t.*

trànne *prep.* A eccezione di Ⓢ eccetto, salvo, fuorché: *ci sono tutti t. lui.*

tranquillànte *s.m.* Farmaco con effetto calmante sugli stati di ansia o di forte eccitazione nervosa.

tranquillità *s.f.* Assenza di perturbazioni, rumori, disturbi Ⓢ calma, quiete ◊ Assenza di ansie, timori, preoccupazioni Ⓢ serenità.

tranquillizzàre *v.tr.* Rendere tranquillo qlcu., liberarlo da timori e preoccupazioni Ⓢ rassicurare ♦ **tranquillizzarsi** *v.pr.* Rassicurarsi, calmarsi.

tranquìllo *agg.* **1** Non agitato Ⓢ calmo, quieto: *mare t.; il bimbo oggi è t.* ◊ Detto di luogo, silenzioso, non disturbato, poco frequentato: *un posto t.* ◊ Non turbato da ansie, preoccupazioni, timori Ⓢ sereno: *ho la coscienza t.* **2** Che non ama i conflitti, difficile a irritarsi Ⓢ pacifico.

transènna *s.f.* Ciascuna delle barriere mobili usate in luoghi pubblici per delimitare uno spazio, impedire un accesso, regolare il traffico ecc.

transitàre *v.intr.* [aus. *essere*] Passare per un luogo, per una strada.

transitìvo *agg. Verbi t.* = quelli che possono avere un complemento oggetto.

trànsito *s.m.* Passaggio di persone o di veicoli per un luogo, per una via di comunicazione: *strada riservata al t. pedonale.*

transitòrio *agg.* Non definitivo Ⓢ temporaneo, provvisorio: *soluzione t.*

tranvìa *s.f.* Linea di trasporto pubblico su tram.

tranvière *s.m.* Chi è impiegato in un'azienda tranviaria; in partic., conducente di tram.

trapanàre *v.tr.* Perforare con il trapano.

tràpano *s.m.* Macchina o strumento per eseguire fori e altre lavorazioni su materiali diversi; è costituito essenzialmente da un elemento rotante al quale vengono fissate punte d'acciaio di forma e grandezza diversa: *t. a mano, elettrico.*

trapassàre *v.tr.* Passare da parte a parte Ⓢ perforare, trafiggere.

trapelàre *v.intr.* [aus. *essere*] Filtrare, penetrare attraverso piccole fessure: *un raggio di luce trapelava dalle imposte.*

trapèzio *s.m.* Quadrilatero con due lati paralleli di diversa lunghezza.

trapiantàre *v.tr.* **1** Estrarre una pianta con tutte le radici da un vaso o da un terreno e trasferirla in un altro vaso o terreno: *t. i gerani* **2** Eseguire un trapianto chirurgico: *t. un rene, un polmone.*

trapiànto *s.m.* **1** Trasferimento di una pianta da un terreno a un altro **2** In chirurgia, operazione con cui si trasferisce un tessuto da una parte all'altra del corpo del paziente o si sostituisce un organo malato con un altro sano prelevato dal corpo di una persona appena defunta.

tràppola *s.f.* **1** Congegno di vario tipo usato per catturare animali nocivi o soggetti a caccia **2** ⚘ Insidia, tranello: *cadere in una t.*

trapùnta *s.f.* Spessa coperta formata da due teli, imbottiti di lana o piume, tenuti insieme da cuciture che li trapassano in più punti da parte a parte.

tràrre *v.tr.* **1** Tirare, trascinare, portare qlco. o qlcu. verso un luogo: *t. una barca a riva* **2** Tirare fuori Ⓢ estrarre: *trasse la pistola dalla fondina* ◊ Emettere:

trasse un sospiro di sollievo **3** Ottenere, ricavare, derivare (anche ✥): *t. un film da un romanzo.*

trasandàto *agg.* Poco curato, trascurato, sciatto: *veste sempre in modo t.*

trascinàre *v.tr.* **1** Spostare, tirarsi dietro qlco., per lo più facendolo strisciare per terra: *t. un peso* **2** Condurre con sforzo da qualche parte qlcu. che oppone resistenza, è riluttante: *il ladro fu trascinato in questura* **3** ✥ Avvincere, esaltare, entusiasmare: *un oratore che sa t. le folle* ♦ **trascinarsi** *v.pr.* Spostarsi a fatica strisciando col corpo per terra.

trascórrere *v.tr.* Passare un periodo di tempo: *t. le vacanze al mare* ♦ *v.intr.* [aus. *essere*] Passare: *trascorse un mese.*

trascrìvere *v.tr.* Mettere per iscritto o ricopiare fedelmente un testo.

trascuràre *v.tr.* **1** Non curare qlco. con la dovuta attenzione: *t. il dovere, gli affari* ◊ Non prendersi cura di qlcu. con il dovuto affetto e interessamento: *t. la famiglia* **2** Dimenticare, tralasciare qlco. per distrazione o negligenza: *t. un particolare importante.*

trasferiménto *s.m.* **1** Spostamento in un altro luogo, cambiamento di sede **2** Passaggio di un bene o di un diritto da una persona a un'altra: *t. di proprietà.*

trasferìre *v.tr.* **1** Spostare da un luogo a un altro, da una sede a un'altra: *t. un'azienda all'estero* **2** ✥ Cedere, passare, trasmettere ad altri un bene, un diritto, una prerogativa: *t. una proprietà ai figli* ♦ **trasferirsi** *v.pr.* Cambiare sede; cambiare domicilio, residenza, andare a vivere o lavorare da un'altra parte.

trasfèrta *s.f.* Trasferimento e soggiorno temporaneo fuori sede per motivi di lavoro.

trasformàre *v.tr.* Mutare qlco. o qlcu. in qlco. di diverso, cambiandone del tutto o in parte la forma, l'aspetto, la struttura, la funzione, il carattere ecc.

trasformazióne *s.f.* Mutamento, cambiamento di forma, di aspetto, di struttura, di funzione, di carattere ecc.

trasfusióne *s.f.* Immissione nel sistema circolatorio di un individuo di sangue prelevato da una persona del suo stesso gruppo sanguigno: *fare una t.*

trasgredìre *v.tr.* e *v.intr.* [aus. *avere*] Non rispettare, violare, disobbedire: *t. la legge*; *t. agli ordini, alle regole.*

trasgressióne *s.f.* Violazione della legge, di una norma o della morale comune.

trasgressóre *s.m.* Chi viola un ordine, un regolamento o non rispetta la morale comune: *i t. saranno puniti.*

traslocàre *v.intr.* [aus. *avere*] Cambiare sede o domicilio ⓢ trasferirsi.

traslòco *s.m.* Trasferimento in una nuova sede o abitazione.

trasméttere *v.tr.* **1** Tramandare, fare avere, far passare, comunicare qlco. ad altra persona o cosa: *t. l'eredità ai figli* **2** Inviare, far pervenire: *t. un messaggio* **3** Diffondere attraverso i mezzi radiotelevisivi: *t. una partita* ♦ **trasmettersi** *v.pr.* Passare, comunicarsi, diffondersi da una persona o da una cosa a un'altra: *l'infezione si trasmise per contagio.*

trasmissióne *s.f.* **1** Trasferimento, passaggio di qlco. da una persona a un'altra o da una cosa a un'altra: *t. dell'energia, del calore* **2** Comunicazione, diffusione a distanza attraverso mezzi di radiotelecomunicazione: *la televisione sospese le t.* ◊ Programma trasmesso per radio o televisione: *ieri c'era una t. interessante.*

trasmittènte *agg.* Detto di apparecchio

che trasmette segnali radiotelevisivi ad apparecchi riceventi ♦ *s.f.* Stazione radio o teletrasmittente.

trasparènte *agg.* Detto di corpo che lascia passare la luce e consente di vedere nitidamente la forma e i contorni degli oggetti posti dietro di esso: *vetro t.*

traspiràre *v.intr.* [aus. *essere*] Detto dell'acqua e di altri liquidi, fuoriuscire dai pori in forma di vapore o in piccole gocce: *il sudore traspira dalla pelle.*

traspirazióne *s.f.* Negli organismi animali e vegetali, processo di eliminazione dei liquidi che avviene attraverso i pori in forma di piccole gocce o mediante evaporazione dal fusto e dalle foglie.

trasportàre *v.tr.* Portare, trasferire da un luogo a un altro ◊ Spingere, trascinare con sé qlco. con la propria forza: *il fiume in piena trasportò a valle molti detriti.*

traspòrto *s.m.* Trasferimento di persone o cose da un luogo a un altro, effettuato in modi e con mezzi diversi.

trasversàle *agg. Via t.* = che attraversa perpendicolarmente o obliquamente un'altra via Ⓢ traversa.

trattaménto *s.m.* **1** Tipo di lavorazione o di procedimento a cui viene sottoposto un materiale, un prodotto per migliorarne o modificarne le caratteristiche: *sottoporre una stoffa a un t. antitarmico* **2** In medicina, cura: *t. idratante per la pelle* **3** Modo di trattare le persone: *gli riservò un t. di favore.*

trattàre *v.tr.* **1** Comportarsi con qlcu. in un certo modo (spec. per esprimergli il modo in cui lo si considera): *t. tutti gentilmente*; *trattare qlcu. da amico* ◊ Accogliere, servire in un certo modo i propri clienti: *un negozio in cui ti tratta-*

no bene ◊ Riferito ad animali, piante od oggetti, averne cura, usarli in un certo modo: *t. bene le bestie*; *tratta male la sua auto* **2** Sottoporre un materiale a particolari lavorazioni e procedimenti **3** Curare con una data terapia: *t. un'infezione con gli antibiotici* ♦ *v.tr.* e *v.intr.* [aus. *avere*] **1** Affrontare, discutere, esaminare un determinato argomento: *t. questioni di comune interesse* **2** Discutere di qlco. con qlcu. per giungere a un accordo: *t. un affare* **3** Avere rapporti, avere a che fare con qlcu.: *deve t. con ogni genere di persone.*

trattatìva *s.f.* Serie di colloqui e discussioni tra le parti interessate alla conclusione di un accordo Ⓢ negoziato.

trattàto *s.m.* Accordo internazionale tra stati su questioni relative ai loro rapporti: *fare un t. di alleanza.*

trattenére *v.tr.* **1** Far restare qlcu. in un luogo più a lungo del previsto: *un impegno lo trattenne in ufficio* **2** Costringere qlcu. a fermarsi in un luogo, impedendogli di andarsene: *t. un sospetto in questura* **3** Tenere fermo, bloccare qlcu. per impedirgli che gli succeda o che faccia qlco.: *lo trattenne per un braccio* **4** Tenere dentro di sé qlco., impedirgli di manifestarsi Ⓢ frenare, reprimere: *t. il respiro*; *t. le lacrime* ♦ **trattenersi** *v.pr.* **1** Restare, fermarsi in un luogo: *t. in città* **2** Astenersi, frenarsi dal fare o dire qlco.: *si trattenne dal ridere.*

tratteniménto *s.m.* Ricevimento, festa, spettacolo organizzati per intrattenere piacevolmente gli ospiti.

trattenùta *s.f.* Somma detratta dallo stipendio lordo del lavoratore e versata direttamente dal datore di lavoro a enti pubblici come imposta o come contributo.

tràtto *s.m.* **1** Linea, segno tracciati con un unico movimento della mano: *un t. di penna* **2** Parte di qlco. che si estende in lunghezza: *fare un t. di strada a piedi* ◊ Porzione, zona di una superficie estesa: *in quel t. di mare ci sono molti scogli* ◊ Distanza, percorso tra due punti: *da qui a casa c'è ancora un bel t.* ◊ ♧ Spazio di tempo: *tacque per lungo t.* | *A tratti* = a intervalli, di quando in quando.

trattóre *s.m.* Automezzo munito di cingoli o di pneumatici speciali, impiegato per trainare, anche su terreni difficili, rimorchi pesanti e macchine agricole.

trattorìa *s.f.* Locale pubblico dove si servono, a pagamento, i pasti principali.

tràuma *s.m.* Lesione fisica prodotta da una causa esterna che agisca con violenza: *t. cranico* ◊ *T. psichico* = violenta emozione che lascia un segno profondo e duraturo nella psiche di un individuo Ⓢ shock.

travasàre *v.tr.* Trasferire, versare un liquido da un recipiente a un altro.

tràve *s.f.* Tronco d'albero squadrato o analogo elemento in acciaio o cemento armato, impiegati con funzione di sostegno nelle costruzioni edilizie.

travèrsa *s.f.* **1** Elemento rigido posto trasversalmente rispetto agli altri elementi della stessa struttura, con funzione di collegamento, di rinforzo o di sostegno: *le t. del letto* ◊ Nel calcio, la sbarra orizzontale superiore della porta **2** Via trasversale.

traversàre *v.tr.* Attraversare.

traversàta *s.f.* Attraversamento di uno spazio molto esteso; in partic. viaggio per via d'acqua o aerea.

travèrso *agg.* Trasversale: *via t.* ♦ *avv.* *Di t., per t.* = obliquamente, nel senso della larghezza | *Andare di t.* = detto di cibo o di bevanda, finire nella laringe anziché nell'esofago, provocando tosse e senso di soffocamento.

travestìre *v.tr.* Vestire e truccare qlcu. in modo da renderlo irriconoscibile e da farlo sembrare qualcun altro Ⓢ mascherare, camuffare: *lo travestirono da donna* ♦ **travestirsi** *v.pr.* Vestirsi e truccarsi in modo da rendersi irriconoscibile e da sembrare qualcun altro Ⓢ camuffarsi, mascherarsi.

travolgènte *agg.* Che travolge; impetuoso e violento: *la furia t. del fiume in piena.*

travòlgere *v.tr.* **1** Investire, abbattere, trascinare con violenza impetuosa: *il fiume in piena travolse ogni cosa* **2** ♧ Sopraffare, trascinare con forza irresistibile: *si lasciò t. dall'ira.*

trazióne *s.f.* Forza capace di far muovere un veicolo: *t. animale, meccanica.*

tréccia *s.f.* **1** Tipo di acconciatura, spec. femminile, formata da tre ciocche di capelli intrecciate tra loro **2** Qualunque oggetto formato da fili, nastri e sim. intrecciati tra loro: *t. di filo, di paglia.*

trégua *s.f.* **1** Sospensione temporanea delle ostilità concordata tra le parti in conflitto ◊ Sospensione temporanea di una lotta, di agitazioni, rivendicazioni ecc.: *t. sindacale* **2** ♧ Momento di sosta: *piove senza tregua* ◊ Pausa, riposo: *lavora senza un attimo di t.*

tremàre *v.intr.* [aus. *avere*] **1** Essere scosso da brevi e rapide contrazioni muscolari: *t. di freddo, per la paura* **2** Detto di cose, muoversi con oscillazioni rapide e continue Ⓢ sussultare: *quando passa il treno la casa trema* **3** ♧ Avere paura: *t. di fronte al pericolo.*

tremèndo *agg.* 1 Che incute paura, terrore; da far tremare: *urlo t.*; *t. vendetta* ◊ Gravissimo, spaventoso, terribile: *una t. disgrazia* 2 Grandissimo, intensissimo, insopportabile: *caldo t.*; *un t. scocciatore* ◊ Straordinario, eccezionale: *forza t.*

trèmito *s.m.* Breve e rapida contrazione muscolare che scuote il corpo Ⓢ fremito, brivido: *t. di freddo, di paura* Ⓢ Serie continuata di tali contrazioni Ⓢ tremore.

tremolàre *v.intr.* [aus. *avere*] Oscillare, tremare leggermente e con frequenza: *le foglie tremolavano al vento* ◊ Detto di suono, essere instabile e discontinuo: *la voce gli tremolava per l'emozione*.

tremolìo *s.m.* Un tremolare continuo.

tremóre *s.m.* 1 Serie di tremiti intensi e continui: *non riusciva a scrivere per il t. della mano* 2 ⚘ Stato di agitazione interiore causata da ansia o paura.

trèno *s.m.* Serie di vagoni trainati da una locomotiva Ⓢ convoglio ferroviario.

treppiède *s.m.* Sostegno dotato di tre piedi: *il t. della macchina fotografica*.

tréspolo *s.m.* Sgabello, sostegno, supporto che poggia su tre o quattro piedi.

triangolàre *agg.* Che ha tre angoli: *figura t.* ◊ A forma di triangolo: *vele t.*

triàngolo *s.m.* 1 Figura geometrica che ha tre angoli e tre lati 2 Oggetto, elemento di forma triangolare ◊ Segnale di pericolo a forma di triangolo che va messo a una certa distanza dietro a un veicolo fermo in sosta di emergenza.

tribolàre *v.intr.* [aus. *avere*] Soffrire molto Ⓢ penare, patire.

tribù *s.f.* Gruppo etnico autonomo, formato da più famiglie che parlano la stessa lingua, hanno gli stessi costumi e vivono in uno stesso territorio sotto un unico capo.

tribùna *s.f.* 1 Podio da cui un oratore parla al pubblico 2 Palco riservato al pubblico o a particolari categorie di persone in occasione di congressi, spettacoli, cerimonie, parate e altre manifestazioni: *t. d'onore* ◊ In stadi, ippodromi e sim., settore centrale di posti, generalmente coperto e dotato di comodi sedili.

tribunàle *s.m.* 1 Luogo, edificio in cui si amministra la giustizia 2 Organo giudicante formato da tre magistrati, che ha il compito di amministrare la giustizia in determinate cause: *t. civile, penale*.

tribùto *s.m.* Imposta, tassa.

tricìclo *s.m.* Veicolo a tre ruote, a pedali o a motore ◊ Piccola bicicletta a tre ruote usata dai bambini.

tricolóre *agg.* A tre colori: *bandiere t.* ♦ *s.m.* La bandiera italiana: *sventolare il t.*

tridènte *s.m.* Forcone con tre denti.

tridimensionàle *agg.* A tre dimensioni.

triennàle *agg.* Che dura tre anni: *corso t.* ◊ Che si fa ogni tre anni: *fiera t.*

triènnio *s.m.* Periodo di tre anni.

trifòglio *s.m.* Pianta erbacea con foglie composte di tre foglioline, coltivata soprattutto per foraggio.

trimestràle *agg.* Che dura tre mesi ◊ Che avviene o si fa ogni tre mesi.

trimèstre *s.m.* Periodo di tre mesi.

trincèa *s.f.* Opera di fortificazione costituita da un fosso scavato nel terreno e protetto da un parapetto di terra o sacchi di sabbia ◊ Fronte di guerra.

trinciàre *v.tr.* Tagliare in pezzetti o strisce sottili: *t. il pollo*; *t. il tabacco*.

trìo *s.m.* 1 Composizione musicale per tre strumenti 2 Gruppo di tre persone.

trionfàle *agg.* 1 Di trionfo: *sfilata t.* 2 Grandioso, splendido: *t. accoglienze*.

trionfàre *v.intr.* [aus. *avere*] Riportare

un trionfo, ottenere una grande vittoria ◊ ✿ Prevalere, avere la meglio.

trionfatóre *s.m.* Chi ha riportato una grande vittoria, chi risulta il netto vincitore di una competizione: *il t. della gara.*

triónfo *s.m.* Vittoria, affermazione netta e schiacciante (anche ✿): *il t. della giustizia* ◊ Successo strepitoso.

triplicàre *v.tr.* **1** Moltiplicare per tre **2** Accrescere notevolmente: *t. gli sforzi.*

trìplice *agg.* Costituito da tre elementi o aspetti: *documento in t. copia.*

trìplo *agg.* **1** Tre volte maggiore **2** Costituito da tre elementi Ⓢ triplice: *filo t.* ◊ Ripetuto tre volte: *t. salto mortale* ♦ *s.m.* Numero, quantità tre volte maggiore.

trìppa *s.f.* Lo stomaco dei bovini macellati che, tagliato in strisce sottili, viene cucinato in vari modi.

tripùdio *s.m.* Esultanza, manifestazione clamorosa di gioia.

trìste *agg.* **1** Afflitto da tristezza Ⓢ addolorato, malinconico, depresso ◊ Che esprime malinconia, infelicità: *occhi t.* **2** Che infonde tristezza, ispira malinconia: *musica t.; un paesaggio t.* **3** Doloroso, spiacevole, infausto: *una t. notizia.*

tristézza *s.f.* Stato d'animo di chi è triste Ⓢ mestizia, malinconia.

tritacàrne *s.m.invar.* Apparecchio per tritare la carne: *t. a mano, elettrico.*

tritàre *v.tr.* Ridurre qlco. in pezzetti minuti: *t. la carne, l'aglio, il ghiaccio.*

trituràre *v.tr.* Tritare, ridurre in minuscoli frammenti: *t. pietre; t. il cibo.*

trivèlla *s.f.* Attrezzo per scavare grossi fori nel terreno, costituito da un'asta d'acciaio rotante con punta a vite o a scalpello.

trivellàre *v.tr.* Bucare, perforare qlco. con una trivella: *t. un terreno petrolifero.*

trofèo *s.m.* Oggetto che testimonia i successi conseguiti in un dato campo; in partic., coppa, targa, medaglia assegnata come premio e ricordo al vincitore di una gara.

trómba *s.f.* **1** Strumento musicale a fiato, per lo più di ottone **2** *T. delle scale* = lo spazio vuoto al centro delle rampe **3** *T. d'aria* = turbine di vento verticale a forma di cono rovesciato che si sposta sul suolo sollevando notevoli masse di polvere e di detriti.

trombóne *s.m.* Strumento musicale a fiato simile alla tromba, ma più grande e dal suono più grave.

troncàre *v.tr.* **1** Tagliare via di netto, spezzare con un colpo violento Ⓢ mozzare: *t. la cima di un albero* **2** ✿ Interrompere, far cessare in modo brusco e definitivo: *t. una relazione.*

trónco *s.m.* **1** Il fusto legnoso degli alberi da cui si dipartono i rami **2** La parte centrale del corpo umano, esclusi gli arti, la testa e il collo **3** Tratto, parte di una strada, di un canale e sim.: *è stato inaugurato un nuovo t. ferroviario.*

troncóne *s.m.* Parte di qlco. che è stato troncato, spezzato, amputato o diviso in più parti: *il corteo si spezzò in tre t.*

tròno *s.m.* Seggio su cui siedono un sovrano o un papa in cerimonie ufficiali o nell'esercizio delle loro funzioni.

tropicàle *agg.* Dei tropici, proprio dei tropici: *paesi t.; clima t.; frutti t.*

tròpico *s.m.* **1** In geografia, ciascuno dei due paralleli terrestri a nord (*t. del Cancro*) e a sud (*t. del Capricorno*) dell'equatore sui quali il sole si trova allo zenit rispettivamente al solstizio d'estate (21 giugno) e d'inverno (22 dicembre) **2** (spec. al *pl.*) Zona della Terra compresa tra i tropici o vicina a essi: *fare una vacanza ai t.*

tròppo *agg.indef.* Che è in misura, in quantità o in numero eccessivo rispetto al necessario, al giusto, al conveniente: *è t. caldo* ♦ *pron.indef.* **1** Una quantità eccessiva **2** (al *pl.*) Troppe persone: *siamo (in) t.* ♦ *avv.* Eccessivamente.

tròta *s.f.* Pesce d'acqua dolce pescato e allevato per le sue carni commestibili.

trottàre *v.intr.* [aus. *avere*] Andare al trotto, detto di cavallo o di cavaliere.

tròtto *s.m.* Andatura del cavallo intermedia tra il passo e il galoppo.

tròttola *s.f.* Giocattolo a forma di cono rovesciato che si fa girare velocemente su se stesso con vari sistemi in modo che resti in equilibrio sulla punta.

trovàre *v.tr.* **1** Individuare qlcu. o qlco. che si cerca, si desidera, così da poterne disporre o beneficiare: *t. un amico fidato*; *t. casa, lavoro, moglie, marito* ◊ Recuperare, ritrovare: *t. un oggetto smarrito* **2** Individuare e scoprire: *t. il colpevole*; *t. la soluzione del problema* ◊ Inventare, escogitare: *t. una scusa per andarsene* **3** Imbattersi in qlcu. o in qualche cosa: *t. un euro per terra* ◊ Incontrare senza aver cercato (anche ✿): *trovò la morte in un incidente* **4** Sorprendere, cogliere: *lo trovarono a rubare* **5** Riuscire ad avere: *non t. il tempo di riposarsi* **6** Riscontrare, constatare che qlcu. o qlco. si trova in una certa condizione o situazione: *oggi ti trovo bene*; *quando è tornato, ha trovato la casa sottosopra* ◊ Giudicare, ritenere: *trovo che hai ragione* ♦ **trovarsi** *v.pr.* **1** Incontrarsi, vedersi: *troviamoci ai giardini* **2** Essere, stare in un determinato luogo o in una data situazione o condizione: *t. solo, nei*

guai ◊ Capitare, arrivare in un luogo: *all'improvviso si trovò sull'orlo di un burrone* **3** Essere situato, collocato: *la casa si trova al centro del paese.*

truccàre *v.tr.* **1** Modificare l'aspetto esteriore di una persona con l'uso di cosmetici, artifici e travestimenti vari: *t. un attore da Otello* **2** Modificare l'aspetto del viso, per migliorarne l'estetica, con cosmetici o altro **3** Modificare l'aspetto esteriore o le caratteristiche funzionali di qlco., spec. per trarre in inganno: *t. le carte al gioco* ◊ ✿ Manipolare dei risultati, falsare con mezzi illeciti l'esito regolare di qlco.: *t. i risultati elettorali* ♦ **truccarsi** *v.pr.* **1** Modificare il proprio aspetto con vari artifici ◊ Travestirsi **2** Darsi il trucco al viso.

trùcco *s.m.* **1** L'operazione con cui si trucca il viso con cosmetici o altro per modificarne l'aspetto o migliorarne l'estetica **2** Espediente, artificio, inganno con cui si altera l'aspetto delle cose e si fa vedere quello che non c'è: *i t. dei prestigiatori* **3** Imbroglio, raggiro, frode.

trucidàre *v.tr.* Uccidere, massacrare con efferata crudeltà: *t. i prigionieri.*

trùciolo *s.m.* Sottile striscia arricciata prodotta come scarto dalla pialla ogni volta che passa sul legno.

trùffa *s.f.* **1** Reato commesso da chi inganna altre persone allo scopo di ricavare un illecito profitto a loro danno **2** Imbroglio, inganno, raggiro.

truffàre *v.tr.* Imbrogliare con una truffa: *t. un cliente.*

truffatóre *s.m.* Chi truffa, chi ha commesso una truffa, chi vive di truffe.

trùppa *s.f.* (spec. al *pl.*) Complesso di forze armate, di reparti e corpi militari: *t. scelte, speciali* ◊ Il complesso dei soldati semplici e dei caporali, con esclusione degli ufficiali e dei sottufficiali.

tu *pron.pers.* Pronome personale maschile e femminile di seconda persona singolare; si usa rivolgendosi a persona con cui si è in una certa familiarità.

tubatùra *s.f.* L'insieme dei tubi di un impianto di distribuzione o scarico di liquidi o gas; anche, singolo tubo di tale impianto.

tubazióne *s.f.* Rete di tubi collegati tra loro per il trasporto di liquidi o gas anche a grandi distanze.

tubercolòsi *s.f.* Malattia infettiva che colpisce l'uomo e gli animali in vari organi e spec. nei polmoni.

tùbero *s.m.* Organo sotterraneo di alcune piante, che si forma per l'ingrossamento del fusto o delle radici: *il t. della patata.*

tubétto *s.m.* Piccolo contenitore cilindrico di vario materiale, usato per confezionare prodotti vari ◊ Piccolo recipiente tubolare deformabile a pressione e con tappo a vite, usato per vari prodotti in pasta: *t. del dentifricio, della crema.*

tùbo *s.m.* **1** Elemento cilindrico cavo, di lunghezza, dimensioni e materiali vari, impiegato come condotto per convogliare liquidi o gas: *t. dell'acqua, del gas*; *t. di scappamento* ◊ Elemento cilindrico cavo, per lo più di metallo, impiegato per usi vari: *t. per impalcature* **2** Apparecchio o dispositivo elettrico a forma di tubo: *t. al neon.*

tuffàrsi *v.pr.* **1** Lanciarsi in acqua: *t. in mare* **2** Lanciarsi verso il basso: *t. nel vuoto* ◊ Lanciarsi, precipitarsi su qlco.: *il portiere si tuffò sul pallone.*

tùffo *s.m.* **1** L'atto di tuffarsi o caduta involontaria in acqua ◊ Breve bagno ◊ Specialità e gara sportiva consistente nel tuffarsi in acqua da varie altezze e secondo tecniche e stili diversi **2** Caduta verso il basso: *fece un t. nel vuoto* **3** Balzo, salto, slancio in orizzontale, verso l'alto o verso terra: *il portiere parò il rigore con un t.*

tumefazióne *s.f.* Gonfiore, ingrossamento patologico di un organo o di una parte del corpo.

tumóre *s.m.* Malattia di un organo o di un tessuto, causata dalla proliferazione incontrollata di cellule anormali.

tumùlto *s.m.* **1** Manifestazione disordinata di protesta; sommossa, sollevazione di massa **2** Clamore confuso prodotto da più persone che gridano e si agitano in modo concitato.

tùnica *s.f.* Vestito femminile lungo e diritto, senza maniche o con maniche corte.

tùnnel *s.m.invar.* Galleria, traforo: *t. stradale, ferroviario.*

tùo *agg.poss. di seconda pers.sing.* Che appartiene a te: *la tua casa* ◊ Che si riferisce a te; che riguarda te, proviene da te o è fatto da te: *i tuoi consigli* ◊ Che ha con te una relazione di parentela, di amicizia, di lavoro, di dipendenza ecc.: *tua madre*; *il tuo medico* ♦ *pron.poss. di seconda pers.sing.* Ha gli stessi usi e significati dell'aggettivo (ed è sempre preceduto dall'articolo determinativo).

tuonàre *v.intr.* [aus. *avere*] Risuonare, rimbombare con un fragore simile a quello del tuono: *si sentivano t. i cannoni* ♦ *v.intr.impers.* [aus. *essere* o *avere*] Risuonare, rimbombare il tuono: *è* (o *ha*) *tuonato tutta la notte.*

tuòno *s.m.* **1** Il rumore che accompagna il fulmine **2** Rumore cupo e rimbombante Ⓢ rombo, fragore: *il t. del cannone.*

tuòrlo *s.m.* La parte interna dell'uovo, di colore giallo-rossiccio.

turàcciolo *s.m.* Tappo di sughero o di plastica per chiudere bottiglie, fiaschi e sim.

turàre *v.tr.* Chiudere completamente l'apertura di un recipiente o un piccolo foro ⓢ tappare: *t. un fiasco*; *t. una falla*.

turbaménto *s.m.* **1** L'azione di turbare **2** Agitazione, sconvolgimento interiore; inquietudine, smarrimento.

turbànte *s.m.* Copricapo maschile caratteristico dei popoli orientali, costituito da una lunga fascia di seta o cotone avvolta in più giri attorno alla testa.

turbàre *v.tr.* **1** Disturbare o sconvolgere uno stato di tranquillità, di ordine o il normale svolgimento di qlco.: *i rumori della strada turbavano il suo riposo* **2** Provocare agitazione interiore, inquietudine, ansia, sconcerto: *la notizia lo turbò* ◆ **turbarsi** *v.pr.* Agitarsi interiormente, perdere la serenità, inquietarsi.

turbàto *agg.* In preda a turbamento; che rivela un turbamento interiore ⓢ agitato, sconvolto, inquieto: *volto, sguardo t.*

tùrbine *s.m.* Movimento circolare rapido e vorticoso di una massa d'aria o di cose leggere trascinate dal vento: *un t. di sabbia, di neve.*

tùrgido *agg.* Gonfio, rigonfio: *seno t.*

turìsmo *s.m.* La pratica del viaggiare durante il tempo libero visitando per svago o per istruzione località diverse da quelle in cui si vive.

turìsta *s.m.f.* Chi viaggia per turismo.

turìstico *agg.* Fatto per turismo: *gita t.* ◊ Rivolto, destinato o adatto al turismo: *attrezzature t.*; *località t.*

tùrno *s.m.* **1** Avvicendamento periodico di più persone o gruppi nello svolgere un'attività o nel fruire di qlco.: *lavorare a t.*; *l'acqua verrà distribuita a t. nei vari quartieri della città* **2** Ciascuno dei periodi in cui si svolge un'attività che prevede un avvicendamento con altri: *questa settimana faccio il t. di notte* | *(Essere) di t.* = (essere) in servizio, in funzione, aperto: *oggi sono di t.*; *farmacia di t.* **3** L'insieme delle persone che fanno lo stesso turno di lavoro: *tra poco esce dalla fabbrica il t. di notte.*

tùta *s.f.* Indumento formato da casacca e pantaloni, generalmente in un solo pezzo, con chiusura sul davanti, che si indossa sopra gli abiti per proteggerli dallo sporco o per svolgere particolari attività.

tutèla *s.f.* Difesa, protezione, salvaguardia: *agire a t. dei propri interessi*; *t. dell'ambiente.*

tutelàre *v.tr.* Proteggere, difendere, salvaguardare: *t. l'ambiente.*

tuttavìa *congz.* Ciononostante, nondimeno, però: *non lo meriti, t. ti aiuterò.*

tùtto *agg.indef.* **1** Riferito a un sostantivo o a un pronome singolare, indica interezza, completezza: *leggere t. il libro*; *è t. quello che so* **2** Riferito a un sostantivo plurale o a un nome collettivo, indica la totalità degli elementi considerati: *t. gli uomini*; *t. l'umanità* ◊ In alcune espressioni equivale a «ogni, qualsiasi»: *t. le volte*; *a t. i costi* **3** Può equivalere a «interamente, completamente, totalmente»: *se ne stava t. solo*; *è t. colpa tua* ◆ *pron.indef.* **1** Ogni cosa: *ci si abitua a t.* **2** (al *pl.*) Tutte le persone: *t. possono sbagliare.*

tuttóra *avv.* Ancora adesso.

TV o **tv** *s.f.invar.* Televisione: *i programmi della TV* ◊ Televisore: *accendi la tv.*

U

u *s.f.* o *m.* Diciannovesima lettera dell'alfabeto italiano. È una vocale.
ubbidìre e deriv. vedi **obbedìre** e deriv.
ubriacàrsi *v.pr.* Bere fino a diventare ubriaco; prendere una sbornia.
ubriacatùra *s.f.* Sbronza, sbornia.
ubriachézza *s.f.* Stato di alterazione psico-fisica causata dall'ingestione eccessiva di bevande alcoliche.
ubriàco *agg.* e *s.m.* Che, chi è in stato di ubriachezza.
uccèllo *s.m.* Animale il cui corpo è ricoperto di penne di forma, grandezza e colori diversi ed è dotato di ali atte al volo [S] volatile: *u. acquatici, rapaci.*
uccìdere *v.tr.* Togliere la vita, causare la morte in modo per lo più violento o comunque non naturale [S] ammazzare ♦ **uccidersi** *v.pr.* Togliersi la vita, suicidarsi.
uccisióne *s.f.* L'atto di uccidere [S] assassinio, omicidio.
udìre *v.tr.* **1** Percepire i suoni attraverso il senso dell'udito [S] sentire: *u. un grido* **2** Venire a sapere qlco. [S] sentire.
udìto *s.m.* Il senso con cui si percepiscono i suoni attraverso l'organo dell'orecchio.
uditòrio *s.m.* L'insieme delle persone che ascoltano un discorso, una conferenza ecc. [S] pubblico, ascoltatori.
ufficiàle[1] *agg.* **1** Che proviene dall'autorità competente, con garanzia, quindi, di autenticità: *notizia di fonte u.* **2** Fatto secondo le norme del protocollo e avente, quindi, valore formale: *invito, visita u.* ◊ Fatto in modo pubblico e perciò impegnativo: *fidanzamento u.* ◊ Nel linguaggio sportivo, detto di gara valida ai fini della classifica.
ufficiàle[2] *s.m.* **1** Ogni militare che ha funzioni di comando con il grado da sottotenente in su **2** Qualifica di chi ricopre un pubblico ufficio: *u. sanitario.*
ufficio *s.m.* **1** Incarico; carica ◊ Le funzioni di chi è investito di un incarico, di una carica: *sospendere un funzionario dall'u.* **2** Settore di un'amministrazione pubblica o di un'azienda che svolge una determinata attività: *u. sanitario*; *u. delle imposte* ◊ L'edificio, i locali o la singola stanza in cui si svolgono le attività di un ufficio.
uguagliànza o **eguagliànza** *s.f.* Principio secondo il quale tutti i cittadini di uno stato o tutti gli uomini hanno pari dignità, diritti e doveri: *la costituzione stabilisce l'u. dei cittadini davanti alla legge.*
uguagliàre o **eguagliàre** *v.tr.* Essere pari a qlcu. o a qlco. per qualità, doti ecc.; raggiungere lo stesso livello: *u. in abilità il maestro* ◊ Raggiungere lo stesso risultato raggiunto da altri: *u. il record mondiale.*
uguàle o **eguàle** *agg.* **1** Che ha le stesse caratteristiche, proprietà, qualità di un'altra cosa o di un'altra persona [S] identico **2** Che è sempre lo stesso, che non cambia secondo le circostanze: *la legge è u. per tutti* ◊ Costante, uniforme: *tenere una velocità u. per tutto il percorso* **3** Che ha lo stesso valore [S] equivalente: *cento è u. a dieci decine* ♦ *s.m.* Il segno matematico di uguaglianza (=).

ùlcera *s.f.* Lesione di organi interni che tende a non cicatrizzarsi: *u. gastrica*.

ulìvo e derivati vedi **olivo** e derivati.

ùltimo *agg.* **1** Che viene dopo tutti gli altri nel tempo o nello spazio o in una successione, in una serie numerica, in una graduatoria ◊ Che è il più recente, il più vicino nel tempo: *le u. notizie*; *all'u. moda* **2** Che è il più lontano nello spazio rispetto a un punto di riferimento: *l'u. piano di un edificio* **3** ✂ Che viene dopo tutti gli altri per importanza, valore: *questa è l'u. delle mie preoccupazioni* ♦ *s.m.* La persona o cosa che viene dopo tutti gli altri nel tempo, nello spazio o per importanza, valore ecc.: *l'u. dell'anno*; *l'u. della classe*.

ululàto *s.m.* Urlo lamentoso e prolungato proprio del cane e del lupo.

umanità *s.f.* **1** L'insieme degli uomini ⓢ genere umano **2** Bontà, solidarietà, comprensione e indulgenza: *trattare tutti con u.*

umanitàrio *agg.* Ispirato da sentimenti di solidarietà, generosità e amore verso il prossimo: *aderire a un'iniziativa u.*

umàno *agg.* **1** Dell'uomo, degli uomini: *il genere u.* **2** Che dimostra solidarietà, comprensione e indulgenza o si basa su questi sentimenti: *un giudice molto u.*

umidità *s.f.* **1** L'essere umido **2** Presenza di vapore acqueo nell'atmosfera: *mettere le provviste al riparo dall'u.*

ùmido *agg.* **1** Leggermente bagnato o impregnato di acqua o di altri liquidi: *mani u. di sudore* **2** Che contiene molto vapore acqueo: *clima u.* ♦ *s.m.* **1** Umidità: *stare all'u.* **2** Condimento a base di olio, sugo di pomodoro e aromi vari in cui si cuociono varie vivande.

ùmile *agg.* **1** Cosciente dei propri limiti, privo di ogni forma di orgoglio e di superbia ⓢ modesto: *un ragazzo u.* ◊ Rispettoso, sottomesso: *essere u. con i superiori* **2** Semplice, modesto, senza pretese: *un'u. casa*.

umiliàre *v.tr.* Avvilire qlcu. mettendolo in una condizione di vergogna, di disagio, di inferiorità ⓢ mortificare ♦ **umiliarsi** *v.pr.* Sottomettersi, mortificarsi, abbassarsi: *u. a chiedere scusa*.

umiliazióne *s.f.* L'atto di umiliare, il fatto di venire umiliato: *subire un'u.*

umiltà *s.f.* Consapevolezza dei propri limiti e mancanza di ogni forma di orgoglio e di superbia ⓢ modestia ◊ Atteggiamento rispettoso e sottomesso.

umóre *s.m.* Tendenza abituale verso un certo stato d'animo ⓢ indole, temperamento: *una persona di u. allegro* ◊ Disposizione d'animo passeggera, occasionale: *oggi è di buon u.*

umorìsmo *s.m.* Capacità di cogliere e sottolineare gli aspetti divertenti o bizzarri della realtà sapendone sorridere in modo bonario: *un racconto ricco di u.*

umorìstico *agg.* Dell'umorismo: *mancare di senso u.* ◊ Ricco di umorismo: *film, disegno, romanzo u.*

unanimità *s.f.* Assoluta concordanza di opinioni all'interno di un gruppo; consenso generale: *proposta accolta all'u.*

uncinétto *s.m.* Grosso ago con la punta a uncino usato per fare a mano pizzi, lavori a maglia ecc.

uncìno *s.m.* Arnese di metallo ripiegato su se stesso e spesso appuntito usato per afferrare o sostenere qlco. ⓢ gancio.

ùngere *v.tr.* Spalmare, cospargere con olio o altre sostanze grasse ◊ Lubrificare: *u. i cardini della porta* ◊ Sporcare di grasso, d'unto: *u. i pantaloni di* *sugo* ♦ **ungersi** *v.pr.* Spalmarsi, cospargersi con sostanze grasse ◊ Sporcarsi d'unto.

ùnghia *s.f.* Lamella che riveste l'estremità dorsale delle dita dell'uomo e di molti animali.

unghiàta *s.f.* Colpo dato con le unghie; ferita, graffio fatto con le unghie.

unguènto *s.m.* Medicamento per uso esterno a base di sostanze grasse e di consistenza semisolida Ⓢ pomata.

ùnico *agg.* Che è il solo esistente: *esemplare u.*; *vino u. nel suo genere* ♦ *s.m.* La sola persona a fare, dire, pensare ecc. una cosa: *sei l'u. che non è d'accordo.*

unifamiliàre *agg.* Detto di casa costruita per essere abitata da una sola famiglia.

unificàre *v.tr.* Riunire più parti o elementi in un insieme unitario.

unifórme[1] *agg.* Che ha la stessa forma Ⓢ uguale: *pezzi u.* | *Superficie u.* = piana, senza irregolarità ◊ Senza mutamenti, monotono: *fare una vita u.*; *un paesaggio u.*

unifórme[2] *s.f.* Abito uguale portato da tutti gli appartenenti a uno stesso corpo militare Ⓢ divisa ◊ Abito uguale per tutti quelli che fanno parte di una stessa associazione, categoria, comunità.

unióne *s.f.* **1** Congiunzione, collegamento o unificazione di più elementi in un tutto unico ◊ ♧ Armonia, concordia, solidarietà: *in famiglia c'è molta u.* **2** Organizzazione in cui sono riuniti più persone o enti in vista di uno scopo Ⓢ associazione: *u. sindacale*, *sportiva.*

unìre *v.tr.* **1** Congiungere, accostare, collegare, mescolare due o più cose in modo che appaiano o diventino una cosa sola: *u. due tavoli* ◊ Associare, mettere insieme: *u. le forze* **2** Collegare, mettere in comunicazione: *u. due città con una strada* ♦ **unirsi** *v.pr.* **1** Associarsi per uno scopo comune; formare un'unione: *u. contro i nemici* **2** Detto di due o più elementi, mescolarsi, fondersi: *le acque dei due fiumi si uniscono presso la foce* **3** Accompagnarsi, mettersi insieme ad altri: *u. a una comitiva.*

unità *s.f.* **1** Il fatto di formare un tutto unico, un complesso unitario, omogeneo e solidale Ⓢ unione: *l'u. culturale*, *linguistica di un paese* ◊ Unione politica Ⓢ unificazione: *l'u. d'Italia fu realizzata nel 1861* **2** Ogni singolo elemento che, pur essendo parte di un insieme, resta distinto e autonomo: *una classe di venti u.* **3** *U. di misura* = grandezza convenzionalmente presa come termine di riferimento per la misurazione di tutte le grandezze della stessa specie: *l'u. di misura della lunghezza è il metro* **4** In matematica, il numero 1 come base della numerazione.

unitàrio *agg.* **1** Che si riferisce a un'unità, a un singolo elemento: *costo u. di una merce* **2** Che costituisce un'unità, un insieme di parti tra loro unite: *un complesso u.* **3** Che aspira e tende all'unità, all'accordo: *discutere con spirito u.*

unìto *agg.* **1** Strettamente congiunto, legato con altro: *tre assi u.* **2** Compatto: *avanzare uniti* ◊ Uniforme: *stoffa in tinta u.* **3** ♧ Legato da un forte spirito di solidarietà: *una famiglia u.*

universàle *agg.* **1** Che riguarda il mondo intero, tutta l'umanità: *storia u.* **2** Di tutti gli appartenenti a un gruppo, a un paese ecc. Ⓢ generale: *la sua proposta raccolse il consenso u.*

università *s.f.* Istituto di studi superiori che rappresenta il più alto livello di istruzione; è articolato in facoltà con corsi di durata variabile al termine dei quali viene rilasciato un diploma di laurea ◊ La sede di un istituto universitario.

universitàrio *agg.* Dell'università: *docente, studente u.*

univèrso *s.m.* L'insieme dei corpi celesti e dello spazio che li contiene Ⓢ cosmo: *l'origine dell'u.*

ùno *agg.num.card.* Numero che rappresenta l'unità ♦ *s.m.* Il numero uno: *contare da u. a dieci* ♦ *art.indeterm.* Indica una persona o una cosa in modo indeterminato ♦ *pron.indef.* **1** Un tale, una certa persona: *c'è u. che ti cerca* ◊ Una persona, qlcu. (con valore impersonale): *se u. ha i mezzi può fare quel che vuole* **2** Indica in modo indeterminato una singola persona o cosa tra le altre: *vediamoci u. di queste sere.*

ùnto[1] *agg.* Cosparso, sporco o intriso di materia grassa: *hai le dita u.*

ùnto[2] *s.m.* Sostanza che unge; in partic., grasso di cottura: *macchiarsi di u.*

uòmo *s.m.* **1** Essere umano ◊ In senso collettivo, la specie umana: *l'origine dell'u.* **2** Essere umano adulto di sesso maschile: *giacca da u.* ◊ Individuo adulto di sesso maschile, considerato in relazione alle sue qualità e caratteristiche, alla posizione che occupa nella società, alle funzioni o all'attività che svolge ecc.: *un u. malvagio*; *un u. di successo* ◊ Individuo indeterminato di sesso maschile Ⓢ un tale: *c'è giù un u. che ti cerca* **3** Persona addetta a un servizio Ⓢ incaricato: *l'u. delle pulizie* **4** Componente di una squadra sportiva maschile: *giocare con un u. in meno.*

uòvo *s.m.* [pl.f. *le uova*] **1** Gamete femminile dal quale, se fecondato dal game-te maschile, si sviluppa l'embrione di un nuovo individuo della stessa specie **2** L'uovo di animali ovipari, con o senza guscio: *u. di insetto, di uccello* ◊ In partic., l'uovo di gallina, usato nell'alimentazione umana: *frittata di u.*

uragàno *s.m.* Ciclone tropicale caratteristico del mar dei Caraibi ◊ Violenta tempesta con vento fortissimo e pioggia.

urbàno *agg.* Della città: *nettezza u.* | *Centro urbano* = centro abitato, città.

urgènte *agg.* Che deve essere fatto, risolto, soddisfatto al più presto, con la massima sollecitudine Ⓢ impellente.

urgènza *s.f.* Situazione che esige un intervento immediato: *caso d'u.* ◊ Necessità, bisogno urgente: *ho u. di partire.*

urìna o **orìna** *s.f.* Liquido di colore giallo, prodotto dai reni quando filtrano il sangue; passa poi nella vescica prima di venire espulso all'esterno Ⓢ pipì.

urinàre vedi **orinàre**.

urlàre *v.intr.* [aus. *avere*] Parlare a voce molto alta Ⓢ gridare, strillare.

ùrlo *s.m.* Grido forte e prolungato: *un u. di dolore, di gioia.*

ùrna *s.f.* Contenitore di varia forma e materiale provvisto di una apertura nella parte superiore in cui si introducono le schede di una votazione o dalla quale vengono estratti i numeri di una lotteria.

urtàre *v.tr.* Colpire qlcu. o qlco. o sbatterci contro, per lo più in modo involontario ♦ *v.intr.* [aus. *avere*] Andare a sbattere contro qlco.: *u. contro il marciapiede* ♦ **urtàrsi** *v.pr.* Scontrarsi, spingersi reciprocamente.

ùrto *s.m.* Forte spinta o colpo che si dà o si subisce, per lo più involontariamente ◊ Scontro, collisione tra due corpi.

usànza *s.f.* Modo di vivere e tipo di

comportamento tradizionale ed entrato a far parte delle abitudini di una certa epoca o popolazione: *u. antiche, moderne*; *u. occidentali, orientali, siciliane*.

usàre *v.tr.* Servirsi di qlco. Ⓢ adoperare, impiegare, utilizzare.

usàto *agg.* Che non è più nuovo, che è già stato adoperato, di seconda mano.

ùscio *s.m.* Porta: *l'u. di casa*.

uscìre *v.intr.* [aus. *essere*] **1** Andare o venire fuori da un luogo, da un ambiente: *u. di casa*; *u. dall'acqua* ◊ Andare fuori di casa per passeggiare, divertirsi o per altri motivi: *esce spesso la sera* **2** Fuoriuscire, scaturire: *dalla ferita uscì sangue* **3** Andar fuori dal percorso, dal tracciato normale: *l'auto uscì di strada* **4** Allontanarsi, distaccarsi da un gruppo di persone: *un uomo uscì dalla folla* ◊ Lasciare, abbandonare un gruppo, un'organizzazione: *u. da un partito* **5** ⚘ Riuscire a tirarsi fuori da una brutta situazione Ⓢ cavarsela: *u. incolume da un incidente* **6** Essere prodotto, messo in commercio: *da questa fabbrica escono mille macchine al giorno* ◊ Essere pubblicato: *la rivista non è ancora uscita*.

uscìta *s.f.* **1** L'atto di uscire da un luogo **2** Apertura, passaggio attraverso cui si esce **3** Arrivo sul mercato, presentazione al pubblico di un prodotto nuovo: *l'u. di un film* **4** (al *pl.*) Le spese: *avere molte u.*

ùso *s.m.* **1** L'usare qlco.; il modo di usarlo; lo scopo per cui lo si usa Ⓢ impiego: *medicinale per u. esterno* | *Fuori u.* = inutilizzabile **2** Capacità, possibilità di servirsi di qlco.: *perdere l'u. di un braccio* **3** Consuetudine, usanza, tradizione: *rispettare gli u. e i costumi di un paese*.

ustióne *s.f.* Lesione dei tessuti della pelle provocata da forte calore, da sostanze chimiche o da scariche elettriche Ⓢ scottatura, bruciatura.

usufruìre *v.intr.* [aus. *avere*] Beneficiare, fare uso, godere di qlco.: *u. di uno sconto*.

usùra[1] *s.f.* L'attività e il reato di prestare denaro chiedendo un interesse molto alto.

usùra[2] *s.f.* Deterioramento di un oggetto in seguito all'uso prolungato Ⓢ consumo, logorio: *u. di un ingranaggio*.

usuràio *s.m.* Chi presta denaro a usura Ⓢ strozzino.

utensìle *s.m.* Arnese usato nei lavori di casa: *u. da cucina* ◊ Attrezzo con cui si esegue un lavoro: *gli u. del fabbro*.

utènte *s.m.f.* Chi usufruisce di un servizio pubblico o privato: *gli u. del gas, dell'elettricità, della strada*.

ùtero *s.m.* Nelle femmine dei mammiferi, organo cavo in cui si sviluppa l'embrione del nuovo essere fino alla nascita.

ùtile *agg.* **1** Che serve, che può servire a uno scopo: *un regalo, un libro, un oggetto u.* **2** Che è efficace, che reca un beneficio Ⓢ proficuo, vantaggioso: *mi ha dato un u. consiglio* ♦ *s.m.* **1** Vantaggio, interesse personale Ⓢ tornaconto: *pensa solo al proprio u.* **2** Guadagno, profitto: *i soci si dividono gli u. di un'azienda*.

utilità *s.f.* L'essere utile: *l'u. di un consiglio, di un libro, di una medicina*.

utilizzàre *v.tr.* Usare, sfruttare qlco., renderle utile Ⓢ impiegare: *u. bene il proprio tempo*.

utilizzazióne *s.f.* Uso, utilizzo.

utilìzzo *s.m.* Utilizzazione, uso.

ùva *s.f.* Frutto della vite costituito da un grappolo di bacche (*acini* o *chicchi*) rotonde od ovali di colore giallo-verde o rosso-viola.

V

v *s.f.* o *m.* Ventesima lettera dell'alfabeto italiano; è una consonante.

vacànza *s.f.* Giorno o periodo di sospensione delle normali attività lavorative o scolastiche in coincidenza con festività o per altre cause ◊ Periodo di riposo dalle proprie normali occupazioni: *prendersi qualche giorno di v.* ◊ (al *pl.*) Periodo di riposo più o meno lungo di cui godono studenti o lavoratori in determinate epoche dell'anno: *v. estive, natalizie.*

vàcca *s.f.* Femmina adulta del bue ⓢ mucca: *v. da latte.*

vaccìno *s.m.* Preparato che viene introdotto nell'organismo per renderlo immune da certe malattie infettive.

vacillàre *v.intr.* [aus. *avere*] Detto di persone, muoversi in qua e in là, ondeggiare come se si fosse sul punto di cadere ⓢ barcollare.

vagabondàre *v.intr.* [aus. *avere*] 1 Fare il vagabondo, vivere da vagabondo 2 Vagare da un luogo all'altro senza una meta e uno scopo precisi ⓢ girovagare.

vagabóndo *s.m.* 1 Persona senza fissa dimora e senza lavoro, che gira qua e là vivendo di espedienti 2 Chi viaggia molto per lavoro o per divertimento.

vagàre *v.intr.* [aus. *avere*] Andare, spostarsi da un luogo all'altro senza una direzione o una meta precisa ⓢ errare, gironzolare, aggirarsi: *v. per la campagna.*

vagìna *s.f.* Canale dell'apparato genitale femminile.

vàgo *agg.* Non ben definito, incerto, poco chiaro e preciso: *una v. somiglianza.*

vagóne *s.m.* Carrozza o carro ferroviario per il trasporto di persone o merci.

valànga *s.f.* Massa di neve che scende precipitosamente per un pendio ingrossandosi con quanto trascina con sé ◊ Massa imponente che travolge e sommerge: *una v. d'acqua, di pietre.*

valènte *agg.* Abile, capace, esperto ⓢ bravo: *un v. chirurgo; una v. pianista.*

valére *v.intr.* [aus. *essere*] 1 Avere un determinato valore o prezzo: *questi terreni valgono molto* ◊ Avere pregio artistico: *un film che non vale niente* ◊ ✿ Avere importanza, contare: *la vita umana vale più di ogni altra cosa* 2 Avere doti, capacità: *quell'avvocato non vale niente* 3 Essere valido, regolare; avere efficacia, validità: *l'assegno vale solo se firmato* ◊ Servire, giovare, essere utile: *i miei consigli non sono valsi a nulla.*

valévole *agg.* Che vale, che è valido per un determinato impiego o scopo.

vàlido *agg.* 1 Efficace: *dare un v. aiuto* 2 Che ha valore legale o che può essere utilizzato con diritto ⓢ valevole: *biglietto v. per tre giorni* ◊ Conforme al regolamento ⓢ regolare: *goal v.* 3 Pregevole, apprezzabile, di buona qualità: *un prodotto molto v.* ◊ Abile, capace: *un v. insegnante* 4 In buone condizioni fisiche e psichiche ⓢ forte, vigoroso, sano: *un vecchio ancora v.*

valìgia *s.f.* Contenitore con manico, di varia grandezza e materiale, usato per trasportare in viaggio oggetti di vestiario, effetti personali ecc.

vallàta *s.f.* Valle ampia e aperta.

vàlle *s.f.* Profonda depressione del terreno delimitata su due lati dai pendii di montagne o colline: *v. ampia, stretta*.

valóre *s.m.* **1** Prezzo, costo di un bene **2** Pregio, importanza di qlco. dal punto di vista estetico, culturale, storico, scientifico, morale ecc.: *romanzo di grande v.; conoscere il v. dell'amicizia* **3** (al *pl.*) Ideali, principi morali, bisogni spirituali, tradizioni ecc.: *v. umani, civili, religiosi* **4** Doti e capacità di una persona: *un chirurgo di v.* **5** Coraggio, eroismo: *i soldati si difesero con v.* **6** Validità: *il documento non ha v. senza la firma* **7** Misura di una grandezza fisica: *i v. massimi delle temperature odierne*.

valorizzàre *v.tr.* Mettere in risalto un aspetto positivo, le qualità di qlcu. o qlco.: *il trucco valorizza i suoi occhi*.

valoróso *agg.* Che dimostra coraggio e valore Ⓢ prode, eroico: *un soldato v.*

valùta *s.f.* La moneta circolante in un paese e i biglietti di banca che la rappresentano: *fare cambio di v.*

valutàre *v.tr.* **1** Determinare il valore commerciale di qlco., attribuirgli un dato prezzo Ⓢ stimare: *v. un gioiello* **2** Calcolare, stimare in modo approssimativo: *v. a occhio una distanza* **3** Tener conto di qlco. ai fini di un calcolo: *v. tutte le spese* ◊ ✿ Considerare attentamente: *v. i pro e i contro di una scelta* **4** ✿ Giudicare: *v. i candidati*.

valutazióne *s.f.* **1** Valore commerciale attribuito a qlco. Ⓢ quotazione ◊ Calcolo approssimativo dell'entità di qlco. Ⓢ stima: *fare una v. dei danni* **2** ✿ Giudizio: *condivido la tua v. sull'accaduto*.

vàlvola *s.f.* **1** Dispositivo di vario tipo che serve a regolare, interrompere o attivare il passaggio di un liquido o di un gas, spec. in una conduttura **2** Negli impianti elettrici, dispositivo che interrompe il passaggio della corrente in caso di cortocircuito.

vàmpa *s.f.* Fiammata alta e violenta: *le v. di un falò* ◊ Getto, ondata di intenso calore: *aprendo il forno fu investita da una v.*

vampàta *s.f.* **1** Vampa improvvisa e violenta: *una v. di fuoco, di calore* ✿ Manifestazione improvvisa e violenta di un fenomeno negativo: *una v. di razzismo ha scosso la città*.

vànga *s.f.* Attrezzo agricolo per dissodare il terreno costituito da un lungo manico di legno a cui è fissata una lama di ferro, per lo più triangolare.

vangàre *v.tr.* Lavorare la terra con la vanga: *v. l'orto*.

vaníglia *s.f.* Pianta rampicante tropicale ◊ Il frutto di tale pianta e l'estratto che se ne ricava, usato spec. in pasticceria.

vanità *s.f.* **1** Compiacimento eccessivo di sé e delle proprie presunte qualità, desiderio continuo di essere lodato e ammirato: *sfoggiava le sue ricchezze per v.* **2** Inutilità, inefficacia: *comprese presto la v. dei suoi sforzi*.

vanitóso *agg.* e *s.m.* Che, chi si compiace troppo di sé e delle proprie presunte doti e qualità, per le quali ricerca ammirazione e lodi: *un ragazzo v.; fare il v.*

vàno *agg.* **1** Inutile, inefficace: *le sue preghiere furono v.* **2** Privo di fondamento Ⓢ inconsistente: *v. speranze* ♦ *s.m.* **1** Spazio vuoto delimitato da pareti o ricavato in una parete: *il v. della porta, dell'ascensore* **2** Ciascuno degli ambienti di un'abitazione Ⓢ stanza, locale.

vantàggio *s.m.* **1** Condizione di favore, di superiorità rispetto ad altri: *conoscere* *le lingue è un grosso v.* **2** Utilità, convenienza, profitto: *non trasse alcun v. dalla cura* **3** Distanza spaziale o temporale con cui persone o veicoli precedono chi li segue sullo stesso percorso o nella stessa gara di corsa: *tagliare il traguardo con dieci metri di v.* ◊ In giochi e sport, distacco di punti in più degli avversari.

vantaggióso *agg.* Che arreca un vantaggio Ⓢ favorevole, conveniente.

vantàre *v.tr.* Elogiare, esaltare qlco. con l'intento di farlo ammirare e apprezzare dagli altri: *v. i propri meriti* ♦ **vantarsi** *v.pr.* Compiacersi, gloriarsi dei propri meriti, doti, successi ecc. ◊ Attribuirsi il merito di qlco.; affermare presuntuosamente di possedere determinate capacità: *v. di saper fare di tutto.*

vapóre *s.m.* Sostanza gassosa che si sviluppa da un liquido per ebollizione o evaporazione: *v. acqueo* ◊ Nel linguaggio corrente, vapore acqueo: *la stanza era piena di v.*

varàre *v.tr.* **1** Effettuare il varo di una nave: *v. una petroliera* **2** ♧ Dare avvio, attuazione a qlco.: *v. un progetto.*

varcàre *v.tr.* Oltrepassare, superare.

vàrco *s.m.* Passaggio, apertura attraverso cui si può passare: *aprirsi un v. tra la folla.*

variàbile *agg.* Soggetto a variazioni Ⓢ instabile, mutevole, incostante: *tempo v.*

variàre *v.tr.* **1** Cambiare, modificare qlco., perlopiù in modo solo parziale: *v. il percorso di una gara* **2** Rendere vario: *v. la dieta* ♦ *v.intr.* [aus. *essere*] Cambiare, mutare, modificarsi, diventare diverso: *il clima sta variando* ◊ Essere diverso: *i gusti variano da persona a persona.*

variazióne *s.f.* Mutamento, cambiamento, modificazione: *v. climatiche, di prezzo.*

varietà *s.f.* **1** Carattere, aspetto vario, non uniforme di qlco.: *la v. del paesaggio toscano* **2** Molteplicità di cose della stessa categoria, ma differenti per aspetto o altre caratteristiche Ⓢ assortimento, diversità: *negozio che ha molta v. di articoli* **3** Tipo, genere, qualità particolare di qlco.: *una v. pregiata di marmo.*

vàrio *agg.* **1** Costituito da molti elementi e aspetti diversi; non uniforme, non monotono: *paesaggio v.*; *alimentazione v.* **2** Molteplice e differente: *persone di v. età*; *negozio di generi v.* **3** (al *pl.*) Parecchi, numerosi, diversi: *c'erano v. persone* ♦ *pron.indef.pl.* Numerose persone: *erano in v. a essere contrari.*

vàro *s.m.* L'operazione del far scendere in mare per la prima volta una nave.

vàsca *s.f.* Recipiente per acqua o altri liquidi, di grandezza e forma varie a seconda dell'uso: *la v. di una piscina.*

vàso *s.m.* **1** Recipiente di forma, dimensione, uso e materiale vario: *v. d'argento, di terracotta, di vetro, di porcellana* ◊ Contenitore cilindrico di vetro per conservare prodotti alimentari: *v. di marmellata* **2** *V. sanguigni* = condotti dell'organismo in cui scorre il sangue.

vassóio *s.m.* Grande piatto piano con i bordi rialzati, in cui si mettono cibi e bevande da offrire o servire in tavola, bicchieri, tazze, teiere ecc.: *v. tondo, ovale.*

vàsto *agg.* Molto ampio ed esteso (anche ♧): *una v. pianura*; *avere una v. cultura.*

vé *pron.pers.* Forma che assume il pronome personale *vi* davanti a *lo, la, li, le, ne* ♦ *avv.* Forma che l'avverbio *vi* assume davanti a *lo, la, li, le, ne.*

vecchiàia *s.f.* L'età più avanzata della vita: *sta risparmiando per la v.*

vècchio *agg.* **1** Che ha molti anni, che è nell'ultimo periodo della vita (riferito anche ad animali e piante) **2** Che risale a un lontano passato Ⓢ antico: *la città v.*; *un v. palazzo* ◊ D'altri tempi: *v. canzoni*; ◊ Che ha avuto inizio e dura da molto tempo: *una v. amicizia* ◊ Di un tempo, di prima: *tornò a vivere nella v. casa* **3** Che ha una lunga pratica ed esperienza: *è uno v. del mestiere* ♦ *s.m.* **1** Persona anziana **2** Ciò che è vecchio.

vedére *v.tr.* **1** Percepire con gli occhi: *v. una stella a occhio nudo* ◊ *Vederci* = avere la facoltà della vista **2** Guardare, leggere, consultare: *hai visto il regolamento?* ◊ Controllare: *v. i conti* ◊ Visitare: *andare a v. una città* ◊ Assistere a qlco., guardarlo: *v. un film* **3** Incontrare: *lieto di vederla!* **4** Sperimentare, conoscere, sentire: *nella mia vita ne ho viste di tutti i colori* **5** Capire, comprendere: *vedo che avevo torto* ◊ Accorgersi: *non vedi che insistere è inutile?* **6** Immaginare: *ti ho visto in sogno* **7** Provare, tentare: *vedi se riesci a convincerlo* ◊ Fare in modo, cercare di: *vedi di non tornare tardi* **8** *Non avere nulla a che v.* = non avere alcun rapporto, niente in comune | *Visto che* = dato che, poiché ♦ **vedersi** *v.pr.* **1** Percepire con gli occhi la propria immagine: *v. allo specchio* **2** Incontrarsi: *ci siamo visti l'altra sera.*

védova *s.f.* Donna cui è morto il marito.

védovo *agg.* Che ha perduto il coniuge ♦ *s.m.* Uomo cui è morta la moglie.

vedùta *s.f.* **1** Vista, panorama: *terrazza con v. sul mare* **2** Dipinto, disegno, stampa o fotografia che rappresenta un paesaggio o parte di una città: *una v. di Venezia* **3** (al *pl.*) Modo di pensare, di giudicare Ⓢ mentalità, idee: *un uomo di larghe v.*

vegetàle *agg.* **1** Delle piante: *il regno v.* **2** Che si ricava dalle piante: *colori, tessuti v.*; *grassi v.* ♦ *s.m.* Organismo vivente appartenente al regno vegetale Ⓢ pianta.

vegetariàno *agg.* A base di vegetali, senza carni: *dieta v.* ♦ *agg.* e *s.m.* Che, chi abitualmente non si ciba di carni.

vegetazióne *s.f.* **1** La nascita, la crescita e lo sviluppo degli organismi vegetali: *clima favorevole alla v.* **2** L'insieme e il genere di piante che crescono in un determinato territorio: *una zona ricca di v.*; *v. equatoriale, mediterranea.*

véglia *s.f.* Lo stato di chi è desto, sveglio: *passare dal sonno alla v.*

vegliàre *v.intr.* [aus. *avere*] **1** Restare sveglio, spec. nelle ore notturne **2** Prendersi cura di qlcu. o qlco.: *v. sulla salute dei figli* ♦ *v.tr.* Assistere qlcu. durante la notte restando svegli: *v. un malato.*

veìcolo *s.m.* **1** Qualsiasi mezzo di trasporto guidato dall'uomo: *v. stradali, aerei, spaziali* **2** Mezzo di propagazione, di trasmissione, di diffusione di qlco.: *l'acqua inquinata è un v. d'infezioni.*

véla *s.f.* **1** Telo molto robusto, di grandezza e forma varia, fissato all'albero o all'alberatura di un'imbarcazione in modo da imprimere a essa la spinta che riceve dal vento **2** Lo sport che si pratica con imbarcazioni a vela: *è un appassionato di v.*

velàre *v.tr.* Coprire con un velo: *v. il capo.*

velàto *agg.* **1** Coperto con un velo **2** Offuscato, annebbiato: *cielo v.*

veléno *s.m.* Sostanza che penetrando nell'organismo può provocare danni molto gravi o anche la morte: *v. per topi* ◊ Sostanza dannosa per la salute: *l'alcol è v. per il fegato.*

velenóso *agg.* Che è un veleno Ⓢ tossico: *sostanza v.* ◊ Che contiene veleno: *fungo v.* ◊ Che inietta veleno: *serpente v.*

velìvolo *s.m.* Aeroplano o aliante.

vellùto *s.m.* Tessuto ricoperto sul diritto da uno strato di pelo corto, molto fitto e morbido: *v. di seta, di lana, di cotone.*

vélo *s.m.* **1** Pezzo di tessuto molto fine, leggero e trasparente, usato soprattutto nell'abbigliamento femminile: *v. nuziale* **2** Strato molto sottile che ricopre o offusca qlco.: *sui mobili c'era un v. di polvere.*

velóce *agg.* **1** Che si sposta o permette di spostarsi con rapidità: *aereo v.*; *auto-strada v.* ◊ Che viene fatto in un tempo molto breve: *una mossa v.* ◊ Che lavora, agisce con rapidità: *fu v. nel decidere* **2** Che passa rapidamente: *i giorni trascor-revano v.*

velocità *s.f.* **1** Caratteristica di chi o di ciò che è veloce ⓢ rapidità, sveltezza, cele-rità **2** Grandezza che esprime il rapporto tra lo spazio percorso da un corpo e il tempo impiegato per percorrerlo.

véna *s.f.* Ciascuno dei vasi sanguigni che portano il sangue dalla periferia al cuore; nel linguaggio comune, vaso sanguigno in genere (cioè vena o arteria).

venàle *agg.* Avido di denaro, che agisce solo per lucro, che può essere corrotto.

vendémmia *s.f.* Raccolta dell'uva ◊ Quantità d'uva raccolta: *una v. scarsa.*

vendemmiàre *v.tr.* Raccogliere l'uva matura.

véndere *v.tr.* **1** Cedere ad altri la pro-prietà di qlco. in cambio di denaro **2** Commerciare in qlco., come attività abi-tuale: *v. mobili, tessuti* ♦ **vendersi** *v.pr.* Tradire la propria parte, i propri doveri, lasciarsi corrompere per denaro o per interesse: *v. al nemico.*

vendétta *s.f.* Danno o offesa che si arreca volontariamente a qlcu. per punirlo di danni o offese precedentemente subiti.

vendicàre *v.tr.* e **vendicarsi** *v.pr.* Com-pensare un danno, un'offesa, un torto subiti procurando del male a chi li ha compiuti: *v. i compagni traditi.*

véndita *s.f.* **1** Cessione di un bene ad altri in cambio di denaro **2** (spec. al *pl.*) Quan-tità di merci vendute: *aumento delle v.*

venditóre *s.m.* Chi vende: *v. ambulante.*

veneràre *v.tr.* Fare oggetto di devozione religiosa: *v. i santi* ◊ Sentire e manifestare grande rispetto e profonda devozione verso qlcu. o qlco.: *v. i propri genitori.*

veneziàna *s.f.* Tenda per finestra formata da stecche di plastica, legno o metallo, inclinabili e avvolgibili.

venìre *v.intr.* [aus. *essere*] **1** Recarsi nel luogo dove si trova, va o sarà la persona che parla o a cui si parla: *vieni da me* ◊ Andare a fare qlco. insieme alla persona che parla o a cui si parla: *vieni a fare due passi?* **2** Giungere, arrivare: *venne il mo-mento di partire* ◊ Sopraggiungere, arri-vare; capitare, presentarsi, manifestarsi: *venne il temporale*; *gli è venuto il raf-freddore*; *mi è venuta un'idea* **3** Prove-nire: *v. da una buona famiglia* ◊ Deri-vare: *parola che viene dal latino* **4** Riusci-re: *la foto è venuta bene* ◊ Risultare, dare come risultato: *se la divisione è giusta deve v. questo numero* **5** Può sostituire *essere* come ausiliare nella coniugazione passiva dei verbi: *la partita verrà tra-smessa in diretta.*

ventàglio *s.m.* Arnese per farsi vento al viso.

ventàta *s.f.* Colpo di vento.

ventilàto *agg.* Esposto al vento: *una zona molto v.* ◊ Arieggiato: *una stanza ben v.*

ventilatóre *s.m.* Apparecchio elettrico costituito da pale che, ruotando, creano una corrente d'aria.

vènto *s.m.* Movimento di masse d'aria provocato da differenze di pressione e di temperatura tra zone diverse dell'atmosfera | ✤ *Gettare al v.* = sprecare.

ventóso *agg.* In cui c'è molto vento: *giornata v.* ◊ Battuto dal vento, esposto al vento: *una collina, una regione v.*

ventràle *agg.* Del ventre.

vèntre *s.m.* Cavità del corpo contenente lo stomaco e l'intestino e parte esterna del corpo corrispondente Ⓢ addome, pancia.

ventùro *agg.* Prossimo: *il mese, l'anno v.*

venùta *s.f.* Arrivo: *la sua v. è imminente.*

veràce *agg.* **1** Che risponde al vero, alla realtà: *parole v.* ◊ Che dice il vero Ⓢ veritiero: *testimone v.* **2** Genuino, autentico: *un vino v.; vongole v.; un napoletano v.*

verànda *s.f.* Balconata o terrazza coperta e chiusa ai lati da vetrate: *una v. sul mare.*

verbàle *agg.* **1** Fatto, espresso a voce Ⓢ orale: *ordini v.* ◊ Fatto di parole, manifestato attraverso parole: *linguaggio v.; offesa v.* **2** Del verbo, che riguarda il verbo: *forme v.*

vèrbo *s.m.* Parte variabile del discorso che costituisce l'elemento fondamentale della frase in quanto esprime l'azione o lo stato del soggetto.

vérde *agg.* **1** Detto di colore dell'iride intermedio tra il giallo e l'azzurro; è caratteristico delle foglie giovani e dell'erba fresca **2** Detto di vegetali, tenero, fresco o non ancora maturo o non ancora seccato: *la legna v. brucia male* **3** Ricco di vegetazione: *una v. vallata* **4** Nel linguaggio politico, ecologista: *partito v.* ♦ *s.m.* **1** Il colore verde **2** Vegetazione, prati, alberi: *casa immersa nel v.* ◊ Zona, spec. urbana, riservata a prati e alberi: *la difesa del v.* **3** La luce verde del semaforo che

consente di passare: *attendere il v.* **4** Aderente a movimenti ecologisti.

verdétto *s.m.* **1** Responso della giuria popolare sulla colpevolezza dell'imputato **2** Decisione di un giudice, di un arbitro o di una giuria.

verdùra *s.f.* Ogni tipo di vegetali utilizzati per l'alimentazione umana Ⓢ ortaggi.

vérga *s.f.* Bastone o bacchetta lunga e sottile.

vérgine *agg.* **1** Che non ha mai avuto rapporti sessuali **2** Che è rimasto allo stato naturale: *foresta v.* | *Lana, cera, miele v.* = puri, naturali, non raffinati.

vergógna *s.f.* **1** Sentimento di colpa o di umiliante mortificazione che si prova per un'azione o un comportamento, propri o di altri, sentiti come disonesti, sconvenienti, indecenti e come causa di disonore e discredito: *all'accusa di aver rubato arrossì di v.* **2** Senso di impaccio, di soggezione dovuto a timidezza o ritrosia: *ha v. a esibirsi in pubblico* **3** Disonore, infamia: *la v. del tradimento* ◊ Cosa disonorevole o che suscita riprovazione, indignazione: *non è una v. essere poveri.*

vergognàrsi *v.pr.* **1** Provare, avere vergogna: *si vergognò di quello che aveva fatto* **2** Avere pudore, timore, soggezione di fare qlco.: *v. a parlare in pubblico.*

vergognóso *agg.* **1** Che è motivo di vergogna Ⓢ ignobile: *un v. tradimento* **2** Che sente, mostra o esprime imbarazzo, timidezza: *se ne stava zitto, con un'aria v.*

verìfica *s.f.* Controllo di qlco. fatto per accertarne l'esattezza, la regolarità, l'efficienza ecc.: *v. di un problema.*

verificàre *v.tr.* Controllare qlco. allo scopo di accertarne l'esattezza, la regolarità, l'efficienza, la sicurezza ecc.: *v. una notizia* ♦ **verificarsi** *v.pr.* **1** Accadere, succedere: *si è verificato un fatto nuovo* **2** Avverarsi, trovare conferma: *le tue previsioni si sono verificate.*

verità *s.f.* **1** Rispondenza al vero, alla realtà ⓢ veridicità, autenticità, esattezza: *ristabilire la v. dei fatti* **2** Ciò che è vero: *non mentire, dimmi la v. su quel che sai.*

veritièro *agg.* **1** Che dice il vero: *testimone v.* **2** Che risponde a verità: *notizia v.*

vèrme *s.m.* Nome generico di vari piccoli animali invertebrati dal corpo allungato, molle e privo di zampe.

vernìce *s.f.* Sostanza liquida, trasparente o colorata, che si applica su una superficie a scopo protettivo o decorativo.

verniciàre *v.tr.* Rivestire di uno strato di vernice: *v. un mobile, una ringhiera.*

véro *agg.* **1** Rispondente, conforme alla realtà dei fatti: *quel che dico è v.* ◊ Reale, effettivo, autentico: *il suo v. nome è un altro* **2** Che è realmente ciò che indica il nome a cui è unito ⓢ effettivo, autentico: *il v. colpevole del delitto*; *non è il v. padre, ma il patrigno*; *è una v. ingiustizia!* ◊ Autentico, genuino, originale, non artificiale (riferito a prodotti e materiali): *scarpe di v. cuoio* ◊ Sincero, profondo: *è un v. amico* ♦ *s.m.* Ciò che è vero, la verità: *è una persona che dice sempre il v.*

verosìmile *agg.* Che ha tutta l'apparenza della verità e che perciò può essere ritenuto vero: *il suo è un racconto v.*

versaménto *s.m.* **1** Fuoriuscita accidentale di un liquido da recipienti o condutture **2** Pagamento o deposito di una somma di denaro: *fare un v. in banca.*

versàre *v.tr.* **1** Fare uscire un liquido o un materiale granuloso o in polvere da un recipiente per metterlo in un altro, o per gettarlo o spargerlo su qlco.: *v. la farina in un sacchetto* ◊ Rovesciare inavvertita-

mente su qlco. o qlcu. un liquido o una sostanza in polvere: *v. il sale sulla tovaglia* **2** Lasciar fuoriuscire, spargere liquidi contenuti nel proprio interno: *la ferita versa sangue*; *v. lacrime* **3** Pagare, consegnare o depositare una somma di denaro: *v. mille euro in banca* ♦ *v.intr.* [aus. *avere*] Essere, trovarsi in una certa condizione negativa: *v. in fin di vita.*

versióne *s.f.* **1** Traduzione da una lingua in un'altra, spec. come esercizio scolastico: *v. dal latino* **2** Adattamento di un testo a un'altra forma artistica: *la v. cinematografica di un romanzo* **3** Tipo, modello di prodotto che presenta modifiche particolari rispetto al modello base: *la v. familiare di un'automobile* **4** Modo personale e soggettivo di riferire uno stesso fatto: *sentì tre v. diverse dell'incidente.*

vèrso[1] *s.m.* **1** Direzione, senso di un movimento: *veniva dal v. opposto* **2** Modo, maniera: *non ci fu v. di convincerlo* **3** Ogni singola riga di testo di un componimento poetico: *strofa di cinque v.* ◊ (al *pl.*) Poesie: *scrivere v.* **4** Suono, grido caratteristico emesso da un animale: *il v. del lupo, del gufo* **5** La parte posteriore di un foglio ◊ Il rovescio di una moneta o di una medaglia.

vèrso[2] *prep.* **1** In direzione di: *si voltò v. di me* **2** Nei pressi di, dalle parti di: *abita v. la stazione* **3** Circa a, intorno a (una determinata ora o età): *arriverò v. le nove* **4** Nei confronti di: *rispetto v. il padre.*

vèrtebra *s.f.* Ognuno degli elementi ossei che, articolati uno sull'altro, formano la colonna vertebrale.

vertebràle *agg.* Costituito da vertebre: *colonna v.* ◊ Delle vertebre: *lesione v.*

vertebràti *s.m.pl.* Tipo di animali con uno scheletro interno sostenuto da una serie di vertebre; ne fanno parte mammiferi, rettili, uccelli, anfibi e pesci.

vertènza *s.f.* Controversia, lite ancora in atto: *risolvere una v. sindacale.*

verticàle *agg.* Perpendicolare rispetto al suolo o a un piano orizzontale di riferimento | *Posizione v.* = eretta, dritta.

vèrtice *s.m.* **1** In geometria, punto in cui si incontrano due lati di un angolo o gli spigoli e le facce di un poliedro **2** ✿ Punto o livello più alto Ⓢ culmine: *un cantante al v. del successo* **3** ✿ Il più alto livello dirigente di uno stato, di un'organizzazione ecc. e il complesso delle persone che ne fanno parte, i massimi dirigenti, le massime autorità: *il v. e la base del partito.*

vertìgine *s.f.* Disturbo del senso dell'equilibrio con sensazione che il corpo si sposti rispetto all'ambiente circostante o questo rispetto al corpo Ⓢ capogiro.

vérza *s.f.* Varietà di cavolo dalle foglie larghe e rugose.

vescìca *s.f.* **1** *V. (urinaria)* = organo cavo che nell'uomo e nei mammiferi ha la funzione di raccogliere l'urina **2** Bolla piena di siero che si forma sulla pelle in seguito a scottatura o sfregamento: *mi è venuta una v. su una mano.*

véscovo *s.m.* Nella chiesa cattolica, chi è investito del compito di governare una diocesi | *Il v. di Roma* = il papa.

vèspa *s.f.* Insetto simile all'ape con il corpo nero e giallo; le femmine sono dotate di un pungiglione velenoso.

vestàglia *s.f.* Ampia e lunga veste da indossare in casa, aperta sul davanti e tenuta allacciata in vita da una cintura: *dopo aver cenato si mise in v.*

vèste *s.f.* Indumento maschile o femminile che copre l'intera persona; in partic.,

vestito femminile fatto di un solo pezzo ◊ (al *pl.*) Il complesso degli indumenti esterni indossati: *strapparsi le v.*

vestiàrio *s.m.* Insieme di vestiti e capi d'abbigliamento: *v. per il viaggio.*

vestìbolo *s.m.* Ampio ambiente di ingresso di edifici pubblici e privati Ⓢ atrio.

vestìre *v.tr.* **1** Coprire qlcu. con vestiti: *v. il bambino* ◊ Fornire qlcu. degli indumenti necessari: *spende molto per v. i figli* **2** Indossare: *v. un abito da sera* ◆ *v.intr.* [aus. *avere*] Indossare abiti di un certo tipo; andare vestito in un certo modo: *v. di grigio*; *v. con gusto* ◆ **vestirsi** *v.pr.* **1** Mettersi addosso indumenti: *v. dopo la doccia* ◊ Indossare vestiti di un certo tipo; abbigliarsi in un certo modo: *v. da sera*; *v. elegantemente* **2** Fornirsi di abiti: *v. ai grandi magazzini.*

vestìto[1] *agg.* Con gli abiti indosso: *dormire v.* ◊ Che indossa determinati abiti: *era v. da sera.*

vestìto[2] *s.m.* Abito: *v. da donna, da uomo.*

veterinàrio *s.m.* Medico che cura gli animali domestici.

vèto *s.m.* **1** Atto formale di opposizione con cui, da parte di chi ne ha il potere (*diritto di v.*), si impedisce l'attuazione di qlco. **2** Proibizione, divieto.

vetràta *s.f.* Chiusura di un vano costituita da lastre di vetro sostenute da un telaio.

vetrìna *s.f.* **1** Parte del negozio chiusa da vetrate, in cui vengono esposte le merci in vendita ◊ La vetrata che protegge questa parte del negozio: *il ladro spaccò la v.* **2** Mobile a vetri per custodire ed esporre oggetti di particolare pregio: *le v. del museo.*

vétro *s.m.* **1** Materiale duro, fragile, per lo più trasparente, che si ottiene fondendo ad alta temperatura sabbia e altre sostanze; è impiegato per fabbricare oggetti d'uso o artistici e strumenti vari: *lastra, bottiglia, collana, lente di v.* **2** Lastra di vetro: *il v. della finestra.*

vétta *s.f.* Cima: *la vetta del monte.*

vettùra *s.f.* **1** Carrozza a cavalli per il trasporto pubblico di passeggeri ◊ Carrozza ferroviaria ⓢ vagone: *v. ristorante* **2** Autovettura, automobile: *v. sportiva.*

vi *pron.pers.* [Forma che assume il pronome personale *voi* quando è usato come complemento oggetto o come complemento di termine] Voi: *chi vi ha invitato?* ◊ A voi: *vi manderò il pacco domani* ◊ Si usa nella coniugazione dei verbi pronominali di ogni tipo ♦ *avv.* Qui, in questo luogo; lì, in quel luogo ◊ Per questo, per quel luogo.

vìa[1] *s.f.* **1** Strada **2** Percorso, itinerario: *prendere la v. più corta* **3** Passaggio, varco: *aprirsi una v. nella boscaglia* **4** Modo o mezzo attraverso cui avviene un trasporto o una comunicazione: *trasporto v. mare*; *trasmissione v. cavo* **5** ♣ Modo, mezzo, sistema per giungere a un dato obiettivo o risultato: *non avere v. di scampo*; *cercare una v. d'uscita* **6** Canale, condotto dell'organismo: *v. respiratorie* ◊ Passaggio attraverso cui viene introdotto un farmaco all'interno del corpo: *prendere una medicina per v. orale.*

vìa[2] *avv.* Lontano, altrove: *andare v.* ♦ *inter.* **1** Si usa per cacciare qlcu. o per farlo allontanare immediatamente da un luogo: *v. di lì, è pericoloso!* **2** Si usa per dare il segnale di partenza di una gara: *uno, due, tre, v.!* ♦ *s.m.* Segnale di partenza o d'inizio di gare, esercizi, giochi.

viabilità *s.f.* **1** Possibilità di transito per i veicoli: *v. interrotta per frana* **2** Rete stradale: *la regione ha una buona v.*

viadótto *s.m.* Ponte costruito per permettere il passaggio di strade o linee ferroviarie sopra vallate, depressioni del terreno o zone urbane.

viaggiàre *v.intr.* [aus. *avere*] **1** Spostarsi da un luogo a un altro, per lo più compiendo un percorso di una certa lunghezza e durata: *v. in treno, in aereo* ◊ Fare viaggi: *amo v.* **2** Detto di mezzi di trasporto, spostarsi, compiere il proprio percorso: *l'auto viaggiava a forte velocità* ◊ Venire trasportato: *merci che viaggiano su strada.*

viàggio *s.m.* L'andare da un luogo a un altro compiendo un percorso di una certa lunghezza e durata: *v. per mare, in treno, in aereo* ◊ Giro più o meno lungo attraverso luoghi e paesi diversi dal proprio: *v. turistico, di nozze.*

viàle *s.m.* Strada urbana ampia e alberata: *il v. della stazione* ◊ Strada tra gli alberi di parchi e giardini.

viavài *s.m.invar.* Movimento incessante di persone che vanno e che vengono ⓢ andirivieni.

vibràre *v.intr.* [aus. *avere*] **1** Entrare in vibrazione, muoversi con rapide e frequenti oscillazioni: *fare v. le corde della chitarra* **2** ♣ Fremere, tremare: *la sua voce vibrava di sdegno* ♦ *v.tr.* Dare, tirare con forza un colpo: *v. un pugno a qlcu.*

vibrazióne *s.f.* Oscillazione di breve ampiezza e notevole frequenza, che spesso produce effetti sonori: *le v. delle corde di una chitarra.*

vicènda *s.f.* **1** Avvenimento, caso o serie di avvenimenti e casi che riguardano la vita e la storia di una o più persone: *le dolorose v. di un popolo* **2** A v. = reciprocamente, l'un l'altro: *aiutarsi a v.*

vicinànza *s.f.* L'essere vicino nello spazio o nel tempo Ⓢ prossimità ◊ (al *pl.*) I dintorni: *abita nelle v. dello stadio.*

vicìno *agg.* **1** Che è, che sta a breve distanza **2** Non lontano nel tempo Ⓢ imminente, prossimo: *l'estate è v.* ♦ *s.m.* Chi sta e spec. chi abita vicino: *andare d'accordo con i v.* ♦ *avv.* A poca distanza, accanto: *abita qui v.* ♦ *prep.* V. a = nei pressi di; accanto a: *vieni v. a me.*

vìcolo *s.m.* Piccola strada stretta di un centro urbano.

vìdeo *s.m.* **1** Apparecchiatura per la trasmissione televisiva delle immagini: *regolare il v.* **2** Schermo del televisore o del computer: *stare sempre davanti al v.*

vietàre *v.tr.* Proibire, non permettere a qlcu. di fare qlco.: *v. una manifestazione.*

vietàto *agg.* Non permesso Ⓢ proibito.

vigilàre *v.tr.* Sorvegliare, controllare: *v. una banca giorno e notte* ♦ *v.intr.* [aus. *avere*] Esercitare un attento controllo su qlco.; fare attenzione, badare a qlco.

vìgile *s.m.* V. *(urbano)* = guardia municipale che ha il compito di regolare il traffico urbano e di vigilare sull'applicazione delle norme comunali ◊ *V. del fuoco* = chi ha il compito di prevenire e spegnere gli incendi e di intervenire in ogni caso di calamità naturali, incidenti ecc. Ⓢ pompiere.

vigìlia *s.f.* Giorno che precede una festa religiosa: *la v. di Natale* ◊ Il giorno o il periodo di tempo che precede un fatto, un avvenimento: *la v. della partenza.*

vigliaccherìa *s.f.* Viltà.

vigliàcco *agg.* e *s.m.* **1** Che, chi manca di coraggio e della capacità di affrontare pericoli e sacrifici Ⓢ codardo, vile **2** Che, chi è prepotente con chi è più debole.

vìgna *s.f.* Coltura di viti, terreno coltivato a viti Ⓢ vigneto: *colline ricoperte da v.*

vignéto *s.m.* Esteso appezzamento di terreno coltivato a vite: *i v. del Chianti.*

vignétta *s.f.* Disegno, per lo più satirico o umoristico, con o senza parole, pubblicato su giornali, riviste o libri.

vigóre *s.m.* **1** Forza vitale, energia ed efficienza di un organismo umano, animale o vegetale ◊ ✿ Energia: *protestare con v.* **2** In v. = che ha validità: *il nuovo orario entrerà in v. domani.*

vigoróso *agg.* Pieno di vigore, di forza, di energia (anche ✿): *una v. protesta.*

vìle *agg.* **1** Che manca di coraggio Ⓢ codardo, vigliacco **2** Spregevole, vergognoso, ignobile: *un v. traditore*; *una v. calunnia* ♦ *s.m.f.* Persona vile Ⓢ vigliacco.

vìlla *s.f.* Casa signorile circondata da un giardino o da un parco.

villàggio *s.m.* **1** Piccolo centro abitato Ⓢ paese **2** Complesso edilizio che ospita temporaneamente o stabilmente una determinata categoria di persone: *v. turistico, olimpico, universitario.*

villàno *agg.* Scortese, maleducato, incivile ♦ *s.m.* Persona maleducata e scortese: *comportarsi da v.*

villeggiànte *s.m.f.* Chi è o va in villeggiatura.

villeggiatùra *s.f.* Periodo di riposo e svago che si trascorre, per lo più durante l'estate, in luoghi salubri e tranquilli lontani dalle città: *partire per la v.*

viltà *s.f.* Caratteristica di chi è pauroso, vigliacco o dimostra nei suoi atti un animo basso e meschino Ⓢ vigliaccheria, bassezza, meschinità.

vìncere *v.tr.* **1** Superare, sconfiggere, battere qlcu.: *v. il nemico* **2** Portare a termine con successo qlco., avendo la meglio su altri: *v. una partita, una scommessa* **3** Ottenere qlco. in quanto vincitore Ⓢ aggiudicarsi, guadagnare: *v. un premio* **4** ☙ Avere ragione di qlco. di avverso, ostile, negativo Ⓢ superare: *v. ogni difficoltà* ◊ Dominare bisogni, impulsi, sensazioni, passioni, stati d'animo: *v. il sonno*; *v. la paura* ♦ *v.intr.* [aus. *avere*] Riportare la vittoria Ⓢ prevalere: *v. con l'astuzia* ♦ **vincersi** *v.pr.* Controllarsi, dominarsi.

vìncita *s.f.* Il vincere al gioco o in scommesse e gare a premi: *v. alla lotteria* ◊ Il premio o la somma che si vince.

vincitóre *agg.* e *s.m.* Che, chi vince.

vìncolo *s.m.* Legame, rapporto di tipo affettivo o morale: *v. di amicizia, di parentela* ◊ Obbligo di natura morale o giuridica: *il v. del giuramento, del matrimonio.*

vìno *s.m.* Bevanda alcolica ottenuta facendo fermentare il mosto d'uva.

vìnto *agg.* **1** Sconfitto, battuto: *darsi per v.* **2** Portato a termine con successo: *partita v.* **3** Ottenuto con una vincita: *incassare la somma v.*

vìòla *s.f.* Pianta erbacea dai bei fiori di vari colori ♦ *s.m.invar.* Colore tra il rosso scuro e il turchino ♦ *agg.invar.* Di colore viola: *camicetta, calze v.*

violàre *v.tr.* **1** Non rispettare regole, obblighi, doveri, diritti altrui ecc. Ⓢ trasgredire, infrangere, ledere: *v. la legge* **2** Penetrare illegalmente o con la forza in un luogo: *v. il domicilio altrui.*

violentàre *v.tr.* Costringere con la forza una persona a un atto sessuale Ⓢ stuprare.

violènto *agg.* **1** Che ricorre abitualmente alla forza per imporre il proprio volere: *un uomo v.* **2** Che si basa sull'uso della forza: *metodi v.* ◊ Aggressivo, aspro: *un discorso v.* **3** Che si svolge o si manifesta con forza distruttiva, con grande impeto Ⓢ impetuoso, travolgente: *una v.*

tempesta; *una v. passione* **4** ☙ Particolarmente forte, intenso, vivo: *una luce v.*

violènza *s.f.* **1** Tendenza all'uso della forza, aggressività ◊ Asprezza, durezza: *la v. di un rimprovero* **2** Azione violenta, uso della forza: *imporsi con la v.* | *V. carnale* = stupro **3** Forza, intensità, impeto eccezionale e travolgente Ⓢ furia, veemenza: *la v. di una tempesta.*

violìno *s.m.* Strumento musicale a quattro corde che si suona con un archetto.

vìpera *s.f.* Serpente piccolo e molto velenoso, con testa triangolare.

viràle *agg.* Provocato da virus: *epatite v.*

viràre *v.intr.* [aus. *avere*] Nelle imbarcazioni a vela, manovrare in modo da ricevere il vento dal lato opposto ◊ Detto di navi o aerei, cambiare, invertire la rotta.

vìrgola *s.f.* **1** Segno di punteggiatura (,) che indica una pausa breve all'interno della frase o del periodo **2** In matematica, segno grafico che separa la parte intera di un numero da quella decimale.

virgolétte *s.f.pl.* Coppia di segni grafici ("…" o «…») che si mettono prima e dopo una parola o una frase quando si riporta un discorso diretto o una citazione, quando si dà la traduzione o la definizione di un termine, o quando si vuole dare maggior rilievo o particolare sfumatura a una parola o a una frase.

virìle *agg.* **1** Proprio dell'uomo, del maschio Ⓢ maschile **2** Da uomo adulto: *voce v.* **3** ☙ Coraggioso, forte, risoluto.

virtù *s.f.* **1** Disposizione costante a fare il bene, ad agire secondo la legge morale ◊ Qualità positiva di una persona Ⓢ dote, pregio: *ha la v. dell'onestà* **2** Facoltà, proprietà, efficacia: *le v. curative di una pianta.*

vìrus *s.m.invar.* **1** Agente infettivo di dimensioni ultramicroscopiche che vive e si riproduce come parassita nelle cellule viventi provocando malattie varie: *il v. dell'influenza, dell'AIDS* **2** Nel linguaggio informatico, programma pirata che si diffonde invisibilmente a tutti i computer con cui viene a contatto e causa alterazioni nel loro funzionamento.

vìscere *s.m.* [pl. *visceri* o pl.f. *viscere*] **1** Ogni organo racchiuso nella cavità toracica e addominale dei vertebrati ◊ (al *pl.*) Interiora di un animale ucciso: *togliere le v. a un pesce* **2** ♧ La parte più interna di qlco.: *le v. di una montagna.*

vìscido *agg.* Che dà al tatto una sgradevole sensazione di molle, umidiccio e scivoloso: *mani v.* ◊ Scivoloso: *strada v. per la pioggia.*

visibilità *s.f.* **1** Possibilità di essere visto **2** Possibilità di vedere a una certa distanza: *v. ridotta a zero causa nebbia.*

visièra *s.f.* Nei caschi da motociclista, sciatore ecc., la parte anteriore di plastica trasparente che protegge il viso dall'aria e dalla pioggia.

visióne *s.f.* **1** Capacità di vedere Ⓢ vista, percezione visiva **2** L'atto di esaminare qlco. Ⓢ esame: *prendere v. di un documento* **3** Proiezione o trasmissione di un film o di uno spettacolo televisivo: *v. riservata alla stampa* **4** Scena, spettacolo che colpisce lo sguardo: *una v. meravigliosa* **5** ♧ Idea, concetto: *avere una v. complessiva del problema* **6** Il vedere in sogno e ciò che si vede.

vìsita *s.f.* **1** Il recarsi a trovare qlcu. per intrattenersi con lui o per altri motivi ◊ Persona che viene a fare visita: *stasera abbiamo v.* ◊ L'andare a vedere un luogo per motivi di studio, di cultura, di svago, di lavoro ecc.: *v. a un museo* **2** Esame diretto di un paziente da parte del medico.

visitàre *v.tr.* **1** Fare una visita a una persona o a un luogo **2** Sottoporre a visita medica: *farsi v. da uno specialista.*

visìvo *agg.* Della vista, della visione.

vìso *s.m.* Volto, faccia.

vìsta *s.f.* **1** Facoltà di vedere, capacità visiva: *esame della v.*; *perdere la v.* **2** Possibilità oggettiva di vedere Ⓢ visuale: *quell'edificio limita la v. del mare* ◊ L'atto di vedere, il fatto di essere visto: *alla v. del figlio ferito svenne*; *sottrarsi alla v. dei nemici* | ♧ *Mettersi in v.* = farsi notare, mettersi in luce **3** Panorama, veduta: *da qui si gode una v. stupenda* ◊ Visione, scena: *un v. straziante.*

vìsto *s.m.* Firma, sigla o timbro con cui l'autorità competente attesta di aver preso visione di un documento e di averlo approvato: *manca il v. sul passaporto.*

vìta[1] *s.f.* **1** La condizione e la caratteristica degli organismi che hanno la capacità di conservarsi, crescere, riprodursi e che si distinguono perciò dalla materia non vivente: *v. animale, vegetale, umana* ◊ La condizione, il fatto di essere vivo: *restare in v.* **2** L'esistenza di un individuo (come durata, come svolgimento, come insieme di vicende): *mi raccontò la sua v.* **3** Modo di vivere particolare di un individuo Ⓢ esistenza: *fare una v. sana*; *la v. del contadino, del medico*; *tenore di v.* ◊ La dimensione collettiva del vivere, come insieme di attività e di rapporti personali e sociali: *la v. familiare*; *partecipare alla v. politica* **4** Il mondo umano, la realtà delle cose terrene: *avere esperienza della v.* **5** Ciò che è necessario materialmente per vivere: *guadagnarsi la v. lavorando* **6** Salute, vitalità: *un bambino pieno di v.* ◊ Animazione, fermento, vivacità: *le strade erano piene di v.* **7** Durata di qlco.: *moda che ha avuto breve v.* **8** Essere umano, persona: *la guerra stroncò molte v.*

vìta² *s.f.* La parte del corpo umano compresa tra i fianchi e il busto: *v. sottile* ◊ La parte corrispondente degli abiti.

vitàle *agg.* **1** Della vita, relativo alla vita: *energia v.* ◊ Necessario e indispensabile alla vita: *organi v.* **2** ✿ Fondamentale, essenziale: *una questione di v. importanza.*

vitalità *s.f.* **1** Energia vitale, vivacità **2** ✿ Efficienza, funzionalità, dinamismo.

vitamìna *s.f.* Sostanza organica, contenuta negli alimenti, indispensabile per il normale funzionamento dei processi vitali dell'uomo e degli animali.

vitamìnico *agg.* Di vitamine: *carenza v.* ◊ Ricco di vitamine: *alimenti v.*

vìte¹ *s.f.* Pianta rampicante con foglie grandi e frutti a bacca riuniti in grappoli che vengono consumati freschi o usati per produrre vino.

vìte² *s.f.* Elemento metallico che serve per collegare e fissare tra loro pezzi diversi; simile a un chiodo, sul suo gambo è incisa una scanalatura a spirale ed è dotato di una testa che consente di avvitarlo e svitarlo per mezzo di un cacciavite.

vitèllo *s.m.* Il piccolo della vacca fino a un anno di età ◊ La sua carne macellata.

vìttima *s.f.* **1** Chi perde la vita o subisce gravi danni in conseguenza di una calamità naturale, di una guerra, di un incidente e sim.: *le v. di un'epidemia* **2** Chi è perseguitato o comunque subisce un'ingiustizia, una sopraffazione: *le v. delle dittature, del razzismo* ◊ Chi è danneggiato da una situazione o da un comportamento, altrui o anche proprio: *sei v. di un equivoco.*

vìtto *s.m.* L'insieme dei cibi necessari per l'alimentazione abituale o quotidiana di una o più persone.

vittòria *s.f.* Successo in un conflitto, in uno scontro, in una competizione e sim.

vittorióso *agg.* Che ha vinto Ⓢ vincitore: *la squadra v.* ◊ Di vittoria: *esito v.* ◊ Che si è concluso con una vittoria: *battaglia v.*

vìva *inter.* Esclamazione di plauso, di approvazione entusiastica.

vivàce *agg.* **1** Pieno di vitalità e sempre in movimento: *bambino v.* **2** Pronto, sveglio e acuto: *intelligenza v.* **3** Animato, acceso, aspro: *discussione v.* **4** Intenso, vivo e splendente: *luce v.*; *colori v.*

vivàio *s.m.* **1** Terreno in cui si seminano e si coltivano piante fino al momento del trapianto **2** Impianto in cui si allevano pesci, molluschi o crostacei.

vivànda *s.f.* Ogni cibo preparato e pronto per essere mangiato: *v. cotte, crude.*

vivènte *agg.* Dotato di vita: *organismi v.* ◊ Che è in vita: *ha ancora i nonni v.*

vìvere *v.intr.* [aus. *essere* o più raramente *avere*] **1** Avere vita Ⓢ esistere: *tutto ciò che vive è destinato a morire* ◊ Essere, restare in vita: *v. a lungo* **2** Trascorrere la propria esistenza in una data epoca ◊ Abitare, risiedere in un certo luogo o con qlcu.: *v. a Firenze*; *v. con la famiglia* ◊ Condurre la propria vita in un certo modo: *v. alla giornata* ◊ Detto di animali e piante, avere come habitat: *i pesci e le alghe vivono nell'acqua* **3** Sostentarsi materialmente, procurarsi i mezzi di sostentamento: *lavora per guadagnarsi da v.* **4** Fare di qlco. o qlcu. la ragione principale della propria vita: *v. per la famiglia* ♦ *v.tr.* Trascorrere: *v. una vita tranquilla* ◊ Passare, attraversare, sperimentare: *v. una tremenda avventura.*

vìveri *s.m.pl.* Generi alimentari, cibi.

vìvo *agg.* **1** Che vive, che è in vita **2** Vivace: *sguardo v.* ◊ ♧ Forte, intenso, profondo: *ebbe il v. desiderio di vederla* ◊ ♧ Intenso, luminoso, brillante: *luce v.*; *rosso v.* ♦ *s.m.* **1** Persona vivente: *i v. e i morti* **2** *Programma dal v.* = trasmissione radiofonica o televisiva in diretta.

viziàre *v.tr.* Abituare male qlcu., comportandosi con lui in modo troppo indulgente e arrendevole: *v. i figli.*

vìzio *s.m.* **1** Pratica abituale del male: *cadere nel v.* **2** Cattiva abitudine: *ha il v. di sparlare degli altri* ◊ Abitudine nociva: *il v. del fumo, dell'alcol.*

vizióso *agg.* Pieno di vizi, incline al vizio Ⓢ dissoluto, depravato: *uomo v.*; *vita v.*

vocabolàrio *s.m.* Dizionario.

vocàbolo *s.m.* Ogni parola di una lingua dotata di un significato autonomo.

vocàle[1] *agg.* **1** Della voce, che riguarda la voce: *corde v.* **2** Per voce, per canto: *musica v.*; *concerto v.*

vocàle[2] *s.f.* Lettera dell'alfabeto che, rappresentando un suono che può essere pronunciato da solo (a differenza di quello della *consonante)*, può dunque formare una sillaba anche da sola.

vóce *s.f.* **1** Serie di suoni emessi nel parlare o nel cantare: *v. acuta, grave*; *v. squillante, nasale* | *A v.* = oralmente **2** ♧ Persona che parla: *non una v. si levò in sua difesa* ◊ Cantante: *concorso per v. nuove* **3** ♧ Opinione; monito: *la sua v. non fu ascoltata*; *la v. della coscienza* **4** ♧ Notizia generica, non accertata: *corre v. che ci sarà una nuova tassa* **5** Vocabolo, termine.

vóga *s.f.* Moda, usanza molto diffusa e che ha ottenuto grande successo.

vòglia *s.f.* **1** Desiderio di qlco.; impulso a soddisfare un bisogno o un desiderio: *v. di mangiare, di dormire* **2** Disposizione, volontà: *ha poca v. di studiare.*

vói *pron.pers.* Pronome personale maschile e femminile di seconda persona plurale; si usa rivolgendosi a più persone.

volànte[1] *agg.* Che vola: *dischi v.*

volànte[2] *s.m.* Organo a forma di ruota che serve per comandare manualmente lo sterzo degli autoveicoli: *girare il v.*

volantìno *s.m.* Foglio stampato che viene distribuito al pubblico a scopo di pubblicità o di propaganda.

volàre *v.intr.* [aus. *avere* ed *essere*] **1** Spostarsi nell'aria per mezzo delle ali **2** Spostarsi nell'aria o nello spazio: *l'aereo volava a bassa quota* **3** Venire lanciato a distanza nell'aria: *il pallone volò oltre il muro* **4** Cadere, precipitare nel vuoto: *v. in un burrone* **5** ♧ Correre, dirigersi a grande velocità: *appena seppe la notizia volò a casa.*

volàta *s.f.* **1** Corsa rapida: *andò a casa di v.* **2** Nelle gare ciclistiche e podistiche, lo scatto finale compiuto dagli atleti in prossimità del traguardo: *batté tutti in v.*

volàtile *s.m.* Uccello.

volenteróso o **volonteróso** *agg.* Pieno di buona volontà: *un allievo molto v.*

volentièri *avv.* Di buona voglia, con piacere: *verrei v. con voi, ma non posso.*

volére *v.tr.* **1** Avere l'intenzione, la volontà o il desiderio di fare qlco., di agire in un certo modo: *non vuole studiare* **2** Aspirare a ottenere qlco.: *chi vuole un premio, deve meritarselo* ◊ Desiderare: *vorrei essere lasciato in pace* **3** Chiedere, esigere un certo compenso o prezzo: *quanto vuole per la casa?* **4** *Volerci* = essere necessario, occorrere: *ci vuole poco tempo per finire.*

volgàre *agg.* Rozzo, grossolano, privo di

ogni finezza: *modi v.* ◊ Indecente, triviale, osceno: *parole v.*

vòlgere *v.tr.* Voltare, indirizzare, dirigere, rivolgere verso qlco. o qlcu. (anche ✂): *v. lo sguardo al cielo; v. il pensiero ai figli* ♦ **volgersi** *v.pr.* Voltarsi in una direzione, verso qlco. o qlcu.: *v. indietro.*

vólo *s.m.* **1** La capacità e l'azione di volare (riferito ad animali) **2** Movimento di veicoli o altri oggetti nell'atmosfera o nello spazio: *aereo in v.* ◊ Viaggio a bordo di un aereo: *questo è il mio primo v.* ◊ Servizio di trasporto aereo; aeroplano che effettua tale servizio: *v. annullato per sciopero* **3** Caduta dall'alto o ruzzolone: *ha fatto un v. dal terzo piano.*

volontà *s.f.* **1** Capacità di decidere e agire in modo da conseguire il proprio scopo: *avere forza di v.* **2** Atto del volere: *lo ha fatto di sua spontanea v.* ◊ Ciò che qlcu. vuole: *imporre la propria v.* **3** Buona disposizione a fare qlco. Ⓢ voglia: *quel ragazzo ha poca v. di studiare.*

volontàrio *agg.* Che è deciso e fatto per libera scelta, non per obbligo Ⓢ spontaneo: *offerta v.* ◊ Intenzionale: *omicidio v.* ♦ *agg.* e *s.m.* Che, chi accetta di fare qlco. per libera scelta, senza esservi obbligato.

volonteróso vedi **volenteróso.**

vólpe *s.f.* Mammifero carnivoro selvatico, con corpo snello, pelo rossastro, muso aguzzo e coda lunga e folta.

vòlta[1] *s.f.* **1** Momento in cui a qlcu. tocca o spetta di fare una cosa; turno: *ora è la tua v. di parlare* **2** Momento, circostanza, occasione in cui avviene o è avvenuto un fatto: *la prossima v. non dimenticartene* **3** Preceduto da un numerale o da una indicazione quantitativa indica la frequenza con cui avviene un fatto o il suo ripetersi: *mangia tre v. al giorno* ◊ Indica

moltiplicazione o divisione di una quantità: *tre v. tre fa nove; due v. più piccolo.*

vòlta[2] *s.f.* Copertura a superficie curva di un edificio o di un ambiente: *la v. di una chiesa* ◊ La superficie interna concava di una volta: *la v. affrescata della Cappella Sistina.* ◊ ✂ *V. celeste* = il cielo.

voltàre *v.tr.* **1** Girare dal lato opposto qlco. che abbia due facce: *v. un quadro* **2** Girare, dirigere qlco. in una direzione (diversa o contraria rispetto a quella in cui era indirizzato): *v. la testa* ♦ *v.intr.* [aus. *avere*] Cambiare direzione: *al prossimo incrocio devi v. a destra* ♦ **voltarsi** *v.pr.* Girare il proprio corpo o anche solo la testa: *camminava senza v. indietro.*

vólto *s.m.* Viso, faccia: *v. delicato.*

volùbile *agg.* Che cambia facilmente opinione o atteggiamento Ⓢ incostante.

volùme *s.m.* **1** Lo spazio occupato da un corpo e la misura di tale spazio: *il v. di una sfera; calcolare il v. di una stanza* ◊ Massa, mole, ingombro di un corpo: *un pacco di grande v.* **2** Intensità di un suono: *abbassa il v. della radio* **3** Libro.

voluminóso *agg.* Che occupa molto spazio Ⓢ ingombrante, grosso: *un pacco v.*

vomitàre *v.tr.* Espellere dalla bocca ciò che si ha nello stomaco: *v. la cena.*

vòmito *s.m.* Violenta emissione dalla bocca di ciò che si ha nello stomaco ◊ Il materiale vomitato: *sporcare il letto di v.*

voràce *agg.* Che divora grandi quantità di cibo per saziarsi (detto di animale) ◊ Che mangia molto e con avidità Ⓢ ingordo: *un bimbo v.*

voràgine *s.f.* Profonda apertura, spaccatura del terreno Ⓢ baratro.

vòrtice *s.m.* Rapido movimento rotatorio di una massa d'acqua, di aria e sim.; la massa stessa che si muove in tal modo.

vòstro *agg.poss. di seconda pers.pl.* Che appartiene a voi: *la v. casa* ◊ Che si riferisce a voi; che riguarda voi, proviene da voi o è fatto da voi: *non è affar v.* ◊ Che ha con voi una relazione di parentela, di amicizia, di lavoro, di dipendenza ecc.: *le v. cugine; il v. paese* ♦ *pron.poss. di seconda pers.pl.* Ha gli stessi usi e significati dell'aggettivo ed è sempre preceduto dall'articolo determinativo.

votàre *v.tr.* Sottoporre a votazione: *v. una legge* ◊ Approvare, sostenere con il proprio voto: *v. una proposta, un partito* ♦ *v.intr.* [aus. *avere*] Dare il proprio voto: *v. per un candidato* ◊ Partecipare a una votazione.

votazióne *s.f.* L'operazione del votare; procedimento con cui si dà il proprio voto per scegliere chi eleggere a una carica, per approvare o respingere una legge, una proposta e sim.

vóto *s.m.* **1** Atto con cui si manifesta la propria volontà e la propria scelta nell'eleggere qlcu. o nel decidere qlco.: *dare un v. favorevole, contrario a una proposta* ◊ Ogni singola preferenza espressa in una votazione: *verrà eletto il candidato che ottiene più v.* ◊ Votazione: *mettere ai v. una proposta* **2** Valutazione del merito scolastico espressa in numeri: *prendere un brutto v.* **3** Promessa solenne di compiere un dato atto o di rinunciare a qlco., fatta alla divinità spec. in segno di riconoscenza per una grazia ricevuta o per ottenere qlco.: *fare un v. alla Madonna; fare v. di non fumare più.*

vulcànico *agg.* Di un vulcano: *eruzione v.* ◊ Proprio dei vulcani: *fenomeni v.*

vulcàno *s.m.* Apertura profonda della crosta terrestre da cui fuoriescono lava, lapilli, vapori, gas ecc.; nel linguaggio comune, la montagna a forma di cono formatasi in seguito all'accumulo e alla solidificazione dei materiali eruttati da un cratere vulcanico: *v. attivo; salire in cima a un v.*

vuotàre *v.tr.* Rendere vuoto qlco. versandone o togliendone il contenuto: *v. una damigiana, un armadio, un cassetto, una valigia* ♦ **vuotarsi** *v.pr.* Diventare, restare vuoto: *la vasca si vuotò in pochi minuti* ◊ Spopolarsi: *la città ad agosto si vuota.*

vuòto *agg.* **1** Che non contiene nulla: *bottiglia, scatola v.* ◊ In cui non c'è nessuno: *la piazza era v.; la città ad agosto resta v.* | *Appartamento* = senza mobili o sfitto, non abitato | *Poltrona, sedia v., posto v.* = non occupati, liberi | *A stomaco v.* = senza aver mangiato, a digiuno: *una medicina da prendere a stomaco v.* **2** ✶ Privo, mancante di qlco.: *frasi v. di senso* ◊ Privo di contenuti, di idee, di sostanza o di senso, di valore, di interesse: *un discorso v.; condurre una vita v.* ♦ *s.m.* **1** Spazio libero, non occupato da corpi o sostanze di qualsiasi tipo (esclusa l'aria): *cadde e precipitò nel v.; i suoi occhi fissavano il v.* **2** Cavità, spazio vuoto all'interno di qlco.: *in questo muro c'è un v.* **3** Assenza o forte rarefazione dell'aria all'interno di un recipiente o di un ambiente | *Sotto v.* = in contenitori da cui è stata eliminata l'aria: *molti prodotti alimentari sono conservati sotto v.* **4** Recipiente vuoto: *restituire i v. dell'acqua* **5** ✶ *A v.* = inutilmente, senza effetto: *stai parlando a v., non ti ascoltano* | *Andare a v.* = non riuscire, fallire: *il suo tentativo è andato a v.* | *Viaggiare a v.* = senza passeggeri o senza carico, detto di mezzi di trasporto | *Assegno a v.* = emesso senza che sia depositata presso una banca la somma corrispondente Ⓢ assegno scoperto.

Z

z *s.f.* o *m.* Ventunesima e ultima lettera dell'alfabeto italiano; è una consonante.

zaffàta *s.f.* Improvvisa ondata di cattivo odore ◊ Improvviso spruzzo di liquido o getto di gas: *fu investito da una z. di fumo.*

zàino *s.m.* Sacco di tela robusta o di materiale impermeabile, che si porta appeso alle spalle mediante apposite cinghie per trasportare attrezzi, vestiario, provviste di cibo, libri ecc.

zàmpa *s.f.* Ciascuno degli arti degli animali (o anche solo la parte dell'arto che tocca terra.)

zampìllo *s.m.* Sottile getto di un liquido che sgorga con forza da una stretta apertura, spec. dal basso verso l'alto.

zànna *s.f.* **1** Ciascuno dei due grossi e lunghi denti sporgenti ai lati della bocca di alcuni mammiferi: *le z. dell'elefante, del tricheco* **2** I denti, e in partic. i canini, di alcuni carnivori: *le z. del leone.*

zanzàra *s.f.* Piccolo insetto diffuso soprattutto nei luoghi umidi e vicino all'acqua; la femmina punge l'uomo e gli animali per succhiarne il sangue.

zàppa *s.f.* Attrezzo manuale per lavorare la terra costituito da una lama di ferro fissata ad angolo retto a un manico di legno.

zappàre *v.tr.* Lavorare la terra con la zappa.

zavòrra *s.f.* L'insieme dei pesi che si mettono nella stiva di una nave per assicurarne la stabilità.

zèbra *s.f.* **1** Mammifero africano simile al cavallo, caratteristico per il mantello a strisce trasversali bianche e nere **2** (al *pl.*) Strisce pedonali: *attraversare sulle z.*

zèlo *s.m.* Impegno assiduo e diligente nel fare qlco. Ⓢ solerzia, diligenza.

zéppo *agg.* Completamente pieno Ⓢ gremito: *tavolo z. di carte*; *teatro pieno z.*

zerbìno *s.m.* Piccolo tappeto che si mette all'esterno della porta di entrata per pulirsi le scarpe Ⓢ stuoino.

zèro *agg.num.card.invar.* Numero che indica una quantità numerica nulla ♦ *s.m.* **1** Il numero zero **2** Punto iniziale della scala graduata di uno strumento di misura; punto di demarcazione tra i valori positivi e quelli negativi di una grandezza: *rimettere a z. il contachilometri*; *la temperatura andò sotto z.*

zìa *s.f.* La sorella della madre o del padre rispetto ai figli di questi; anche, la moglie dello zio.

zìgomo *s.m.* Ciascuna delle due sporgenze ossee, più o meno pronunciate, situate ai lati della faccia sotto gli occhi.

zìnco *s.m.* Metallo di colore grigio-azzurro, utilizzato per fabbricare lamiere, per ricoprire altri metalli contro la corrosione e per preparare l'ottone e altre leghe.

zìo *s.m.* Il fratello della madre o del padre rispetto ai figli di questi; anche, il marito della zia | *Gli zii* = lo zio e la zia.

zitèlla *s.f.* Donna nubile e, in partic., donna non sposata e non più giovane.

zittìre *v.tr.* Fare tacere, indurre al silenzio qlcu. emettendo un sibilo sordo (o anche con altre manifestazioni sonore) ♦ *v.intr.* [aus. *avere*] Fare silenzio, tacere: *tutti zittirono quando entrò lui.*

zìtto *agg.* Che non parla, che sta in silenzio ♦ *inter.* Si usa per intimare silenzio o per minacciare: *z., o guai a te!*

zòccolo *s.m.* **1** Calzatura di legno scavato un tempo usata dai contadini e oggi facente parte dell'abbigliamento tradizionale di alcune regioni europee (spec. in Olanda) ◊ Calzatura prevalentemente aperta, con suola di legno, usata in certi ambienti di lavoro e in partic. d'estate sulle spiagge **2** Grossa unghia dura e resistente dei cavalli, dei buoi, delle pecore e di altri mammiferi.

zólfo *s.m.* Elemento chimico di colore giallo intenso, molto diffuso in natura sia come minerale allo stato puro sia combinato con altri minerali; è usato spec. nell'industria chimica, dei fiammiferi e in agricoltura come fertilizzante.

zòlla *s.f.* Pezzo di terra compatta che si stacca dal terreno lavorandolo.

zollétta *s.f.* Cubetto di zucchero compresso.

zòna *s.f.* **1** Parte delimitata di una superficie o di uno spazio: *una z. del cielo sgombra di nubi*; *z. polari, temperate* **2** Regione, parte di un territorio caratterizzata da particolari condizioni geografiche, economiche, politiche ecc.: *z. collinare, pianeggiante, desertica, boscosa*; *z. di guerra*; *z. sismica* **3** Parte di una città: *z. periferica, centrale* ◊ Area urbana destinata a particolari funzioni: *z. residenziale, industriale.*

zòo *s.m.invar.* Parco recintato in cui vivono rinchiusi e sono esposti al pubblico animali di varie specie, spec. esotici e rari Ⓢ giardino zoologico.

zoologìa *s.f.* Scienza che studia gli animali.

zoppicàre *v.intr.* [aus. *avere*] Camminare in modo irregolare, difettoso per qualche imperfezione o infermità agli arti inferiori.

zòppo *agg.* e *s.m.* Che, chi ha una qualche imperfezione o infermità agli arti inferiori per cui cammina in modo difettoso.

zùcca *s.f.* Pianta erbacea annuale, con fiori gialli e frutti di forme e dimensioni diverse a seconda delle varietà ◊ Il frutto di tale pianta, molto apprezzato come ortaggio.

zuccheràre *v.tr.* Mettere dello zucchero in una bevanda per addolcirla: *z. il caffè, il latte* ◊ Cospargere qlco. di zucchero: *z. la torta.*

zuccherièra *s.f.* Recipiente in cui si tiene o si serve lo zucchero.

zuccherifìcio *s.m.* Stabilimento dove si produce lo zucchero.

zùcchero *s.m.* **1** Sostanza dolce che si ricava dalla canna o dalla barbabietola da zucchero e che raffinata si presenta in forma di polvere bianca più o meno fine **2** In chimica, sostanza composta da carbonio, idrogeno e ossigeno, presente nella frutta e in altri alimenti (come il fruttosio, il glucosio, il saccarosio).

zucchìna *s.f.* o **zucchìno** *s.m.* Varietà di zucca che produce frutti commestibili oblunghi e di colore verde più o meno scuro ◊ Il frutto stesso: *frittata con le z.*

zùffa *s.f.* Litigio violento in cui si viene alle mani Ⓢ rissa, baruffa, tafferuglio: *tra i tifosi delle due squadre scoppiò una z.*

zùppa *s.f.* Minestra a base di brodo e ingredienti vari e che in genere si consuma con pezzetti di pane fritti o crostini: *z. di verdura, di ceci, di fagioli, di pesce.*

zuppièra *s.f.* Grosso recipiente munito di manici e di coperchio usato per servire in tavola la minestra.